피터 럭크만의 주석서

출애굽기

피터 럭크만 지음

조 도 희 옮김

말씀보존학회

THE BIBLE BELIEVER'S COMMENTARY

THE BOOK OF EXODUS

By

Peter S. Ruckman, Ph.D.

Bible Baptist Bookstore

Pensacola, Florida

2004 / Korean by Word of God Preservation Society

Seoul, Korea

피터 럭크만의 주석서

출애굽기

이 책을 내면서

창세기가 "시작"의 책이라면 출애굽기는 "구속"의 책이다. 그 시작부터 노예생활하는 민족을 하나님께서 굽어보시는 것으로 전개되는 이 책은 이스라엘의 노예생활이 얼마나 혹독한지, 하나님께서 어떻게 그 구원자를 보내주시는지, 또 그 구원방법이 어떠한지를 우리에게 잘 보여준다. 그 구원방법은 크게 봐서 능력과 피에 의한 구속인데, 능력에 의한 구속이라 함은 이스라엘을 이끄시기 위해 이집트에게 행하신 위대한 일들과, 광야 생활 가운데 보여진 그분의 위대한 일들을 통해서 알 수 있고, 피에 의한 구속이라는 것은 하나님의 위대하신 능력 가운데 특별히 유월절 양의 피를 바른 이스라엘의 집을 심판에서 지나치셨다는 것을 통해 알 수 있다.

그래서 출애굽기는 종종 죄인이 세상에서 구원받는 것으로 비유되곤 한다. 이집트는 세상이며, 성도를 대적하는 세력이고, 하나님께서는 그 세상에서 노예로 살고 있는 죄인들을 그분의 피로 구속하셨기 때문이다. 15장에 이를 때까지 우리는 이스라엘의 대탈출 장면을 통해, 하나님께서 어떻게 그분의 백성을 구원하시는지 그 자세한 모형들을 볼 수 있다. 25장 이후에 펼쳐지는 성막에 관한 기사를 통해서도 우리는 위대한 속죄양이신 예수 그리스도의 모습을 모형적으로 살펴볼 수 있다. 이러한 모든 모습들로 인해 출애굽기는 구속의 책이라고 불리며, 구약의 여느 책들 중에서도 성도들에게 많은 사랑을 받은 책이 되었다. 때로 출애굽기에서는 신약 성경에서보다도 더 풍성한 신약적 진리를 발견하게 된다.

하지만 우리가 절대 간과해서는 안될 것은, 이 책은 "율법"이 시작되는 책이라는 사실이다. 이 책에서 구속받는 백성은 분명히 유대인이고, 그들은 구속을 받음과 동시에 율법을 받았다. 즉 그들은 율법과 더불어 탄생한 민족이라는 것이다. 이 율법은 하나님께서 그 민족을 다루시겠다는 "언약"으로 주어진 것이다. 이 언약에 따른 경륜, 즉 "율법시대"는 그리스도의 십자가 때까지 이르며, 이것이 구약성경의 대부분을 이룬다. 출애굽기는 바로 그 율법의 경륜을 이스라엘과 함께 시작하는 책이며, 그래서 우리는 구속과 더불어 율법의 행위에 관한 것들을 이 책에서 볼 수 있다.

이와같이 출애굽기는 창세기에서 이어지는 면에서 그 역사적인 중요성을, 율법이 주어진다는 의미에서 그 교리적인 중요성을, 그리고 곳곳에서 예수 그리스도를 드러낸다는 점에서 그 모형적 중요성을 갖는다. 이 모든 것들은 또한 한 데 모아져 오늘을 사는 성도들에게 귀한 교훈을 가져다 준다.

이 책의 저자인 피터 럭크만 박사는, 다른 주석서에서와 마찬가지로 이 책에서도 <킹제임스성경>을 통해 발견되는 위대한 진리들을 상세히 보여준다. 어느 주석가들도 발견하지 못한 향상된 영적 지식 또한 그의 몫이다. 따라서 출애굽기를 둘러싼 여러 주석가들의 오류나, 성경 본문마저 고쳐버리려는 학자들의 의도까지도 적나라하게 파헤쳐지며 또 바로 잡혀진다.

참으로 본서는 많은 성도들이 오랫동안 기다려 온 주석서이다. 이 책으로 인해 우리 주 예수 그리스도를 사랑하는 성도들이 진리의 지식을 한 단계 더 향상시키는 계기가 되기를 바라마지 않는다.

2004년 3월
편집인

들어가는 말

창세기는 이집트의 관으로 끝났다 - 『**그를 이집트에서 관에 넣었더라**』(창 50:26). 그리고 더 이상 성경의 역사가 진행되지 않았다.

창세기가 "세대"의 책, 혹은 "시작"의 책이라면, 출애굽기는 구속(Redemption)의 책이다. 이 구속의 책은 창세기의 내용을 보완해 준다. 창세기에서 인간은 모든 것을 "잃어버려" 육체적으로 영적으로 모두 황폐하게 되었다. 다윈과 그 추종자들(헤겔, 아인슈타인, 헉슬리, 프로이드, 메닝거, 마르크스, UN, 전미교육협회)은 이 사실을 거부함으로 하나님께서 보여 주시는 계시를 알지 못한다(롬 3:4). 이들을 따랐던 수많은 사람들의 인생 역시 황폐하게 되었고, 앞으로도 마찬가지이다. 이들을 추종한다고 해서 과학이나 역사가 발전하지는 않았다(<하나님의 나라와 천국> 참조).

출애굽기를 말하는 "Exodus"는 평범한 헬라어이다. 히브리어로는 "Ve-eleh Shemoth"(그리고 그 이름들은 이러하니라, And These are the Names)라고 부른다. 그런데 1917년판 맛소라 본문에는 출애굽기를 "Exodus"라고 부르고, 그 옆에 단지 "이름들"에 해당하는 히브리어만 기입해 놓았다. 흔히들 "Exodus"라는 이름이 B.C. 250년경에 기록된 것으로 추정하는 <칠십인역>에서 유래한다고 주장한다(<필사본 증거> 참조).

그러나 그런 <칠십인역>의 선호에도 불구하고, 그 사본은 단 하나도 없다. 또한 필로(A.D. 20-50)와 오리겐(A.D. 184-254) 이전에 존재했었다는 그 어떤 증거도 찾아볼 수 없다. 이 두 사람은 구약을 플라톤과 그리스 영지주의의 관점에 맞춰 풍유적으로, 영적으로 적용시키는 데 평생을 허비하였다. “Exodus”라는 용어는 2,3세기경에 그리스도인들이 사용했다. 이 때는 시내 사본과 바티칸 사본이 있기 전이다. (알렉산드리아 사본과 더불어 이 두 사본은 주석가들이 <칠십인역>을 운운할 때 인용되는 사본들이다. 이 사본들은 모두 예수 그리스도께서 돌아가신 후 200년이 훨씬 지난 후에 만들어졌다.

1세기에 살았던 그리스도인들이 “Exodus”라는 이름을 사용했다는 사실이 <구 라틴 성경>에서 발견된다. 이 성경은 A.D.150-250년 사이의 교부들이 인용하였다 (Miller, “Biblical Introduction”, p.237). 그 어떤 <칠십인역> 사본에 “Exodus”라는 말이 나오기 200년 전에 “Exodus”라는 말은 이미 사용되었다. 따라서 <킹제임스성경, 1611>에 있는 “Exodus”가 <칠십인역>의 이름을 따랐다고 하는 주장은 터무니없는 말이다. 심지어 A.D. 150-250년에 사용되었던 <구 라틴 성경>은 B.C. 250년경에 기록된 <칠십인역>으로부터 베낀 것이라는 근거 없는 주장도 있다.

그러나 이런 무의미한 신학 논쟁은 수없이 되풀이 한 바 있다. 어떤 보수주의 비평가라도 A.D. 150년 <구 라틴 성경> 이전에 모세의 두 번째 책을 “Exodus”라고 불렀다는 단 한 줄의 증거도 찾지 못한다. 이에 대한 시도조차 하지 못할 것이며, 또 한다 하더라도 헛수고일 뿐이다. 이들이 “<칠십인역>에서는 말하기를....”이라며 말할 때는 실제로는 시내 사본과 A, B, C, D 사본을 인용하는 것이다. 이 사본들은 <구 라틴 성경>이 로마와 북아프리카 전지역을 순회한 지 150년이 흐르기 전에는 기록조차 되지 않았다.

이렇게 선교를 앞장 섰던 번역본의 근원이 신약성경에서의 선교 센터였기에(안티옥, 행 11:26) 교황이 채용한 번역자인 제롬(A.D. 420)은 이 번역본을 고치지 않으면 안되었다. <구 라틴 성경>이 기원전에 있었던 알렉산드리아 계열의 사본으로부터 만들어졌다는 주장은 소리나는 놋이나 시끄러운 꽹과리 소리가 되어 말씀을 소유한 사람이라면 그 누구도 현혹되거나 흔들리지 않는다. 이 사본은 필로와 오리겐 시대 이전에는 결코 존재하지 않았다. 오리겐은 <구 라틴 성경>이 지중해를 모두 돌고 난 후에야 태어났다. 오리겐의 헥사플라 제5란에 “Exodus”라는 말이 나왔다면 전문학자가 아니라도 그 용어가 어디에서 유래했는지 아는 것이다. 바로 자신의 고향에서 구령하는 사람들이, 거리 설교하는 사람들이 사용했던 <구 라틴 성경>에서 가져온 것이다(Hasting's Bible Dictionary, Vol. III, pp.54,55. 참조).

학자들이 <헥사플라>라고 인용하는 사본들이 <칠십인역>을 포함하는 같은 사본들이라고 교묘하게 위장된다. 그러나 이 때에 언급되는 <칠십인역>에는 신약이 포함되어 있다. 시내 사본, A, B, C, D 사본에 신약이 포함되어 있기 때문이다. <칠십인역>이라고 인용될 때 많은 경우 그것은 바티칸 사본과 시내 사본에서 인용하는 것이다. 이 두 사본에는 외경과 신약이 포함되어 있다. 그러므로 밥 존스 대학 출판사의 <Biblical Viewpoint>에서 "비평코너"(The Critic's Corner)와 같은 부분을 접할 때는 매우 조심스럽게 접근해야 한다. 여기에서 닐과 커스터 박사는 마치 "헥사플라"가 구약만을 포함하고 있는 것처럼 잘못 생각하기 때문이다. 커스터와 닐 박사가 사용한 헥사플라는 그렇지 않다. 강단 주석, 더멜로우 주석, 제미에슨, 포셋, 브라운 주석, 랑게 주석, 클라크 주석, 그리고 그레고리, 로버트슨, 와필드, 메이첸, 데이비스, 랜달, 놀링 등이 사용한 "헥사플라"에는 신약이 포함되어 있다.

교회사를 통해 볼 때(1630-1980) 성경을 거부하는 보수주의 학자들이 저지른 잘못은 다음과 같은 두 가지로 요약된다.

1. 이들은 항상 <킹제임스성경>에 대해서는 우선적으로 문학적 형태에 대해서는 칭찬을 아끼지 않는다. '시적 운율'이나 "웅장한 문체" 등의 예를 들어서 말이다. 그러고 나서 한 구절을 가져와 공격한다. 이런 현상은 모든 배교한 보수주의자들 간에 행해지고 있는 보편적인 행위이다.

2. 이들은 줄기차게 성경은 하나님의 말씀"이다"라고 말해왔다. 그러나 그 실체를 들여다보면 성경은 하나님의 말씀"이었다"라고 소리치는 것이다. 밥 존스 1세는 기회가 있을 때마다 줄곧 주장해 온 말이 있다. 모든 그리스도인들에게 있어서 믿음의 근본 사항 가운데에 첫 번째는 "성경은 하나님의 말씀이다."라는 것이다. 이 말을 하면서 곧 이어 <킹제임스성경>은 "우리가 소유한 최고의 번역본"이라고 말했다(<The Sword of the Lord Scrapbook>, 1969).

밥 존스 1세가 이러한 말을 했을 때, ASV(1901)는 세상에 나온 지 이미 반 세기가 넘었고, 미국의 모든 정통주의 신학교의 추천을 받고 있는 상태였다. 그러나 현재 밥 존스 대학의 교수진들은 더 이상 <킹제임스성경>이 최고의 번역본이라고 믿지 않는다.

"Biblical Viewpoint"를 통해 한 회에 최소한 10군데 이상 <킹제임스성경>의 본문이 고쳐지고 있다. 이런 파괴적인 비평가들에게는 더 이상 성경이 하나님의 말씀이 아니다. 이들은 A.T. 로버트슨이 진리를 거부하는 성경 변개자라고 믿지 않는다. 사실 이들은 현재 성경이 말하고 있는 "성경"(Bible) 같은 것은 존재하지 않는다고 말한다. 이들이 말하고 있는 '성경'(bible)은 바르트, 브루너, 오켕가, 니버, 카가와, 간디, 알베르트 슈바이처가 말하고 있는 성서(bible)와 다를 바 없다.

"출애굽기"(Exodus)는 이 책의 내용에 적합한 훌륭한 제목이다. 이 책은 하나님의 백성들이 "출발하는 것"(departure, out-going)을 다루고 있다. 즉 "탈출"(exit)하는 내용을 말한다.

역사적으로 이 책은 이스라엘 자손이 400년 간의 노예 생활 후에 이집트를 떠나는 것을 기록한다(출 12:40 주석 참조). 영적으로는 사탄의 권세로부터 예수 그리스도의 보혈을 통하여 죄인이 구원받는 경험들과 관련하여 기록한다. 교리적으로는 앞으로 다가올 대환란(단 12:1-4)과 교회의 휴거를 자세하게 기록한다.

출애굽기는 명백하게 모세가 기록했고, "모세의 두 번째 책"이라고 한다. 예수 그리스도께서는 출애굽기를 모세가 썼다고 아주 선명하게 밝히셨다(막 12:26, 눅 20:37, 요 8:5). 그러므로 성경을 그대로 믿는 사람들은 출애굽기를 누가 기록했느냐에 대해 시간을 낭비하지 않는다. 프린스턴의 로버트 딕 윌슨 교수(1856-1930)는 모세의 저작에 관한 드웨트, 하버닉, 케일, 델리취, 잔, 프리취, 마쉬, 스튜어트, 비숍, 페로운 등의 이견을 잘 정리해 주었다.

시간이 남아 출애굽기 저자에 대해 비평하는 이론을 반박하기를 원하면 M. 하카비, 헹스텐베르그, 캐논 쿡의 책을 읽어 보라. 출애굽기 저자가 누구이든지 간에 그 당시에 출애굽기에서의 사건들이 일어났을 때, 이집트의 문화, 사람, 기후, 곡물, 언어 등에 전문적인 지식을 가지고 있어야만 기록할 수 있다는 결론에 이르게 된다. 어떤 사람이 B.C. 1000년 이후에 살면서 이런 사실들을 익히 잘 알고 출애굽기를 기록했다는 증거는 전혀 없다. 출애굽기를 누가 기록했건 그 저자는 창세기의 저자와 마찬가지로 이집트에서 수년 간을 보냈어야 한다. 왜냐하면 그 출애굽기의 저자는 17,18,19세기의 많은 이집트학 학자들과 고고학자들이 알지 못했던 지역적 관습과 습관들을 많이 제시했기 때문이다.

이보다 더 확실한 증거는 성경적 증거이다. 성령은 출애굽기를 모세가 기록했다고 말씀한다(출 12:14; 24:4; 17:14 참조). 모세가 출애굽기를 기록하지 않았다고 공격하는 것은 창세기 3:1부터 시작된 학자들의 전통을 똑같이 따르는 것이다.

편견 없이 조사한다고 하는 학자들이나 도량이 넓다고 하는 학자들이 종종 망각하는 것이 있다. 그들 자신들에게는 조사와 연구의 비평 대상에서 제외된 내용들이 수없이 많이 있다는 사실이다. 전통으로 내려오는 것이 있는데, 성경을 거부하는 불신자들은 성경에 관한 모든 부분에 대해서는 의문을 제기하지만, 진화론이나 국제사회주의 등에 대해서는 전혀 문제를 제기하지 않는다는 것이다. 이와 같이 비판 대상에서 아예 제외된 문제들은 너무 상식을 벗어난 비이성적인 편견들이 많은데, 특히 몬타나(Montana)와 와이오밍(Wyoming)에 있어서는 더욱 많아 상식을 벗어난 비이성적인 편견들이 오히려 자연스럽게 받아들여질 정도로 정신적 이상들이 곳곳에 노출되어 있는 실정이다.

모세가 출애굽기를 기록하지 않았다면 도대체 누가 기록했다는 말인가? 만일 출애굽기를 "J," "P," "E," "L," "R"이라는 사람들이 기록했다면(그라프 벨하우젠 이론 : 1760-1850) 레위기를 "A," "B," "C," "D," "E," "F," "G"라는 사람들이 기록하지 않았다고 어떻게 입증할 수 있겠는가? 만일 에스라가 출애굽기를 기록했다면 (제롬 A.D. 340-420 참조) 에스라는 거짓말을 했다는 것인가? 출애굽기 24:4에 의하면 에스라가 아니라 모세가 기록했다고 말한다.

왜 출애굽기의 저자는 구약성경의 다른 부분에서보다 더 많이 이집트 말들을 사용하였는가? 어떻게 출애굽기의 저자는 출애굽기 15:27과 민수기 11:7에서 발견되는 상세한 내용들을 정확하게 알 수 있겠는가?

이집트를 떠났다가 다시 와 본 사람이 아니라면 이렇게 자세히 묘사할 수 있겠는가? 던칸은 <New Light on Hebrew Origins, 1936>에 의하면 이집트 원주민만이 "온"이나 "피돔" 등과 같은 이름들을 알 수 있다고 말한다. 야후다(<모세오경의 언어와 이집트인들과의 관계, *The Language of the Pentateuch and its Relation to the Egyptians*>, 1933)는 새 왕조인 18대 왕조와 19대 왕조에서는 결코 파라오들의 이름을 언급하지 않았고, 파라오의 이름들이 나타난 것은 그 이후의 왕조들에서였다고 말한다(렘 44:30, 대하 35:20 참조). 예레미야나 에스라 시대에 살았던 누군가가(B.C.

599-536) 출애굽기를 기록했다면 어떻게 파라오의 명칭만 기록하고("시저"나 "칸"과 같은) 파라오의 이름을 언급하지 않았겠는가? 우리는 항상 문제 바로 앞까지 도달하고서도 결론에서 멀어진다. 출애굽기는 모세가 기록했다.

출애굽기는 40장 1,213절 32,692단어(영어 KJV)로 되어 있다. 히브리어로 된 본문은 1,209절 16,513단어로 되어 있다.

출애굽기에서 일어난 사건들의 연대에 대해서는 사람들에 따라 다음과 같이 분류한다. B.C. 1700-1300, B.C. 1600-1300, B.C. 1400-1200, B.C. 1300-1100. [자유주의 학자들은 가능한 한 성경과 관련된 연대는 앞당기고 다윗과 관련된 연대는 가능한 한 뒤로 돌린다. 이러한 불합리한 편견으로 인한 이들의 연대기를 상식을 가지고서는 신뢰할 수 없는 것이다. 이에 대해서는 출애굽기 1:8에서 자세히 다룰 것이다.]

출애굽기의 히브리어 이름("그리고 그 이름들은 이러하니라")에서 알 수 있는 것처럼 출애굽기에서는 "이름들"이 중요하다. 사람, 하나님, 이스라엘과 이름들이 관련되었듯이(출 3:14; 6:3; 33:19; 3:5-7; 9:16; 20:2; 33:12,17; 31:2-6; 28:9-12; 39:6,7,8; 23:21) 이 "이름들"이 다시 언급된다는 사실을 알게 될 것이다.

출애굽기를 통해 일곱 가지의 위대한 진리를 알 수 있다.

1. 구원받지 못한 인류는 잔인한 주인에게 묶여 있는 노예와 같다.
2. 이 노예가 자유롭게 되기 위해서는 하나님의 직접적인 개입만이 필요하다.
3. 하나님께서는 "해방 선언"을 이루시기 위해 사자(messenger)를 선택하신다.
4. 구속은 피와 능력에 의해 이루어진다.
5. 구속받은 사람과 세상 제도 사이에는 어떤 타협도 있을 수 없다.
6. 구속받은 것은 앞으로 다가올 인생의 시련들과 시험들의 시작일 뿐이다.
7. 하나님께서는 변하지 않는 절대적인 거룩의 기준을 가지고 계신다.

이 외에도 영적인 교훈들이 많이 있으며, 그 교훈들이 나오는 문맥에 대해 자세히 살펴볼 것이다.

출애굽기 1:1부터 40:38까지 공부해 보면 알겠지만 하나님께서 이 <킹제임스성경>을 (입증된 잘못이나 상충되는 내용 없이) 우리에게 전해 주셨음을 확신한다. 하나님께서는 우리가 이 성경을 사용하고 믿음으로 보물처럼 여기기를 원하신다.

소위 위대한 보수주의 언어학자들, 어원학자들, 원어사전 편찬자들, 필사본 검증가들, 주석가들, "학계를 주도하는 권위자들", "자격을 갖췄다 하는 권위자들"이 이 성경을 공격하면 우리는 이에 맞서 힘에는 힘으로, 불에는 불로 싸울 것이며, 이들이 하나님의 거룩한 성경을 훼손시킨 것만큼 이들의 잘못을 들춰 낼 것이다.

이런 과정을 전개하는 데에 있어서 사용된 그 어떤 용어에 대해서도 사과하지 않을 것이다. 아무리 많은 학자 그룹이 <킹제임스성경>에 동의하지 않는다 하더라도 우리는 확실하게 이들이 무엇을 잘못했는지 지적하고 옆으로 제쳐놓을 것이다.

성경을 믿는 사람 모두에게 이 말씀이 영원히 기억되기를 바란다.

『**이로 인하여 우리가** 하나님**께 쉬지 않고 감사함은 너희가 우리에게 들은 바** 하나님**의 말씀을 받을 때에 사람의 말로 받아들이지 아니하고 사실 그대로** 하나님**의 말씀으로 받았음이니, 이 말씀이 믿는 너희 가운데서도 효과적으로 역사하느니라.**』(살전 2:13).

아울러 성경을 거부하는 "학계를 주도하는 권위자들"에게 이 말씀이 영원히 기억되기를 바란다.

『**그때 주께서 그들에게 말씀하시기를 "오 어리석은 자들아, 선지자들이 말한 모든 것을 마음에 더디 믿는 자들아,**』(눅 24:25).

학자들, 비평가들, 주석가들, 다수의 보수주의자들이 암울했던 과거보다 더 나은 열매를 맺지 못한다면 우리는 계속 킹제임스성경을 견고하게 붙잡을 것이다. 그러므로 우리는 겸손한 영과 자원하는 마음으로 공부할 것이다. 우리 자신을 언제든지 요한복음 16:13의 위대하신 선생님께 복종함으로 공부할 것이다. 하나님께서 명예롭게 하신 종교개혁 성경을 공격하는 그 어떤 근본주의자나 무신론자의 잘못도 완벽하게 바로잡으실 수 있는 그분을 신뢰하며 공부할 것이다.

차 례

이 책에 인용된 성경 구절은 <한글킹제임스성경>입니다.

출애굽기 1장

1:1 **그때 이집트로 들어간 이스라엘의 자손들의 이름들은 이러하니, 모든 남자**
와 그의 가족이 야곱과 함께 왔더라.
2 **르우벤과 시므온과 레위와 유다요**
3 **잇사칼과 스불룬과 베냐민이요**
4 **단과 납탈리와 갓과 아셀이니,**
5 **야곱의 허리에서 나온 모든 혼들이 칠십 명이었는데 이는 요셉이 이집트**
에 있었음이라.

『**그때 이집트로 들어간 이스라엘의 자손들의 이름들은 이러하니**』(1절). "이름들"은 구속과 연관되어 있다. 성경에 우주의 기원에 대해 설명하는 부분보다 이름들을 열거하는 데 더 많은 부분의 구절이 있는 것이 이를 설명한다. 예수님께서는 제자들에게 그들의 이름이 "하늘에 기록된 것으로" "기뻐하라."고 말씀하셨다(눅 10:20). 바울은 자신의 동지들에게 그들의 이름이 "생명의 책"에 있다고 말했다(빌 4:3).

『**...이스라엘의 자손들의 이름들**』(1절). ASV(1901)에는 "자손들"(children)이 "아들들"(sons)로 잘못 번역되어 있다. 열 구절도 채 되지 않아 똑같은 대상을 "자손들"로 다시 바꾸었다(ASV, 출 1:7). 어느 판에서나 볼 수 있듯이(1901, 1960, 1963, 1969) ASV 위원회는 번역하는 데 있어서 일관성이 없다.

『**모든 남자와 그의 가족이 야곱과 함께 왔더라**』(1절). 5절에 보면 70명이 언급되는데 이 70명에 야곱이 포함된다. (이 숫자에 관해서는 창세기 46:26,27 주석에 자세히 설명되어 있다.)

『**르우벤과 시므온과 레위와 유다요**』(2절) 2절부터 4절까지 언급된 이름의 순서는 레아에게서 난 여섯 아들들, 라헬에게서 난 한 아들, 빌하에게서 난 두 아들, 실파에게서 난 두 아들이다. 변개된 <칠십인역>에는(칠십인역은 예수 그리스도께서 승천하신 후 수백 년이 지나서야 만들어졌다.) 5절의 "이는 요셉이 이집트에 있었음이라"는 본문이 2절의 처음으로 옮겨져 있다. 이것은 NASV(1969)가 번역된 사본들과 그 유형이 똑같은 것이다.

『**야곱의 허리에서 나온 모든 혼들이...**』(5절) "혼들"(souls)에 대해 자세히 알고 싶으면 창세기 주석(1-3장)을 보기 바란다. 구약에서는 이 "혼"이라는 용어가 "몸"과 같이 쓰이는 경우가 있다(창 19:20; 46:27, 레 22:6, 민 31:28). 그래서 여호와의 증인들은 몸과 혼이 같은 의미라고 잘못 알고 있다. 그러나 몸과 혼은 같지 않다(살전 5:23). 구약에서 "몸"과 "혼"은 서로 결합되어 있고, 골로새서 2장의 영적 할례가 이루어지기까지 몸과 혼은 붙어 있는 것이다(창 2:7의 주석을 보라).

1:6 요셉이 죽고 그의 모든 형제들과 당대의 사람들도 모두 죽었더라.

처음의 열두 족장들과 그 자손들은 모두 죽었다. 이 구절을 통해서 알 수 있는 위대한 영적 진리들을 살펴보자.

1. 우리는 우리의 조상들을 통해 "이집트"로 들어 간다(5절). 조상들의 씨는 썩는 씨이기 때문에(벧전 1:23) 우리들 역시 썩는다. 우리는 우리 조상들의 "허리"를 통해 세상 제도로 들어오게 된다. 요셉은 죽었고 이집트에서 관에 들어갔다(창 50:26).

2. 그리스도의 위대한 모형인 요셉(창 38:50 주석 참조)은 주님께서 죽으셨던

것과 꼭같이 이집트에서 죽었다(출 1:6). 더욱이 "그의 형제들"(마 28:10)과 당대의 사람들도(고전 15:6) 모두 죽었다.

3. 그리스도께서 "이집트로부터 불러냄을 받았듯이"(마 2:15) 하나님의 자녀들도 반드시 불러냄을 받아야만 한다(출 1-12장), 하나님의 자녀들은 "불러냄을 받은 무리"인 교회이기 때문이다(행 7:38).

그래서 출애굽기는 창세기가 끝난 바로 그 지점에서 정확하게 시작된다. 예수님의 모형으로서의 요셉은 죽었다. 그 뼈는 이 세상의 모형인 이집트에 묻혔다(창 50:26). 하나님께서는 예수 그리스도의 단 한 개의 뼈도(출 12:46) 이 세상에 남겨 두지 않으셨다(눅 24:39). 그러므로 요셉의 뼈는 "불러냄"을 받아야 했다(출 13:19). 놀랍지 않은가!

1:7 ○ 이스라엘 자손들은 다산하고 풍성하게 번식하며, 번성하고 심히 막강해져서 그 땅이 그들로 가득 찼더라.

8 그때 요셉을 모르는 새 왕이 일어나서 이집트를 다스리는데

9 그가 그의 백성들에게 말하기를 "보라, 이스라엘 자손의 백성이 우리보다 더 많고 더 강하도다.

10 오라, 그들을 지혜롭게 다루자. 그들이 번성하면 전쟁이 일어날 때 그들도 우리의 원수들과 합세하여 우리를 대적하여 싸우고 이 땅에서 나갈까 하노라." 하더라.

11 그리하여 그들이 이스라엘 백성들을 관장할 공사 감독자들을 세우고, 그들에게 짐을 지워 그들을 괴롭히니라. 그들은 파라오를 위하여 국고 성읍들로 피돔과 라암셋을 건축하더라.

12 그러나 그들이 이스라엘 백성들을 괴롭힐수록 그들은 더욱더 번성하고 늘어나니, 그들이 이스라엘 자손들로 인하여 괴로워하더라.

13 이집트인들이 이스라엘 자손들로 엄격하게 섬기게하여

14 그들의 생활을 고된 노예 생활, 즉 흙 이기는 일과 벽돌 만드는 일과 들에서 섬기는 모든 일에서 더욱 힘들게 하더라. 그들이 이스라엘 백성들로 섬기도록 하는 모든 일이 엄격하더라.

『 **이스라엘 자손들은 다산하고 풍성하게 번식하며…**』(7절). 이스라엘 자손들은 하나님의 뜻을 행하고 있었다(창 15:13). "번성하며 땅을 다시 채우라."는 명령(창 1:28)을 실행하며, "번성하고 심히 막강해져서" 그 땅을 그들로 가득 채우게 되었다(7절). 12장에서 이스라엘 백성이 이집트를 떠날 때 싸울 수 있는 남자는 약 60만 명이었고(출 12:37), 그 외에 여자들, 아이들, 짐승을 끌고 가는 늙은 남자들이 있었다. 이 사실로부터 얻을 수 있는 교훈은 분명하다. 하나님의 백성이 하나님의 뜻 가운데서 하나님의 뜻에 복종하면 "많은 열매"를 맺게 된다는 사실이다(요 15:1-6).

『**그때 요셉을 모르는 새 왕이 일어나서 이집트를 다스리는데**』(8절). 이 왕은 아마도 2장에 나오는 왕일 것이다. 만일 그렇다면 이 왕은 모세가 태어났을 때부터 40년 후에 모세가 혼자 이집트를 떠날 때까지(출 2:15) 통치했어야만 한다. 모세는 언제 태어났는가? 그 시점이 결정된다면 그로부터 약 90년 후에 12장의 출애굽이 이루어졌음을 알 수 있다. 출애굽기 2:1과 2:15 사이의 간격은 "사십 년"(행 7:23)이고 출애굽기 2:15과 5장 사이의 간격도 "사십 년"(행 7:30)이기 때문이다. 5장과 12장 사이의 간격을 안다면 출애굽기 연대를 알 수 있다. 그러면 거슬러 올라가 "요셉을 모르는 새 왕"이 일어나 이집트를 다스렸던 때가 언제인지 알 수 있다.

『**요셉을 모르는…**』(8절) 요셉을 모른다는 말은 그 왕이 누구인가 하는 문제보다 훨씬 중요하다. 그 표현은 다음과 같은 사실들을 말해주기 때문이다. 즉 ① 그 왕은 요셉에 대해 전혀 모른다. ② 요셉에 대해 알려고도 하지 않는다. ③ 요셉의 백성에 대해서는 전혀 관심이 없다. ④ 요셉은 모두가 아는 것처럼 그리스도의 모형이다(창 37-38장에서 관련된 주석을 보라). 다시 말해, 요셉을 모른다고 하는 그 표현은 다음과 같은 불길한 예감을 준다. "예수를 모르는 새 왕"이라니! (살후 1:8과 출 5:2을 보라). [재판관기 2:10과 호세아 2:8에서 "알다"라는 말이 어떻게 사용되었는지 보여준다.]

『**그가 그의 백성들에게 말하기를**』(9절). 파라오가 이렇게 말한 것은 그 자신이 본래 이집트인이 아니라는 것을 나타낸다. 이름을 잘 살펴보라. “이스라엘 자손의 백성이 우리보다 더 많고 더 강하도다”

이때에 그들은 여자들과 아이들을 합쳐도 60만 명이 되지 않는다. 그러나 B.C. 1800-1300년 사이의 어느 시기에도 이집트의 인구는 이 숫자를 훨씬 넘는다. 요세푸스의 <고대사, Antiquities, ii.9>에 따르면 출애굽기 1:8의 왕은 적그리스도의 모형인 이사야 52:4에서의 “앗시리아인”이었을 것이다(<짐승의 표>를 참조).

『**오라, 그들을 지혜롭게 다루자**』(10절). 주목할 내용은 파라오가 이스라엘 백성을 이집트에 남겨두고자 했던 것과 이스라엘 백성이 이집트를 떠날 것을 걱정했다는 사실이다. 파라오는 이스라엘 백성이 이집트를 떠나는 것을 전쟁에서 크나큰 패배를 당하는 대참사로 여긴 것이다. 『**우리를 대적하여 싸우고 이 땅에서 나갈까 하노라**』(10절). 이전 내용을 살펴볼 때 문득 아돌프 히틀러와 아돌프 아히만이 저지른 불길한 전조를 느낀다. 이들은 유대인들이 독일과 유럽에 남아 있기를 원했으면서도 동시에 몰살시키려 했던 것이다(출 1:22). 그러나 파라오의 계획에는 인종통합 프로그램이 포함되었다. 이 인종통합 정책을 통해 위대한 공산주의자 마이클 루터 킹 주니어는 “나에게는 하나의 꿈이 있네.”(I had a Dream)에서 흑인 남자와 백인 여자를 통해 회색인종을 만들려고 하였다. 다음의 구절을 주목해 보라. 『**아들이거든 죽이고**』(16절).

『**그러나 그들이 이스라엘 백성들을 괴롭힐수록 그들은 더욱더 번성하고 늘어나니**』(12절). 이 구절은 주님의 승천 후 삼백 년 간의 교회사를 연상하게 한다(행 1장). “순교자들이 뿌린 피는 교회를 맺게 하는 씨앗이다.” 초대교회의 그리스도인들을 박해하면 할수록 회심자들이 늘어갔고 이들은 은혜 안에서 더욱 성장해 나갔다. 감옥의 간수들은 갇힌 그리스도인들을 옮겨 죽이다가 회심하게 되었고, 그리스도인들을 고문하던 자들은 그리스도인들을 사형 집행하다가 회심하게 되었다. 이교도 철학자들은 성경의 교리를 공격하다가 회심하게 되었다.

『**그들이 이스라엘 자손들로 인하여 괴로워하더라**』(12절). 하나님의 백성이 번성할 때(느 3-10장) 세상은 항상 괴로와 했다. 그리스도인들에게 큰 기쁨과 위대한 결과들이 나타날 때 그리스도를 거부하는 자들은(행 13:50) 염려하고 두려워하였다(요 11:47-53). 은 세공장이들은 괴로워하며 폭동을 일으켰고(행 19:40 주석), 바리새인들은 괴로워 하며 살인을 저질렀다(요 12:19).

1:15 ○ **이집트 왕이 히브리 산파들에게 말하니, 한 사람의 이름은 시프라이고, 또 한 사람의 이름은 푸아인데,**

16 **그가 말하기를 "너희가 히브리 여인들에게 산파 일을 수행할 때 출산대 위에 있는 아이들을 살펴 아들이거든 죽이고 딸이거든 살려 주라." 하더라.**

17 **그러나 그 산파들은** 하나님을 **두려워하여 이집트 왕이 그들에게 명령한 대로 하지 않고 사내 아이들을 살려 주었더라.**

18 **이에 이집트 왕이 그 산파들을 불러 말하기를 "너희가 어찌 이같이 행하여 사내 아이들을 살려 주었느냐?" 하니,**

19 **그 산파들이 파라오에게 말하기를 "히브리 여인들은 이집트 여인들과 같지 않고 건강하여 산파가 그들에게 도착하기 전에 해산하나이다." 하더라.**

20 **그러므로** 하나님**께서 그 산파들을 선히 대하셨으며, 백성들은 번성하고 매우 강성해지더라.**

21 **산파들이** 하나님을 **두려워하였으므로 그분께서 그들의 집안을 융성케 하셨더라.**

22 **그러나 파라오는 그의 모든 백성에게 명하여 말하기를 "태어난 아들은 다 강에다 버리고 딸은 다 살려 주라." 하더라.**

출애굽기 1:15-22에서, 이스라엘 백성이 많아지고 강해지는 것을 막기 위한 근본적인 조치가 취해진다. 파라오는 이스라엘 백성을 억압하는 것으로 근본 문제가 해결되지 않는다는 것을 알고 이스라엘 자손의 수를 격감시킬 보다 근본적인 대책을 마련하는데, 그것은 바로 살인이다. 이 방법은 정확하게 카이사가 예수 그리스도께서 태어나기 전에 그리스도를 죽이고자 했던 방법이다(눅 2:1-2). 또 이 살인의 방법은 예수 그리스도께서 태어나셨을 때 헤롯이 저질렀던 방법이기도 하다(마 2장). 따라서 파라오는 어떤 "모세"도 나오지 못하도록 막고자 했던 것이다. 파라오가 내린 명령은 분명히 유아 살해이다.

『**이집트 왕이 히브리 산파들에게 말하니**』(15절). 산파들 이름이 두 명 언급되었다. 이들은 감독자나 수간호원급에 해당되어 모든 출산에 대한 보고를 하였을 것이다. 이집트 왕의 이름이 무엇이었는지 오늘날까지 아무도 모르지만, 하찮았던 유대인 여인들의 이름은 기록되어 3100년 이상 보고되고 있다(1:1 주석).

『**시프라... 푸아**』(15절). "잘 생김," "큰소리치는"의 의미이다. (혹은 "품위 있는," "고함치는 사람"이라는 뜻이다.)

『**그가 말하기를 "너희가 히브리 여인들에게 산파 일을 수행할 때... 그러나 그 산파들은** 하나님을 **두려워하여 이집트 왕이 그들에게 명령한 대로 하지 않고**』(16,17절). 본문은 마태복음 22:21에서 언급된 것과 같은 국가와 하나님 사이의 권위 문제를 다루는 전형적인 구절이다. "카이사"는 분명한 명령을 내렸고, 카이사는 "권세자"(롬 13:1-3)를 대표한다. 그런데 출애굽기 1:21에서 하나님께서는 "카이사"의 명령을 무시한 사람들을 축복하시는 것을 알 수 있다. 분명한 것은 하나님께서 명령하신 것에(창 9:6) "권세자"가 권력을 통해 상충되게 다른 것을(출 1:16) 명령한다면, 그 권세자의 명령이 무시되어져야 한다(행 4:19의 주석).

『**아들이거든 죽이고**』(16절). 파라오 뒤에 숨겨진 보이진 않는 손을 주목하라(고후 4:4). 창세기 3:15의 예언이 성취되지 못하도록 안감힘을 쓰고 있는 것이다.

『**출산대 위에 있는 아이들을 살펴**』(16절). (이 출산 방식에 대해서는 창세기 16:2과 30:3의 주석을 보라.) "출산대"로 종종 토기장이가 쓰는 물레 위의 둥근 돌이 사용되었다.

『**이에 이집트 왕이 그 산파들을 불러 말하기를 "너희가 어찌 이같이 행하여**

사내 아이들을 살려 주었느냐?" 하니,... "히브리 여인들은 이집트 여인들과 같지 않고』(18,19절). 이 대답은 부분적으로 사실이다. 히브리 여인들이 이집트 여인들과 다를 뿐만 아니라, 이스라엘은 이집트와 같지 않다(출 11:7). 이집트의 말들과(사 31:3) 하나님의 백성이 타는 말들도(계 19:14) 같지 않다. 여호사밧은 이 부분을 혼동하였다(왕상 22:4). 하나님께서는 자신의 백성들과 파라오의 백성들을(고후 6:14-17) 영원히 분리시키신다. 같지 않은 둘을 통합하려 한다면 설교자라도 가증스럽게 여기신다.

히브리 여인들은 힘들게 바깥 일을 하면서 살았다. 이들은 육체적으로 강건했고, 시녀를 거느리며 사치와 관능적 만족을 즐기는 함족 여인들이 아니었다. [노예 제도는 아프리카와 아라비아의 제도이다(창 10:10 주석). 네덜란드와 뉴 잉글랜드 상인들은 야펫이 아니라 함에게서 이 노예 제도를 배운 것이다(1600-1800).] 오늘날 세계의 많은 나라에서 여인들이 혼자 해산하며 해산한 지 이틀 정도 지나 일하러 나가는 경우가 많다.

『**그러므로 하나님께서 그 산파들을 선히 대하셨으며,... 그들의 집안을 융성케 하셨더라**』(20,21절). 하나님께서는 용기 있는 산파들을 축복하셨고, 이 산파들의 집안이 증가하도록 하셨다("집안"이란 말이 행 16:31, 딤전 3:4, 딛 1:11, 눅 11:17에서 어떻게 사용되었는지 보라).

『**태어난 아들은 다 강에다 버리고**』(22절). 이집트에 있는 이집트인들에게 있어서 이 명령은 놀라운 것이 아니다. 강을 신성시했기 때문에 이교도들은 아이들을 강에 제사지내곤 했던 것이다. 이 사실 외에도 이집트인들이 (고대 로마인과 앗시리아인들처럼) 노예들이나 포로들을 다루는 데 있어서의 잔인함은 나치가 포로 수용소에서 저질렀던 만행에 버금가는 것이었다. 시리아와 카르타고에서는 아이들이 끊임없이 우상에게 바쳐졌다. 카르타고와 페니키아에서는 아이들을 산 채로 불태웠다. 이집트에서는 군주들이 노예들의 피와 몰타르를 섞어 벽을 쌓아 올리기도 했다. 오늘날 아프리카에서는 쌍둥이가 태어나면 한 구덩이에 넣어 죽이고 흙으로 싸서 춤추는 자들의 발 앞에 던져 놓는다. 아프리카나 로마에서는 원치 않는 아기가 태어나면 거리나 정글에 버렸다(미국의 클리브랜드나 필라델피아에서도 마찬가지다). A.D. 1937년까지 군인들은 한 살이나 두 살먹은 아이를 공중에 던져 떨어지는 아이에게 칼을 대곤 하였다(1937년 일본의 상하이 침공).

뿌린 대로 거둔다는 영원한 법칙에 따라(시 35:8), 파라오는 첫 아들을 잃었고 백성들은 물에 빠져 죽었다(출 15장).

출애굽기 2장

2:1 레위 집의 한 남자가 가서 레위의 딸로 아내를 삼으니,
2 그 여인이 임신하여 아들을 낳았더라. 그녀는 그 아이가 준수한 것을 보고
그 아이를 삼 개월 동안 숨겼는데,
3 더 이상 그를 숨길 수가 없게 되자 그녀가 그 아이를 위하여 갈대로 만든
궤를 가져다가, 찰흙과 역청으로 바르고 아이를 그 안에 담아 강의 가장자
리 창포들 사이에다 놓아 두었으며
4 그 아이의 누나는 그 아이에게 무슨 일이 일어나는지 알려고 멀리 떨어져
서 섰더라.

1장은 22절에 걸쳐 135년에서 350년까지의 기간을 다루었다. 2장에서는 다루는 시간이 80년으로 축약되고 3장부터는 이루어지는 시간대가 날, 주, 월로 세분화한다.

『**레위 집의 한 남자가 가서**』(1절). 민수기 36:6,7에서는 지파 간의 결혼을 명령하였고 이런 부류의 결혼은 정당하였다. 남자는 암람이었고(출 6:20) 여자는 요케벳이었는데 남자의 고모였다(출 6:20). 이런 종류의 결혼은 모세의 율법인 레위기 18:13에 의해 금지되었지만, 이 때는 모세가 율법을 받기 전이었다.

『**그 여인이 임신하여 아들을 낳았더라**』(2절). 이 아이는 이스라엘 역사상 가장 위대한 인물 중 하나가 된다. 이스라엘 백성의 마음 속에 모세와 겨룰 만한 인물은 아브라함뿐이다. 신약에서 논쟁이 벌어질 때 우리의 조상 아브라함"이라는 말이 많이 언급되는 동시에(마 3:9, 눅 20:37, 요 8:33-53) "모세가 명령하기를," "모세가 말하기를"이란 말도 많이 언급된다(마 19:7; 22:24, 막 1:44; 7:10; 12:26, 눅 24:27, 요 5:45; 7:19,23, 행 6:11) 모세는 함무라비 법과 비교할 수도 없는 위대한 법을 이스라엘 민족에게 주었다. 하나님의 관점에서 보았을 때 모세는 위대하였다. 하나님께서는 이스라엘 민족에게 위대한 선지자인 하나님의 아들을 볼 것이라고 말씀하셨는데, 그 선지자를 "모세와 같은" 선지자라고 하셨다(신 18:15).

예수 그리스도처럼 모세는

1. 이집트에 숨겨졌다.
2. 자기 백성에게 갔을 때 거부당했다.
3. 물에서 건져졌다.
4. 이방인 신부를 얻었다.
5. 자기 백성을 노예에서 해방시키고자 보냄을 받았다.
6. 하나님의 섭리로 유아시절에 선택되고 보호받았다.
7. 자기 백성에게 생수를 주었다(고전 10:1-4).
8. 목자였다(사 63:11).
9. 약속의 땅에 들어가기 전에 죽었다.
10. 추종자들은 이집트를 떠나 약속의 땅에 들어갔다.
11. 무덤에서 일어났다(유 9).
12. 변모되는 데 뛰어났다(출 34:29). 이 외에서 서로 유사한 점은 더욱 많다.

『**그녀는 그 아이가 준수한 것을 보고**』(2절). 준수한 것(goodly)뿐만 아니라 아름답고(fair, 행 7:20), 출중하다(proper, 히 11:23)고 성경은 말한다. 신약 성경이 완성된 지 최소한 110년 이후에 만들어진 <칠십인역>에는 신약 사도행전 7:20을 가지고 거꾸로 출애굽기의 본문을 고침으로 스테판이 필로, 오리겐, 클레멘트 등의 작품을 인용한 것으로 만들어 버렸다. A.D. 3세기에서 5세기의 모든 필사본

에 이 오류가 들어 있다. [창세기 46장 주석 참조]

모세가 태어나기 전에 두 아이가 먼저 태어난 것이 분명하다. 미리암과 아론이다. 미리암은 이 때에 최소한 열 살은 되었고(출 2:4,7) 아론은 모세보다 세 살 위였다(출 7:7).

『**그녀가 그 아이를 위하여 갈대로 만든 궤를 가져다가,**』(3절). 노아의 방주나 하나님의 궤(삼상 5:1)처럼 이 궤는 관처럼 되어 있다. 이것은 사 18:2에 언급된 것처럼 갈대로 만들어졌다. 방수기능으로 찰흙과 역청이 발라졌다.

『**아이를 그 안에 담아 강의 가장자리 창포들 사이에다 놓아 두었으며**』(3절). 궤는 물결에 따라 밀리지 않도록 잘 놓여 있었다. 그리고 미리암이 가까이에서 지켜보고 있었다. 본문에는 기록되지 않았지만 아이의 눈을 노리는 새들, 악어, 말라리아 등의 위험이 도사리고 있었을 것이다. 이런 환경 가운데 모세는 하나님께 내던져진 것이다. 십대 소녀 누이가 지켜보는 가운데 모세는 언제 깨질지 모르는 궤에 실려 죽음을 기다리고 있다. 아무도 그 궤에서 모세를 구출해 줄 수 없는 상황인 것이다.

2:5 ○ **파라오의 딸이 강에서 씻으려고 내려갔고 그녀의 시녀들은 강가를 거닐고 있더라. 그때 그녀가 창포들 사이에서 그 궤를 보고 시녀를 보내어 그것을 가져오게 하니라.**

6 **그녀가 그것을 열고 아이를 보니, 보라, 그 아이가 울더라. 그녀가 그 아이를 동정하여 말하기를 "이 아이는 히브리인들의 아이들 중 하나라." 하는데**

7 **그때 그 아이의 누나가 파라오의 딸에게 말하기를 "내가 가서 히브리 여인 중에서 유모를 당신께 불러다가 당신을 위하여 그 아이를 양육케 하리이까?" 하더라.**

8 **파라오의 딸이 그 소녀에게 말하기를 "가라." 하니, 그 소녀가 가서 그 아이의 어미를 부르니라.**

9 **파라오의 딸이 그녀에게 말하기를 "이 아이를 데려다가 나를 위하여 양육**
하라. 그리하면 내가 네게 삯을 주리라." 하니, 그 여인이 그 아이를 데려
다가 양육하니라.
10 **아이가 자라서 그 여인이 아이를 파라오의 딸에게 데려가니 그가 그녀의**
아들이 되니라. 그녀가 그의 이름을 모세라 부르고 말하기를 "이는 내가
그를 물에서 건져내었음이라." 하더라.

파라오의 딸이 아침에 세수하러 온 것인가 아니면 의식행사로 목욕하러 온 것인가를 놓고 논쟁을 벌이지만 무엇이 되었든 문제되지 않는다. 하나님께서는 하나님께 내던져진 아이를 안전하게 보호하기 위해 가정 적합한 때에 가장 적합한 장소로 그녀의 발걸음을 인도하셨다.

『**파라오의 딸이 강에서 씻으려고 내려갔고**』(5절). 역사가들은 이 파라오의 딸을 "메리스"(Merrhis), "아르타파누스"(Artapanus), "파리아"(Paria), "데르무티스"(Thermuthis)로 부른다. 이 파라오의 딸은 출애굽기 1:8의 "새로운 왕"과 정확하게 연결된다. 미리암은 파라오의 딸의 시녀였고, 이미 그녀가 어디에서 목욕할 것인지 알고 있었다.

1. 미리암은 궤 곁에 서서 무슨 일이 일어나는지 지켜보고 있었다.
2. 파라오의 딸은 『**그녀의 시녀**』(5절)를 시켜 궤를 가져오도록 했다.
3. 그 궤가 열렸을 때 곁에 있던 "시녀"는 미리암이었다!(7절)
4. 이러한 일이 일어나는 동안 미리암은 파라오의 딸의 시녀들과 강가를 거닐었다(5절).

요케벳은 치밀한 계산 아래 모험에 나섰다. 모세가 궤에 있는 시간은 하루 아니면 이틀이어야 한다. 궤를 파라오의 딸이 목욕하는 지점에 놓았다. 이 장소는 미리암이 미리 알고 있었고, 또 시녀였기에 파라오의 딸의 심성이 어떠한지도 알고 있었다. 이러한 사실들을 언급한다는 것이 모세를 보호하시는 데 있어서 하나님께서 어떻게 예비하셨는가 등의 주제로 설교하는 데 걸림돌이 될 수 있을지 모르지만 잊지 말아야 할 것은 이런 치밀한 계획에도 불구하고 아이가 때를 잘못 맞춰 울어 버리면 모든 것이 끝장난다는 것이다. 바로 다음날 아침에는 파라오의 딸이 아니라 파라오가 나타났기 때문이다!(출 7:15)

바로 이 긴박한 상황이 6절에 언급된다. 『**그녀가 그것을 열고 아이를 보니, 보라, 그 아이가 울더라.**』 요케벳의 예지를 알 수 있다. 그 궤는 (방주나 하나님의 궤처럼) 닫혀져 있었다. ("그녀가 그것을 열고," 6절) 이제 하나님께서 모세에게 말씀하신다. "목청이 터지도록 울어 대라!" 악을 쓰고 울어대는 어린애를 버려둘 만큼 모진 마음을 가진 여인이 있겠는가?

파라오의 그의 비밀경찰 친구들은 궤를 열고 즉시 아이를 물에 빠뜨리겠지만 파라오의 딸은 아이를 동정하여 『**이 아이는 히브리인들의 아이들 중 하나라**』고 말하였다(6절).

성령님은 또한 미리암을 통해 파라오의 딸을 계속 움직이신다. 파라오의 딸이 "이 아이는 히브리인들의 아이들 중 하나라."라는 말이 떨어지기가 무섭게 미리암이 나서서 "내가 가서 히브리 여인 중에서 유모를 당신께 불러다가 당신을 위하여 그 아이를 양육케 하리이까?"라고 말함으로써 파라오의 딸이 자신의 감정을 분석하기 전에 버려진 아이를 입양하도록 재촉한다.

이 장면은 매우 선명하다. 파라오의 딸은 아무 생각 없이 그저 아이만 바라보고 있다. 이 순간 그녀의 감정은 오로지 아이에 대한 사랑과 연민뿐이다. 이런 상황에서 미리암은 결단을 촉구했다. 만약 파라오의 딸에게 생각할 여지를 주었다면 그녀는 다음과 같은 반문을 했을 것이다.

1. 왜 네가 가야만 하느냐?
2. 왜 지금 꼭 가야만 하느냐? 무엇 때문에 서두르느냐?
3. 왜 이집트인 유모를 부르지 않느냐?
4. 내가 왜 이 짐을 떠 맡아야 한다고 생각하느냐?

그러나 마음이 사랑으로 넘칠 때 이성은 잠자기 마련이다.

『**파라오의 딸이 그 소녀에게 말하기를 "가라." 하니, 그 소녀가 가서 그 아이의 어미를 부르니라**』(8절). 소녀는 미리암이다(5,6,7절). 미리암이 헐레벌떡 집으로 뛰어 들어왔을 때 요케벳의 마음은 어떠했겠는가? 파라오의 비밀경찰이 아이를 찾아 낸 것인가? 파라오의 딸이 아이를 넘겨준 것인가? 궤가 강물에 가라앉아 버린 것은 아닌가? 요케벳의 가슴은 마냥 뛰기만 하였다.

『**파라오의 딸이 그녀에게 말하기를 "이 아이를 데려다가 나를 위하여 양육하라. 그리하면 내가 네게 삯을 주리라." 하니**』(9절). 요케벳은 믿음의 여인이었고 순종의 여인이었다. 자신의 아이와 모든 상황을 하나님께 맡겼다. 온 밤을 기도로 지새웠을 것이다. 아침이 되었을 때 자신의 아이가 살아 돌아왔다. 뿐만 아니라 자기 자신이 그 아이를 키울 수 있게 되었다. 이것이 다가 아니다. 돈까지 받게 되었다. 모든 엄마들은 양육비를 지불해야 하지만 말이다.

『**나를 위하여 양육하라**』(9절). 이 부분은 히브리서 11:24에서 더 구체적으로 알 수 있다. 파라오의 딸은 모세를 입양하려 했고 아마도 왕의 후계자로 삼으려 했을 것이다. 『**그가 그녀의 아들이 되니라**』(10절).

이제 모세는 왕족이 되었고 왕의 자녀로서 양육받았다. 물론 여기의 왕은 잘못된 왕이다(욥 41:34). 모세가 이집트에서 배운 지식과 지혜는(행 7:22) "이 세상의 지혜"이다(고전 2:1-6, 약 3:15). 요세푸스는 모세가 이집트 군대의 장군이 되어 에디오피아 군대를 패배시켰다고 말한다. 모세는 말과 행위에 능하였다(행 7:22). 성경에서 꼬투리를 잡고자 하는 자들은 사도행전 7:22과 출애굽기 4:10을 걸고 넘어진다. 이 두 구절 사이에 시간의 경과가 있었다는 사실을 모르기 때문이다(출 2:15과 같은 경우임). 모세가 말과 행위에 능하였다고 스테판이 말하였을 때 모세는 이집트로 보냄받은 뒤였다.

『**이 아이를 데려다가 나를 위하여 양육하라**』(9절). 진지하게 성경을 공부하면 이 구절에서 아름다운 예표를 보게 된다. 하나님은 자신의 아들을 히브리 여인에게 맡기셨다. 그 히브리 여인은 그 아이를 데려다가 양육하였다!(9절) "나를 위하여 양육하라". 이 말은 천사가 하나님의 메시지를 마리아에게 전한 내용(눅 1:35)과 일치한다. "하나님의 어리석음"(고전 1:27,28)에 놀라지 않을 수 없다. 하나님 자신이 스스로 피조된 세계로 들어오신 것이다. 그것도 도움을 받아야 하고, 배고프고, 울기도 하는, 양육을 받아야만 하는 아기로 이 세상에 들어오신 것이다!

(딤전 3:16) [이 부분은 공부를 해도 이해하기 어렵다. “인자”(Son of Man)가 하나님이시면서(요 1:1, 요일 1:1,2) 사람이라면 모든 어린아이들처럼 유아기에 어머니의 손에 의존해야 한다.]

『**그녀가 그의 이름을 모세라 부르고 말하기를 “이는 내가 그를 물에서 건져내었음이라.” 하더라**』(10절). 모세는 이집트어이다. 그러면서 히브리어와도 연결된다. 두 말을 합하면 여러 의미가 나온다. (이것은 히브리 단어의 어근을 통해 두 가지에서 여덟 가지의 다른 단어들로 확장시키는 방법이다)

1. 아들
2. 낳다, 생산하다
3. 꺼내다
4. 건져냄을 받은 사람
5. 앞으로 이끌다

모세는 태어나면서 물로부터 건져냄을 받아 나온 아들이다. [물로부터의 출생이다. 모든 히브리인들은 이것이 무엇을 의미하는지 이해한다.] 모세는 신학, 의학, 대수학, 기하학, 천문학, 철자법, 문법, 역사, 공학 등을 배웠다.

2:11 ○ **그 당시에 있었던 일인데, 모세가 성장한 후에 그의 형제들에게 나가서 그들의 노역을 보고 있던 중 한 이집트인이 그의 형제 중 하나인 히브리인을 때리는 것을 몰래 본지라.**

12 **그가 이쪽저쪽을 살펴 아무도 없는 것을 보고 그 이집트인을 죽여서 모래 속에 감추니라.**

13 **이튿날 그가 나갔더니, 보라, 히브리인 두 사람이 서로 싸우는지라, 그가 잘못한 자에게 말하기를 “너는 어찌하여 네 동료를 치느냐?” 하니,**

14 **그가 말하기를 “누가 너를 우리를 다스릴 통치자와 재판관으로 삼았더냐? 네가 이집트인을 죽인 것같이 나도 죽일 생각이냐?” 하니, 모세가 두려워하여 말하기를 “분명히 이 일이 알려졌도다.” 하더라.**

15 **그때 파라오가 이 일을 듣고 모세를 죽이려고 찾았으나 모세는 파라오의**

얼굴을 피하여 미디안 땅에 거했으며, 그가 우물가에 앉아 있더라.
16 **한편, 미디안 제사장에게는 일곱 딸이 있더라. 그들이 와서 물을 길어, 구**
유에 채워서 그들 아비의 양떼를 먹이려 하는데
17 **목자들이 와서 그들을 쫓아내는지라, 이에 모세가 일어나서 그들을 도와**
주고 그들의 양떼에게 물을 먹여 주니라.
18 **그들이 그들의 아비 르우엘에게 가자 그가 말하기를 "너희가 어찌하여 오**
늘은 이같이 일찍 돌아오느냐?" 하니,
19 **그들이 말하기를 "한 이집트인이 목자들의 손에서 우리를 구해 내고 우리**
를 위하여 물도 충분히 길어서 양떼들에게 먹였나이다." 하더라.
20 **그가 자기 딸들에게 말하기를 "그런데 그가 어디에 있느냐? 너희가 어찌**
하여 그 사람을 남겨 두고 왔느냐? 그를 불러서 그로 음식을 먹게 하라."
하니라.
21 **모세가 그 사람과 함께 거하는 것을 만족해 하므로, 그가 모세에게 자기**
딸 십포라를 주었더라.
22 **그녀가 그에게 아들을 낳으니 모세가 그의 이름을 게르솜이라 불렀으니,**
이는 그가 말하기를 "내가 타국 땅에서 타국인이 되었도다." 하였음이라.

모세는 이제 사십 세가 되었다(행 7장). 모세는 이집트인처럼 말하고 행동하고 옷 입었지만 그 마음 속에는 아브라함에게 주셨던 언약으로 가득 찼다. 그는 창세기 1장부터 50장까지의 대부분의 자세한 내용을 기억하고 있었다. 모세의 어머니가 그를 유년기에 양육했다는 사실을 기억한다면(출 1:9,10) 틀림없이 모세에게 홍수 이후에 있었던 셈으로부터의 역사를 들려주었을 것이다. 모세가 밖에 나가 노예들의 노역을 보았을 때 『**그의 형제 중 하나인 히브리인을 때리는 것을 몰래 본지라**』라고 기록되었다. 모세가 "자기 형제들"이 유대인이라는 사실을 몰랐다면 즉 이집트인이 아니라는 사실을 몰랐다면 이집트인을 죽여야 할 아무 이유가 없다.

『**그의 형제들에게 나가서**』(11절) 이 구절을 히브리서 11:24에서 말하고 있다. 이 구절이 말하는 것은 타니스의 궁전을 포기하고 그 안에 있는 모든 사치스런 삶을 포기하는 것을 포함한다. 모세는 지금까지의 이집트인으로서의 권리를 포기했다. 상세한 상황을 알 수 없지만 모세와 그의 양어머니, 그리고 파라오는 극한 대립을 보였을 것이다. 히브리서에서 모세는 "고난받는 것을 택하였다."고 말한다. 즉 그가 밖으로 "나간 것"(11절)은 그가 엄청난 대가를 치를 것을 의미한다.

『**그 이집트인을 죽여서 모래 속에 감추니라**』(12절). 엄밀히 말하면 이것은 살인이지만 하나님께서 보실 때는 "정당한 살인"일 것이다. "치다"(smiting)라는 말(창 32:8,11, 출 21:12, 민 3:13; 33:4; 35:18)은 누군가가 다른 사람을 죽일 때 사용된다. 사형집행을 수행하는 권위가 모세에게 주어졌는지 여부는 생각해 볼 여지가 있지만, 이 부분에 대해 노아에게 주어진 법은 분명하다(창 9:1-4). "피의 보복자"(민 35장)는 일반적으로 살해당한 사람의 친척이 된다. 모세는 "자기 형제들"(11절)의 "친척"이다.

13절부터 모세는 자기가 무엇을 해야 하는지 자신의 사역을 알았음이 분명하다. 모세는 유대인 노예들을 구원하도록 부르심을 받았다고 느꼈다. 모세가 출애굽기 2:11-14의 일들을 수행했을 때 스테판은 모세가 『**그의 형제들이 하나님께서 <u>자기의 손으로</u> 그들을 구원하고자 한 것을 이해하리라고 생각했으나**』라고 말한다. 모세가 저지른 잘못은 하나님보다 앞서 나간 것이다. 모세의 생애를 계속 공부해 보면(민 20:11) 마음은 온유했지만(민 12:3) 머리는 그렇지 못했던 것을(민 16:15) 알 수 있다. 아직 430년이 다 차지도 않았는데 모세는 하나님의 시간표를 40년이나 앞질렀던 것이다.

『**누가 너를... 다스릴 통치자와 재판관으로 삼았더냐?**』(14절) 물론 전능하신 하나님께서 그렇게 하셨다(행 7:35). 예수 그리스도를 이스라엘을 다스릴 통치자와 재판관으로 삼으신 것처럼(행 3:14,15, 주석) 모세로 왕과 재판관으로 삼으셨다. [예수 그리스도께서 "통치자"인 것을 거부하면(고전 2:3-8) 재판관으로서의 예수 그리스도를 만나게 된다(말 3:1-3).]

『**네가 이집트인을 죽인 것같이 나도 죽일 생각이냐?**』(14절) 물론 아니다. 모세는 잃어버린 자를 찾아 구원하기 위해 왔다. 자신의 형제를 죽일 의도는 전혀 없었다. 그러나 예수 그리스도의 경우처럼 모세 또한 살인자 취급을 받았다. 살인자에게는 극형이 내려진다(마 26:66). 예수 그리스도께는 살인자로서의 극형이 처음부터 계획되어진 것이다(눅 23:19).

『**모세가 두려워하여...**』(14절) 모세의 전형적인 모습이다(신 9:19; 28:60, 출 3:6, 히 12:21). 모세 역시 사람이다(약 5:17). 모세는 부주의했고(출 2:12), 화를 냈으며(민 20:10), 강한 믿음이 있었지만(출 10:26), 믿음이 약해지기도 했고(민 11:21,22), 지치기도 했으며(출 17:12), 의분에 차기도 했다(출 32:19). 또 자신을 확신하지 못했고(출 18:15-19), 용기를 내지 못하기도 했고(출 5:22,23), 의기양양하기도 했고(출 8:9), 언짢아 하기도 했다(민 12:13). 하나님과 논쟁하기도 했고(출 4:13,14), 불순종하기도 했고(출 4:24-26), 인내하지 못했고(출 2장), 죽음을 두려워하기도 했고(히 12:21), 열성적이기도 했고(민11:29), 능력이 있었고(민 16:28-32), 신실했고(히3:1-3), 승리에 차 있었고(신 32:43), 호기심이 있었고, 실망하기도 했다(신 3:25,26). 전체 기록을 살펴볼 때 모세는 지구 상의 먼지 길을 걸었던 인간 중의 인간이라고 말할 수 있다.

『**그때 파라오가 이 일을 듣고 모세를 죽이려고 찾았으나**』(15절). 이때 모세는 달아났고, 그래서 히브리서 11:27은 이 구절을 언급하는 것이 아니다. 히브리서 11:27은 출애굽기 10:28을 말하는 것이다. <킹제임스성경>은 사람이 의도적으로 일치시키려고 기록하지 않아도 기록된 내용을 통해 일치하는 것을 볼 수 있는데, 출애굽기 2:15의 『**모세는 파라오의 얼굴을 피하여**』와 출애굽기 4:3의 『**모세가 그것 앞에서 피하더라**』이다. 출애굽기 4:3의 "그것"은 바로 뱀이다!

『**한편, 미디안 제사장에게는 일곱 딸이 있더라**』(16절). 이 "미디안의 제사장"은 18절의 "르우엘"이고 필경 민수기 10:29의 "라구엘," 출애굽기 4:18의 "이드로," 재판관기 4:11의 "호밥"일 것이다. 루우엘(Reuel)과 라구엘(Raguel)의 철자가 다른 것은 역대기상 1장과 2장에서 도다님과 로다님, 삽디와 시므리, 암람과 헴단의 차이와 같다. <킹제임스성경> 번역자들이 창세기 36:4의 르우엘을 역대기상 1:35의 르우엘로 옮기는 데 있어서 아무런 문제가 되지 않았다는 사실을 알아야 한다.

"*아인*"(ע)에 대해서는 아무 어려움이 없었고 "Raguel"의 "g"처럼 번역하지 않았다. 출애굽기 2:18의 르우엘(Reuel)은 미디안에 있는 라구엘(Raguel)의 아들이었다. 다음으로 살펴볼 내용은 이름들이 여럿 나오는데 이 가운데 이드로(출 4:18)는 호칭(a title)이지 이름이 아니다. 즉, "각하," "귀하"와 같은 말이다. (윌리암즈는 모세의 장인 "호밥"에 대해 재판관기 4:11과 민수기 10:29에서 분명히 언급하고 있는 대로 명쾌하게 설명하지 못한다.)

"호밥"은 르우엘의 딸 십포라(혹은 모세)가 지어준 이름이다. 이 말의 의미는 "사랑하는"이다. 이 이름은 십포라가 모세와 결혼한 후에야 나타나고 광야에서의 생활과 그 이후에만 나타난다(민 10:29, 판 4:11). "미디안인 라구엘"(민 10:29)은 르우엘의 아버지였다. 어디에도 철자가 틀린 곳은 없다. "이드로"(출 4:18)는 모세의 장인인 르우엘에게 주어진 호칭이다. 그 의미는 "탁월"이다.

맛소라 원문에는 민수기 10:29이 "르우엘"(Reuel)로 되어 있다. 그래서 모든 주석가들은 모세의 장인은 "르우엘"(혹은 "라구엘")을 언급한다고 생각한다. 그러나 재판관기 4:11에 보면 분명하게 호밥("라구엘"이 아니라)이 모세의 장인이었다고 말한다. 라구엘은 르우엘의 아버지였고 모세와 십포라에 의해 "호밥"이라 불려졌다. 그리고 그의 제사장 호칭은 "이드로"였다. "이드로"가 사라지기 전에는 제사장 지파가 없었다는 사실을 알아야 한다. 모든 실제적인 면에서 아론이 선택되기 전까지는(출 18장 이후) 이드로가 "대제사장"(chief priest)이었다.

『**그들이 말하기를 "한 이집트인이 목자들의 손에서 우리를 구해 내고...**』(19절). 모세는 기사도 정신으로 음식도 얻고(20절), 숙소도 얻고(21절), 마침내는 아내까지 얻었다(21절).

『**그가 모세에게 자기 딸 십포라를 주었더라**』(21절). 여기에서 거부당하는 예수 그리스도의 모습을 볼 수 있다. 예수님께서는 보좌의 주인이셨지만 보좌에 앉지 못하신다. 자기 백성 이스라엘에 의해 거부당하셨기 때문이다. 거부당하셨을 그 때 예수 그리스도께서는 이방인 신부를 얻는 이방인의 제사장으로 자신의 원수들을 자신의 발판으로 삼으실 때까지(시 110편) 남의 양 무리를 먹이신다(출 2:17).

『**그녀가 그에게 아들을 낳으니 모세가 그의 이름을 게르솜이라 불렀으니**』(22절). 여기에서 <라틴 벌게이트>와 <칠십인역>은(모두 신약성경이 완성된 지 200년이 지나서야 만들어졌다.) "하나님을 도와드려" 히브리어 원문에 없는 27단어를 첨가시켰다. 첨가된 단어들은 출애굽기 18:4에서 도둑질해다가 본문에 첨가시킨 것인데, 북아프리카와 로마의 타락한 서기관들은 모세가 이 구절을 기록할 당시 자신에게 또 하나의 아들이 있었다는 사실을 잊었거나, 아니면 성령님께서 실수하셨거나, 아니면 히브리어 원문이 부패되었다고 여겼던 모양이다. 클라크는 이런 변칙이 "필요하다"고 주장하지만 성경을 진지하게 공부하는 사람이라면 이러한 주장은 불필요할 뿐더러 무의미한 것이라고 본다.

엘르에셀은 게르솜이 태어난 직후에 태어났다(출 4:20).

『**내가 타국 땅에서 타국인이 되었도다**』(22절). 마찬가지로 예수 그리스도께서도 타국 땅에서 타국인이 되셨다(마 25:35, 시 39:12; 137:4). 모세가 타니스에서 광야 뒷편으로 옮겨진 것은 예수 그리스도께서 상아 궁전(시 45장)과 황금길(계 21장)에서 냄새나는 베들레헴의 말구유로 옮겨진 것에 비하면 그야말로 관광여행을 떠나온 것이다. 창세 전에 하나님께서 예수 그리스도께 모든 영광을 주셨지만(요 17장) 그것을 버리고 냄새나고 추잡한 이 세상에 뒷문으로 들어오셨으며 그 모습조차도 목자들과 한 남자와 한 여자에게만 보이셨고 또 이들은 너무 가난하여 정결례 때에 양 한 마리도 바치지 못하였다(레 12장, 눅 2장).

2:23 ○ **세월이 지나서 그 이집트 왕은 죽고 이스라엘 자손들은 노예생활로 인하여 탄식하여 부르짖으니, 노예생활로 인한 그들의 부르짖음이** 하나님**께 상달되어,**
24 하나님**께서 그들의 신음 소리를 들으시고** 하나님**께서 아브라함과 이삭과 야곱과 맺은 그의 언약을 기억하시더라.**
25 하나님**께서 이스라엘 자손들을 굽어보셨으며** 하나님**께서 그들에게 관심을 가지셨더라.**

스테판에 의하면(행 7:30) 시간은 40년이 흘렀다(23절). 『**이스라엘 자손들은... 탄식하여 부르짖으니...**』(23절). 구원의 시간은 상황이 최악으로 치달을 때까지 연기되었다.

『**노예생활로 인하여**』(23절). 이 표현은 같은 절 안에서 두 번 번복된다. 이는 출애굽기 1장 이후로 계속 악화되는 것을 말한다. 이런 훈련이 40년간 광야에서 살면서 암몬, 모압, 아모리, 카나안인들과의 전쟁에 대비시키는 것이라고 아는 사람은 한 사람도 없었다. 출애굽기 1-3장의 이스라엘인들은 기병대가 되기 위해 준비되고 있었다.

모세는 여전히 광야에 있었다. 욥기를 공부하고 있었을런지도 모른다. 욥기는 "의인이 왜 고난당하는가?"에 대한 문제를 다루고 있기 때문이다. 이때에 창세기를 기록했을 수도 있다. 사십 년간 시간이 있었고 욥과 멜키세덱의 전통을 알고 있는 족장을 알고 있었다.

『하나님**께 상달되어**... 하나님**께서**... **들으시고**... 하나님**께서**... **굽어보셨으며**... 하나님께서 그들에게 관심을 가지셨더라.』(23-25절) "하나님"이라는 말이(히브리어로 "엘로힘") 세 구절에서 다섯 번 나온다. 이는 이스라엘 자손이 현재 "죽어 있다"는 것을 나타낸다(창 5:5과 주석을 볼 것). 아브라함의 경우와 마찬가지로 하나님께서 이제서야 이스라엘 자손을 위해 무엇인가를 하실 수가 있고 죽은 자들로부터 생명을 주실 수 있다(출 3:7).

성경대로 믿는 사람들은 1935년에서 1945년 사이 유럽에서 이스라엘에 대한 엄청난 박해가 있었다는 사실을 잊어서는 안된다. 본문에서 "탄식하여 부르짖는" 부분에 있어서는 독일의 SS친위대가 트레블링카, 벨센, 아우슈비츠, 부첸발드 등에서 무슨 짓들을 행했는지 기록들을 보면(1950-1970) 더 잘 알 수 있다. 이 외에도 이 사실을 증거하는 많은 자료들을 보면서 만일 하나님께서 이런 사실들을 보셨으면서도 "관심을" 갖지 않으셨다면(25절) 하나님께서는 아브라함의 하나님, 이삭의 하나님, 야곱의 하나님이 될 수 없다(출 3:6). 『하나님**께서 이스라엘 자손들을 굽어보셨으며** 하나님**께서 그들에게 관심을 가지셨더라**』(25절).

출애굽기 3장

3:1 **이제 모세가 그의 장인 미디안 제사장 이드로의 양떼를 치는데, 그가 그**
양떼를 광야의 뒷편으로 인도하여 하나님의 **산 호렙에 이르렀더니,**
2 **주의 천사가 가시덤불 가운데서 나온 불꽃 속에서 그에게 나타나시니라.**
그가 보니, 보라, 가시덤불이 불로 타나 가시덤불은 소멸되지 않더라.
3 **모세가 말하기를 "이제 내가 옆으로 비켜서서 어찌하여 그 가시덤불이 타**
지 않는지 이 큰 광경을 보리라." 하는데
4 **주께서 그가 보려고 옆으로 비켜서는 것을 보신지라,** 하나님**께서 가시덤불**
가운데서 그를 불러 말씀하시기를 "모세야, 모세야." 하시므로 그가 말씀
드리기를 "내가 여기 있나이다." 하니,
5 **주께서 말씀하시기를 "여기로 가까이 다가서지 말고 네 발에서 신을 벗으**
라. 이는 네가 서 있는 곳이 거룩한 땅임이니라." 하시더라.
6 **주께서 또 말씀하시기를 "나는 네 조상의** 하나님**이니, 곧 아브라함의** 하나
님, **이삭의** 하나님, **야곱의** 하나님**이라." 하시더라. 모세가 자기 얼굴을 가**
리니 이는 그가 하나님 **쳐다보기를 두려워함이더라.**

출애굽기 2장까지는 400년에 걸친 기간 동안 일어난 사건들을 말하고, 이제부터는 이야기가 시간 단위로 자세하게 전개된다.

『**그가 그 양떼를 광야의 뒷편으로 인도하여** 하나님**의 산 호렙에 이르렀더니**』(1절). "호렙"은 시내에 대한 또 다른 이름이다(출 17:6; 33:6, 신 1:2,6,19; 4:10,15). 이 둘 가운데 하나는 산맥을 언급할 수도 있고, 또는 산맥 안에 있는 특정한 산을 언급할 수도 있지만, 구약에서는 같이 쓰인다(왕상 8:9; 19:8, 시 106:19, 말 4:4). 더멜로우는 이런 사실을 모르기 때문에 그라프-벨하우젠 이론을 받아들여서, 모세오경을 두 사람이 기록했고 그래서 표현도 다르다고 주장한다.

바울에 의하면 아라비아에 있는 이 "하나님의 산"은 "종"에 비유된다(갈 4:25). 놀라운 사실은 이스라엘을 노예로부터 구출하기 시작하는 이 장소가 이스라엘을 영적 노예로 가두어 버리는데(갈 5:1), 이는 예수 그리스도께서 부활하신 후까지 계속된다(행 15:10,11).

『**주의 천사가 가시덤불 가운데서 나온 불꽃 속에서 그에게 나타나시니라**』(2절). "주의 천사"는 '테트라그라마톤'("여호와"에 해당하는 히브리어 자음 4개, וה יה)과 관련이 있다. 본문의 주의 천사는 "덤불 안에 거하시는 분"(신 33:16)이고, 출애굽기 3:4,6,13,14의 하나님 자신이시다. 불타는 가시덤불은 에녹이 휴거된 것과 롯의 아내가 소금 기둥으로 변한 것을 제외하고는 성경에서 첫 번째로 언급되는 기적이다. 이것은 인간이 관측할 수 있는 대상 가운데 분명히 자연현상에 위배되는 기적이다. 홍수도 우주적인 것이고 자연의 법칙에서 기인한 것이며, 소돔에 내려진 불도 분명히 자연에 있는 요소들과의 결합에 의해 생성된 것이지만, 불타는 가시덤불은 또 다른 현상이다. [W.R. 보위(Bowie)는 이 불타는 가시덤불의 기적을 동쪽에서 해가 뜰 때 사막에서 발생되는 가물가물한 열기로 인해 불이 붙은 것처럼 보여진 것뿐이라고 헛소리를 한다.]

불타고 있는 가시덤불은 소멸되지 않는 이스라엘을 상징한다. 이스라엘에 대한 상징은 원래 여섯 갈래의 "다윗의 별"이 아니다. (오히려 이 별은 스테판이 사도행전 7:43에서 마귀 신인 "렘판"의 별이라고 부른다.)

성경에서 이스라엘에 대한 상징은 무화과나무(렘 24장, 마 24:32)와 올리브 나무(롬 11:24)와 불타는 가시덤불(말 3:6)이다. 이집트에서는 노예가 되었고(출 2-12장), 출애굽한 이후에는 이방인들이 괴롭혔고(판 4-5장), 산헤립이 학대하였으며(왕하 19장), 느부갓넷살이 대량 학살했고(애 1-4장), 로마가 살육하였으며

(A.D. 70년), 영국에서는 추방당하였고(A.D. 1020년 커누트), 유럽인들이 박해했고(A.D. 1096년 "성전"), 에드워드 1세에 의해 쫓겨났고(A.D. 1272년), 프랑스에 의해 강탈당했고(A.D. 1492년), 히틀러에 의해 가스실에 들어갔고 화장당했던, 바로 그 불타는 가시덤불, 그러나 이 불타는 가시덤불은 아직도 소멸되지 않았다(말 3:6)!

『**모세가 자기 얼굴을 가리니**』(6절). 엘리야처럼(왕상 19장) 스랍들처럼(사 6:2) 모세는 얼굴을 가렸다. 모세는 하나님의 현현(하나님께서 나타나심)을 본 것이다. 그래서 당연히 얼굴을 숨겼다(창 3:8). 죽었다 하더라도 그것은 정당한 것이다(판 13:22). 『이는 그가 하나님 쳐다보기를 두려워함이더라』(6절). 그러나 똑같이 하나님을 쳐다본 요한과는 차이가 있다. 요한은 하나님을 쳐다보았을 뿐만 아니라 손으로 만졌다(요일 1:1,2, 요 13:25).

3:7 ○ 주께서 말씀하시기를 "내가 이집트에 있는 내 백성의 고통을 분명히 보았으며 그들의 공사 감독자들로 인한 그들의 부르짖음을 들었나니, 이는 내가 그들의 슬픔을 앎이라.
8 그들을 이집트인들의 손에서 구해 내고 그 땅에서 그들을 인도하여 아름답고 넓은 땅, 젖과 꿀이 흐르는 땅, 즉 카나안인과 힛인과 아모리인과 프리스인과 히위인과 여부스인의 지역에 이르게 하려고 내가 내려왔노라.
9 그러므로 이제, 보라, 이스라엘 자손들의 부르짖음이 내게 미쳤으며 또 이집트인들이 그들을 압제하는 그 압제를 내가 보았으니,
10 그러므로 이제 오라, 내가 너를 파라오에게 보내고 너로 하여금 내 백성 이스라엘 자손들을 이집트에서 데리고 나오게 하리라." 하시더라.

이제 모세는 역사상 가장 중요한 일들 가운데 하나인 임무를 부여받는다. 모세는 이제 회중을 이끌고 전갈과 뱀들이 우글거리는, 바위로 덮힌 사막으로 나가 아무것도 없는 곳에서 이들을 먹이고 마시게 해야 한다. 참으로 엄청난 부르심이 아닌가!

『그 땅에서 그들을 인도하여 아름답고 넓은 땅, 젖과 꿀이 흐르는 땅...』(8절). 이 땅에 대해서는 신명기 8:7에서 설명한다. 이 땅은 유럽의 국가들과 비교해 볼 때 그리 크지는 않다. 면적이 10,000평방 마일 정도로, 벨기에와 비슷하다. 그러나 원래의 땅(창 15:18-21)은 약 60,000평방 마일이고, 창세기 15장의 본문은 이집트에서 노예 생활을 했던 그 땅까지 포함한다.

8절에는 여섯 개 민족이 언급되는데, 그 전에는 열 개의 민족이 언급되었다(창 15:19-21). <칠십인역>에서는 이 차이점에 대해 하나님을 조금이라도 도와드리고자(?) 본문에 "기르가스인들"을 포함시켰는데, 이는 전혀 무의미한 것이다. 왜냐하면 그렇게 해도 르파인들, 켄인들, 크니스인들, 캇몬인들은 여전히 없기 때문이다. 오히려 여기서는 "히위인"이 추가되었다. 우리는 창세기 15장 이후로 민족의 이동이 있어 왔다는 사실을 기억해야 한다. 그때로부터 이때까지 400년의 기간이 흘렀다. 크니스인, 켄인, 캇몬인은 분명히 카나안인들의 노예가 되었을 것이다. 르파인(거인들)들은 아모리인들에 흡수되었다는 것은 여호수아 10,11,13,24장을 통해 알 수 있다.

『그러므로 이제 오라, 내가 너를... 보내고 너로 하여금 내 백성 이스라엘 자손들을 이집트에서 데리고 나오게 하리라』(10절). 여기에 분명한 임무가 주어진다. 똑같은 임무가 예수 그리스도께도 주어진다. 예수 그리스도께서는 하나님에 의해(요 17:4) 자기 백성들을(요 17:8) 이 세상으로부터(요 17:24) 데리고 나오도록 보내심을 받았다. 물론 이 임무와 부르심(히 10:7)에 대한 예수 그리스도의 반응은 모세가 반응한 것에 비해 사뭇 달랐다.

3:11 ○ **모세가** 하나님**께 말씀드리기를 "내가 누구기에 파라오에게 가며, 이집트에서 이스라엘 자손들을 데리고 나올 수 있으리이까?" 하니,**
12 **주께서 말씀하시기를 "내가 반드시 너와 함께하리니, 이것이 내가 너를 보낸 표가 되리라. 네가 이집트에서 그 백성을 데리고 나오면 너희가 이 산에서** 하나님**을 섬길 것이니라." 하시니라.**
13 **모세가** 하나님**께 말씀드리기를 "보소서, 내가 이스라엘 자손에게 가서**

'너희 조상들의 하나님께서 나를 너희에게 보내셨다.'라고 그들에게 말할
진대 그들이 내게 말하기를 '그의 이름이 무엇이냐?'하면, 내가 무엇이라
고 그들에게 말하리이까?" 하니,
14 하나님께서 모세에게 말씀하시기를 "나는 곧 나니라" 하시고, 또 말씀하시
기를 "너는 이스라엘 자손들에게 이같이 말할지니 '나이신 분께서 나를
너희에게 보내셨다.'하라." 하시니라.
15 하나님께서 모세에게 또 말씀하시기를 "너는 이스라엘 자손에게 이같이
말하기를 '너희 조상의 주 하나님, 즉 아브라함의 하나님, 이삭의 하나님,
야곱의 하나님께서 나를 너희에게 보내셨느니라.' 하라. 이것이 나의 영원
한 이름이요 이것이 모든 세대에게 나의 기념이 되리라.
16 가서 이스라엘의 장로들을 함께 모으고 그들에게 말하기를 '너희 조상의
주 하나님, 곧 아브라함과 이삭과 야곱의 하나님께서 내게 나타나시어 말
씀하시기를, 내가 분명히 너희를 찾아왔었고 이집트에서 너희에게 가해
진 것을 보았노라.
17 내가 말하였나니, 내가 너희를 이집트의 고통에서 인도하여 카나안인과
힛인과 아모리인과 프리스인과 히위인과 여부스인의 땅, 즉 젖과 꿀이
흐르는 땅으로 이르게 하리라 하셨다.' 하라.
18 그리하면 그들이 네 음성에 경청하리라. 또 너, 곧 너와 이스라엘의 장로
들은 이집트 왕에게 가서 그에게 말할지니 '히브리인의 주 하나님께서 우
리와 더불어 만나셨나이다. 간구하오니, 우리로 삼 일 여정으로 광야로
나가도록 허락해 주소서. 우리가 주 우리 하나님께 희생제를 드리리이다.'
하라.

하나님의 사역을 위해 80년 간 준비되었음에도 불구하고 모세는 그 부르심에 응답할 준비가 안되었다. 이것이 인간의 본성이다. 인간은 느낌에 너무 의존하기 때문에 처음에는 생각하다가도 마침내 자포자기해 버리고 만다(민 16,17장, 삼상 12:16-19을 함께 보라). 처음에 모세는 자신의 소명을 느꼈다(출 2:12). 그러고 나서 성급하게 하나님보다 앞서 나가 버렸다. 이것은 전적으로 육신의 일이었다(갈 5:21). 너무나 낙심이 되어(출 2:15) 부르심에 대해 잠시 쉬는 정도가 아니라 아

에 전체 일을 멈춰 버렸다. 자신의 백성을 포기했고, 그들의 구원자로서(행 7:35) 자신의 직무를 포기하였다. 누군가가 모세에게 다가와 "당신은 이스라엘을 구원하기 위해 부르심을 받은 적이 있습니다."하고 말한다 하여도 더 이상 모세에게는 아무 느낌을 주지 못한다. 시몬 베드로가 말한 것처럼(행 10:14) 하나님께서 말씀하신 것을 수행하신다는 사실이 모세에게는 더 이상 의미가 없었다. 모세는 사십 년간 자신의 적성, 가능성, 자신의 부채를 평가했다. 그리고 완고한 결정을 내렸다. "나는 안돼!"

『**...내가 누구기에 파라오에게 가며...**』(11절). 기드온처럼(판 6:13,15) 모세도 하나님께서 자신의 형편을 알아주셨으면 했다. 이 시점에서 대부분의 사람들과 마찬가지로 모세는 두 가지 사실을 잊었다. 하나님께서는 자신이 얼마나 미천한 존재인지를 알기 전까지는 부르시지 않는다. 하나님께서는 하늘과 땅의 모든 권세가 하나님께 속해 있다는 사실을 깨닫기 전까지는 아무도 부르시지 않는다. 모세는 겸손함을 배웠다. 이제는 하나님 안에서 믿음을 배울 차례다.

『**모세가** 하나님**께 말씀드리기를 "보소서, 내가 이스라엘 자손에게 가서... 그들이 내게 말하기를 '그의 이름이 무엇이냐?'하면...**』(13절). 모세는 지금 핑계거리를 찾고 있다. 일반적인 핑계거리를 찾다가 4:10에서 최고의 변명거리를 찾아냈다. 이스라엘인들은 이집트의 많은 신들을 접하고 살아서(오시리스, 호러스, 파쉬트, 토트, 셉, 이시스 등) 그들에게 하나님에 대한 이름이 필요했을지 모른다. 그러나 그렇다 하더라도 모세는 시내 광야에서 40년간 있을 때 창세기를 기록하여 하나님의 이름을 이미 알고 있었을 것이다. 더욱이 모세의 어머니가 모세에게 아브라함의 하나님, 이삭의 하나님, 야곱의 하나님의 분명한 이름을 말해주지 않았을 리가 없다. 모세는 "여호와 이레"(창 22:14), "엘로힘"(창 1:1), "엘룐"(창 14:18), "아도나이"(창 15:2,8), "여호와"(창 2:4,5,7,8)라는 이름에 익숙했을 것이다. 모세의 질문이 진지한 것이었다면 이렇게 많이 알고 있는 이름들 가운데 어떤 이름으로 나아가야 하느냐이었을 것이다. 모세는 출애굽기 2:14과 같은 상황이 재현되기를 결코 바라지 않았다. 그러나 계속되는 내용을 보면 상황을 비켜가기 위한 질문이었던 것을 알 수 있다.

『**나는 곧 나니라 ... 나이신 분**』(14절). 인간의 역사 이래 그 어떤 종교 문학을 통틀어도 이 이름만큼 정확하게 하나님의 이름을 잘 설명한 이름이 없다. 한 영이시고 창조주이고 절대 주권자시며, 온전한 거룩함과 권세의 절대자이신 하나님, 그분께 부여할 수 있는 이름은 "나이신 분"(I AM)이다. 이 이름 외의 그분의 이름에 대한 어떠한 시도도 그분의 통일된 속성을 망쳐놓을 뿐이다.

"나는 곧 나니라."

"나는 존재하며 항상 존재해왔기 때문에 다만 나일 뿐이다."

"나는 나다. 다른 설명이 필요없다."

"나는 길이요, 진리요, 생명이요, 문이요, 위로자이다."

"나는 항상 나다. 과거, 현재, 미래에 상관없이 항상 'I am'이다."

예수 그리스도께서 "내가 그니라"(I AM)』라고 말씀하셨을 때 예수님을 박해하던 자들은 뒤로 물러서서 땅에 엎드렸다(요 18:6-8). 예수님께서 "나는 있느니라"(I AM, 요 8:58)고 말씀하셨을 때, 바리새인들은 그 말이 무엇을 의미하는지 알았다.

윌리엄즈가 언급한 것처럼 "I AM"은 이스라엘에게 주어진 백지수표다. 필요한 것이 무엇이든 요구만 하면 된다. 권세가 필요하다면 "권세"(power)라고 적으면 된다. "I AM power"(마 28장). 위로(comfort)가 필요하면 "위로"라고 적으면 된다. "I AM comfort"(요 14:16). 치유(healing)가 필요하면 "I AM the Healer"(출 15:26)가 된다.

『**이것이 나의 영원한 이름이요 이것이 모든 세대에게 나의 기념이 되리라**』(15절). "예수"는 이 세상뿐만 아니라 오는 세상에서도 이름지어진 모든 이름 위에 뛰어난 이름이다(엡 1:21). 예수 그리스도께서는 여러 "I AM"들 중의 "I AM"이다(계 19:16). 럿셀과 러더포드(여호와의 증인)는 "예수"라는 이름을 테트라그라마톤의 제2바이올린 쯤으로 생각했다. 그러나 신약과 구약에서는 주 예수를 스가랴 12:10, 이사야 9:6, 골로새서 1:2-6의 문맥에서 여호와와 동등하게 기록한다.

『**그리하면 그들이 네 음성에 경청하리라**』(18절). 본문은 4:31에서 성취된다. 『**...이집트 왕에게 가서 그에게 말할지니...**』(18절). 이 내용은 5:1-3에서 성취된다.

“희생제”는 모세, 파라오, 이스라엘의 장로들, 이집트인들, 하나님 자신에 의해 당연한 것으로 받아들여졌다.

만일 파라오가 이 제안을 받아들였다면 모세는 70명의 장로들과(18절) 아론을 데리고 3일 여정의 광야를 갔다가 돌아와야만 했다. 즉 시내로 데려가지 못할 수 있었다. 그러나 하나님께서는 파라오의 마음을 아시고(출 3:19), 온전하게 이스라엘 민족이 이집트를 떠나 카나안으로 향하게 하신다.

3:19 ○ **내가 확실히 아노니, 어떤 능한 손으로도 이집트 왕이 너희를 결코 가게 하지 아니할 것이나,**

20 **내가 나의 손을 뻗쳐 그들 가운데서 행할 나의 모든 이적들로 이집트를 치리니 그후에야 그가 너희를 가게 하리라.**

21 **내가 이집트인들의 목전에서 이 백성에게 은총을 베풀리니 너희가 갈 때에 빈손으로 가지 아니하리라.**

22 **모든 여인들은 자기 이웃 사람들과 자기 집에 기거하는 사람들에게서 은패물과 금패물과 옷들을 빌려서 너희 아들들과 딸들에게 입히라. 너희가 이집트인들에게서 빼앗아 가게 될 것이라.” 하시니라.**

스카랴 12:7은 이 의미를 잘 제시하고 있다. 하나님께서는 파라오의 멸망으로 영광을 취하실 것이며(롬 9:17), 또한 모세와 아론의 “능력 있는 손”이 아니라, 그분의 뻗으신 손으로 이스라엘을 데려가실 것이다.

21절과 22절은 출애굽기 12:35에서 문자대로 성취된다. 우리는 이스라엘의 출애굽과 창세기 31장에서 “야곱의 출애굽” 사이의 반대됨을 잘 보아야 한다. 두 경우 모두, 유대인들은 약속의 땅으로 돌아가기 전 이방인들을 해치는데, 이것이 <평범한 진리>, <미국 파괴의 음모>, <세계적 음모>, <국제 은행>, <국제 보물>, <시온의 음모> 등의 책에서 풍기는 20세기 비애의 근원이다.

『모든 여인들은 자기 이웃 사람들...에게서... 빌려서... 너희가 이집트인들에게서 빼앗아 가게 될 것이라』(22절). 벌링거는 필로와 클레멘트, 오리겐, 판테누스에게 동조하여 "빌린다는 것"이 가장 비참한 표현이라고 말한다. 이들의 추종자들, 메이첸, 오리겐, 로버트슨, 데이비스, 밀리건, 트렌치 등이 그러한 이유는 다음과 같다.

1. 다른 답을 모른다.

2. 그들은 성령을 다루고 있음을 믿지 않는다.

3. 그들이 하나님의 말씀을 고칠 권위가 있다고 생각한다.

4. 불가지론자나 무신론자가 성경을 공격할 것을 두려워한다.

5. 하나님을 도와, 성경이 영감받아 쓰여진 것이 아니라 훌륭하고 존경할 만하고 "경건한," 바로 그들같은 사람들에 의해 쓰여졌음을 불가지론자와 무신론자에게 증명하기를 원하는 것이다.

킹제임스성경의 번역자들은 벌게이트, 칠십인역, ASV, NASV, RV, RSV가 여기에서 "빌리다"를 수없이 "요구하다"(ask)라고 고칠 것을 알고 있었으리라. 그러나 그들은 하나님의 도우심을 구하였다. 히브리어 "샤알"은 "요청하다" 외에도 "빌리다"라는 뜻이 있다(삼상 2:20을 보라).

자, "빌리다"라는 말은 일시적으로 가져오고 후에 다시 갚는 것을 의미한다. 물론 이집트인들은 이스라엘의 요구에 재물들을 주었다. 하지만 다음과 같은 의미에서 이집트인들은 이 요구물들을(출 11:2; 12:35) 빌려준 것이 분명하다. 왜냐하면 그 요구물들은 갚아졌기 때문이다.

1. 신명기 26:28 - 그들은 다시 노예가 되었다!

2. 예레미야 44:46 - 그들은 다시 노예가 되었다!

3. 호세아 12:1 - 그들은 수입을 얻었다!

4. 고린도후서 12:9 - 그들은 금을 돌려 받았다!

킹제임스성경(1611)은 정확하며, 이것을 바꾼 성경들은 성경을 이해하지도 보지도 못하고 외식하는 성경 학자들에 의해 쓰여진 것이다.

출애굽기 4장

4:1 **모세가 대답하여 말씀드리기를 "그러나 보소서, 그들이 나를 믿지도 아니**
하고 내 음성에 경청하지도 아니하리니, 그들이 말하기를 '주께서 네게 나
타나지 아니하셨다.' 하리이다." 하자,
2 **주께서 그에게 말씀하시기를 "네 손에 있는 것이 무엇이냐?" 하시니 그가**
말씀드리기를 "막대기니이다." 하더라.
3 **주께서 말씀하시기를 "그것을 땅에 던지라." 하시기에 그가 그것을 땅에**
던졌더니 그것이 뱀이 된지라, 모세가 그것 앞에서 피하더라.
4 **주께서 모세에게 말씀하시기를 "손을 내밀어 그 꼬리를 잡으라." 하시기에**
그가 손을 내밀어 그것을 잡으니, 그것이 그의 손에서 막대기가 되더라.
5 **"이것으로 그들이 그들의 조상들의** 주 하나님, **곧 아브라함의** 하나님, **이삭**
의 하나님, **야곱의** 하나님**이 너에게 나타난 것을 믿으리라." 하시니라.**

모세는 여전히 하나님에 대해 저항한다(출 3:11을 보라). 모세는 예수 그리스도처럼(빌 2:7) 어떤 평판도 받지 못하게 되었다. 이집트 왕과 더불어 일대일로 결전을 치를 용의가 없어진 것이다.

『그러나 보소서, 그들이 나를 믿지도 아니하고 내 음성에 경청하지도 아니하리니』(1절). 하나님께서는 어떤 사람을 사역으로 부르실 때마다 곤경에 처하게 하시는 듯하다. 모세와 마찬가지로 기드온도 135,000명의 미디안인들(판 8:10)과 싸울 때 자신 없어 했다. 사울은 기구 사이에 숨었고(삼상 10:22), 요나는 동쪽으로 가지 않고 서쪽으로 가기를 원했다(욘 1장). 베드로는 『**나를 떠나가소서. 오 주여, 나는 죄인이로소이다**』(눅 5:8)라고 말했고, 입다는 권력을 보장받기 전까지는 전혀 움직이려 하지 않았다(판 11:9). 극히 소수의 사람들만이 마태처럼(마 9:9) 강단으로 걸음을 옮긴다. 하나님의 "부르심"이 있으면 거의 대부분 『**나로 먼저 가서**』(눅 9:59)라는 말이 따른다.

『**그들이 말하기를 '주께서 네게 나타나지 아니하셨다.' 하리이다**』(1절). 이 내용은 누가복음 24:11의 내용과 얼마나 흡사한가!

사도행전 9:17에서 주께서 나타나셨는가, 그렇지 않은가에 따라 바울의 증거는 참인가, 거짓인가가 판명된다. 만일 바울이 거짓말한 것이라면 A.D. 34년부터 지금까지 살았던 모든 그리스도인들은 속은 것이고 여전히 죄와 허물 가운데 죽어 있는 것이다. 칠십인역에는 이 구절을 심하게 변개시켜 성령님께서 <킹제임스성경>에서 보존하신 열한 단어를 삭제시켰다. [ASV(A.D. 1901)와 NEW ASV(A.D. 1963, A.D. 1969)는 본문을 칠십인역에서 취했는데 이 칠십인역은 A.D. 150년에서 A.D. 550년 사이에 기록되었다. 사람들이 말하는 그리스도인이 있기 전의 신비적인 "칠십인역"을 혼동해서는 안 된다. 그런 책은 존재하지 않는다.]

『**주께서 그에게 말씀하시기를 "네 손에 있는 것이 무엇이냐?" 하시니**』(2절). 하나님께서는 그 사람이 가지고 있는 것을 사용하신다(고후 8:12). 그래서 하나님은 어떤 의미에서 "각자 부르심을 받은 그 부르심"의 내용대로 그를 사용하신다(고전 7:24). 베드로는 고기잡이 그물에서 사람을 낚는 그물로 바꾼다(눅 5:10). 마태는 계속해서 펜을 사용하여 글을 쓰지만 더 이상 카이사를 위한 것이 아니라 성령 하나님께서 영감으로 주시는 말씀을 기록하며 하나님을 섬긴다. 삼손에게는 나귀 턱뼈가 손에 쥐어졌는데 그것으로 아우디 머피(Audie Murphy, A.D. 1945)가 50구경 소총을 가지고 했던 것보다 더 엄청난 일을 했다(판 15:15). 다윗은 이새의 양떼를 치는 목자에서(삼상 16:11) 이스라엘을 이끄는 목자로 바뀌었다. 아모스는 곧장 열매를 얻으러 나무를 흔들려고 간다(암 7:16). 막 뽕나무 열매를 거두었을 때였다.

『**그가 말씀드리기를 "막대기니이다." 하더라**』(2절). 이것은 "하나님의 막대기"(출 4:20)를 말한다. 이 막대기는 아론에게 넘겨졌지만(출 8:16,17) 모세가 때로 사용하곤 했다(출 10:13).

『**주께서 말씀하시기를 "그것을 땅에 던지라." ....그것이 뱀이 된지라. 모세가 그것 앞에서 피하더라**』(3절). 모세의 막대기는 선지자로서의 그리스도를 상징한다(신 18:15). 아론의 막대기는 제사장으로서의 그리스도를 상징한다(민 17:8). 다윗의 막대기는 왕으로서의 그리스도를 상징한다(시 2:9).

모든 주석가들은 이 구절의 관련 구절인 에스겔 29:3을 놓쳐 버렸다. 이들 모두는 이사야 27:1과 욥기 41:1을 연관시키지 못했기 때문에 - 한 예로 New Scofield Reference Bible을 보라. - 아무도 파라오를 사탄과 연관시키지 못했다. 강단주석은 창세기 3:1-4은 가공의 이야기라고까지 말한다. 이와 대조적으로 위에 언급한 관련 구절을 무시하는 것은 공상에 지나지 않는다.

파라오는 적그리스도의 예표이다. 성경에서 파라오는 요한계시록 12:3의 "뱀" 위에 있는 두 번째 머리를 나타낸다(첫 번째 머리는 님롯이다).

『**그것이 뱀이 된지라, 모세가 그것 앞에서 피하더라**』(3절). 이것이 성경에서 사람이 행한 첫 번째 기적이다. 그러나 "과학"이라고 하는 최고 법정에서의 첫 번째 선언은 모든 "기적들"은 위헌이라는 것이다. 거기에는 온통 미신적인 사람들로 구성되어 있는데 이들은 "고대 히브리인들은 과학적 귀납법과 같은 과학지식을 배우지 못해서 자연현상을 '기적들'이라고 말했다"고 생각한다. 고상한 "크리스천" 불신자들도 상태는 마찬가지여서 자신들이 이성적으로 설명할 수 없는 부분은 받아들이지 않는다.

성경에서 사람이 행한 첫 번째 기적은 이스라엘에게 주어진 표적이다. 이 가르침은 혼미한 위클리프 주석, 강단 주석, 더멜로우 주석, 윌리엄즈 주석만 보지 않는다면 너무 선명하다. 처음으로 사람이 행한 기적은 두 가지 사실을 말한다. 첫째로 이스라엘은 그들이 노예가 되기 전에 목자들의 국가였고, 하나님께서 기적을 베푸심으로써 그 땅으로 다시 돌아갈 수 있다. 둘째로 양들을 쳤던 사람은 마귀도 패배시킬 수 있는데 양들을 칠 때 사용했던 것과 같은 도구를 사용한다. 모세는 자신을 물려고 쫓아다니는 뱀을 보고 혼비백산한다(3절).

『**그가 손을 내밀어 그것을 잡으니**』(4절). 모세는 꼬리를 잡았다(4절). 뱀이 꼬리를 돌리지 않았더라면 머리라도 움켜잡았을 것이다. 여기에서 주는 교훈은 명백하다. 『**마귀를 대적하라. 그리하면 그가 너희로부터 도망하리라**』(약 4:7). 모세는 대환란 때 사도로서의 증인의 예표가 된다(막 16:17,18).

4:6 ○ **주께서 그에게 또 말씀하시기를 "네 손을 지금 네 품에 넣으라." 하시기에, 그가 자기 손을 품에 넣었다 꺼내니, 보라, 그의 손이 문둥병에 걸려 눈처럼 되었더라.**

7 **주께서 말씀하시기를 "네 손을 네 품에 다시 넣으라." 하시므로 그가 그의 손을 품에 다시 넣었다가 품에서 꺼내니, 보라, 그의 손이 그의 다른 살과 같이 되었더라.**

8 **"만일 그들이 너를 믿지 아니하고 처음 표적의 소리에 경청하지 아니하면, 그들이 나중 표적의 소리를 믿으리라.**

9 **만일 그들이 이 두 표적도 믿지 아니하고 네 음성에도 경청하지 아니하면, 너는 강물을 떠다가 마른 땅 위에 부으라. 네가 강에서 떠온 물이 마른 땅 위에서 피가 되리라." 하시니라.**

하나님께서는 막대기가 뱀으로 변하는 기적에 또 중요한 기적을 더해 주셔서 하나님을 믿도록(5절) 하신다. 이 두 가지 기적을 통해 하나님께서 모세에게 나타나셨다는 사실을 입증한다. 이제 모세는 출애굽기 2:11-13의 그런 사람이 아니다.

『**"네 손을 지금 네 품에 넣으라." 하시기에, 그가 자기 손을 품에 넣었다 꺼내니, 보라, 그의 손이 문둥병에 걸려 눈처럼 되었더라**』(6절). 손과 마음은 자연스럽게 연결된다(막 7:21-23, 골 3:22, 잠 26:15, 전 9:10). [ASV(A.D. 1901)와 한글 개역성경이 어떻게 잠언 26:15을 변개시켜 관련구절을 없앴는지 살펴보라.] 마음에 품은 일을 손이 행하게 된다(잠 4:23). 두 번째 표적은 믿음과 관련된 생생한 기적이다. 이것은 하나님께서 치유하실 수 있는 능력을 나타낸다.

A. 출애굽기 15:26까지 성경에서 어떤 질병도 언급하지 않는다. 창세기에서 "아프다"는 말은(예를 들면 창 48:1) 늙어서 쇠약해지는 것을 말하는 것이지 질병으로 인한 고통을 언급하는 것이 아니다. 질병은 세상의 예표인 이집트에서 시작되었다. [창세기 50장의 주석을 볼 것.]

B. 문둥병은 아프리카의 질병이다(출 15:26, 창 13:1). 문둥병자가 하얗게 되면(레 13:13) 깨끗한 것이다(창 19:26 - 롯의 아내).

C. 죄는 숨겨질 수도 있고 드러날 수도 있다(욥 11:12-15; 31:33). 하나님께서는 우리가 죄를 꺼내어 보이기를 원하신다(시 32:5,6).

D. 이스라엘은 전체가 이 세상의 죄와 질병에 노출되어 있다. 그들의 마음이 깨끗하지 않다면 그들의 손은 이집트의 더러움으로 오염된 채 남아있을 것이다.

주석가들은 위와 같은 교훈의 대부분을 지나쳤다. 본문을 다룰 때 아주 일반적인 이야기를 하거나 막연하게 영적인 적용을 한다.

유명인사들이 걸을 때 한쪽 손을 자켓에 찔러 넣고 다니는 것이라든가 경례할 때 가슴 위에 손을 얹는 동작 등은 본문에서 나온 것이다. (무심히 하고 있는 일을 잘 보면 그것은 성경에서 따온 것이다.)

모세가 문둥병을 네 번 경험했다는 사실을 아는 주석가는 드물다. 여기에서 한 번, 아론 앞에서 한 번(출 4:28), 장로들 앞에서 한 번(30절), 파라오 앞에서 한 번, 모두 네 번이다(21절). 『**너는 주의하여 내가 네 손에 준 그러한 모든 이적들을 파라오 앞에서 다 행하라**』(21절).

『**만일 그들이 너를 믿지 아니하고 처음 표적의 소리에 경청하지 아니하면, 그들이 나중 표적의 소리를 믿으리라**』(8절). 이스라엘의 구원은(이스라엘은 민족으로서 출발했다.) "표적들"과 더불어 진행된다(고전 1:22). 하나님께서 지명하신 구원자가 예수 그리스도라면 이러한 표적들이 주어져야만 한다(행 2:22). 그분의 출생도 비방받을(눅 2:34) "표적"(사 7:11-14)이다. 그분의 계승자들은(막 16:17,18) 처음에 모세에게 주어졌던 "표적들"(고후 12:12)을 항상 가지고 있어야만 한다.

『너는 강물을 떠다가...네가 강에서 떠온 물이 마른 땅 위에서 피가 되리라』(9절). 모세는 마지막 30분간에 걸쳐 "요술"(?)을 행하게 되는데 이 요술은 이집트의 교수진들이 따라하기가 참으로 어려웠다(알렉산드리아는 이집트에 있다는 사실을 잊어서는 안 된다).

세 번째 표적은 성경에 있는 위대한 표적으로 심판, 예수 그리스도의 신성, 그리고 두 가지의 출생을 계시해 주고 있다. 심판에 대해 막연하게 심판의 본질 정도로만 주석하는 것 외에 주요 주석가들은 이 세 번째 표적의 계시를 모두 놓쳐 버렸다. 신비스런 <킹제임스성경>의 빛으로 계시의 내용을 살펴보자.

1. 물로의 출생은 육체의 출생이고 육체의 생명은 피에 있다(창 1:20, 레 17:14, 잠 5:16, 사 48:1)
2. 엎질러진 피는(레 17장) 목마른 사람에게 있어서 엎질러진 물과 같다(삼하 23:17). 사람이 살기 위해 필요로 하는 것 중 가장 중요한 것은 공기 다음으로 물이다.
3. 파라오와 같이 피를 엎질렀다면(출애굽기 1-2장) 심판은 필연적이다(창 9:1-6).
4. 이 피는 물에 흘려졌다(출 7:20). 이 물을 사람들은 식수로 사용한다(계 16:5-7). 그러므로 이 피가 갚아지기 위해서는 물은 반드시 피로 변해야 한다(계 19:2).
5. 그리스도의 피는 하나님의 피이다(킹제임스성경의 행 20:28, 이 구절에서 예수 그리스도의 신성을 공격하는 모든 다른 번역본들을 무시하라). 그러나 예수 그리스도는 마리아를 통해 출생하실 때 인간의 본성을 가지고 태어나셨다(눅 1:35).
6. 그러므로 물과 피는 예수 그리스도의 두 가지 성품을 나타낸다(요 1:14). 이 사실이 믿기 힘들기에 요한은 믿음에 관련된 부분이라고 말한다.
7. 요한일서 5:6,7의 물과 피는 두 가지의 출생과 두 가지의 분리된 성품을 증거한다. 요한일서 5장 전체는 출생에 대해 언급하고 있다(요일 5:1,4,5,6).
8. 소위 말하는 "요한의 컴마"는 분명히 절대적으로 영감받은 성경의 본문이다. 이에 반대하는 자들이 하는 것은 아일랜드산 삽살개를 독일산 세파트와 싸움시키는 것과 같다.

요한일서 5:6-8의 "물"은 에베소서 5:26의 "말씀에 의한 물로 씻어"가 물침례와는 상관 없듯이 물침례를 말하는 것이 아니다. 이에 반대하는 주석가들에 대해 성경이 말씀하신다 『**너희가 성경도,** 하나님**의 능력도 모르므로 오해한 것이 아니냐?**』(막 12:24)

하늘에서 증거하시는 세 분은 절대적으로 하나님이시다. 『**말씀은** 하나님**이셨느니라**』(요 1:1, 요일 5:7). 땅에서 증거하는 세 분(성령과 물과 피) 중에 성령과 피, 두 분만이 하나님이시다(요일 5:6). 물은 첫 아담이 땅에 속한 것처럼(고전 15:45) 그리스도의 지상에서의 출생을 말한다. 바로 말씀이 육신이 되신 것이다. 그러나 "아버지"와 "성령"은(요일 5:7) 결코 물로 태어나지 않으셨다(창 1:20).

4:10 ○ **모세가 주께 말씀드리기를 "오 나의 주여, 나는 말을 잘하지 못하며 주께서 주의 종에게 말씀하신 지금까지도 그러하니이다. 나는 말하는 것도 느리고 혀도 둔하니이다." 하자,**

11 **주께서 그에게 말씀하시기를 "누가 사람의 입을 만들었느냐? 누가 벙어리와 귀머거리와 보는 자와 눈먼 자를 만들었느냐? 나 주가 한 것이 아니냐?**

12 **그러므로 이제 가라. 그리하면 내가 너의 입과 함께할 것이요, 네가 말할 것을 가르쳐 주리라." 하시니라.**

13 **그가 말하기를 "오 내 주여, 내가 간구하오니 주께서 보내고자 하는 자의 손을 통해 보내소서." 하자,**

14 **주의 화가 모세에 대하여 발하였으니, 그가 말씀하시기를 "레위인 네 형 아론이 있지 아니하냐? 그가 말을 잘하는 줄 내가 아노라. 또 보라, 그가 너를 만나려고 나아오나니 그가 너를 볼 때에 그의 마음속으로 기뻐하리라.**

15 **너는 그에게 말하고 그의 입에 말을 넣어 주라. 내가 네 입과 또 그의 입과 함께하겠고 너희가 해야 할 것을 너희에게 가르치리라.**

16 **그가 백성에게 너의 대변인이 될 것이며, 그가 그리 되어, 너에게 입을 대신할 것이며 너는 그에게** 하나님**을 대신할 것이라.**

17 **너는 네 손에 이 막대기를 잡고 그것으로 표적들을 행할지니라." 하시니라.**

『오 나의 주여, 나는 말을 잘하지 못하며... 나는 말하는 것도 느리고 혀도 둔하니이다』(10절). 모세는 세 번째 이의를 제기한다(출 3:13; 4:1). 모세는 하나님께서 자신과 동행하시고 함께 하실 것을 확신하였다. 마음대로 사용할 수 있는 하나님의 이름도 계시받았다. 노아, 에녹, 아브라함, 이삭, 야곱에게는 금하셨던 기적의 표적까지도 주어졌다. 그런데도 더 필요한 것이 무엇이었을까?

"그러나 주님도 아시다시피 저는 한 번도 말을 잘 한 적이 없습니다. 사람들 앞에만 서면 주눅이 듭니다. 무엇을 말해야 겠다고 생각하면서도 혀가 말을 잘 안 듣습니다. 문법에 맞게 말한 적도 거의 없습니다. 자동사와 타동사도 잘 구분이 안 되고요, 고유명사와 불완전명사도 잘 모르겠습니다. 그리고..."

"그만."

[이런 내용이 히브리어 본문에는 없지만 1880년 이후 출간된 영어 성경들이 말하는 것보다는 의미가 본문에 훨씬 더 가까운 것이다.] 하나님은 모세에 대해 참을 만큼 참으셨다. 14절을 보면 분명해진다. "주의 화가 모세에 대하여 발하였으니" 성경에서 이 표현이 기록될 때는 누군가를 죽이려고 하셨다(민 11:1,10,33; 22:22; 25:3, 신 6:15; 7:4; 11:17; 31:17, 수 7:1; 23:16 등을 찾아보라).

출애굽기 6:12에서 모세의 불평은 반복된다. 모세에게 있어서 문제는 말을 더듬는 것과 하나님의 거룩함에 대해 말하려고 할 때 표현 능력이 부족한 것 같다. 하나님과 대화하였음에도 이 문제는 좀처럼 해결되지 않았고 여전히 긴장 가운데 있다. 모세는 "주께서 주의 종에게 말씀하신 지금까지도 그러하니이다."라고 말한다. 다니엘은 주의 천사와 대화함으로 힘을 얻는다(단 10:18). 그러나 모세의 경우는 시간이 지날수록 힘이 빠진다.

『주께서 그에게 말씀하시기를 "누가 사람의 입을 만들었느냐?...나 주가 한 것이 아니냐?...시니라』(11,12절). 아멘. 분명히 그렇다(욥 12:20, 시 9:14; 40:3, 눅 1:64, 마 21:16, 막 7:37 등). 하나님께서는 "말 못하는" 그리스도인을 말하게 하시고 증거하게 하실 수 있다. 하나님께서는 "듣지 못하는" 그리스도인에게 하나님의 명령과 책망을 듣게 하실 수 있다. 하나님께서는 "보지 못하는" 그리스도인에게 성경이 말하는 의미를 보게 하시고(눅 24:45) 자신을 둘러싸고 있는 세상의 상태를 보게 하실 수 있다(행 16:18).

한번은 한 유명인사가 듣지 못하고 말하지 못하는 아이들 앞에서 자신의 "종교" 의견에 대해 말하고 있었다. 이 사람은 무신론자였다. 그런데 그 아이들이 성경적 입장을 옹호하자 이 사람은 안달이 났다. 손짓으로 말하고, 칠판에 답을 쓰고 계속하다가 마침내 이 사람은 이성을 잃었다. 그리고 열 살 먹은 여자 어린이를 지목하여 물었다. "정말 하나님이 너희가 말하는 것처럼 사랑이 많으시고 능력이 많으시다면 어떻게 그런 하나님이 너희와 같은 아이들을 만들 수 있겠나?" 그 소녀는 질문의 내용을 이해하고 지긋이 웃으면서 칠판으로 다가가 이렇게 썼다. 『**그러하옵니다**, 아버지**시여**. **이는 그렇게 하시는 것이 아버지 보시기에 선합이니이다**』(마 11:26).

J. 프랭크 노리스가 목회했던 제일침례교회가 포트워스에 있었다. 수수하게 생긴 십대 소녀가 있었는데 여섯 살 정도의 지능밖에 안되는 아이였다. 이 소녀는 초청시간만 되면 이리저리 걸어 돌아다닌다. 성가대가 찬양하고 있고 목사는 초청하고 있을 때 이 소녀는 의자 사이를 돌아다니며 낯선 남자나 여자 앞에 몇 분간 서 있는다. 그러고 나서 팔을 잡아 끌고 눈물을 흘리면서 호소한다. "예수님을 믿지 않으면 지옥에 가게 되요!" 매 주일마다 다섯 사람에서 열 사람 정도가 이 어린 아이의 증거를 통해 예수 그리스도를 자신의 구세주로 받아들인다.

『**내가 너의 입과 함께할 것이요, 네가 말할 것을 가르쳐 주리라**』(12절). 하나님의 말씀을 증거하는 사역자에게 하나님께서 주신 위대한 약속 가운데 하나다. 모세에게는 핑계의 여지가 없다. 초신자라도 경험이 없다고 핑계대지 못한다. 요한복음 4:39의 여인을 보라. 젊다고 핑계대지 못한다. 요한복음 6:9의 청년을 보라. 늙었다고 뒤쳐질 수 없다. 시므온과 모세를 보라(눅 2:25). 몸이 불편하다고 해서 연기할 수 없다. 바울은 일생 동안 질환이 있었다(고후 12:7-10).

『**그가 말하기를 "오 내 주여, 내가 간구하오니 주께서 보내고자 하는 자의 손을 통해 보내소서." 하자,**』(13절). "주님, 제발 다른 사람을 보내 주십시오." 또 이런 말도 되겠다. "하나님 대신 다른 사람의 손길을 통해 나를 보내 주십시오." 어쨌든 모세가 한 말은 스랍의 숯에 불을 지핀 것이다(사 6:6). 주님의 화가 발하게 되었다.

『**레위인 네 형 아론이 있지 아니하냐?**』(14절). 하나님께서는 필요한 모든 것을 미리 준비하시고 감찰하셨다. 11절에서 모세를 비난하신 것은 모세에게 순종을 가르치시기 위해서이다. 하나님께서는 모세의 유약함을(히 12:21) 미리 감찰하셨고 아론을 허락하셨다(빌 4:19). 시간의 흐름에 따라 보면 17절 다음에 27절로 연결된다. 즉 아론은 모세가 불타는 가시덤불을 보기 전에 이집트를 떠나 시내로 가라는 명령을 받았던 것이다.

『**그가 말을 잘하는 줄 내가 아노라**』(14절). 하나님께서는 모든 것을 설명하는데 지치셨다. 사람들이 무익한 말을 했다면 심판 날에 설명해야 한다(마 10:26). 하나님께서 전혀 모르시는 말 같은 것은 없다. 하나님께서는 분명하게 누가 말을 잘하고 누가 말을 잘 못하는 것까지 알고 계신다.

『**너는 그에게 말하고 그의 입에 말을 넣어 주라**』(15절). 모세는 누구에게든지 개인적으로 말하는 데는 문제가 없다. 문제는 여러 군중 앞에 섰을 때이다.

『**내가 네 입과 또 그의 입과 함께하겠고**』(15절). 이제는 아무런 문제가 정말로 없을 것 같다.

『...**그가 그리 되어, 너에게 입을 대신할 것이며 너는 그에게** 하나님을 **대신할 것이라**』(16절). 모든 주석가들은 이 구절이 비난조의 유머라는 사실을 모른다. 벌링거가 제시한 관련구절은 옳다(딤후 3:16, 민 12:6; 11:29, 신 33:1). 그러나 여기에서 한 말이 그렇게 심각한 말은 아니다. 모세는 아론에게 "하나님" 역할을 할 뿐만 아니라 파라오에게도 "하나님" 역할을 한다(출 7:1). 진지하게 생각해야 되는 내용이라면 아론이 대화를 할 때 그 정보를 모세로부터 받았다는 사실 정도이다(30절). 적어도 모세와 아론이 이집트를 떠날 때까지는 이 사실이 적용된다(레 11:1; 13:1; 15:1).

그러나 아론은 "기도응답"(출 4:13) 가운데 하나다. 그러나 이 기도응답은 때때론 응답되지 않았으면 하고 바랄 때도 있었다(신 9:20). 이 대변자를 산 대가는 3000개의 무덤이었다(출 32:28).

『...**그가... 너에게 입을 대신할 것이며...**』(16절). 즉 "너는 내가 만들어준 입을 포기하였다. 그런즉 너는 더 이상 네 입을 사용할 수 없다. 나는 네 입을 다른 사람에게 주었다." 사울이 다윗의 물매를 필요로 했듯이 신명기 32:1-4에서 모세는 아론의 입을(출 32:24) 필요로 했을 것이다.

『**너는 네 손에 이 막대기를 잡고 그것으로 표적들을 행할지니라**』(17절). 이 구절에 이어 27절, 28절이 이어진다. 아론이 불타는 가시덤불을 보았다는 암시는 없다. 대화는 17절에서 끝났고 주의 천사는 사라졌다. 불은 깜빡깜빡거리고 모세는 뱀처럼 생긴 "막대기"를 쥔 채 이드로의 양떼와 함께 홀로 남겨졌다. 가시덤불은 모세 바로 앞에서 햇빛에 반짝이고 그 초록색 잎들은 초겨울 아침에 반짝이는 사철나무처럼 영롱하게 모세를 바라보고 있다.

4:18 ○ **모세가 그의 장인 이드로에게로 돌아가서 그에게 말하기를 "간구하오니 나로 가게 하소서. 이집트에 있는 내 형제들에게 돌아가서 그들이 아직도 살아 있는지 보려고 하나이다." 하니, 이드로가 모세에게 말하기를 "평안히 가라." 하니라.**

19 **주께서 미디안에서 모세에게 말씀하시기를 "가서, 이집트로 돌아가라. 네 생명을 찾던 모든 사람들이 죽었느니라." 하시더라.**

20 **모세가 그의 아내와 아들들을 데리고 나귀에 태워 이집트 땅으로 돌아갔더라. 모세가 손에 하나님의 막대기를 가졌더라.**

21 **주께서 모세에게 말씀하시기를 "네가 이집트로 돌아가거든, 너는 주의하여 내가 네 손에 준 그러한 모든 이적들을 파라오 앞에서 다 행하라. 그러나 내가 그의 마음을 완악하게 하리니 그는 백성을 가게 하지 아니하리라.**

22 **너는 파라오에게 말하기를 '주가 이같이 말하노라. 이스라엘은 내 아들이요, 내 첫태생이니라.**

23 **내가 네게 말하노니 내 아들을 가게 해서 그로 나를 섬기게 하라. 만일 네가 그를 보내기를 거절하면, 보라, 내가 네 아들, 네 첫태생을 죽이리**

라.' 하라." 하시니라.

모세가 장인에게 되돌아가 그 동안의 일을 보고했을 때 사울이 사무엘상 10:16에서 말한 것처럼 보고했다. 모세는 하나님에 대한 언급이나 하나님의 말씀을 전파하기 위해 부름을 받았다는 내용을 전하지 않았다.

『간구하오니 나로 가게 하소서. 이집트에 있는 내 형제들에게 돌아가서... 이드로가 모세에게 말하기를 "평안히 가라." 하니라』(18절). 모세가 왜 사실대로 이드로에게 말하지 않았는지 그 이유는 알 수 없지만 분명한 사실은 모세가 "사실, 바로 진실만을" 말하는 데 문제가 있다는 것이다(22,23절의 주석을 볼 것).

모세에게 맡겨진 사역이 "비밀에 부쳐진 사역"이라 이드로에게 사실대로 알릴 필요가 없었으리라고 생각할 지도 모르겠다. 그러나 모세가 파라오와 직면했을 때 그 사역은 결코 "비밀"이 아니었다(출 5:1; 7:10,15; 8:8 등).

더욱이, 모세가 이드로에게 돌아왔을 때 아론은 모세와 함께 있었던 것 같다(18절과 27-29절 비교). 자기 형과 동행했던 모세는 분명히 아내와 아이들을 데리고 창세기 42:27에서 언급한 "여관"으로 들어갔다. [더멜로우는 그 여관이 건물일 필요는 없다고 말하는데(RV, 1884), RV 본문을 통해 보면 길을 의미하는 것 외에 아무 의미도 없다.] "칠십인역"에는 18절에 아홉 단어를 첨가시켰다. 그러고 나서 "나귀"(20절)를 "나귀들"(복수)로 고쳤다. 성경 본문을 이렇게 변개시킨 배경은 모세에게 두 아들이 있었다면(2:22 참조) 그 가족을 운반할 나귀로 두 마리 내지는 세 마리가 필요했을 것이라고 생각한 것이다. New ASV(1963)가 누가복음 2:33, 요한복음 9:35, 디모데전서 3:16, 누가복음 23:42, 사도행전 9:5,6, 그 외 800곳을 고친 것과 똑같이 알렉산드리아 개정자들은 성경 본문을 뜯어고친 것이다. [마태복음 21:5 주석을 볼 것]

예수 그리스도의 경우처럼 모세도 이집트에 "하나님"으로 돌아왔다. 예수 그리스도의 경우처럼 모세를 죽이려고 찾던(마 2:20) 사람들이 죽었다(출 4:19).

사건이 전개된 순서는 다음과 같다.

1. 아론이 모세를 만나 표적들을 본다(27-28절).

2. 아론은 이집트로 돌아가 "여관"에서 기다린다.

3. 모세는 장인에게 돌아가 떠나도록 허락을 받는다. 허락을 받는 것은 관습에 관한 일이다(창 31:26-28). 십포라도 함께 떠나기 때문이다(24,25절).

4. 모세 일행은 여관에서 아론을 만나고 24-26절의 사건이 이어진다. 십포라는 미디안으로 돌아가고(출 18:1-2) 아론과 모세는 이집트로 들어가 장로들을 소집한다(29절).

『너는 파라오에게 말하기를 '주가 이같이 말하노라. 이스라엘은 내 아들이요, 내 첫태생이니라』(22절). 이 구절에서 위대한 세대적 진리가 계시된다. 그러나 A.D. 500년에서 A.D. 1975년까지 90%이상의 주석가들은 이 진리를 놓쳤다. 더멜로우는 이스라엘이 첫태생이라면 이방인들은 "두 번째 태생"(second born)이어야만 한다는 사실을 파악했다. 존슨 교수(위클리프 주석)는 이 구절에 대해 주석할 필요조차 느끼지 못했다. 클라크는 본 궤도에서 벗어나 "하나님의 친애하는" 민족인 히브리 민족 운운하다가 넘어져 버린다.

1. 어떤 집합적인 민족이 "하나님의 아들"(a son of God)로서 선택되어졌다.

2. 이 시점까지 하나님의 아들들(sons of God)은 천사들이다(욥 1:6; 38:7, 창 6:1-4).

3. 하나님의 아들(the Son of God)은 예수 그리스도시다.

4. 예수 그리스도를 믿는 사람들(요 1:12,13)은 욥기 1:6과 마태복음 22:30에서 언급된 하나님의 아들들을 대신할 것이다.

5. 그러므로 구약에서 말하는 "새로운 출생"(new birth)은 하나의 민족으로서 집합적으로 태어나는 것을 말한다(호 11:1, 갈 4:1-6). 개인적으로 "하나님의 아들들"로 태어나는 것은 마리아가 첫아들을 낳은(골 1:15, 마 1:25) "모든 피조물의 첫태생"이 나타난 이후라야 가능하다. 그러므로 1582년의 암흑 시대의 예수회 성경이나 New ASV에 "first born"("첫아들"을 "아들"로 바꾼 개역성경)을 삭제시킨 사실은 어떤 면에서 흥미롭다. 이것이 진리를 삭제시키려고 동원하는 사탄의 술책인 것이다.

이스라엘은 하나의 민족으로서 하나님의 "아들들과 딸들"로 불려질 수 있다

(사 43:6). 그러나 어떤 이스라엘 사람도 개인적으론 "하나님의 아들"로 불려지지 않았다. 하나님의 아들로 불려질 수 있는 것은 하나님의 아들(THE SON, 마 21:36,37)이 나타난 후에라야 가능하다. 예수 그리스도께서 나타나셨을 때 그분은 하나님께로부터 태어나신 거룩한 "아들"이었다. [주의 칼(The Sword of the Lord)이 추천하는 New ASV의 사도행전 4:27,30은 로마 카톨릭 성경들과 같다. (개역성경도 거룩하신 '아들'을 거룩한 '종'으로 변개시켰다.) 이러한 성경들은 마가복음 16:18의 뱀들처럼 집어서 불 속에(히 6:8) 떨어버려라(행 28:5).]

히브리서 12:23의 "첫째로 난 자의... 교회"는 이스라엘을 지칭할 가능성이 높다. 또한 히브리서라는 이름 자체가 그리스도의 몸이 아닌 히브리인들을 대상으로 기록된 책임을 보여준다.

4:24 ○ **주께서 도중에 여관에서 그를 만나 그를 죽이려 하시는지라,**
25 **그때 십포라가 예리한 돌을 취하여 자기 아들의 포피를 베어 모세의 발 앞에 던지며 말하기를 "당신은 참으로 나에게 피흘리는 남편이니이다." 하니라.**
26 **그러므로 주께서 그를 가게 하시니라. 그때에 그녀가 말하기를 '당신은 피흘리는 남편이라.' 함은 할례 때문이더라.**

이 본문은 출애굽기에서 가장 난해한 구절들 중 하나이다. 대부분의 주석가들은 십포라가 그녀의 자식에게 할례를 행하지 않았다면, 하나님께서 모세를 갑자기 만나서 그를 죽이셨을 거라고 생각하지만, 거기에 '두 명'이 있었다는 것을 기억하라!

모세(와 십포라)와 그의 두 아들이 여관으로 들어간다. 그들은 문을 통과해 들어가고 주께서 그들 네 명 앞에 갑자기 모습을 드러내시어 모세를 죽이시려고 칼을 빼드신다. 『**네 생명을 찾던 모든 사람들이 죽었느니라.**』(19절)고 그에게 바로 말씀하신 후에 말이다! 그러자 십포라는 본능적으로 필요한 절차를 깨닫고서, 놀라 비명을 지르거나, 기도하거나, 모세 앞을 막아 서거나, 뒷문으로 줄행랑을 치거나, 주 앞에서 가라데 폼을 잡는 대신, 그녀는 예리한 돌을 주워 들고서(수

5:2) '한' 아이의 포피를 잘라낸다!

주께서는 그때까지 할례를 받지 아니한 소년들 중 하나를 죽이려고 나타나신 것이다. 모세는 자신이 더 이상 "히브리인"이 아니라는 근거로 그의 "첫태생"에게 할례 행하기를 분명히 거절했다. 앞 장에서 이집트를 떠날 때, 모세는 자신의 국적을 포기하고 게르솜에게 할례 행하기를 거부했던 것이다.

그러나, 23절과 24절의 "연관성"을 보면 위험에 처한 것이, 모세보다는 모세의 첫태생, 즉 게르솜임을 명백히 알 수 있다. 이때 그의 나이는 서른 여덟보다 훨씬 아래였던 것이 틀림없다. 더구나 십포라는 그녀에게 알려준 이가 아무도 없는데 무엇을 해야할지 정확히 알고 있는 듯하다!(25절) 그녀는 모세와 사십년 동안 살면서 창세기 17장에 대해 들었고, 그것을 기억으로 수없이 되뇌일 수 있었던 것이다. 이제, 아브라함의 '육신적인' 후손의 지도자가 되라고 위임된 공적인 임무로 인해, 모세는 창세기 17장에 문자 그대로 순응해야 할 것이다. 그래서 그녀는 칼을 들고서 고통스런 수술을 수행하고, 그 뒤 침실로 돌아가 막강한 모세를 잠에서 깨워 이렇게 말한다. "참 대단한 남편이로군요! 당신이 해야 할 일을 내가 하지 않았더라면, 우린 내일 아침 게르솜을 땅 속에 묻어야 했을 겁니다! 당신은 당신의 부주의 때문에 당신의 첫태생을 거의 죽음에까지 몰고 가셨군요. 당신은 피흘리는 남편이니이다!"

4:27 ○ 주께서 아론에게 말씀하시기를 "광야로 가서 모세를 만나라." 하시니, 그가 나가서 하나님의 **산에서 그를 만나 그에게 입맞추더라.**

28 모세가 아론에게 자기를 보내신 주의 모든 말씀과 주께서 자기에게 명령하신 모든 표적들을 말하더라.

우린 이미 이 부분에 대해 4:18에 주석을 달아 놓았다. 윌리엄스는 호르산과 호렙산을 동일시하는 깜짝 놀랄 일을 저질렀다. 그러나 호르산은 호렙산으로부터 30마일도 더 떨어져 있으며, 비록 그것이 지도에 표시될 수 없다 할지라도, 분명 누구라도 민수기 20:23과 민수기 21:4을 읽고서 호르산이 에시온게벨의 북쪽에 있어야 한다는 것을 알 수 있을 것이다. 에시온게벨은 호렙산에서 100마일이나 떨어져 있다.

4:29 ○ **모세와 아론이 가서 이스라엘 자손의 모든 장로들을 함께 모아 놓고**
30 **아론이 주께서 모세에게 말씀하셨던 모든 말씀을 전하고 백성들의 목전 에서 표적들을 행하니**
31 **백성들이 믿고 또 주께서 이스라엘 자손들을 찾아오셔서 그들의 고통을 살피셨다 함을 듣고 그들이 머리를 숙여 경배하더라.**

아론은 하나님께서 출애굽기 3:7-10과 4:22에서 모세에게 말씀하신 모든 것을 되풀이한다. 모세가 그의 지팡이를 치자 그것이 뱀으로 변하기도 하고, 모세의 손에 허연 문둥병이 생겼다가 원상으로 회복되기도 하며, 지팡이로 물을 치니 그것이 피로 변하는 것이다. 이를 본 이스라엘은 이전에는 모세를 거부했지만, 이제는 모세를 하나님이 보낸 사람으로 흔쾌히 받아들인다.

『**아론이... 백성들의 목전에서 표적들을 행하니**』(30절). 이제부터 유대인들은 표적을 구하기 시작한다(4:8의 주석을 보라).

『**백성들이 믿고... 그들이 머리를 숙여 경배하더라**』(31절). 도마처럼 이스라엘도 "백문이불여일견"(Seeing is believing)이지만, 성도라면 "주께서 그들의 고통을 살피셨다 함을" 들은 후에 겸손이("그들이 머리를 숙여") 따라온다는 것을 주목하지 않을 수 없다. 그들의 심금을 울려 경배하도록 한 것은 하나님의 은혜와 자비만이 아니다. 그것은 '거룩하신 분'께서 "가까이" 계시다는 갑작스런 깨달음 때문이기도 했는데, 만일 그분이 그들의 고통을 살피셨다면, 그분은 또한 그들의 "죄들"도 살피셨을 테니 말이다!

출애굽기 5장

5:1 그후에 모세와 아론이 파라오에게 들어가 말하기를 "이스라엘의 주 하나
님께서 이같이 말씀하시나니 '내 백성을 가게 하여 그들로 광야에서 내게
명절을 지키게 하라.' 하시나이다." 하니
2 파라오가 말하기를 "주가 누구기에 내가 그의 말을 복종하고 이스라엘을
보내겠느냐? 나는 주를 알지 못하며, 또한 이스라엘로 가게 하지도 아니
하리라." 하더라.
3 그들이 말하기를 "히브리인의 하나님께서 우리와 만나셨나이다. 간구하오
니 광야로 삼 일 여정으로 가게 하시어 주 우리 하나님께 희생제를 드리
게 하소서. 그래야 주께서 전염병이나 칼로 우리를 치지 않으시리이다."
하니,
4 이집트 왕이 그들에게 말하기를 "어찌하여 모세와 아론, 너희는 백성들로
그들의 일들을 쉬게 하느냐? 너희는 너희 노역이나 하라." 하더라.
5 또 파라오가 말하기를 "보라, 이제 그 땅의 백성이 많은데 너희가 그들의
노역에서 그들을 쉬게 하는도다." 하고
6 파라오가 그 날로 백성의 공사 감독자들과 그들의 관원들에게 명령하여
말하기를
7 "너희는 더 이상 벽돌 만드는 짚을 이전처럼 백성들에게 주지 말고 그들
로 가서 스스로 짚을 줍게 하라.
8 그들이 지금까지 만들었던 벽돌의 총수를 그들에게 정해 주고 거기에서

조금도 감하지 말지니라. 그들이 게으르므로 소리질러 말하기를 '우리가 가서 우리의 하나님**께 희생제를 드리게 하소서.' 하는도다.**
9 **그 사람들에게 더 많은 일을 지우고 그 일로 수고하게 하여 헛된 말들을 생각하지 않게 하라." 하니라.**

이제 속도가 붙는다. 아론과 모세는 곧장 파라오에게 달려갔다. 다음에 이어지는 대화는 타니스(소안)에 있는 궁전에서 일어났다. 모세는 40년 전에 떠났던 궁전 뜰에 들어서자마자 용기가 사라지기 시작한다. 주님의 지팡이가 있음에도 불구하고 모세는 출애굽기 4:23의 원래 본문을 "개정해야겠다"는 필요성을 느낀다.

처음에 모세가 하나님께서 말씀하신 내용을 그대로 말했더라면 무슨 일이 일어났을는지 모른다. 그러나 모세가 그렇게 하지 않음으로 발생한 일에 대해서는 알고 있다. 그는 자기 백성에게 고통을 더 안겨주었다(출 5:4-19). 모든 주석가들은 이 구절의 의미를 놓쳐버렸다. 크리소스톰에서 윌리엄즈까지 모세의 첫 번째 메시지와 발라암의 첫 번째 메시지(민 22:12,13)가 비슷하다는 사실을 파악하지 못했다. [Scofield Reference Bible(Old, New 모두)은 무엇이 문제인지 지적조차 하지 못한다. 발라암은 "가는 것"에 있어서 "하나님의 허락하신 뜻" 안에 있지 않았다. 발라암은 자신에게 주어진 첫 번째 메시지의 삼분의 이를 일부러 삭제했고 다음 번에는 모두 전달하겠다는 약속도 하지 않았다!]

모세의 문제를 우리는 전적으로 이해할 수 있다. 사무엘이 처음 메시지를 받았을 때(삼상 3:11-14) 그의 심정을 이해할 수 있다. 기독교계에서 자신의 입지를 확고히 하면서 마가복음 3:16이나 잠언 11:30을 설교할 수 있다. 그러나 백악관으로 걸어들어가 수석 비서관을 향해 "주께서 말씀하시기를 당신들이 정직하게 행하지 않으면 곧장 지옥으로 미끌어져 소세지처럼 구워질 것이다!"라고 말하는 것과는 엄청난 차이가 있다. (이와 같이 구령하는 사람들을 20세기의 배교한 그리스도인들은 광신자라고 부른다.) 이런 자들은 성경 본문을 뜯어고치는 것을 더 이상 두려워하지 않는다! 이런 자들은 참된 그리스도인의 성품을 개발시키려고 하지 않는다. 이런 종류의 사람들은 많은 성경적 메시지들이 어떤 누구를 "구령할" 목적으로 쓰여지지 않았다는 사실을 알지 못한다. 예수 그리스도께서는 요한복음 8:40-44을 설교하셨을 때 누군가가 회심하기를 바라면서 말씀하지 않으셨다. 마태복음 23:4-23을 설교하셨을 때도 마찬가지였다.

『**이스라엘의** 주 하나님**께서 이같이 말씀하시나니 '내 백성을 가게 하여 그들로 광야에서 내게 명절을 지키게 하라.' 하시나이다." 하니**』(1절). 명령의 나머지 부분은 어디에 두었는가? 출애굽기 4:22의 "첫태생"은 어디에 두었고 『**내가 네 아들, 네 첫태생을 죽이리라.**』(출 4:23)는 어디에 두었는가? 모세는 하나님의 명령을 희석시켜 데오도르 엡이 설교하듯이 달콤하고 긍정적으로 만들었다.

모세는 말한다. "내 백성을 가게 해 주시오... 그렇지 않으면...!"

파라오가 웃는다. "허, 이봐! 뭐라고?"

모세가 말한다. "당신은 내 백성을 보내줘야 하오. 그렇지 않으면...!

파라오가 받아친다. "그렇지 않으면 뭐?!"

모세는 얼굴이 하얗게 질리면서 말한다. "에, 그러니까, 음... 만일 보내지 않으면, 당신은 끔찍한 것을 보게 될 것이오!"

파라오가 웃으면서 말한다. "내 다리를 부러뜨려 땅딸보를 만들어 봐라!"

모세는 아론에게 향하여 쉰 목소리로 속삭인다. "말해야 할까?"

아론이 말한다. "하나님께서 첫태생에 관해 파라오에게 말하라고 하신 말씀을 알고 있잖아. 말해!"

모세가 답변한다. "그것은 말할 수 없어! 아침부터 초상치를 일 있어? 그렇잖아도 요전날 아들 하나가 죽을 뻔했는데."

아론이 투덜거린다. "넌 지난 스물네 시간 동안 계속 그 얘기만 중얼거렸어. 이제 상황을 똑바로 봐야 해. 너는 네 백성으로부터 도망쳤어. 너는 네 자신이 아직도 유대인이라는 사실을 알리는 것을 부끄럽게 생각하고 있어. 하나님을 원망해서는 안 돼. 자, 가서 말해!"

모세가 말한다. "에, 음...휴! 조금 있다가 파라오 기분이 풀어진 다음에 말하는 게 낫겠어. 단 한번에 끝장낼 필요는 없다고 봐. 지금은 그냥 떠나는 게 좋겠어. 파라오도 생각할 시간이 필요할 테니까."

그러고 나서 모세는 파라오에게 가서 겨우 말한다. "이스라엘의 자손들을 가게 하지 않으면, 무, 무, 무거운, 그래 아주 무거운 짐을 짊어져야만 할거요."

파라오는 빈정대며 싱글싱글 웃는다. "그으래?" 그러고 나서 발악을 한다. "이봐, 잘 들어. 나는 내 문제가 있고 '주 하나님'은 자신의 문제가 있는 거야. 지금은 그것을 얘기할 때가 아니야. 종교 얘기를 하려거든 따로 시간과 장소를 정하자구." "나는 주를 알지 못해!"(출 5:2)

파라오는 개구리 모습의 신 오시리스도 알았고 신성한 황소 신 아피스도 알았다. 매 모습의 신 라도 알았고 "하늘의 여왕" 신 이시스도 알았다. 그러나 하나님, 곧 우리 주 예수 그리스도의 아버지에 대해서는 루즈벨트 여사나 테드 케네디, 안젤라 데이비스, 피델 카스트로 만큼도 몰랐다. "나는 주를 알지 못한다."라는 말은 현재 미국 지식인들의 신중한 고백이다.

『**간구하오니 광야로 삼 일 여정으로 가게 하시어 주 우리 하나님께 희생제를 드리게 하소서. 그래야 주께서 전염병이나 칼로 우리를 치지 않으시리이다**』(3절). 무리한 요구가 아니다. 하나님께서는 전체 민족을 쓸어버리실 수 있는 완전한 권한이 있으시다. 이 때 이 민족은 이집트의 많은 신들을 섬겼음이 분명하다(수 24:14, 출 20:6-9, 레 17:7). 더군다나 옛부터 내려오던 희생제사(창 3:21; 4:4; 8:20; 22:10-14)는 계속 보류되었고 전체 세대는 반드시 드려져야 하는 희생제사에 대한(출 12:1-3) 아무런 지식 없이 자라왔다. 더욱 분명한 사실은 모세조차도 전능하신 하나님께서 나타나셨을 때(출 2-5장) 바로 앞에 서 있으면서도 어떤 희생제사도 자원하여 드리지 않았다는 것이다. 아브라함이나 야곱이나 이삭 같았으면 1분도 안 걸리고 피 흘리는 양을 준비시켰을 것이다. 주의 천사가 나타나자마자 기드온과 마노아는 즉시로 제물의 필요성을 알았다(판 6,13장).

출애굽기 8:26은 창세기 43:32과 46:34을 설명한다. 엘리콧, 헨리, 랑게, 클라크, 강단 주석이 범한 잘못을 이 구절들이 바로 잡는다. 성령님의 생각과 반대됨에도 역사적인 자료라는 근거 하에 이들은 투정하기를 이집트인들은 신성한 소를 잡는 유대인들을 꺼려했다는 것이다. 그러나 그런 내용이 아니다. 성령님께서는 조심스럽게 근본주의, 자유주의, 카톨릭, 보수주의 학자들과는 관계없이 진리를 보존하셨다.

1. 목자들은 이집트인들에게 가증함이 된다(창 46:34).
2. 히브리인들은 이집트인들에게 가증함이 된다(창 43:32).

3. 히브리인들은 목자들이고 양을 희생제사로 드린다(창 4:2).

그러므로 본문이 말하는 것은 양의 희생제사를 드리기 위해 히브리인들은 이집트 밖으로 나가야만 한다는 것이다. 왜냐하면 이집트인들에게는 양으로 희생제사를 드리는 것이 그들의 신들을 모독하는 가증스런 것이기 때문이다.

『**이집트 왕이 그들에게 말하기를... 너희가 그들의 노역에서 그들을 쉬게 하는도다." 하고**』(4,5절). 노예생활로 고생하고 있을 때 나타난 모세는 무거운 짐으로부터 쉬게 해 주기 위해 오신 위대한 노예 해방자 예수 그리스도를 생각나게 한다. 그러나 "이 세상의 신"(고후 4:1-4)은 복음 전하는 자를 종교라는 아편으로 대중을 중독시켜 노예로 만들어버리는 자본주의의 수단으로 본다. 레닌과 마르크스는 모두 성경에서 말하는 기독교 신앙과 로마 카톨릭의 "성사들"을 혼동하였다. 모세와 아론은 진심에서 우러난 제안을 하였다. 다음의 사실을 주목하라. 『**내가 너희를... 데리고 나와... 내가 너희를... 구속하리라... 나는 너희에게** 하나님**이 되리니... 내가... 너희에게... 주리니**』(출 6:6-8). 그러나 파라오가 듣기에는 임금을 더 올려달라고 파업하는 노동운동 같았다. "게을러 터진 공산주의자들 같으니라구. 일은 굼벵이처럼 느릿느릿하면서 뭐? 돈을 더 올려달라구? 시간당 20센트씩이나 받고 있고 그것도 고작 일주일에 70시간밖에 일을 안 하면서? 게다가 휴가에 사회보험까지 요구해?"

『**"너희는 더 이상 벽돌 만드는 짚을 이전처럼 백성들에게 주지 말고... 그들이 지금까지 만들었던 벽돌의 총수를 그들에게 정해 주고 거기에서 조금도 감하지 말지니라. 그들이 게으르므로... 헛된 말들을 생각하지 않게 하라." 하니라**』(7-9절). 이 구절에 관련된 내용을 다음에서 확인할 수 있다. 카일(Kyle)이 피돔을 발굴했을 때 건물들의 밑의 층들은 짚을 잘게 썰어 벽돌을 만든 층들이었고 그 건물들의 중간 층은 뿌리째 뽑힌 짚으로 만든 벽돌이었다. 그리고 그 위의 층은 진흙만으로 만든 벽돌 층이었다.

5:10 ○ **백성의 공사 감독자들과 관원들이 나가서 백성들에게 일러 말하기를**

"파라오가 이같이 말씀하셨으니 '내가 너희에게 짚을 주지 않겠노라.
11 **너희는 가서 짚을 찾을 수 있는 곳에서 짚을 주우라. 그러나 너희의 일**
은 조금도 감해지지 않으리라.' 하셨느니라." 하더라.
12 **그러므로 백성이 이집트 온 땅에 널리 흩어져서 짚 대신 그루터기를 주**
우니라.
13 **공사 감독자들이 그들을 재촉하여 말하기를 "짚이 있을 때와 같이 너희**
의 매일 작업량을 채우라." 하고
14 **파라오의 공사 감독자들이 백성들 위에 세운 이스라엘 자손들의 관원들**
을 때리며 요구하기를 "어찌하여 너희는 어제와 오늘에 벽돌 만드는 작
업량을 전과 같이 채우지 않았느냐?" 하니라.

『**파라오가 이같이 말씀하셨으니...**』(10절). 이 표현을 1절과 비교해 보라. 파라오는 아론과 모세가 말했던 "주 하나님께서 이같이 말씀하시나니..."라는 표현을 모방하여 하나님과 같은 위치에 앉았다(아인슈타인, 쇼펜하우어, 니체, 키에르케고르, 니일, 틸리히, 브루너, 니버, 커스터, 베니거, 프로이드, 마르크스, 헤겔, 팔레이, 라이엘, 로크만 재단 등도 마찬가지다).

『**너희는 가서 짚을 찾을 수 있는 곳에서 짚을 주우라**』(11절). 짚은 삼각주 지역 도처에 널려 있었다. 그러나 얼마 후 다 끌어모아 써버려 『**짚 대신 그루터기**』를 주워야만 했다(12절). 즉 죽은 풀뿌리를 뽑아야만 했다. 여기에서 "대체"가 등장함을 알 수 있다. 마귀가 왕국을 건설하는 방법은 원래의 것을 다른 무엇으로 대체시키는 것이다. 짚 대신 그루터기를, 돌 대신 벽돌을 사용한다(창 11:2-4). [저자의 책, <하나님의 나라와 천국>(말씀보존학회 간)을 보라.]

『**파라오의 공사 감독자들이 백성들 위에 세운 이스라엘 자손들의 관원들을 때리며 요구하기를...**』(14절). 파라오는 부첸발트나 트레블링카처럼 노예수용소를 조직했다. 이런 조직을 통해 유대인들은 자신들의 동족이 들어가 있는 용광로를 가동시켜야만 했다. 1,2차 세계대전 때 그들은 자신들의 아들, 딸, 형제, 누이, 아내의 시체에서 금을 뽑아내야만 했고 자신들과 같이 잤던 동료의 시체를 묻어야만 했다. 친구를 때리고 채찍질해야만 했고 어떤 경우에는 친척들의 죽은 몸을 해부해야만 했다.

어떻게 이런 일이 있을 수 있는가? 답은 의외로 간단하다. 완장을 두르고 동족들을 밟든가 아니면 자신이 밟혀 산 채로 묻히든지 삽으로 맞아죽든지 선택해야 했던 것이다. 완장을 두른다 해도 주어진 작업량을 마치지 못했든지, 누군가가 수용소를 도망쳤다든지, 빈둥거리는 것이 보인다든지, 기타 다른 명령을 수행하지 않는다면 마찬가지로 얻어맞고 채찍질당한다. 살기 위해서는 그나마 임무를 다해야만 한다. 계속 피흘리고 채찍을 가해야만 하는 것이다. 그들이 이스라엘을 사랑하지 않겠는가? 이들이라고 동료들을 사랑하지 않겠는가? 그러나 매일 계속되는 고문과 죽음의 공포 아래서는 떨어지는 명령에 복종해야만 한다. 마찬가지로 "이스라엘 자손들의 관원들"도 파라오의 명령을 수행한다. 파라오의 명령에 불평을 해보았지만(16절) 곧 무시되고 매질은 더욱 심해져 죽이기까지 한다(21절).

5:15 ○ 그러자 이스라엘 자손들의 관원들이 파라오에게 와서 울부짖으며 말하기를 "왕께서는 어찌하여 왕의 종들을 이렇게 대하시나이까?
16 왕의 종들에게 짚을 주지 아니하고 그들이 우리에게 말하기를 '벽돌을 만들라.' 하나이다. 보소서, 왕의 종들이 매를 맞사오나 허물은 왕의 백성들에게 있나이다." 하니
17 파라오가 말하기를 "너희가 게으르도다, 너희가 게으르도다. 그러므로 너희가 말하기를 '가서 주께 희생제를 드리게 하소서.' 하는도다.
18 이제 가서 일하라. 짚은 너희에게 주지 않을지라도 벽돌의 총수는 여전히 바쳐야 하리라." 하더라.
19 이스라엘 자손들의 관원들은 "너희는 너희의 매일 작업인 벽돌 만드는 일에서 조금도 감하지 못하리라." 하는 말을 듣자 자기들이 악한 상황에 처한 줄 알더라.

『**왕의 종들이 매를 맞사오나...**』(16절). 이스라엘 자손들의 관원들은 불평 사항을 매우 정중하게 파라오에게 아뢰었다. 자신들을 파라오의 종들이라고까지 하면서 말이다. 그러나 그들에게 돌아온 것은 비웃음뿐이었다.

『너희가 게으르도다... 이제 가서 일하라』(17,18절). 영과 진리로 하나님을 경배한다는 것은(17절) 이 세상이나 이 세상 통치자들이 볼 때 어리석은 짓이다(고후 2:2-6). 파라오는 산헤립, 느부캇넷살, 카이사, 님롯, 징키스칸, 교황 바오로처럼 이 세상(엡 2:1-4)의 통치자였다. 파라오는 요한복음 14:30에서 말하는 통치자로부터 명령을 받는다. 이 요한복음 14:30의 통치자는 곧 이 세상에 등장하여 UN을 통치할 것이다(계 13:3-8).

5:20 ○ **그들이 파라오를 떠나 나올 때 길에 서 있는 모세와 아론을 만나**
21 **그들에게 말하기를 "주께서 너희를 살피시고 심판하시리라. 이는 너희가**
우리의 평판을 파라오의 눈과 그의 신하들의 눈에 혐오스럽게 하고 그
들의 손에 칼을 주어 우리를 죽이려 하기 때문이라." 하니라.
22 **그러므로 모세가 주께 돌아와서 말씀드리기를 "주여, 어찌하여 이 백성**
이 그처럼 악한 일을 탄원하게 하시나이까? 어찌하여 나를 보내셨나이
까?
23 **이는 내가 파라오에게 가서 주의 이름으로 말한 이래로 그가 이 백성에**
게 악을 행하였으며, 주께서는 주의 백성을 전혀 구해 주지 않으셨음이
니이다." 하니라.

『그들이 파라오를 떠나 나올 때 길에 서 있는 모세와 아론을 만나』(20절). 본문을 완전히 이해하기 위해서는 먼저 <킹제임스성경>의 본문을 비평하는 모든 내용들을 무시하여야만 한다. 그런 다음 출애굽기의 실제 현장으로 뛰어들어가 생생한 현장을 목격할 수 있어야 한다. (언어학자라고 하는 사람들은 성경적인 관점에서 본다고 하면서도 성경본문이 말하는 실제 의미를 파악하지 못하는데 이는 성경본문이 말하는 것을 현재의 실제 상황으로 보려하지 않기 때문이다. 대부분의 주석가들은 과거에 살던가 아니면 미래에 산다. 현재는 없다.) 본문이 말하는 참된 의미를 파악하기 위해서는 다음과 같은 내용의 해석은 집어치워야 한다. “너무나 힘든 노역으로 기진맥진해진 이스라엘의 선택받은 자들은 자신들의 구원자를 또다시 만났을 때 의심할 여지없이 매우 실망하였고 기분도 착 가라앉았다...”

그러나 본문이 말하는 의미는 그런 것이 아니다. 모세와 아론은 다음날 저녁 파라오의 왕궁으로 터벅터벅 무겁게 걸어가고 있었다. 지난 밤은 왕을 만났을 때 어떻게 대응해야 하는지에 대해 쉬지 않고 계속 격론을 벌였다. 왕궁으로 가는 길에 일을 마치고 돌아오는 일단의 무리들이 오고 있다. 먼지와 땀으로 뒤범벅이 된 사람들이 모세와 아론을 보자 성난 목소리로 외친다. “야, 너 이 ×× 지금 여기서 뭐하는 거야?! 시내 땅으로 돌아가지 않고!” 또 다른 목소리가 들린다. “어이, 이봐 문제만 일으키는 작자들! 꺼져버려!” 모세는 아론을 쳐다보고 위기감을 느낀다. 계속 걸어가는 이 무리를 따라가며 모세가 말한다. “지, 지금 뭐라고들 하는거야? 나는 너희들 지도자잖아! 너희들은 지금 실수하고 있는 거야. 모세! 모세 만세! 라고 불러놓고 이제 와서 딴소리야?” “닥쳐, 썩 꺼지기나 해!” “그렇지만...” “이봐! 당장 여기서 사라져. 죽도록 얻어터지기 전에” “그렇지만 하나님께서 나를 부르셨고 또 표적까지 주셨잖아.” “아하, 표적? 알아, 알아. 교묘하게 부렸던 마술? 안다구!”

무리 가운데 끔찍하게 생긴 사내가 진흙 묻은 입술로 모세에게 말한다. “잘 들어. 너희 두 놈이 나타나고서는 작업시간이 두 배로 늘어났고 봉급은 반으로 깎였어. 내가 너희들이라면 이 말이 끝나자마자 이 도시에서 사라지겠어. 우리는 여기에서 하루 이틀 살 게 아냐. 너희 두 놈이 내일까지 여기에서 사라지지 않는다면 무덤 두 개가 생기는 줄 알아!”

또 다른 저주, 야유, 위협이 계속되었다. 이 가엾은 선지자(출 4:16)요 하나님의 대변자(출 4:16)는 황급히 발걸음을 옮겼고 뛰다시피하여 왕궁으로 발걸음을 옮겼다. 모세가 말한다. “형, 사람들은 변덕이 아주 심하지?” “글쎄” 아론이 말한다. “그 사람들을 비난해서는 안돼. 일주일에 90시간 일하잖아. 장난이 아냐”

또 다른 수용소 수감자들이 몰려오고 화난 목소리가 들린다. “헤이, 물을 피로 바꾼 친구들! 이름값도 못하냐?” “하나님께서 파라오를 심판하신다고? 에라. 이 사이비야! 하나님은 너를 심판하시겠다.” “하나님은 아무 일도 안 하신 거야. 너를 사역자로 부르지도 않았단 말이야. 원래 있던 미디안 땅으로 당장 돌아가!”

이상과 같이 성경 본문의 내용의 의미는 수세기에 걸쳐 왜곡되어왔다. 이 일들은 주석가들에 의해 진행되었는데, 이들은 계속 "새로운," "더 새로운" 번역본들을 동원하여 이 짓들을 자행하였다. "새로운 구어체의 번역본들"을 통해서는 맛소라 본문의 내용을 그대로 옮기지도 못하고 또 그나마 옮긴 분량조차도 온전한 현대어로 옮기지도 못한다. 사람들은 현대 번역본들이 말하는 방식으로 말하지 않는다. 20세기에 사는 미국인들이 말하는 "코이네"[일상적인 생활 및 거리의] 언어는 "Living Bible," "Good News Bible"과는 동떨어져 있다. 마치 1세기의 코이네 헬라어가 알렉산드리아 사본, 시내 사본, 바티칸 사본과 동떨어져 있듯이 말이다.

모세는 기도실로 들어가 말한다.

『**어찌하여 나를 보내셨나이까**?』(22절). 모세가 부르짖었던 이 세 마디 말은 아도니람 저드슨(1688-1850년)의 마음에, 존페튼(1824-1907년)의 마음에, 메리 슬레셔(1845-1915년)의 마음에, 마틴 루터(1483-1546년)의 마음에 한 번씩은 와 닿았을 것이다. 시대와 상황은 조금씩 달랐겠지만 모든 하나님의 자녀들은 본문의 내용과 유사하게 부르짖었을 것이다. "어찌하여 제 아이를 죽게 내버려 두셨습니까?" "어찌하여 제 재산을 빼앗아버리셨습니까?" "어찌하여 제가 이 지하 감옥에서 썩어야 합니까?" "어찌하여 오늘 밤에는 아무도 구원받는 사람이 없습니까?" "어찌하여 제 인생에 이런 역경이 있어야 합니까?" "어찌하여 그녀에게 자비를 베풀지 않으셨습니까?" "어찌하여 나를 보내셨나이까?"

리브카는 다음과 같이 탄식하였다. 『**어떻게 내가 한 날에 너희 둘을 빼앗길 수 있겠느냐**?』(창 27:45)

다니엘은 다음과 같이 물었다. 『**왕이 내린 칙령이 어찌 그리 급하니이까**?』(단 2:15)

욥은 다음과 같이 외쳤다. 『...**사람에게 어찌하여 빛을 주셨는가**?』(욥 3:23)

빌라도는 이렇게 물었다. 『**도대체 그가 무슨 악한 일을 행하였느냐**?』(마 27:23)

우리는 고난과 역경에 처할 때 "어찌하여 이런 일이..."라고 하루종일 되뇌이게 된다. 어떤 작곡가들은 다음과 같은 말을 썼다. "어찌하여 낙담해야 하는가, 왜 그림자는 다가오는가?" "어찌하여 내 주변에서 이런 일이 일어나는지 나는 알 수 없네. 나의 모든 소망은 산산이 부서졌네." 이 "어찌하여"라는 물음 가운데 가장 처참하게 하나님께 물었던 물음은 심판의 어두운 시간에 황량한 산 위에서의 부르짖음이었다. 『**나의** 하나님, **나의** 하나님, **어찌하여 나를 버리셨나이까**?』(막 15:34)

『**어찌하여 나를 보내셨나이까**? **이는 내가 파라오에게 가서 주의 이름으로 말한 이래로 그가 이 백성에게 악을 행하였으며, 주께서는 주의 백성을 전혀 구해주지 않으셨음이니이다**』(22,23절). 모세는 자신의 유업을 포기하려는 것을 알 수 있다. 다음 표현을 유의하여 살펴보라. "**이** 백성...**주의** 백성," "**나의** 백성"이라고 말하지 않는 이유는 무엇인가? 모세는 여전히 하나님께서 모세를 부르셨을 때부터 지금까지 하나님께서 위임하신 내용의 반만 수행하려 하고 있다.

모세는 기도한다.

"주님? 주님이십니까? 주님, 저는 힘이 다 빠지고 참으로 울적합니다. 더 이상 내려갈 데도 없습니다. 주님께서 하라고 하신 대로 했습니다. 그러나 그들이 저한테 한 것을 보십시오. 주님께서 그들에게 말하라고 제게 말씀하신 것을 저는 다 말했습니다."

"너는 말하지 않았다."

"아닙니다. 했습니다. 주님, 이 곳으로 저는 다시 왔고 그들에게 주님의 메시지를 전했습니다."

"모세야, 다시 물어보마. 잘 생각해 보고 말해봐라. 정말로 내가 하라는 대로 파라오에게 말하였느냐?"

"아, 저, 그건, 그러니까 모두 전하긴 했는데 그 첫태생을 죽이겠다는 그 부분에 대해서는 말할 상황이..."

"그러니까 그 내용을 바꿔서 말했다 이거지?"

"..." (침묵)

"자, 모세야, 보거라, 너와 내가 같이 걸어가기 위해서는 처음부터 같은 생각을 가지고 있어야겠지, 그렇지?"

(조금 더 긴 침묵). 이윽고 "예, 주님."

"됐다. 이제 너와 더 걸어가기 전에 확인해야 할 것이 있다. 아주 간단한 문제다. 내가 너에게 무엇을 말하면 그대로 말해야 한다!"

"......" (긴 침묵).

"무슨 말인지 알아들었느냐?"

"예, 주님."

"즉, 내가 말한 것에 더하지 말아라. 내가 너를 책망하지 않고 너도 거짓말쟁이가 되지 않게 하기 위해서다(잠 30:6). 또 내가 말한 것을 빼지 말아라. 생명의 책에서 네 이름이 지워지지 않게 하기 위해서다(계 22:19). 나의 모든 말씀은 순수해서 나를 신뢰하는 자들에게 나는 방패가 된다(잠 30:5). 내 말들은 흙 도가니에서 일곱 번 정화된 은같이 순수하고 그 말씀들은 영원히 보존된다(시 12:6-7). 그리고 하늘과 땅이 없어져도 내 말들은 없어지지 않는다(마 24:35). 알겠느냐, 모세야?"

"예, 주님"

"그러면 됐다. 모세야 지금부터는 내가 너에게 이르는 말만 하거라. 네 할머니 이브처럼 여기저기서 더하거나 빼서는 안된다. 나에 대해 인용할 때 나를 인용하기 바란다. 즉, 나의 생각이나, 교리나, 가르침이나, '근본사항들'을 인용하는 것이 아니라, 나의 말들을 인용하란 말이다. 알아들었느냐?"

"예, 주님."

"됐다, 그 사실이 확인되어 기쁘구나."

출애굽기 6장

6:1 그때에 주께서 모세에게 말씀하시기를 "내가 파라오에게 어떻게 행할는지
이제 네가 보리라. 강한 손이 함께하므로 파라오가 그들을 가게 할 것이
며, 강한 손이 함께하므로 파라오가 그들을 그의 땅에서 쫓아내리라." 하
시더라.

2 하나님께서 모세에게 일러 그에게 말씀하시기를 "나는 주라.

3 내가 아브라함과 이삭과 야곱에게 전능한 하나님의 이름으로 나타났으나
여호와라는 나의 이름으로는 그들에게 알리지 아니하였느니라.

4 내가 또한 그들과 더불어 언약을 세워 카나안 땅, 곧 그들이 타국인이 되
었던 그들의 순례의 땅을 주기로 하였으며,

5 내가 또한 이집트인의 속박 아래 있는 이스라엘 자손들의 신음 소리를 듣
고 내가 나의 언약을 기억하노라.

6 그러므로 이스라엘 자손들에게 말하라. '나는 주라. 내가 너희를 이집트인
의 짐 아래서 데리고 나와, 내가 너희를 그들의 속박에서 자유롭게 하며,
내가 편 팔과 큰 심판으로 너희를 구속하리라.

7 나는 너희를 내게 백성으로 삼고 나는 너희에게 하나님이 되리니, 내가 이
집트인의 짐 아래서 너희를 데리고 나온 주 너희 하나님인 줄 너희가 알
리라.

8 내가 아브라함과 이삭과 야곱에게 주기로 맹세한 그 땅으로 너희를 데려
가고 또 그것을 너희에게 유업으로 주리니 나는 주라.'" 하시니라.

6장의 대부분은 4,5장에서 다루었던 내용을 다시 반복한다. 특히 9절부터 30절까지가 그렇다.

『**이제 네가 보리라**』(1절). 이제 하나님께서는 보다 더 큰 이유로 파라오를 심판하시고자 한다. 5장에서 노역조건은 너무 불합리하였고, 그들의 정당한 요구(출 5:3)는 받아들여지지 않는다. 게다가 파라오는 스스로의 선언을 통해(출 5:10) 하나님의 자리를 찬탈하였다. 본문에서 말하는 "강한 손"은 하나님의 손을 언급할 수도 있는데, 이는 그 문맥에서 분명해진다. ('내가 파라오에게 어떻게 행할는지...') 그러나 이 "강한 손"은 히브리인들을 제거하고자 하는 파라오 자신의 욕망일 수도 있다(출 12:31). RV(1884)나 ASV(1901)는 출애굽기 11:1의 내용을 불분명하게 해놓았다. 파라오의 손은 이스라엘 자손들이 이집트를 벗어나는 데 있어서는 하나님 자신의 손만큼이나 강하다.

『**내가 아브라함과 이삭과 야곱에게** 전능한 하나님**의 이름으로 나타났으나** 여호와**라는 나의 이름으로는 그들에게 알리지 아니하였느니라**』(3절). 이 구절은 정통주의자들이나 자유주의자들이 "애스트룩의 단서"(Astruc's clue)라고 하는 유명한 구절이다. 이 이론의 "논리"는 다음과 같다. "여호와"(Jehovah)라는 이름은 창세기에 많이 언급되는데 "J"라는 기록자[주(the Lord)를 여호와(Jehovah)라는 단어로 사용한 기록자]가 여러 구절에서 여호와라고 기록했다. 그런가하면 "E"라는 기록자[주(the Lord)를 엘로힘(Elohim)이라는 단어로 사용한 기록자]는 여러 다른 구절들에서 "하나님"(God)에 해당하는 "엘로힘"(Elohim)이라고 기록하였다는 것이다. 그런데 너무 많은 구절에서(창 3:1-5; 16:13; 32:28-29; 22:11,14; 28:17-22) 같은 문맥에 "여호와"와 "엘로힘"이 동시에 등장하기 때문에 애스트룩은 또 다른 제삼자인 편집자 "R"(redactor)이 이 문맥들을 조심스럽게 편집하였다고 결론을 내린다. 이런 과정에서 "R"이 등장한 것이다.

드베테(DeWette), 훕펠트(Hupfeld), 그라프(Graf), 벨우하젠(Wellhausen), 쿠에넨(Kuenen) 등이 모세 5경을 모세가 기록하지 않았고 "E," "J," "P," "D," "H"가 기록했다고 말하는데 이런 것을 보고 이들은 과학적 연구의 결실이라고 말한다. 1895년 프린스톤의 윌리암 헨리 그린(William Henry Green, *Unity of the*

Genesis)과 로버트 딕 윌슨(Robert Dick Wilson, *A Scientific Investigation of the Old Testament*)에 의해 이 이론이 총체적으로 논박되었다. 그런데도 이 동화 같은 이론은 1900년부터 현재까지 신학교에서 계속 가르쳐지고 있다. 다윈의 '종의 기원'처럼 말이다.

이 이론에 걸려든 사람들은 시간만 있으면 이런 재미있는 생각을 한다. "P"가 노아를 방주에 들어갔다고 했을꺼야. 그러나 그 방주의 문을 닫은 사람은 "J"였지. 물론 이 일은 "P"도 모르는 일이고, 그러고 나서 "J"는 비둘기와 까마귀를 날려보냈다고 썼지. 그런데 이 모든 일을 "P"가 한 것처럼 뒤섞어 놓았단 말이야. 마치 "M"(모세)이 어떤 책을 다 썼다고 말하는 것처럼 말이야.

『여호와』(JEHOVAH)라는 말을 살펴보자. 이 말은 럿셀과 러더포드에 의해서 과장되었다. 신학자들은 이 말을 "테트라그라마톤"(Tetragramaton)이라고 부른다. 히브리어 자음 네 개로 이루어졌다는 말이다(요드, 헤, 와우, 헤). 이 단어는 맞소라들의 히브리어 모음부호들이 제시되지 않으면 그 단어가 지니고 있는 것과 같은 발음을 표시할 수 없다. 그래서 유대인들은 모음부호 하텝, 파타, 카메츠를 붙여 "아도나이"(Adonai)로 읽었다. 때때로 "테트라그라마톤" 밑에 "엘로힘"에 해당하는 모음부호 하텝, 쎄골, 히렉을 붙이기도 하지만 그때에도 여전히 "아도나이"(주)라고 읽는다. 그러나 이 단어에 대해서 모든 사람이 발음할 수 있는 가장 가까운 발음은 "여호와"(Jehovah)이다. [영어에는 히브리어 "요드"에 해당하는 글자가 "J"이다. "Jesus"(지저스)는 다른 언어들에서는 "예수스"나 "야수스"로 발음된다.]

매이슨스(Masons)는 여호와를 "요호"(Yoho), "야후"(Yahoo), 또는 "요후"(Yohoo)로 제안한다. 자유주의자들은 자연스럽게 "야훼"(Yaweh)라는 말을 선호하는데 이 말은 모세가 만들어낸 사막 뒤쪽에 있는 "민족신"(Tribal god) 또는 "산신"(Mountain god)의 의미로 신성을 격하시키는 말이다. 어떤 저술가나 주석가, 강연자, 작가, 또는 성경개정자라도 "야훼"라는 말을 쓰는 사람이 있다면 "아! 저 사람은 자유주의의 교육을 받은 사람이거나 자유주의 성향이나 기질이 있구나."라고 생각하면 된다. 그런 사람들은 자질이 부족한 자들이다(삼상 2:30).

또한 이 구절은 중요한 구절들로서 다음의 사항을 잘 살펴보아야 한다.

1. NEW ASV(1963년)는 밥 존스 대학에서 추천하는 성경인데, 구약에서는 명확하게 "여호와"라는 말을 사용해 놓고, [여호와의 증인들이 출판하는 "신세계 역본"(New World Translation)과 똑같이] 신약에서는 그 여호와라는 말을 모두 제거해 버렸다. 그래서 이 책을 통해서 보면 요한계시록 19:16과 출애굽기 6:3이 전혀 연관이 될 수 없다. 설상가상으로 요한복음 1:18에서 예수 그리스도를 "피조된" 신으로 만들어 놓아 NEW ASV는 찰스 테이즈 러셀(1852-1916년)에게 배알하는 꼴이 되어 버렸다.

2. <킹제임스성경>은 히브리 맛소라 본문에서 그 말을 다루는 것과 같은 방법을 취한다. 즉, "여호와"가 나오면 "주"(LORD)라는 단어를, "아도나이"나 다른 말이 나오면 "주"(Lord)라는 단어를 사용한다.

3. 여호와의 증인들은 본문을 시편 83:18과 연결시켜, 시편에서 말하는 의미가 "그 이름이 하나뿐인 여호와"(Whose name is JEHOVAH - alone)라고 오해하도록 조장한다. 그래서 하나님에게는 "여호와" 이외의 다른 이름은 용납되지 않는다고 말한다. 물론 터무니없는 말이다. 성경에는 "여호와"라는 이름만 있는 것이 아니라 11개의 다른 이름들이 있으며, 모든 이름 위에 있는 이름 - "예수"라는 이름 - 은 "여호와"가 아니다. (예로 엘, 엘로아, 여호와, 엘로힘, 엘리욘, 엘리욘 엘 등등.)

4. (20세기의) 어떤 정통 유대인은 예수 그리스도가 사생아이고, 마귀에게 사로잡혔다고 믿는다. 또 치유의 "기적들"을 테트라그라마톤을 사용하여 실행한다고 믿는다. 예수님께서 이 마법의 이름을 대제사장으로부터 훔쳤다고 믿는 것이다.

5. 예수 그리스도 자신이 요한복음 5:19; 8:58에서 "여호와" 바로 그 이름이라고 주장하시는 데 대해 여호와의 증인들이 매우 당황해하는 구절이다(출애굽기 3:14 주석 참조). 이렇듯 본문에는 핵 폭탄이 장전되어 있다. 정통주의 주석가들이 해석하는 전형적인 해석은 다음과 같다. "...내가 언약관계에 있는 내 백성에게는 이 이름을 알리지 아니하였다." 상식선에서만 보더라도 모세는 창세기를 기록할 때 창세기 본문에 "여호와"라는 이름을 기입해 넣었다.

여호와라는 이름은 분명히 모세에게 알려졌고 그 이름을 적절하게 사용했다. 이것이 이 문제에 대한 가장 명백한 답이다. 그러나 이것이 표면상으로 너무나 분명하기 때문에 학자들은 만족하지 못한다. 이보다 더 단순한 문제는 없다. 그런데도 답을 얻지 못한다면 학자로서는 고귀한 부름에 값어치를 못하는 것이다.

그러나 진지한 자세로 "깊은 것들"에 목말라 한다면 "E," "D," "P," "J," "R" 등이 파내려갔던 석회 동굴보다 값진 다이아몬드가 묻혀 있는 <킹제임스성경> 본문으로 안내하겠다.

출애굽기 6:3의 문맥을 이해했는가? 『**내가 아브라함과 이삭과 야곱에게... 나타났으나**』 이에 대한 관련구절을 찾아 보았는가? 찾아 보았다면 하나님이 아브라함과 이삭과 야곱에게 나타나실 때마다 이들은 하나님을 "주"(Adon, Adonai), 혹은 "하나님"(엘리온 혹은 엘로힘)이라고 불렀던 것을 아는가? 주(LORD)께서 마지막으로 모세에게 나타났을 때(신 34:1-7), 그때만이라도 "여호와"라는 이름의 본질과 성격에 대해 말씀하셨는지 확인해 보았는가? 오리겐(Origen)에서 디엠(Thiem)에 이르기까지 모든 학자들이 성경에서 해석하고 있는 이 진리를 놓쳤다는 사실을 어떻게 설명해야 할까?

이름을 언급하고 나서 세 번 더 반복하여 말씀하신다. 『**나는 주라... 나는... 주...인 줄 너희가 알리라... 나는 주라**』(6,7,8절). 이 문맥에서 일곱 가지 약속이 이스라엘 자손에게 주어졌다(6절에서 세 가지, 7절에서 두 가지, 8절에서 두 가지). 이 구절들을 통해 많은 영적 적용을 할 수 있다. 우선 그리스도인은 자신의 몸이 본향에서 영광받기까지 400년 간 죽은 채로 지낸다. 이스라엘의 "조상들"에게 주어졌던 약속들은 그 조상들의 생애 동안 성취되지 않았다(히 11:13). 여호수아 2:4 이후에야 카나안 땅을 정복하고 차지하기 위해 비로서 그 땅에 들어가게 된다. 바울은 그리스도인들에게 죄없고 영광스런 몸을 입을 것이라고 약속하지만, 이 약속은 최소한 1900년간 유보된다(고전 15:40-50).

6절을 자세히 살펴보면 하나님의 펼친 팔은 파라오에 대한 진노를 나타낼 뿐만 아니라, 골고다에서 팔을 펴심으로 하나님의 자녀들을 피로 구속하신 사실로 알 수 있다. 여기에서 이스라엘에게 주어진 모든 약속은 이 시대의 하나님의 자녀에게 영적으로 적용된다. 율법과 관계없는 은혜를 발견하게 된다.

1. "내가 너희를 이집트인의 짐 아래서 데리고 나와..." (신약에 있는 마태복음 11:28은 바울이 갈라디아서 5:1-15에서 언급한 내용과 일치한다.)

2. "내가 너희를 그들의 속박에서 자유롭게 하며..." 하나님께서는 그 속박을 제거하실 것인데 천년왕국에서 영원히 성취될 것이다(사 14:1-7).

3. "내가... 너희를 구속하리라"(6절 주석 참조).

4. "나는 너희를 내게 백성으로 삼고"(7절). 이 구절은 로마서 9:26에서 성취되는데 바울은 대환란 때의 유대인에 대한 구절을 교회 시대에 즉시로 내려놓는다. (어떻게 코넬리우스 스탬이 이 사실을 놓쳤을까?)

5. "나는 너희에게 하나님이 되리니"(7절). 이 구절대로 되었다(요 20:28).

6. "내가... 그 땅으로 너희를 데려가고"(8절). 의심의 여지없이 이루어질 것이다(롬 8:17, 계 5:10, 갈 3:29).

7. 『**또 그것을 너희에게 유업으로 주리니**』(8절). 로마서 8:18, 에베소서 2:19,20을 참조하라. 이스라엘 자손들은 아브라함의 언약 하에 이집트를 나온다. 시내산의 언약으로 나오는 것이 아니다. 그들이 죄에 빠져 있고, 이 세상 신을 섬기고 있을 때 은혜로 말미암아 구속받는다. 그들이 구속받는 데 있어서 어떠한 행위도 요구되지 않았다. 이 유대인들의 구속에 따르는 유일한 특별한 것이 있다면 그것은 사도들의 표적과 기적들이다(고후 12:12). 그러나 에베소 사람들은 사도들이 사역하고 있는 동안에 구속받았다. (이 사실 역시 코넬리우스 스탬이 어떻게 놓쳤을까?)

모세는 이 모든 약속들을 노동자들에게 전달했다. 일에 대한 진행계획을 말했다. 거리설교를 통해 호소했다. 결과는 맥주 깡통, 담배 꽁초, 썩은 달걀, 썩은 토마토 한 움큼의 흙덩이가 날아왔다.

6:9 ○ 모세가 이스라엘 자손들에게 그렇게 전하였으나, 그들은 영의 고통과 혹독한 노예생활로 인하여 모세에게 경청하지 아니하더라.

10 주께서 모세에게 일러 말씀하시기를

11 **"너는 들어가서 이집트 왕 파라오에게 말하여 그로 자기 땅에서 이스라엘 자손들을 내 보내게 하라." 하시니**
12 **모세가 주 앞에 고하여 말씀드리기를 "보소서, 이스라엘 자손들도 내게 경청하지 아니하는데 어떻게 파라오가 할례받지 못한 입술을 지닌 내게 들으리이까?" 하더라.**
13 **주께서 모세와 아론에게 말씀하셨고 이집트 땅에서 이스라엘 자손들을 데리고 나오게 하시려고 이스라엘 자손들과 이집트 왕 파라오에게 전할 명령을 그들에게 주시니라.**

모세가 전한 메시지는 조지 윌레이스가 흑인 회교도에게 전한 복음과도 같이 쇠귀에 경 읽기였다. 이 세상의 짐에 억눌린 죄인들은 하나님께서 친히 행사하시겠다고 하는(6,7,8절), 앞으로의 일들을 전혀 보지 못한다. 이 땅에서 일어나는 일에만 관심있는 사람에게 하늘의 일에 대해 설교한다는 일은 어려운 일이다. 모든 인간이 땅을 걸어가다가 그 땅 속에 묻히고야 마는데도 말이다. 사람들은 살아가는 데 있어서 이 땅을 더 살기 좋은 곳으로 만드는 것만이 사는 데 있어서 유일하게 가치있는 일이라는 관념에 사로잡혀 있다. 공산주의자들과 기독교인들은 이 "근본적인 진리"에 동의한다. 현대와 같은 물질만능주의 사회에서 죽음 이후의 일들에 대해서는 다루지 않는다. 또 다루어진다 하더라도 상대적인 의견들일 뿐 그다지 진지하게 논의되어지지도 않는다. 그나마 "영적으로" 접근해 보려는 사람들마저도 기껏해야 점성술, 강신술, 점괘, 사탄숭배, 풍수지리, 환각 등의 이름으로 비껴간다. "영적인" 주제에 대해 다가가는 사람들은 죽은 자들의 영이나 사탄의 영을 다룸으로(엡 2:1-4) 실제 문제에 접근하지 못한다.

『**그들은 영의 고통과 혹독한 노예생활로 인하여 모세에게 경청하지 아니하더라**』(9절). 고문 당하는 데 즐거울 사람은 없다. 손발이 묶인 채로 발가벗겨져서 거꾸로 매달린 상태에서 대나무로 발바닥을 맞으면서 예수 그리스도 안에서 발견될 수 있는 평화, 기쁨, 사랑을 말하는 것은 매우 어렵다. 리차드 웜브란트나 하랄란 포포프 같은 몇몇 사람만이 승리를 유지한다. 그들의 간증은 그러한 때라도 기뻐할 수 있었다는 것이다. 그러나 이러한 경우는 매우 희박하다.

이스라엘은 다리오를 왕으로 인정했다. "하나님"이라면 구해내실 수 있고(단 6:27), 구해낼 수 없다면 잘못된 신이라는 생각이다. 즉 영원히 실현되지 않을 구출에 대해 몽상이나 하고 있기보다는 프타(Ptah), 아먼(Amun), 후트(Hut), 겝(Geb), 이시스(Isis), 오시리스(Osiris), 레(Re), 세크멧(Sekhmet), 세트(Set), 토트(Thoth), 호러스(Horus), 소벡(Sobek), 부토(Buto), 바(Ba), 슈(Shu), 너트(Nut) 등과 같은 이방신들에게 되돌아가는 것이 낫겠다는 생각이다.

모세는 두 번째로 골방에 들어가 불만을 나타낸다. 『**이스라엘 자손들도 내게 경청하지 아니하는데 어떻게 파라오가... 내게 들으리이까**?』(12절) 이 장면은 계보를 언급한 후인 28-30절에서 다시 반복된다. 모세가 인간의 관점으로 되돌아올 경우에는 같은 상황에 있는 어떤 사람과도 다를 바가 없다. 『**네가 보병들과 더불어 달려도 그들이 너를 피곤하게 할진대 네가 어찌 말들과 더불어 겨룰 수 있겠느냐**?』(렘 12:5) 좀 더 현대적으로 말하자면 이렇다. "베트남에서도 그 모양이었는데 붉은 중국을 어쩌겠다는거요?"

『**주께서 모세와 아론에게 말씀하셨고**』(13절). 구속은 선지자(모세)와 제사장(아론)에 의해 이루어지므로 구속에 대한 책임이 주 예수 그리스도께 주어졌던 것처럼(요 17:4) 모세와 아론 둘에게 주어진다.

6:14 ○ 그들 조상들의 집의 우두머리들은 이러하니라. 이스라엘의 첫태생 르우벤의 아들들은 하녹과 팔루와 헤스론과 칼미니, 이들은 르우벤의 족속들이며,

15 시므온의 아들들은 여무엘과 야민과 오핫과 야킨과 소할과 카나안 여인의 아들 샤울이니, 이들은 시므온의 족속들이라.

16 ○ 레위의 아들들의 이름은 그들의 후대에 따라 이러하니 게르손과 코핫과 므라리요, 레위의 생명의 연수는 일백삼십칠 년이었더라.

17 게르손의 아들들은 그들의 족속들대로 립니와 시므이며,

18 코핫의 아들들은 암람과 이스할과 헤브론과 웃시엘이요, 코핫의 생명의

연수는 일백삼십삼 년이었더라.
19 **므라리의 아들들은 마할리와 무시니, 이들은 그들의 후대에 따라 레위의 족속들이며,**
20 **암람이 그의 아비의 누이 요케벳을 아내로 삼고 그녀가 그에게 아론과 모세를 낳았으니 암람의 생명의 연수는 일백삼십칠 년이었더라.**

모세가 침체되었다가 회복되는 동안 성령께서는 계보를 삽입하신다. 이상하게도 이 계보에는 르우벤, 시므온, 레위의 후손들만 기록된다. 윌리엄스는 "은혜"를 나타내기 위해서라고 말하지만 대부분의 보수주의 주석가들이 저지르는 잘못과 마찬가지로, 애매한 말을 함으로 자신들이 저지를 수도 있는 잘못을 두루뭉실 얼버무려 나가는 것이다.

『**그들 조상들의 집의 우두머리들은 이러하니라**』(14절). 우선 살펴보아야 할 것은 이 우두머리들의 기록이 유다 앞에서 멈춘다는 것이다. 참된 제사장(히 3:1)과 참된 왕(창 49:10)은 유다로부터 나온다. 그러므로 이 계보가 말하는 것은, 구속은 (교리적으로) 출애굽기에서 완성되지 않는다는 것이다. 모세와 아론 모두 레위지파 출신이지만 참된 구원자(Deliever)는 빠져 있다. 두 번째로 살펴볼 것은 르우벤과 시므온의 계보 기록은 단 두 구절에서 끝나지만(14,15절) 레위지파를 기록하는 데는 12 구절이 할당된다. 즉 중심 인물로서의 아론과 모세(출 6:28)를 설명하는 데 그 배경으로써 계보를 기록하고 있는 것이다. 세 번째로의 모세의 의도가 자신의 배경을 설명하는 것이었다 하더라도 레위지파만 독립적으로 설명하는 것은 부적절하다. 여기에서와 마찬가지로 르우벤은 창세기 49장과 신명기 33:6에서 첫 번째로 기록된다. 계보에 대한 비교는 역대기상 4-5장, 창세기 46장, 민수기 26장에 있다. 나머지 구절(17-20절)들에 대한 내용은 평범하다. 다만 살펴볼 것이 하나 있다면 부패한 <칠십인역>에는 성령님을 도와드리고자(?) 20절에 "그들의 누이인 미리암"을 첨가시켰다.

6:21 ○ **이스할의 아들들은 코라와 네펙과 시크리며**

22 **웃시엘의 아들들은 미사엘과 엘사판과 시드리며**
23 **아론은 암미나답의 딸 나아손의 누이 엘리세바를 아내로 삼고 그녀가 그**
에게 나답과 아비후와 엘르아살과, 이다말을 낳았더라.
24 **코라의 아들들은 앗실과 엘카나와 아비아삽이며, 이들은 코라인들의 족**
속들이라.
25 **아론의 아들 엘르아살이 푸티엘의 딸들 중 하나를 아내로 삼고 그녀가**
피느하스를 그에게 낳았으니, 이들은 레위인들의 족속들에 따라 그들 조
상들의 우두머리들이더라.
26 **이들이 주께서 "이스라엘 자손들을 그들의 군대들에 따라 이집트 땅에서**
데리고 나오라."고 말씀하신 아론과 모세라.
27 **이들은 이스라엘 자손들을 이집트에서 데리고 나오기 위해 이집트 왕 파**
라오에게 말한 자들이니, 이들이 그 모세와 아론이라.

21절의 "코라"는 민수기 16장의 코라이다. "이스할"은 모세의 아버지 암람과 형제다(18절). 아론은 암미나답의 딸을 통해(민 2:3) 유다지파와 혼인하게 된다. 24절의 "엘카나"는 사무엘과 먼 친척간이다(민 26:11).

『**이들이... 아론과 모세라**』(26절). 이 구절은 (14절부터) 여호수아가 기록한 것처럼 보인다(수 1:4; 5:1; 18:9; 24:26). 그러나 모세는 자신에 대해 말할 때 자주 3인칭으로 기록한 것을 볼 때(민 12:3, 출 2:15등), 모세가 기록했다고도 볼 수 있다. 그러나 다음의 내용을 살펴보자. 『**그들의 군대들에 따라**』(26절). 이 표현은 여호수아에 한층 가깝다. 이들이 이집트로 내려간 이래로 야곱의 아들들은 정치적인 단위로 구성되었다. 전투를 해 본 적이 없지만(출 13:17), 이들이 이집트를 떠날 때 무기가 있었음은 분명하다(출 17:8-14).

6:28 **○ 주께서 이집트 땅에서 모세에게 말씀하셨던 그 날에 있었던 일인데**
29 **주께서 모세에게 일러 말씀하시기를 "나는 주라. 내가 네게 말한 모든**
것을 너는 이집트 왕 파라오에게 말하라." 하시니

30 **모세가 주 앞에서 말씀드리기를 "보소서, 나는 할례받지 못한 입을 가진 자인데, 파라오가 어떻게 내게 경청하리이까?" 하더라.**

28절은 이야기를 1절의 상태로 되돌린다. 여기에서 성령님은 1-11절의 할 일을 반복하신다(간추린 형태로 - 29절). 모세의 불평(30절)은 12절에도 있다.

출애굽기 7장

7:1 주께서 모세에게 말씀하시기를 "보라, 내가 너를 파라오에게 신이 되게
하였으며, 네 형 아론은 너의 선지자가 되리라.
2 내가 네게 명령하는 모든 것을 네가 말하면 네 형 아론이 파라오에게 말
할지니, 그리하면 그가 이스라엘 자손들을 그의 땅에서 내보낼 것이니라.
3 내가 파라오의 마음을 완악하게 하고 나의 표적들과 나의 이적들을 이집
트 땅에서 늘려 행하겠으나
4 파라오가 너희에게 경청하지 아니하리니, 내가 내 손을 이집트에 얹고 큰
심판으로 나의 군대들과 나의 백성 이스라엘 자손들을 이집트 땅에서 데
리고 나오리라.
5 내가 내 손을 이집트 위에 뻗쳐 그들 가운데서 이스라엘 자손들을 데리고
나올 때 이집트인들은 내가 주인 줄 알리라." 하시니라.
6 모세와 아론이 주께서 그들에게 명령하신 대로 행하였으니, 그들이 그렇
게 행하였더라.
7 그들이 파라오에게 말할 때에 모세는 팔십 세이고 아론은 팔십삼 세였더
라.

또다시 5,6장의 내용이 되풀이된다. 7장을 읽을 때면 한결같이 받는 인상이 있는데, 그것은 유대인들이 하나의 국가라는 중요한 내용이다. 이 내용과 연관지어 모세와 아론이 등장하는 것은 미카와 시편에서 볼 수 있다. 모세는 유대인들이 국가로서 존재한다는 이 사실과 관련되어 시편에서 여덟 번, 히브리서에서 네 번, 요한복음에서 두 번 언급된다. 이집트로부터 나오는 사실 그 자체는 성경에서 직접적으로 50번 이상 언급된다.

『**보라, 내가 너를 파라오에게 신이 되게 하였으며**』(1절). 부패한 ASV, RV, RSV, New RSV, New ASV 등에서는 이 구절을 “너를 하나님이 되게 하셨으며”(made thee as God)로 잘못 번역하였다. 물론 이런 의미가 아니다. 파라오를 비롯하여 어떤 이집트인도 유일신 신봉자였다는 단서는 없다. “신”(god)이 되게 하였다는 말은 하나님을 대표하는 역할을 맡은 모세에게 붙여진 정확한 이름이다. “하나님”(God)이 되게 하였다는 말은 본문의 구절을 역사로부터 완전히 동떨어지게 만드는 사적인 해석이다. <칠십인역>에는 2절에 “to him”을 첨가시켰는데 이러한 작태는 새로운 번역본들에서 볼 수 있는 양상으로 필사본들을 변개시켜 하나의 위작으로 만드는 과정이다.

『**내가 파라오의 마음을 완악하게**(HARDEN) **하고**』(3절). <모팻 역본>에서는 “make stubborn”으로, <American Translation>에서는 “make obstinate”로 변개시켰지만 <킹제임스성경, 1611>에서는 맛소라 원문의 “HARDEN”을 그대로 보존하였다.

『**나의 표적들과 나의 이적들을 이집트 땅에서 늘려 행하겠으나**』(3절). 여기에서 말하는 표적들과 이적들은 이집트에 내려진 재앙과 심판들을 말한다. ① 물을 피로 바꾼 것(7장), ② 개구리들을 땅으로 올라 오게 한 것(8장), ③ 흙을 이로 바꾼 것(8장), ④ 파리떼를 땅으로 오게 한 것(8장), ⑤ 가축들을 죽인 것(9장), ⑥ 물집과 종기가 생기게 한 것(9장), ⑦ 우박이 떨어지게 한 것(9장), ⑧ 메뚜기떼들로 곡식을 먹게 한 것(10장), ⑨ 흑암으로 땅을 뒤덮게 한 것(10장), ⑩ 첫태생을 죽게 한 것(12장).

이 재앙들을 세 묶음으로 묶을 때 처음의 두 재앙들(①과②, ④와⑤, ⑦과⑧)에는 경고가 주어지지만 세 번째 재앙들(③,⑥,⑨)에는 경고가 없다. 처음 재앙과 마지막 재앙을 각각 짝으로 연관시켜 보면(①과⑩, ②와⑨, ③과⑧, ④와⑦, ⑤와

⑥) 어떤 관계가 있는 듯하다.

『**이집트인들은 내가 주인 줄 알리라**』(5절, 5:2의 주석 참조). 이 구절은 출애굽기 9:20; 10:7; 11:3에서 자세하게 성취된다.

7:8 ○ 주께서 모세와 아론에게 일러 말씀하시기를
9 "파라오가 너희에게 일러 말하기를 '너희를 위해 기적을 보이라.' 하거든, 너는 아론에게 명하기를 '네 막대기를 들어 파라오 앞에 던지라.' 하라. 그러면 그것이 뱀이 되리라." 하시더라.
10 ○ 모세와 아론이 파라오에게로 들어가서 주께서 명령하신 대로 행하여 아론이 파라오와 그 신하들 앞에 그의 막대기를 던지니 그것이 뱀이 되더라.
11 그때 파라오도 현자들과 마술사들을 부르니, 이집트의 마법사들도 그들의 마법들로 이같이 행하더라.
12 ○ 그들이 각자 자기 막대기를 던져 그것들이 뱀이 되었으나, 아론의 막대기가 그들의 막대기들을 삼켜 버리더라.
13 주께서 파라오의 마음을 완악하게 하시므로 그가 그들에게 경청하지 아니하였으니, 주께서 말씀하신 대로였더라.

모세와 아론은 다시 궁전으로 간다. 거기에서 사람들의 무리를 보았고 그 가운데 파라오가 왔다. 표범가죽으로 만든 가죽 소파에 기대고 누워 포도 쥬스를 홀짝거리고 있다(창 40:10,11).

"안녕하십니까? 폐하"

"이런, 이게 누군가! 자, 오늘 아침에는 또 무엇을 도와 드릴까, 두 신사 양반?"

"히브리인들의 주 하나님께서..."

"아! 또 그놈의 히브리인들. 내가 너희 둘을 철장에 처넣지 않은 이유가 하나 있는데 나를 즐겁게 해주기 때문이지! 너희들이 아무리 발버둥쳐 봐야 네 백성들의 봉급 한 푼 오르지 않았어. 아직까지도 뭘 해보겠다고 생각한다면 큰 오산이야."

아론 : "우리는 여호와를 대표하는 신들이요."

"아하, 너희가 그러니까 창세기 6장에 나오는 그 신들이란 말이지? 그래 그런 신들이라면 창세기 3장에 나오는 그 인물처럼은 못한다 하더라도 기적을 행할 수는 있겠지? 너희가 신들이라면 어떤 기적이라도 보여 봐라."

파라오는 전혀 알지 못하는 상태에서 출애굽기 7:9에 걸려 넘어진다.

『**아론이 파라오와 그 신하들 앞에 그의 막대기를 던지니**』(10절, 4:2의 주석 참조). 막대기는 던져졌다. 바닥을 구르던 막대기는 지금까지 본 것 중 가장 큰 킹 스네이크로 변했다. [아론의 막대기에서는 후에 싹이 난다. 이 막대기는 아론과 동일시되는데 아론은 히브리서 3:1,2의 위대한 대제사장의 예표이다.] 이 킹 스네이크는 요한계시록 19:12에서 많은 왕관을 보여 주기도 한다. 이윽고 킹 스네이크는 모세의 발에 또아리를 튼다. 파라오는 웃는다. 손뼉을 쳐서 그의 진영에서 '얀네'와 '얌브레'(딤후 3:8)를 불러낸다.

"할 수 있겠어?" 파라오가 묻는다. "이 얼간이들이 양치던 막대기를 던져버리자 뱀으로 변한 거야. 우리도 보여 줘야지?"

얀네와 얌브레는 절을 하고 물러난다. 마술사 과정에 있는 신참 셋을 데리고 온다. 던져! 다섯 개의 막대기를 던졌는데 지금까지 본 것 가운데 가장 볼품없는 방울뱀들로 변했다. 파라오는 다시 기대앉아 으르렁거린다.

"너희가 신들이라고?! 하하하하!! 이봐 애송이들, 지금 보여 준 것은 시작에 불과해. 더 까불어 보시지 그래?"

모세는 느헤미야의 기도를 아뢴다(느 2:4). "오 하나님, 오 주님, 도대체 지금 어떻게 해야 합니까?"

주님은 별일 아닌 듯이 말씀하신다. "침착해. 아직 안 끝났어"

킹 스네이크가 방울뱀들 가운데 한 마리를 향해 다가간다. 쌕! 그 방울뱀도 킹 스네이크를 친다. 쉭! 방울뱀 다섯 마리가 킹 스네이크를 공격한다. 이빨들이 번득인다. 방울뱀 다섯 마리가 일시에 공격하자 킹 스네이크는 네 번 물린다. 한 마리는 실수하여 자기 동료를 물어 버린다. 킹 스네이크는 몸을 최대한 움츠렸다가 가장 가까이에 있는 방울뱀을 향해 몸을 날린다. 꿀꺽! 삼켜버렸다. 3초도 되지 않아 방울뱀들은 문이 어디 있는가 찾게 되지만 킹 스네이크는 이 방울뱀들을 한 자리로 몰아 넣어 그 큰 몸집으로 뭉개고 모두다 삼켜버린다. 5분이 지나자 트림하고 있는 킹 스네이크 외에는 아무 뱀도 없다. 아론이 킹 스네이크의 꼬리를 집자 손에는 다시 양치는 막대기가 쥐어져 있다. 처음보다 두 배가 두꺼워진채로.

『**주께서 파라오의 마음을 완악하게 하시므로 그가 그들에게 경청하지 아니하였으니, 주께서 말씀하신 대로였더라**』(13절). 사도행전 3:1-10에서 베드로와 요한이 행한 기적에 대해 그 당시의 교회협의회가 보인 반응이 사도행전 4:17에 나오는데 파라오도 방금 있었던 기적에 대해 사도행전 4:17과 똑같이 반응한다. 파라오는 답변하지 못하고 설명하지도 못한다. 그렇다고 그 기적을 부인하지도 못한다. 다만 이 사실이 확산되지 않기를 바랄 뿐이다.

파라오는 소파에서 똑바로 앉아 자신 앞에 서 있는 도살자를 주시한다. 왕의 안색에 먹구름이 낀다. 팔꿈치를 넓적다리에 대고 한쪽 손에 기댄다. 모세와 아론을 참담하게 바라본다. 얀네와 얌브레는 눈보라 속에 서 있는 암퇘지처럼 말이 없다. 모세는 이제야 피가 제대로 도는 것을 느낀다. 덜덜거리던 무릎이 회복되자 말한다.

"보셨죠! 히브리인들의 '주 하나님'께서는..."

"닥쳐!"

이집트 왕이 일어날 때까지 모든 사람들은 꼼짝 않고 서 있는다. 파라오는 뱀들이 돌아다녔던 바닥을 보고 얀네와 얌브레를 본다. (숭어를 기대했던 낚시꾼이 망둥이를 낚았을 때의 모습이다.) 그리고 다시 모세와 아론을 쳐다보고 창 밖으로 노예 노동자들을 응시하고는 마침내 모세와 아론에게 입을 연다.

"내가 더 이상 돌변하기 전에 당장, 당장 나가버려!"

'신'(god)이 퇴장한다. 그 신의 '선지자'도 퇴장한다.

7:14 ○ **주께서 모세에게 말씀하시기를 "파라오의 마음이 완악하여 백성이 가는 것을 거절하는도다.**

15 **너는 아침에 파라오에게 가라. 그러면 그가 물로 나오리니 그가 나오는 곳을 향하여 강가에 서서, 뱀으로 변했던 그 막대기를 네 손에 잡고**
16 **너는 그에게 말할지니 '히브리인들의 주 하나님께서 나를 당신께 보내어 말씀하시기를, 내 백성을 가게 하라. 그들이 광야에서 나를 섬기리라 하셨으나, 보라, 지금까지 당신이 들으려 하지 아니하였도다.**
17 **주께서 이같이 말씀하셨으니, 네가 이것으로 내가 주인 줄 알리라. 하셨도다. 보라, 내가 내 손에 있는 막대기로 강에 있는 물을 치리니 그것이 피로 변할 것이며**
18 **그 강에 있는 물고기들이 죽고 그 강에서 악취가 나서 이집트인들이 그 강물 마시기를 싫어하리라.' 하라." 하시니라.**

『**너는 아침에 파라오에게 가라. 그러면 그가 물로 나오리니**』(15절). 파라오는 신성한 강인 나일 강에 매일 몸을 담그는 습관이 있었던 것 같다.

『**너는 그에게 말할지니... 지금까지 당신이 들으려 하지 아니하였도다**』(16절). 지금까지 파라오는 모세와 아론의 요구를 기꺼이 들으려 하지 않았다.

『**내가 내 손에 있는 막대기로 강에 있는 물을 치리니 그것이 피로 변할 것이며... 이집트인들이 그 강물 마시기를 싫어하리라**』(17,18절). 이것은 시내 산에서 모세에게 약속된 표적들 가운데 하나다(3,4장). 이 현상은 대환란 기간 동안 다시 일어난다(계 16:3-7). 그러나 벌링거를 비롯한 모든 주석가들은 관련 구절을 놓쳐 버렸다. 로저뮬러(Rosermuller)는 기록된 그대로를 믿지 못하고 17절은 "그것이 피의 색깔(the COLOR of blood)로 변할 것이며"로 되어야 한다고 추측하는데 이러한 사적인 해석으로 뒤에 연결되는 나머지 성경 본문을 파괴시키게 된다. 물이 피의 색깔로 변한 사실만으론 물고기가 죽지도 않고 악취가 나지도 않기 때문이다(21절). 본문에서 말하는 것은 무슨 "색깔"과는 아무 관계도 없다.

7:19 ○ **또 주께서 모세에게 말씀하시기를 "아론에게 '네 막대기를 들고 이집**

트의 물들과 시내들과 강들과 못들과 모든 물웅덩이들 위에 네 손을 뻗
쳐 그것들로 피가 되게 하라.'고 말하라. 그리하면 이집트 땅 전역에 피
가 있으리니 나무 그릇과 돌 그릇에도 피가 있으리라." 하시니라.
20 **모세와 아론이 주께서 명령하신 대로 그렇게 행하여 아론이 파라오와 그**
의 신하들의 목전에서 막대기를 들어올려 강에 있는 물을 치니 강에 있
는 물이 다 피로 변하더라.
21 **그리고 강에 있는 물고기들이 죽고 강에서 악취가 나니 이집트인들이 그**
강물을 마실 수 없게 되니라. 이집트 땅 전역에 피가 있더라.
22 **이집트의 마법사들이 그들의 마법으로 그렇게 행하니 파라오의 마음이**
완악해져서 주께서 말씀하셨던 대로 그들에게 경청하지 아니하고
23 **파라오가 돌아서서 자기의 집으로 들어가고, 이 일에도 그의 마음을 두**
지 않더라.
24 **모든 이집트인들이 마실 물을 얻으려고 강가를 두루 팠으니, 이는 그들**
이 강물을 마실 수 없음이더라.
25 **주께서 강을 치신 후 칠 일이 되니라.**

아침 5시가 되자 모세와 아론은 강가로 갔다. 한 시간 후에 왕의 마차가 멈추었다. 파라오와 수행원들이 마차에서 내렸고 파라오는 물가로 내려왔다. 이른 새벽녘이어서 파라오는 모세와 아론을 얼른 알아보지 못하고 코앞에 다가가서야 알아본다.

"어? 또 너희들이냐? 아직도 가지 않았어? 누구 초대를 기다리는 거야? 아니면 뭐하는 거야?"

모세는 막대기를 아론에게 건네주고 팔을 들어 올려 말한다(16절). "히브리인들의 주 하나님이 이같이 말씀하셨소. 내 백성을 가게 하라!"

"흥. 내가 가게 하지 않으리란 사실을 알고 있겠지."

"그렇다면 아주 무거운 정말 무거운 짐이 당신의 머리를 짓누를 것이요."

"그래? 그럼 그렇게 해봐. 짐이란 짐은 다 내게 쏟아 봐. 괜찮아. 내가 짊어질 테니까. 나로 말하면 여기서 투니시아까지, 또 여기서부터 아디스 아바바까지 다 내꺼야. 네가 원한다면 떼어 줄 수 있는 사람이란 말이야."

“좋소.” 모세가 말한다. 이얍! “DOOLB OT NRUT!”(히브리어로 “피로 변해라.”) 아론의 막대기가 위로 향했고, 모세의 손도 위로 향한다(19절). 105mm 폭탄이 날아갈 때의 잡아찢는 듯한 소리가 지속되더니 갑자기 온 강이 붉은 피로 변했다. 바로 파라오의 발 앞에서. 잠깐 동안 생각해 보자. 이것은 자연 현상일 거야. 아마도 해가 떠오르다가 갑자기 물표면에 반사되었을 거야(왕하 3:20-23). 아니 그런데 뒤로 뻗어 있는 두 지류의 강도 진한 핏빛 아닌가! 이 두 강은 깊은 협곡이어서 이른 아침에도 어두운 곳인데.

파라오는 애써 쓴웃음을 짓고 얀네와 얌브레를 호명한다(사탄은 피가 나타날 때면 그 피를 모방한다).

“이 원숭이들이 무엇을 행했는지 보거라.” “그대로 해.”

얀네와 얌브레는 멀찍이 떨어진 우물을 향한다. 그곳에서 양동이로 물을 길어 올려 파라오에게로 가져온다. 멍해 있는 모세와 아론 앞에서 이들은 양동이에 대고 소리친다. “Doolb ot nrut!”

물은 붉게 변했다. 이것은 지난 18세기 동안 그 어떤 제사장에 의해 수행되었던 “성사”에서의 화체설보다도 더 확신을 주었다.

“무슨 생각을 하고 있나 자네들.” 파라오가 비웃는다.

“자비의 주 하나님, 이 사실을 도대체 어떻게 받아들여야 합니까!” 모세가 말한다. 물론 마음 속으로 말했다. “주님, 제가 지금 해야 할 일은 무엇이옵니까?”

하나님의 영께서 모세의 귀에다 입김을 불어넣으신다. “파라오에게 그 물을 마셔 보라고 말해.”

“한 모금 마셔 보시지요, 폐하.” 모세가 말한다.

파라오는 양동이에서 국자로 물을 떠서 그릇에 담는다. 파라오와 얀네, 얌브레 모두 마신다. 입맛을 다시고는 입을 닦는다. 파라오가 말한다.

“지금껏 먹어본 물 가운데 가장 좋은 물이야!”

“양동이 말고 강에 있는 물을 마셔 보란 말입니다.” 모세가 말한다.

“그것도 좋지.” 파라오가 말한다. “똑같은 물인데 지금 놀리는 건가?” 하며 잡초를 건너 강에서 물 한 컵을 떠서 입 가까이 대자 갑자기 얼굴이 창백해진다. 냄새가 역겨운 것이다. 마술사들에게 오라고 몸짓으로 지시한다. 어수선하게 움직인다. 이윽고 파라오가 말한다.

“뭔가 잘못 됐어. 이건 물이 아냐!”

마술사들이 말한다. “틀림없는 물입니다. 물이 아닐 수가 없습니다. 저 녀석들이 속이는 것입니다. 이것은 물입니다.”

“좋아. 그렇다면,” 파라오가 딱 잘라 말한다. “네가 마셔 봐.”

얀네는 컵을 받아 쥐고 머리를 뒤로 젖혀 쭈욱 마신다. 얼굴이 시뻘겋게 변하더니 땅바닥에 마셨던 모두를 맹렬하게 토해낸다.

“어이구, 오시리스 어머니!” (숨을 헐떡거린다.)

“피... 피... ‘피’다!”

“더 이상 손대지마.” 파라오가 경고한다.

이들 뒤에서는 이른 아침 안개 속에서 아론의 목소리가 들린다.

“히브리인들을 가게 해야 할 것이요.”

파라오는 모세와 아론에게 돌아와 달래본다.

“좋아, 좋아, 보내 주지. 몇 주 후에 보내 주지. 그렇지만 이 물은 어떻게 해야 하지 않겠나? 이대로라면 물고기들이 다 죽고 말거야. 원래 상태대로 돌려놓는 것이 어떻겠나?”

아론이 말한다. “칠 일 후에 그렇게 하겠소, 폐하. 그때까지는 모든 이집트인들이 우리가 하나님의 일을 하고 있다는 사실을 알게 될 것이요.”

『**주께서 강을 치신 후 칠 일이 되니라**』(25절). 물이 피로 변한 곳은 운하, 시내, 호수, 저수지, 그릇 등이다. 우물이나 샘에 피가 있었다는 말은 없다(19절). 따라서 이집트인들이 물을 얻기 위해서 땅을 팠어야 했을 것이다. 카일과 델리취가 주석한 18절의 내용은 현대 보수주의 학자들을 대표하는 기념비적인 내용으로 영구히 보존될 만한 가치가 있다. 카일과 델리취는 18절의 『**그 강에서 악취가 나서**』를 해석하기를 “이는 물이 부패한 것을 가르치는 듯하다!”고 했다.

파라오는 “생태 문제”에 직면해 있다. [이와 똑같은 문제가 곧 다시 재현될 것이다. 요한계시록 9,14,16,19장과 주석을 보라.] 아론과 모세가 피로 된 나일 강을 물로 다시 바꾸었다는 말은 없다. 피로 된 물은 지중해로 흘러 들어가 용해되었다. 파라오가 보인 반응은 21세기의 유럽인들과 미국인들이 보이는 반응과 흡사하다(계 16:9–11). 파라오는 마음을 완악하게 하고(22절) 그 일을 마음에 두지 않으며(23절) 아론과 모세의 말을 들으려 하지도 않는다(22절).

사람들이 생각하는 것처럼 이 기적은 느리게 전파되지 않고 신속히 퍼져 멤피스부터 피돔에 이르는 모든 유대인들은 그날 해가 지기 전까지 물이 피로 변했다는 사실을 알았다. 모든 이집트인들은 마실 때나 씻을 때나 농사 지을 때나 장사할 때나 고기 잡을 때나 나일 강에 의존한다. 이때부터 이스라엘인들과 이집트인들은 아론과 모세를 주목한다. 파라오는 이 사실을 알았기에 11장까지는 모세와 아론을 죽이겠다고 위협하지는 않는다.

출애굽기 8장

8:1 **주께서 모세에게 이르시기를 "파라오에게 가서 그에게 말하라. '주가 이같**
이 말하노라. 내 백성을 가게 하여 그들로 나를 섬기게 하라.
2 **만일 네가 그들이 가는 것을 거절하면, 보라, 내가 개구리로 너의 온 지경**
을 치리라.
3 **그리하면 강이 개구리를 무수히 내리니 그것들이 올라와서 네 집과 네 침**
실과 네 침대 위와 네 신하들의 집과, 네 백성 위에와 네 솥들과 네 빵
반죽 그릇으로 들어가리라.
4 **또 개구리가 네 위와 네 백성 위와 네 온 신하들 위에 올라가리라.'" 하시**
더라.
5 **○ 주께서 모세에게 이르시기를 "아론에게 말하기를 '막대기를 잡은 네**
손을 시내들과 강들과 호수들 위에 뻗쳐서 개구리들로 이집트 땅에 올라
오게 하라.' 할지니라." 하시더라.
6 **아론이 자기 손을 이집트의 물들 위에 뻗치니, 개구리들이 올라와서 이집**
트 땅을 덮더라.
7 **그 마법사들도 그들의 마법으로 그렇게 행하여 이집트 땅에 개구리들을**
가져왔더라.

칠 일이 지난 후에 파라오는 모세와 아론에게 황급히 달려간다. 아론과 모세는 그 강도를 낮추지 않는다.

『**주가 이같이 말하노라. 내 백성을 가게 하여...**』(1절). 이번에는 개구리 재앙이 기다리고 있다(계 16:13). 4-6절을 볼 때 1절에 대한 파라오의 대답은 부정적이었다는 것을 알 수 있다. 막대기를 위로 뻗치자 개골거리는 소리가 온 궁전을 뒤흔든다. 모세와 아론이 궁전을 내려올 때 개구리들이 발에 밟혀 으깨질 정도다. 개구리가 이런 상태로 있는 한 다른 일들은 모두 멈추어야만 했다. 벽돌 굽는 가마에도, 침실에도, 목욕탕에도, 거실에도 온통 개구리다. 지옥이 따로 없다. 상황을 진정시켜보려고 파라오, 얀네, 얌브레도 흉내를 내보지만 상황만 더 악화시킨다(7절). 이 개구리들을 강으로 되돌리려 해보지만 그들이 행하는 마술이란 단지 흉내만 낼 뿐이다.

8:8 ○ **그러자 파라오가 모세와 아론을 불러 말하기를 "주께 간구하여, 그분께서 개구리들을 나와 내 백성으로부터 치우시도록 하라. 그리하면 내가 백성들을 가게 하여 그들이 주께 희생제를 드리도록 하리라." 하니,**

9 **모세가 파라오에게 말하기를 "영광이 내게 있도다. 내가 언제 당신과 당신의 신하들과 당신의 백성들을 위해 간구하여 당신과 당신의 집에서 개구리들을 멸하여서 그들이 강에만 있게 하리이까?" 하더라.**

10 **그가 말하기를 "내일이니라." 하니, 모세가 말하기를 "당신의 말대로 하여 당신께서 주 우리 하나님과 같은 이가 없는 것을 알게 하리이다.**

11 **개구리들이 당신과 당신의 집과 당신의 신하들과 당신의 백성들로부터 떠나 강에만 있으리이다." 하더라.**

12 **모세와 아론이 파라오에게서 나오고 모세는 주께서 파라오를 향해 가져온 개구리들로 인하여 주께 부르짖으니라.**

13 **주께서 모세의 말대로 행하시니, 개구리들이 집들과 마을들과 들로부터 나와서 죽더라.**

14 **사람들이 그것들을 모아 무더기를 쌓으니 땅에서 악취가 나더라.**

15 **그러나 파라오가 한숨 돌리게 되자 그의 마음을 완악하게 하여 그들에게 경청하지 않았으니 주께서 말씀하신 대로더라.**

개구리 재앙이 있은 지 일주일 후에 파라오는 모세의 요구를 들어줄 준비가 되었다. 최소한 겉모습만이라도 그렇게 보였다.

『...**내가 백성들을 가게 하여 그들이 주께 희생제를 드리도록 하리라**』(8절). 파라오가 모세와 아론에게 말하는 이 말을 누군가가 나중에 들었다면 파라오는 새빨간 거짓말쟁이라고 결론지었을 것이다. 파라오는 이스라엘의 자손들을 가게 하지 않았다.

『**모세가 파라오에게 말하기를 "영광이 내게 있도다. 내가 언제... 간구하여...**』(9절). 모세가 말한 표현은 다음과 같이 변질되었다. "내게 네 자신은 설명하라"(벌링거). "나는 당신의 뜻에 따르겠다"(강단주석). "내 위에 있는 이 영광을 가지라"(RV, 1884). "당신에게는 말할 수 있는 영예가 있다"(모펫). "내게 그 시간을 말하라"(클라크). 모두가 본문과는 전혀 상관없는 내용이다.

어떤 주석가들도 기꺼이 "영광이 내게 있도다"(Glory over me)를 모세 위에 있었던 영광에 적용시키지 않는다. 분명히 『**주께 간구하여**』(8절)라고 요청하는 문맥이 있음에도 위의 해석을 받아들이지 않는다. 벌링거를 비롯한 모든 주석가들이 이렇게 생각하는 배경에는 <칠십인역>이 있다. "파아르"(paar, 히브리어)가 "바에르"(baer)로 변개된 것이다. 르클레르크에 의한 이런 추측 교정은 로마 카톨릭 성서들에서도 찾아볼 수 있다. 모세가 언급한 것은 기적들을 통하여 영광을 취하실 하나님을 말한 것이다. 본문이 말하는 것은 모세가 하나님께 간구하는 것으로, 하나님께서 파라오가 약속한 이스라엘의 자손을 가게 할 것이란 약속에 대해 증인이 되어주실 것을 말한다.

『**그가 말하기를 "내일이니라." 하니**』(10절). 필자를 그리스도께로 인도하신 분은 "개구리들과 더불어 하룻밤 더"라는 유명한 설교를 하셨다. 이것이 의미하는 바는 간단하고 인상적이다. 죄인은 아무리 죄가 진절머리 날 정도로 싫다 해도 그 죄와 더불어 하룻밤 더 보내기를 원한다. 아파 죽게 되었어도, "개구리들" 때문에 진절머리 날 정도로 물렸어도 죄들을 포기해야 한다고 생각을 할 수 없는 것이다. 『**그가 말하기를 "내일이니라." 하니.**』 복음 찬송가 중에 "왜 오늘밤은 안 되는가?"라는 것이 있다. 『**지금이 기뻐 받아들여진 때요, 보라, 지금이 구원의 날이라**』(고후 6:2).

"내일 또 내일 또 내일 하는 사이 하루하루 시간은 좀먹어 들어간다." 내일은 결코 오지 않는다. "내일"은 닥치면 "오늘"이고 지나가버리면 "어제"가 된다. 인간의 역사에 있어서 "내일"만큼 자주 부르짖는 말도 없다. "내일, 내일, 내일, 내일!" 그러나 문제는 항상 "내일"이라는 데 있다. 개구리들과 더불어 하룻밤 더!

『**그가 말하기를... "당신의 말대로 하여... 개구리들이... 떠나 강에만 있으리이다." 하더라**』(10,11절). 여기까지 이스라엘인들은 이집트인들과 똑같이 재앙을 받는다. 파리떼의 재앙이 올 때(8:22) 하나님께서는 심판을 하시는 데 있어서 이집트인들과 이스라엘인들을 구분하신다. 이스라엘 사람들도 이집트인들과 마찬가지로 물을 얻기 위해 구덩이를 파야 했고, 개구리들을 치워야 했고, 이 때문에 굶어야 했다.

『**모세와 아론이 파라오에게서 나오고 모세는 주께서 파라오를 향해 가져온 개구리들로 인하여 주께 부르짖으니라. 주께서 모세의 말대로 행하시니...**』(12,13절). 특이한 현상이 기록된다. 출애굽기, 민수기, 신명기에서 40번 이상 모세는 하나님께서 명령하시는 대로 행했다. 그런데 여기서는 하나님께서 모세의 말대로 행하신 것이다. 교황들이 그렇게 원하던 바로 그 권능이 아닌가! 마태복음 16:19을 사적으로 해석한 의도가 교황들에게 이 권세를 주기 위함이 아니었던가. 교황이 가지고 있는 권세는 이것과는 거리가 멀다. "교황"의 권세는 정치적이며 마귀적인 것이다. 그 어떤 교황에게도 영적 권세가 주어진 적은 없다.

『**...땅에서 악취가 나더라**』(14절). 분명 그랬을 것이다. 칠 일간 죽은 물고기가 둥둥 떠 다니고 또 칠 일간 (혹은 그 이상) 죽은 개구리떼들로 인해 강가는 엉망이 되었다.

『**그러나 파라오가... 그의 마음을 완악하게 하여... 주께서 말씀하신 대로더라**』(15절). [하나님의 미리 아심에 대한 3:19의 주석을 볼 것] 파라오는 거짓말쟁이임이 분명히 드러났다. 파라오는 자기 아버지로부터 이 거짓말의 유산을 물려받았다(요 8:44). 파라오로부터 약속을 받았다 하더라도 그것은 무가치한 것이고 또한 파라오는 자신을 믿는 자들에게 어떤 선한 것을 주지도 못한다(그의 아버지도 마찬가지이다).

8:16 ○ **주께서 모세에게 말씀하시기를 "아론에게 말하여 '네 막대기를 뻗쳐**
서 땅의 흙을 치라.'하라. 그리하면 그것이 이집트 전역에 걸쳐 이가 되
리라." 하시니
17 **그들이 그렇게 행하니라. 아론이 막대기를 잡은 손을 뻗쳐서 땅의 흙을**
치니 그것이 사람과 짐승 안에 이가 되고 땅의 모든 흙이 이집트 전역
에 걸쳐 이가 되더라.
18 **마법사들이 자기들의 마법으로 이를 만들어 내려고 그렇게 행하나 그들**
이 할 수 없었고, 이가 사람과 짐승 위에 있더라.
19 **그러자 마법사들이 파라오에게 말하기를 "이것은 하나님의 손길이니이**
다." 하나, 파라오의 마음이 완악하게 되어 그들에게 경청하지 않았으니
주께서 말씀하신 대로더라.

학자들은 본문에 "바다 벼룩," "각다귀," "모기"를 집어 넣어 엉망으로 만든다. 모기떼가 알렉산드리아로부터 날아와 <칠십인역>에서 발견된다. 알다시피 이 <칠십인역>은 신약이 완성된 한참 후에 오리겐, 클레멘트, 심마쿠스, 펨필루스, 아퀼라, 데오도티안이 협작한 책이다. 로젠뮬러, 게세니우스, 부트로이드, 케일, 칼리쉬, 게데스는 모두 이 알렉산드리아가 가지고 있는 관점에 찬성한다. 윌버스미스 등의 보수주의자들이 추천하는 ASV(1901)는 본문에 "이"(lice)를 삭제하지는 않았지만 각주에 "벼룩"이라고 집어 넣는다. [Old ASV는 <킹제임스성경, 1611>과 RSV(1952) 사이의 다리 역할을 한다는 사실을 알 것이다. ASV의 각주는 RSV의 본문을 지지한다. 예를 들어 그리스도의 신성을 공격하는 슥 12:10; 13:6, 미 5:2, 사 7:14 등을 보라.]

『아론이 막대기를 잡은 손을 뻗쳐서 땅의 흙을 치니 그것이 사람과 짐승 안에 이가 되고 땅의 모든 흙이 이집트 전역에 걸쳐 이가 되더라』(17절). 얀네와 얌브레에게 올 것이 왔다. 이들은 지금껏 이미 창조된 것으로 또 다른 것을 만드는 것을 흉내냈는데(막대기로 뱀을 만드는 것 등) 지금은 창세기 2:19에서 말하는 원래의 창조, 즉 흙으로 사람과 짐승을 만드는 창조를 해보라고 압력을 받는 것이다. 클라크, 더멜로우, 엘리콧, 랑게, 케일, 델리취, 윌리엄즈, 위클리프 주석은 이 기적의 의미를 발견하지 못했다. 강단 주석은 본문에 대한 힌트조차 주지 못하고 19절로 내뺀다.

『**이것은 하나님의 손길이니이다**』(19절). 윌리엄즈는 하나님만이 생명을 생산할 수 있다는 고대 이론을 믿고 있다. 이는 요한계시록 13:15을 정면으로 반박하는 것이다. 사탄은 "생명"을 생산할 수 있을 뿐만 아니라 태어나게 할 수도 있다(창 3:15, 요 8:44, 살후 2:1-3). 그러나 이런 사실은 1909년 스코필드에서 계시가 멈춰버린 "근본주의자들"에게는 지적, 영적 능력을 벗어난 이야기다. 출애굽기 8:18,19에서 말하는 기적은 하나님께서 생명을 생산한 것을 말하는 것이 아니다. 이 기적은 아론과 모세가 행한 기적으로 흙에서 살아있는 동물을 만드는 원래 창조의 행위를 반복한 것이다. 마법사들은 이것을 할 수 없었던 것이고 그래서 이들은 파라오에게 사죄하는 것이다.

이 "하나님의 손길"(finger of God)은 성령님께서 누가복음 11:20, 시편 8:3을 통해 말씀하시는 것을 볼 때 성령님 자신인 것을 알 수 있다. [모든 주석가들은 이 관련구절을 놓쳐 버렸다. 이 구절들을 연결조차 시킬 수 없었던 것은 오리겐의 풍유적 해석방법을 따라 "손길"(finger)이 단순히 권능에 대한 표현이었다고 생각했기 때문이다.] 클라크는 이 부분에 대해 기어들어가는 소리로 13줄을 썼는데 성령님의 해석은 발견되지 않는다.

8:20 ○ **주께서 모세에게 말씀하시기를 "아침에 일찍 일어나 파라오 앞에 서라. 보라, 그가 물로 나아오나니 그에게 말하기를 '주가 이같이 말하노라. 내 백성을 가게 하라. 그들이 나를 섬길 것이니라.**
21 **만일 네가 내 백성을 보내지 아니하면, 보라, 내가 너와 네 신하들과 네 백성들과 네 집 안에 파리떼를 보내리니 이집트인들의 집들과 그들이 있는 땅도 파리떼로 가득 찰 것이라.**

22 **내가 그 날에 내 백성이 거하는 고센 땅을 구별하여 그곳에는 파리떼가**
없게 하리니 결국 너는 내가 땅 가운데 있는 주임을 알게 되리라.
23 **내가 내 백성과 네 백성 사이에 구별을 두리니 내일 이 표적이 있으리**
라.' 하라." 하시니라.
24 **주께서 그렇게 행하시니 극심한 파리떼가 파라오의 집과 그의 신하들의**
집과 이집트의 온 땅으로 들어와 그 땅이 파리떼로 인하여 부패되더라.

클라크는 이 파리들(flies)에 대해 45줄이나 쓴다. <칠십인역>은 "개 파리들"(dog flies)이라고 말하고, "딱정벌레"(beetles)여야 한다고 말하는 사람들도 있다. 예외없이 모든 주석가들은 이 구절에 대해 성령께서 가르쳐주신 것을 잊어버렸다. 성경을 진지하게만 살펴본다면 히브리어 어원이나 이집트어학에 단 5분 간의 낭비도 없이 성령님의 생각을 알 수 있다. 시편 78:45에서 성령님은 그 글을 읽을 수만 있는 사람이라면 이집트에 보낸 파리가 여러 종류의 파리 떼라는 사실을 가르쳐 주신다. 이와 반대되는 생각은 모두 불신에서 나오는 것이다. 성경의 본문과 상충되는 내용을 입증하고자 히브리어 어원, 헬라어 어원으로 좇아다니는 것은 시간의 낭비, 재능의 낭비, 종이의 낭비이다. 브엘세붑을 상징하는 것처럼(마 12:27) 더러움의 신인 파리는 온 땅을 부패시켰다(8:24). 이집트인들이 당하는 고충을 브엘세붑에게 가지고 가 봐도 어쩔 수 없는 지경에 이르렀다.

『**내가 내 백성과 네 백성 사이에 구별을 두리니...**』(23절). 예수 그리스도께서 이 세상에 오신 목적 가운데 하나가 바로 이 부분이다(눅 12:51). 오늘날 에큐메니칼 지지자들의 관점에서 보면 예수 그리스도는 처형된 것이 마땅하다. 왜냐하면 그분이 나타나실 때마다 교회가 쪼개졌기 때문이다(요 7:43; 9:16; 10:19). 성경에서 말하는 연합과 결속의 대상은 예수 그리스도의 몸이다(고전 3:3, 롬 16:17, 고전 11:19).

8:25 **○ 그러자 파라오가 모세와 아론을 불러 말하기를 "너희는 가서 이 땅에**
서 너희 하나님께 희생제를 드리라." 하니
26 **모세가 말하기를 "그렇게 하는 것이 합당치 아니하니, 이는 우리가 이집**

트인들이 가증히 여기는 것을 주 우리 하나님**께 드릴 것이기 때문이니이**
다. 보소서, 우리가 이집트인들의 가증히 여기는 것을 그들의 목전에서
희생제로 드리면 그들이 우리를 돌로 치지 않으리이까?

27 **우리가 삼 일 여정으로 광야로 들어가서 주께서 우리에게 명령하시는 대**
로 주 우리 하나님**께 희생제를 드리리이다." 하니**

28 **파라오가 말하기를 "내가 너희를 가게 하리니 너희가 주 너희** 하나님**께**
광야에서 희생제를 드리되, 다만 너무 멀리 가지는 말고 나를 위하여 간
구하라." 하더라.

29 **모세가 말하기를 "보소서, 내가 당신에게서 떠나가서, 파리떼가 내일 파**
라오와 그의 신하와 그의 백성에게서 떠나가도록 내가 주께 간구하리이
다. 그러나 파라오는 더 이상 이 백성이 주께 희생제를 드리려고 가는
것을 허락지 않음으로써 거짓되이 행치 마소서." 하고

30 **모세가 파라오에게서 나와 주께 간구하더라.**

31 **주께서 모세의 말대로 행하시어 파리떼를 파라오와 그의 신하들과 그의**
백성들에게서 제거하시고, 하나도 남겨 두지 아니하셨으나,

32 **파라오가 이번에도 그의 마음을 완악하게 하여 백성을 가게 하지 아니하**
더라.

어느 모로 보나 파라오는 또다시 마음의 변화를 느낀다.

『...**너희는 가서... 너희** 하나님**께 희생제를 드리라**』(25절). 그러나 파라오의 이 말에 단서가 있다는 것을 안다. 『...**이 땅에서**』(25절). 이 시점에서 파라오는 일단의 타협을 제시한다. 이 타협은 어느 시대건 사탄이 하나님의 자녀들을 다룰 때 쓰는 미끼이기도 하다.

1. 가서 하나님을 섬기는 것은 좋다. 그러나 이 세상 가운데 있으면서 섬기라. 세상적이 되라. 세상의 순리에 따르고 세상의 친구가 되라(약 4:1-4, 요 17:9,14).

2. 정 그렇다면 세상을 떠나라. 그러나 너무 멀리 가지는 마라(출 8:28). TV, 라디오, 월간지(Life, Look, Time, Newsweek)까지 끊을 필요가 없지 않은가.

3. 기어이 세상에서 나와 홀로 가야 한다면 최소한 자식들에 대해서는 한번 생각해 보라. 그 어린 것들이 무얼 알겠는가?(출 10:11) 크리스마스까지 망칠 필요는 없

지 않은가?

4. 온 가족이 그렇게 결정했다면 최소한 뿌리는 이집트에 남겨 놓으라. 부동산, 보험, 예금 구좌, 주식, 기타 소유물 등(출 10:10-24)은 이집트에 남겨두라.

이 제안들에 대한 답변이 히브리서 13:13,14, 요한복음 17:15에 나와 있다. 이 세상과 일치하지 말라고 말씀하신다. 이 세상은 악한 세상이기 때문이다. 요한은 그 세상은 사라진다고 말한다(요일 2장). 성경대로 믿는 사람들은 항상 세상으로부터 조롱당하고, 압제당하고, 박해당하고, 미움받고, 비난받고, 멸시당하고, 살해당하였다. 세상이 이와 같이 분리된 성경대로 믿는 사람들을 볼 때 이들은 별종이고, 부정적이고, 인류의 적이며, 반사회적이다. 이들은 평화와 진보를 반대하고 아주 위험한 반동주의자며 고립주의자이다. 이것은 예레미야(렘 37:13), 예수 그리스도(눅 23:1-2), 시몬 베드로와 요한(행 5:28), 사도 바울(행 24:5)과 지금까지의 위대한 복음 전도자, 위대한 사역자들이 받아야 할 몫이었다.

『**모세가 말하기를 "그렇게 하는 것이 합당치 아니하니... 우리가 이집트인들의 가증히 여기는 것을 그들의 목전에서 희생제로 드리면...**』(26절). 이 부분은 5:3에서 살펴보았다.

이집트인들은 창세기 6:1-3에 나오는 "신들"이 홍수 때에 동물들로 가장하여 숨어있다고 믿었다. [유세비우스는 이에 대해 "Metam.I.v., fab.v., 1326"에 썼다고 클라크는 자신의 주석서 331쪽에서 인용한다.] 이런 미신에 따르면 쥬피터는 숫양 안에 숨어있고, 아폴로는 까마귀 안에 숨어있다. 다이아나는 고양이 안에 숨어있고 쥬노는 흰 어린 암소 안에 숨어있다. 비너스는 물고기 안에 숨어있고, 머큐리는 새 안에 숨어있다.

모세는 아직까지 희생제를 어떻게 드려야 하는지를 모른다는 사실을 알아야 한다. 『**...주께서 우리에게 명령하시는 대로 주 우리** 하나님**께 희생제를 드리리이다**』(27절). 파라오는 이 제안을 받아들이지만 두 번째 타협안으로 너무 멀리 가지 말라(28절)는 단서를 붙인다. 그러고 나서 『**나를 위하여 간구하라.**』(28절)는 말을 급하게 붙인다. 파라오의 이 말에 모세는 약간 당황한다. 너무 멀리 가지는 말라는 파라오의 말을 충분히 검토해 보기도 전에 모세가 말한다. 『**...파리떼가 내일 파라오와**

그의 신하와 그의 백성에게서 떠나가도록 내가 주께 간구하리이다』(29절). "내일"이라고 말한 것은 비아냥 거리는 말이다. 파라오는 즉시로 파리떼가 떠나가기를 바랬다. 그러나 개구리떼의 재앙에서 파라오가 "내일"이라고 말했기에 모세는 바로 받아친 것이다.

30-32절은 특별한 설명이 필요없다. 여유가 생기자마자 파라오는 정책을 다시 보강하고 노예들을 즉시 일터로 내몰았다. 다음에 나오는 9,10장은 인간 역사의 축소판을 보여준다.

출애굽기 9장

9:1 **그러자 주께서 모세에게 말씀하시기를 "파라오에게 들어가서 그에게 말할**
지니 '히브리인의 주 하나님**이 이같이 말하노라. 내 백성을 가게 하여 그**
들로 나를 섬기게 하라.
2 **만일 네가 그들로 가게 하는 것을 거절하고 그들을 계속 붙들고 있으면,**
3 **보라,** 주의 **손이 들에 있는 네 가축, 즉 말들과 나귀들과 낙타들과 소들과**
양들 위에 임하리니, 아주 심한 전염병이 있을 것이라.
4 **그러나** 주가 **이스라엘의 가축과 이집트의 가축을 구분할 것이니, 이스라**
엘 자손들의 모든 가축은 하나도 죽지 아니하리라.' 하라." 하시고
5 주께서 **기간을 정하며 말씀하시기를 "내일** 주가 **이 땅에서 이 일을 행하**
리라." 하시더라.
6 **이튿날** 주께서 **그 일을 행하시니, 이집트의 모든 가축이 죽었으나 이스라**
엘 자손들의 가축은 하나도 죽지 아니하니라.
7 **파라오가 사람을 보내니, 보라, 이스라엘인의 가축은 하나도 죽지 아니하**
였더라. 그래도 파라오의 마음이 완악하게 되어 그가 백성들을 가게 하지
아니하더라.

파라오는 경기를 포기하지 않는다. 하나님은 이집트의 신들을 공격하기 시작하신다. 이 신들은 황소, 송아지, 염소, 숫양들로 대표되는 신들(출 12:12)이다. 낙타와 말도 언급된다(출 9:3). 여기에서 말이 성경에 처음으로 등장한다. 낙타와 말은 이교도 숭배에 사용된다(신 17:16, 판 8:21,26). 이 시점에서 이스라엘 자손들은 따로 분리된다(4절). 파라오 백성들의 가축들만 재앙을 입게 되는 것이다. 『**주가…구분할 것이니…**』 분명히 나누어 분리시키는 것은 하나님의 뜻이다. 아무리 현대 기독교가 "평등," "통합"정책을 외쳐대도 하나님의 뜻과는 상관없다.

"심한 전염병"이 가축들을 친다. 숨쉬기도 힘들고 목에서 소리가 나는가하면 머리도 부어 올라 비틀거린다. 이 동물들은 주인들의 죄를 대신하여 고통당하고 있다. 이러한 일은 여기에서만 일어났던 것이 아니다. 제2차 세계대전 때에 대인 지뢰를 탐지하기 위해 개들이 사용되었을 때, 개들이 지뢰를 탐지하지 못하게 하려고 개들을 저격하기도 했다. 제1차 세계대전 때는 농부들이 치를 떨었는데 사람들이 죽거나 다쳐서가 아니라 말들이 죽어서였다. 사람들이 다쳐서 울부짖는 소리만큼이나 가축이 울부짖는 소리도 처참했다.

『**이튿날 주께서 그 일을 행하시니, 이집트의 모든 가축이 죽었으나…**』(6절). "들에 있는"(3절) 가축만 죽었다. 우박이 내릴 때(출 9:19,20) 많은 이집트인들은 들에 있는 가축을 안으로 들여보낸다(20절). 6절과 25절 사이에 시간요소가 주어지지 않음을 알 수 있다. [예표가 정확하다면 파라오에게 내리는 재앙은 7년간 계속되었을 것이다. 대부분의 주석가들은 재앙의 기간을 1년이나 그 이하로 잡는다.]

『**파라오가 사람을 보내니, 보라, 이스라엘인의 가축은 하나도 죽지 아니하였더라**』(7절). 파라오는 고센 땅에는 재앙이 내리지 않은 것을 알게 된다.

9:8 ○ 주께서 모세와 아론에게 말씀하시기를 "너희는 가마의 재 두 움큼을 쥐고 모세는 파라오 앞에서 하늘을 향하여 그것을 뿌리라.
9 그것이 이집트의 온 땅에 작은 티끌이 되어서 이집트 온 땅에 걸쳐 사람과 짐승 위에 물집이 생기는 종기가 되리라." 하시더라.
10 그들이 가마의 재를 가지고 파라오 앞에 서고 모세가 하늘을 향하여 뿌리니, 그것이 사람과 짐승 위에 물집이 생기는 종기가 되더라.

11 **마법사들도 종기 때문에 모세 앞에 설 수 없었으니, 이는 종기가 마법사**
들과 모든 이집트인들 위에 임하였음이더라.
12 **그러나 주께서 파라오의 마음을 완악하게 하셨으므로 그가 그들에게 경청**
하지 아니하였으니, 주께서 모세에게 말씀하신 대로더라.

하나님께서 파라오를 다루시는 데 있어서 자기 백성들을 계속 구별하신다(출 8:23). 재산도 구분하신다. 재산까지도 구분하시는 것은(출 9:4) 파라오에게 앞으로 닥칠 재앙이 더욱 심각해질 것이라는 경고를 거듭 보여주시는 것이다.

『**너희는 가마의 재 두 움큼을 쥐고... 그것이... 이집트 온 땅에 걸쳐 사람과 짐승 위에 물집이 생기는 종기가 되리라**』(8,9절). 이것이 신명기 28:27에서 말하는 "이집트의 종기"이다. 이 종기에 걸리면 염증이 생겨 부풀어 오르고 피부에 물집이 생긴다. 의심의 여지없이 이 "종기"는 요한계시록 16:1,2에 나오는 "심한 헌데"와 관련이 있다. 성경을 제대로 읽기만 했다면 레위기 13-14장에 나오는 문둥병이 바로 이런 종류의 질병인 것을 알 것이다(레 13:2,8,20,24,25,43).

"가마"는 보통 가마를 말한다. <강단 주석>은 "벽돌은 이집트에서 구워지지 않은 듯하다."고 말하는데 출애굽기 1-6장도 읽어보지 않은 모양이다. 이집트는 "철 용광로"(신 4:20, 왕상 8:51)라고도 불려진다. 본문을 가장 잘 설명하면 다음과 같다. 모세와 아론은 재를 한움큼 집어 들었는데 바로 그곳은 유대인들이 피땀 흘린 곳이다. 재를 위로 던지자 물집과 수포가 되어 되돌아 왔다. 죽은 물고기떼, 떨어져 나간 개구리 다리들, 쫓아도 끊임없이 달려드는 파리떼, 가축 전염병, 들끓는 이, 여기에 살갗이 터져 고름이 나오고 염증으로 피부가 부어오르는 고통을 당하는 이집트인들, 이것이 이집트의 상황이다.

『**그러나 주께서 파라오의 마음을 완악하게 하셨으므로 그가 그들에게 경청하지 아니하였으니...**』(12절). 인간의 고집이 얼마나 완고하고 뿌리 깊은지 알 도리가 없다. 상황으로 미루어보아 파라오 자신은 이 종기의 고통을 받지 않은 것같다. 본문에서 파라오가 이 병에 걸렸다는 직접적인 언급이 없다(10,11절). <칠십인역>은 11절을 "이집트의 온 땅"으로 읽도록 바꾸었다. ASV는 이번에는 칠십인역을 따르지 않지만 누가복음 2:33, 마태복음 1:25 등과 같은 곳에서는 카톨릭 성경인 라틴 벌게이트와 같다. [칠십인역은 7절에 "이스라엘의 아들들"을 첨가시켰다.]

9:13 ○ **주께서 모세에게 말씀하시기를 "아침에 일찍 일어나 파라오 앞에 서서 그에게 말할지니 '히브리인의** 주 하나님**이 이같이 말하노라. 내 백성을 가게 하여 그들로 나를 섬기게 하라.**
14 **내가 이번에는 나의 모든 재앙을 네 마음과 네 신하들과 네 백성 위에 보내어 너로 하여금 온 땅에 나 같은 이가 없음을 알게 하리니,**
15 **이제 내가 내 손을 뻗쳐 전염병으로 너와 네 백성을 치면, 네가 땅에서 끊어지리라.**
16 **내가 너를 세움은 바로 이 때문이니, 곧 내 능력을 네 안에 보여서 내 이름이 온 땅에 걸쳐 선포되게 하려 함이니라.**
17 **네가 여전히 내 백성을 거슬러 스스로 높아져서 그들을 가게 하지 아니하려느냐?**
18 **보라, 내일 이맘때에 내가 아주 심한 우박을 내리리니, 그러한 것은 이집트가 세워진 이래로 지금까지 거기에 없었던 것이라.**
19 **그러므로 이제 보내어 네 가축과 네가 들에 소유하고 있는 모든 것들을 모으라. 들에 있고 집으로 들이지 않은 모든 사람과 짐승 위에 우박이 내리리니, 그러면 그들이 죽으리라.' 하라." 하시니라.**
20 **파라오의 신하들 중에서** 주의 **말씀을 두려워한 자는 그의 종들과 가축을 집 안으로 피하게 하였으나**
21 주의 **말씀을 유의하지 아니한 자는 그의 종들과 가축들을 들에다 남겨 두었더라.**

『**내 백성을 가게 하여 그들로 나를 섬기게 하라**』(13절). 이 말씀은 한번도 중단된 적 없이 지속적으로 파라오의 귀에 들렸던 말씀이다.

『내가 이번에는 나의 모든 재앙을 네 마음과 네 신하들과 네 백성 위에 보내어...』(14절). 이 부분과 요한계시록 16장의 내용을 비교해 보라. 하나님의 시간표가 두 번에 걸쳐 설정되었다. "네 마음과"는 역대기하 6:28-30에 설명되어 있다. 이것은 하나님께서 파라오에게 강하게 부어주심으로 파라오는 자신이 들은 내용을 마음에 새길 수밖에 없는 것이다. 만일 여기에서 파라오가 이 선언을 비웃어 버린다면 자신의 첫아들에게 무슨 일이 생겼는지 살펴볼 때 더 이상 비웃을 수 없게 된다(출 12:29). 자신의 첫태생에 대해 애정이 없는 사람은 없을 것이다.

『이제 내가 내 손을 뻗쳐...』(15절, For NOW I WILL stretch out my hand). 대부분의 주석가들은 - 특히 클라크와 랑게 - 킹제임스성경 번역자들이 이 문맥을 전체적으로 잘못 번역했다고 확신한다. 종교개혁 성경의 본문의 현재 상태가 어떠어떠하다고 불평하는 대부분의 근본주의자들은 모두 구덩이에 빠지게 되어 있다. 언어학자, 비평가, 주석가, 개정자, 이집트 학자들이 캐내지 못한 금을 종교개혁 성경 본문을 통해 캐보자.

A. 모든 재앙이 오는 것은 다음 번의 재앙의 형태가 천둥과 우박과 불이 한꺼번에 온다는 의미에서 말하는 것이다(22-25절).

B. 하나님께서는 자신의 팔을 뻗치신다(현재). 그리고 파라오를 치신다(현재). 그리고 파라오를 땅에서 끊으신다(현재)(15절). 파라오는 끊겨지게 되는데 파라오가 끊겨지기 전에(출 15:1-10) 파라오와 그의 백성들은 전염병의 재앙을 당한다(삼하 24:13-18). 천사가 그 재앙을 주관했을 때(출 12:13-30) 그것은 틀림없는 전염병이다(왕하 19:35).

C. 시편 78:50에서는 본문 15절에서 말하는 것과 마찬가지로 그들을 "전염병"에 내어 주셨다고 말한다. 보수주의 학자나 자유주의 학자들이 말하는 것과는 반대이다.

교훈 : 히브리어 문법이 종교개혁 성경본문과 상충된다면 종교개혁 본문을 근거로 히브리어를 바로잡으라.

일곱 번째 재앙이 다가오고 사태는 더 치열해져간다.

『내가 너를 세움은 바로 이 때문이니』(16절). 이 구절은 로마서 9:17에 인용되는데 칼빈주의자들이 즐겨 이용하는 구절이다. 이 구절은 카이퍼, 벌콥, 핑크, 댑니, 핫지, 스트롱, 로스, 질, 길핀, 쉘톤 등에 의해 상세히 설명되어졌다.

본문을 어렵게 만들어가는 것은 "무조건적인 선택"이라는 극단적 칼빈주의 관점에서 보아서 그렇다. 그러나 성경을 그대로 믿는 사람들은 종교개혁성경 본문을 변개시킴으로 혼란에 빠진 오리겐, 메이첸, 로버트슨, 케일, 델리취, 웨스트코트, 게세니우스, 홀트, 필로, 이레니우스, 어거스틴, 제롬, 그리스바흐, 라흐만, 밀, 왈톤, 웨스트, 디임, 샤프와 같은 잘못된 전철은 밟지 않는다.

1. 칼빈, 어거스틴, 벌게이트 성경은 로마서 9:17을 "CREATED thee"로 번역하여 이 성서들을 읽기만 하면 자동적으로 칼빈주의를 따르게 되어 있다.

2. 클라크, 케일, 델리취, 샤프는 같은 본문을(롬 9:17) "caused thee to STAND"로 오역하여 오리겐이 주장한 "preservation theory"와 연결되도록 하였다.

세 가지 각기 다른 성경들을 살펴보자. 하나는 정확한 성경이다(AV, 1611). 또 하나는 반만 옳은 성경이고(라틴 벌게이트), 나머지는 틀린 성경이다(ASV, 1901). [왜들 그렇게 칼빈과 같은 입장에 서려고 노력하는지 미스테리이다. 칼빈은 그리스도인임을 고백하는 사람을(세르베투스, 1511-1533) 불태워 죽였다. 그리고 성경에서 말하는 침례의 형식과 이 침례에 성인들이 참여한다는 사실을 인정하면서도 어린 아이들에게 물을 뿌려 세례를 주었다. [샤프의 "교회사" 8권 586,587쪽을 보라. 자신이 "칼빈주의자"임을 크게 떠들고 다니지 말라.]

하나님께서는 느부캇넷살을 세우시고, 카이사를 세우셨듯이, 그와 같은 목적에서 파라오를 세우셨다. 이들은 모두 멸망당하기 위한 목적으로 "예비된" 자들이라고(롬 9:23) 말하지 않는다. 또 창세기 1장 이전에는 그 어떤 심판도 선고되지 않았다. 모든 경우에(요 6:64) 있어서 하나님의 선고가 내려지기 전에 하나님의 미리 아심이 있는 것이다. 파라오에게는 엄청난 권위에 해당하는 공식적인 위치가 주어졌다. 이 맥락에서 파라오는 "세워진" 것이다. 칼빈은 파라오가 멸망받기 위해 창조되었다고(CREATED) 생각함으로 잘못을 저질렀다. <칠십인역>은 파라오가 멸망받기 위해 보존되었다고(PRESERVED) 여기므로 잘못을 저질렀다.

파라오는 하나님의 오래 참으심을 나타내기 위해(롬 9:17) 세워진 것이다(RAISED UP). 또 하나님의 이름이 온 땅에 걸쳐 선포되게 하심으로 하나님의 능력을 나타내기 위해 파라오가 세워진 것이다(출 9:16).

『**보라, 내일 이맘때에 내가 아주 심한 우박을 내리리니, ...모든 사람과 짐승 위에 우박이 내리리니, 그러면 그들이 죽으리라**』(18,19절). 재앙이 시작된 이후 처음으로 인간의 생명이 위협받는다. 이제 파라오는 땅의 상태와 기상의 상태를 알게 되는데 하나님을 두려워하는 마음이 있었더라면 자신의 고백과 함께(출 9:27) 행동도 취했을 것이다. 파라오에 대한 완전한 심판을 끝내기 전에 죽은 물고기들, 죽은 개구리들과 함께 죽은 사람들도 있을 것이라는 것을 암시한다. 여기에서 하나 더 살펴볼 것은 마지막 재앙들은 땅으로부터 일어나는 것이 아니라 하늘로부터 내려온다는 것이다. 물이 피로 변하고 개구리와 이의 재앙은 땅으로부터 온 것이지만 우박은 위로부터 내려온다!

『**파라오의 신하들 중에서 주의 말씀을 두려워한 자는 그의 종들과 가축을 집 안으로 피하게 하였으나 주의 말씀을 유의하지 아니한 자는 그의 종들과 가축들을 들에다 남겨 두었더라.**』(20,21절). 여기서도 한 교회가 나뉘어진다. 모세와 아론은 사람들에게 계속 위협의 존재로 보여진다. 이들의 막대기가 올라가면 어떤 재앙인가가 내려온다. 여기에서 클라크, 윌리엄스, 오르, 벌링거, 더멜로우, 케일, 델리취, 엘리코트, 헹스텐베르그, 반취, 모펫, 샤프 등이 놓친 사실을 살펴보자. 본문에서 "종들의 종"인 함족이 나온다. "파라오의 신하들(servants of Pharaoh)...은 그의 종들과(his servants)" 이 문맥에 이스라엘인들을 적용시킬 수는 없다. 고센 땅에는(26절) 아무도 우박을 보지 못했기 때문이다. 함의 자손들은 "종들의 종"이 될 것이라고 언급되었다. 이집트 고대 기록에 누비아인들(Nubians)은 이집트인들을 섬겼고 이집트인들은 셈족(힉소스 왕조)과 이집트인들을 섬겼다는 내용은 잘 알려진 사실이다. 여기에서 이집트인 관료들은 파라오의 신하들이라고 이미 언급되었다. 이 파라오의 종들이 부렸던 종들은 함족이었다.

20,21절의 내용은 창조부터 천년왕국까지의 모든 시대의 모든 사람들에 대해

결론을 내리는 부분이다. 어떤 사람들은 하나님의 말씀을 유의하지만 어떤 사람들은 유의하지 않는다. 모든 사람들은 이 둘 가운데 하나에 속한다. 이 두 가지 사실에 대해 어느쪽에 반응을 보이느냐에 따라(행 17:32) 운명이 결정된다(마 25:34,41,46). 필립 샤프, 모엘 스미스, 존 알 라이스, 글리슨 아쳐, 메릴 엉거가 킹제임스성경 신약에 대해 취한 태도나 이브가 창세기 2:16,17에 대해 취한 태도나 아무 차이가 없다. 오히려 이브는 한 단어만 빼먹었지만 위에 언급한 사람들이 추천하는 New ASV에는 최소한 50단어 이상 삭제되었다. 이브와 마리아와의 다른 점은 한 사람은 하나님의 말씀을 유의하지 않았고 한 사람은 하나님의 말씀을 두려워했던 것이다. 영원에 있어서 새 예루살렘에 거하는 사람과 불못에 거하는 사람의 차이점도 마찬가지이다. 종족, 인종, 성, 돈, 문화, 세대, 문명, 시간, 교육, 지성, 종교, 동기, 목적, 배경은 전혀 문제가 되지 않는다.

9:22 ○ **주께서 모세에게 말씀하시기를 "너는 하늘을 향하여 손을 뻗쳐서 이집트 전역에 우박이 내리게 하고 이집트 전역에 걸쳐 사람과 짐승과 들의 모든 채소 위에 내리게 하라." 하시더라.**

23 **모세가 하늘을 향하여 그의 막대기를 뻗치니 주께서 천둥과 우박을 보내시고 불이 땅 위로 달리더라. 주께서 이집트 땅에 우박을 내리시니라.**

24 **그러므로 우박이 내리는데 매우 심한 불이 우박과 섞여 내리더라. 이집트가 나라가 된 이래로 이집트 온 땅에 그와 같은 것은 한 번도 없었더라.**

25 **우박이 이집트 온 땅에 걸쳐 사람이나 짐승이나 들에 있는 모든 것을 쳤으며, 우박이 들에 있는 모든 채소를 치며 들에 있는 모든 나무를 꺾었으나**

26 **이스라엘 자손들이 살고 있는 고센 땅에는 우박이 전혀 내리지 않았더라.**

이제 전개되는 재앙은 대환란에 있을 재앙(계 8:7)의 실체를 진짜 경험하는 것이다. 이번에는 사람들과 짐승에게만 재앙이 다가오는 것이 아니라(22절) 들의 모든 채소(22절)와 들의 모든 나무(25절)들도 손상을 입는다. 본문을 진지하게 읽기만 한다면 요한계시록과 연결시킬 수 있을 것이다(계 8:7). 모든 주석가들이 이 부분을 놓쳤다는 사실은 주목할 만한 사실이다. 심지어 전천년주의 주석가들(위클리프 주석, 윌리엄스, 벌링거 등등)도 명확하게 연결시키지 못한다.

『**...불이 땅 위로 달리더라. 주께서 이집트 땅에 우박을 내리시니라**』(23절). 이것이 다가 아니다. 날씨가 추워져(시 78:47) 서리가 나무들을 해친다. 주석가들은 관련 구절을 놓침으로 이 특이한 현상을 설명하지 못한다. 이뿐만 아니라 불이 땅 위로 달린다. RV(1884)는 이 본문의 내용이 있을 수 없는 현상이라 하여 AV(1611)가 틀린 것이라 단정짓고 "불이 땅 위로 달려 내려왔다"(ran down unto the earth)고 뜯어고쳤다. 알렉산드리아 학파들이 재판관기 5:14에서 저지른 실수를 그대로 따른 것이다. 히브리어 본문 그대로의 내용은 "불이 땅 위로 걸어 다녔다."(and the fire WALKED upon the earth)이다. 킹제임스성경은 이 본문을 정확하게 옮긴 것이다. 우리는 얼마든지 번개가 땅 위를 가로지르며 수평으로 달리며 사람과 동물들을 해칠 수 있다는 사실을 안다. 이 외에 우박이 떨어지는데 그 무게는 아마 1달란트 정도였을 것이다(계 16:21).

9:27 ○ **파라오가 보내서 모세와 아론을 불러 그들에게 말하기를 "이번에는 내가 죄를 지었도다. 주께서는 의로우시나 나와 내 백성은 악하도다.**
28 **주께 간구하여 (이만하면 충분함이라.) 강렬한 천둥들과 우박이 더 이상 없게 하라. 그리하면 내가 너희를 가게 하리니 너희는 더 이상 지체하지 말지니라." 하니,**
29 **모세가 그에게 말하기를 "내가 성읍에서 나가자마자 주께 내 손을 활짝 펴리니, 천둥이 그치고 우박도 더 이상 없으리이다. 그리하면 당신은 땅이 어떻게 주께 속하였는지를 아시리이다.**
30 **그러나 당신과 당신의 신하들로 말하면, 아직도 당신들이** 주 하나님을 **두려워하지 아니할 줄 내가 아나이다." 하더라.**
31 **그때 보리는 이삭이 나왔고 삼은 꽃이 피었기에 삼과 보리는 상하였으나**

32 **밀과 호밀은 자라지 아니하였기에 상하지 아니하였더라.**
33 **모세가 파라오를 떠나 성읍에서 나가서 주께 자기 손을 활짝 펴니, 천둥**
들과 우박이 그치고 비가 땅에 쏟아지지 아니하니라.
34 **파라오가 비와 우박과 천둥이 그친 것을 보고 다시 죄를 지어 그의 마음**
이 완악해졌으니, 그와 그의 신하들이 그러하였더라.
35 **파라오의 마음이 완악해졌고, 이스라엘의 자손들을 보내려 하지도 아니**
하였으니, 주께서 모세를 통해 말씀하신 대로더라.

이번에는 파라오가 등장할 차례다. 3월에 진눈깨비 오듯이 모세와 아론이 나타나 "보내주시겠소?"라는 그 케케묵은 요구를 할 것이다. 사람을 보내 모세와 아론을 데려와(27절) 준비된 메시지를 전한다. 『**이번에는 내가 죄를 지었도다...**』(27절). [지난 여섯 번은 죄를 안지은 것이고?]

『**주께서는 의로우시나 나와 내 백성은 악하도다**』(27절). 파라오는 자신의 죄를 고백하고 기도를 청한다. 틀림없이 이번은 진짜 회심한 것이겠지! 그러나! "저는 죄를 지었습니다."라고 말하는 많은 사람들이 성경에 나오는 예에 그칠 때가 많다(민 22:34의 발라암, 마 27:4의 유다 이스카리옷, 삼상 15:24의 사울). 기도를 하는 많은 사람들이(행 8:24의 시몬, 왕상 13:16의 여로보암) 기도를 함으로써 단지 그 상태를 모면하려고 애쓸 뿐이다. 파라오는 고백했고(27절), 인정했고(28절), 모세의 요구를 받아들이겠다고 제안한다(28절). 그러나 그의 육신은 고집세고 완고하다. 우박이 멈추자마자 마음을 바꾼다(34절). 창 밖을 보며 중얼거린다. "고센에서 다른 곳으로 옮겨다 놓아 일을 시켜야겠어. 그놈들의 '주 하나님'이 어떻게 하나 보자구. 또 다른 재앙이 닥칠 경우 자신의 백성들도 죽게 된다는 것을 알겠지. 이겼다고 생각하면 그건 오산이야. 내가 누구야? 나는 파라오란 말이야!"

그러나 모세는 파라오의 머리 위에 있다. 하나님께서 파라오에 대해 하신 말씀을(출 3:19) 믿기 때문이다. 모세는 파라오의 본성을 알고 있다(출 9:30). 그래서 파라오가 모세에게 기도부탁을 할 때 그의 면전에서 이렇게 말한다. "내가... 주께 내 손을 활짝 펴리니" 즉 "내가 그것에 대해 기도하겠다"는 말이다(딤전 2:8,

대하 6:13, 스 9:5).

『**비가 땅에 쏟아지지 아니하니라... 비와... 우박과 천둥이...**』(33,34절). 우박뿐만 아니라 비도 왔었다고 기록한다. 이뿐만 아니라 서리(시 78:47)와 번개(출 9:23)도 있었다. 이 일곱 번째 재앙은 특히 주목해야 한다. 적도지역에서 서리는 비를 동반한다. 그리고 번개는 수직으로 달리는 것이 아니라 수평으로 달린다. 『**파라오의 마음이 완악해졌고... 주께서 모세를 통해 말씀하신 대로더라**』(35절).

출애굽기 10장

10:1 주께서 모세에게 말씀하시기를 "파라오에게로 들어가라. 내가 그의 마음
과 그의 신하들의 마음을 완악하게 함은, 내가 그 앞에서 이러한 나의
표적들을 보여 주려 함이며,
2 내가 이집트에서 행한 일들과 내가 그들 가운데서 행한 내 표적들을, 너
로 네 아들과 네 아들의 아들의 귀에 전하게 하려 함이요, 내가 어찌하
여 주인가를 너희로 알게 하려는 것이라." 하시더라.
3 모세와 아론이 파라오에게 들어가서 그에게 말하기를 "히브리인의 주 하
나님이 이같이 말하노라. 네가 언제까지 내 앞에서 스스로 겸손하여지기
를 거부하겠느냐? 내 백성을 가게 하여 그들로 나를 섬기게 하라.
4 그렇지 않고 만일 네가 내 백성을 가게 하는 것을 거부하면, 보라, 내일
네 지경 내로 메뚜기들을 불러들이리라.
5 그것들이 지면을 덮어서 사람이 땅을 볼 수 없을 것이며, 모면하여 남은
찌꺼기, 즉 우박에서 면하여 너희에게 남겨진 것을 그것들이 먹으리니,
들에서 너희를 위하여 자라는 모든 나무를 먹을 것이라.
6 또 그것들은 네 집들과 네 모든 신하의 집들과 모든 이집트인의 집들을
채우리니, 이는 네 조상과 네 조상의 조상도, 이 땅 위에 있던 날부터 오
늘에 이르기까지 보지 못하였던 것이라." 하더라. 그리고 그 자신은 돌아
서서 파라오에게서 나왔더라.
7 파라오의 신하들이 그에게 말하기를 "얼마 동안이나 이 사람이 우리의

올무가 되리이까? 그 사람들을 가게 하여 그들로 주 그들의 하나님을 **섬**
기게 하소서. 왕께서는 이집트가 망하는 것을 아직도 알지 못하시나이
까?" 하고
8 **모세와 아론을 파라오에게 다시 데려오니, 파라오가 그들에게 말하기를**
"가서 주 너희 하나님을 **섬기라. 그런데 갈 자들은 누구냐?" 하니,**
9 **모세가 말하기를 "우리가 우리의 젊은이들과 우리의 늙은이들과 우리의**
아들들과 우리의 딸들과 함께 갈 것이며, 또 우리의 양떼들과 우리의 소
떼들과 더불어 가겠나이다. 이는 우리가 주께 명절을 지켜야 하기 때문
이니이다." 하더라.
10 **파라오가 그들에게 말하기를 "내가 너희를 가게 하고 너희 어린 것들을**
가게 하는 것처럼, 주께서 그렇게 너희와 함께 계시게 하라. 조심하라.
이는 악이 너희 앞에 있음이라.
11 **그렇게는 안 되나니, 이제 너희 남자들만 가서 주를 섬기라. 그것이 너**
희가 바라던 것이니라." 하더라. 그러자 그들이 파라오의 면전에서 쫓겨
나니라.

천둥, 번개, 비, 우박이 멈춘 후 파라오가 한 약속은 미국 대통령이 세금에 관해 공약한 내용과 흡사하다. 그러나 그 약속은 일주일을 가지 못한다. 파라오는 여전히 이스라엘의 자손을 보내려 하지 않는다(출 9:35).

『**네가 언제까지 내 앞에서 스스로 겸손하여지기를 거부하겠느냐?**』(3절) 잘못을 고백하고 깨닫고 약속만 한다고 겸손해지는 것은 아니다. "스스로 겸손해지는 것"(약 4:6,10)은 자신을 심판해야 할 뿐만 아니라 하나님께 순종해야 하는 것이다. 지금까지 파라오는 하나님의 명령인 『내 백성을 가게 하여 그들로 나를 섬기게 하라.』(3절)는 말씀에 순종하지 않았다.

『**그렇지 않고 만일 네가 내 백성을 가게 하는 것을 거부하면, 보라, 내일 네 지경 내로 메뚜기들을 불러들이리라. 그것들이 지면을 덮어서 사람이 땅을 볼 수 없을 것이며, 모면하여 남은 찌꺼기, 즉 우박에서 면하여 너희에게 남겨진 것을**

그것들이 먹으리니』(4,5절). 메뚜기떼가 농작물을 습격하는 모습을 사진으로 보았다면 구체적인 설명이 필요없다. 이집트 메뚜기들은 더 크다. 메뚜기떼가 몰려들 때 그것들은 6인치 내지 7인치 두께로 싸인다. 이 정도의 규모면 하늘을 뒤덮어 햇빛을 차단하기에 충분하며, 한번 먹었다 하면 100에이커 정도는 삼십분도 안걸려 해치울 수 있다. 이 메뚜기떼가 얼마나 두껍게 쌓이는지 메뚜기들을 몰아내기 위해 피운 불도 꺼버릴 정도이다.

『**얼마 동안이나 이 사람이 우리의 올무가 되리이까?...왕께서는 이집트가 망하는 것을 아직도 알지 못하시나이까**?』(7절) 물론 파라오도 이 사실을 알고 있다. 그러나 통치 말기에 있는 파라오는 그 땅이 재앙에 닥치든, 재앙에서 벗어나든 상관하지 않는다. 그저 멍청히 앉아 죽은 시체들, 불타는 덤불, 시든 초목을 바라볼 뿐이다. 시체 썩는 냄새는 코를 찌르고, 불평 불만의 소리는 끊이지 않는다. "이 세상 신"의 전형적인 모습이다. 그런데도 이 세상에 왕국을 세우겠다고 난리들이다.

"보내 주시겠소?"

『**파라오가 그들에게 말하기를 "가서 주 너희** 하나님을 **섬기라. 그런데 갈 자들은 누구냐?" 하니**』(8절), 『**모세가 말하기를 "우리가 우리의 젊은이들과 우리의 늙은이들과 우리의 아들들과 우리의 딸들과 함께 갈 것이며...**』(9절). 에베소서 6:4과 창세기 7:1은 본문에 대한 좋은 주석이 될 수 있다. 아들들과 딸들이 이집트에 남겨진다면 파라오는 진정 안전을 보장받을 수 있다. 유괴범이 아이를 억류하고 있는 한 언제든지 몸값을 요구할 수 있듯이 말이다. 어떤 어머니, 아버지가 자신들의 자식들을 되찾으러 이집트로 돌아오려고 하지 않겠는가? 파라오는 이스라엘이 되돌아 올 것에 대한 보증을 받고 싶은 것이다. 따라서 모든 상황을 고려해 볼 때, 그것은 너무나 악랄하다. 즉 자신의 선임 왕들로부터 "아들들"을 물에 빠뜨려 죽이고 "딸들"을 다른 종족들과 결혼시키는 악습이 내려온 것을 염두에 둔 파라오가 유대인 그 누구도 "아들들과 딸들"을 자신에게 맡기지 않으리라는 것을 알았던 게 아닐까?

『**파라오가 그들에게 말하기를 "내가 너희를 가게 하고 너희 어린 것들을 가게 하는 것처럼, 주께서 그렇게 너희와 함께 계시게 하라. 조심하라. 이는 악이 너희 앞에 있음이라. 그렇게는 안 되나니, 이제 너희 남자들만 가서 주를 섬기라. 그것이 너희가 바라던 것이니라." 하더라**』(10,11절). 벌링거, 윌리엄즈, 엘리코트, 랑게, 클라크, 강단주석, 위클리프 주석은 서로서로 베꼈다. 오리겐의 추종자들이 생각이 바닥났을 때 고안해 낸 케케묵은 내용을 지금까지 보존하고 있는 것이다. 즉 그들의 해석은 파라오가 비아냥거리며 "너희를 보내지 않을 것이다"라는 표현을 말한다는 것이다. 그렇다면 파라오가 "가서 주를 섬기라"고 세 번씩이나 말한 것은(8,9,11절) 어떻게 연결시킬 것인가? 자신들의 죄를 막 자백하고 기도해 달라고 청했던(출 9:27,28) 사람으로서 파라오는 즉각적으로 자기 의로 돌아갔다는 결론이다.

그러나 본문이 말하는 내용은 위에서 해석하는 그런 내용이 아니다. "주께서 너희와 함께 계시도다. 나는 너희를 가게 하겠다. 너희의 어린 것들도 보내겠다. 그러나 잘 생각해 보라. 어린 것들을 데려 간다고 생각해 보란 말이다. 삼 일 동안이나 광야로 갈 것 아니냐? 어린 것들에게 많은 일들이 일어날 것은 자명한 일이다. 게다가 처음에는 남자들만 가게 해 달라고 한 것 아니냐? 그러니 아이들은 이곳에 남겨두고 떠나거라." 본문이 말하는 것은 이 내용이다.

10:12 ○ **이에 주께서 모세에게 말씀하시기를 "네 손을 이집트 땅 위에 뻗쳐,**
메뚜기들로 이집트 땅 위로 올라와서 우박이 남겨 놓은 모든 것, 곧 그
땅의 모든 채소를 먹게 하라." 하시더라.

13 **모세가 이집트 땅 위에 그의 막대기를 앞으로 뻗치니, 주께서 그 땅 위**
에 온 낮과 온 밤 동안 동풍을 일으키셨으며 아침이 되자 동풍이 메뚜
기들을 몰고 왔더라.

14 **메뚜기들이 이집트 땅 전역에 올라와서 이집트의 전지경 내에 내리니,**
그것들이 매우 심하더라. 그와 같은 메뚜기들은 그들 전에도 없었으며
그들 후에도 없을 것이라.

15 **메뚜기들이 온 지면을 덮으니 땅이 어두워지고 우박이 남긴 그 땅의 모**

든 채소와 나무에 달린 모든 열매들을 먹었으니, 이집트 땅 전역에 걸쳐 나무나 들의 채소들 중 푸른 것은 전혀 남아 있지 않더라.

모세와 아론은 왕궁에서 나온다. 경호원들이 머리 숙여 경례한다. 이집트 여자들이 소리친다. "안돼요, 안돼요, 제발" 모세와 아론은 터벅터벅 계단을 걸어 내려온다. 마치 나치당원이 전범재판소 계단을 내려오는 모습이다. 얼굴은 돌처럼 굳어 있다. 왕궁 앞에 있던 군중들은 서로의 얼굴을 쳐다보다가 이윽고 무엇인가 알아차린다. 곧이어 비명을 지르고, 저주를 퍼붓고, 가족들을 찾으며 흩어진다. 파라오의 신하들은(7절) 파라오가 공문을 집행하기 전에(10절) 이 사실을 알린다.

『**메뚜기들이 온 지면을 덮으니 땅이 어두워지고**…』(15절). 어부들의 징크스인 동풍이 메뚜기와 함께 들이닥친다. 『**메뚜기들이… 이집트의 전지경 내에 내리니… 우박이 남긴 그 땅의 모든 채소와 나무에 달린 모든 열매들을 먹었으니**…』(14,15절). 옷을 만들 목화도 없다. 빵을 만들 밀이나 보리도 없다. 무화과도, 포도도, 올리브도 없다. 날이 저물면 밤이 오듯이 재앙 뒤에 엄청난 인플레가 따른다.

『**이집트 땅 전역에 걸쳐 나무나 들의 채소들 중 푸른 것은 전혀 남아 있지 않더라**』(15절). 시편 78:46에 의하면 메뚜기떼들이 남긴 것은 풀쐐기들이 끝장을 냈다고 말한다. 각계 인사들로 구성된 긴급 위원회가 구성된다. 왕국에 모여 고함을 지르고 야단법석을 피운다.

"폐하께서는 빠른 조처를 취하셔야 합니다. 각계의 요구를 받아들이셔야 합니다."

"폐하, 밖에서 일어나는 일을 보셨습니까? 나가셔서 보십시오, 보셔야만 합니다."

"사실을 말씀드리자면 목화 재배지가 전쟁터가 되었습니다."

"그들을 보내십시오. 그들 때문에 아무 일도 할 수 없습니다. 먹을 양식도 없다구요. 당장 보내십시오."

파라오는 회중을 진정시킨다. "아론과 모세를 부르라."

10:16 ○ **그러자 파라오가 모세와 아론을 급히 불러 말하기를 "내가 주 너희**

하나님**과 너희에 대하여 죄를 지었도다.**

17 **그러므로 이제 부탁하노니 나의 죄를 이번만 용서하고 주 너희** 하나님
께 간구하여 그분께서 이 죽음만은 내게서 제거해 주시도록 하라." 하
므로

18 **그가 파라오에게서 나와 주께 간구하니**

19 **주께서 아주 강력한 서풍을 돌이켜서 메뚜기들을 쓸어다가 홍해에 몰아**
넣으시니 이집트의 전지경 내에 한 마리의 메뚜기도 없더라.

20 **그러나 주께서 파라오의 마음을 완악하게 하시므로 그가 이스라엘 자손**
을 가게 하지 아니하더라.

파라오는 막다른 골목에 몰렸다.

『**내가 주 너희** 하나님**과 너희에 대하여 죄를 지었도다**』(16절). 훌륭한 고백이다. 진실된 참회의 표현이다. 성령께서 이 표현을 요셉과 관련하여 창세기 39:9에서, 탕자와 관련하여 누가복음 15:18에서 사용하셨다. 더군다나 이번에 파라오는 자기 개인의 죄도 용서를 빈다. "그러므로 이제 부탁하노니 나의 죄를... 용서하고..." 표면상으로 파라오는 마침내 회개하고 고백하고 믿었다. 파라오가 캠벨 추종자라면 침례까지 받을 판이다. 정말 그랬다. 파라오는 알렉산더 캠벨이 요구하는 모든 요구를 만족시킬 그런 사람이다. 그러나 불행하게도 신약의 기록에서는 파라오가 지옥에 갔다고 말한다(롬 9:17,22). 믿음도 있고, 고백도 했고, 회개까지도 했고, 원하면 침례까지도 받을 작정이었는데 말이다.

17절을 잘 살펴보면 "only"라는 말이 두 번 나온다("이번만," "이 죽음만은"). [다른 주석서를 들춰봐도 소용없다. 어떤 주석가도 이 부분을 설명하지 않았다. 아무도 누가복음 4:4을 마음에 새기지 않는다. 그런 주석은 성경을 비평만 할 뿐이다.] "only"라는 말로 마음의 상태가 진실된 고백이 아니었음을 보여준다. 용서는 한 번만 필요한 것이 아니다. "이 죽음"에서만(THIS DEATH only) 구원받기 원한다면 행위로 구원받는 종교에 연관되어 있는 것이다(창 4:1-6 주석 참조).

누구든지 실제적 죽음으로부터 벗어나고자 한다. 그러나 이 실제적 죽음을 벗어나면 "둘째 사망"(계 20:14)이 기다리고 있다. 이 둘째 사망으로부터 구원받는

것이 영적인 구원(엡 2:1-8)이고 사람의 혼이 구원받는 것인데(벧전 1:9), 이것은 사람의 몸이 구원받기 전에(고전 15:49-55) 일어난다. 파라오가 "이 죽음"이라고 말했을 때 그것은 이 땅에서 살아가기 위해 필요한 땅과 곡식이 황폐해지는 것으로부터 구제받는 것을 구했을 뿐이다.

10:21 ○ **주께서 모세에게 말씀하시기를 "하늘을 향하여 네 손을 내밀어 뻗쳐서 이집트 땅 위에 어두움, 곧 더듬을 만한 어두움이 있게 하라." 하시니라.**

22 **모세가 하늘을 향하여 그의 손을 뻗치니 짙은 어두움이 이집트 땅 전역에 삼 일 동안 있어**

23 **삼 일 동안 그들이 서로를 보지 못하고 자기 처소에서 아무도 일어나는 자가 없더라. 그러나 모든 이스라엘 자손들은 그들의 거처에 빛을 가졌더라.**

24 ○ **파라오가 모세를 불러 말하기를 "너희가 가서 주를 섬기되 너희의 양떼와 소떼는 남겨 두고 너희 어린 것들은 너희와 함께 가라." 하니**

25 **모세가 말하기를 "당신께서 우리에게 희생제물과 번제물도 주셔야 우리가 주 우리의** 하나님**께 희생제를 드릴 수 있나이다.**

26 **우리의 가축도 우리와 함께 가야 하리니 한 마리도 뒤에 남길 수 없나이다. 이는 우리가 그 중에서 취하여 주 우리** 하나님**을 섬겨야 하며 우리가 거기에 도착하기까지는 어떤 것으로 우리가 주를 섬겨야 할 것인지 알지 못함이니이다." 하더라.**

27 ○ **그러나 주께서 파라오의 마음을 완악하게 하시니 그가 그들을 가게 하지 아니하더라.**

28 **파라오가 모세에게 말하기를 "내게서 물러가고 스스로 주의하여 내 얼굴을 다시는 보지 말라. 네가 내 얼굴을 보는 날에는 네가 죽으리라." 하더라.**

29 **그러자 모세가 말하기를 "당신께서 잘 말씀하셨나이다. 내가 다시는 당신의 얼굴을 보지 아니하리이다." 하더라.**

삼 일 동안 이집트 땅 전역에 짙은 어두움이 깔려 있다(22절). 심각한 문제는 해와 달이 빛을 발하지 않는다는 것이다. 이른 아침에 파라오와 파라오의 딸은 나일 강에 목욕하러 내려갔지만 얼굴 앞에 있는 손조차 볼 수 없다. 두 시간이나 기다려 동이 트기를 기다렸지만 소용없다. 더듬더듬 겨우 왕궁으로 돌아왔으나 별빛 없는 밤을 맞이해야 했다. [이 재앙을 통해 흑암의 심판(벧후 2:17)을 미리 경험했을 것이다. 이 심판은 대환란 때 다시 반복된다(계 16:10).]

파라오의 현 위치는 아주 우스꽝스럽다. 최고의 신 "라"(Ra)는 매우 수치스럽게 되었다. 이 재앙에 대해 속수무책이기 때문이다. 반면 모세의 하나님이 누구이건 간에 그 하나님은 물을 통제하고, 땅을 관장하고, 곤충과 동물을 다스리신다. 더더군다나 태양계까지 통제하신다. 파라오로 말하면 이길 수 없는 싸움을 싸우고 있는 것이다. 숭어 한 마리가 상어떼 속을 통과하고 있는 것이다. 마실 물을 오염시키고, 물고기와 가축들을 죽이고, 농작물들을 파괴시키며, 전염병으로 몸을 괴롭게 하고, 지금은 온통 세상을 어둡게 하여 겨우 손으로 더듬게 만드는 이적에 대하여 무엇을 할 수 있단 말인가?

『그러나 모든 이스라엘 자손들은 그들의 거처에 빛을 가졌더라』(23절). 이 구절이 주는 영적 교훈은 분명하다. 이스라엘 민족은 성막 안에 촛불을 켜 놓았는데 이것은 성령님의 임재하심을 말한다. 그리스도인도 자기가 거하는 거처에 "빛"을 가지고 있다(엡 5:8, 살전 5:5). 그 거처는 바로 그 자신의 몸인(흙으로 만들어진) 하나님의 성전이다(고전 6:19). 구원받지 못한 사람은 어두움으로 가득 차 있는데(살전 5:4-6) 그 어두움은 심히 크다(마 6:23). 하랄란 포포프와 리차드 움브란트는 감옥에서 썩어가면서도 빛을 가지고 있었는데 이 빛은 다윈, 헉슬리, 팔레아, 듀웨이, 럿셀, 쇼, 아인슈타인, 웰즈, 막스가 전혀 보지 못한 빛이다. 그런데도 이들은 자신들이 빛을 전달한다고 떠들어댄다. 지하 갱도가 무너져 숨이 막힐 지경에 있는 광부가 구원받은 광부라면 주변이 아무리 깜깜해도 그의 "거처"에 "세상의 빛"(요 8:12)이 있는 것이다. 교황 요한 23세와 교황 바오로 6세는 5,000와트의 조명 아래서 교회에 대해 연설하면서도 이 빛에 대해서는 한마디 언급조차 할 수 없었다.

모세와 아론이 들어오고 문지방을 넘기도 전에 판에 박힌 말을 파라오는 또 듣게 된다. “보내 주시겠소?”

『너희가 가서 주를 섬기되 너희의 양떼와 소떼는 남겨 두고 너희 어린 것들은 너희와 함께 가라』(24절). 왕의 자존심이 말이 아니다. 파라오는 다이아몬드 목걸이는 고사하고 철사줄이라도 붙잡으려는 심정이다. 양떼와 소떼를 남겨두고 가라는 가장 큰 이유는 굶어 죽어가는 백성들 때문이다. 이스라엘이 섬기는 신은 가축이나 다른 어떤 것도 필요로 하지 않는다(시 50:9-12).

모세는 꿈쩍도 하지 않는다. 바윗덩어리 같다. **『우리의 가축도 우리와 함께 가야 하리니 한 마리도 뒤에 남길 수 없나이다』**(26절). 모세의 호전적인 성격을 볼 수 있다. “우리의 가축도 우리와 함께 가야 하리니”에서 말을 끝낼 수도 있었을 텐데 기어코 호랑이 굴 속에 들어가고야 만다. 모세 앞에서는 처참해진 상태이지만 이집트에서 가장 높은 사람이 있다. 모세는 “하나님의 막대기”의 능력을 알고 있다. 모세는 소금을 집어들어 상처에다 뿌린 것이다. 『한 마리도 뒤에 남길 수 없나이다』(26절). 파라오가 건넨 네 번째 타협안에 대해 모세가 반응한 것은(출 8:25 주석 참조) 갈라디아서 2:5에서 보인 바울의 태도와 비슷하다(엡 4:27, 6:10-18).

출애굽기 11장

11:1 **주께서 모세에게 말씀하시기를 "내가 이제 파라오와 이집트 위에 한 가지 재앙을 더 내리리니, 그후에야 그가 너희를 여기에서 가게 하리라. 그가 너희를 가게 할 때, 그가 반드시 너희를 다 함께 여기서 쫓아내리니,**
2 **이제 백성들의 귀에 말하여 모든 남자들로 자기 이웃에게, 모든 여자들도 자기 이웃에게서, 은패물과 금패물을 빌리게 하라." 하시더라.**
3 **주께서 이집트인들의 목전에서 그 백성에게 은총을 주셨으며, 더욱이 그 사람 모세는 파라오의 신하들의 목전과 그 백성들 목전에서, 이집트 땅에서 매우 위대하게 되었더라.**

이제 4:22,23의 명령은 거의 성취 시점에 다다랐다. 파라오는 재기불능의 파산 상태를 맞았다. 마지막 남은 며칠을 마음 나눌 친구들과 쓸쓸히 보내는 가운데 포격은 점점 더 거세지고 더 가까워 오지만 항복하거나 타협할 마음은 추호도 없다. 그 자존심 때문에 더 비참한 최후를 맞이해야 했다.

『**내가 이제 파라오와 이집트 위에 한 가지 재앙을 더 내리리니... 그가 반드시 너희를 다 함께 여기서 쫓아내리니**』(1절). 유대인들이 그 땅을 나올 때 단순히 가도록 "허락"받은 것이 아니다. 짐을 머리에 이고 손에 들고 쫓겨나는 것이다. 여덟 시간 안에 고센 땅을 떠나도록 이집트인들은 유대인들을 재촉할 것이다(12:33), 『**그가 반드시 너희를 다 함께 여기서 쫓아내리니**』(1절).

『**이제 백성들의 귀에 말하여...**』(2절). "빌리다"는 표현에 대해서는 3:22에서 살펴보았다. "은패물과 금패물"은 후에 성막을 건립하게 될 때 사용되어질 재료들이다. 이집트인들은 "은과 금"을 가지고서도(이집트는 세상을 예표한다.) 은과 금이 없는 베드로와 요한이 행한 일을 할 수 없다(행 3:1-6). 제자들은 가서 "값없이 주고" 돈 주머니에 "은도 금도" 가지고 다니지 말라고 위임받았다. 이 금과 은은 큰 도성 바빌론이 가지고 있는 상품 중 처음으로 언급되는 상품이다(계 18:12). 또한 이 은과 금으로는 죄들로부터 구속받을 수 없다고 베드로는 분명하게 말한다(벧전 1:18).

『**더욱이 그 사람 모세는... 이집트 땅에서 매우 위대하게 되었더라**』(3절). 확실히 그렇다. 왕궁에 마지막으로 들어갔을 때 군중들은 무릎을 꿇고 십자가를 그어대며 염주를 굴리며 이시스, 오시리스, 프타 등이 축복해 주기를 기도했다. 타니스로 들어오는 모세와 뉴저지의 뉴어크로 들어오는 교황의 모습은 흡사하다. 유일한 차이점은 모세는 사도의 "표적과 기적과 이적"을(고후 12:12) 즉석에서 행하고 보여줄 수 있다. 이 표적들에 대해서는 어떤 논란의 여지도 주지 않는다. 반면 그 불쌍한 이탈리아 술주정뱅이는 이, 개구리, 우박, 메뚜기를 결코 어찌 해보지 못한다. 태양광선을 삼 일간 차단시킬 수 없는 것은 물론이고 사람들로 하여금 성경대로 믿게 하지도 못하고 믿음의 부흥도 가져오지 못한다. 모세는 하나님의 권세로 존귀하게 되었다. 반면 교황들은 허황된 이야기를 통해 하나님의 이름을 팔아 장사함으로 또 사실을 위조함으로 겨우 현 상태를 유지한다.

1절에서 "한 가지 재앙을 더" 내린다는 명령은 죽음의 천사 아폴루온(출 12:23 주석 참조)이 치명적인 질병을 사용한다는 것을 보여준다(삼상 5:11). 이에 대한 사실을 언급하자면 사무엘상의 필리스티아인들은 사무엘상 6:4의 재앙에 대해 말할 때 파라오(!)를 언급했던 것이다. 그 내용을 자세히 살펴보라. 『**어찌하여 너희가 이집트인들과 파라오가 그들의 마음을 완악하게 하였던 것처럼 너희 마음을 완악하게 하겠느냐?**』(삼상 6:6)

11:4 **모세가 말하기를 "주께서 이같이 말씀하시느니라. '한밤중에 내가 이집트**
의 한가운데로 들어가리니,
5 **이집트 땅에 있는 모든 첫태생, 곧 자기 보좌에 앉은 파라오의 첫태생부**
터 맷돌 뒤에 있는 여종의 첫태생까지, 또 짐승들의 모든 첫태생도 죽으
리라.
6 **이집트 땅의 전 지역에 걸쳐 큰 통곡이 있으리니, 그와 같은 일은 전에**
도 없었고, 그와 같은 일은 더 이상 있지도 아니하리라.
7 **그러나 이스라엘 자손 중에서는 사람이든 짐승이든 어느 누구에게도, 개**
조차 그 혀를 놀리지 못하리니, 주께서 이집트인과 이스라엘 사이를 어
떻게 구별하시는지를 너희가 알리라.'
8 **당신의 이 모든 신하들이 내게 내려와서 내게 절하며 말하기를 '당신과**
당신을 따르는 모든 백성은 나가소서.' 하리이다. 그후에야 내가 나가리
이다." 하고 모세가 심히 노하여 파라오에게서 나오니라.
9 **주께서 모세에게 말씀하시기를 "파라오가 너희에게 경청하지 아니하리니,**
내가 나의 이적들을 이집트 땅에서 늘려 행하리라." 하시므로,
10 **모세와 아론이 이 모든 이적들을 파라오 앞에서 행하였으나, 주께서 파**
라오의 마음을 완악하게 하시므로 그가 이스라엘의 자손들을 그의 땅에
서 나가게 하지 아니하더라.

8절 이후로 볼 때 4절부터 8절까지의 내용이 10:27-29에서 전달되어진 것 같다. 이런 내용이 전달되어졌다고 볼 때 왜 파라오가 그토록 이성을 잃었었는지 알 수 있다. 본문의 요지는 이렇다.

1. 파라오 당신의 법정 상속인은 노예의 아이와 다를 바 없다(5절).
2. 히브리인들은 이집트인들보다 더 낫다(7절).
3. 하나님은 이 사실들로부터 민족들 간의 분리를 확정하실 것이다.
4. 파라오 당신의 신하들은 당신을 섬기지 않고 모세인 나를 섬길 것이다(8절).
5. 나는 상황이 좋아지고 내가 가고 싶을 때 나갈 것이다(8절).

아무도 본문에 대해 위의 내용을 설명하지 못한다. 왕의 영어(King's English)

인 킹제임스성경은 원어를(the original) 그대로 복구시켰다. 모세가 왕궁을 나오기 전 파라오는 길길이 날뛰었을 것이다.

모세는 이집트 땅에서 위대한 인물이 되었다(3절). 모세가 "뛰어!" 한마디만 하면 이집트 백성 모두가 곧바로 물어본다. "어느 쪽으로요?," "얼마 만큼요?" 침묵하는 다수의 백성에게 있어서 누가 실제 이집트의 왕인지는 의문의 여지가 없다. 바로 모세인 것이다(마 28:18). 유월절 저녁이 오는 그 날에 모세의 발 앞에 엎드려 절을 한다(절은 충성을 의미한다). 파라오는 땅, 동물들, 신들, 마술사들, 곡식들과 이성을 잃었을 뿐만 아니라 영향력도 잃어버렸고 자신의 백성들도 잃어버렸다.

『**한밤중에 내가 이집트의 한가운데로 들어가리니**』(4절) 하나님 자신이 이 일을 주관하시지만(12:12) 죽이는 것은 죽음의 천사인 아바돈이 대행한다(12:23, 히 2:14, 계 9:11). 모든 주석가들이 놓치는 부분이다. 성경을 뜯어고치는 데 너무 바쁘다보니 올바른 주석을 할 수 없는 것은 당연하다.

강단주석은 12:1절의 "spake"를 "had said"로 바꾸었다. 본문에 전혀 영향을 주지 않는데도 무슨 대단한 일인 것처럼 요란 법석을 떨어댄다. 시제에 대해 그렇게 민감하게 따른다면 11:4절의 "said"도 "Moses HAD said"로 고쳤어야 했다. 이런 형편없는 짓을 해 놓고서는 펴내는 책의 표지에는 오묘한 진리가 담겨있다느니, 보석같은 진리라느니 하면서 너스레를 떤다. 위대한 영적 진리에 눈이 가려져 있기 때문에 실제적이고 꼭 알아야 하는 내용은 감히 건드리지도 못하고 허구한 날 하는 짓이 킹제임스성경에서 무슨 시제가 잘못되었다고 떠벌리는 것이다. 지적하는 내용조차도 유치하기 짝이 없다. 2절도 잘못된 것이고 히브리어의 본문의 내용이 아니라는 것이다. 출애굽기의 전체 드라마가 절정에 이르는 이 마지막 대목이 시작되는 이 시점에서 보수주의 주석가들은 자신들이 정체를 스스로 폭로하고 본성을 드러낸다. (파라오와 어쩌면 그렇게 똑같은지!) 이들은 파괴적인 비평가들이다. 킹제임스성경의 본문은 무조건 틀렸다는 판단아래 비평한다. 성경에 대한 분노를 표출시킬 목적으로만 킹제임스성경에 대해 주석하는 자들이다. [맛소라 본문과 킹제임스성경은 두 구절 모두 같다.]

"빌리다"(borrow)를 "구하다"(ask)로 번역했어야 한다고 주장하는 학자들의 주장에 대해서는 전에 살펴보았다.

이제 클라크가 더 문법적이고 더 역사적인 개인적 해석 방법으로 우리에게 더 깊은 지식을 제공해 줄 차례이다. 클라크가 올해의 신인 왕이 되기 위해 고군분투한 영역은 성경에는 일곱 개의 단락이 빠져있고 세 개의 절이 있어야 할 위치에 없다고 주장하는 내용이다. 클라크는 맛소라 본문보다 사마리아 본문을 추천한다. 클라크를 비롯한 45명의 돌팔이 의사들이 직면한 문제는 오리겐과 필로가 직면했던 문제와 같다. 자신들의 논리로 설명할 수 없는 것은 없어야만 한다. 클라크는 출애굽기 11:7과 11:8이 논리적으로 연결되지 않는다고 말한다. 이 말이 맞다면 케니코트의 이론을 믿을 수 밖에 없는데 케니코트는 킹제임스성경은 7,8,9,10,11장의 다섯 개의 장이 뒤섞여 있어 그 결과 출애굽기 10:28,29은 본래의 위치가 아니라는 이론이다. [이런 식으로 성경에 접근하는 것이나 톰 페인이나 볼테르가 성경을 이용했던 것이나 무엇이 다른가?]

클라크와 케니코트는 하나님을 도와드리려는 대열에 조금 늦게 참여한 것 같다. 하나님의 도움이 필요했다면 지금의 본문보다 4:18-6:30까지의 연대기에 있어서 도움을 받아야 했다. 최소한 클라크는 케니코트의 파괴적인 이론이 호머(B.C. 850)로부터 가져온 것이라고 말할 만큼은 정직하다.

맷돌 돌리는 일은 노예들이 하는 일이다(판 16:21, 사 47:1,2). 모세는 이 점을 들어 파라오에게 심한 모욕을 주는 것이다. 5절의 내용의 요지는 "나는 유대인들을 함족으로부터 분리시키겠소. 그런 다음 당신을 맷돌 돌리는 노예 여자 아이와 통합할 것이오" [맷돌과 맷돌 돌리는 일에 대해서는 웬만한 주석에서는 다 다루었다. 그러나 이 문맥에서 다루고자하는 가장 중요한 문제인 분리와 통합에 대해서는 모두 다 턱이 빠진 것처럼 말들을 하지 못한다.]

10절은 다음과 같이 정리된다.

A. 모세와 아론은 기적들을 행한다.

B. 주님께서는 파라오의 마음을 완악하게 하셨다.

C. 파라오는 이스라엘을 이집트땅에서 내 보내려 하지 않는다.

출애굽기 12장

12:1 주께서 이집트 땅에서 모세와 아론에게 일러 말씀하시기를
2 "이 달이 너희에게는 달들의 시작이 될 것이요, 그것이 너희에게는 해의
첫째 달이 되리라.
3 ○ 너희는 이스라엘의 온 회중에게 고하여 말하기를 '이 달의 십 일째
되는 날, 그들 각자는 그들 아비들의 집에 따라 어린양 한 마리를 취할
지니, 한 집에 어린양 한 마리라.
4 만일 식구가 양에 비하여 너무 적으면, 자기와 자기 집의 이웃이 그 인
원수에 따라 취하되, 각자는 자기의 먹을 것에 따라 너희 어린양을 셀지
니라.
5 너희의 어린양은 흠 없는 일 년 된 수컷이어야 하며, 너희는 그것을 양
들이나 염소들에서 골라내어서,
6 같은 달 십사일까지 간수하였다가, 이스라엘 회중의 전체 모임에서 저녁
때에 그것을 잡을지니라.
7 그리하여 그들은 그 피를 취하여, 자기들이 그것을 먹을 그 집들의 양쪽
문기둥과 문 윗기둥에다 뿌릴지니라.
8 또 그들은 그날 밤에 그 고기를 먹을지니 불에 구워서 누룩 없는 빵과
쓴 나물을 함께 먹을지니라.
9 날것으로 먹거나 절대 물에 삶아서 먹지도 말고 불에 구울지니 머리와
다리와 그 내장이니라.

10 **아침까지는 아무것도 남겨 두지 말지니 아침까지도 남은 것은 불로 태울 지니라.**

구약에는 십자가를 발견할 수 있는 곳이 많이 있다. 본문은 그 가운데 더욱 선명하게 십자가를 발견할 수 있는 곳이다. 본문을 누가 기록했던 간에, 또 본문을 누가 보존했던 간에 그 사람은 예수 그리스도께서 탄생하기 1400년 전에 예수 그리스도께서 십자가에 못박히시는 내용 가운데 최소한 12가지에 대해 상세히 알고 있어야 했다. 이 부분은 본문에서 상세히 다루도록 하겠다.

『**이 달이 너희에게는 달들의 시작이 될 것이요**』(2절). 이 달은 바벨론 포로 이후에 느헤미야 2:1에서 "니산"(Nisan) 월로 불린다. ["아빕"이라는 말은 "푸른 이삭의 달"(green-ear month)이라는 뜻이다.] 이때까지 이스라엘은 9-10월에 해당하는 달("티스리" 혹은 "에다님" - 출 23:16, 왕상 8:2)을 첫째 달로 사용해 왔다. 이때는 전통적으로 창조의 날로 여겨져 왔다(9월 20-23일). 바빌론 사람들과 앗시리아인들은 이 날을 결코 사용한 적이 없고, 항상 4월[니산누(Nisannu)]을 첫 달로 시작했다. 이집트인들은 7월["토트"(Thoth)]을 첫 달로 시작했다. 이러한 배경에서 이스라엘은 두 가지 달력을 사용했다. 일곱째 달에 있는 욤 키퍼에서 시작하는 보통 달력과 첫째 달의 유월절에서 시작하는 종교 달력이다.

『**이 달의 십 일째 되는 날, 그들 각자는... 어린양 한 마리를 취할지니**』(3절). 본문에서 10일째 되는 날이라든지 14일째 되는 날과 같은 표현은 매우 중요하다. 이런 순서는 안식일을 지키는 데 있어서나 유월절을 지키는 데 있어서 두 번 다시 반복되지 않는다.

예수님께서 나귀와 나귀 새끼인 어린 수나귀를 타고 예루살렘에 들어가신 것은 니산 월 11일째 되는 날(토요일 저녁부터 일요일 저녁까지)이었다(마 21장). 니산 월 12일째 되는 날(일요일 저녁부터 월요일 저녁까지) 예수님은 가르치셨고, 니산 월 13일째 되는 날(월요일 저녁부터 화요일 저녁까지)에도 예수님은 가르치셨다. 니산 월 14일째 되는 날(화요일 저녁부터 수요일 저녁까지)에 예수님은 십자가에 달리셨다. "어린양"은 니산 월 10일째 되는 날 "취해져서"(금요일 저녁부터 토요일 저녁까지) 14일째 되는 날까지 "간수된다." 예수님께서 장례를 위해 기름부음 받은 날은 예수님께서 승리의 입성을 하기 바로 전날이라는 사실을 기억해야만 한다(요 12:1-9). 아인스워스(Ainsworth)의 계산에 따르면 예수님께서 처형당하신 시간은 유월절 어린양을 잡는 통상적인 시간에서 한 시간도 차이나지 않는다. 전에 랍비였다가 회심한 많은 사람들은 요한복음 19:30에서 예수님께서 소리지르신 것이, 유월절 어린양의 목에 제사장의 칼이 떨어지는 그 순간이었다고 말한다. 예수님은 정확히 유월절 어린양으로 죽으신 것이다.

『...**그들 각자는... 어린양 한 마리를 취할지니**...』(3절). 이 어린양은 아담이 입은 옷을 통하여(창 3:21), 또 아벨이 드렸던 희생제물을 통하여 예시되었다. 이 어린양은 너무도 중요하며 이 어린양의 피가 흘려지기 전까지는 하나님께서 이스라엘 민족의 생명을 생각하시는 데 있어서 그 어떤 "생명"도 가치없는 것으로 여기셨다. 『**이 달이 너희에게는 달들의 시작이 될 것이요**』(출 12:2). 이 어린양은 사람으로 묘사되고(사 53:3-6) 침례인 요한에 의해 신분이 밝혀진다(요 1:29). 아버지 하나님께서는 이 어린양을 영광스럽게 하신다(계 5:13). 이 어린양은 구유에서 태어나셨고, 목자들은 이 어린양을 바라볼 수 있었으며(눅 2:20), 천사들과 그룹들은 이 어린양께 엎드려 경배했다.

『**만일 식구가 양에 비하여 너무 적으면**...』(4절). 식구가 한두 명뿐이라면 이웃을 초청하여 어린양을 함께 나눈다. 아니면 이웃에 가서 그곳에서 어린양을 잡는다. 어쨌든 어린양을 이웃과 함께 나누어야 한다!

『**너희의 어린양은 흠 없는**...』(5절). 베드로전서 1:19과 에베소서 5:27을 놓칠 수 없다. 빌라도는 그 어린양이 흠 없다고 말했다(요 19:6). 유다도 그 어린양이 흠 없다고 말했으며(마 27:4), 빌라도의 아내 역시 그 어린양이 흠 없다고 말했다(마 27:19). 사형 집행에 참여한 백부장 또한 그 어린양이 흠 없다고 말했다(눅 23:47). 그 어린양을 가장 증오했던 적들은 흠을 찾아내는 데 실패했다(요 8:46).

2000년이 지난 지금의 평결은 그 어린양은 그 어떤 대륙의 양무리에 속한 양들과 비교할 수 없다는 것이다(사 53:3-6).

『**이스라엘 회중의 전체 모임에서 저녁 때에 그것을 잡을지니라**』(6절). 대략 10만 마리의 어린양들이 죽을 텐데 그 전체를 "그것"(단수)이라고 말한다. 모세의 예언을 살펴보자. 모세는 마태복음 27:25의 장면을 미리 보았을까? "그의 피를 우리와 우리 자손에게 돌리라." 모세는 어린양이신 예수님께서 죽으실 때 아직 저녁도 되기 전인 오후 6시(유대인의 "저녁") 이전에 태양이 빛을 잃어 어둡게 되리라는 사실을 알았을까? 왜 모세는 이 어린양의 목을 자르라고 말하지 않았을까? 이후 1000년간 모든 양들은 목이 베어졌다(레 1,2장). 모세는 어린양이신 예수님의 뼈가 하나라도 부러지지 않는다는 사실을 미리 안 것일까?(시 34:20, 요 19:36) [칠십인역은 3절과 6절에서 "이스라엘의 아들들"로 바꿔 관련 구절들을 없애 버렸다.]

라이트풋과 클라크는 "저녁들 사이"(between the evenings)로 바꿔 갈보리와 시점을 맞추고자 애썼다. 그러나 그런 "도움" 없이도 얼마든지 본문에서 진리를 발견할 수 있다.

『**그리하여 그들은 그 피를 취하여... 양쪽 문기둥과 문 윗기둥에다 뿌릴지니라**』(7절). 성경이 영감으로 기록되었다는 사실을 증명할 수 있는 위대한 본문이다. 이 본문에 대해 위대하신 보수주의 학자님들과 경건하신 번역자님들께서는 무엇이라고 말씀하시는가? 침묵. 아주 조용한 침묵.

케일, 델리취, 반취, 엘리코트, 더멜로우, 샤프, 클라크, 벌링거, 랑게, 윌리엄스, 존슨, F.F.브루스, 제미에슨, 포셋, 브라운, 이들에게서 들을 수 있는 말은 이런 것이다. "문 위에 격자 구조가 있었다," "문지방에는" 피가 묻혀지지 않았다. 이 가운데 두 사람은 <킹제임스성경> 본문을 고쳤고, 이 가운데 한 사람은 외경을 참고하기도 했다. 또 어떤 사람은 엉뚱한 소리만 하다가 주석을 전혀 하지 못하고 그 구절을 건너뛰어 버렸다. 자, 본문으로 돌아가 보자. 피가 세 곳에 묻었음을 알 수 있다. 왼쪽의 강도와 오른쪽의 강도, 그리고 이들 중간에 있으면서 이 둘보다 더 높이 달린 또 한 사람, 어떻게 모세는 죄 없는 그분이 중간에 달리실 것을 알았을까? 왜 창문에는 피를 묻히라고 하지 않았을까? 왜 문 앞뒤에 피를 묻히라고 하지 않았을까? 왜 문 위에 피를 묻히라고 하지 않았을까?

본문을 벗어나서는 알 수 없다. 누군가가 모세에게 사실들을 알려주었다면 그 누군가는 "세상 죄를 제거하는 하나님의 어린양"에 관하여 중요한 사실을 알았던 것이다. 결코 인간의 통찰력이나 텔레파시, 우연한 추측으로는 알 수 없는 사실을 말이다. 바로 모세는 하나님으로부터 계시를 받았던 것이다. 요한처럼(계 1:1,2), 바울처럼(갈 1:10-12), 베드로처럼(마 16:17), 다윗처럼(삼하 23:2) 모세에게도 하나님의 계시가 있었다. [창세기 37-48장 주석에서 요셉의 생애에서 발견되는 152가지 "일치"를 참조하시오.]

『**또 그들은 그날 밤에 그 고기를 먹을지니 불에 구워서...**』(8절). 이 내용은 9절에서도 강조된다. 『날것으로 먹거나 절대 물에 삶아서 먹지도 말고 불에 구울지니』(9절). 모세가 하나님으로부터 직접적인 계시는 받지 않았더라도 예수님께서 "목마르다"(요 19:28)고 외치신 사실을 감안한다면 모세는 이에 대한 충분한 예언의 내용을 알고 있었다. NASV 같은 아마추어 성서들에서는 찾아볼 수 없는 전지하신 하나님의 손길이 그대로 느껴지는 <킹제임스성경> 본문을 살펴보자.

1. 하나님의 진노로부터 구속받고 용서받으려면 어린양 "한 마리"가 필요하다(3절에서 부정관사로 기록되었다. "A lamb")

2. 그러나 어린양으로만은 해결되지 않는다. "그" 양을 받아들여야만 한다(4절에서 정관사 "the"로 기록되었다).

3. 그러나 "그" 양이 있다 하더라도 개인적으로 그 양을 스스로 취하지 않는다면 소용이 없다. 개인적으로 받아들여야 구원에 이를 수 있다. 바로 "너희의"(your) 어린양이다(5절). A lamb, THE lamb, YOUR lamb! 아, <킹제임스성경>의 헤아릴 수 없는 부요함이여! 번역과 필사본에 있어서 완벽하지 않은가! 지금 언급한 내용은 맛소라 본문에서는 찾을 수 없는 영어 <킹제임스성경>에 성령님께서 주신 향상된 계시다. 이 향상된 계시의 내용을 현대판 성서들은 제거시켰다. [강단주석은 출애굽기 12:1-9을 영적으로 적용하지 못한다. 사람들은 항상

"말 자체의 의미에서 자유로워야 성경이 말하는 위대한 영적 진리들을 알 수 있다."고 말해왔다. 그런 사람들이 작은 욕조 안에서 볼링 공 하나도 발견하지 못하는 것이다.] 본문에서 말하는 예표는 너무 분명하다. 십자가에 달린(8,9절) 예수 그리스도에게는 물이 없었다. 예수님은 죄인의 입장에서 영원한 불의 형벌을 받으신 것이다(마 27:46). 성경 전체를 통해 볼 때 하나님의 진노는(희생제물 위에 내려진다.) 불로써 설명된다. [민 11:1-3, 시 89:46, 렘 4:4, 사 30:27, 마 3:12, 겔 20:47, 그외 200여 곳(슥 9:11을 보라).]

『**머리와 다리와 그 내장이니라**』(9절). 이것은 레위기에서 언급된 번제물이 드려지는 방식이 아니다. 이 제물은 "번제물"이라고 불리지 않는다. "주의 유월절 제사"(12:27)라고 한다. 이 제물은 제사장이 드리지 않는다. 구원이 개인적이듯이 개인적으로 드린다.

『**아침까지는 아무것도 남겨 두지 말지니**』(10절). 11절까지에서 어린양이 일곱 번이나 단수(IT)로 표시된다. 150만 명이 넘는 사람들이 먹으려면 최소한 10만 마리 이상의 양들이 죽었을 텐데도 말이다. 예수님께서 지상에 계실 천년왕국 아침에는 "어린양의 피"가 더 이상 죄인들에게 적용되지 않는다. 구원받기 위해 예수그리스도를 믿으라는 말도 언급되지 않는다(마태복음 5-7장 주석 참조). 천년왕국 때 흘려질 피가 있다. 그러나 그것은 하나님의 어린양의 피가 아니다. 누룩 없는 빵은(8절) 죄로부터의 성별을 의미하며 쓴 나물은 215년간의 이집트 생활을 떠오르게 한다.

12:11 ○ **너희는 그것을 이렇게 먹으라. 허리에 띠를 두르고, 발에 신을 신고, 손에는 지팡이를 들고, 급히 먹을지니, 이것이 주의 유월절이니라.**

12 **내가 이 밤에 이집트 땅을 두루 다니며 사람이나 짐승이나 이집트 땅에 있는 첫태생은 다 칠 것이며 이집트의 모든 신들에게도 심판을 행하리라. 나는 주니라.**

13 **내가 이집트 땅을 칠 때에 그 피는 너희가 있는 집들 위에서 너희를 위**

한 한 표가 되리니, 내가 그 피를 보면 너희를 지나칠 것이며 그 재앙
이 너희 위에 내려 너희를 멸하지 아니하리라.
14 **이날이 너희에게 기념이 될지니, 너희는 그것을 너희 대대에 걸쳐 주께 명**
절로 지킬 것이며 너희는 그것을 영원히 율례로 삼아 명절로 지킬지니라.
15 **칠 일간을 너희는 누룩 없는 빵을 먹을지니, 첫날부터 너희 집들에서**
누룩을 제거할지니라. 이는 첫날부터 일곱째 날까지 누룩 있는 빵을 먹
는 자는 누구라도 그 혼이 이스라엘에서 끊어질 것임이라.
16 **첫날에 성회가 있으며 일곱째 날에도 너희에게 성회가 있으리니 이 두**
날에는 각자가 먹어야 하는 것을 제외하고 어떤 형태의 일도 해서는
안 되나니 그 일만이 너희가 할 일이니라.
17 **또 너희는 무교절을 지켜야 하리니 이는 바로 그 날에 내가 너희 군대**
를 이집트 땅에서 데리고 나왔음이니라. 그러므로 너희는 영원히 율례
로 삼아 너희 대대로 이날을 지킬지니라.

"첫태생"은 도덕적 상태나 행위와 상관없이 죽음에 이른다(롬 6:23). "허물과 죄들 가운데" 태어난 인간의(엡 2:1-9) 완벽한 모습이다. 피를 적용시키지 않는다면 이집트인들의 첫태생뿐만 아니라 히브리인들의 첫태생도 죽게 된다(요일 2:1,2). 이집트인들은 아벨의 본을 따랐어야 했다. 이날 밤에 아이를 잃은 이집트인들에게 할 수 있는 말은 『**선을 행할 줄 알면서도 행치 아니하는 자에게는 그것이 그 사람에게 죄가 되느니라.**』(약 4:17)이다. "첫태생"이란 말은 출애굽기 11:5, 13:15에서 정확하게 네 번 언급된다. 이와 더불어, 성경에는 4부류의 "첫태생"이 있다.

1. 가족에서의 장자(창 10:15; 41:51; 48:14,18)
2. 하나님으로, 그리고 사람으로 나신 주 예수 그리스도(눅 2:7, 마 1:25, 골 1:15,18, 롬 8:29)
3. 이집트에서의 이스라엘(출 4:22,23)
4. "사망의 첫태생"(욥 18:13)

11절은 다급하다. 『**허리에 띠를 두르고**』 이것은 에베소서 6:10-14의 군사와 같다. 허리띠를 질끈 동여매고(왕상 18:46) 무엇이든 할 준비가 되어 있다. 『**발에 신을 신고**』 에베소서 6장의 군사처럼 어느 곳이든(엡 6:15) "화평의 복음"(롬 10:15)을 증거할 준비가 되어 있다. 『**손에는 지팡이를 들고**』 야곱이 도망한 그때처럼 지팡이를 쥔다(창 32:10). 『**급히 먹을지니**』(사 28:16). 구원의 모형이다. 피를 적용하는 것이 빠르면 빠를수록 좋다. 이집트를 떠나는 것이 빠르면 빠를수록 좋다.

『**내가 이 밤에 이집트 땅을 두루 다니며... 이집트의 모든 신들에게도 심판을 행하리라**』(12절). 하나님께서는 이미 자신의 능력으로 이집트의 신들을 다루셨다(6-11장). 그러나 이번에는 가축뿐만이 아니라(9:6,25) 개구리, 고양이, 개, 양, 돼지, 말, 낙타, 뱀, 새, 벌, 파리, 악어, 쥐, 인간들을 치신다. 가족 중에 아이가 없어 "첫태생"에 해당하는 대상이 없다면 동물 가운데 첫태생을 치실 것이다(12:29).

사바크(Sabak)를 섬긴 사람들은 강에서 죽은 악어가 둥둥 떠내려가는 것을 보고 공포에 질릴 것이다. 파쉬트(Pasht)를 섬긴 사람들은 고양이가 죽어 있는 것을 보고 마찬가지로 놀랄 것이다. 타오우리스(Taouris)를 섬긴 사람들은 동물원에서 하마가 뒤집혀 있는 것을 보고 혼란스러울 것이다. 호루스(Horus)를 섬긴 사람들은 사자들을 살펴볼 때 심장마비를 일으킬 것이다. 크네프(Kneph)를 섬긴 사람들은 양들이 꺽꺽거리는 소리를 들을 때 신음할 것이다.

『**내가 이집트 땅을 칠 때에 그 피는 너희가 있는 집들 위에서 너희를 위한 한 표가 되리니, 내가 그 피를 보면 너희를 지나칠 것이며 그 재앙이 너희 위에 내려 너희를 멸하지 아니하리라**』(13절). 13이란 숫자는 사람들을 두렵게 만든다. 이 구절은 예수 그리스도의 피를 믿어 구속받은 그리스도인에게 피의 구속이라는 중요한 진리를 보여준다(행 20:28, 골 1:14, 롬 5:9,10).

세상에는 두 가지 종교가 있는데, 하나님께서 세우신 종교와 인간의 종교다.

신약의 구원은 하나님의 생각에서 시작되고(히 12:1,2) 그분으로부터 초자연적인 계시로 인간에게 내려온다(갈 1:8-13). 이 계시에 따르면 어떤 종교도 인간을 구원할 수 없다. 또한 구원은 하나님께로부터 나오고 하나님께서 인간을 위해 이미 완성해 놓으신 사역 위에 기반을 둔다(히 10:8-12). 사람은 오직 하나님께로부터 오는 값없는 선물로 이 구원을 받을 수 있고(롬 3:24), 그것은 조건 없는 은혜로 값없이 주어진다(롬 6:23). 인간은 구원을 자신의 노력으로 획득할 수 없고(엡 2:8,9) 행위로 받을 수 없다(롬 4:5). 또한 간청하고 빌리고 훔칠 수 있는 것도 아니며(시 51:1-15), 받은 후에 그에 대한 대가를 나중에 치를 수 있는 것도 아니다(롬 11:32). 또한 조금이라도 자신의 공로를 내세울 수 없다(고전 1:30). 이것은 죄인인 인간이 구원에 관한한 파산한 거지와 같아서 스스로 그 일을 이룰 수 없으며, 불치병인 문둥병에 걸린 환자와 같다는 사실을 의미한다(롬 3장).

이것이 거듭나지 못한 인류의 모습이기 때문에, 죄인들은 이러한 진리를 본능적으로 회피하고 거부한다. 그들은 사도 바울이 전한 말씀이 아니라 다윈이나 존 듀이가 그리는 그런 인간의 초상화를 좋아한다. 찰스 디킨즈, 버트란드 러셀이 그리는 인간의 초상화를 원하지, 사도 베드로나 마태가 말하는 인간의 모습에 대해서는 알고 싶어 하지 않는다. 또한 프로이드나 마르크스가 말하는 인간의 모습을 원하지, 사도 야고보나 요한이 말하는 인간의 참모습은 반기지 않는다. 하나님의 은혜가 없다면 인간은 진리를 있는 그대로 말하지 않고 말하려 하지도 않으며 또한 그렇게 할 수도 없다. 거듭나지 못한 채 지옥을 향해 가는 모든 죄인들은 마태복음 23장보다는 마태복음 5-7장을, 요한복음 8장보다는 요한복음 10장을, 로마서 1장보다는 고린도전서 13장을, 요한계시록 17장보다는 야고보서 2장을, 이사야 53장보다는 동화책에 나오는 내용을 선호한다.

대부분의 사람들이 본능적으로 은혜로 주시는 구원을 거부한다. 심지어 성경을 하나님의 말씀으로 믿는다고 말하면서도 거부하는 것이다. 즉 자기가 "소경 바디매오"처럼 가련한 처지에 놓여있다는 진리를 도무지 받아들일 수 없는 것이다. 성경은 "네가 잘 먹고 잘 사는 도시에 살고 1년에 5천 달러씩 세금을 내면, 내가 너희를 지나쳐 갈 것이라"고 말씀하지 않는다. "도덕적으로 깨끗한 삶을 살고 주위 사람들의 존경을 받는다면, 지나쳐 갈 것이라"고 말하지 않는다. "그리스도께서 세우신 교회에 다니고 각종 성사들에 신실하게 참여하면, 내가 너를 지나쳐 갈 것이라"고도 말하지 않는다. 또한 "회개하고 자백하고 믿고 침례 받으면(그리스도의 교회를 세운 알렉산더 캠벨처럼), 지나쳐 갈 것이라"고 말씀하지 않는 것이다. 더 나아가 "네가 원어에 능통하고 성경을 수정하면, 내가 너를 지나쳐 갈 것이라"고도 말하지 않으며, "성령 침례의 초기 증거로 방언하고 신유와 기적의 은사들을 믿으면, 지나쳐 갈 것이라"고도 말씀하지 않는다. 이 구절은 있는 그대로, 『**내가 그 피를 보면 너희를 지나칠 것이며**』라고 말씀하신다.

이와 다르게 읽고 이해하며 해석하고 번역하는 것은 그야말로 어리석은 짓이다. "당신은 예수님께로 가서 그분의 정결케 하시는 능력을 입었는가? 어린양의 피로 씻어졌는가? 무엇으로 우리의 죄들을 없앨 수 있단 말인가? 예수님의 피 밖에는 없는 것이다!"

어떻게 "영적인 보수주의자"라고 하는 주석가들이 이 구절을 그냥 넘어갈 수 있단 말인가?

시몬 베드로도 이 구절을 이해했으니(벧전 1:19), 이 피를 『**보배로운**』 피라고 했다. 이는 이 피가 구속하고(골 1:14), 깨끗하게 하며(요일 1:7), 정결케 하고(히 9:14), 속죄하고(롬 5:11), 의롭게 하며(롬 5:9) 구원하기 때문이다(롬 5:9,10). 사망은 이미 한번 지나갔기 때문에(롬 6:4-8), 다른 사람들에게 임하듯이 사망이 하나님의 자녀를 찾아올 수 없다(요 11:25). 이집트에서 흘려진 피 아래 있던 첫태생은 죽지 않았다. 왜냐하면 어린양의 생명이 담긴 피가 흘려져 대야에 부어졌을 때(22절), 사망은 이미 그 집에 임했기 때문이다.

『**내가 그 피를 보면**』(13절). 우리의 가문은 소용이 없다. 성별이나 나이, 인종, 지위, 학위, 성장 배경, 재능, 교육, 종교, 성사, 전통, 신조, 동기, 의도, 이상 등, 이런 것들은 전혀 중요하지 않다. 성경은 『**내가 그 피를 보면**』이라고만 말씀한다. 또한 『**피가 모든 육체의 생명이요**』(레 17:14)라고 말씀한다. 하나님께서 카인의 제사를 받지 않으셨듯이, "종교"나 성경 지식도 받지 않으신다.

"표 좀 보여주세요!"

"없는데요."

"그러면 비행기에 탑승하실 수 없습니다."

"아, 저는 유명한 사람이에요. 신용등급이 A등급입니다. 시의원으로도 자주 당선되었어요!"

"표는 있으세요?"

"아니요, 하지만 제일장로교회에 다닙니다. 봉사단체 회장이기도 하고, 프리메

이슨의 32번째 고급회원이기도 하죠...”

“표를 보여주시면 탑승하도록 해 드릴게요.”

“정말 이 사람이! 나는 착한 사람이에요! 우리 할아버지가 인권향상단체를 설립하셨고, 내가 일 년에 내는 세금만 해도 오만 달러가 돼요!”

“표가 없으면 탑승할 수 없습니다!”

“뭐라고? 내가 이 비행기에 탄 대부분의 사람들보다는 훨씬 더 괜찮다고! 정말 왜 이래! 저기 있는 저 남자는 아주 나쁜 도둑놈이고 저 여자는 자기 자식들도 제대로 기를 수 없는 사람이고, 해군 군복을 입은 저 친구는 담배를 핀다고. 저 유대인 녀석은 무명으로 양복을 만들어 파는 사기꾼이고...”

“표를 보여주시면 지나가게 해드릴게요.”

“정말 말이 안 통하는구먼. 내가 누군지 알기나 해? 내가 바로 그 유명한 J.P. 스미스야! 내 아내는 정원 클럽 대표고, 내 아들 놈은 요트 클럽 회장이라고! 그리고 내 자산이 얼마냐면 말이지...”

“표를 보여주시면 탑승하실 수 있습니다. 표를 보여주실 때까지는 옆으로 비켜 주세요. 다른 승객들이 불편해 하십니다. 승객 여러분, 우리 비행기는 8분 있으면 이륙합니다!”

이 대화에서 무엇이 문제인지 이해가 되는가? 그렇다면 구원의 문제도 이와 똑같다는 사실을 왜 깨닫지 못하는가!

표가 없으면, 여행할 수 없다!

피가 없으면, 구원도 없다!

그런데 많은 주석가들이 출애굽기 12:13에 대해 이런 진리를 제시하지 못했다.

그런데 여기에서 아무도 피를 먹지 않았다는 사실을 주목하라. 피는 문 인방과 기둥에 발랐다. 이스라엘 민족이 빵을 먹었어도(15,17절) 피를 마시지는 않았다. 이집트인들은 피를 마시는 자들이었으나(계 11:6; 16:6) 그들의 집안에서 죽었다(출 12:29,30).

『**너희는 그것을 영원히 율례로 삼아 명절로 지킬지니라**』(14절). 이스라엘에게는 이것이 “구원”일 뿐만 아니라 죽은 사람을 애도하는 뜻으로 치는 “조종”(弔鐘) 이기도 하다. 왜냐하면 이 계명은 초림 때에 이스라엘로 하여금 하나님의 어린양을 받아들이든지(히 13:10-14), 그들 자신의 계명들을 어기든지, 둘 중 하나를 선택할 수밖에 없도록 만들기 때문이다. 이스라엘의 역사를 보면, 유월절에 유대인 가족들이 개별적으로 어린양을 잡아 그들의 집에서 이웃과 함께 나눴다는 기록이 십여 개도 안 된다. 최소한 그리스도께서 사역하셨던 초림 이후로는 그러하다. 유월절은 그리스도의 초림 이전에는 성전 의식이 되었지만, 안에서 경배드릴 성전이 없었을 때에는(단 1-10장) 위에 주어진 규정들을 준수할 기회가 없어진다(호 3:4 참조). 지성소에 대한 신성 모독이(처음에는 주님에 의해, 마 27:51) A.D. 70년 티투스에 의해 가해짐으로써 어린양들의 "뿌려진 피"가 아무런 의미를 갖지 못하게 되었다. 결국 이스라엘은 이사야 53장의 어린양을 받아들이든지, 하늘로부터 그들에게 주어진(롬 3:1-4) 그들의 율례를 저버리든지, 둘 중 하나를 택할 수밖에 없는 상황에 처하게 되었다. 어떤 유대인 회당이든지 찾아가서 유월절이 출애굽기 12장의 방식에 따라 지켜지는지 확인해 보라! 그 회당의 랍비가 탈무드의 전통을 장황하게 늘어놓는다면, 그에게 그의 성경에서 다음의 영감 받은 말씀들이 무엇을 의미하는지 물어 보도록 하라. 『**너희는 그것을 영원히 율례로 삼아 명절로 지킬지니라**』(14절). 이 구절은 유월절을 "영원히" 지키라고 말씀한다!

『**칠 일간을 너희는 누룩 없는 빵을 먹을지니... 누룩 있는 빵을 먹는 자는 누구라도 그 혼이 이스라엘에서 끊어질 것임이라**』(15절). 누룩은 명백하게 도덕적 혹은 교리적 "부패"를 상징한다(고전 5:6,7, 마 16:12). 명절은 아빕(니산)월 15일에 시작하여 칠 일 동안 계속된다. 여기에서 첫날은 안식일 "이전의" 거룩한 날로 제정된다. 즉 안식일이 시내 산에서 계시되기(느 9:14, 겔 20:12) "전에" 그 주의 "첫"날이 "안식"의 날로 제정된 것이다(16절 참조). "끊어지는" 혼은 모임으로부터 추방을 당하는데(마 18:17), 비록 그 표현이 구약에서 36회 사용된다 해도 서너 가지 경우에서 죽음을 언급하는 것처럼 보일 뿐이다. 예를 들어 창세기 17:14과 출애굽기 4:26이 그러하다.

『**일곱째 날에도 너희에게 성회가 있으리니**』(16절). 이것은 경배를 목적으로 함께 모이는 "모임"에 관한 최초의 언급이다. 이곳에 이르기까지, 경배는 "가족의 일"(노아, 창 8:20,21)이나 "개인적인 일"(창 4:2-6) 혹은 기껏해야 "집안의 일"(창

18:19)이었다. 자 150만 명 이상 되는 사람들이 특별한 목적을 위한 특별한 날을 지키라고 부름을 받는다(골 2:16 주석 참조). 이 일은 이 때 아브라함과 이삭과 야곱의 후손들에게 최초로 일어났다. 한 주를 칠 일로 잡는 일은 바빌론인들에 의해 최초로 사용되었고, 이집트인들에게는 알려지지 않은 듯하다. 그것은 야곱에게 알려졌다(창 29:27,28). 물론 "일곱"은 하나님께서 인간을 다루시는 모든 일에 사용되는 표준 측량 단위이다.

A.D. 325년부터 2014년에 이르기까지 모든 카톨릭 교황들과 추기경들, 사제들, 교황의 대사들, 수도승들, 수녀들, 평신도들은 본문에 걸려 넘어진다. 유월절을 뒤따르는 날이 "안식일"임을 알아차리지 못한(레 23:39-43, 민 28:17, 행 20:7 참조) 그들은 요한복음 19:31과 누가복음 23:56의 안식일을 매주 일곱 째 날에 매번 돌아오는 "한 주의 토요일"로 잘못 읽는다. 성경에서 이렇게 쉬운 내용도 제대로 읽지 못함으로써 범한 이 커다란 오류는, 그리스도께서 "성 금요일"에 십자가에 못박히셨다는 거의 보편적으로 받아들여지는 의견 때문에 일어났다. 그러나 이것은 로마카톨릭에서 의도적으로 만들어 낸 것이기 때문에, 그것을 결코 부주의로 인한 실수나 "우연"으로 다뤄서는 안 된다. 로마카톨릭의 사사로운 해석들은 결코 우연한 것이 아니다. 그 해석들은 신중하게 계획되었고 더 나아가 "성경적인 것이든지" 세속적인 것이든지 모든 종류의 진실들을 철저히 무시하면서 실행에 옮겨진다.

그리스도께서 "수요일 오전" 9시(로마 시간)에 십자가에 못박히셨고 목요일에서 토요일까지 계속해서 『**땅의 심장 속에**』(마 12:40) 계셨다는 분명한 진리는 결코 바꿀 수 없다. 이에 대한 증거는 "하루의 절반이 때로는 하루 전체로 계산될 수도 있다"는 등의 주장을 증명하기 위해 성경 본문을 교묘하게 다루는 데 있지 않다. 그 증거는 복음서의 기사들, 특히 마가복음이 일요일과 월요일, 화요일, "겟세마네"로 이어지는 마지막 주간의 정확한 시간 순서를 제공한다는 사실에 있다. 사복음서 어디에도 주님께서 "수요일" 혹은 "목요일"에 활동하셨다는 기록이 없다. 화요일은 예수 그리스도께서 배반당하시고 고난받으시며 처형되신 이야기가 시작된다. 이곳 출애굽기 12:16에서 언급된 안식일은 요한복음 19:31에서 『**큰 날**』이라고 불린다.

"의심이 들 때에는 모든 종교적 가르침을 내다 버리라."

『**이는 바로 그 날에 내가 너희 군대를 이집트 땅에서 데리고 나왔음이니라**』(17절). 〈강단 주석〉의 고지식한 주석가들은 『**데리고 나왔음이니라**』가 "I have brought"처럼 현재완료형으로 되어 있기 때문에 이 말씀을 출애굽 "이전"에 하셨을 리가 없다고 생각한다. 그들은 그 말씀을 "그것이 발견되는 곳에 두고자 한다면" 그것을 "I will bring you out"(내가 너희를 데리고 나올 것임이라.)로 바꿔야 한다고 제안한다. 당신은 그 주석가들이 이사야 53장에 대해서 어떻게 생각할 것이라고 생각하는가? 그 장의 절반은 미래의 사건을 다룸에도 불구하고 "과거 시제"로 기록되어 있는 것이다!

12:18 ○ 첫째 달, 그 달의 십사일 저녁부터 그 달의 이십일일 저녁까지 너희는 누룩 없는 빵을 먹을지니라.

19 칠 일간은 너희 집에서 누룩을 찾아볼 수 없게 하라. 누룩이 있는 것을 먹는 자는 누구든지 타국인이든지, 그 땅에서 태어난 자든지 그 혼이 이스라엘의 회중에서 끊어지리라.

20 너희는 누룩이 있는 것은 아무것도 먹지 말고 너희의 모든 처소에서 누룩 없는 빵만을 먹을지니라.' 하라." 하시더라.

21 ○ 그때에 모세가 이스라엘의 모든 장로들을 불러서 그들에게 말하기를 "너희는 너희 가족 수대로 어린양 한 마리를 골라내어 가져다가 유월절 양으로 잡고

22 우슬초 다발을 만들어 대야에 있는 피에 적셔서 대야에 있는 피로 문 인방과 양쪽 기둥에다 뿌리고 너희 중 아무도 아침까지 자기 집 문 밖으로 나가지 말지니라.

23 주께서 이집트인들을 치려고 두루 다니시리니 문 인방과 양쪽 기둥에 피를 보시면 주께서 그 문을 지나치실 것이며 멸망시키는 자로 너희 집에 들어가서 너희를 치도록 허락하지 않으실 것임이니라.

24 너희는 이것을 너와 네 아들들에게 율례로 삼아 영원히 지킬지니라.

25 너희가 주께서 약속하신 대로 너희에게 주실 그 땅에 가면 이 의식을 지킬지니라.

26 **너희 자녀가 너희에게 '이 의식이 무엇을 의미하는 것이니이까?'라고 물을 때**
27 **너희는 말할지니 '그것은 주의 유월절 제사라. 주께서 이집트인들을 치실 때 이집트에 있는 이스라엘 자손들의 집들을 지나치시어 우리의 집들을 구해 주셨느니라.' 하라." 하니 백성들이 고개를 숙여 경배하더라.**
28 **이스라엘 자손들이 떠나 주께서 모세와 아론에게 명령하신 대로 그들이 행하더라.**

19절은 예언이 포함되어 있다. 『**그 땅에서 태어난 자**』 모세는 결코 그 땅에 들어가지 못했다. 그런데도 이 구절을 기록했다. 하나님께서는 앞으로의 일을 예견하고 계신 것이다(신 34:1-6). 민수기 15장에서도 그 땅에 들어가는 것에 대해 말씀하셨다. 그런데 민수기 13장에서는 이스라엘의 자손들이 그 땅에 들어가는 것을 막으셨던 것이다.

18,19,20절은 "누룩"에 대해 말씀하신다. 유대인들은 이 말을 아주 신중하게 받아들인다. 집안을 깨끗이 청소하고 빵부스러기 하나라도 바닥에 돌아다니지 않게 한다. 유월절인 아빕월의 14일째 되는 날은 오후 6시로 끝나고 곧 이어 "누룩 없는 빵"을 먹는 무교절인 15일째 날이 시작된다. 마가복음 14:1의 "이틀"은 화요일 오후를 포함한다는 이 사실에 카톨릭을 비롯한 많은 신학자들이 걸려넘어지고 만다(출 12:16,17을 기억하라). 마가복음 14:1의 "이틀" 중 첫 번째 날은 거의 수요일 저녁 5시경까지였고, 수요일 저녁 6시에 두 번째 날이 시작되었던 것이다. 지금 이것은 하루 중 몇 시간이 하루로 계산된 경우이다. 즉 화요일에 해당하는 몇 시간이 포함되어 있기에 그것을 하루로 계산하고, 또 수요일 전체도 또 다른 하루로 계산해서 이틀 후면 유월절과 무교절이 된 것이다(막 14:1). 마가복음 14:1,2에서 정확한 시간 요소가 주어지지 않은 것을 보면 이 사실을 더 확증한다. 누룩이 없는 빵은 오후 6시에 먹는다(신약의 경우 수요일 저녁 6시경이다). 이 날은 그 달의 14일째에 해당된다(12:16). 그러므로 예수님의 시체는 수요일 밤 6시 이후에는 십자가에 매달려 있을 수 없다.

『**너희는 누룩이 있는 것은 아무것도 먹지 말고**』(20절). 그리스도인의 생활은 성별된 삶이어야 한다. 교리적으로도 누룩이 없어야 하고(마 16:12) 실제 생활 가운데서도 누룩이 없어야 한다(고전 5:6,7). **『너희의 모든 처소에서 누룩 없는 빵만을 먹을지니라』**(20절). 말씀은 음식이다(눅 4:4). 그리스도인들이 매일의 삶 가운데 30분씩이나 신문을 읽는 데 시간을 보낸다면 어떻게 은혜 안에서 성장할 수 있으며 하나님의 능력을 소유할 수 있겠는가?

『그때에 모세가 이스라엘의 모든 장로들을 불러서...』(21절). 이제 명령이 한 가지로 28절까지 전달된다. 22절의 "우슬초"는 성경에서 자주 언급되는 식물이다. 요한복음 19:29의 경우를 제외하고는 모두 마음속에 있는 죄를 정결케하는 데 사용된다(레 14:4, 6,51, 민 19:6, 시 51:7). 죽임 당하는 어린양(21절)은 예수 그리스도의 예표이다(고전5:7). **『집들』**(27절)은 집합적 의미의 가족을 말한다. 죽음의 천사에 대해서는 23절에서 살펴보았다. 22절의 **『뿌리고』**는 때린다는 의미가 있는데(strike), "어린양의 죽음"(막 14:65)을 강조한 것이다. 이제 다시 하나님의 은혜를 통하여 죄인들은 하나님을 경배한다. **『백성들이 고개를 숙여 경배하더라』**(27절).

12:29 ○ 한밤중에 주께서 이집트 땅에 있는 모든 첫태생들을 치셨는데 자기 보좌에 앉은 파라오의 첫태생부터 지하감옥에 갇힌 자의 첫태생까지며 가축의 모든 첫태생까지더라.

30 파라오가 밤중에 일어났으니, 곧 그와 그의 모든 신하들과 모든 이집트인들이라. 이집트에 큰 울부짖음이 있었으니 이는 사람이 죽지 않은 집이 하나도 없음이더라.

31 ○ 파라오가 밤에 모세와 아론을 불러 말하기를 "너희와 이스라엘 자손들은 일어나서 내 백성 가운데로부터 떠나 너희가 말한 대로 가서 주를 섬기라.

32 또한 너희가 말한 대로 너희 양떼와 소떼도 데리고 가고 나를 위해서도 축복하라." 하더라.

33 이집트인들이 백성들을 재촉하였으니 그들이 말하기를 "우리 모두가 죽

은 사람이 되었도다." 하며, 그 땅에서 그들을 속히 내보내려 하더라.

34 **백성이 반죽이 발효되기 전에 반죽 그릇에 담아 옷으로 싸서 그들의 어깨 위에 메니라.**

35 **이스라엘 자손들이 모세의 말대로 이집트인들에게서 은패물과 금패물과 의복을 빌렸더니,**

36 **주께서 이집트인들의 목전에서 백성들에게 은총을 베푸시므로 이집트인들은 그들이 요구하는 대로 그들에게 빌려 주더라. 그들이 이집트인들에게서 빼앗더라.**

본문에서 얻을 수 있는 교훈은 분명하다. 하나님께서 무엇인가를 하시겠다고 하시면 반드시 하신다. 이루어지지 않을 것이라고 말씀하신 적이 있는가? 이것은 실제로는 너무나 단순한 문제다. 피 아래 있으면 안전하다. 피가 없으면 잃어버린 사람이다. 하나님의 선지자를 따르지 않고 교육받은 불가지론자(출 5:2)의 인도를 따랐을 때 뒤따라오는 인간의 슬픔과 눈물은 어떠했는가!

『**이집트에 큰 울부짖음이 있었으니 이는 사람이 죽지 않은 집이 하나도 없음이더라**』(30절). 모든 집의 장자는 하나님의 심판이 내려졌을 때 죽임을 당했다. 피로 인해 살아남은 사람들은 그 밖에 일어났던 일에 대해 하나님께 감사를 드렸다. 밤 12시 5분에 하나님을 의심하는 유대인은 아무도 없었다. 이 시간에 파라오는 진실로 회개의 열매를 맺는 것 같았다(31,32절). 파라오의 회개가 카톨릭과 캠벨주의자들의 "참회"와 비슷하다해도 어쨌든 그 회개는 하나님께서 목적하시는 하나님의 백성이 자유롭게 될 때까지는 유효하다. 민수기 3:43에 보면 장자의 수가 기록된 것을 알 수 있다. 그 수는 22,273명이다.

이 장면에서 주석가들이 놓친 것이 있는데 바로 이방인의 시간이 사용되었다는 것이다. 즉 오늘날 로마와 미국에서 사용되는 시간이 이때 사용된 것이다. 22절의 독특한 표현을 살펴보라. 『**너희 중 아무도 아침까지 자기 집 문 밖으로 나가지 말지니라.**』 31절을 통해 볼 때 이스라엘 자손은 "밤에" 이집트를 떠난다(12:42을 볼 것). 이것은 이스라엘이 이집트를 떠날 때까지는 로마 시간을 썼다는 것이다. 유럽과 아메리카에서 지금 사용하고 있는 로마 시간 말이다. 히브리 시간으로 아침은 오전 여섯시가 되어야 시작된다. 히브리인의 “저녁”은 오후 여섯시에 시작된다(창 1:3-20 주석 참조).

클라크는 하박국 3:13을 끌어들여 본문과 연결시킴으로 하박국 3:13의 시점을 B.C. 1500년경으로 연결시킨다. 하박국 3장 전체 문맥은 예수 그리스도의 재림이며 창세기 3:15의 문자적인 성취를 말하는데도 말이다. 그러나 이런 수법은 이곳에서만 예외적인 경우가 아니라 학자들의 전형적인 수법이다. 35페이지에 달하는 분량으로(클라크 주석 부록 참조) 구체적인 연도, 주, 일까지도 제시했으면서도 그것을 말하는 구절에 대해서는 읽지도, 설명하지도, 해석하지도, 적용하지도 못하는 박사님을 보라. 초등학교 6학년 정도만 되어도 전혀 아무 문제를 느끼지 못하는 그 문맥에서 말이다. 하박국 3:10-13은 과거의 역사와도 전혀 상관이 없다. 요한계시록 20장이 과거 역사와 전혀 무관하듯이 말이다. 하박국 3:13을 모세의 때에 맞추는 사람은 나비를 애벌레 집에 구겨 넣으려는 사람과 같다.

12:37 ○ 이스라엘 자손들이 라메세스에서 숙콧으로 여행을 하니 아이들 외에
보행하는 남자가 약 육십만이며
38 혼혈의 무리도 그들과 함께 올라갔고 양떼와 소떼와 심히 많은 가축떼
들도 올라갔더라.
39 그들이 이집트에서 가지고 나온 발효되지 않은 반죽으로 누룩 없는 과
자를 구웠으니 그들이 이집트에서 쫓겨났기에 지체할 수 없었고, 또한
자신들이 먹을 아무런 양식도 준비하지 못했음이더라.
40 ○ 이집트에 거주한 이스라엘 자손의 기거 기간은 사백삼십 년이니
41 사백삼십 년의 끝, 즉 그 날이 되었을 때 주의 모든 군대가 이집트 땅
에서 나왔더라.
42 이는 그들을 이집트 땅에서 데리고 나오신 주께 중히 지켜야 할 밤이
니, 이것은 이스라엘의 모든 자손이 그들 대대로 지켜야 할 주의 그 밤
이더라.

『**이스라엘 자손들이 라메세스에서 숙콧으로 여행을 하니 아이들 외에 보행하는 남자가 약 육십만이며 혼혈의 무리도 그들과 함께 올라갔고**』(37,38절). 많은 주석가들은 "아이들 외에" 보행하는 남자가 육십만 명이 될 수 없다는 사실을 입증하기 위해 부산하게 움직인다. 이 입장을 고수하기 위해 불신자들과 무신론자들과 결탁하는 것도 마다하지 않는다. 이 숫자를 문자적으로 받아들일 경우 이스라엘 전체 민족은 최소한 2백만 명이 된다. 이 숫자보다 낮게 잡는다면 민수기 1장을 뜯어 고쳐야만 한다. 민수기 1장에서 20세 이상의 남자의 수만 60만 명이 넘는다고 하기 때문이다(정확하게는 625,550명).

『**이는... 주께 중히 지켜야 할 밤이니**』(42절). 모든 그리스도인은 자기 생일을 알고 있다. 바울은 결코 그 사실을 잊지 않았다. 바울은 기회가 있을 때마다(행 22,24,26장) 하나님께서 자신을 "이집트"에서 구해 낸 사실을 이야기했다. "순례자로서의 생활은 창세기 12:1-3부터 시작되었다고도 볼 수 있다. 어디를 소유해야 할지 어떤 땅을 정복해야 할지 모르는 체(히 11:8,9) 기거했던 것이다. 이 외로웠던 순례가 이제 전쟁에서 사용되는 무기들로 무장한(출 13:18) 군대가 되어(출 17:8) 출발하게 된다. 이 군대로 자신들의 조상들이 타국인이요 순례자가 되어야 했던 그 땅을 위해 싸우고, 정복하고, 소유하고, 굳게 붙잡아 지켜야만 한다. 이 밤의 중요성은 의심의 여지가 없다. 『**이것은 이스라엘의 모든 자손이 그들 대대로 지켜야 할 주의 그 밤이더라**』(42절).

12:43 ○ **주께서 모세와 아론에게 말씀하시기를 "이것이 유월절의 율례니 타국인은 아무도 먹을 수 없으나**

44 **돈으로 산 각 사람의 종은 네가 그에게 할례를 준 후면 그도 먹을 수 있느니라.**

45 **외국인과 품꾼은 먹을 수 없느니라.**

46 **한 집 안에서만 먹을지니 너는 그 고기를 그 집 밖으로 가지고 나가지 말고, 뼈도 꺾지 말지니라.**

47 **이스라엘의 온 회중이 그것을 지킬지니라.**

48 **너와 함께 기거하는 타국인이 주께 유월절을 지키고자 하면 모든 남성**
은 할례를 받게 한 후 가까이 와서 지키게 할지니라. 그러면 그가 그
땅에서 태어난 자와 같이 될 것이라. 이는 할례받지 못한 사람은 아무
도 먹을 수 없음이라.
49 **본토인이나 너희 가운데 기거하는 타국인에게나 한 법이니라." 하더라.**
50 **이스라엘의 모든 자손이 이와 같이 행하였으니 주께서 모세와 아론에게**
명령하신 바와 같이 그들이 그렇게 행하더라.
51 **바로 그 날 주께서 이스라엘 자손들을 그들의 군대들대로 이집트 땅에**
서 데리고 나오셨더라.

『...**타국인은 아무도 먹을 수 없으나 돈으로 산 각 사람의 종은 네가 그에게 할례를 준 후면 그도 먹을 수 있느니라. 외국인과 품꾼은 먹을 수 없느니라**』(43-45절). 하나님께서는 분리에 관한 한 결코 그 강도를 낮추시지 않는다. 오늘날의 교육받은 사람들은 전쟁과 사회 불안의 주요인이 분리 때문이라고 믿는다. 이 문맥의 요점은 아무나 유월절에 참여하지 못함을 말한다. 할례받지 않으면(44절) 참여하지 못한다. 할례받기를 거부하면 "타국인"으로 여겨진다. 그가 외부에서 왔든지(외국인), 히브리인 가정에서 일하는 종이든지(45절), 이스라엘에 기거하는 외국인이든지(느 13:16) 마찬가지이다. 할례의 중요성에 대해서는 창세기 17장 주석과 더불어 참조하라.

『**그러면 그가 그 땅에서 태어난 자와 같이 될 것이라**』(48절). 이 부분은 예언이다. 이집트 땅에서 태어난 자와는 아무 상관없다. 벌링거는 여기서도 덫에 걸린다. 자신이 좋아하지 않는 킹제임스성경의 구절을 고칠 때마다 걸리는 일이지만 말이다. 벌링거는 이집트인들이 어두움 가운데서 자식들에게 할례를 주었어야 했다고 주장한다(Companion Bible, p.90). (그는 이스라엘 자손에 대해서는 아무 언급도 할 수 없다. 왜냐하면 삼 일 낮과 삼 일 밤 동안에 고센 땅에는 어두움이 없었기 때문이다. 출애굽기 10:23을 보라.)

이 문맥에서 주의 만찬을 기념하는(고전 11:24) 힌트를 얻을 수 있다. 이 주의 만찬에는 "거룩한 씨"(벧전 1:23)로 태어난 사람들만이 참여한다(고전 11:27). 많은 침례교인들이 예표를 강조하다보니 물에 잠기는 침례가 실제 할례를 말하는 것이어서 거듭났어도 물에 잠기는 침례를 받지 않았다면 주의 만찬에 참여할 수 없다고 고집부린다(출12:48,49).

본문은 은혜 아래에 있다. 여기에서 처음으로 의식을 지키는 명절과 관련되어(43절에서 율례라고 불렀다.) 의식법이 언급되어진 것을 알 수 있다. 율법은 아직 모세에게(요 1:17) 주어지지 않았다. “손으로 쓴 법령”(handwriting of ordinances, 골 2:14)도 아직 나타나지 않았다. 그러나 앞으로 주어질 레위 법이 어떠할 것인지 말하는 힌트에 대해서는 이미 주어졌다. 구원은 은혜로 주어진다. 구원은 어린양의 흘려진 피를 믿는 믿음을 통하여 이루어진다.

아직까지는 무엇을 먹어야 되고, 무엇을 먹지 말아야 되는지 아무도 모른다. 머리는 어떻게 해야 하고(레 21:5), 어떤 희생제물을 가져와야 하고(레 1–5장), 어떻게 정결하게 하는 것인지에(민 19,31장) 대해 아무도 모른다. 물론 유월절과 관련되어 여러 의식적인 규정들은 제시되어 있다(12:5,8,10,16,20,46,48). 하지만, 이 모든 것들은 십자가에서 일어날 것을 암시적으로 가리키는데, 모세조차도 이 사실을 알지 못했다. 그러나 하나님께서는 그 예표들을 준수하기를 원하셨다(민 20:8). 이를 지키지 않았을 경우 하나님의 결정이 어떤 것인지 분명히 알 수 있다(민 20:12). 구약에서 가장 위대한 하나님의 종(히 3:5)을 일찍 죽게 하신 것이다.

『주께서 이스라엘 자손들을 그들의 군대들대로 이집트 땅에서 데리고 나오셨더라』(51절). 킹제임스성경은 진실을 그대로 간직하고 있다. 이 민족은 무기들로 무장되었다(출 13:18). 그들의 대장은 “전사”(man of war)이다(출 15:3). 비록 한 번도 싸워 본 적도 없고(출 13:17) 피흘리기까지 강력한 훈련도 받은 적 없지만 이집트를 떠나올 때 이들은 전쟁에 필요한 무기를 갖추고 있었다. 이들은 “군대”들이었다.

출애굽기 13장

13:1 주께서 모세에게 일러 말씀하시기를
2 "이스라엘 자손 중에서 모든 첫태생, 곧 사람이든 짐승이든 태를 여는
것은 무엇이나 내게 거룩케 할지니, 그것은 내 것이니라." 하시니라.
3 ○ 모세가 백성에게 말하기를 "너희가 이집트, 곧 종의 집에서 나온 오
늘을 기억하라. 이는 주께서 손의 권능으로 이곳에서 너희를 데리고 나
오셨음이니 누룩 있는 빵은 먹지 말지니라.
4 아빕 월 오늘 너희가 나왔느니라.
5 ○ 주께서 너를 카나안인들과 힛인들과 아모리인들과 히위인들과 여부스인
들의 땅, 곧 네게 주시려고 네 조상들에게 맹세하신 젖과 꿀이 흐르는 땅
으로 데리고 가시는 때가 이르리니, 너는 이 의식을 이 달에 지킬지니라.
6 너는 칠 일 동안은 누룩 없는 빵을 먹고 칠 일째에는 주께 명절을 지킬
지니라.
7 너는 칠 일 동안 누룩 없는 빵을 먹고 누룩 있는 빵은 네게서 보이지 않게
하며 어떤 누룩도 네 모든 처소에서 너와 함께 보이지도 않게 할지니라.
8 ○ 너는 그 날에 네 아들에게 보여 주며 말하기를 '이것은 내가 이집트
에서 나올 때에 주께서 내게 행하신 일 때문에 행하는 것이니라.' 하라.
9 이것이 네게는 네 손에 표적이 되고 네 눈 사이에는 기념이 되게 하여
주의 법도가 네 입에 있게 하라. 이는 주께서 강하신 손으로 너를 이집트
에서 데리고 나오셨음이라.

10 **그러므로 너는 매년 주의 계절에 이 율례를 지킬지니라.**

성경에서 처음으로 "거룩하게 하다"(sacntify)라는 말이 나온다. 이 말은 앞으로 여기에서 말하는 정확한 의미로 계속 사용된다. 헬라어 학자들이나 히브리어 학자들이 자신의 연구 업적에 맞추기 위해 이 말을 어떻게 조작을 하건 상관없다. 성경은 자체가 사전이 되어 설명한다(출 13:12). 카일, 델리취, 헹스텐베르그, 칼리쉬, 하카비, 게세니우스의 책을 뒤져볼 필요가 전혀 없다. A.D. 150-500년 사이에 만들어진 "칠십인역"으로 돌아갈 필요도 없다. "거룩하게 하다"는 "따로 떼어 놓다"(set apart)의 의미이다. 이 말이 어근이 되어 다른 의미로도 사용되는 것이다(여러분의 교회에서 이와 다르게 가르친다면 별로 심각하게 받아들이지 않으면 그뿐이다).

『**곧 사람이든 짐승이든... 그것은 내 것이니라**』(2절). 이 구절은 명백하게 12:12을 말한다. 하나님께서는 결코 허락 없이 파괴자로 하여금 그의 일을 하도록 내버려 두지 않으신다(욥 1:3-12). 이스라엘의 첫태생은 이집트의 첫태생과 같은 위치에 있다. 그래서 그 구원에 대한 대가로 하나님께 완전히 드려져야만 되는 것이다. 이에 대해 바울도 『**너희는 너희 자신의 것이 아니니라. 너희는 값을 치르고 산 것이니**』(고전 6:19,20)라고 말한다. 얼마나 유사한지 보라. 이 구절에서 알 수 있는 또 하나의 사실은 이집트에서 죽임당한 첫태생은 모두 남자 아이들이었으며 짐승 중에서는 수컷이었다는 것이다. 13:3,5-7절은 출애굽기 3:17; 12:15,17,20에서 이미 설명하였다.

『**너는 그 날에 네 아들에게 보여 주며**』(8절) 14절도 같은 말인데 두 구절 모두 11절의 때를 가리킨다.

『**이것이 네게는 네 손에 표적이 되고 네 눈 사이에는 기념이 되게 하여 주의 법도가 네 입에 있게 하라**』(9절). 구원받은 히브리인이 무엇을 행해야 하고(네 손에), 무엇을 보아야 하고(네 눈 사이에는), 또 무엇을 말해야 하는지를(네 입에) 가르쳐 준다. 대부분의 주석가들은 이 구절을 문자적으로 받아들여 본문에서 말하고자 하는 의미에서 벗어난다. 본문은 구체적으로 문자적으로 취하라는 지시가 없다. 이들 모두는 "테필린"(tephilin, 마태복음 23:5에서 말하는 성구함)이 여기에도 언급되어지는 것처럼 여긴다. 그러나 이는 큰 잘못이다. 출애굽기 13장에서는 성구함과 같은 것을 부착하라든지, 메고 다니라는(dress, wear) 말이 없다. 이 주석가들은 바리새인들이 생각했던 것과 똑같은 사고 체제를 가지고 있는 듯하다. 이는 전형적인 육신적인 사람들의 모습이다. 이 사람들은 성경에서 문자적으로 말하는 곳에서는(마 15:15; 25:41) 영적으로 해석한다. 반면에 영적으로 말하는 곳에서는(마 26:28; 16:6) 문자적으로 해석한다. 신명기 6:9과 11:20은 문자적으로 해석할 수 있다. 여기에서 살펴보아야 할 것은 "기록하다"라는 구체적인 말이 언급되었다는 사실이다. 신명기 6:8; 11:18에는 그 어디에도 "기록하라"에 관련된 말이 없다. 영적인 문맥을 문자적으로 취하여 엉망으로 만들어 놓은 경우를 예로 들자면 유대인들의 경우를 들 수 있다. 유대인들은 마음에(heart) 기록된 말씀을 묶어둘 수 없으니까(신 6:6) 마음에 가장 가까운 곳인 왼쪽 팔, 팔꿈치 위 그 안에 성구함을 만들어 넣어 가지고 다닌 것이다.

성구함은 30구절 정도로 구성되었는데 출애굽기 13장, 신명기 6,11장의 내용이 포함된다. 이 성구함은 작은 종이 조각 위에 쓰여졌다. 이 조각들은 가죽으로 씌어져 이마나 손, 팔에 부착되었다. 유대인들이 율법을 읽을 때나 기도할 때 이 성구함을 부착한다. 그러나 안식일이나 명절 동안에는 부착하지 않는다. B.C.500 - A.D.1900년 사이에는 주문이나 부적으로 사용되었다. 이들은 유럽인들, 아시아인들, 아프리카인들, 아메리카인들로부터 놀라움과 찬사를 받았다고 생각한다. 그러나 그 어떤 이방인들도 이 성구함에 대해 좋은 반응을 보였다는 기록은 없고 다만 조롱과 무관심과 멸시만이 있을 뿐이다.

이 성구함이 어떻게 시작되었는지에 관계없이 분명한 사실은 출애굽기 13장에서는 무슨 내용을 기록하여 누가 그것을 부착하라는 말이 없다는 것이다. 9절에서 말하는 "표적"은 유월절의 누룩 없는 빵을 언급한다(6,7절). 이 문맥에는 무엇을 "기록하고," "잘 만들어서," "묶고," "지니고 다니다"라는 말이 없다. 누룩 없는 빵은 손에 대한 표적을 말하는데 그것은 순수한 행위들을 말한다. 누룩 없는 빵은 눈과 관련된 표적을 말하는데 그것은 순결하게 보는 것을 말한다(마 6:22, 욥 31:1). 자! 어떤 주석을 읽을 때 지금까지 말한 내용이 아니라면 당장 펜을 들어 그 주석가에게 올바른 내용을 가르쳐 주어 틀린 부분은 바로잡게 하라. 이 "보물"에 대해 눈먼 랍비를 만나거든 책망하고 열심히 타일러서 히브리어 본문에만 집착하지 말고 "진리"로 돌이키도록 하라. 이것이 본문에서 말하고 있는 그대로의 의미이다. 이 의미를 무시하는 그 어떤 "참고서"도 구실이나 핑계를 위한 것일 뿐이다.

13:11 ○ 주께서 너와 네 조상들에게 맹세하셨던 대로 카나안 땅으로 너를 인도하여 그것을 너에게 주시리니

12 너는 태를 여는 모든 것과 네가 소유하고 있는 짐승에게서 나온 첫배 새끼를 주께 따로 떼어놓을지니 그 수컷들은 주의 것이니라.

13 나귀의 모든 첫배 새끼는 네가 어린양으로 대속할 것이요 네가 그것을 대속하지 않으려면 너는 그 목을 꺾을 것이며, 또 너의 자손 가운데서 사람의 모든 첫태생을 대속할지니라.

14 ○ 장차 네 아들이 네게 묻는 일이 있으리니 말하기를 '이것이 무슨 일이니이까?'하면, 너는 그에게 말할지니 '주께서 손의 권능으로 우리를 이집트, 곧 종의 집에서 데리고 나오셨는데

15 그때에 파라오가 우리를 전혀 보내려 하지 아니하므로 주께서 이집트 땅의 모든 첫태생, 즉 사람의 첫태생과 짐승의 첫태생을 죽이셨느니라. 그러므로 태를 여는 모든 것의 수컷으로 내가 주께 희생제를 드리나 내 자손의 모든 첫태생은 내가 대속하는 것이라.

16 이것이 네 손 위에 표식이 되고 네 눈 사이에 징표가 될지니, 이는 주께서 손의 권능으로 우리를 이집트에서 데리고 나오셨음이라.' 하라." 하니라.

16절에서는 9절과 같은 내용이 나온다. 물론 여기에도 무엇을 기록하라든지, 읽으라든지, 부착하라든지, 타이핑하라는 말은 없다. 그러나 이번에는 표적이 누룩 없는 빵이 아니라 첫태생을 온전히 드리는 것을 말한다. 여기에서 다시 "영적인" 주석가들은(이들은 최종 권위로서 주 예수 그리스도를 말하고는 그분 자신의 책을 찢어버리는 자들이다.) 영적인 보화를 잃어 버린다. 13절은 구원받지 못한 사람, 머리, 귀, 모두를 말한다(욥 11:12과 잠 26:3을 보라). 마태복음 21:2-9에서 말하는 "아무도 타보지 않은 나귀"는 위대한 예표로서 구원받지 못한 사람을 말한다. 구원받지 못한 사람은 "매달려 있어"(갈 3:13) "저주 받았다." 그 어린양은 나귀(갈 3:13) 대신 매달리신 것이다. 『**네가 그것을 대속하지 않으려면 너는 그 목을 꺾을 것이며**』! 성경에서 동물들은 목이 베어지는데(레 1-5장) 목이 부러지는 네 발 달린 짐승이 보수주의 주석가들 앞에 놓여진다!

구속을 위해서는 어린양이 필요하다(골 1:15). 유월절 어린양이 본문에 다시 나타난다(출 12:46). 윌리엄스, 더멜로우, 클라크, 랑게, 헨리, 엘리코트, 카일, 델리취, 존슨, 샤프, 바이글, 휫트로, 게세니우스, 헹스턴베르그, 벌링거, 스코필드 편집 이사진들 모두 핵심에서 벗어난다. [윌리엄스는 근처까지는 다가갔지만 나귀를 이미 목이 부러진 죽은 나귀에 연결시킴으로 빗나갔다. 욥기 11:12조차 찾지 못했다. 이 구절은 태어난 첫태생을 언급하는 구절이다. 남자아이는 반드시 어린양으로 대속해야 한다(13절). 그러나 나귀의 경우처럼 목이 부러지는 것에 대한 내용은 없다. 인간 제물은 율법 아래에서 금해 졌다(미 6:7). 입다의 경우가 어떠했건 취소한 "규칙"은 변경되지 않는다.]

『**모든 첫태생을...**』(13절) 이 구절은 은혜를 가리킨다. 아무것도 받을 자격도 없는데 주어지는 은혜인 것이다. 이는 분명하게 하나님께서는 구원받기 원하는 모든 사람을 구원하기 원하신다는 사실을 확인해 준다. 미리 정해진 "선택된" 사람들만 한정되어 구원받기를 원하시는 것이 아니라, 첫태생의 "모든" 사람은 어떤 특정 그룹으로부터 분리된 선택된 첫태생들이 아니다. 더군다나 이 "첫태생"은 지옥으로 향하는 죄인들을 말할 경우도 있다(삼상 2:12). "첫태생"에게 무슨 "선택적인 권리들"(삼상 1:3)이 주어지는 것도 아니다.

13:17 ○ **파라오가 백성을 가게 한 후** 하나님**께서는 필리스티아인의 땅의 길이 가까울지라도 그들을 그 길로 인도하지 아니하셨으니, 이는** 하나님**께서 말씀하시기를 "혹시 백성이 전쟁을 보면 후회하여, 이집트로 돌아갈**

까 함이라." 하심이라.

18 **그러나** 하나님**께서는 백성을 홍해의 광야 길을 통과하도록 인도하셨으**
니 이스라엘 자손이 이집트 땅에서 나오면서 무장을 하고 올라가더라.

19 **모세가 요셉의 뼈들을 취하였으니 이는 요셉이 이스라엘 자손에게 엄히**
맹세시켜 말하기를 "하나님**께서 반드시 너희를 찾아오시리니 너희는 여**
기서 내 뼈들을 너희와 함께 가지고 나가라." 하였음이라.

20 ○ **그들이 숙콧에서 그들의 여정을 시작하여 광야의 끝에 있는 에담에**
진을 쳤는데

21 **주께서 낮에는 구름 기둥으로 그들 앞에 가시어 길을 인도하시고, 밤에**
는 불 기둥으로 그들에게 빛을 주시어 주야로 가게 하시니

22 **주께서 낮에는 구름 기둥을, 밤에는 불 기둥을 그 백성 앞에서 없애지**
아니하시니라.

어떤 주석가도 감히 17절을 정면 돌파하지 못한다. 자신들의 원어사전도 신뢰하지 않고 원어에 대해 맹신해 왔던 권위를 내팽개친다. 출애굽기 9:14; 12:37에서 보였던 태도와 마찬가지로 지레 겁을 집어먹고 꼬리를 내려 버린다. 알렉산드리아에 있는 이 대학교의 교수진들은 즉시 휴학을 결정하고 학생들을 봉사활동으로 내몬다. 클라크와 J.P. 랑게도 속수무책이고 토마스 휘트로(강단주석)도 이 구절을 건드리지조차 못한다. 존슨 박사는(위클리프 주석) 이미 기록했던 내용만 되풀이할 뿐이다. 『**백성이 전쟁을 보면 후회하여, 이집트로 돌아갈까 함이라**』 그 외의 주석가들은 영적 적용에 안주해 버린다. 즉 하나님께서는 새로 믿게 된 신자들을 아주 부드럽게 대하셔서 이집트에서 갓 나온 신자들이 성장하고 무장할 수 있을 때까지는(히 5:14) 전쟁에(엡 6:10) 가담시키지 않으신다는 것이다. (이 본문은 훌륭한 설교 자료가 될 수 있다. 그러나 본문의 근본 취지는 놓쳐 버린다.)

『하나님**께서는 필리스티아인의 땅의 길이 가까울지라도 그들을 그 길로 인도하지 아니하셨으니**』(17절). 이스라엘 민족은 카나안 땅으로 곧장 들어가지 않는다(출 19:2). 이들은 "Via Maris"(가자에 이르는 해안 길)을 통과해 가지도 않았다. 설령 이곳에서 군대들을 만나지 않는다 해도 말이다. 왜냐하면 이곳에서 150마일도 더 떨어져 있는 시내 산에서 하나님과 만나기로 되어 있기 때문이다. 이 구절은 모압에서 회고하는 내용이 아니다(민 22-25장). 하나님께서 이스라엘 자손이 시내 산에 도착한 이후에 해안 길을 따라 위쪽으로 인도하지 않으셨다.

1. 이스라엘 자손은 요단 강 동쪽에서도 서쪽에서와 마찬가지로(민 21-31장) 많은 전쟁을 치른다.

2. 이스라엘 자손이 약속의 땅으로 출발했을 때(민 13,14장) 이들은 필리스티아인들의 땅 바로 옆에 있었다. 그리고 이들은 후에 골리앗과의 전쟁에서 살아남은 필리스티아인 거인들을 모두 죽였다(민 13:33, 삼상 17:4).

여기에서 문제의 본질을 만난다. 출애굽기 3:22; 4:26; 3:14; 9:14을 뜯어고친 경솔한 보수주의 학자들이 왜 17절을 피해 버린 것인지 그 이유를 18절에서 비로소 알게 된다. 이 구절에 와서는 보수주의 학자들이 불신자들인 자유주의 집단과 제휴를 맺는다.

『**홍해의 광야 길을 통과하도록 인도하셨으니**』(18절). 17절에서 알렉산드리아에 있는 대학교가 휴학에 들어간 이유가 바로 이것이다. "갈대 바다"에 대한 논쟁은 모세 자신만큼이나 오래된 이야기다. 지금까지 성경을 제대로 믿어 보고자 한 사람들은 "Red"라는 말을 히브리어 "수프"(Suph)에서 발견된다는 되먹지도 않은 박사들의 말에 잠잠해 왔다. 이 주장은 마치 창세기 3장에서 "아프리코트"(apricot)라는 말을 가지고 "사과"라느니 "오렌지"라느니 하며 장난치는 것과 같다. "갈대들의 바다"(Sea of Reeds)라는 말은 자기 중심적인 아테네인들(행 17:21)의 귀를 간지럽혀 주기에 충분하다. 결국 이들은 살아 계신 하나님의 살아 있는 말씀(렘 23:36)을 바로잡을 수 있다는 자신감을 갖게 된다.

이스라엘 민족이 팀사 호수나 멘잘레 호수(라메세스 근처에 있는)를 건넜다는 말은 창세기 3:1만큼이나 오래된 이야기다. 이에 관련된 근거 자료를 말하면 입다가 자기 딸을 결혼시키지 않았을 뿐이라고 주장하는 것(판 11:21)만큼도 되지 않는다.

불신은 죄이다. 예수 그리스도께서 금요일에 못박히셨다고 쓴 A.T. 로버트슨의 글에서 죄를 발견할 수 있다. <킹제임스성경>을 공격한 벤자민 와필드의 글에서 죄를 발견할 수 있다. 지옥은 존재하지 않는다고 주장하며 자신을 지옥으로부터 스스로 구원시켜보고자 한 톰 페인의 말에서 죄를 발견할 수 있다. 절대 진리를 제거하고 자신의 주장이 예수 그리스도의 말씀과 같은 가치가 있다고 생각하게 한 아인슈타인의 책들에서 죄를 발견할 수 있다. 이같은 불신으로 존 R. 라이스는 부패한 카톨릭 성경인 New ASV를 추천하여 그 책을 선호하게 만든다. 이같은 불신으로 노만 빈센트 필은 지옥에 대해서도, 재림에 대해서도 설교하지 않는다. 둘다 믿지 않기 때문이다.

파라오가 자신의 영토 안에 있는 늪에서 조류 때문에 빠져 죽었다고 믿는 것이 보수주의 학자들이다. 이들의 어리석음은 진리를 찾고자 하고, 진리를 사랑하는 사람들에게 아무것도 주지 못한다. 성경을 아주 간단히만 살펴보아도 이집트를 떠난 이스라엘의 여정을 알 수 있다. 이스라엘이 고센에 있는 홍해 바다(오늘날 수에즈 운하가 있는 곳)를 건넜다고 입증하는 데 얼만큼의 성경을 근거로 했는지 살펴보면 기가 막힐 노릇이다. 홍해 바다가 고센에 있는 갈대바다를 말한다면 고센 지역에서 고센 지역으로 이동하는 데 밤낮으로 "구름 기둥"과 "불 기둥"이 필요했던 사실이(13:21) 의아스러울 뿐이다. 어떤 군대라도 고센에서 고센으로 이동하는 데 열두 시간이 채 걸리지 않기 때문이다. 고센은 수에즈 운하가 위치한 지역의 바로 서쪽이다. 이스라엘 자손은 고센을 떠났고, 17절은 이들이 서쪽에서 동쪽으로 이동했다고 말하는 것이 아니다. 17절에서 말하는 바는 이렇다.

1. 이스라엘 자손은 카나안에 들어가기 전에 시내로 가야만 했다. 틀림없는 사실이다.
2. 그렇다면 시내산으로 가는 길 가운데 어떤 여정을 택할 것인가?
3. 시내 반도의 서쪽 연안을 따라 내려가는 한 길이 분명히 있다.
4. 믹돌을 통과하여 팔레스타인으로 올라가는(Via Maris) 분명한 길이 있다. 14:3에서 이 도시에 대해 "필리스티아인들의 길"과 관련하여 살펴볼 것이다.
5. 지금까지의 결과를 정리해 보면 이스라엘은 "Via Maris"쪽으로 50-75마일 거슬러 올라가다가 남쪽으로 방향을 돌려 시내쪽으로 내려갔다.

17절을 살펴볼 때 이집트에서 75마일 정도 떨어진 곳에 필리스티아인 군대가 있었음을 알 수 있다. 성경을 자세히 살펴보면 필리스티아인들은 카슬루힘에게서 나왔음을 알 수 있다(창 10:14). 이 카슬루힘은 이집트의 창설자의 아들이었다(창 10:13, 암 9:7). 자, 자유주의자들이나 보수주의자들이 말하는 "홍해"가 수에즈 운하 지역에 있거나, 라메세스와 피돔 북쪽의 "늪 지역인 호수"를 말한다면 어떻게 하나님께서 그 지역으로 이스라엘 자손을 통과시키지 않을 수 있단 말인가? 하나님께서는 이스라엘 자손들을 필리스티아인들의 땅의 길로 인도하지 않으셨다고 말씀하셨다(17절). 고센 지역에서 동쪽 방향으로 어떻게 이동하든 간에 이 필리스티아인의 땅의 길에 들어서고 만다. 분명한 사실은 이스라엘 민족은 방향을 바꾸어 돌아섰고(Turn, 출 14:2) 동쪽이 아닌 남쪽으로 내려간 것이다. 이때 이스라엘 민족이 돌아서서 바다를 건너기 위해 걸어간 시간은 그 어떤 바다를 건너갔건 간에 24시간이 족히 걸린다. 출애굽기 14:19,20을 살펴보라. 고센 남쪽으로 50-70마일 가로질렀다는 증거가 고센 동쪽으로 5-15마일 가로질렀다는 증거보다 훨씬 설득력 있다. 성경을 통하여 종합적으로 결론을 내릴 때 이스라엘이 수에즈 근처에 있는 늪 지대를 지나간 것이라고 주장하는 사람이 있다면 성경을 거부하는 불신자이다. 그 사람이 믿음에 대해 무어라고 중얼거리던 자신의 마음을 말하는 것과는 거리가 멀다.

A. 이스라엘 자손이 건넜던 바다에는 그 해안에 에시온게벨이 있다(왕상 9:26). 이곳에도 "늪 지역"이 약간 있다. 에시온게벨은 아카바 만에 있느 "엘랏"(Elath)으로 수에즈 운하로부터 해상으로 200마일 이상 떨어져 있다.

B. 이스라엘 자손이 건넜던 바다를 따라가면 에돔의 해변이 나온다(신 1:40; 2:1). 에돔의 경계는 수에즈 지역에서 어떤 방향으로든 50마일 이내에는 나타나지 않는다.

C. 이스라엘 자손이 이집트를 떠난 후 바다를 건넜을 때 진을 쳤었다(민 14:25; 21:4; 33:11). 이스라엘 자손이 건넜던 바다가 고센 지역에 있는 바다라면 고센 지역을 떠난 후 2백만 명이 40년 동안 진을 치기 위해 고센의 늪 호수들로 되돌아 왔다는 말인데 이 부분은 어떻게 설명을 하시겠소, 박사 양반.

D. 이스라엘 자손이 건넜던 바다가 말랐던 것은 요단 강이 말랐던 것과 똑같다(수 4:23)). 만조(high tide)의 영향으로 요단 강이 말랐었다는 주장처럼(수 4

장) 물이 되돌아 오기 전의 늪 지역도 요단 강처럼 그렇게 된 순간이 잠시라도 있었단 말인가? 그건 아니라고! 그렇다면 이 말은 무슨 말인가? 『주 **너희** 하나님**께서 너희 앞에서 너희가 건널 때까지 요단 물을 마르게 하셨으니, 이것은 주 너희** 하나님**께서 우리 앞에서 우리가 건널 때까지 홍해를 마르게 하셨던 것처럼 하신 것이라**』(수 4:23).

E. 이스라엘 자손이 건넜던 바다는 이집트 군대가 빠져 익사할(15:4) 정도로 깊었다(15:5). 물무더기가 수직으로 멈춰서서(15:8) 홍수처럼 이들을 쓸어버렸던 것이다. <킹제임스성경>에서 성령께서 기록하신 정확한 내용이 여호수아 3:16,17에 기록되어 있다.

"갈대 바다"(sea of Reeds, 히브리어로 "Suph")를 홍해(Red Sea)라고 말한다 해도 아무런 문제가 될 게 없다. 드라이버는 "수프"(Suph)가 갈대의 무슨 "종류"로 추정된다고 말하지만, 그것이 무엇인지 알 수 없다. 이사야 19:1-6; 18:2은 왜 홍해가 갈대 바다로 불리우는지 말해 준다. 갈대로 만든 배들이 많이 다녔기에 이 이름이 붙여진 것이다. (이 사실이 의심스럽다면 모든 주석서들을 팽개쳐 버리라.)

이스라엘 자손은 고센으로부터 남동쪽으로 내려와 홍해의 북단 끝에 진을 친다(13:20). 에담까지 내려온다. 함성을 지르며 자정이 넘어서야 이집트 평원에 자리잡는다. 불 기둥으로 인도받는다(22절). 이 기둥은 이스라엘 민족과 같이 있다(느 9:19). 벧여시못까지 이 현상은 계속된다(민 33:49). 하나님의 자녀들에게 있어서 이 불 기둥은 길을 가는 데 있어서 빛이다(살전 5:1-6). 그러나 구원받지 못한 자들에게는 깜깜한 흑암이다(요 9:39-41). 『**악인의 길은 암흑과 같아서 사람이 무엇에 걸려 넘어지는지도 알지 못하느니라**』(잠 4:19).

에담에서 이스라엘 자손은 북동쪽으로 방향을 돌려 "필리스티아인들의 길"로 다시 돌아갈 수 있다. 더군다나 동쪽으로 간다면 홍해를 건너지 않고서도 시내로 들어갈 수 있다. 그러나 하나님의 방법이란 종종 하나님을 섬기는 사람들에게 있어 측량할 수 없는 경우가 많다. 다음 장에서 살펴보겠지만 하나님께서는 다음의 두 가지 일을 행하시기 전에는 이스라엘을 이집트에서 완전히 구해내실 의향이 없으시다.

1. 파라오와 그 군대를 멸망시키는 것.

2. 자연의 법칙을 거슬러서라도 구원하실 수 있는 하나님의 능력을 보여주시는 것.

이 장을 마치면서 주석가들이 놓쳐버린 19절의 영적 진리를 살펴보자.

요셉은 예수 그리스도의 유형이다. (핑크의 <Gleanings from Genesis>에서 152가지의 유사한 점을 참조하시오.) 예수 그리스도의 뼈들은 이 지상에 하나도 남아 있지 않다. 예수 그리스도의 뼈들은 모두 휴거되었다(눅 24:39, 행 1:9,10). 이집트는 이 세상의 예표이기에 요셉의 뼈들은 타니스에 있는 국립 묘지에 남아서는 안 된다. 그리스도인들은 “그리스도 안에” 있다(골 1:27). 즉 예수 그리스도와 한 몸이기에 뼈들도 이 땅에 남아 있을 수 없다. 살아 있는 그리스도인들이든 죽은 그리스도인들이든 마찬가지다. 모든 그리스도인의 뼈들은 휴거될 것이다(고전 15:41-52). 로마가 예루살렘을 멸망시키기 전에 예수 그리스도의 뼈들은 “이집트”에서 옮겨졌다(행 1:9,10). 로마는 요한계시록 11:1-5의 예표이다. 그리스도인의 뼈들은 이 땅에 하나님의 진노가 임하기 전에(살전 5:1-9) 이 땅을 떠날 것이다.

출애굽기 13:19은 단순히 창세기 50:25의 성취만이 아니다(히 11:22). 그리스도인과 관련되어 하나님의 나팔과 천사장의 소리를 듣는 것이다. 출애굽기 14장과 15장은 산 자들과 죽은 자들이(요 11:25,26) 휴거되어 깊음을 통과하는 사실을 예표한다(창 1장, 합 3장, 판 5장, 출 14장). 정사들과 어두움의 주관자들을(엡 6:12) 지나 깊음을 통과할 때 적들에게는 그 문이 닫혀져서(요 10:2,6) 깊음 가운데로 돌처럼 가라앉듯이 가라앉는 것을(출 15:1-10) 분명히 보게 된다.

출애굽기 14장

14:1 주께서 모세에게 일러 말씀하시기를
2 "이스라엘 자손들에게 말하여 그들로 돌아서 바알스폰 맞은편 믹돌과 바
다 사이 피하히롯 앞에 진을 치게 하라. 너희는 피하히롯 앞에서 바닷가
에 진을 칠지니라.
3 이는 파라오가 이스라엘 자손에 대하여 말하기를 '그들이 그 땅에서 혼
란에 빠져 광야에 갇혔도다.' 할 것임이라.
4 내가 파라오의 마음을 완악하게 하리니 그가 그들의 뒤를 쫓으리라. 그
리하여 내가 파라오와 그의 모든 군대 위에서 영예를 얻으리니 이집트인
들로 내가 주인 줄 알게 하리라." 하시니 그들이 그렇게 행하더라.
5 ○ 백성이 도주했음을 이집트 왕이 듣자 파라오와 그의 신하들의 마음이
백성에 대해 변하여 말하기를 "우리가 어찌 이같이 행하여 이스라엘로
우리를 섬김에서 떠나가게 하였는가?" 하고
6 그가 그의 병거를 갖추고 그의 백성을 그와 함께 데리고 가니,
7 그가 선별한 육백 대의 병거들과 이집트의 모든 병거들을 거느렸으며 병
거마다 대장들이 맡았더라.
8 주께서 이집트 왕 파라오의 마음을 완악하게 하시므로 그가 이스라엘 자
손들을 뒤쫓으나 이스라엘 자손들이 의기양양하게 나갔더라.
9 그러나 이집트인들이 그들을 뒤쫓으니, 곧 모든 말들과 파라오의 병거들
과 그의 기병들과 그의 군대라. 바알스폰 맞은편 피하히롯 곁 바닷가에

진을 치고 있는 그들에게 다다르니라.

『**그들로 돌아서**(turn)... **바다 사이...에 진을 칠지니라**』(2절). 여기에서의 "바다"는 지중해를 말하는 것이 아니다(16,21,22,26절도 마찬가지). "갈대 바다"나 "Suph Sea," 혹은 쓴 호수를 말하는 것도 아니다. 홍해를 건넌 기적을 부정하고자 하는 무리들이 지어낸 말에 현혹되어서는 안 된다. 본문에 나오는 믹돌(2절)이 홍해의 북쪽 끝에 위치한다면 파라오는 이스라엘을 붙잡기 위해 물을 통과할 필요가 없다. 상식적으로 생각해 보더라도 굳이 물을 통과해 갈 필요가 없다. "홍해"가 "수에즈 지역"이라면 파라오는 남쪽이나 북쪽으로 돌아가면 된다. 3절에 보면 분명한 사실이, 이스라엘은 이집트 땅, 즉 홍해 서편 지역에 갇혀 있다는 것이다. 그래서 파라오는 이스라엘을 멈추게 하기 위해 홍해를 끼고 한참 아래로 내려가야만 했다.

『**그들이 그 땅에서 혼란에 빠져 광야에 갇혔도다**』(3절). 이 본문대로라면 이스라엘은 여전히 이집트에 있어야만 되고 광야에 갇혀 빠져나올 수 없어야 한다. 수에즈 지역의 북쪽 어디에도 이 두 가지 조건을 만족시키는 곳은 없다. 『**믹돌**』(2절)은 이집트 땅 안에 있어야만 한다(렘 44:1).

이집트 땅에 한 광야가 있는데 그 광야는 한 군대를 가둘 만한 곳이며, 빠져나갈 수 있는 길이 남쪽 직선 거리로 500마일쯤 된다. 이 지역은 홍해의 서쪽으로는 평평한 지역이다. 이 지역은 남 이집트 쪽으로 거의 700마일이나 뻗쳐 있다. 『광야의 끝』(13:20)은 지금 말한 지역의 북쪽 경계를 말한다. 여기에서 남쪽으로 내려가 바알스폰 맞은 편 피하히롯 앞, 에담의 남쪽까지는 최소한 하루 밤, 하루 낮의 행진 거리이다(13:21). 24시간 강행군하여 갔다면 60마일쯤 갔겠지만 여자, 어린이, 노약자 등이 있는 무리가 간 속도를 고려해 보면 홍해 서쪽 해안 아래로 15마일쯤 갔을 것이다. 이것은 최소한으로 어림잡아 본 것이다. 이틀 낮, 이틀 밤을 더 갔다면 해안을 따라 50마일쯤 내려 갔을 것이다. 오른쪽에는 사막과 산뿐이고 왼쪽에는 물밖에 없다. 이들은 분명히 광야에 갇힌 것이다(3절). 홍해를 횡단한 지점은 대략 홍해의 북쪽 끝에서 남쪽으로 40마일 내지 60마일 아래이다. 홍해와 수에즈 운하의 수문이 만나기 훨씬 전의 지점이다.

『**이는 파라오가... 말하기를**』(3절). 이스라엘이 도주하여 다시 돌아올 마음이 없다는 말을 들었을 때 파라오가 한 말이다. 5,6절을 볼 때 파라오가 이 말을 한 것이 분명하다. 유대인들이 삼 일간의 여정을 간다고 했을 때 파라오는 그 지점이 어느 곳인지 정확하게 알고 있다. 유대인들은 최소한 이틀 동안은 갔다. 파라오는 24시간 안에 이들을 따라 잡을 수 있다(14:9).

『**백성이 도주했음을 이집트 왕이 듣자**』(5절). 파라오는 이스라엘이 이틀 전에 떠났음을 알고 있다(12:36,37). 파라오의 마음이 변한 것은 자신이 속았다고 느껴서가 아니다. 파라오는 이스라엘 무리 중에 혼혈의 무리 가운데 스파이를 심어 놓은 것이다. 그 스파이는 돌아와 위도, 경도, 방위각 등을 보고한다. 파라오는 가장 최초에 진을 쳤던 정보를 대한다(2절). 파라오는 그 위치의 주변 사항을 알고 있다. 파라오는 그곳으로부터 갈 수 있는 곳이 두 방향뿐임을 안다. 에디오피아까지 곧장 남쪽으로 가든지 아니면 에담과 고센으로 되돌아가는 길이다. 그들은 동쪽으로는 갈 수 없다. 배가 없기 때문이다. 서쪽으로 간다면 이집트 땅 안의 광야로 가게 된다. 이스라엘은 파라오에게 이집트 밖의 광야로 갈 것이라고 말했다(5:1; 7:16).

두 가지 요소를 고려하여 파라오는 결정한다(4절)

1. 그들은 나에게 거짓말을 했다. 그들은 "여호와"를 경배하러 시내 광야로 가지 않았을 것이다. 만약 갔었더라면 에담의 동쪽으로 가서 반도를 내려 갔을 것이기 때문이다.

2. 내 병거를 갖추고 추격하면 그들이 지금 갇혀 있는 곳까지 24시간 안에 따라잡을 수 있다.

『**우리가 어찌 이같이 행하여 이스라엘로 우리를 섬김에서 떠나가게 하였는가?**』(5절) 파라오의 아들이 죽은 지 몇 시간이 지났다고 벌써 잊어버렸단 말인가! 재앙이 있고 나서 일주일도 채 안되어 잊어버리는 이집트의 왕이라니... 죄는 사람을 미치게 만든다. 어디에서 경배드릴 것인지에 대해 모세가 파라오에게 거짓말한 것이든 그렇지 않은 것이든 그것이 문제가 아니다. 이스라엘이 도망가려 했건 다시 돌아오려 했건 그것이 문제가 아니다. 문제는 이스라엘이 이집트 땅에 있으면 "죽음"이 함께 있다는 사실이다(출 12:13). 이집트 땅에서 이스라엘을 몰아내는 것이 바로 축복인 것이다. 그러나 파라오는 순간적으로 미쳐 버렸기에 5절의 파라오의 말은 논리적으로 설명이 안 된다. 당장 생각나는 것은 먹고살기 위해서는 일을 해야 하는데 일할 노예가 없어져 버렸다는 것이다. 죄는 사람을 미치게 만든다.

『**그가 이스라엘 자손들을 뒤쫓으나**』(8절). 죄인이 어린양의 피로 구속받았다고 해서 사탄은 자신의 궁전으로 물러가 단념하지 않는다. 반대로 더 한층 공격한다. 즉시로 그리스도인을 얽어매기 위해(갈 3-4장) 추격한다. 성경에서 굵직굵직한 종교 단체들은 다름 아닌 사탄의 군대이다. 다만 "그리스도인"이라고 변장했을 뿐이다. 제칠일안식일예수재림교, 여호와의 증인, 몰몬교, 로마 카톨릭 등은 새로 거듭난 그리스도인들을 다시 종으로 얽어매기 위해 사용되는 사탄의 군대들이다. 그리스도인이라고 고백하는 사람들은 구원받았다고 하더라도 그 후에 이집트를 끌어들이는 역할을 하는 자들이다. 이 가운데 카톨릭은 가장 강력한 도구이다. 바티칸에 연결된 가족에서 태어난 모든 사람은 노예로 태어나는 것이다.

『**곧 모든 말들과 파라오의 병거들과 그의 기병들과 그의 군대라. 바알스폰 맞은편... 바닷가에 진을 치고 있는 그들에게 다다르니라**』(9절). 이제 설명을 마무리하기 전에 기억해야 할 것이 있다. 유대인들의 전통에 따르면 홍해를 건넌 것은 아빕 월 21일이다. 이 날은 유월절이 지난 후 7일째 되는 날이다. 즉 6일 동안 행군했다는 말이다. 이것이 사실이라면 지금까지의 설명은 더욱 분명해진다. 우선 파라오는 이스라엘이 삼 일간의 여정으로 광야에 아직 들어가지 않았다는 사실을 안다. 이를 근거로 추격의 결정을 내린다. 파라오가 군대를 소집하여 이스라엘을 추격하는 데 하루 이상이 걸린다. 이스라엘을 보자면 파라오가 이들을 따라잡기 전 이틀이 더 소요된다. (이 이스라엘을 인도하는 데 구름 기둥과 불 기둥이 자주 언급되는 이유가 바로 이것이다. 13:21) 그런데 만약 홍해가 수에즈 지역이라고 본다면 이 엄청난 홍해 횡단의 기적은 영원히 사라져 버린다. 아무리 느림보 걸음으로, 즉 낮에 10마일 밤에 5마일씩 걷는다 해도 이스라엘은 홍해 해안을 따라 남쪽으로 10마일 이상 내려오기 때문이다. 그 지점에서의 홍해의 폭은

20마일 이상이다!

성경을 전적으로 믿는다면 이스라엘은 수에즈 지역에서 남쪽으로 50마일 이상 내려온 지점에서 홍해를 건넌 것을 알 수 있다. 10마일에서 20마일 되는 거리를 어떻게 횡단하는지 그 모습을 한번 상상해 보라! 2백만 명이 바닷가에 진을 쳤다면(그들은 마라와 엘림 맞은 편에 있다.) 그 진영의 행의 폭은 5마일 정도였을 것이고, 열의 길이는 북쪽에서 남쪽까지 약 10마일 정도 되었을 것이다. 이스라엘이 바다를 건널 때는 최소한 200열의 형태를 유지하여 건넜을 것이다. 각 열에는 10,000명에 해당하는 사람들이 줄지어 있다. 그래서 200열로 구성된 긴 행렬이 행군하는 것이다. [이들은 "우향 앞으로 가!"라는 행군명령에 따라 행군했던 것이다. 예를 들어 4사람씩 12줄로 행진할 때 행렬이 '우향 앞으로 가!'라는 명령이 떨어지면 12사람씩 4줄로 바뀐 상태로 행진하게 되는 것이다. 출애굽할 때의 행렬의 형태는 10,000명씩 200줄로 움직였을 것이다(또는 400명씩 500줄이었을 수도 있다)].

행군은 밤에 시작되었고 12시간 계속되었다(14:24,27). 열과 열 사이를 10야드로 잡았을 때 2,000야드의 행렬이라면 무장한 적들로 후격을 당한다면 12시간 내에 10마일 내지 20마일을 행군할 수 있다. 출애굽기 전체 말씀을 그려본다면 수에즈 남쪽으로 50마일 가량 내려와 있다. 이 지점에서 전체 캠프는 바다를 건너는 방향으로 옆으로 이동한다. 이러한 형태라면 12마일 정도는 10시간 내에 도달한다.

14:10 ○ **파라오가 가까이 다가올 때 이스라엘 자손들이 눈을 드니, 보라, 이집트인들이 그들에게로 진군해 오는지라, 이스라엘 자손들이 심히 두려워하며 주께 부르짖었더라.**

11 **그들이 모세에게 말하기를 "이집트에 무덤이 없어서 네가 우리를 이끌어 내어 광야에서 죽게 하느냐? 어찌하여 네가 우리를 이집트에서 데리고 나와서 우리에게 이같이 행하느냐?**

12 **우리가 이집트에서 너에게 한 말이 이것이 아니냐? 말하기를 '우리를 내버려 두라. 우리가 이집트인을 섬기리라.' 하지 않았느냐? 우리가 광**

야에서 죽는 것보다 이집트인을 섬기는 것이 더 나았겠노라." 하더라.
13 **○ 모세가 백성들에게 말하기를 "너희는 두려워 말고 가만히 서서 주께**
서 오늘 너희에게 보여 주실 주의 구원을 보라. 너희가 오늘 본 이집트
인을 다시는 영원히 보지 못하리라.
14 **주께서 너희를 위하여 싸우시리니 너희는 가만히 있을지니라." 하더라.**
15 **○ 주께서 모세에게 말씀하시기를 "너는 어찌하여 내게 부르짖느냐? 이**
스라엘 자손들에게 말하여 앞으로 나아가게 하고
16 **너는 네 막대기를 들어 네 손을 바다 위로 뻗쳐서 그것을 가르라. 그리**
하면 이스라엘 자손들이 바다 가운데를 통과해서 마른 땅 위를 가리라.
17 **내가, 보라, 내가 이집트인들의 마음을 완악하게 하리라. 그러면 그들이**
백성들을 따라가리니 내가 파라오와 그의 모든 군대와 그의 병거들과
그의 기병들 위에서 영예를 얻으리라.
18 **내가 파라오와 그의 병거들과 그의 기병들 위에서 영예를 얻고 나서야**
이집트인들은 내가 주인 줄 알게 되리라." 하시니라.
19 **○ 이스라엘의 진영 앞에 가던** 하나님의 **천사가 움직여 그들 뒤로 오니**
구름 기둥도 그들 앞에서 옮겨 그들 뒤에 서고
20 **그것이 이집트 진영과 이스라엘 진영 사이에 이르러 그들에게는 구름과**
어두움이 되었으나, 이쪽에는 밤에도 빛을 주므로 밤새도록 저쪽에서
이쪽으로 접근하지 못하더라.
21 **모세가 바다 위로 그의 손을 뻗쳤더니 주께서 밤새도록 강한 동풍으로**
바다를 뒤로 물러가게 하시어 바다로 마른 땅이 되게 하시니, 물이 갈
라졌더라.
22 **이스라엘 자손들은 바다 한가운데를 통과하여 마른 땅 위로 갔는데 물**
이 그들에게 오른쪽과 왼쪽에서 벽이 되었더라.

『**이스라엘 자손들이 눈을 드니**』(10절). 위기 상황에 닥칠 때면 취해지는 행동이다(눅 21:28, 민 21:9). 그러나 이번에는 믿음의 창시자요 완성자(히 12:1-3)로부터 눈을 돌려 그 반대편을 바라고 있다(전 11:1-6). 『**이스라엘 자손들이 심히 두려워하며 주께 부르짖었더라**』(10절). 시몬 베드로도 마태복음 14:30에서 똑같이 부르짖었다. 고린도전서 10:10에서 시작된 불평은 여호수아가 하나님께 탄원할 때까지(수 7:7-9) 결코 그치지 않았다.

『**어찌하여 네가... 우리에게 이같이 행하느냐?**』(11절). 출애굽기 5:22에서 한 말이다. 하나님께서는 이스라엘의 인도자 모세에게 맛보게 하셨던 것을 이스라엘 전체에게도 주시는 것이다. 모세가 이스라엘을 구원하겠다고 한 말은 완전 실패로 끝나는 것 같아 보인다. 이 장면에서 아무도 출애굽기 5:21, 즉 모세가 행동을 시작했을 때 실패할 것에 대해 지적했던 내용을 기억하지 못한다. 이 상황을 허락하신 것은 파라오를 다루시는 데 있어서 하나님의 의로우심을 입증하기 위한 것이다(시 51:4, 롬 3:4). 이제 하나님께서는 다른 레인에 볼링 핀들을 가지런히 놓으신다. 스트라이크를 치기 위해서다. 『**내가 파라오와 그의 모든 군대와 그의 병거들과 그의 기병들 위에서 영예를 얻으리라**』(17절).

『**이집트인을 섬기는 것이 더 나았겠노라**』(12절). 시간은 모든 상처를 아물게 한다. 지금까지의 공포는 다 잊어버렸다. 죄는 사람을 미치게 만든다. 불신은 그 어디에서든 죄다. 은혜 아래서 하나님과 동행하다가 죽는 것과 마귀 아래 노예로 사는 것이 있다면 정말로 마귀의 노예로 살아가는 것을 원하겠는가? 죽음이 아니면 자유를 달라던 패트릭 헨리의 말에 공감이 가는가? 어쩌면 당장 죽는 것보다 노예 생활이 낫겠다는 생각이 들지도 모르겠다(민 14:2). 이집트인을 섬기는 것이 더 나았겠다고 말한 이들은 20년 전에 이집트에서 자유를 달라고 외쳤던 세대들이다.

『**너희는 두려워 말고 가만히 서서 주께서 오늘 너희에게 보여 주실 주의 구원을 보라**』(13절). 여기의 "가만히 서서"라는 말은(수 10:12에서도 마찬가지다.) 털썩 주저앉아 아무것도 하지 말라는 말이 아니라 이리저리 뛰어다니며 머리를 쥐어뜯고 난리 피우지 말고 주님 안에서 안식을 누리라는 권면의 말씀이다(롬 5:4). 모세는 똑같은 권위로 4절에서도 말했다. 비록 하나님께서 모세에게 파라오와 그의 군대들을 대항하여 구체적으로 무엇을 어떻게 하라고 말씀하지는 않으셨지만 하나님께서는 파라오를 다루실 것을 약속하셨고 모세는 이를 믿었다.

『주께서 너희를 위하여 싸우시리니 너희는 가만히 있을지니라』(14절). 본문이 말하는 것은 평범하다. 분명한 사실은 13,14절 후에 모세는 기도 가운데 주님께로 다가간 것이다. 많은 경우에 있어서도 모세는 그래 왔다(출 5:22; 6:12, 민 16:15 등).

『모세가 바다 위로 그의 손을 뻗쳤더니 주께서 밤새도록 강한 동풍으로 바다를 뒤로 물러가게 하시어 바다로 마른 땅이 되게 하시니, 물이 갈라졌더라』(21절). 땅은 말랐다고 기록되어 있다. 발이 푹푹 빠지는 습지가 아니다. 바람이 이 현상을 만들었다고 기록한다. 조류(Tide) 때문이 아니다. 홍해를 건너는 데 있어서 더멜로우의 주장과 성경에서 말하는 사실은 로마의 미사와 성경의 주의 만찬의 차이만큼 크다(출 13:18; 14:2의 주석 참조).

산꼭대기에서(평지가 약 5마일 가량 된다.) 이스라엘의 자손들은 약 20마일 뒤에서 일어나는 먼지 기둥과 군대를 보았다. 땅거미가 지자 불 기둥이 나타나 이스라엘 진중의 북쪽 끝과 파라오 군대의 지휘봉 사이에 놓여졌다. 믿는 자들에게 빛으로 나타나는 것이 이집트인들에게는 낮게 깔린 소나기 구름처럼 나타났다. 이집트인들은 이 구름 때문에 정찰조차 할 수 없음을 알았다.

해가 지자 모세는 오른쪽으로 5마일, 왼쪽으로 4마일 정도 뻗친 행렬의 맨 앞으로 다가선다. 모세와 아론은 모래가 솟아 있는 곳으로 걸어간다. 모세는 물이 닿는 곳 끝에 멈춰서서 그 막대기를 쳐들었다.

차가운 바람소리, 물 끓는 소리, 빨아들이는 소리로 범벅이 된 굉음이 들린다. 마치 거대한 욕조에 물이 빠지는 소리 같기도 하다. 이스라엘의 온 회중은 떨면서 서 있다. 맨 앞 열에 위치한 사람들은 앞에서 벌어지는 모습을 보고 모두 쇼크 상태에 있다. 맨 앞 열의 길이만큼 물이 뒤로 물러나는 것이 아닌가! 북쪽 끝에 있는 사람들과 남쪽 끝에 있던 사람들은 거의 실신 상태에 있다. 바로 눈앞에서 물이 뒤로 물러나는 것을 보았기 때문이다. 모두가 벙어리가 된다. 모세와 아론은 조금 전에 바다였던 모래톱에 서 있다. 아찔한 상태에 있는 이스라엘 회중은 놀라 비틀거리며 마른 땅으로 걸어 들어간다. 바다 밑바닥에는 조개 껍데기와 돌들이 있는데 마치 사막의 선인장처럼 말라 있다.

물이 움직이자 회중은 들어갔다. 동풍이 이 무리들 위로 불었다. 물은 그들 앞에서 뒤로 물러갔다. 승리의 외침이 들린다. 믿음 없었음에 대한 회개의 기도가 들린다. 구속받은 무리들은 걷다가 달리다가 하늘로 뛰어본다. 그렇게 물로 만들어진 깊은 협곡을 지나고 있다. 특히 측면에 있는 무리들은 신이 나 노래가 저절로 나오고 아드레날린이 넘치도록 분비된다. 누군가가 떠미는 때면 "벽"에 부딪쳐 젖곤 한다(출 14:22). 바다 밑을 지나 2마일 가량 지났을 때 100피트 정도 높이로 파도가 서 있는 것을 본다. 바람 속에서 거품과 물보라를 일으키면서 말이다. 이스라엘은 물로 침례를 받고 있다(고전 10:1-4).

이 무리들 한가운데서 곧바로 위를 쳐다보면 이들은 모두 물에 묻혀 있다는 사실을 알 수 있다. 열려져 있는 그들의 머리 위에는 구름이 있다(고전 10:1,2). 이사야는 이스라엘 자손이 바다에서 올라왔다고 말한다(사 63:11). 이는 예수님께서 『**곧 물 속에서 올라오시니**』(마 3:16)라는 표현과 정확히 일치한다. 이 사실을 통해 대부분의 주석가들이 놓친 4가지 중요한 사실을 살펴보도록 하자.

1. 물침례는 물에 잠기는 것이다. 이스라엘이 통과하던 물벽의 높이가 이스라엘을 완전히 덮을 만큼 높지 못했다면(최소한 7피트 이상) 고린도전서 10:1-4은 틀린 것이다.

2. 어떤 침례이든 간에 그 안에 넣어졌다가 그곳에서 다시 나올 수 없다면 그것은 물침례가 아니다.

3. 물침례는 은혜 아래서 시작된다. 율법 아래서가 아니다. 물침례는 의식적인 명령이 아니다. 육신의 의식도 아니다. 씻음도 아니다(히 6:2). 스탬과 베이커가 어떻게 애를 쓰든지 아닌 것은 아니다.

4. 물침례는(물 속에 잠기는) 하늘로부터 온 것이다(마 21:25). 침례인 요한이 "모세와 같은 선지자"를 알리고자 했을 때, 요한은 물로 침례를 주었기 때문이다.

이스라엘은 모세에게 침례를 받았다(고전 10:1-5). 이는 율법이 주어지기 전에 일어난 일이다. 아브라함이 십일조를 드린 것이 율법을 받기 전인 것과 꼭 같다. 이 침례는 빌립보 간수가 받았던 침례와 정확하게 대조가 되는 유형이다. 두 경우 다 물에 들어가기 전에 구원을 받았다. 두 경우 다 침례받기 전에 어린양을 믿었다. 두 경우 다 침례는 하나님의 진노 아래 있는 죄인의 죽음과 묻힘을 묘사한다(벧전 3:21). 피로 구속받은 죄인이 하나님의 진노로부터 살아 나오는 반면 (출 14:29), 파라오와 이 세상의 신(고후 4:4)을 섬겼던 죄인들은 자신들이 죽을 때까지(출 14:30, 롬 6:23) 하나님의 진노 아래 머물러 있게 된다. 아래로 가셨다가(시 42:7) 다시 사셔서, 그 사실을 말씀하신 분이 계신다(엡 4:9,10, 눅 24:25). 우리가 그분 안으로 침례 받는다면(롬 6:1-4) 우리는 출생할 때 "아래로" 가고 "위로 올라올" 수 있다. 물침례는 죽음, 묻힘, 부활을 나타내는 모형이다. 침례가 "정결"이라고 잘못 생각한 유대인들은 벌링거 같은 사람들에 의해 현혹된 것이다. 벌링거는 설거지 통에서 후라이팬을 씻는 것을 침례라고 생각한다. 죄들의 정결을 위해 씻는 것은(요 2:6) 출애굽기 14장과 그 어떤 관련도 없다.

이스라엘은 건너간다! 자정 무렵 거대한 이스라엘 군대는 혼혈의 무리와 함께 바다를 건너 10마일을 건넌다. 시간당 3마일 이내의 속도로 계산한다 하더라도 이 민족의 역사상 걸어가면서 가졌던 위대한 기도모임이었으리라!

자유주의나 보수주의 학자들만이 본문의 문맥을 이해하지 못한다. 분명한 기적이 제시되었다면 받아들여야 마땅하다. 분명한 기적이 제시되었는데도 받아들이지 않는다면 무엇인가 변명거리를 찾아야 할 것이다.

『**바다 한가운데**』를 통과한다(22절). 그리고 조금 후에 바다의 그 세력은 다시 회복된다(14:27). 바다 한가운데는 마른 상태이다(14:22). 이제 물은 양쪽으로 두 면이 있게 된다(14:22). 보수주의 학자들은 어린애들처럼 "조류"(tide)라는 말로 칭얼거린다. 세상에 어떤 희한한 "조류"가 중간에서 반은 물이 있고 반은 물이 없단 말인가? 이것뿐만이 아니다. 물은 나뉘어졌다(14:21). 한 사람이 막대기를 들어올리기까지는 결코 물이 쓸려 들어오거나 쓸려 나가지 않았다. 두 번째로 그 사람이 막대기를 들어올렸을 때는 반대로 되었다(14:16,27).

14:23 ○ 이집트인들, 곧 파라오의 모든 말과 그의 병거들과 기병들이 추격하여 바다의 중간까지 그들을 따라 들어가니
24 새벽 경점 때 주께서 불 기둥과 구름 기둥을 통하여 이집트인의 군대를

보시고 이집트의 군대를 불안하게 하시며
25 **그들의 병거 바퀴를 빼시어 그들이 힘겹게 몰고 가게 하시니 이집트인**
들이 말하기를 "이스라엘 앞에서 도주하자. 주께서 그들을 위하여 이집
트인을 대적하여 싸우시는도다." 하더라.
26 **○ 주께서 모세에게 말씀하시기를 "네 손을 바다 위에 뻗치라. 그리하**
면 물이 이집트인들과 그들의 병거들과 그들의 기병들 위로 다시 오리
라." 하시니라.
27 **모세가 바다 위로 자기 손을 뻗치니 바다가 그 세력이 회복되었고 새벽**
이 되었더라. 그러자 이집트인들이 그것을 피하여 도주하나 주께서 이
집트인들을 바다 한가운데서 뒤집어엎으셨더라.
28 **물이 되돌아와서 그들을 쫓아 바다 가운데로 들어온 병거들과 기병들과**
파라오의 모든 군대를 덮으니 그들 중에 한 사람도 남지 않았더라.
29 **그러나 이스라엘 자손들은 바다 가운데서 마른 땅 위로 걸어갔으며 물**
이 오른쪽과 왼쪽에서 그들에게 벽이 되었더라.
30 **주께서 그 날에 이스라엘을 이집트인의 손에서 이와 같이 구원하시니**
이스라엘이 바닷가에서 이집트인들의 시체를 보더라.
31 **이스라엘이 주께서 이집트인들에게 행하신 위대한 일을 보고 그 백성이**
주를 두려워하고 주와 그의 종 모세를 믿더라.

출애굽기 3-6장에서 시작된 드라마는 이제 클라이막스에 다다른다. "첫태생"에 대한 위협으로 시작되어 한 군대를 완전히 멸망시키는 것으로 끝난다. 요세푸스는 이 군대의 크기가 기병 5만, 보명 20만 명이라고 한다.

『**새벽 경점**』(24절)은 구약에서는 새벽 2시에서 6시 사이이고, 신약에서는 3시에서 6시 사이이다(막 13:35, 판 7:19). [4시간씩에 해당되는 세 경점에서 세 시간에 해당되는 네 경점으로 바뀌어졌다.] 새벽 3시에 파라오의 군대는 움직인다. 4시 반에 지난 밤 이스라엘 군대가 진을 쳤던 곳을 통과한다. 이스라엘 자손들이 서둘러 떠난 흔적이 영력하다. 아직도 어둡다. 곳곳을 샅샅이 뒤지고 수색하고, 파라오는 분노하며 고래고래 소리 지르지만 이스라엘은 없다! 곧이어 홍해 바다가 그들 앞에서 없어진 사실을 발견하게 된다. 이른 아침 바닷가에는 조수도 파도도 없고, 모래는 말라 있다. 분명한 사실은 간밤에 홍해가 없어진 것이 아니라 물벽을 이룬 것이고, 그 물벽의 높이는 계속 높아져 간다는 것이다. 파라오는 병거에서 내려(15:19,21) 아라비아 순종 말 안장 위로 뛰어오른다(계 6:2). "뭐하고 있나, 나를 따르라!" 그래서 나머지 군대도 바다 속으로 들어가게 된다(14:23). 그런데 얼마 후에 불길한 소리가 들린다. 파라오는 위를 쳐다보았다. 거의 동시에 비명이 나온다. "파도다!" 물벽이 무너져 내리기 시작했을 때 이스라엘 자손의 후미는 아직 바다에 있었다. 이스라엘 최종 후미로부터 1마일 가량 떨어진 지점부터 물벽은 무너지기 시작했다. 이 물벽은 처음에는 이스라엘과 이집트 사이의 공간에서 허물어지다가 그 다음은 이집트 군대의 머리 위쪽에서 무너진다.

태양은 수평선 위에 와 있다(14:27). 파라오 군대의 양 옆에서 물 기둥이 허물어지자 마치 거인이 손을 내밀어 어린아이를 낚아채듯 위로 밀려 올라온다. 이집트 군대 머리 위로는 물거품으로 홍수를 이룬다. 전체 바다가 이집트 군대를 삼켜 버렸다. 200피트의 물로 된 산이 무너져 버렸을 때 머리들은 깨지고 뼈는 부러졌으며 정신을 잃어버렸다. 물벽이 무너져 내렸을 때 첫 번째 파도의 충격으로 70%의 병력이 몰살당했다. 파라오의 기병들은 홍해에서 익사되었다(15:4). 물이 그런 대로 얕은 곳에 있었던 병력들은 살아보려고 했으나 양쪽에서 시속 70마일 속도로 밀어붙이는 바닷물로 인해 산산이 부서졌다. 일곱 시가 되자 이스라엘 회중은 홍해의 마지막에 도달했다. 열 시가 되자 이스라엘 자손들은 파라오와 그의 영광이 시체로 변한 것을 볼 수 있었다. 이 땅 위에 짐승들과 공중의 새들이 이 세상 신(고후 4:4)의 영광을 먹어 치우듯이(계 19:18,21) 바닷속의 물고기들과 게들이 파라오와 그의 군대를 아침 식사 거리로 먹어 치웠다.

시편 136:15에 의하면 파라오는 자신의 군대와 함께 멸망했다. 출애굽기 15:1,21은 말을 탄 자들이 바다 속에 있다고 했지 "병거들을 탄 자"를 언급하지는 않는다. 그럼에도 불구하고 강단 주석은 계속하여 허튼 소리를 하고 있으며, 출애굽기 14:28은 "기병들"(horsemen)대신에 "병거탄 자들"(chariot men)로 되어야 한다고 주장한다. 변개된 칠십인역은 『**그들의 병거 바퀴를 빼시어**』(25절) 대신에 "그들의 병거들의 축에 이상이 생겨"로 기록했다.

『**그 백성이 주를 두려워하고 주와 그의 종 모세를 믿더라**』(31절). 이 마지막 구절은 너무나 중요하다. 이스라엘 자손은 진짜 기적을 보았고, 이 기적에 대한 반응은 출애굽기 4:30,31에서 기적을 보았을 때의 반응과 같다. 학자들이 말하는 것처럼 홍해를 건넌 것이 "조수" 때문이라든지, "진흙" 땅을 통과해 간 것이라든지, "쓴 호수"에 관한 것이었다면 이들은 이러한 반응을 보이지 않는다. 이들은 모세를 믿었다. 모세가 주께서 싸우실 것이라고 말한 것을(14:14) 기억했고, 이들은 "전사"(출 15:3)를 보았기 때문이다. 아무도 이 승리를 조수라든지, 바람이라든지, 호수, 진흙, 병거 축에 이상이 생긴 것 등에 돌리지 않는다. 우둔하고, 어리석고, 타락하고, 육신적이고, 하나님을 모독하고, 성경을 거부하는 "헌신적 보수주의" 학자들만이 이스라엘을 미신이나 믿는 이교도처럼 생각하게 만들 뿐이다.

홍해를 건너는 출애굽기 13,14장에서 극심한 배교를 보이는 이유는 홍수 이래로 홍해를 건너는 사건이 가장 위대한 사건이기 때문이다. 여호수아의 "긴 하루"(수 10장)를 제외하면 예수 그리스도의 부활의 사건까지 가장 중요한 사건이다. 그래서 할 수만 있다면 이 기적의 범위를 최소화 시키려 덤벼드는 것이다. 이러한 모든 시도들은 동네 아이들로부터 따돌림 당할까봐 겁에 질린 어린아이의 동기와 같다. 세상으로부터 "문자주의자," "성경숭배자," "과학의 문외한"이라는 소리를 듣는 것이 겁나는 것이다. 성경에서 언급하는 사실들을 뒤집어 엎을 만한 세속적인 자료들이 없다면 그 자료들이란 별 것 아니다. 이 세상제도는 하나님께서 강조하신 그 어떤 것에도 주의를 기울이지 않는다. 학자들의 책 또한 이 사실을 입증해 줄 뿐이다.

출애굽기 15장

15:1 이때에 모세와 이스라엘 자손들이 주께 이 노래를 노래하고 고하여 말씀드
리기를 "내가 주께 노래하리니 주께서 영광스럽게 승리하셨음이요, 말과 그
탄 자를 바다 속으로 빠뜨리셨음이라.
2 주는 나의 힘이요 노래시며, 주는 나의 구원이 되셨도다. 주는 나의 하나
님이시니 내가 주께 처소를 예비하겠으며 내 조상의 하나님이신 주를 드
높이리로다.
3 주는 전사시요, 주는 그분의 이름이로다.
4 파라오의 병거들과 그의 군대를 바다 속에다 던져 넣으시고 그가 택한
대장들도 홍해에 빠뜨리셨도다.
5 깊은 물이 그들을 덮쳤더니 그들이 돌처럼 바닥에 가라앉았도다.
6 오 주여, 주의 오른손이 능력으로 영화롭게 되셨나이다. 오 주여, 주의 오
른손이 대적을 산산조각내셨나이다.
7 주의 탁월하신 위대함으로 주께서는 주를 대적하여 일어선 그들을 뒤집
어엎으셨나이다. 주께서는 주의 진노를 보내사 그들을 그루터기같이 사
르셨나이다.
8 주의 콧김으로 물들이 함께 모였으며 큰 물들이 무더기처럼 일어서고 그
깊음이 바다의 심장 가운데 응결되었나이다.
9 대적들이 말하기를 '내가 추격하리라. 내가 따라잡으리라. 내가 탈취물을
나누리라. 내 욕심을 그들 위에서 채우리라. 내가 칼을 빼어 내 손으로

그들을 멸하리라.' 하였으나

10 **주께서 주의 바람을 일으키시니 바다가 그들을 덮쳐 그들이 그 거센 물**
들에 납같이 가라앉았나이다.

11 **오 주여, 신들 가운데 누가 주와 같으리이까? 누가 주와 같이 거룩함이**
영화로우며 찬양받을 만큼 두려우며 이적들을 행하리이까?

12 **주께서 주의 오른손을 뻗치시니 땅이 그들을 삼켰나이다.**

13 **주께서 구속하신 백성을 주께서 주의 자비로 인도하셨으며 주께서 그들**
을 주의 권능 안에서 주의 거룩한 처소로 인도하셨나이다.

14 **그 백성이 듣고 무서워할 것이요 슬픔이 팔레스티나의 거민들 위에 머무**
르리이다.

15 **그때 에돔의 중신들이 놀라고 모압의 용사들이 떨림에 붙잡히며 카나안**
의 모든 거민들이 낙담하리이다.

16 **두려움과 공포가 그들 위에 내려, 주의 팔의 위엄으로 인하여 그들이 돌**
처럼 조용해지리니, 오 주여, 주의 백성이 통과하기까지며 주께서 사신
그 백성이 통과하기까지니이다.

17 **주께서 그들을 데리고 오셔서 주의 유업의 산에 심으시리니 오 주여, 이**
는 주께서 거하시려 만드신 곳이요, 오 주여, 주의 손이 세우신 성소니이
다.

18 **주께서 영원무궁토록 다스리시리이다." 하더라.**

19 **파라오의 말이 그의 병거들과 그의 기병들과 함께 바다에 들어갔으니 주**
께서 그들 위에 바닷물을 다시 가져오셨으나, 이스라엘 자손들은 바다
가운데서 마른 땅을 가더라.

성경의 책별 순서로 본다면 노래하는 것(혹은 춤추는 것)이 처음으로 나온다. 음악과 관련된 사람들은 이미 나왔다(창 4:21 주석 참조). 욥기 21:12에 따르면 춤추는 것은 홍수 이전에도 있었다. 헬라인들이 말하는 '뮤즈'가 출현하기 800년 전 이야기이다. 그런데도 음악을 말할 때 세속 역사는 고의적으로 본문에 관한 내용을 묵살해 버린다. 음악에 관한 역사를 말할 때 성경과 구원받지 못한 음악가들의 주장과는 상당한 차이가 있다. 이들은 자신들의 음악의 뿌리가 그리스 문명까지 거슬러 올라간다고 말한다. 그리고는 그것을 "고전적"이라고 말한다. 종교적인 관점에서 본다면 그럴만도 하겠지만 어떤 음악가도 소크라테스가 플룻의 음을 듣기 500년 전에 다윗이 높은 수준의 합창 교향곡을 편곡했다는 사실을 거론하기 꺼려한다.

『**이때에 모세와 이스라엘 자손들이... 이 노래를 노래하고...**』(1절). 성경에는 많은 노래들이 있다. (욥기 35:10에는 밤에 하는 노래가 나온다. 사도행전 16:25에도 마찬가지다. 시편 69:12에는 주정뱅이들이 하는 노래도 있다.) 어린양과 관련된(계 14:3) 모세의 노래가 있다(신 32장). 천 개 이상의 솔로몬의 노래들이 있다(왕상 4:32). 그러나 구원과 구속이 없으면 노래도 없다. 그래서 하나님의 역사를 살펴보면 첫 번째 노래는 구속받은 자들이 자신들의 적이 바다 무덤에 묻히는 것을 목격할 때 터져 나왔던 것이다. 구속받은 자들이 이집트로부터 영원히 분리되었기 때문이다! 시편 126:2은 이 노래의 성취를 말한다. 바로 홍해에서 시작된 노래 말이다.

『**내가 주께 노래하리니**』(1절). 주께 노래하는 것이다. 회중이나 청중에게 노래하는 것이 아니다. 레나타 테발디나 마리아 칼라스보다 그다지 멋들어지지는 않는다 하더라도 그리스도인들이 밭을 일구며 불렀던 "순례하는 타국인"이 훨씬 가치있는 것이다. 주께 노래를 불렀다면 말이다.

모세는 이 노래와 더불어 광야에서 사역을 시작한다. 그리고 신명기 32장에서 이 노래와 더불어 사역을 마친다. 본문의 노래는 역사를 주관하시는 하나님, 창조주 하나님을 찬양하는 가운데 있어서 가장 오래된 찬송가이다. 이후에 계속하여 이 참되신 하나님을 찬양하는 노래가 나온다. 민수기 21장, 재판관기 5장, 사무엘상 2장, 사무엘하 22장, 누가복음 1,2장, 요한계시록 14장 등이다. 여기서 분명히 알아야 될 사실은 노래가 바로 주님이시라는 것이다(2절). 주님은 전체 노래의 주제이시다(2,3,6,11,12,13,16,17,18절). 성령께서는 예수 그리스도만 찬양하신다. 특히 노래들 중의 노래인 솔로몬의 노래(솔 1:1)를 보라. 라멕의 컨트리 뮤직과 웨스턴 뮤직은 살인자의 입술을 통하여 들어온 것이다(창 4:23 주석 참조).

하나님의 자녀들에게는 "새로운 노래"가 있다(시 40:3). 시와 찬송과 영적인 노래이다(골 3:16). "영적인 것들"이 아니라 영적인 노래가 있다! "폭풍 몰아 칠 때와"(Jesus Lover of My Soul)를 노래하는 데 있어서 어떤 사람도 영광 받지 않는다. 예수 그리스도만 영광 받으신다(딤전 2:5). "날빛보다 더 밝은 곳"을 부를 때 그 어떤 나라도 영광받아서는 안 된다. 새 예루살렘만이 영광받는다. "내 혼아 일어나, 일어나!"를 부를 때 기쁨 외에 그 어떤 감정이라도 고무되어서는 안 된다. "내 주는 강한 성이요"를 부를 때 주 예수 그리스도 외에 그 어떤 신도 찬양받아서는 안 된다. "예수밖에 누가 날 돌보랴"를 부를 때 예수 그리스도의 사랑을 찬양해야 하는 것이다.

『**주는 나의 구원이 되셨도다. 주는 나의** 하나님**이시니... 내 조상의** 하나님...』(2절). 모세뿐만 아니라 그리스도인에게도 해당되는 새 노래가 바로 이것이다. 나의 힘은 그리스도이시라(엡 6:10), 나의 구원은 그리스도이시라(고전 1:30), 나의 하나님은 그리스도이시라(요 1:1,2), 예수 그리스도는 나의 "조상들"의 하나님이시라(갈 3:29). 어느 작곡가는 이렇게 말했다. "어떤 사람들은 무료한 시간을 달래기 위해 노래를 부른다. 어떤 사람들은 세상 사람들을 즐겁게 해주기 위해 노래를 부른다. 그러나 나는 하나님을 찬양하기 위해 노래를 부른다. 그 노래는 내 마음 안에 있다! 그 노래는 내 마음 안에 있다!"

『**내가 주께 처소를 예비하겠으며**』(2절). 모세는 하나님께 "처소"를 마련해 드린다(출 24-40장). 비록 그 처소가 파괴되어지고(삼상 2:32) 다시 세워지지만(대하 6:2), 다시 파괴되어지고(렘 25:30) 다시 세워지고(요 2장), 다시 파괴되어지고(티투스 A.D. 70), 다시 세워지고(계 11:1-3), 다시 파괴되어지고(마 24장), 다시 세워지지만(겔 40-48장), 모세는 진리를 말하고 있는 것이다.

『**주는 전사시요, 주는 그분의 이름이로다**』(3절). 창세기 3:15에서 전쟁이 선포된 이후 처음으로 전쟁이라는 말이 나온다. 여기서부터 하나님께서는 자신을 한 군대의(출 6:26; 7:4) 총사령관으로 나타내신다. 이 군대는 무력으로(삼상 15:4) 눈에 보이고 문자적이고 정치적인 왕국을 확장해 나간다(민 21-31장).

팔레스타인에서 전쟁이 시작 되었을 때(수 4-7장) 주께서는 무장한 군대 대장으로 나타나신다(수 5:14). 신약에서는 "대장"으로 불리우신다(히 2:10) 구약에서는 총사령관으로서 나의 노래가 되실 뿐만 아니라 나의 힘이 되신다. 교회 시대에는

"나의 구원"이시다. 부활 때는 "나의 하나님"이 되신다. 대환란 때에는 이스라엘에게 "나의 조상의 하나님"이 되신다. 하나님께서는 "자기 백성들"을(13절) 구속하시고(13절), 인도하시고(13절), 사셨으며(16절), 데리고 오셔서(17절), 심으신다(17절).

다음에 나오는 구절들은 이미 14장에서 설명하였다. 분명한 진리를 제거하기 위해 주석가들이 하는 짓이란 문맥을 "비유적이고 시적인 표현"으로 돌려 놓는 것이다. 성경 본문을 진지하게 읽어 본다면 다음과 같은 사실들을 알 수 있다.

1. 파라오의 병거들은 바다에 던져졌다(4절).
2. 병거들 가운데 "택함받은 대장들"도 있다(4절, 14:7).
3. 이들은 가라 앉았다(5절).
4. 물들은 함께 모였다(8절).
5. 큰 물이 "일어섰다"(8절).
6. 적들은 9절의 내용처럼 말한다(9절, 14:3,9).
7. 바람이 불었다(10절, 14:21).
8. 바다는 그들을 "덮었다"(10절).
9. 사람들은 "인도되었다"(13절).
10. 이스라엘의 자손들은 "마른 땅"을 지나갔다(19절).

도대체 참된 진리를 알기 위해 얼마나 더 많은 증거들이 필요하단 말인가? "비유적이고 극히 시적인 표현"을 운운하는 자들을 주시해 보라. 한결같이 성경에 대한 태도는 의심스럽고 편견에 차 있는 자들이다. 문맥에서 비유적인 표현이 나오는 곳이 몇 군데 있다. 7,8,12절이다. 그러나 바보가 아닌 다음에야 그곳에 모두 "AS"가 들어갔다는 사실을 모를 리 없다. 5절을 보라. 『**돌처럼**』(AS a stone). 7절을 보라. 『**그루터기같이 사르셨나이다**』(consumed them AS stubble). 10절을 보라. 『**그 거센 물들에 납같이 가라앉았나이다**』(sank AS lead in the mighty waters). 8절, 『**무더기처럼 일어서고**』(stood upright AS an heap). 그러나 이런 말씀들은 "시적인 비유"가 아니다. 사실을 생생하게 전달하기 위해 예를 들어 설명한 것이다.

14장에는 기록되지 않았지만 15장의 "노래"를 통해 알 수 있는 사실 두 가지가 있다. 하나는 물이 덮쳤을 때 땅이 갈라져 파라오의 군대가 그 밑으로 내려간 것이고, 또 하나는 물벽이 응결되었다는 것이다. 즉 딱딱한 물질처럼 되었다는 것이다.

수에즈 남쪽으로 50-70마일의 홍해를 건넜다는 것이 너무도 분명한 사실임에도 강단주석은 고집스럽게 북서풍이 "쓴 호수"에 불었다고 주장한다. 이들에 따르면 파라오가 둘 있는 것이다. 이스라엘 군대도 둘이고 바다도 둘이다. 바람도 두 가지 바람이 있고 건넌 곳도 두 곳을 건넌 것이다. 기적도 둘이다. 하나는 성령에 의해 실수 없이 기록된 성경에서의 사건이고 또 하나는 페인, 볼테르, 셀서스, 오리겐, 포피리, 그라프, 벨하우젠, 셈러, 아스트룩, 스트라우스, 레난, 웨이글로부터 빌려온 보수주의 학자들이 쓴 소설이다. 이 소설은 위클리프 주석, 더멜로우 주석, 강단주석에 잘 간직되어 있다.

2절에서 말하는 "처소"는 17절에서 명백하게 설명된다. 그 처소는 "성소"라고 불리워지는 곳으로 하나님의 손길들로 세워진다. 예수 그리스도의 천 년간의 통치는 18절에 기록되어 있다. 출애굽기 3-14장은 대환란 기간에 다시 일어난다는 사실을 보여 준다(계 11:1-8과 주석 참조). "영원무궁토록"이라는 말이 무천년주의 학자들을 혼란으로 빠뜨리지만 성경대로 믿는 사람들은 일곱 번째 천 년이 쉼이 있는 안식일이라는 사실을 알고 있다(사 14:7). 이 안식일에는 "저녁과 아침"이 없다(창 2:1-3). 예수 그리스도, 그분의 성도들이 통치하는(단 7:27) 영원으로 들어가는 것이다.

『**오 주여, 신들 가운데 누가 주와 같으리이까?**』(11절). 이사야 40:18,25에서 주께서는 이스라엘에게 같은 질문을 하신다. 그리고는 이사야 45:3,5,14,15,18,21에서 답하신다.

신들은 존재해 왔다(창 3:5, 시 82:1,6, 고전 8:5, 시 86:8). 그러나 주 하나님 여호와이신 예수님은 신들 중의 하나님이시다(시 136:2) 어떤 신도 하나님과 견줄 수 없다(렘 10:10,11). 이브가 신의 권좌에 자신을 지목한 이래로(창 3:5) 끊임없이 "신들"은 이 자리를 차지하기 위해 입후보한다. 이들은 다음과 같다.

1. 그리스의 신들 : 아도니스, 알란드, 아폴로, 메쯔거, 다이아나, 트렌취, 헤르쿨레스, 빈센트, 시클롭스, 테이어, 필로, 오리겐, A.T.로버트슨, 조디에이츠, 웨스트코트, 홀트, 디오니시우스, 시나이티쿠스, 피 베타 카파, 크로노스, 바티카누스, 디임, 그리스바흐, 티쉔돌프, 주피터, 네슬, 넵튠, 렌달, 헤스티아, 아프로디테, 에로스, 라이트푸트.[밑줄 친 이름들은 그리스 신화의 신들이 아니라 "헬라어성경"을 운운하

며 성경을 변개시킨 자들인데, 이들이 우상화되는 것을 풍자하는 의미에서 열거된 것이다. - 역자 주]

2. 로마의 신들 : 세레스, 교황 바오로, 비너스, 교황 요한, 빅터 매튜어, 사전트 쉬리버, 베스타, 래어스, 데베라, 프리미어 다임, 빙 크로스비, 카스트로, 히틀러, 소피아 로렌, 주노, 드골, 레오 1세, 스펠만 추기경, 텔러스, 프로미터, 풀톤 쉰, 마스, 플루토, 케네디 家. [밑줄 친 이름들은 로마 신화의 신들이 아니라 로마 카톨릭을 대표하는 이들로서, 우상화되는 것을 풍자하는 의미에서 열거된 것이다. - 역자 주]

3. 미국의 신들 : 돈, 성, 교육, 아프리카 음악, 스포츠, 사회주의, 과학, T.V.

어떤 신도 참된 하나님과 견주지 못한다(사 46:9). 두 번째 계명을 통해 어떤 신도 이스라엘의 하나님의 위치에 두지 못하도록 금하는 것이다.

『**...팔레스티나의 거민들... 에돔의 중신들... 모압의 용사들... 카나안의 모든 거민들이 낙담하리이다**』(14,15절). 여기서 다시 예언을 다룬다. 재판관기 5장에서 드보라의 노래가 주 예수 그리스도의 재림을 예언한 것이듯 말이다. 이 구절을 살펴보면 같은 본문이 창세기 36:15, 민수기 20:14; 22-24장, 여호수아 5:1에서도 발견된다는 사실을 알 수 있다.

『**...주의 팔의 위엄으로 인하여 그들이 돌처럼 조용해지리니**』(16절). 이 부분에서 "건너는 것"의 관련 구절은 여호수아 4:23이다. "하나님의 팔"(16절)이 있고 이 팔에 관련된 "손"이 있다(출 3:20; 7:4; 9:15). 이 손이 15:6, 12에도 언급된다. 하나님의 오른쪽 팔에 있는 오른손은 시편 17:7; 20:6; 44:3; 45:4; 77:10 등에서 주 예수 그리스도 자신과 동일시된다.

15:20 ○ **아론의 누이 여선지자 미리암이 그녀의 손에 작은 탬버린을 드니 모든 여인들이 탬버린과 춤으로 그녀를 뒤따라 나오더라.**

21 **미리암이 그들에게 대답하기를 "너희는 주께 노래하라. 이는 주께서 영광스럽게 승리하셨으며 말과 그 탄 자를 바다 속에다 던지셨음이라." 하더라.**

22 그러므로 모세가 이스라엘을 홍해에서 인도하니, 그들이 술 광야로 가서 광야에서 삼 일을 갔으나, 물을 찾지 못하더라.

성경에 처음으로 여선지자, 탬버린, 춤이라는 말이 나온다(20절). 여선지자는 신약에도 나오고(고전 11:5, 행 21:9) 구약에도 나온다(판 4:4, 대하 34:22). 남자 선지자들과 마찬가지로 이들 여선지자도 둘로 나뉘어진다. 참 선지자와 거짓 선지자이다. 이세벨과 노아댜는 거짓 선지자로 예레미야 23장에 나오는 선지자들과 같다. 그러나 안나, 드보라는 이사야, 예레미야, 에스겔, 다니엘 그리고 나머지 선지서들에 나오는 선지자들과 같은 부류의 선지자이다. 산발랏과 토비야를 충동질했던 노아댜는(느 6:14) 교회 사업회의에도 자주 나타난다. 자신이 이미 기도로 끝낸 것이기 때문에 자신이 생각하는 일은 결정되어야 한다고 말한다.

춤을 추는데 남성과 여성이 동시에 나오지 않는다. 본문에서 남성은 명단에 없다. 『**모든 여인들이 탬버린과 춤으로 그녀를 뒤따라 나오더라**』(20절). 성경에서 춤이 나오는 때는(눅 15:25) 하나님께서 찬양받으실 필요가 있는 때이다. 춤출 때가(전 3:4) 있는 것이다. 이때 "성"은 무시될 필요가 있다. 반면 현대 춤의 생명은 성에 있다(몸끼리 접촉하는 것은 열정을 불러일으키기 때문이다).

현대의 춤과 음악은 자마이카, 푸에르토리코, 쿠바, 뉴올리언즈에서 나온 아프리카 음악이기 때문에 춤을 추기 위해서는 "혼혈의 무리"(출 12:38)가 추는 춤을 추어야 하는 것이다. 이 "혼혈의 무리"는 아프리카인이다(레 24:10). 이런 춤은 이집트에서 시작되었고 이 춤에는 종교적인 기능이 있었다. 큰 음녀 이시스를 숭배하기 위한 것이었다. 이 이시스는 아들과 성관계를 가졌다(히슬롭의 "두 개의 바빌론" 참조). 탐무즈가 자기 어머니 세미라미스와 간음한 것과 똑같다. 이 이집트 춤에서 건너간 것이 페니키아인들의 섹스 댄스인데 이는 "출산 의식"을 행하는 춤이다. 출애굽기 15:20, 예레미야 31:13, 시편 149:3은 모두 하나님을 높여드리는 것으로서 그 형태에 약간 차이가 있을 뿐이다. 성령께서 선정하신 사건들을 말해주는 역사적인 사실을 살펴본다면 출애굽기 15장, 예레미야 31장, 시편 149편에서의 춤은 사실을 강조하는 것으로 적합한 춤이다. 그러한 반면 페니키아, 프루기아, 트라키아, 로마에서 추는 춤들은 적합하지 않은 춤들이다. "신들"을 위해 행해지는 춤들은 마귀들을 제사하는 것(고전 10:20)과 관련이 있다. 이제까지 살았던 가장 위대한 그리스도인에 따르면 그렇다.

현대의 서양 춤은 뉴올리언즈, 루이지애나에서 시작되었는데(1910) "동물적인 춤들"이다. 이 춤의 시조는 "탱고"로서 1912년에 로마 카톨릭에 의해 프랑스 사회로 유입되었다. 이 춤은 최초로 "몸을 비비대는" 춤으로서 고등학교 교사들과 대학교 교수들이 승인하는 춤이 되어 버렸다. 1793년에 그리스도인들은 요한 스트라우스의 왈츠들이 관능적이라고 해서 공연될 때 소동을 일으켰던 적이 있다.

이런 반응에 대해 구원받지 못한 지식인들은 "청교도적"이라느니 "구식"이라느니 "고리타분하다"느니 말한다. 현대의 미국인들은 자신의 신들에게 감사해야 할 것이다(출 15:11). - 이 신들 가운데 몇은 그래도 이용해 먹을 만한 구석이 있는 것 같다. - 이 "현대인"은 지속적으로 발전하며 구태의연한 "점잖빼기"에서 탈피하여 "도량이 넓어"졌으므로 과거에 정죄시하던 것을 이제는 관용으로 모두 받아들일 수 있게 된 것이다. 이것이 바로 모든 죄가 자라게 되는 순환체계이다.

춤이 "진화하는 것"은 (아마 이 말은 19세기 유행어였을 것이다.) 성경 번역이 "진화"하는 것과 흡사하다. AV(1611)에서 New RSV(1973)로 말이다. 이런 모든 "진화"는 곳곳에 있다. 렘브란트에서 미로까지의 미술이 그렇고, 베토벤에서 비틀즈까지의 음악이 그렇다. [여기서 말하는 "진화"는 "점점 더 악해진다"는 의미이다.] 여러분도 진화하기를 원한다면 이렇게 하면 된다. 법을 깨뜨리는 것에 대해 관대해지라. 시간이 흐르면 그 위반한 사실이 "정상적인 성장 과정"으로 다루어질 것이다. 이것이 진젠도르프로부터 시작하여 존 듀이에 이르기까지의 교육의 진화이다. 그리고 이것이 심리학에 있어서도 기준이 되어 버렸다. 죄를 지은 죄인이 자신의 죄로 인해 괴로워하여 이에 대한 상담을 요청했을 때 치료책은 자신의 죄를 간과하게 하여 자신의 현실상태에 적응하게 만들어 주는 것이다.

춤은 젊은 여자들에게 사회적으로 면죄부를 부여한다. 젊은 여자들이 춤추는 것에 대해서는 학교 선생들도 용납하고 부모들도 용납하고 교육자들도 용납한다. 젊은 여자들의 춤으로 인해 젊은 남자들의 동물적 본능은 한껏 더 부추겨진다. 이것은 논리로서는 설명이 되지 않는다. 춤은 젊은 여자들에게 정상적인 활동을 통해서는 가져다 줄 수 없는, 연애할 수 있는 기회를 제공해 준다. 그러는 가운데 점차 죄들도 묵인되어진다. - 흡연, 음주, 약물, 간음, 사탄 숭배, 살인 등. 무도회장은 매춘부들을 길러내는 훈련장이다. 춤은 간음, 음란, 성도착, 알콜중독,

살인이 들어 있는 인큐베이터이다.

미국에는 차라리 팔을 한 쪽 잃으면 잃었지 춤은 포기할 수 없다고 말하는 십대 소녀들이 있다. 나는 지금까지 한 가지 이유 때문에 예수 그리스도를 거부하는 많은 여자들을 보아 왔다. 그 이유는 예수 그리스도를 영접하면(요 1:12) 죽음의 춤을 포기해야만 한다고 느끼기 때문이다(고전 15:33).

『**미리암이 그들에게 대답하기를 "너희는 주께 노래하라.... 말과 그 탄 자를 바다 속에다 던지셨음이라**』(21절). 강단주석은 지금까지 홍해에서 죽은 자들이 "병거 탄자"(chariot men)인가, 아니면 "말탄자"(horsemen, 혹은 horse drivers)인가로 싸움을 걸어오다가 이 대목에서 완전히 두 손을 들어버린다. 본문에는 분명히 『**말과 그 탄 자**』(the horse and his rider)로 되어 있다. (1절과 정확하게 일치한다.) 15장의 노래는 이 관점에서 남자들이 노래를 부르기 시작했고 같은 관점에서 여자들로 노래를 끝맺는다. 14장에서 말 위에 누군가가 타고 있다는 성경의 제안을 받아들여야만 한다. 본문에서 말하는 탬버린은 요즈음 알고 있는 그 탬버린이다. 미리암과 그녀를 따르는 여인들은 남자들이 1-19절에서 하는 노래에 답을 한다. 『**말과 그 탄 자**』(the horse and his rider)는 요한계시록 6:1,2의 말과 그 탄 자를 분명하게 드러내 준다. 이에 대한 계시에 관해서는 어떤 주석가도 찾아내지 못했다. 이 『**말과 그 탄 자**』는 요한계시록 19:21에서도 발견된다. 여기에는 그 무리의 "복수"(plural)가 적용되지 않는다. 요한의 계시에서는 말도 한 마리이고 그 말에 탄 자도 하나이다. 전에도 살펴보았듯이 파라오는 성경에 나오는 가장 강력한 적그리스도의 예표이다. 이 내용이 강단주석에는 가려져 있다.

『**그러므로 모세가 이스라엘을 홍해에서 인도하니... 물을 찾지 못하더라**』(22절). 이곳은 술 광야의 남쪽 끝이다. 이 곳은 시내 반도의 서쪽 해안을 따라 70마일 내려온 지점이다. 지난 200년간 이 지역의 북쪽이 어느 지점인지 아무도 발견하지 못했다. 술 광야는 에담 지역에서 시작된다. 해안을 따라 최소 50마일을 내려오면 본문에서 말하는 지점에 이른다. 성령께서는 이를 확정짓기 위해 같은 광야의 북쪽 끝은 "에담 광야"(민 33:8)라고 부르신다.

성경을 믿을 수 있는 사람들은 성경을 비평하는 사람들(더멜로우, 랑게, 클라크, 벌링거, 샤프, 토이, 프랑켄버그, 케일, 델리취, 반취 등등)에 비해 엄청난 특권을 누린다. 24절에서 불평하는 이유가 무엇인지 분별해 낼 수 있기 때문이다. 지금까지 이스라엘은 모세의 이런 명령(8:27; 5:3)에 순종해 왔다. 그래서 이들에게는 정해진 여행이 어서 끝나기를 기대하는 권리도 있는 것이다!

이스라엘은 주님과 모세가 요구한 대로 "삼 일 길"을 갔다. 그러나 삼 일 길을 가 봐도 아무 일도 일어나지 않는 것이다. 모든 주석가들은 마라와 술을 에담 근처에 연결시키는 데 너무 분투한 나머지 "영적인 일들"을 영적인 일들로 비교하는 것을 잊어버렸다(고전 2:13). 『**광야에서 삼 일을 갔으나**』(22절) 이 삼 일을 가도록 한 것이 모세가 이스라엘에게 행하도록 원했던 것이다. 그런데 아무 일도 일어나지 않는다. 그렇다면 왜 모세에게 대항하여 불평하지 않겠는가?(24절)

15:23 ○ **그들이 마라에 왔으나 마라의 물을 마실 수가 없었으니, 이는 그 물이 쓰기 때문이라. 그러므로 그 이름을 마라라 하니라.**

24 **백성들이 모세에게 대하여 불평하며 말하기를 "우리가 무엇을 마실까?" 하므로**

25 **그가 주께 부르짖으니 주께서 그에게 한 나무를 보여 주시는지라, 그가 물에다 던지니 물이 달게 되더라. 그곳에서 주께서 그들을 위한 규례와 율례를 만드시고 거기에서 그들을 시험하시며**

26 **말씀하시기를 "네가 주 너의** 하나님의 **음성에 부지런히 경청하고, 그가 보시기에 옳은 것을 행하며, 그의 계명들에 귀기울이고, 그의 모든 규례들을 지키면, 내가 이집트인들에게 가져왔던 그 질병들의 하나도 너에게 내리지 아니하리라. 이는 내가 너를 치유하는 주이기 때문이라." 하시더라.**

27 ○ **그들이 엘림에 왔더니 거기에 열두 샘물이 있고 칠십 개의 종려나무가 있더라. 그들이 그곳에서 물가에 진을 치니라.**

군대는 계속 이동한다. 꼬박 하루 낮과 밤을 불 기둥과 구름 기둥의 인도로 행진한다. 이튿날 아침이 되어 일어난다. 아무도 여기가 어딘지 또 어디로 가고 있는지 모른다(히 11:8). 주께서는 이들을 동쪽으로 인도하신다. 출애굽기 16:1을 보더라도 이는 틀림없는 사실이다. 둘째 날이 끝날 무렵 이들에게는 물이 떨어졌다. 부모들은 가지고 있는 물을 아이들에게 모두 나눠 주었다. 마지막 한 방울의 물도 말과 가축들에게 먹였다. 아이들을 재우고 나서 불평이 새어나오기 시작한다. 혼혈의 무리는 이 때도 전혀 도움이 안된다.

"마라"는 "쓰다"라는 뜻이다. 주께서는 이스라엘 회중을 인도할 책임이 있으시다(출 13:21,22). 이스라엘은 항상 하나님의 교훈이 필요하다. 어떤 사건이 발생하면 그에 따라 하나님의 교훈이 무엇인지 간구해야만 한다. 하나님께서는 이스라엘을 지금 시험하고 계신다. 『**거기에서 그들을 시험하시며**』(25절). 이 과정은 반드시 있어야 한다. 단 맛을 보기 전에 쓴 맛이 선행된다. 은혜 이전에 율법이 있다. 축복 이전에 저주가 있다. 천상의 몸 이전에 땅에 속한 몸이 있다. 자유 이전에 보호관찰 기간이 있다. 열매를 맺기 전에 인내의 기간이 있다. 『**엘림**』(27절) 전에 마라가 있는 것이다.

『**...그에게 한 나무를 보여 주시는지라, 그가 물에다 던지니 물이 달게 되더라**』(25절). 예표로 볼 때 그리스도는 『**나무**』(솔 2:3)이다. "규례"(Statute)와 "율례"(ordinance)는 창세기 26:5의 "계명들" (commandments)과 같은 말이다. 레위 지파의 제사장 직분에 관해서 총괄적으로 말씀하시는 율례들은 아직 없다. 즉각적인 순종(25절)에 이어 곧바로 물이 공급된다(27절). 그것도 한 우물이 아니라 열두 우물이다. 게다가 그늘까지 있다. 의인은 "종려나무"에 비유된다(시 92:12). 본문에 "칠십 개의 종려나무"가 나오는데 이는 의인의 연수가 칠십임을 보여 준다.

26절은 치유에 관한 위대한 가르침을 제시해 준다. 모세의 문둥병 걸린 손은 이집트에 있던 이스라엘의 실재 상황임을 보아 왔다(출 2,3장). 여기에서 치유는 한 국가(민족)에게만 약속된 사실을 알아야 한다. 진리를 알고자 한다면 다음의 세 가지 사실을 유념해야 한다.

A. 치유는 이스라엘에게 주어졌다. 『**이는 내가 <u>너를</u> 치유하는 주이기 때문이라**』(26절).

B. 치유는 첫 번째 구원자인 모세의 표적들과 기적들에 관련된다(신 34:11).

C. 치유는 행위가 조건이다. 본문에서 치유는 은혜와 관련이 없다(빌 2:26,27과 그 주석 참조).

하나님의 치유가 이루어지기 위해서는 네 가지 선행조건이 따른다.

1. 만일 네가 "부지런히" 경청하면(26절)
2. 만일 네가 "그가 보시기에 옳은 것을 행하면"(26절)
3. 만일 네가 "그의 계명들에 귀기울이면"(26절)
4. 만일 네가 "그의 모든 규례들을 지키면"(26절)

이 사실을 알았다면 지금까지 행해졌던 하나님의 성회, 하나님의 교회들, 오순절 그룹들에 의한 "치유"라는 것이 허무맹랑한 쇼라는 사실을 즉시로 알았을 것이다.

하나님께서는 증거하라고 명령하신다. 당신은 증거하고 있는가? 하나님 보시기에 옳은 것을 행하라고 명령하신다. 나 자신이 보기에 옳은 것이 아니다. 텔레비전을 쳐다보는 것이 "그의 목전에 기쁨이 되는 일"을 행하는 것인가?(요일 3:22) 그렇다면 기도 받기 위해 대기하는 줄은 무엇인가? 히브리서 13:8, 마태복음 8:17, 요한삼서 2과 마찬가지로 고린도후서 12:1-8, 골로새서 3:23, 디모데후서 4:2도 부지런히 경청하는가? 그의 모든 규례들을 지키는가? 그 말이 무엇을 의미하는지 알기는 하는가? 다음을 찾아보자. 여호수아 24:25, 에스라 7:10, 시편 81:4, 에스겔 20:25, 민수기 18:23, 에스겔 11:20. 그 말이 무엇을 의미하는지 알았다면 왜 "오로지 믿음만을" 노래하는가? "내가 너를 치유하는 주이기 때문이라."는 문맥은 온 마음을 다해 어느 때나 온전한 순종을 그것도 절대적인 순종을 말하는 문맥이라는 사실을 알아야 한다(마 8:17 주석 참조).

24절에서 불평하는 것은 홍해를 건넌 동쪽에서 첫 번째로 기록된 불평이다. 이것을 시작으로 해서 앞으로 모세를 비난하고 모세의 다리를 물고 늘어질 긴 불평의 요소들이 기다리고 있다. 이 연속되는 불평에 모세는 끝내 분노하게 되고 유업을 잃어버린다(민 20:10). "불평하는 것"은 반역의 첫걸음이다(신 31:17, 느 9:17). 그리고 반역은(겔 2:3, 민 20:24) 마법하는 짓과 같고 우상 숭배하는 죄와 같다(민 27:14, 삼상 15:23). 신격의 삼위에 해당하는 분에 따르면 그렇다.

순서는 다음과 같다.

1. 비협조적인 태도
2. 겉으로 표현하지 않지만 속으로 분노한다.
3. 충동질된다.
4. 조용하고 낮게 불평한다.
5. 비밀스럽게 물 밑에서 움직인다.
6. 분노가 본격적으로 입을 통하게 된다.
7. 불평의 소리가 커진다.
8. 화가 난 불평의 소리가 공개적으로 들린다.
9. 화가 난 상태에서 불평의 방향을 행동화한다.
10. 무장 폭동

24절의 불평은 모든 인간 본성에 내재된 특성이다. 우리에게는 불평이 그치지 않는다(전 6:7). 최고의 군대 사령관 여호수아도 때때로 감사를 잃어버린다. 최소한 한 번만큼은 자신의 군대와 더불어 하나님께 푸념을 늘어놓는다(수 7:7). 강력한 엘리야도 한나절에 거짓 선지자 400명을 처단했던 그였지만 향나무 아래서 마치 세상이 곧장 끝날 것처럼 신음하는 채로 발견된다. 요나는 가장 위대한 부흥전도집회를 인도하고 나서 으르렁거린다. 모세는 더 이상의 희망이 없을 것 같다고 눈물 짓는다. 베드로는 자신의 발을 씻기는 것을 반대하고, 다윗도 마찬가지로 때때로 불평한다(시 25,27,36,38,40장 등). 선택받은 사도들도 불평한다(눅 19:7). 그리스도를 대항했던 적들처럼 불평하기도 한다(요 6:41,43,61). 오로지 바울만이 어떤 처지에 있든지 만족하는 법을 배운 것 같다. 바울이 자신의 처지가 불만족스럽다거나 자신의 삶이 너무 어렵다고 하나님을 대항하여 개인적으로 불평한 기록은 한 군데도 없다. 바울은 자신의 연약함 가운데서도 하나님께 영광을 돌렸다.

출애굽기 16장

16:1 **그들이 엘림을 떠나 그들의 여정을 시작하며 이스라엘 자손의 모든 회중**
이 엘림과 시내 사이에 있는 신 광야에 오니, 그들이 이집트 땅에서 떠
난 후 둘째 달 십오일이더라.

2 **이스라엘 자손의 온 회중이 광야에서 모세와 아론에게 대항하며 불평하**
였는데

3 **이스라엘 자손이 그들에게 말하기를 "우리가 고기 솥 옆에 앉아 있던 때**
와 빵을 배불리 먹던 때에 이집트 땅에서 주의 손에 죽었더라면 좋았으
리라. 너희가 우리를 이 광야로 데리고 나와 이 온 무리를 굶어 죽게 하
는도다." 하더라.

4 **○ 그때에 주께서 모세에게 말씀하시기를 "보라, 내가 너희를 위해 하늘**
로부터 빵을 비처럼 내리리니, 백성들은 나가서 매일 일정한 양을 거둘
것이요, 이로써 나는 그들이 나의 법도대로 행하는지 행하지 않는지 시
험하리라.

5 **여섯째 날에는 그들이 가져오는 것을 예비할지니, 날마다 거두는 것의**
두 배가 되게 할지니라." 하시니라.

거대한 군대와 같은 공동체는 행진을 계속한다. 이들은 시내 반도의 서쪽 해안을 따라 걸어 내려간다. 그러나 곧은 직선의 모양으로 가는 것은 아니다. 이들은 전진하기도 하고 후퇴하기도 하며 광야로 가는 것이다. 이들은 에담에서 진을 치며 15일 내지 20일을 보낸다. "신 광야"(1절)는 반도의 나머지 반을 말한다. 해안을 따라 80내지 90마일 뻗쳐 있다. (만일 이스라엘이 해안을 따라 7일 동안 내려간 후에 홍해를 건넜다고 가정한다면 - 12장의 주석 참조 - 이들은 마라에 도착하기 전에 30일 가운데 10일이 지난 것이다.) 이들은 출애굽기 12장의 유월절이 지난 후 30일 만에 신 광야에 도착한다.

람세스에서 엘림까지 여행하는 동안 진을 친 곳이 일곱 군데였음을 민수기 33:3-10을 통해 알 수 있다. 엘림부터 시내 산까지는 다섯 군데에 진을 쳤다(민 33:10-15). 유의해야 할 내용은 출애굽기 15:22에서 말하는 삼 일 동안의 여행은 직선거리를 말하는 것이 아니라는 사실이다. 그러나 모든 지도에서는 직선거리로 표시되어 있다. 에담에서 마라까지, 그리고 엘림까지는 내륙을 통한 여행이었다. 이스라엘 자손들은 엘림을 떠난 후 홍해로 되돌아간다. 이 부분이 바로 사람들이 출애굽기 13,14장을 비평하면서 올바른 지점을 찾지 못하는 이유를 설명해 준다. 이들 모두는 홍해 횡단 지점을 너무 북쪽에다 잡았다. 그러고 나서 진을 친 지점을 주어진 시간으로 계산하여 홍해를 따라 직선 거리를 뻗쳐 놓은 것이다. [이렇게 성경을 왜곡시키는 근본적인 원인은 성경본문을 곧이곧대로 믿지 못하고 거부하는 불신 때문이다. 이렇게 성경을 왜곡시켜 놓고는 "학문"이나 "과학적 발견," "탐구"와 같은 전혀 어울리지 않는 말들로 자신들의 입장을 변명한다. "홍해 옆에" 진을 쳤다는(민 33:10; 21:14) 기록은 학문, 과학적 발견만큼이나 분명한 사실이다. "경건한 보수주의" 집단 전체가 출애굽기 13,14장의 설명을 무효화시켜 버림으로 지도상에서 마라와 엘림의 정확한 위치를 찾지 못하도록 만들었다.]

『**엘림과 시내 사이에 있는**』(1절). 신 광야는 시내 광야의 북쪽과 북서쪽에 위치한다(민 1:1,19; 3:1-4; 9:1-5). 강단주석은 본문을 주석하는 데 있어서 완전히 비껴갔다. 직선으로 해안을 따라 내려오는 도중에는 오아시스(Wady Ghurunde)와 시내 산 사이에 그 어떤 광야도 없다고 말한 것이다. 이스라엘은 광야로부터 남서쪽으로 이동했는데 이는 해안으로부터 내륙쪽으로의 긴 길을 따라간 것이다. 이스라엘은 까마귀처럼 날아가지 않고(직선으로 가지 않았다는 뜻), 독수리처럼 날아간 것이다(신 32:11). 성경적인 사실을 알고 싶다면 이 내용을 유념

하라.

엘림과 시내 사이에 "광야 같은 것은 없다."고 말하는 것은 그 말하는 사람자신이 엘림이 어디에 있는지를 모른다는 말이다. 만일 이스라엘 자손이 홍해에 진을 친 곳으로부터 해안을 따라 밑으로 내려갔다면(민 33:7-10) "신 광야"라고 불려지는 그 지역은 분명 광야인 것이다. 강단주석은 이 지역을 광야로 보지 않았다. 왜냐하면 "모두 온통 산과 계곡"뿐이기 때문이다. 이런 곳에 사람이 살았다고 보기 힘들다고 판단한 것이다. 화이트 박사의 경우 선입견을 가지고 성경을 주석하였는데 그것은 "광야"는 "돌이 있는 외딴 곳"과 같은 곳이라는 생각이다. 그러나 마태복음 15:33, 마가복음 8:4을 확인해 본다면 이러한 선입견은 말끔히 버려야 한다. 마태복음 14:19의 군중들은 풀이 있는 외딴 곳에 앉은 것이다(마 14:13,15). [많은 경우 <킹제임스성경>은 고고학자, 이집트학자, 어원학자들의 오류를 분명하게 바로잡아 준다.]

『**이스라엘 자손의 온 회중이 광야에서 모세와 아론에게 대항하며 불평하였는데**』(2절) 첫 번째는 물 때문에 불평하였고(15:23,24) 지금은 빵 때문에(2절) 불평했다. 클라크는 이스라엘의 미숙한 성격에 대해 비난한다. 불평만을 일삼는 이 세상에서 가장 비천한 쓰레기 같은 존재를 이스라엘로 생각하게끔 한다. 그러나 그러한 클라크 자신은 어떠한가? 고상한 자세로 먹고 마시면서 이 세상에서 가장 위대한 책에 대해 도대체 얼마만큼 불평하였던가? 이것이 인간만의 독특한 본성이 아니겠는가? 대부분의 보수주의 학자들은 이스라엘을 격하시킨다. 배고픔으로 인하여 불평하는 이스라엘의 육신적인 모습과 타락된 모습을 말한다. 그러나 이 학자님들은 과연 다르던가? 살아 계신 하나님으로부터 나오는 살아 있는 빵에 대하여 도대체 얼마 동안 불평해 왔던가? 그 불평은 끝이 날 것인가? 전천년주의자인 벌링거를 보라. 1,700여 페이지에 걸쳐 500군데 이상에서 하나님의 말씀들을 고치지 않았던가? ASV는 어떠한가? 10,000군데 이상 고치지 않았는가? "이 경건하고 헌신된 보수주의자들"의 문제점이 무엇인지 아는가? 바로 고기 솥에 굶주린 것이 아니겠는가?

『**우리가 고기 솥 옆에 앉아 있던 때와 빵을 배불리 먹던 때에 이집트 땅에서**

주의 손에 죽었더라면 좋았으리라』(3절). 한번 발을 잘못 들여놓은 대부분의 주석가들은 인간 본성의 본질을 비껴간다. 만일 이들이 고기를 배불리 먹었다면 광야에서는 왜 고기를 배불리 먹지 못했겠는가? 혹시 신명기 32:14을 읽어 본 적이 있는가? 이집트인들이 과연 이보다 더 이스라엘 자손을 잘 먹였다고 생각하는가? 알다시피 모든 문제는 주석가들이 <킹제임스성경>의 본문 "빵"(3절)을 거부한 것에서 야기된다. 이들은 빵을 "일반적인 음식"으로서의 빵으로(출 23:25, 신 8:3, 삼하 9:7) 이해한 것이다. 성경에서는 대부분 실제 덩어리 형태의 빵을 언급한다는 사실을 잊어버린 것이다(창 21:14; 45:23, 레 7:13; 26:26, 판 8:5, 삼상 10:1-3 등등).

종종 하나님께서는 한량없는 자비를 베푸셔서 해석의 열쇠를 바로 그 본문에 꽂아 두신다. 이렇게 하심으로 <킹제임스성경>을 더 이상 비평하지 못하게 하신다. 명확한 해석이 뒷받침되는데도 불구하고 대부분의 주석가들은 그 넌덜머리나는 상상력을 동원하여 아무 의미없는 설명만 잔뜩 써 놓는다. 4절에서 9절까지 이스라엘 자손이 빵을 달라고 외쳤던 것은 말 그대로 빵을 달라고 투덜거렸던 것이다. "고기"(7절)가 아닌 빵 말이다. 유대인들은 6개월 내지 16개월까지의 장기간 진을 칠 때까지는 밀을 재배할 수 없었다(출29:2, 신 32:14). 이들은 "빵을 배불리 먹던 때"(3절)를 회고하며 불평했던 것이다. "고기 솥"에 들어 있을 "고기"는 16:13에서 공급된다. 이 고기는 12,15절에서 발견되는 "빵"과는 아무 관련이 없다. 이에 대한 벌링거의 설명은(Companion Bible p.95) 틀렸다.

하나님께서 자신의 약속에 따라(빌 4:19) 어떻게 우선적으로 필요들을 채우시는지 살펴보라. 처음에는 무시무시한 죽음에서(출 14장) 구해내시고 다음에는 목말라 죽게 된 상태에서 구해내신다(출 15장). 그리고는 허기져서 죽게 된 상태에서 구해내신다(출 16:3).

3,4절에서의 불평은 대부분의 경우와 마찬가지로 과장되어 있다. 주석가들은 이들이 이집트에서 참으로 "잘 먹었다"고 여긴다. 거의 모든 불평의 내용 가운데는 30% 정도 터무니없는 거짓이 섞여 있다. 모세는 이들을 굶겨 죽이기 위해 끌고 나온 것이 아니다(3절). 이들은 이집트에서 죽음을 선택하지도 않았다. 또 이들은 자기들의 가축을 들에 남겨 놓지도 않았다(출 9:21). 그리고 유월절의

규례를 무시하지도 않았다(출 12:13). 그러므로 둘 다음에 셋이 오듯이 이들은 자신들이 말한 것처럼 먹지 못했다(14:13). 설령 빵을 배불리 먹도록 허용되었다 하더라도 포로수용소의 포로들처럼 길게 줄을 서서 자신의 차례를 기다려야만 했다. 시간이 흘러 상황이 바뀌게 되자 과거는 아련한 추억으로 남게 되고 자신들이 이집트에서 맛 좋은 음식들로 배불리 먹었었다고 상상하게 된다. 만일 파라오가 40년 동안 모든 남자들을 죽였다면(출 1:8-10, 행 7:30) 살아남은 남자들을 살찌게 했다고 생각하는가?

이스라엘 자손들은 단 한 주간 동안만이라도 쇳덩이가 달린 차꼬에서 벗어나지 못했다. 그러한 이들은 이렇게 말하는 것이다. "지나간 옛 시절이 얼마나 좋았던가. 그때는 새벽 네 시에 일어났었지. 일주일에 80시간 일했었고 하루 일을 마쳤을 때 국물 두 사발과 커피 한 잔, 그리고 시커먼 빵 세 조각이 기다리고 있었지. 아, 채찍을 그리도 무참하게 휘두르던 감독관도 그립구만!"

저런, 저런, 시간만 흐르면 모든 것이 변하는 것인가! 정부가 파견한 "검은 군인들"을 잊었단 말인가! 집으로 들이닥쳐 자신들이 보는 앞에서 아이들을 죽였던 그 군인들 말이다. 헤롯이 마태복음 2장에서 했듯이, 똑같이 행한 그 군인들 말이다. 이들은 과연 자신들의 토지를 빼앗아 국가 재산에 귀속시킨 그 정부를 잊었단 말인가! 이들은 과연 자신의 아이들을 히브리의 윤리 대신 아프리카의 윤리를 가르치고 히브리 음악 대신에 아프리카 음악을 가르치고 아브라함, 이삭, 야곱의 하나님 대신에 아프리카 신들을 가르치는 그 교육을 잊었단 말인가! 이들은 과연 자신들을 215년 동안 희생시켜 이용했던 사실을 잊었단 말인가! 이 모든 일들을 일주일 만에 잊어버릴 수 있을까?

『내가 너희를 위해 하늘로부터 빵을 비처럼 내리리니... 시험하리라』(4절). 하나님께서 공급하시는 데 있어서 율법 전과(4-8절) 율법 후의(민 11:33) 분명한 차이점을 알 수 있다. 주의 영광이 본문에서, 즉 율법 전에(10절) 나타날 때 아무도 공포에 떨지 않는다. 그러나 그 영광이 민수기 14:10에서 나타났을 때 모세의 중보 기도만이 그 민족을 대량 학살로부터 구해낼 수 있었다. 4절의 "일정한 양"은 16절에서 설명된다.

이 빵은 "천사들의 음식"이라고 시편 78:25에서 불려진다. "Angel Food

Cake"라는 말도 여기에서 나왔다. 이 빵을 하늘에서 내려온 빵이라고 한다(요 6:32). 그러나 예수님께서는 이스라엘에게 주의깊게 말씀하시기를 이 빵의 원천을 직접적으로 하나님으로부터 말미암은 것은 아니라고 하신다(요 6:32). "참된 빵"(요 6:33)만이 직접적으로 하나님으로부터 내려온 것이라고 말씀하신다. 본문에서 "만나"는 사탄과 관련이 있다. [이 부분에 대해 "원문에서"만 무엇인가를 발견할 수 있다고 떠들어대는 히브리어 학자나 헬라어 학자를 만나 한 번 얘기해 보라.] 만나는 썩는다(16:20). 벌레가 생긴다(16:20). 만나는 욥기 41:15의 비늘과 관련이 있다. [얇은 조각 모양의 조각(16:14) 이것은 눈송이 같은 것이고 우박과 같은 것이다(욥 38:22).] 이것은 대환란 기간 동안에 이스라엘에게(애 5:9) 비처럼 내려질 텐데(계 12:6, 미 7:14) 이때 리비야단의 머리들 가운데 하나가(욥 41장, 시 74:14) 상처를 입는다!(계 13:3) 누가 이 사실을 알 수 있겠는가? 적어도 <킹제임스성경>을 비평하는 3만여 명의 비평가들은 이 진리를 알 수 없다.

이 만나를 "예수 그리스도의 유형"이나 "하나님 말씀의 유형"으로 볼 수 있다. 이에 대한 위대한 영적 진리를 설교할 수 있다. 윌리엄스의 주석이나 매튜 헨리의 주석을 참조할 수도 있다. 그러나 교리적으로는 먹을 것을 다루고 있다. 즉 "참된 빵"(요 6:33)이 나타날 때까지의 잠정적인 공급만을 다루는 것이다.

『**여섯째 날에는 그들이 가져오는 것을 예비할지니, 날마다 거두는 것의 두 배가 되게 할지니라**』(5절). 여섯째 날은 일곱 날로 구성된 한 주의 여섯째 날일 수도 있고 만나가 내리기 시작한 날로부터 여섯째 날일 수도 있다. 어느 쪽을 적용하든 맞다. 이 달의 16일째 되는 날에 만나가 처음 내렸고 이 날은 출애굽기 12장에서 안식일이 재건된 이후 한 날을 점유하기 때문이다. 그 안식일은 첫째 달의 14번째 날 다음에 오는 첫 번째 날이었다. 그렇지만 30일이 한 달인 경우(창 7:11) 두 번째 달의 15번째 날은 유월절 날과 전혀 맞지 않는다. 경륜을 공부한 사람이라면 이 여섯 번째 날이 무엇을 의미하는지 안다. A.D.1000년부터 2000년까지의 기간을 말하는 것이다.

16:6 모세와 아론이 모든 이스라엘 자손에게 말하기를 "저녁이면 너희가 주께서 너희를 이집트 땅에서 데리고 나오셨음을 알 것이요

더멜로우가 본문을 주석하는 데 있어서 잘못을 범한 내용은 하나님께서 주가 되시는 것으로 알려진 것이(6절) 메추라기가 오는 것에 의해서라고 한 것이다. 이 부분은 실수할 만하다. 메추라기가 "저녁에" 왔기 때문이다(13절). 그러나 주의깊게 본문을 읽어 본다면 6절에서 안 것은 주의 영광이 구름 속에 나타났기 때문인데(10절) "메추라기"가 나타나기 전의 바로 그 저녁에 주의 영광이 나타난 것이다. 그분이 "주 너희 하나님"이라는 참된 지식은 아침까지는 알려지지 않는다(8,12절). 예표면에서 볼 때 - 16:4의 적용과 주석을 볼 것 - 육신(Flesh)을 통해서는 주 하나님이나 하나님의 영광(히 1:3)을 알 수 없다는 것은 분명하다. 생명의 빵만이 "주 너희의 하나님"(12절)이라는 확신을 갖게 한다. [누가복음 4:4 참조]

16:7 아침이면 너희가 주의 영광을 보리니, 이는 주께 대하여 하는 너희의 불평을 그가 들으셨음이라. 우리가 무엇이기에 너희가 우리를 대적하여 불평하느냐?" 하고

주의 영광이 보여진 것은(7절) "아침"이다. 10절에 계시된 그 영광은 회중 전체가 아닌 아론과 모세에게 계시되었다. 진리의 말씀을 올바로 나눈 사람이라면 하나님의 영광은 항상 "아침에"(출 19:16) 나타난다는 사실을 알 것이다. 하나님의 영광은 예수 그리스도이시기에(고후 3:10) 예수 그리스도께서는 아침(마 13:43) 태양처럼(말 4:1,2) 떠오르신다. 이 아침은 경륜에 있어서 교회를 나타내는 밤을 끝내는 시점이다(살전 5:1-6). [이 모든 내용은 벌링커, 클라크, 랑게, 윌리엄스, New Bible 주석에는 희미하기 그지없다.]

『**우리가 무엇이기에 너희가 우리를 대적하여 불평하느냐?**』(7절) 바울이 어떻게 이 말을 고린도인들을 책망하는 데 사용했는지 보라!(고전 1:12,13) 주님을 위해서 누군가를 책망하는 사람은(시 69:7) 항상 비판의 표적이 된다(민 14:10, 삼상 15:35). 주 안에서 서 있고자 하는 사람이라면(고후 5:2) 예외가 없다.

16:8 **모세가 말하기를 "주께서 저녁에는 고기를 너희에게 주시어 먹게 하시고 아침에는 빵을 주시어 배부르게 하시리니, 이는 너희가 주께 대하여 불평하는 너희의 불평을 주께서 들으심이라. 우리가 무엇이냐? 너희의 불평은 우리를 대적해서 함이 아니라 주께 대적하여 함이로다." 하니라.**

여기에서 불평하는 자들의 불만에 주께서는 정면으로 답하신다. 『**주께서 저녁에는 고기를 너희에게 주시어 먹게 하시고 아침에는 빵을 주시어 배부르게 하시리니**』(8절). 모세는 반복하여 말한다. 『**우리가 무엇이냐? 너희의 불평은 우리를 대적해서 함이 아니라 주께 대적하여 함이로다**』(8절). 이 구절은 사무엘상 15:26, 마태복음 10:40과 비교하여 읽어야 한다. 바울 또한 이 죄에 대하여 로마서 14:3, 고린도전서 16:11, 디모데전서 6:2에 기록하였다. 모든 그리스도인은 성령께서 거하시는 그릇이다. "말씀과 교리에 수고하는" 장로들에 대하여(딤전 5:17) 불평하는 것은 간음과 술 취함과 같은 죄로 분류된다. 고린도전서 6장과 갈라디아서 5장의 항목들을 살펴보라. 이 진리를 왜곡하여 카톨릭은 교황은 무오하다는 불경스럽기 그지없는 교리를 세웠다. 그래서 그리스도의 대리자나 각 지역의 추기경에게 절대 복종하게 만든 것이다. 이 가르침을 처음 퍼뜨린 사람은 시프리안이었다. 즉 비숍은 하나님의 직접적인 대표자여서(후에 "그리스도의 대리자"로 바뀌었지만) 모든 비평으로부터 면제되어야 한다는 것이다. 지역 목자를 처음으로 "제사장"이라고 부른 사람은 위대한 근본주의 배교자 오리겐이었다(184-254). NASV와 NRSV(1973)를 위한 헬라어 본문을 제공한 그 오리겐 말이다.

모세도 아론도 무오하지 않다(민 12장, 출 32장). 그러나 이 둘은 하나님께서 보호하셨다.(민 12장, 행 7:37). 특별한 지도자의 역할을 감당시키기 위해 하나님께서 부르셨기 때문이다(히 3:1-6; 5:4). 그러나 어떤 카톨릭 교도도 어떤 일을 위해 하나님께서 부르신 적은 없다. 신약에 따르면 특별한 제사장 직분은 없다(벧전 2:4-6). 문자적인 희생제사도 없다(히 13:15). 계속되는 "미사"도 없다(히 10:8-12). 아버지 하나님을 제외하고는 어떤 "거룩한 아버지"도 없다.(요 17:11). 이런 위선자들에 대하여 불평하는 것은 허용된 일일뿐만 아니라 권장할 일이다(딛 1:13). 격려해 주어야 한다. 출애굽기 16:8에 합당한 책으로 아브로 맨하탄이나 폴 블란샤스의 책을 들 수 있다. 직선을 그을 수 있다면 어디가 꼬부러졌는지도 안다. 다음을 찾아보라. 불평(2절), 불평(9절), 불평, 불평(7절), 불평, 불평, 불평(8절), 또 불평(12절)!

16:9 ○ **모세가 아론에게 말하기를 "이스라엘 자손의 온 회중에게 말하여 '주 앞에 가까이 나아오라. 주께서 너희의 불평을 들으셨느니라.' 하라." 하더라.**
10 **아론이 이스라엘 자손의 온 회중에게 말할 때 그들이 광야를 바라보니, 보라, 주의 영광이 구름 속에 나타나더라.**
11 ○ **주께서 모세에게 일러 말씀하시기를**
12 **"내가 이스라엘 자손의 불평을 들었노라. 그들에게 일러 말하기를 '저녁에는 너희가 고기를 먹을 것이요 아침에는 너희가 빵으로 배부르리라. 내가 주 너희의 하나님인 것을 너희가 알리라.' 하라." 하시니라.**
13 **이에 저녁에는 메추라기가 와서 진영을 덮고 아침에는 진영 주위에 이슬이 깔리더니**

고기와 빵이 공급되었다. 간구하기보다 불평했던 것 때문에 수치스러웠을 것이다.

에렌버그는 메추라기들이 진짜 "메추라기들"이 아니라 "날으는 물고기"(날치, flying fish)라고 주장한다. (박사, 날으는 물고기라고? 깃털도 달렸겠구만? 성경을 주의 깊게 읽은 적이 없는 것 같구만. 시편 78:28을 읽어 보았수?) 반면 루돌프, 패트릭, 슈쳐는 메추라기가 진짜 나는 물고기가 아니라 메뚜기들이라고 주장한다! (메뚜기들을 잡기 위해서라면 "일어설" 필요가 없을 것이다(민 11:32). 출애굽기 10:4-10을 볼 것!

이 지역에 있는 메추라기들은 낮게 난다. 카프리섬에서 어떤 계절에 160,000 마리가 동시에 보여진 적도 있다. 시리아와 아라비아에 있는 메추라기들은 북아프리카에서 겨울을 난다. 시내 반도를 가로질러 날아가는 것이다.

민수기 본문(민 11:33-35)을 올바로 파악하지 못한다면 불신자의 경우 이런 추측을 하게 된다. 즉 225 평방 마일에 걸쳐 땅으로부터 3피트 높이까지 25,000,000,000 마리의 메추라기가 쌓였다고 말이다. 개인당 약 8000 마리의 메추라기가 돌아오는 것이다. 그러나 이런 추측은 말이 안된다.

민수기 본문은(민 11장) 사람들이 메추라기를 거둬들이기 위해 "일어섰다"(Stood up)고 말한다. 살아 있는 메추라기를 잡기 위해 일어선 것이지 죽은 메추라기를 줍기 위해 "구부린"(Stood down) 것이 아니다. 주님께서는 메추라기들을 진영 주위로 2큐빗 높이까지 뚝 떨어지게 하셨지만(민 11:31), 공중에서 죽여 "땅"에 떨어뜨리신 것은 아니다. 이 메추라기들이 땅에 떨어졌다고는 그 어디에서도 말하지 않는다. [킹제임스성경은 어디에서도 그 어떤 비평가들보다 더 분명하다.]

16:14 깔린 이슬이 없어지고는, 보라, 광야의 지면에 작고 둥근 것이 놓였는데 마치 땅 위의 흰 서리같이 미세하더라.

만나는 위로부터 내려온다. 어떤 식물에 의해서 떨어진 것이 아니다. 만나는 어떤 식물과도 관계가 없다. 초자연적인 재료로 초자연적으로 공급되었다. 이 사실을 강조하기 위해 예수님께서도 초자연적으로 "광야에서 빵을" 공급하셨다(마 14:15-21). 이것은 다시 한 번 요한계시록 12:4-12에서 공급하실 것이다. 대환란 기간 동안에 이 빵을 얻는 사람들은 자신의 생명을 무릅쓰고 얻어야 한다(애 5:9). 이 빵은 칼멜, 길르앗, 바산, 에돔에 있는 셀라(페트라)에 내려질 것이다. 요한계시록 12:6 주석을 보라.

"고수풀"(coriander) 씨는 히브리어로 바빌론의 행운의 신인 쥬피터를 말한다. 만나는 서리나 눈송이처럼 보인다. 만나는 서리나 눈송이처럼 녹는다(21절). 욥기 38장에서는 "보고"(treasure)라고 말하는데, 이것은 "야곱의 고난의 때"를 대비하여 하나님께서 예비해 두신 것이다.

16:15 **이스라엘 자손이 그것을 보고, 그들이 서로 말하기를 "이것이 만나다." 하니, 이는 그것이 무엇인지 알지 못함이라. 모세가 그들에게 말하기를 "이것이 주께서 너희에게 먹으라고 주신 빵이니라.**

여기가 클라크에 의하면 "가장 형편없는 번역"이라고 말하는 곳이다. (3:22에서 같은 탄식 소리를 듣는다.) 강단주석은 이 부분에 대해서는 같은 측은한 감정을 느낀다. 이들은 모두 거룩한 성경을 바로잡아 "이것이 만나다" 대신에 "이것이 선물이다"(This is a gift)라고 읽는다. 클라크는 "이것이 무엇이냐?"(What is this)로 되어야만 한다고 생각한다. 그러나 물론 클라크는 아무런 생각도 하지 않은 것이다. 단지 부패한 칠십인역 필사본 가운데 하나를 읽었을 뿐이다. 이 필사본은 바울이 죽은 지 300년 후에 필사된 것이다. 이 필사본에서 바티칸 사본, 시내 사본, 기타 사본 등을 베낀 것으로 출애굽기 16:15의 히브리어 본문에 무엇인가를 삽입했다. 히브리 본문 "만후"(man hu)는 "what is this"로 번역될 수 없다. "what"에 해당하는 말은 "마"(mah)이기 때문이다.

가장 과학적이고 정확한 <킹제임스성경> 본문이 잘못된 이들의 본문을 바로잡아 준다. 이스라엘은 적절한 이름을 ["만나"(manna)] 붙였다. 왜냐하면 이들은 그것이 무엇인지 몰랐기 때문이다. 신명기 8:3,16에 의하면 이스라엘은 만나를 결코 본 적이 없다. 따라서 만나와 관련하여 무슨 나무니 무슨 식물이니 하는 말은 전혀 고려의 대상이 되지 않는다. 만나는 얇은 조각 같은 것이다(욥 41:15). 만나는 "광야에 있는 사람들을 먹인" 것이다(시 74:14). 이것은 무엇인가가 "상처를 받아," "피흘리는" 것인데 이것이 무엇인지 이 지구상에 살았던 사람 가운데 아무도 본 적이 없다.

『**이것이 주께서 너희에게 먹으라고 주신 빵이니라**』(15절). 만나는 예수 그리스도의 모형으로 또 성경에 대한 모형으로 훌륭한 영적 적용을 할 수 있다.

1. 모든 사람은 빵이 필요하다. 빵은 보편적인 음식이다(요 6:48).
2. 연령에 관계없이 어린아이부터 노인에 이르기까지 좋아하는 음식이다(눅 4:4).
3. 많은 형태를 제공한다(히 5:12). 케익, 와플, 파이, 비스킷, 쿠키 등등
4. 희다(순수함). (시편 12:6).
5. 육신적인 사람들은 진저리를 낸다(민 21:5).
6. 하늘로부터 왔다(시 80:5).
7. 어떤 식욕에도 충분하다(출 16:18).
8. 만나는 반드시 사용되어져야 하고, 순종해야 하고 다른 사람에게 전달되어야만 한다(출 16:19).
9. "일곱째 날"에는 필요가 없다(계 20:1-5). 육화된 말씀이 그때에 지상에 나타나시기 때문이다.

16:16 ○ **이것이 주께서 명령하신 것이니 '각 사람은 자기의 먹는 양에 따라 거두라. 즉 너희 가족의 수에 따라 각 사람이 한 오멜씩 거두되, 너희 각 사람은 장막 안에 있는 자들을 위하여도 거두라.' 하셨느니라." 하더라.**

"오멜"은 3쿼터 1파인트 정도(3.89*l*)며 에바(36절)는 7갤런 2쿼터 정도(6.84*l*) 된다. 이는 2백만 명이 매일 먹기 위해서는 백만 갤런 이상의 만나가 매일 내려져야 함을 말한다. 배부르게 먹을 빵(8절)이 만나가 아니라면 도대체 무엇이어야 하는가?

16:17 **이스라엘 자손이 그렇게 하였으니 좀더 거두기도 하고 좀 덜 거두기도 하더라.**

18 **그들이 오멜로 되어 보니 많이 거둔 자도 남은 것이 없고 적게 거둔 자**

도 부족함이 없이, 그들 각 사람이 자기의 식량에 따라 거두니라.

누군가는 한 오멜 모두를 먹지 못했고 누군가는 그 이상 먹었다는 말이다. 영적으로 살펴본다면 성경을 아무리 많이 알고 있어도 아직도 필요한 것을 얻을 분량이 있는 것이고 성경을 아무리 적게 알고 있어도 개인의 영적 삶에 필요한 부분은 충족시킨다는 사실이다.

16:19 **또 모세가 말하기를 "아무도 그것을 아침까지 남겨 두지 말라." 하였으나**
20 **그들이 모세에게 경청하지 아니하고 어떤 자들은 그것을 아침까지 남겨 두어, 벌레들이 생기고 악취가 난지라 모세가 그들에게 화를 내더라.**
21 **그들이 매일 아침 그것을 거두되 각 사람이 자기의 먹는 양에 따라 거두고 해가 뜨거워지면 그것이 녹더라.**

19절의 명령은 "시험"하기 위한 것이다(16:4). 27절의 명령도 마찬가지이다. 이스라엘 자손들은(어디에 있는 누구나 마찬가지지만) 빗나가서 "하나님의 영광에 이르지 못했다." "그들은 모세에게 경청하지 아니하고"(20절) 오늘날도 마찬가지로 많은 사람이 하나님의 말씀을 멸시한다. 프랑스 미식가처럼 맘에 드는 부위만 찾아 나선다. 더 이상 모세에게 귀기울이지 않듯이 오늘날도 더 이상 베드로, 야고보, 요한, 마태, 마가, 유다, 누가, 바울에게 경청하지 않는다(요 5:46). 요즈음의 유대인 랍비가 더 이상 모세에게 주의를 기울이지 않듯이(모세의 날들이 바빌론의 탈무드와 상충될 때) 개혁했다는 장로교인들도 세대적 진리에 주의를 기울이지 않는다. 이 성경의 진리가 칼빈과 질(Gill)의 의견과 틀리기 때문이다.

『**벌레들이 생기고 악취가 난지라... 해가 뜨거워지면 그것이 녹더라**』(20,21절). 만나가 썩었던 것이다. 그러나 하나님의 말씀은 썩지 않는다. 악인들은 "녹는다"(시 58:8). 산들은 녹을 것이다(시 97:5). 이 땅조차도 녹게 된다(벧후 3장). 우주적인 큰 불이 나고 천사장의 입김이 불어닥쳐 태양도, 달도, 별들도 사라져 버린 한참 후에 심판에 대한 소환장이 날아온다(계 20:1-4). 그때 성경은 절대 권위로서 우뚝 서게 된다. 전능하신 하나님 자신처럼 영원히 말이다(마 24:35).

16:22 ○ **여섯째 날에는 그들이 한 사람에 두 오멜씩, 두 배의 빵을 거두며 회중의 모든 지도자들이 와서 모세에게 고하더라.**

23 **모세가 그들에게 말하기를 "이것이 주께서 말씀하신 것이라. 내일은 주께 거룩한 안식일의 휴식이라. 너희가 오늘 구울 것은 굽고, 끓일 것은 끓이고, 남는 것은 남겨서 너희를 위하여 아침까지 간수하라." 하더라.**

본문을 통해서 알 수 있는 것은 네 번째 계명은 절대적으로 의식을 위한 법(ceremonial law)이라는 것이다. 이것은 십계명 이외의 법이다. 이것은 도덕법인 "십계명"이 주어지기 전에 이스라엘에게 주어졌다. 모세가 시내 산에서 안식일에 대한 계시를 받기 전까지는 본문에서 말하는 안식일이 결코 창세기 2:1-4과 관련되지 않았다는 사실을 알아야 한다(자세한 설명은 창 2:1-4 주석에 있다). 매주 "일곱째 날에 안식한다"는 의식은 시내 산에서가 아니라 본문에서 처음으로 제정되었다. 안식일에 대한 성경을 다루는 데 있어서는 메리 엘렌 화이트와 안식교도들처럼 무례함과 무지함 가운데 행하는 자들이 또 있을까? 28절의 계명들과 법도들은 의식을 행하는 것에 있어서의 안식일과 관련된 것이다. 이 안식일은 하나님에 의해(출 16:29) 사람에게 주어졌다(막 2:28). 이 안식일이 주어진 것은 돌판이 나타나기 전이었으며 창세기에 나와 있는 모든 사람이, 아니 그들의 손자들까지도 묻힌 지 한참 후였다. 파라오와 비슷하게 타협해 버린 안식교도들은(출 10:10,11 참조) 고린도후서 3장을 거부하게 함으로 육신적인 그리스도인들을 성공적으로 자신의 목표점으로 몰고 갔다. 이들은 아울러 로마서 13장에서 주어진 안식일에 대한 신약적 계시를 무시해 버렸고 십자가 이전 기간 동안에 율법 하에 있는 유대인들에게 주어진 기본적인 교리를(마태복음 5-7장) 고집한다. 또 요한일서 2:4을 읽을 때 그리스도의 계명들(요 15:10,14,17)을 모세의 계명들로 바꾸어 버린다.

『**내일은 주께 거룩한 안식일의 휴식이라**』(23절). 이스라엘 자손들은 신약의 계명에 순종해야만 한다. "우리에게 오늘 일용할 양식을 주옵시고" 매일의 정한 몫이 없는 때면(26절) 주님께서는 그 전날 이틀 분량의 몫을 공급해 주신다(29절). 만나가 자연의 식품이라고 우겼던 사람들은 아주 어두운 결말을 보게 된다. 도대체 어떤 "자연의 식품"이 하루만 제외하고 매일 나타난단 말인가? 이 하루도 매번 같은 날 돌아오는 하루가 아닌가? 그리고 이 하루 전날 두 배의 분량으로 나타나야 한다고 미리 생각할 수 있겠는가? 게다가 도대체 어떤 자연 식품이기에 한 밤을 제외하고 매일 저녁을 넘기는 때면 벌레가 생기게 해야 한다고 기억한단 말인가? 그 한 밤은 또한 매번 같은 밤이 아니던가? 그 한 밤만큼은 순수한 상태를 유지해야 한다고 결정해야 되지 않는가!

이 문맥에서 랍비들은 "안식일에 여행할 수 있는 거리"를 고안해 냈다(행 1:12 주석을 볼 것). 안식일에 걸을 수 있는 거리로 1000큐빗(약 1마일) 정도가 나온 것이다. 만나를 줍기 위해 이 거리 이상 더 나갈 필요가 없기 때문이다. "진영 주위"라고 언급된다(13절). 강단주석은 "6스타디아"(로마 단위)라고 언급한다.

16:24 그들이 모세가 명한 대로 그것을 아침까지 남겨 두었으나 악취도 나지 않고 거기에 아무 벌레도 생기지 않았더라.

25 모세가 말하기를 "오늘 그것을 먹으라. 오늘이 주께 안식일이니, 오늘은 너희가 그것을 들에서 얻지 못하리라.

26 육 일 동안은 너희가 그것을 거둘 것이나 칠 일째는 안식일이니 그 날에는 아무것도 없으리라." 하더라.

27 ○ 백성 중 몇 사람이 칠 일째에 거두러 나갔으나 아무것도 얻지 못하더라.

28 주께서 모세에게 말씀하시기를 "너희가 언제까지 나의 계명들과 나의 법도들을 지키기를 거부하겠느냐?

29 보라, 주가 너희에게 안식을 주었노라. 그러므로 주가 여섯째 날에 이틀의 빵을 너희에게 주나니 너희 각인은 자기 처소에 있고 일곱째 날

에는 자기 처소에서 아무도 나가지 말지니라." 하시니라.
30 **그러므로 백성이 칠 일째에 쉬니라.**
31 **이스라엘 집이 그것의 이름을 만나라 부르니 고수풀 씨앗 같으며 하얗**
고 그것의 맛은 꿀 섞은 전병 같더라.

『**오늘은 너희가 그것을 들에서 얻지 못하리라... 아무것도 얻지 못하더라**』(25-27절). 모세를 믿었더라면 장막 안에 머물러 있었을 것이다. 만나를 구하러 밖에 나가지는 않았을 것이다. [비슷한 경우로 민수기 14:41,42을 보라.]

『**너희가 언제까지 나의 계명들과 나의 법도들을 지키기를 거부하겠느냐?**』(28절) 이 호통은 이스라엘 자손에게뿐만 아니라 모세를 향한 것임을 알아야 한다. 모세는 분명히 하나님의 명령에 불순종하지 않았다. 모세는 자신을 무리로부터 성별했는데도 하나님께서는 모세를 같은 부류로 보고 있는 것이다. 모세는 아직까지 하나님의 백성과 함께 어려움을 나누는 것에 대한 교훈을 온전히 배우지 못했다. 모세와 백성은 하나인 것이다. 출애굽기 34:9에서 산 정상에 올라갔을 때 비로소 안다. 『**<u>우리의</u> 죄악과 죄를 용서하시고 <u>우리를</u> 주의 유업으로 삼으소서.**』 출애굽기 32:30과 비교해 볼 때 얼마나 다른 모습인가? 『**<u>너희가</u> 큰 죄를 지었도다... <u>너희</u> 죄를 위해 속죄할 수 있을까 함이라.**』 다니엘은 다니엘 9장에서 기도할 때 이 수준은 통과했다. "우리는," "우리는," "우리의," "우리에게" 등으로 일관된 기도를 드린다. 다른 사람은 모두 예수님을 버려도 <u>자신만큼은</u> 따르겠다고 말하던 베드로도 변화되어 말한다. "<u>우리를</u> 쳐다보라"(행 3:4).

『**이스라엘 집이 그것의 이름을 만나라 부르니**』(31절). 여기에서 강단주석은 숨을 몰아쉰다. 만나의 올바른 이름이 다시 한 번 등장했고 그것도 대문자로 시작된 이름이다(Manna). 여기에서 사용된 이름이 출애굽기 16:15에서 사용된 말이라고 결정을 내리고 아마도 "선물"을 의미할 것이라고 결정된다. 그러나 이것은 "선물이어야만 한다"는 오랜 강박관념의 결과일 뿐이다. 클라크는 너무 깊이 들어가 버려서 이 구절을 그냥 지나쳐 버리든지 아니면 16:15에 대한 자신의 주석을 고치든지 해야 할 판이다. 이런 당혹스러움을 모면하기 위해 15절에 대한 언급을 회피한다. 결과가 이렇다 보니 그의 주석을 읽는 사람은 혼란스럽다. 첫 번째 만나는 모세에 의해 답변된 질문이라는 것인데 그 질문은 모세가 답변한 그 이후에도 적합한 이름으로 계속 유지되어 온 것이다.

자, <킹제임스성경>의 답변을 들어보자. 이스라엘 자손들은 그 빵을 "만나"(Manna)라고 불렀다. 왜냐하면 그들은 "그것이 무엇인지 몰랐기" 때문이다. 그들은 결코 만나에 대한 모세의 설명을 받아들이지 않았다. 이 해석이 절대무오하고 어떠한 모순도 없다는 확실한 증거는 성령님 자신이 신약에 "만나"라고 기록한 사실이다(요 6:31,49,58). 성령께서는 한 번도 "선물"이라든지 "이것이 무엇이냐"라는 말을 제안하지 않으셨다. 성경 본문에 충실하다면 사실은 더욱 분명해진다. 성경을 고치려 하기에 계시된 진리로부터 멀어지는 것이다.

『**그것의 맛은 꿀 섞은 전병 같더라**』(31절). 이 부분은 성공회나 카톨릭에서 도용하여 모방하고 있다. 작고 둥글고 달콤한 전병 조각을 주는 것 말이다. 둥근 것은 태양을 모방한 것이다. 이 둥근 부분은 머리를 둥글게 깍는다든지, 성직자들의 칼라라든지, 로마 제단의 큰 금판이라든지, 성인들의 머리에 둥글게 원을 그린다든지, 이집트 오벨리스크의 원 등으로 사용된다. 이 공통적인 상징은 고대 그리스, 로마, 시리아, 페니키아, 중국, 이집트, 인도, 소아시아의 종교에 사용되었다. [더 자세한 것은 히슬롭의 <두 개의 바빌론>을 볼 것.]

16:32 ○ **모세가 말하기를 "이것은 주께서 명령하시기를 '그것을 한 오멜 채워서 너희 후대를 위하여 간수하라. 이는 내가 이집트 땅에서 너희를 데리고 나올 때, 광야에서 너희를 양육하였던 빵을 그들로 보게 하려 함이니라.' 하시는 것이라." 하고**

33 **모세가 아론에게 말하기를 "항아리를 가져다가 그 속에 만나 한 오멜을 가득 채워서 주 앞에 두고 너희 후대를 위해 간수하게 하라." 하니**

34 **주께서 모세에게 명령하신 대로 아론이 그것을 증거판 앞에 두어 간수케 하니라.**

35 **이스라엘 자손이 사람이 거하는 땅에 이를 때까지 사십 년 동안 만나를**

먹었으니 그들이 카나안 땅의 경계에 올 때까지 만나를 먹었더라.
36 **한 오멜은 십분의 일 에바더라.**

가득 채워진 "한 오멜의 만나"는 40년간 그 순수성을 유지한다. 히브리서 기록자는 이것이 아론의 지팡이와 더불어 성소에 있었고 금 항아리에 담겨 있었다고 기록한다. 이 항아리는(16:33) 의심의 여지없이 이집트에서 "빌려"온 것이다. 열왕기상 8:9에 보면 이 항아리 전체가 없어진 것을 볼 수 있다. 도난당했거나 재판관기 동안에(삼상 4-6장) 파괴되었을 것이다. 아니면 주님께서 친히 옮기셨는지 모르겠다. 언약궤를 휴거시켰듯이 말이다(렘 52장, 대하 36장, 계 15:8을 보라). 이스라엘의 원수들은 모세가 만든 그 궤를 결코 손에 넣지 못했다.

34-36절은 성막이 건립된 이후 기록되었을 것이다. 35절은 분명 모압 평지에서 기록되었기 때문이다(민 23-25장). 그러나 출애굽기 33:7에 의하면 성막이 건립되기 전에 같은 용도의 [증거판(testimony)을 위해] 어떤 성막이 이미 존재했다는 사실을 분명히 알 수 있다. 출애굽기 16:9에서 이스라엘 자손이 모인 것은 바로 이 성막 앞에 모인 것이다.

여기에도 훌륭한 영적 적용이 있다. 하나님의 백성들은 세상을 떠났고 약속의 땅으로의 여행 중에 있다. 존 번연의 비유는 실제가 된다. 우리가 이집트를 바라볼 때는 불평과 불만이 있다. 그러나 믿음으로 걸어가면서 광야를 바라본다면 "주의 영광"을 볼 것이다. 바울은 로마 지하감옥에서 썩어가면서 "하늘에 속한 것들"의 계시를 썼다(엡 1-3장). 광야에 있는 동안 하나님께서는 하루에 한 번 공급하셨다(마 6:34). 먹을 것과 입을 것을(딤전 6:8) 공급하신 것이다. 또한 라구엘의 도움이 없어도 갈 수 있도록 완벽하게 인도하신다(출 40:36). 안식은 구속 후에 온다. 그래서 안식일은 지금에서야 계시되는 것이다. 즉 하나님의 안식이 아담으로 인해 깨어진 뒤(창 2:1-4) 2500년이 지난 시점에서 말이다. 12일에서 20일 걸릴 여정이 40년이 된다(신 1:2). 하나님의 백성에게 "거인들"을 이길 수 있다는 믿음이 부족했기 때문이다. 이것은 오늘날 그리스도인의 삶의 이야기이기도 하다. 카나안은 하늘 자체가 아니라 영적 승리를 상징한다. 온 이스라엘이 배교할 때(출 32-34장) 모세는 하나님과 교제를 지속했다. 그러한 모세조차도 "옛 육신"의 덫으로부터 벗어날 수 없었다(민 20:11). 베드로, 야고보, 요한, 바울처럼 육신을 가진 사람들이 가야 되는 길로 간다. "죄의 삯은 사망"이기 때문이다(롬 6:23).

출애굽기 17장

17:1 이스라엘 자손의 온 회중이 신 광야로부터 그들의 여정에 따라 이동하였고,
주의 명령에 따라 르피딤에 장막을 쳤으나, 백성이 마실 물이 전혀 없더라.
2 그러므로 백성이 모세와 다투며 말하기를 "우리에게 마실 물을 달라." 하
니, 모세가 그들에게 말하기를 "어찌하여 너희가 나와 다투느냐? 어찌하
여 너희가 주를 시험하느냐?" 하더라.
3 백성이 거기서 물이 없어 갈증을 느끼니 백성이 모세에게 대항하며 불평
하여 말하기를 "어찌하여 네가 이집트에서 우리를 데리고 나와서 우리와
우리 자녀와 우리의 가축을 목말라 죽게 하느냐?" 하더라.
4 모세가 주께 부르짖어 말하기를 "내가 이 백성들에게 어떻게 하리이까?
그들이 곧 내게 돌을 던지려고 하나이다." 하니
5 주께서 모세에게 말씀하시기를 "백성 앞을 지나가서 이스라엘의 장로들
을 데리고 강을 쳤던 네 막대기를 손에 잡고 가라.
6 보라, 내가 거기 호렙에 있는 반석 위에서 네 앞에 서리니 너는 그 반석
을 치라. 그러면 그곳에서 물이 나오리니, 백성이 마시리라." 하시니, 모
세가 이스라엘의 장로들 앞에서 그렇게 행하니라.
7 그가 그곳의 이름을 맛사와 므리바라 불렀으니 이는 이스라엘 자손이 다
투었기 때문이요, 이는 그들이 주를 시험하여 말하기를 "주께서 우리 가
운데 계신가 안 계신가?" 하였기 때문이라.

『**이스라엘 자손의 온 회중이... 르피딤에 장막을 쳤으나**』(1절). 이제 회중들은 천천히 해안을 따라 밑으로 내려간다. 그러고 나서 내륙 끝으로 방향을 돌려 르피딤에 도착할 때까지 최소한 두 곳(돕카, 알루스 - 민수기 33장)에 진을 친다. 이 여정에서 "오소리 가죽"을 모은다(출 36:19). 해안에서 시내 산까지는 30일의 여정이 소요되는데, 세 번 진을 치게 된다. 이렇게 진을 쳤던 기간은 각각 팔 일에서 열흘 가량 된다. 르피딤은 시내 산에서 5마일 내에 있다(17:6).

『**백성이 마실 물이 전혀 없더라**』(1절). 이스라엘 자손을 시험하신 적이 있으시기에 하나님께서는 얼마든지 이스라엘의 필요에 공급할 수 있으시다(빌 4:19). 주께서는 지금 다시 이스라엘을 시험하신다. 그런데 이 시험은 먼젓번 시험이 끝나고 25일도 채 지나기 전이었고 똑같은 시험이었다. 늘 그랬듯이 이스라엘 자손은 이 시험에 실패한다. (재판관기 1-13장에 나와 있는, 인간이 허물어지는 똑같은 원리를 살펴보라.)

『..."**우리에게 마실 물을 달라.**" **하니,... 백성이 거기서 물이 없어 갈증을 느끼니 백성이 모세에게 대항하며 불평하여 말하기를...**』(2,3절). 똑같은 문제다(15:24). 이번 불평은 네 번째다(16:2). 그러나 첫 번째 불평했던 때에 비해 이번에는 변명의 여지가 없다(15:24).

두 가지 사실이 분명하다. 첫 번째 불평할 때 해당되지 않는 두 가지 가운데 하나는 주님께서 원하시면 어디에서도 물을 공급하실 수 있다는 사실을 안 것이다. 만나와 메추라기를 보내주신 경우를 보여 주셨기 때문이다. 둘째는 누구라도 목마르다면 샘을 파서(민 21:18) 물을 구할 수 있다는 사실이다. 이들은 이미 160마일 이상 여행 중에 있다(15:22 주석 참조). 약 2백만 명의 사람들과 수천 마리의 양, 염소, 소, 말, 노새, 낙타 등은 별탈 없이 좋은 영양상태를 유지해 온 것이다. 분명히 가까운 곳 어디엔가는 물이 있었던 것이다. 그런데 그들 중에 그 누구도 야전삽을 꺼내들려 하지 않았다.

『**어찌하여 네가 이집트에서 우리를 데리고 나와서 우리와 우리 자녀와 우리의 가축을 목말라 죽게 하느냐?**』(3절) 하나님의 백성은 또다시 고통 가운데 처해 있다.

낙담되고 시련을 받는 가운데 시험에 빠졌다. 광야에서의 여행은 길고, 무섭고, 먼지투성이며, 아무 재미도 없고, 따분하다. 게다가 육신은 계속해서, 계속해서 고함치고 소리지른다. 끊임없이 그 지긋지긋한 냄새를 반복하여 풍기면서 "나는 원해," "나는 필요해," "내가 먼저야," "나에 관한 것이라구" 하며 외친다.

현대의 인권 운동가, 과격한 혁명 급진파, 반체제 학생 데모 주동자들이 자신의 실제 모습을 적나라하게 볼 수만 있다면 엄청난 수치심을 느낄 것이다. 쾌락주의에서 신도덕(New Morality)에 이르기까지 모든 영역을 두 마디로 정의내릴 수 있다. 더도 말고 두 마디로 이들의 모든 성격, 가치, 목표, 야망, 윤리, 지성, 원리, 동기, 계획, 철학을 말할 수 있다. 그것은 바로, "내가 먼저"(ME FIRST)라는 두 마디이다.

『**어찌하여 너희가 나와 다투느냐**? **어찌하여 너희가 주를 시험하느냐**?』(2절) 모세는 전에 범했던 죄를 이들에게 상기시킨다(16:8). 신명기 6:16에도 같은 죄를 언급한다. 주께서는 분명한 말로 민수기 14:22에서 다시 언급하신다. 이 죄는 육신적인 죄로서 바울은 신약에서 그리스도인들에게 경고할 때 다시 한 번 언급한다(고전 10:9). 이스라엘은 『**주께서 우리 가운데 계신가 안 계신가**?』(7절)라고 말함으로써 "주를 시험한다." 이것은 하나님께서 자기들과 같이 계시다는 증거를 대라는 것이다. 이에 대한 증거는 모세와 아론이 파라오에 대항할 때부터 시작해서 열여섯 번이나 된다. 이 불만은 위험스럽고 불길한 "불평"이다. [주께서는 이들의 말을 들으시고, 혹은 이들의 마음의 태도를 보시고 "이들과 함께" 동행하기를 거부하신다. 민수기 14:42을 보라.]

『**모세가 주께 부르짖어 말하기를... 그들이 곧 내게 돌을 던지려고 하나이다**』(4절). 목사의 참된 모습이 무엇인지 보여 준다. 하나님께서 임명하신 목사는(벧전 5:1, 딤전 3:1) 일이 생길 때마다 무릎 꿇지 않으면 안 된다(출 15:25; 24:5; 32:30). 거리에 상관없이 그 거리를 도보로 걸어갈 수 있다는 것은 기적이다. 이렇게들 말한다. "대부분의 성공적인 교회에서는 목사가 독재자가 되는데 이는 교회 안에 있는 모든 독재자들을 상대해야 하기 때문이다." 코라, 다단, 아비람은 목사가 생각하는 이상적인 주일학교 교사들이 아니다(민 16장). 아론, 미리암에게는 버스 사역이나 수련회 사역을 맡길 만큼 신뢰가 가지 않는다(출 32장, 민 12:1-5). 누군가가 항상 불평이 있다면 조직을 구성하여 불평하는 사람들을 교정해 나가는 것이 방법일 것이다(히 12:15). 남부에서는 이따금 불평분자들에게 결정할 수 있는 위치에 있게 하고 그 결정에 대한 책임은 다른 사람이 지게 하곤 한다. 성경대로 믿는 설교자 가운데 돌에 맞은 사람은 한두 사람이 아니다(4절). 스테판(행 7장), 다윗(삼상 30:6), 바울(행 14:19), 나봇(왕상 21:14), 예수 그리스도(요 8장) 모두 모세가 말한 경험을 했다. 기회가 주어질 경우 하나님께는 돌을 던지지 않을 것이라 생각한다면 요한복음 8:59; 10:31; 11:8을 읽어 보라.

『주께서 모세에게 말씀하시기를... 네 막대기를 손에 잡고 가라. 보라, 내가 거기 호렙에 있는 반석 위에서 네 앞에 서리니 너는 그 반석을 치라. 그러면 그곳에서 물이 나오리니, 백성이 마시리라』(5,6절). 여기에서의 막대기는 은혜의 막대기이다. 율법을 받기 이전에 이집트에서 구원을 목적으로 사용되었기 때문이다. 막대기가 처음으로 사용되었을 때 민수기 21:9의 뱀으로도 사용되었고 막대기(pole, 출 7:10)로도 사용되었다.

요한복음 4:14-16은 출애굽기 17:6의 본문이다. 물이 쏟아져 나온 것은 성령을(요 7:38) 예표한다. 성령은 반석이 있었기에(고전 10:1-4) 역사하신다. 이 반석은 죄인들을 위해 맞으신(사 53:3-8) 반석이다. 이 반석은 신명기 32:15,18,30,31의 반석으로 이 반석에서 기름(신 32:13), 불(판 6:20,21), 꿀(시 81:16), 물(5,6절)을 얻을 수 있다. 이 반석은 로마인들의 반석이 아니다. "그들의 반석이 우리의 반석과 같지" 않기 때문이다(신 32:31). 그들이("우리의 원수들," 신 32:31) 아무리 같다고 우겨대도 말이다. 그들의 "반석"은 예수님께서 "사탄"이라고 불렀던 인물의 반석이다. 레오 1세부터 모든 교황은 이 본문을 자신들의 종교 괴물에 대한 정당성을 입증하는 구절로 사용해 왔다(마 16:18,19,23). 그들의 "반석"은 하나님을 저주하였고(마 26:74) 은혜를 거부하였으며(갈 2:14) 하나님과 논쟁하였다. 그러한 반면에 우리의 반석은 거룩하시고, 아무 점도 없고, 죄도 없고, 절대무오한 살아 계신 하나님의 아들이시다(마 16:16). 외경이나 바티칸 사본에 의해 부가적으로 도움을 받아야 할 필요도 없고 더군다나 로크만 재단에 의해 혹은 예수님 당시 에큐메니칼 공회에 의해 배출되는 쓰레기에 의해 반석이심을 입증받으셔야 할 필요도 없으신

분이다(마 23:3-23).

『...**호렙에 있는 반석**』(6절)은 르피딤이 시내 산에서 가깝다는 사실을 말해 준다. 다음 번 이동할 때(출 19:2) 산 밑에 진을 치고 모세는 그곳에 올라가기 때문이다(출 19:3). "호렙"은 시내 산 자체를 말할 뿐아니라 시내 산 주변을 나타내기도 한다(17:1 참조).

성경에는 두 개의 므리바가 있다. 첫 번째 므리바 후에 민수기 20:7-13의 재앙에서 므리바라고 이름 붙였다. 나폴레옹처럼 모세도 물 때문에 고생했다. 모세의 "워털루"는 두 번째 므리바에서였다. 여기에서 하나님의 명령을 대신하여(민 20:11) 옛 기질이(출 2, 32장) 다시 끼여들었다. 바위는 한 번만 쳐야 한다(사 53:3-6). 매주일 아침 11시에 반복해서 바빌론 검은 마술의 바알에게 베풀어지는 검은 미사 때에 치는 것이 아니다. 한 번 쳤다면(히 10:8-12) 그 효력은 영원한 것이다. 참된 그리스도인에게는 더 이상의 미사가 필요없다. 로마의 "반석들"은 결코 그리스도인의 반석이 아니다. 예수 그리스도께서 맞으셨을 때 바로 로마인들에게 맞았다는 사실을 알아야 한다(요 19:34).

『**맛사와 므리바**』(7절). 히브리어로 "asah," "rub"로부터 온 말로서 "노력하다 혹은 시험하다," "싸우다, 투쟁하다"의 의미이다. <킹제임스성경>의 "chide"가 ASV(1901)보다 훨씬 낫다. "chide"는 어린아이들이 싸우는 경우에 적용되는 말이기 때문이다. 이스라엘 자손들(children)은 말 그대로 갈라디아서 3,4장을 믿는다면 어린아이들인 것이다.

17:8 ○ **그때에 아말렉이 와서 르피딤에서 이스라엘과 싸우니라.**
9 **모세가 여호수아에게 말하기를 "우리에게서 남자들을 택하여 나가서 아**
말렉과 싸우라. 내일 내가 하나님의 **막대기를 내 손에 들고 산 정상에**
서리라." 하니라.
10 **그러므로 여호수아는 모세가 자기에게 말한 대로 행하여 아말렉과 싸웠**
고 모세와 아론과 훌은 산 정상으로 올라갔으니,

11 **모세가 자기 손을 들면 이스라엘이 이기고, 그가 손을 내리면 아말렉이 이기더라.**

12 **그러나 모세가 손이 무거워지니, 그들이 돌을 가져다가 모세 아래다 놓더라. 그가 그 위에 앉자 아론과 훌이 하나는 이편에서 하나는 저편에서 모세의 손을 붙들어 그의 손이 해가 질 때까지 그대로 있더라.**

13 **여호수아가 칼날로 아말렉과 그의 백성을 쳐부수니라.**

14 **주께서 모세에게 말씀하시기를 "이것을 책에 기록하여 기념하게 하고 여호수아의 귀에 되풀이해서 들려 주라. 이는 내가 하늘 아래에서 아말렉의 기억을 완전히 없앨 것임이라." 하시니라.**

15 **모세가 제단을 쌓고 그것의 이름을** 여호와닛시**라 부르고**

16 **말하기를 "이는 주께서 대대로 아말렉과 싸우리라고 주께서 맹세하셨기 때문이라." 하더라.**

예수 그리스도께서 나타나시면(반석) 성령님도 나타나신다(물). 이럴때면 육신(아말렉)도 어김없이 나타나 자신의 권리를 주장한다. ("아말렉"의 히브리어는 아인, 멤, 라메트, 코프로 구성되어 있는데 이는 "죄," "해악"을 의미한다.) 아말렉은 야곱의 형 에서(창 36:15,16)로부터 유래되었다. 구약에서 에서가 무엇을 예표하는지 의심의 여지가 없다(창 25:25b, 주석 참조). 바울은 아말렉의 공격을 갈라디아서 5:17, 로마서 7장에서 설명한다. 이는 믿는 자 안에서 일어나는 두 성품 사이에서의 영적 전쟁을 완벽하게 보여 준다. 분명히 알 수 있는 것은 육신은 성령께서 나타나기 전까지는 죄인 안에서 잠자고 있다는 사실이다(롬 7장 참조).

영이 에베소서 5:26의 영적인 물을 갈급해 하는 동안 육신은 르피딤에서의 물질적인 물에 목말라 한다. 축복이 임하는 즉시(행 6:7,8) 아말렉이 나타난다(행 6:9-11). 부흥이 임하자마자(행 8:7,8) 아말렉이 나타난다(행 8:19). 죄인들이 말씀으로 찔림을 받으려 하자마자(행 13:44) 아말렉이 나타난다(행 13:45). "반석"(마 16:18)이 치유의 강물을(요 11:1-44) 주려고 할 때마다 아말렉의 자손들은(요 11:45-57) 무장하고(마 26:47) 나타난다.

『**그때에 아말렉이 와서 르피딤에서 이스라엘과 싸우니라**』(8절). 지금까지는 주께서 자비를 베푸셔서 이스라엘을 위해 싸워 주셨고(출 14,15장) 무장한 적들 가운데서 이들을 인도하셨다(출 13:17). 그러나 이제부터는 모든 면에서 하나님을 신뢰함으로 더 많은 승리를 경험해야 한다. 언제까지나 "보는 것"으로 인해 갈 수만은 없다. 어디서건 믿음을 훈련해야 한다(히 5:14). "성령 충만"이 이루어졌으면 "훈련"을 시작해야 한다!

아말렉은 이스라엘 무리의 끝을 공격한다(신 25:18). 의심할 여지없이 남자들, 여자들, 아이들, 가축, 물건들을 강탈해 간다(삼상 30:1,2). 『**모세가 여호수아에게 말하기를...**』(9절). 이 말은 중요하다. "예수"를 의미하는 그 말이 처음으로 언급된다. [킹제임스성경에서 이 진리를 사도행전 7:45, 히브리서 4:8을 통해 어떻게 다루는지 살펴보라.]

"예수"와 "반석"은 동의어이다. 그래서 반석이 죄인들을 위해 맞기 전까지는 예수는 등장하지 않는다. 게다가 이제 싸움을 시작하는 것은 바로 예수님 자신이다(갈 2:20)! 자세히 보라. 『**그러므로 여호수아는... 싸웠고**』(10절). 여호수아는 눈의 아들이다(대상 7:27). 그리고 에프라임의 자손이다. 지금은 53살이고 모세보다 27살 아래이다. 여호수아의 이름은 성경에서 250번 언급된다.

『**모세와 아론과 훌은...**』(10절). 여기에서의 훌은 아마도 역대기상 2:19의 훌일 것이다. 랍비들은 이 훌이 미리암과 결혼한 모세의 매부라고 주장한다. 훌의 손자들은 성막을 짓는 데 도왔다(출 31:2).

『**모세가 자기 손을 들면 이스라엘이 이기고, 그가 손을 내리면 아말렉이 이기더라**』(11절). 모세는 기도한다(9:33). "손을 든다"는 것은(딤전 2:8) 기도가 반드시 주께서 성도를 위해 싸우시는(엡 6:10-14) 어떤 전투에 가담해야만 한다는 사실을 보여 준다.

육신이 첫 번째로 공격한다(8절). 놀라게 하는 기습공격이야말로 전투에 있어서 최상의 효과를 나타내기에 성도들은 육신을 신뢰해서는 안 된다(빌 3:3). 그럴 때일수록 기도에 전념해야 하고 기도를 무기로써 사용해야 한다.

그리스도께서 자신의 사람들을 선택하셨듯이(마 10:1-4) 여호수아도 자신의 사람들을 선택한다(9절). 그러나 "모든 육체는 풀"이다. 결국 이 전쟁은 하나님께서 이루신다. 『**힘으로도 아니요, 능력으로도 아니며, 오직 나의 영에 의해서니라. 만군의 주가 말하노라**』(슥 4:6).

성경을 자세히 상고해 보았다면 이 전쟁에 책임을 지는 사람은 선지자(모세), 제사장(아론), 왕(훌, 훌은 유다 지파이다. 창 49:10)이라는 사실을 알 수 있다.

클라크는 11절을 문자적으로 받아들이지 않는다. 모세가 손을 들고 손을 내린 것은 정말로 손을 하늘로 뻗치고 땅으로 내린 것이 아니라는 것이다(그의 주석 p.391). 이것이야말로 온갖 보석이 묻혀 있는 광산을 계속해서 파괴시키는 것이다(6:1-8 주석). 모세의 두 손이 문자적으로 들려 올려진 사실을 통해(12절에서 "손," "이편," "저편"으로 분명하게 말한다.) 본문에서 예수 그리스도에 관한 네 번째 그림을 보게 된다. 우리의 승리는 십자가에 있는 것이다!(롬 6:1-8) 그 십자가에서 두 팔이 못에 의해 들려 올려진 것이다!

1. 예수 그리스도는 반석으로서 맞았다(6절).
2. 예수 그리스도는 하나님의 은혜로 말미암아 죄인들을 위해 맞았다(6절).
3. 예수 그리스도는(여호수아) 성령을 받은 후에(6,10절) 성도들을 도왔다.
4. 예수 그리스도의 인격 안에 있는 성령은 우리를 위해 중보하신다(12절). 우리가 너무 약해 기도할 수 없을 때 말이다. 우리가 간구하는 근거는(응답받은 모든 기도) 못박힌 선지자(12절)의 피로 인한 완성된 속죄에 근거한다.

『**...그의 손이 해가 질 때까지 그대로 있더라**』(12절). 예수 그리스도께서는 자신의 일이 끝나기 전까지는 움직이지 않으셨다(히 12:1-3). 속죄사역이 이루어지기 전까지는(요 19:30) 손도 머리도 그대로 유지되었다. 기도의 용사들은 죽기까지 신실해야 한다(계 2:10). 참된 그리스도의 용사들은 손이 칼에 들어붙을 때까지(삼하 23:10) 싸운다.

『**여호수아가 칼날로 아말렉과 그의 백성을 쳐부수니라**』(13절). 군대들이 무기를 반드시 다룰 줄 알아야 하지만(렘 48:10, 시 149:6) 싸움을 행하시는 분은 예수 그리스도 자신이시다. "성령의 칼"은 육신을 다루는 데 있어서(고후 10:4) 무기가 된다.

무슨 "성령의 버터 나이프," "성령의 머리핀," "성령의 이쑤시개" 같은 RV, ASV, NASV, NRSV는 육신을 자르는 것은 고사하고 청어나 꽁치조차도 자르지 못한다. "성령의 칼"만이 육신을 쳐부술 수 있다. 믿지 못하겠거든 펠릭스와 아그립파(행 24,26장)의 모습을 보라. 당시 최고 검객에 의해 휘청거리는 모습을.

『**이것을 책에 기록하여 기념하게 하고 여호수아의 귀에 되풀이해서 들려 주라**』(14절). 성경에서 직접적으로 무엇을 "기록"하라는 말이 처음으로 나온 것이 분명하다. 더멜로우는 자신의 책을 보는 사람들이 본문에서 말하는 책이 성경과 관련이 있다고 생각하지 못하도록 한다. 여기에서의 "기록"은 지금까지 쓰여진 "일반적인 기록"으로 분류되어야 한다고 말한다. 수세대 동안 보존되어져 왔던 일반적인 사건들을 설명하는 일반적인 기록으로서 말이다. 윌리엄스는 본문에서 말하는 책이 열왕기상 2:1-4, 역대기하 23:11, 말라키 4장에서 말하는 그 책이었다고 말함으로써 중대 실수를 범한다. 본문에서 말하는 책은 "주의 전쟁"의 책이다(민 21:14). 이 책의 한 부분이 "야셀의 책"(수 10:13, 삼하 1:18)으로서 "의인의 책"이란 뜻이다(The Book of the Upright). 여호수아는 율법을 기록하기도 했다(수 24:26). 그러나 "잃어버린 책들"을 찾아 나서서 성경의 정경성을 반증하고자 하는 짓은 다윈의 이론을 입증하고자 달로 여행을 떠나는 것만큼이나 무의미하다. "에녹의 책" 등에 대해 사해사본이 사기친 사실 등을 살펴보라.

14절은 신명기 25:17-19과 연결된다. 민수기 24:20은 본문의 전쟁과 관련하여 살펴보아야 한다. 아말렉에 대한 하나님의 진노는 어떠한 민족에 대해 진노하신 것보다 특별한 것이었다. [20세기의 아멜렉이 누구인지 알기 원한다면 창세기 29-39장을 기도하는 마음으로 공부해야 한다.]

아직 아무도 20세기의 아말렉의 독특한 위치를 결정하지 못했다. 민수기, 신명기, 사무엘상에서 발견되는 구절들을 가볍게 다루는 것은 성경학도라면 아멜렉이 사무엘상 30장에서 죽은 어떤 광야의 민족을 가리킨다는 사실뿐만 아니라 아말렉은 사울의 멸망(삼상 15장)이라는 사실과 다윗은 이스라엘이 이집트를 탈출한 지 400년이 넘어 아말렉을 살해하게 되었을 때(삼하 1장) 출애굽기 17:14의 명령을 순종했다는 사실도 알 것이다. 게다가 하만은(강력한 적그리스도의 예표 가운데 하나) 사울이 죽이기를 거부했던 왕의(삼상 15:8) 후손이다.

『…**이는 내가 하늘 아래에서 아말렉의 기억을 완전히 없앨 것임이라**』(14절). 아말렉은 성도 안에 있는 옛 성품 혹은 육신의 유형이다. 이에 대해 하나님께서는 『**이는 주께서 대대로 아말렉과 싸우리라고 주께서 맹세**』하셨다(16절). 아담부터 영원까지(계 20장) 하나님과 "육신" 사이에는 평화란 없다(롬 8:1-13).

『**모세가 제단을 쌓고 그것의 이름을** 여호와닛시라 **부르고**』(15절). 여호와닛시는 "여호와는 나의 깃발"이라는 뜻이다.

출애굽기 18장

18:1 **모세의 장인 미디안 제사장 이드로가** 하나님**께서 모세와 그분의 백성 이스라**
엘에게 하신 모든 일, 즉 주께서 이집트에서 이스라엘을 데리고 나오신 것을
들으니라.
2 **그때에 모세의 장인 이드로가 모세가 돌려보냈던 모세의 아내 십포라와**
3 **그녀의 두 아들을 데리고 왔는데, 하나의 이름은 게르솜이니, 이는 그가**
말하기를 "내가 타국 땅에서 외국인이 되었도다." 함이요,
4 **또 하나의 이름은 엘리에셀이니 이는 그가 말하기를 "내 아버지의** 하나님
께서 나를 도우시어 파라오의 칼에서 나를 구해 내셨다." 함이더라.
5 **모세의 장인 이드로가 모세의 아들들과 모세의 아내와 함께 광야에 이르**
러 모세에게 오니 그곳은 모세가 하나님**의 산에다 진을 친 곳이더라.**
6 **그가 모세에게 말하기를 "나 그대의 장인 이드로가 그대에게 왔으며 그**
대의 아내와 그녀의 두 아들도 그녀와 함께 왔노라." 하니라.

"이드로"에 관한 설명은 출애굽기 2:18; 4:18의 주석을 참조하라. 강단주석에는 1절의 "장인"(father in law)이 "매형"(brother in law)으로 되어 있다. 그러나 7,8절에 가서는 기록된 대로 "장인"으로 남겨 놓는다.

이드로가 드렸던 "번제물과 희생제물"은 율법과 관련이 있는듯이 보이지만, 번제물과 희생제물은 율법이 주어지기 전에 아벨, 노아, 아브라함도 드렸다. 『하나님**의 규례들과 법도들**』(16절)은 출애굽기 20-28장의 규례들과 법도들을 말하는 것

같지만, 여기서는 출애굽기 15:26의 맥락에서 보아야 한다.

이드로는 십포라와 게르솜과 엘리에셀을 그들의 "집"에서 호렙 산으로 데리고 온다. 이드로에게는 집이 가까운 데 있었다. 이드로는 개구리, 이, 번개, 피, 우박, 물의 재앙이 끝날 때까지 모세의 식구들을 보호하고 있었다. "게르솜"은 시민권이 하늘에 있는(빌 3:20,21) 그리스도인의 참된 예표이다(모세는 그리스도의 예표이고, 십포라는 교회의 예표이다. 출 2:10). 이런 그리스도인은 "이 세상은 내 집 아니네" 라는 찬송을 진심으로 부른다. "엘리에셀"은 광야에 있는 그리스도인을 나타낸다. "파라오의 칼"에서 건져졌고(딤후 4:17) 하나님께서 그의 도움이 되셨기 때문이다(행 26:22).

여기에서 보수주의 학자 아담 클라크는 연대기 문제로 인해 대단히 큰 혼란에 빠지는데 대부분의 주석가들이 이 견해를 따라 똑같이 고꾸라진다. 벌링거, 클라크, 랑게 모두 출애굽기 18장은 민수기 10:10과 10:11 사이에 들어가야 하는 삽입구라고 주장한다. 이들 가운데 아무도 출애굽기 18:27이 출애굽기 40장 이후에 일어나는 삽입구라는 사실을 고려하지 않는다. 출애굽기 18장이 율법을 받은 후에, 그리고 성막이 건립된 뒤에 일어난 것임을 입증하는 근거들은 다음과 같다.

1. 12절의 『**번제물과 희생제물**』이다. 그런데 이것은 번제물과 희생제물이 모세가 태어나기도 전에 아벨, 노아, 아브라함이 드렸다는 성경적 사실을 간과한 것이다.

2. 16절의 『**하나님의 규례들과 법도들**』이다. 이 또한 출애굽기 15:26과 창세기 26:5의 성경적 문맥을 무시한 결과이다. 성경에는 분명히 모세의 율법을 이루었던 십계명이나 레위인들의 규정이 주어지기 전에 『**규례들과 법도들**』이 존재했음을 보여 준다.

3. 12절의 『**하나님 앞에서**』 이드로가 빵을 먹었다는 말은 "성막 앞에서" 먹은 것이다. 그러나 이 본문 이전에 하나님의 나타나심이 분명한 장소를 가리킴을 오래전부터 알 수 있다. 창세기 10:9; 18:22; 19:27 등이다.

게다가 분명히 알아야 되는 것은 여기에서 언급하고 있는 『**규례들과 법도들**』은 각 개인들 사이에서 일어나는 개인적인 문제들을 다루고 있다는 사실이다(16절). 모세에 의해 세워진 거대한 입법체계를 다루는 것이 아니다. 이드로가 민수기 10:29-32까지 모세와 함께 있었다는 사실도 전혀 문제될 것이 없다.

윌리엄스는(벌링거, 스탬과 마찬가지로 극단적 세대주의자) 십포라가 교회의 예표가 될 수 없다고 주장한다. 물론 이 주장은 옛날부터 전해져 내려오는 고정관념에 근거한 것이다. 즉 어떤 사실이 계시되기 전까지는 나타날 수 없다는 것이다(에베소서 3:1-5 주석 참조). 십포라, 아스낫, 이브, 리브카 모두 교회의 예표이다. 에베소서 3장이 기록되지 않았더라면 누가 틀렸는지 몰랐을 것이다. 모세가 파라오로부터 구원받은 것은(4절) 출애굽기 5:12을 말하는 것이 아니라 출애굽기 2:15을 말한다. 두 아들 모두 장인에게 돌려보내기 전에(18:2) 태어났다는 사실만 보더라도 분명해진다(출 4:24 주석 참조).

부패한 칠십인역은 바울이 죽은 후 여러 해 후에 만들어졌는데 6절을 "그들이 말했다"(THEY said...)로 바꿨다. 7절이 6절과 상충되지 않도록 하나님을 도우려는 심상에서였다. 그러나 우리는 이러한 오리겐으로부터 내려온 사려깊은(?) 마음을 그렇게 달가워 하지 않는다. 이런 고마운(?) 손길로 인해 대형 쓰레기 봉투가 부패한 사본들로 가득 채워질 정도니 말이다. 오래전부터 '플라톤-오리겐 식'의 성경 개정의 방법은 장난감총만큼이나 신뢰할 수 없다는 사실을 알고 있다. 캐논 쿡, 게데스, 케니코트, 벌링거는 시리아 본문을 가지고 알렉산드리아의 변개된 결과물을 따랐다. 다만 케일, 델리취, 로젠뮬러, 패트릭은 <킹제임스성경> 본문을 옆에 두고 따랐을 뿐이다.

18:7 ○ 모세가 나가서 그의 장인을 맞아 절하고 그에게 입맞추며 그들이 서로 안부를 묻고 그들이 장막으로 들어오더라.

8 모세가 그의 장인에게 주께서 이스라엘을 위하여 파라오와 이집트인들에게 하신 모든 일과 길에서 그들이 당한 모든 고난과 주께서 어떻게 그들을 구해 내셨는가를 이야기하니라.

9 이드로가 주께서 이집트인들의 손에서 구해 내신 이스라엘에게 행하신 모든 선하심을 기뻐하며

10 이드로가 말하기를 "주를 송축하라. 그분이 너희를 이집트인의 손과 파라오의 손에서 구해 내시고, 그분이 이집트인의 손 아래에서 이 백성을 구해 내셨도다.

11 **이제 내가 주께서 모든 신들보다 위대하심을 아노니, 이는 그들이 교만**
하게 행한 그 일에 있어서 주께서 그들보다 위에 계셨음이라." 하고
12 **모세의 장인 이드로가** 하나님을 **위한 번제물과 희생제물을 가져오니, 아**
론과 이스라엘의 모든 장로들이 와서 하나님 **앞에서 모세의 장인과 더불**
어 음식을 먹으니라.

본문 내용은 평이하다. 『**절하고**』(obeisance)라는 말은 엎드려 절한다는(bowing) 말이다(삼하 1:2). 입맞추는 것은 친구들이나 사랑하는 사람들 사이에서 행해지는 동양의 기본적인 인사법이다(눅 7:45, 고전 16:20, 룻 1:9, 왕상 19:20, 창 31:55 등).

『**그들이 장막으로 들어오더라**』(7절). 성막이 아니라 모세의 장막을 말한다. 이스라엘의 장로들조차도 성막 안으로 들어가는 것이 허용되지 않기 때문이다. 이들은 성막"에" 나타나거나("at" the tabernacle) 성막 "앞에" ("before" the tabernacle) 나타날 뿐이지 성막 "안에"("in" it) 나타나지 않는다(민 11장).

칠십인역은 8절에 12단어를 9절과 연결시키기 위해서 추가시켰다. 칠십인역이 늘 이런 짓을 하는 것은 플라톤적 논리와 네오 플라톤적 이성주의를 풍기기 위해서다. [이런 냄새나는 이교도 철학이 가장 잘 반영된 것이 NASV이다. 이 책은 밥 존스 대학에서 추천한다. 그 밖에 다른 모든 "NEW"들도 이 부류에 속함은 말할 나위 없다.]

이드로가 회심한 것 같이 보이는(11절) 부분에 대해서 주석가들 사이에 차이점이 있다. 표면상으로 본다면 이드로의 경우는 나아만(왕하 5:17)과 느부캇넷살(단 3:29)의 경우와 같다.

18:13 ○ **다음 날이 되어 모세가 백성을 재판하려고 앉았고 백성은 아침부터 저녁**
까지 모세 곁에 서 있더라.
14 **모세의 장인이 모세가 백성에게 행한 모든 일을 보고 말하기를 "그대가**
백성에게 행한 이 일이 무엇인가? 어찌하여 그대 혼자만 앉아 있고 모
든 백성은 아침부터 저녁까지 그대 곁에 서 있는가?" 하니,

15 모세가 그의 장인에게 말하기를 "이는 백성이 하나님께 물으려고 내게
오기 때문이니이다.
16 그들이 일이 있으면 내게로 오나니, 내가 이편과 저편 사이에 판단을
내려 하나님의 규례들과 법도들을 알게 하나이다." 하더라.
17 모세의 장인이 그에게 말하기를 "그대가 행하는 것이 좋지 못하도다.
18 그대와 그대와 함께한 이 백성이 둘 다 분명히 피곤하리니, 이는 이 일
이 그대에게 너무 과중하여서 그대가 혼자서는 그 일을 할 수 없음이
라.
19 이제 내 음성에 경청하라. 내가 그대에게 조언하리니 하나님께서 그대와
함께 계시리로다. 그대는 백성을 위하여 하나님께 향해 있을지니, 이는
그대가 사건들을 하나님께로 가져오게 함이요
20 그대는 그들에게 율례들과 법도들을 가르치고 그들이 반드시 걸어야 할
길과 그들이 반드시 행해야 할 일을 그들에게 보여야 하리라.
21 또한 그대는 모든 백성 가운데서 능력 있는 자, 즉 하나님을 두려워하
고, 진실한 사람이며 탐심을 미워하는 자를 선발하여 백성들 위에 세우
고, 천부장과 백부장과 오십부장과 십부장을 삼아
22 그들로 모든 때에 백성을 재판하게 하라. 큰 일은 다 그대에게로 가져
오게 하고 작은 일들은 다 그들로 재판하게 하면 그들이 그대와 더불어
그 짐을 져 그대에게는 보다 쉬워지리라.
23 만일 그대가 이 일을 하고 하나님께서도 그대에게 그렇게 명하시면 그
때에는 그대가 감당해 낼 수 있으며 이 백성들도 그들의 처소로 평안히
가게 되리라." 하더라.
24 그리하여 모세가 그의 장인의 음성에 경청하여 그가 말한 대로 모든 것
을 행하니,
25 모세가 온 이스라엘 가운데서 능력 있는 사람들을 선정하여 그들을 백
성들의 우두머리, 즉 천부장과 백부장과 오십부장과 십부장으로 삼았더
라.
26 그리하여 그들이 모든 때에 백성을 판단하되, 어려운 사건은 모세에게
로 가져왔으나 작은 일들은 다 그들 스스로가 재판하더라.

27 ○ **모세가 그의 장인을 떠나 보내니 그가 자기 길로 가서 자기 땅으로 들어가니라.**

이 긴 본문은 한 사람의 연설에 대한 기록이다. 본문에서 말하는 것은 주석가들에게 경고의 내용을 전하는 것이지만 예외 없이 한 사람도 이 경고를 받아들이지 않는다. [어떤 주석도 이드로의 위대한 충고에 대해 칭찬하지 않는 주석이 없다. 이드로의 "영적 통찰력"을 칭찬한다. 심지어 클라크는 이드로가 모세에게 충고를 할 때 "영감 받았다."라고까지 말하기도 한다.] 국제주일학교교재(ISSL)는 2년에 한 번 꼴로 본문을 게재하고 똑같은 평을 달아 놓는다. 이드로는 총명하다. 이드로는 신중하다. 이드로는 위대한 충고를 했다는 등등 말이다. 벌링거는 본문의 여섯 구절을 아무 주석 없이 그냥 지나가고 위클리프 주석은 모세가 하나님께 물어본 것이라고(24절) 주석한다. 그러나 본문에서 그런 내용은 전혀 발견할 수 없다. 더멜로우, 엘리콧, 새성경주석(NBC), 랑게, 매튜 헨리, 모든 보수주의 주석가들은 이드로를 축복한다. 그러나 한결같이 성경적 진리의 초점에서 떠날 수 있다는 사실은 놀랍다. 그것도 "경건한 보수주의자들" 사이에서 일어나는 현상이라니 말이다. 이들이 이드로에 대해 주석한 내용을 듣고 있노라면 마치 AP통신이 아일랜드공화국군대(IRA, 1970-1972)에 대해 보도하는 것 같다.

이 배교자들의 의견을 제쳐두고 거룩한 성경을 살펴보자. 이드로에 대해 말씀하시는 것을 알아보자.

1. 이드로는 다른 사람들은 서 있는데 모세가 앉아 있는 것에 대해 이의를 제기한다(14절, 마 23:1,2).

2. 이드로의 비평(17절)은 현대의 편리주의를 완벽하게 설명해 준다(상황윤리). 한마디로 "옳은 것"(right)이다, "틀린 것"(wrong)이다라고 말하지 않는다. 다만 "좋지 않다"(not good)라고 말할 뿐이다.

3. 이드로는 왜 좋지 않다는 것인가? 『**그대와 그대와 함께한 이 백성이 둘 다 분명히 피곤하리니**』(18절). 모세는 피곤했는가?(신 34:7) 우리 주변에 있는 90살 먹은 사람보다 120살의 모세가 건강하지 않았는가? 하나님께서 모세를 받쳐주고 계시는데 피곤해졌겠는가?(출 34:30)

4. 『**그대가 혼자서는 그 일을 할 수 없음이라**』(18절). 이드로가 이 사실을 알기 전에 하나님께서 이 사실을 알지 못하셨겠는가?(민 11:16,24)

5. 『**내가 그대에게 조언하리니**』(19절). 하나님께서 말씀하시고 싶으실 때는 언제든지 직접 대화할 수 있는 사람이 있다(신 34:10). 도대체 무엇 때문에 장인의 조언을 필요로 하겠는가?

6. 누가 탐심을 미워하는 사람이고 누가 그렇지 않은지 모세가 어떻게 결정할 수 있겠는가? 어떻게 실행에 옮길 수 있겠는가?(18:21, 출 32장을 볼 것)

7. 『**그대에게는 보다 쉬워지리라**』(22절). 어떻게 주석가들이 이 사실을 놓쳐 버릴 수 있단 말인가?

에피쿠로스 학파의 원로가 여기 있다. 편리주의(Hedonism)는 권총의 총구를 겨누듯 얼굴을 겨누고 있다. "보다 쉬워지리라?" 이것이 섬김에 대한 동기인가?(마 16:24) 이것이 『하나님**께서 그대와 함께 계시리로다.**』(19절)라는 말을 입증해 주는 것인가?

도대체 어떤 "기독교 교육"이 이드로가 "도움을 주는" 인물이라고 생각하게끔 만드는 주석가들을 양산했단 말인가? 이들은 사탄에게 조롱당한 것이다. 이것은 끔찍한 진리이다. 이드로의 충고는 편리주의를 추구하는 거듭나지 못한 사람의 충고의 말이기에 너무도 분명하다. 그런데도 거기에 속아 넘어갈 수 있는 사람이 있다면 그야말로 기적이다. 그런데 그 기적이 일어나 모든 주석가들이 기만당했다. 성경대로 믿는 사람은 도대체 이 현상을 어떻게 받아들여야 하는가?

8. 『**작은 일들은 다 그들로 재판하게 하면**』(22절). 이것이 스카랴 4:10, 누가복음 14:27, 신명기 18:21에서 말씀하시는 것인가?

9. 『하나님**께서도 그대에게 그렇게 명하시면**』(23절). 언제 하나님께서 이드로가 말한 것을 따라서 명령하기 시작하셨는가? 이것이 마태복음 16:22에서 베드로 대신 이드로가 말한 경우가 아닌가?

10. 『**그리하여 모세가 그의 장인의 음성에 경청하여**』(24절). 아담이 아내의 말을 들었듯이(창 3:17) 모세도 장인의 음성에 경청했다. 합리적인 설명 앞에서 초자연적인 상황이 복종되어져야만 하는 논쟁에 있어서, 언제부터 "율법 안에서" 하나님의 편을 들었는가? 누가복음 9:58-62을 읽어 본 주석가가 있는가?

11. 『**모세가 온 이스라엘 가운데서 능력 있는 사람들을 선정하여**』(25절). 능력이

있는 것이 어떻게 드러났는가? 클라크와 랑게는 민수기 16:1-12을 찾지도 못하는가?

12. 하나님께서 선정하신 사람들은 어떤 일을 위해 기름부음을 받아 성령으로 충만한 사람들이다(민 11장). 이드로는 어떻게 "능력있는 사람들"이 갖추어야 할 첫 번째 자격조건도 모르는가?(행 6:3,8과 주석 참조) 출애굽기 18장에서(13,14장에서도 마찬가지지만) 주석가들의 의견에는 앞뒤가 바뀐 상황을 직면하고 있다. 읽는 사람들은 모두 혼동스러워 비틀거린다. 어떻게 100퍼센트 동의할 수 있는가? 성경 본문과 정반대의 해석을 내놓는 데 있어서 말이다. 이드로는 마귀에 의해 조롱당했다는 증거가 신구약 모두에 있는데도 불구하고 여기에서 하나같이 진리의 변질이 일어나고 있다. 이 상황을 설명해 보라.

여기에는 한 가지 설명밖에 없다. 성경이 하나님께서 입김으로 불어넣으신 책이라고 믿는 주석가들이 거듭나지 못한 철학자들의 관점인 긍정적인 관점으로 본문에 접근한 것이다. 그 결과, 있는 그대로의 성경 본문이 무시된 것이다(골 2:8 주석 참조). 오리겐으로부터 더멜로우에 이르기까지 모든 보수주의 주석가들은 알렉산드리아 철학의 바이러스에 모두 감염되었다. 결코 과장이 아니다. 그들의 견해는 바울의 생각과 전혀 무관하다(골 2:8).

13. 그러나 더 치명적인 파괴가 있다. 목회 상담을 잘못한 결과로서 말이다. 이드로가 자신의 생각을 모세에게 주입한 이후 모세는 하나님을 의지하지 않고 이드로를 의지하고자 하는 마음이 있음을 우리는 본다. 신뢰의 대상을 잘못 선정했는데 이것은 민수기 10:31에서 뚜렷이 나타난다. 이 구절을 읽을 때 제대로 된 정신이 있는 그리스도인이라면 누구나 크게 웃을 것이다. 박사님들은 한번 말해 보라. 모세가 이드로의 "눈"(민 10:31)을 통해 얻어야 할 것이 무엇이었겠는가? 언약궤와 구름이 삼 일 여정의 길을 친히 인도하시고 있는데 또 다른 필요가 있었겠는가?(민 10:33-36)

14. 마지막으로 모압 여인 룻(룻 1:16,17)은 이드로보다 훨씬 영적이었다는 사실이다(민 10:30). 하나님께서 이스라엘에 대하여 얼마나 "좋은 것"을 말씀하셨는지 상관없이(민 10:29) 이드로는 이스라엘의 한 부분이 되기를 원치 않았기 때문이다. 이드로는 자신의 충고조차도 따를 수 없었다!

이드로의 충고는 사무엘하 17:7-14에 나와 있는 알렉인 후새가 압살롬에게 한 충고와 같다. 이드로의 충고는 얄타와 테헤란에서 스탈린이 루즈벨트에게 한 충고와 같다. 이드로의 충고는 역사를 공부하고자 하는 학생들에게 헉슬리가 말한 충고와 같다. 이드로의 충고는 히틀러가 러시아를 공격하자고 충고했던 것과 같다. 이드로의 충고는 에이브라함 링컨에게 1865년 4월 14일에 좋은 연극을 보라고 말한 누군가의 충고와 같다. 성경대로 믿는 사람들은 다시 한번 명심해야 한다. 어떤 성경 본문을 해석하는 데 있어서 킹제임스성경 본문에서 이탈되어 모든 보수주의 학자들이 만장일치로 동의한다면 그 모든 책들을 묶어 쓰레기 소각장에다 갖다 놓아야 한다. 그리고 이렇게 써라. "폐기 처분."

모세는 아주 훌륭한 점성술사에게 의견을 들은 것과 꼭 같다. 아니면 이름난 손금쟁이한테 자신의 운명을 들어본 것과 같다. 아니면 인기있는 강신술사를 찾아간 것과 같다. 사울은 엔돌에서 한 마녀에게 더 좋은 충고를 취했다.

출애굽기 19장

19:1 **이스라엘 자손이 이집트 땅에서 나온 지 셋째 달이 되는 그 날 그들이**
시내 광야에 이르렀으니,
2 **그들이 르피딤을 떠나 시내 광야에 와서 그 광야에다 장막을 치고 거기**
서 이스라엘이 그 산 앞에 진을 이루니라.
3 **모세가** 하나님께 **올라가니 주께서 산에서 그를 불러 말씀하시기를 "너는**
이같이 야곱의 집에게 말하고 이스라엘 자손에게 고할지니라.
4 **'너희는 내가 이집트인들에게 어떻게 하였으며, 내가 어떻게 독수리들의**
날개들로 너희를 실어 내게로 데려왔는지를 보았느니라.
5 **그러므로 이제 만일 너희가 참으로 내 음성에 복종하고 나의 언약을 지**
키면 너희는 모든 백성보다 나에게 독특한 보물이 되리니, 이는 온 땅이
내 것임이라.
6 **너희는 나에게 제사장들의 왕국이 되며 거룩한 민족이 되리라.' 이것이**
네가 이스라엘의 자손에게 고할 말이니라." 하시니라.

우리는 이제 위대한 등산가를 만나게 된다. 본문을 통해 명확히 알 수 있는 것은 모세가 일곱 번에 걸쳐 시내산을 오른 사실이다.

『**그 날 그들이 시내 광야에 이르렀으니**』(1절). 시간의 순서로 말한다면, 이스라엘이 시내 광야에 이르러 진을 친 것은 이드로가 모세를 찾아 온 것(출 18:5)

보다 앞 선 사건이다. 이드로가 왔을 때, 이스라엘은 이미 진을 친 상태였다. 『**이드로가... 모세에게 오니 그곳은 모세가** 하나님**의 산에다 진을 친 곳이더라**』(18:5).

본문의 『**그 날**』(the same day)은 두가지로 생각해 볼 수 있다. 셋째 달의 첫째 날이거나(대부분 이 의견에 동의한다.) 셋째 달의 셋째 날이다. 아니면 이집트를 떠나던 달의 같은 날(그 달의 15번째 날)일 수도 있다. 전통적인 견해는 셋째 날이(11절) 출애굽한 다음의 오십 번째 날이라고 말한다. 그래서 오순절은 율법을 받은 날이기도 하다. 신약적으로 말하면 그리스도께서 부활하신 후 성령께서 오신 날이다. 유대인들은 이집트에서 시내까지의 여행을 45일로 잡는다. 그러면 본문의 "그 날"은 세 번째 달의 첫 번째 날이 된다.

『**모세가** 하나님**께 올라가니**』(3절). 모세는 출애굽기 19:9,20; 20:1; 24:13; 32:31; 34:4에서 이 산을 반복하여 올라간다.

출애굽기 본문에서 한 민족이 불러냄을 받는 사건을 다루게 되는데 그 순서는 다음과 같다.

1. 민족적인 부르심(19장)
2. 민족적인 응답(19장)
3. 하나님의 거룩하심(19장)
4. 하나님의 도덕적인 계명(20-23장)
5. 하나님과 맺은 피의 언약(24장)
6. 경배의 순서와 형태(24-31장)
7. 그 민족의 불순종과 그에 대한 형벌(32,33장)
8. 그 민족을 다루는 데 있어서 하나님의 은혜(34장)
9. 계명의 수행(35-40장)

『**너는 이같이 야곱의 집에게 말하고**』(3절). 이 말은 대단히 중요하다. 지난 19세기 동안 대부분의 그리스도인들은 이 "야곱의 집"이라는 말을 그리스도의 몸인 그리스도인에게 적용해 왔다. 지금도 90% 이상의 보수주의 학자들이 히브리서 8:8-11을 교회 시대에 그리스도인과 맺은 언약이라고 믿고 있다. 그러나 그 본문은 분명하게 "이스라엘의 집"이라고 말하고 있고 "유다의 집"이라고 말하고 있다. 이는 말귀를 알아들을 수 있는 나이만 되어도 분별할 수 있다.

『**너희는... 내가 어떻게 독수리들의 날개들로 너희를 실어 내게로 데려왔는지를 보았느니라**』(4절). 이 말은 신32:11과 이사야 40:31과 비교해 보아야 한다. 이 장면은 여인이(계 12:14) 비행기를 타고 셀라 페트라로 날아갈 때를 말하는 마태복음 24:20을 더욱 선명하게 말해 준다.

『**이제 만일 너희가 참으로 내 음성에 복종하고 나의 언약을 지키면**』(5절). 바로 이 시점이 "모세로부터," "율법으로부터," "율법이 주어진 때로부터"라고 말할 때의 출발이 된다. 이 때로부터 이 민족은 약속된 특권과 복을 얻기 위하여 자신을 율법의 저주 아래 둔다(갈 3:13). 언약을 위반하거나 "음성"에 불순종하면 이 특권들은(신 30:5-10) 심판들과 진노를(레 26장) 불러온다. 이 시점부터 이스라엘의 역사는 시내 산에서 맺은 언약을 위반하고 절대로 온전하게 지키지 못하는(렘 1-23장, 사 1-10장, 단 9장, 롬 9,11장) 민족의 역사가 된다.

『**독특한 보물... 제사장들의 왕국... 거룩한 민족**』(5,6절). 이 세 가지 이름이 가리키는 것은 다음과 같다.

1. 귀중품은(마 13:44) 일반 재산과 다르듯이 독특하다는 것은 이방 민족들이 우러러볼 율법과 관습과 삶의 형태가 있다는 것이다.

2. 이 민족의 특성은 정치적일 뿐만 아니라(마 6:16) 종교적이라는 사실이다. 이 점을 교황들과 추기경들은 대단히 시기한다. 이 부분은 왜 마태복음 6:13이 카톨릭 성경들에는 없는지를 설명해 준다. 『**제사장들의 왕국**』은 이스라엘이 하나님과 이방 민족의 중보자로서 어떤 기간 동안 하나님을 섬길 것을 말해 준다(사 66:12,21).

3. 『**거룩한 민족**』(6절). 오늘날 이 지구상에는 거룩한 민족 같은 것은 없다. 구원받지 못한 모든 인류는(사 40:15) "없는 것보다 못하고" "통 속의 한 방울 물" 같다. 하나님께서 한 민족을 "거룩한 민족"이라고 부르셨을 때의 거룩하다라는 말은(고전 6:19) 하나님께서 사용하시기 위한 것이라는 말이다(민 16:38).

그러하기에 이 민족이 거룩하지 못한 민족이 되었을 때(판 1-10장) 저주의 예언들이 성취되었던 것이다(신 32,33장).

19:7 모세가 와서 백성의 장로들을 소집하여 그들의 면전에 주께서 자기에게 명령하신 이 모든 말씀들을 제시하자

8 모든 백성이 다같이 대답하여 말하기를 "주께서 말씀하신 모든 것을 우리가 행하리이다." 하니, 모세가 백성의 말을 주께 고하니라.

9 주께서 모세에게 말씀하시기를 "보라, 내가 짙은 구름 속에서 네게 오는 것은 내가 너와 말할 때 백성으로 듣게 하기 위함이요, 또 너를 영원히 믿게 하려 함이라." 하셨으며, 모세가 백성의 말을 주께 고하더라.

10 주께서 모세에게 말씀하시기를 "백성에게로 가서 오늘과 내일 그들을 성결케 하고 그들로 자기들의 옷을 빨게 하여

11 셋째 날을 대비하라. 이는 셋째 날에 주가 온 백성의 목전에서 시내 산 위에 내려갈 것임이라.

12 너는 백성 주위에 범위를 설정하고 말하기를 '너희는 스스로 조심하여 산에 오르지 않도록 하고 또한 그 경계에 닿지 말지니, 산에 닿는 자는 누구라도 반드시 죽임을 당하리라.

13 그것에 손이 닿지는 않아도 그는 반드시 돌에 맞거나 화살에 맞으리니, 짐승이든 사람이든 간에 살지 못하리라. 나팔을 길게 불거든 백성들은 산에 오를지니라.' 하라." 하시니라.

모세가 장로들을 소집할 때 장로들의 면전에 제시한 것은 주께서 모세에게 명령하신 하나님의 "말씀들"이었다. 사상이나 메시지, 원리나 가르침, 근본 요소들이나 교훈 등을 제시한 것이 아니었다. 오늘날 근본주의자들과 보수주의자들은 급진적인 배교에 휘말려 들고 있다. 이들은 신정통주의 입장을 표방하는데 그것은 "지금은" 성경에는 단지 하나님의 말씀이 "포함"되어 있을 뿐이라는 것이다. 1930년에서 1970년 사이에 이들이 한 짓은 킹제임스성경 본문에서 5,000 단어를 바꾼 것이고 그나마 바꾼 그 단어들마저도 무오하다고 말하지 않는다.

이들이 믿는 믿음이란 무엇인가? 그 언젠가 하나님께서 한 권의 책을 기록하셨는데 그 누구도 발견한 적이 없다는 것이다. 그래서 그 책을 막연하게 "하나님의 말씀"이라고 부르는데 아무도 그것을 소유해 보지 못했기에 사람들은 다시 만들 필요를 느낀다. 그 다시 만든 책은 성경에서 말하고자 하는 "메시지"를 담고만 있으면 거룩하다고 생각하는 것이 이들의 믿음인 것이다.

『주께서 말씀하신 모든 것을 우리가 행하리이다』(8절). 계속된 문맥을 통하여 말씀(words, 말들), 즉 한 말씀 한 말씀이 얼마나 주의깊게 보존되어 왔는지 살펴보라(출 19:8,9; 20:1). 결코 단순한 "메시지"가 아니다. 이 백성들이 출애굽기 20-23장의 내용을 한 번이라도 살펴보았다면 8절과 같은 말을 할 때 신중하게 하였을 것이다.

『보라, 내가 짙은 구름 속에서 네게 오는 것은 내가 너와 말할 때 백성으로 듣게 하기 위함이요』(9절). 그러나 이 백성들이 들었던 것은 사도행전 9장에서 바울 곁에 서 있던 사람들이 들었던 것이었다. 이 백성들이 들었던 것은 요한복음 12:28의 사람들이 들었던 것이었다. 욥은 이를 욥기 36:1-5에서 설명한다(출 19:16; 20:18 참조).

『백성에게로 가서 오늘과 내일 그들을 성결케 하고 그들로 자기들의 옷을 빨게 하여』(10절). "성결"(sanctify)이란 말이 처음 나온 곳은 출애굽기 13:2이었다. 그 말의 중요성을 다시 살펴보면 "하나님께서 사용하기 위해 따로 떼어놓은 것"을 말한다.

『셋째 날을 대비하라. 이는 셋째 날에 주가... 내려갈 것임이라』(11절). 하나님께서 시내 산에서 이스라엘 백성에게 나타나신 것은 셋째 날 "아침"이었다.

1. 주께서는 이 땅에 "아침에" 오실 것이다(말 4:1-3). 이 사실은 주의 날(DAY)로서 구약 전체에 언급되어 있다.

2. 태양(SUN)이(시 19:4,5) 떠오를 때는 의인들이 태양이신 그분과 함께 빛날 것이며(마 13:43), 그 때는 네 번째 경점인데(마 14:25), 그 네 번째 경점은 곧

아침을 알리는 경점이다(막 13:35).

3. 밤은(사 21:11,12) 아침이 오는 것으로 끝난다(살전 5:1-6). 그리고 낮(DAY)의 자녀들은(살전 5:1-7) 빛이신 그분이 오실 때와 시기를 아는데(솔 2:11,12) 그분이 오시는 때는 네 번째 경점이기 때문이다(막 13:35).

4. "주께는 하루가 천 년"과 같기에(벧후 3:8) 예수 그리스도께서 오시기 전에 나흘(FOUR days)이 있었다. (창1:20에서 "생명"이 다섯 번째 날에 나타나는 사실을 유념하라.) 그리고 그리스도 이후 모든 것이 종결되기 전에 사흘이 더 있는 것이다.

5. 이렇게 넷과 셋으로 구분하는 것은 신구약 전체에 걸쳐 두루 나타나는 사실이다(요 1,2,3장, 눅 13장, 눅 9장, 마 17장, 계 2,3장 등).

6. 출애굽기 19장에서 말하고 있는 것은 주 예수께서 A.D. 2000년경에 나타나실 것이며 올리브 산에 도착하시기 전에(슥 14장) 시내산에 오실 것이라는 사실이다(판 5장, 신 34장, 합 3장). <킹제임스성경> 본문에 그대로 있는 "말씀들"은 이스라엘 민족이 말한 그대로를 정확하게 의미하는 것이다.

『**너는 백성 주위에 범위를 설정하고 말하기를 '너희는... 산에 오르지 않도록 하고 또한 그 경계에 닿지 말지니, 산에 닿는 자는 누구라도 반드시 죽임을 당하리라... 그는 반드시 돌에 맞거나 화살에 맞으리니**』(12,13절). 12절은 모든 자유주의자들이 거부하는 진리를 말하고 있다. 성경의 어떤 한 구절을 변개시킴으로 신학의 근본 뿌리가 흔들린다는 사실을 현대 신학은 모르고 있다. 자유주의자들의 문제점은 그들이 단지 그리스도의 신성이나 동정녀 탄생을 거부한다는 데 있지 않다. 이들의 문제점은 요한의 서신이나 바울의 서신을 거부하는 것보다 더 나쁜 것이 있는데 그것은 하나님은 접근하기 어려운 분이시다라는 사실을 거부하는 것이다. 하나님께서는 자신에게 접근할 수 있는 방법을 자신의 계시된 뜻을 통하여 알려 주시고 그 방법을 통해서만 받아 주신다는 사실을 이들은 거부하는 것이다.

이 점을 쉽게 확인해 보자.

1. 하나님은 거룩하시다. 그래서 어떤 사람도 하나님께 다가설 때는 주의해야 한다(12절).

2. 하나님은 거룩하시다. 그래서 하나님께 잘못된 방법으로 다가설 때는 죽음의 대가를 치러야 한다(12절, 삼하 6:7).

3. 어떤 사람도 하나님께서 만족하시는 조건을 갖추지 않는 한(23,24절) 하나님께서 계시는(히 12:18-29) 산에 오를 수 없다(12절).

본문을 통해 계시된 이 세 가지 진리는 모든 자유주의자들, 지금까지 살았던 현대인들에 의해 거부당했다. 이 사람들의 주제가는 창세기 3장에 있는 그 주제가이다. 『**너희가 반드시 죽지는 아니하리라**』(창 3:4).

그래서 이 사람들은 하나님께 다가가는 방법을 이렇게 만들었다.

1. 동정녀 탄생이 없이도 하나님께 다가갈 수 있다. 죄가 없는 사람이 태어날 필요를 느끼지 못하기 때문이다. 왜냐하면 아담은 타락하지 않은 것이고 그렇기에 아담의 종족을 회복시키기 위한 초자연적인 출생 같은 것은 필요없다.

2. 몸의 부활 없이도 하나님께 다가갈 수 있다. 그리스도는 아담의 종족과 같다. 아담의 종족 가운데 그 어떤 사람도 무덤에서 나올 수 없다.

3. 피의 속죄 없이도 하나님께 다가갈 수 있다. 하나님은 인간에게 그러한 것을 요구하지 않으신다. 왜냐하면 인간은 피흘림이 없이도 "산에 오를 수 있을 만큼" 선하기 때문이다(출 24:6-8).

근본적으로 잘못된 문제는 하나님께 다가서는 것에 있다는 사실을 알았을 것이다.

거듭난 하나님의 자녀들은 하나님께 다가설 수 있는 유일한 길은 죄 없는 한 사람이 자신의 완전한 희생제사를 통해서(마 11:27, 딤전 2:5, 요 14:1-6) 가능하다고 믿는다. 죄인이 자신의 의로서는 결코 하나님께 다가설 수 없기에(사 64:6) 그 죄인을 대신하여 하나님께 다가서신 죄 없는 사람을 통해서만 하나님께 다가설 수 있다. 인간의 능력으로는 하나님께 다가설 수 없다는 진리(시 50:16-23)를 도외시하고 어떤 방법으로든 자신의 입맛에 맞기만 하면 하나님께 다가설 수 있다고 생각하는 사람들이 NCCC와 에큐메니칼 공회 사람들이다.

출애굽기를 통해 알 수 있는 진리는 "인류의 형제애"(출 11:7) 같은 것은 없다는 사실이다. 다음으로 알 수 있는 진리는 죽음은 피의 속죄를 거부한 것에 대한 대가라는 사실이다(12:13). 다음으로 배울 수 있는 진리는 하나님께서 계시해 주신 하나님의 말씀들을 자유주의자들이 했던 말처럼 다룬다면 그 대가는 죽음이라는 사실이다. 당신 대신에(사 53:3-9) 화살을 맞은(출 19:13) 한 사람의 피흘림으로 당신의 죄가 가려지지 않았다면 하나님의 영광을(요 17:24) 보기 위해 산에 오르려는 시도는 당장 멈추는 것이 좋다. 당신이 자유주의자가 아니라면 그러한 시도를 멈추라는 말이다.

"자유주의자들"이 고려하지 않는 것은 자신들이 접촉하고 있는 신은 경계를 옮겨버린 신이라는 사실이다(행 17:26-28). 그러나 주 하나님은 그 경계를 옮기는 분이 아니라 그 경계를 정하신 분이다(신 32:8). 자유주의자들이 접촉하는 신은 모든 인류의 아버지로서의 신일 뿐이지(요 8:44, 고후 4:4), 결코 모세나 아브라함, 이삭, 야곱, 다윗, 그리고 그리스도인들의 하나님은 아니다.

19:14 **모세가 산에서 내려와 백성에게 이르러 백성을 성결하게 하니, 그들이 자기들의 옷을 빨더라.**

15 **그가 백성에게 말하기를 "셋째 날을 대비하고 너희 아내들을 가까이하지 말라." 하니라.**

16 **셋째 날 아침에 천둥과 번개와 짙은 구름이 산 위에 있고 나팔 소리가 심히 크므로 진영에 있는 모든 백성이 떨더라.**

17 **모세가** 하나님을 **만나려고 진영에서 백성을 데리고 나오매 그들이 산기슭에 서니라.**

18 **시내 산은 온통 연기로 자욱하니 이는 주께서 불 가운데 그 위에 내려오심이라. 그 연기가 용광로의 연기처럼 솟아오르고 온 산이 크게 진동하더라.**

19 **나팔 소리가 길어지고 점점 더 커질 때 모세가 말하니** 하나님**께서 음성으로 대답하시더라.**

20 주**께서 시내 산 정상에 내려오셔서** 주**께서 모세를 산 정상으로 부르시니 모세가 올라가더라.**

21 주**께서 모세에게 말씀하시기를 "내려가서 백성에게 당부하라. 그들이** 주**를 보려고 뛰쳐나오지 않게 하라. 그러다가 그들 중 많은 자가 죽을**

까 하노라.

22 **주께 가까이 오는 제사장들도 스스로 거룩하게 하라. 주가 그들에게 갑**
자기 임하지 않게 하려 함이라." 하시니라.

23 **모세가 주께 말씀드리기를 "백성이 시내 산에 오를 수 없나이다. 이는**
주께서 우리에게 명령하여 말씀하시기를 '산 주위에 범위를 정하고 산
을 거룩케 하라.' 하셨음이니이다." 하더라.

24 **주께서 그에게 말씀하시기를 "가라. 너는 내려가서 아론과 함께 올라올**
지니라. 그러나 제사장들과 백성들은 뛰쳐나와 주께로 올라오지 못하게
하라. 주가 그들에게 갑자기 임하지 않게 하려 함이라." 하시니

25 **그러므로 모세가 백성에게 내려가서 그들에게 말하니라.**

백성들만 두려워 떠는 것이 아니라(16절) 모세도 떨고 있다(히 12:21) 이 전체 장면은 환란 후 휴거를 보여 준다(계 11:12). 또한 그리스도인의 휴거도 보여 준다(살전 4:13-18). 구름이 나타난다(행 1:9, 마 17:1-5). 나팔도 나타난다(고전 15:44-52, 계 4:1,2). 누군가가 "이리 올라오라"는 소리를 듣는다.

전체 장면은 재림의 장면 그대로이다(겔 1:1-6, 슾 1:15,16). 아침 여섯 시에 천둥소리가 들리고 땅이 흔들린다. 진을 치고 있는 회중은 깜짝 놀라 동시에 일어난다. 하늘은 맑은데 거대한 구름 덩어리가 회중 위로 이동하더니 산꼭대기에 머물러 있다. 또다시 번개와 천둥소리가 들리고 고막이 찢어질 듯한 나팔소리가 회중 가운데 들린다. 모두가 손으로 귀를 막는다. 모든 회중은 물결처럼 쏠려 시내 산 밑으로 모여든다. 모두가 위를 쳐다본다. 갑자기 255미리 포탄 터지는 소리와 함께 산 정상에서 화염이 치솟는다. 마치 화산 폭발 같다. 거대한 구름 기둥이 위로 치솟는다. 가축들은 길길이 날뛴다. 반경 500야드 내에는 개 한 마리도 없다.

불과 연기가 잠잠해지자 이번에는 나팔소리가 거대하게 들린다(19절). 모두 솜으로 귀를 틀어막고 연신 머리를 흔들어 댄다. 이때 모세는 하나님의 음성을 듣고 다시 한 번 백성에게 경고한다(20-22절).

『제사장들도 스스로 거룩하게 하라. 주가 그들에게 갑자기 임하지 않게 하려

함이라... 제사장들과 백성들은 뛰쳐나와 주께로 올라오지 못하게 하라』(22,24절). 은혜 아래 있는 제사장들은 아무 특권이 없다는 사실을 알 수 있다. 이때의 이스라엘도 마찬가지이다. 레위 지파는 제사장으로서 섬기도록 아직 선택되지 않았다. 본문에서의 제사장은 가족 중 첫태생을 말할 뿐이다(출 13:12). 이드로와 멜키세덱은 레위 지파가 성별되기(레 22:2) 오래전에 있었던 제사장들이다.

『**가라. 너는 내려가서 아론과 함께 올라올지니라**』(24절). 아직까지 아론이 모세와 함께 십계명을 받았다고 말하는 성경 이야기 책을 보지 못했다. 그러나 본문은 출애굽기 20:1-17을 듣기 위해 아론이 모세와 함께 올라갔다고 말한다. 출애굽기 31:18의 돌판은 여호수아가 모세와 함께 있었을 때 받은 것이었다(24:12,13). 아론(대제사장으로서의 예수 그리스도의 모형)과 여호수아(재림 때 예수 그리스도의 모형)는 이스라엘을 다루는 모세(선지자로서의 예수 그리스도의 예표)의 사역에 개인적으로 동참하는 영광을 누린다.

출애굽기 20장

20:1 하나님께서 이 모든 말씀을 일러 말씀하시기를
2 "나는 이집트 땅, 종의 집에서 너를 데리고 나온 주 너의 하나님이라.
3 너는 내 앞에 다른 어떤 신들도 있게 하지 말지니라.
4 너는 어떤 새긴 형상도 네게 만들지 말고 또한 위로 하늘에 있는 것이나
아래로 땅에 있는 것이나 땅 아래 물에 있는 것의 어떤 모습이든지 만들
지 말며
5 너는 그것들에게 절하지 말고 그것들을 섬기지 말지니라. 이는 나 주 너
의 하나님은 질투하는 하나님임이니, 나를 미워하는 자들의 삼사 대까지,
그 조상들의 죄악을 그 자손들에게 미치게 하고
6 나를 사랑하고 나의 계명들을 지키는 자들에게는 수천 대까지 자비를 베
푸느니라.
7 너는 주 너의 하나님의 이름을 헛되이 사용하지 말라. 주는 그의 이름을
헛되이 사용하는 자를 죄 없다고 여기지 아니하리라.
8 안식일 날을 기억하고 그것을 거룩하게 지키라.
9 엿새 동안 네가 일할지니 네 모든 일을 할지니라.
10 그러나 일곱째 날은 주 너의 하나님의 안식일이니 그 날에는 너와 네 아
들이나 네 딸이나 네 남종이나 네 여종이나 네 가축이나 네 문 안에 있
는 네 타국인까지도 아무 일도 하지 말지니라.
11 이는 엿새 동안 주가 하늘과 땅과 바다와 그 안에 있는 모든 것을 만들

고 일곱째 날에는 쉬었음이라. 그러므로 주가 안식일 날을 복 주고 거룩
하게 하였느니라.
12 **너는 네 아비와 네 어미를 공경하라. 그리하면 주 너의** 하나님**께서 네게**
준 땅 위에서 네 날들이 길 것이라.
13 **너는 살인하지 말지니라.**
14 **너는 간음하지 말지니라.**
15 **너는 도둑질하지 말지니라.**
16 **너는 네 이웃에 대하여 거짓 증거하지 말지니라.**
17 **너는 네 이웃의 집을 탐내지 말며, 너는 네 이웃의 아내나 그의 남종이**
나 그의 여종이나 그의 소나 그의 나귀나 네 이웃의 소유 중 아무것도
탐내지 말지니라." 하시니라.

이 유명한 십계명에 대한 전반적인 진리를 살펴보고 본문을 살펴보자.

1. 이 지구상에 살았던 사람가운데 오직 한 사람만이 첫 번째 계명을 지킬 수 있었다(마 22:37,38).

2. 부처, 공자, 모든 교황, 케네디, 링컨, 조로아스터 모두 주기적으로 열 가지 계명을 범했다(약 2:10).

3. "제칠일예수재림교도"는 주기적으로 열 가지 계명을 범한다(약 2:10). ① 이들이 말하는 "칠 일"은 팔레스타인에서 지켜지는 칠 일이 아니기 때문이다. ② 안식의 날로 주어지는 이 날은 단 한 번도 예루살렘 밖 100마일 이상 떨어진 곳을 언급한 적이 없다.

4. 율법은 "인도하는 선생"이다. 율법 안에서(빌 3:4-8) 흠 없었던(눅 1:6) 사람의 의보다도 더 뛰어난 의로 인도해 주는 선생이 율법이다.

5. 그리스도께로 "인도하는 선생"을(갈 3:24) 따르기를 거부한 학생들은 율법의 저주 아래로(갈 3:13) 되돌아가는 것이다(갈 5:4).

6. 율법을 통해서는 죄가 무엇인지를 알 수 있을 뿐이다. ① "율법을 통해서는 죄의 깨달음이 있음이니라." ② 율법을 통하여 하나님을 깨닫는 것이 아니다(롬10:1-4). ③ 하나님께서는 어떠한 사람이라도 율법에 의해 의롭다고 선언하시지 않는다(갈 3:11). ④ 율법을 지킬 수 있는 사람만을 의롭다고 선언하신다

(롬 2:13).

7. 율법은 거룩하고, 영적이고, 선하다(롬 7:12,14). ① 그러나 죄인은 율법을 지킬 수 없다(롬 8:3). ② 그러나 자신은 충분히 율법을 지킬 수 있다고 생각하는 사람은 자신을 속이는 것이다. ③ 어떠한 사람도 십계명을 지키지 못한다. 지갑에 넣어 가지고 다니든, 종이에 써 가지고 다니든, 새겨서 목에 걸고 다니든 상관없이 말이다. 예수 그리스도께서는 『너희 중에는 율법을 지키는 사람이 아무도 없도다.』(요 7:19)라고 말씀하신다. 정통 유대교를 믿는 최고 종교 지도자들조차도 율법을 지키지 못했다면 더 이상 시도하지 말라.

첫 번째 계명: 『**나는... 주 너의 하나님이라. 너는 내 앞에 다른 어떤 신들도 있게 하지 말지니라**』(2,3절).

1. 첫 번째 계명은 부정적이다. "너는 내 앞에 다른 어떤 신들도 있게 하지 말지니라." 본문은 창세기 2:17과 연결된다. 부정적인 명령이다.

2. "다른 신들"이란 선하건 악하건 간에 다른 신들을 말한다.

3. 누군가가 두 번째 계명으로부터 하나의 신을 만들어낸다면(스탈린, 맥길, 링컨, 루즈벨트, 엥겔스, 레닌, 카스트로, 모택동, 트로츠키, 슈바이쳐, 간디, 아스트룩, 르낭, 에머슨, , 테드 케네디, 무슨 무슨 국제 기구 등등) 열 가지 모든 계명을 범하는 것이다(약 2:10).

4. 하나님 앞에 그 어떤 것도 그 어떤 사람도 두어서는 안 된다(골 1:18).

5. 첫 번째 계명은 인간의 모든 문제를 단순화시켜 준다.

6. 모든 문제는 이 한 가지 계명에 달려 있다. 그 계명을 지킬 수 있다면 나머지 계명들은 기도하지 않아도 지킬 수 있다.

두 번째 계명: 『**너는 어떤 새긴 형상도 네게 만들지 말고**』(4절).

1. 첫 번째 계명은 우상 숭배의 모든 형태에 대해 말한다.

2. 두 번째 계명은 우상 숭배 가운데 특정한 형태에 대해 말한다(행 14:16).

3. 특히 이 부분은 홍수 후에 나타났던 것이다(행 17:30).

4. 형상을 사랑하는 자는 하나님을 미워하는 자이다. "나를 미워하는 자들"(5절).

5. 위에 언급된 죄는 로마서 1장에 요약되어 있다.

6. 이 죄는 말하는 자들이(롬 1:22) 하나님께 영광 돌리기를 거부하는 것으로부터(롬 1:21) 시작된다.

7. 진화론에 대한 이론은(롬 1:23) 이 죄에 대한 결과이다.

8. 이 죄악은 삼 대, 사 대에서 끝나는 것이 아니라 십 대째까지 지속된다. 그것도 민족적으로 말이다.

다윈의 우상 숭배는 미국에서 공립학교까지 그 영향을 끼친다. 『**그 조상들의 죄악**』은 수천 명의 성적 미치광이, 마약 중독자를 양산해 내고 거기에서 그치는 것이 아니라 하나님의 형상이(히 1:2,3) 네 발 달린 짐승이나 기어다니는 것들(롬 1:23)과 같다고 믿게 만든다. 진화론이 맞다면 예수 그리스도는 유인원에서 온 것이다. 최근 정신병자들의 헛소리에 따르면 "하나님의 형상"(창 2:7)은 베이징인이나 자바원인에서 유래한다고 한다.

9. 새긴 형상에 관한 전문적인 이스라엘인이 있었다. 하나님께서는 그의 죄를 감찰하셨고 "삼사 대까지" 미치게 하셨다. 전체 지파가 이 죄에 연루되었고 이 지파는 제사장들을 고용하였는데 그 제사장들을 "아버지들"이라고 불렀다(판 17장)! 게다가 이 지파는 "하늘의 여왕"을 숭배했고 제단에 향을 바쳤다. 이들은 예수 그리스도께서 태어나기 전에 자신들의 종교를 남부 아일랜드, 이태리, 스페인으로 파급시켰다. 이들은 숭배할 때 제의를 입었고 죽은 자들을 위해 기도해 주는 긴 옷 입은 "아버지들"을 고용했다.

10. 형상을 사랑하는 자는 하나님을 미워하는 자이다(신 16:22; 24:16, 렘 32:18, 계 13장을 연관하여 살펴보라).

우상을 버리면 하나님의 자비가 수천 대까지 미친다. 말라키 3:6절도 이 부분을 설명한다. 마태복음 24:34의 세대는 오늘날까지 살아 있고 이스라엘의 회복을 기다리고 있다(롬 11:25-32). 『모든 사람에게 자비를 베풀려 하심이니라』(롬 11:32).

그리스, 인도, 로마, 이집트의 새긴 형상들은 믿지 못할 정도이다. 이스라엘의 새겨진 형상들보다 뛰어나다(사 10:10; 30:22). 미국도 마찬가지이다. 서반구에서만 2천만 명이 넘는 "그리스도인들"이 매월 새겨진 형상에 절하고 있다. 미국에서 인구 5천 명만 되는 도시에는 어김없이 새겨진 형상, 주조된 형상이 있다.

뿐만 아니라 2천명 정도 사는 도시에는 마리아 상이 서 있다.

형상을 사랑하는 자는 하나님을 미워하는 자다.

세 번째 계명: 『**너는 주 너의 하나님의 이름을 헛되이 사용하지 말라**』(7절). 여전히 부정적인 계명이다. 긍정적인 말은 6절에 하나 있는데 하나님을 사랑하고 그의 계명들을 지키는 사람들에게 주어진 말이다. 여기서 긍정적인 내용은 하나님의 계명을 지키는 사람에 대해 말하는 것이다. 계명 자체가 부정적이다. 『...**헛되이 사용하지 말라**』(7절).

하나님의 이름을 헛되이 사용한 사람에게 무슨 일이 일어났는지 레위기 24:10-13에서 자세히 설명해 준다. 십계명을 이스라엘에게 시행한 것처럼 미국에도 시행한다면 모든 사거리, 테니스코트, 술집, 사무실, 식당, 목욕탕, 버스정류장, 축구장, 주차장, 야구장, 댄스교습소, 법원, 감옥, 병원, 교통신호 등등에는 커다란 집을 지을 분량의 돌무더기가 쌓일 것이다(레 24:14). 일상적인 대화를 하는 데 있어서 미국인들의 입은 "저주와 독설"로 가득 찬다(롬 3:14). 조종사는 관제탑을 저주한다. 부조종사는 조종사를 저주한다. 포수는 타자를 저주한다. 타자는 심판을 저주한다. 공격수는 수비수를 저주한다. 경찰은 교통체증을 저주한다. 목수는 망치를 저주한다. 종업원은 손님을 저주한다. 손님은 음식을 저주한다. 로마카톨릭은 성경을 저주한다. 공산주의자는 경제 체제를 저주한다. 히피는 사회 체제를 저주한다. 운전하는 사람들은 타고 있는 차를 저주한다. 하나님께서 저주를 들으시어 차를 전복시키지 않는 것은 기적이다.

네 번째 계명: 『**안식일 날을 기억하고 그것을 거룩하게 지키라**』(8절).

이 부분은 12:16에서 이미 설명했다. 창세기 2:12 주석에도 자세히 언급했다. 11절을 잘못 해석하여 마치 안식일이 창세기 2:2에서 제정된 것처럼 오해한다. 그렇지 않다. 모세는 아마도 출애굽기 12:16 후에 창세기 2:1을 기록했을 것이다. 이 안식일은(겔 20:12) 시내 산에서 계시되었는데(느 9:14) 이때는 아브라함, 이삭, 야곱이 죽은 지 많은 아주 많은 날이 지난 후였다. 아브라함은 안식일을 지킨 적이 없다. 이삭, 야곱, 노아. 에녹, 아벨도 마찬가지다. B.C. 1600년이 되기까지 그 누구도 하나님께서 왜 안식일을 지키라고 하셨을까 생각해 보지도 않았다. 『**주가 안식일 날을 복 주고 거룩하게 하였느니라**』(11절). 창세기 2:1-3에서도 그리하셨다. 그러나 이 사실을 이스라엘이 이집트를 나오기 전까지는 계시해 주시지 않았다. 그 이유는 명료하게 알 수 있다. 이스라엘은 출애굽하기 전까지는 하나의 민족으로, 정치적인 집합체로 나타나지 않는다. 표적은 이스라엘에게 언약의 표시로서 주어진 것이다. 그런데 그 언약은 이스라엘이라고 하는 민족과 그 민족을 창조하신 창조주로서의 하나님 사이에 체결된 언약이다. 따라서 이슬라엘이 민족으로 나타나기 전까지 안식일은 이스라엘과 하나님 사이의 표적이 될 수 없는 것이다. 아담에게 주어진 표적은 짐승의 가죽이다. 노아에게 주어진 표적은 무지개다. 아브라함에게 주어진 표적은 할례다. 율법 아래 이스라엘에게 주어진 표적이 안식일인 것이다. [성경을 공부했다면 은혜 아래에서 주어진 첫 번째 안식일(출 12:16)을 알 것이다. 그 첫 번째 안식일은 그 주의 첫날인 일요일이었다. 정기적으로 토요일에 지키는 안식일은 아무에게도 주어지지 않았다. 정기적으로 토요일에 지키는 안식일은 이스라엘이 언약으로서의 안식일을 지키겠다고 동의한 후(출 19:8) 민족으로서의 이스라엘에게 비로소 주어진 것이다. 출애굽기 16:20-29은 평범하게 시험을 해 보기 위한 케이스였다(출 16:4,28). 즉 안식일이 제정될 경우 지킬 수 있는가 없는가를 보기 위함이었다.] 위대한 "제칠일예수재림교도들"(안식교인)은 예수 그리스도를 살해한 무리 가운데 있었다(마 12:1,6,10,11,12, 막 3:2,4, 요 5:9,10,16,19; 9:14,16,31).

가축들도 안식일에는 쉰다. 구약에는 하나님께서 가축까지 돌보신다는 내용이 많이 나와 있다(창 8:1; 9:9-11, 욘 4:11, 출 23:5,12, 신 25:4, 잠 12:10).

다섯 번째 계명: 『**너는 네 아비와 네 어미를 공경하라**』(12절).

이 계명은 긍정적인 계명이다. 에베소서 6:2에서는 이 계명이 "약속 있는 첫째 계명"이라고 말씀하신다. 이 약속은 출애굽기 20:6에서도 나온다. 그 약속은 분명히 긍정적이다. 여기 다섯 번째 계명에는 특별한 보상이 있는데 그것은 "땅위에서 네 날들이 길 것이라."는 것이다. 시편 34:12과 신명기 25:15에서도 그 방법이 나와 있다. 이 계명은 특별한 설명이 필요하지 않다. 이 계명에 대해서는 서양 사람들보다 동양 사람들이 더 잘 안다. 노인이나 조상들은 유럽이나 아메리카보다 동양에서 더 공경받는다. 마가복음 7:11의 범죄한 젊은이는 이 계명대로라면 죽어야 한다. 부모의 훈계를 거부한 아들에 대해서는 사형이 언도되었다(신 21:18-21). 다시 한번 말하지만 모세의 언약이 미국에 적용되지 않는 것이 얼마나 다행인지 모른다. 적용된다고 가정해 보라. 고등학교 교실 가운데 20명이 남아 있는 교실이 얼마나 되겠는가?

여섯 번째 계명: 『**너는 살인하지 말지니라**』(13절).

다섯 번째 계명부터는 개인적인 행위에 대해 언급하는 것이다. 집단을 형성하는 민족적인 군대를 향해 주어진 계명이 아니다. "너는 살인하지 말지니라."고 말씀하신 그 하나님께서 "다 죽이라."고 말씀하신다(삼상 15:1-3). 양심적인 "집총 거부"를 하고 여섯 번째 계명을 지킨 사울은 자신의 왕좌를 잃어버렸다.

보수주의 학자 아담 클라크는 이 문제에 있어서 사울의 편에 선다. 모든 전쟁은 이 여섯 번째 계명을 범하는 것이라고 주장한다. 모두 그렇지는 않다 하더라도 최소한 지난 2000년간 있었던 전쟁은 이에 해당한다고 주장한다. 이스라엘이 벌인 전쟁의 결과가 "살인"이라면 여호수아, 칼렙, 다윗, 에훗, 바락, 입다 그리고 히브리서 11:32에 등장하는 모든 영웅들은 가장 극악한 살인자들로서 마땅히 사형에 처해져야 했을 것이다. 클라크는 과실치사(민 35장), 고의적 살인(민 35장), 자기 방어(눅 22:36), 사형(창 9장), 정부의 형집행(롬 13장), 군대에서의 전투(민 30-31장)를 구분할 수 없다. "너는 살인하지 말지니라." 이 계명은 미국이 지금까지 치러온 전쟁과는 상관없다. 영국, 프랑스, 터키, 독일, 스페인, 러시아, 중국, 일본, 인도가 치른 어떤 전쟁과도 상관없다. 피느하스는 한 남자와 한 여자를 창으로 찔러 죽이는데 하나님께서 이에 대해 보상하신다(민 25:6-8). 다윗은 자신에게 호의를 베푸는 아말렉인을 죽임으로 더 존귀해진다(삼하 1-2장). 야엘은 한 남자가 잠들었을 때 죽이는데 이로 인해 "여인들보다 복 받는다"(판 5:24-27).

피느하스는 거짓 신들을 위해 어린아이들을 죽이는(렘 7:31) 그런 종교를 근절시켰다. 다윗은 로마서 13:1-2의 입장에서 성경적인 사형을 집행하였는데(삼하 1:13-16) 이때 죽은 사람은 사무엘상 15:9,32에서 마땅히 죽었어야 하는 사람이었다. 한 사람이 이스라엘 전체를 죽이려 했을 때 야엘은 그 사람을 죽임으로 그녀의 민족을 구했다.

일곱 번째 계명: 『**너는 간음하지 말지니라**』(14절).

이 계명은 말 그대로다. 이 주제에 대해서 성경은 워낙 많은 부분을 할애했기 때문에 "상황 윤리"를 들먹거리는 어떤 사람도 빠져나가지 못한다(이 부분의 주석에 대해서는 잠언 4-8장, 마태복음 19:1-12을 볼 것). 성경에서 간음의 죄는 사형에 해당한다(레 20:10). 간음은 비밀리에 마음 안에서 이루어질 수도 있다(욥 24:15, 마 5장). 간음은 사생아를 낳는다(사 57:3). 하나님께서는 간음을 극히 싫어하신다(겔 23장, 말 2장). 간음하는 자는 돌로 쳐죽인다(요 8:4). 간음하지 말라는 이 계명은 율법아래서도 주어졌고(호 4:13) 은혜아래서도 주어졌다(롬 13:9). 하나님께서 버리신 민족은 이 범죄가 특징이다. 다윗은 육체의 간음을 범하였다. 솔로몬은 영적인 간음을 범하였다. 로마는 간음하는 음녀이다. 『**음행하는 자들과 간음하는 자들을 하나님께서 심판하시리라**』(히 13:4).

현대인이 주목할 만한 예가 있다. 한 초등학생에게 물었다. "다윗의 죄가 무엇이라고 생각하니?" 그 소년은 이렇게 대답했다. "간음하기 위해 다가간 것입니다." 마지막 때가 되면 사람들의 눈은 음욕으로 가득 찬다(벧후 2:14). "하나가 된 세계"는 간음의 늪에 깊이 빠진다(약 4:4). 이 세상은 온통 간음에 물들어 간음의 여왕인 로마카톨릭과(마 13장, 계 17장) 더불어 대환란으로 들어간다(계 2:20-23).

여덟 번째 계명: 『**너는 도둑질하지 말지니라**』(15절).

역시 부정적인 계명이다. 사람들은 참으로 이상하다. "부정적인 설교"나 "삶의 부정적인 모습" 등을 듣고 불만을 품을 때 달려가는 것이 십계명이니 말이다. 십계명보다 더 부정적인 계명이 어디 있단 말인가? "너는 도둑질하지 말지니라." 너는 다른 사람의 명예를 훼손시킴으로 그 사람의 좋은 이름을 도둑질하지 말지니라(잠 16:27-33). 너는 자신의 육신의 정욕으로 인해 젊은 여자로부터 그녀의 순수성을 도둑질하지 말지니라(신 22:13-28). 너는 너의 부모가 너의 살아가는 방식으로 인해 염려하여 좌절하게 만듦으로 그들의 세월을 도둑질하지 말지니라(신 21:18). 너는 시민의 대표자가 되어 그들의 돈을 도둑질하지 말지니라. 너는 장난삼아 즐긴다는 핑계로 이웃의 밭에 들어가 참외, 수박, 딸기, 사과를 도둑질하지 말지니라. 너는 건성건성 일해 놓고 한 달 봉급 다 챙김으로

회사의 시간을 도둑질하지 말지니라.

아홉 번째 계명: 『**너는 네 이웃에 대하여 거짓 증거하지 말지니라**』(16절).

여전히 부정적인 계명이다. 로마, 이집트, 아테네에는 모두 거짓 맹세에 대한 엄중한 법이 있었다(*Records of the Past*, Vol. 8, p.65). 그러나 시내 산에서 계시된 하나님의 법은 이러한 고대 국가들의 법과는 비교가 되지 않는다. 아홉 번째 계명 안에는 "거짓 증거"(잠 10:18), 아첨(잠 7:21), 진리를 억압하는 것(롬 1:20-26), 진리를 전파하기를 거부하는 것(마 23:1-23), 과장하는 것(행 24:1-9), 거짓 정보를 제시하는 것(왕상 13:18), 타협하는 것(렘 37장), 맹세를 이루는 것을 거부하는 것(전 5:1-6) 맹세하고 거짓말하는 것(왕상 22:15,22) 누구에 대하여 거짓 비난하는 것(유 9,15) 등이 모두 포함된다.

누구든지 거짓말을 하기 위해 배워야 할 필요는 없다(시 58:3). 정작 사람이 배워야 하는 것은 진리를 말하는 것이다. 누구나 거짓말은 물을 마시는 것만큼이나 자연스러운 것이다. 아브라함은 거짓말했다(창 12:18). 다윗도 거짓말했다(삼상 21:13). 사울도 거짓말했다(삼상 15:21). 욥도 거짓말했다(욥 12:6). 다니엘도 거짓말을 허용했다(단 2:46). 요셉도 거짓말했다(창 44:2). 베드로도 거짓말했다(마 26장). 아브라함 링컨이나 조지 와싱턴이 한 거짓말을 당신도 할 수 있다면 그들이 얻었던 명성도 얻을 수 있다.

『**너는 거짓 증거하지 말지니라**』(16절). ASV에는 로마서 13:9에 이 구절이 빠져 있다. 왜 그런지 궁금하지 않은가?

『**너는 네 이웃의 집을 탐내지 말며... 네 이웃의 소유 중 아무것도 탐내지 말지니라**』(17절).

첫 번째 계명이 주어진 이래로 가장 강력한 계명이다. 이 구절은 예수 그리스도께서 젊은 부자 관원과 말씀하시는 데 있어서 인용하지 않으셨던 구절이다(눅 18:20). 이 계명은 젊은 부자 관원을 근심케 한 계명이기도 했다(눅 18:22). 바울은 이 계명이 없었더라면 정욕의 본질을 알지 못했다고 말한다(롬 7:7). 그러나 이 계명이 깨달아지자(롬 7:8-10) 바울은 죄의 본질을 깨닫게 된다. 바울은 바로 그 지점에서 죽었다(롬 7:9). 탐심은 우상 숭배다(골 3:5).

『**너는 ... 탐내지 말며**』 이 계명은 먼저 언급된 여덟 가지 계명과 다른 면이 있다. 바로 하나님만이 보실 수 있는 내면의 욕망을(삼상 16:7) 다루는 계명이기 때문이다. 탐심은 많은 경우에 있어서 분명히 드러난다(물건 세일할 때 여자들이 서로 싸우는 경우처럼). 그러나 많은 경우 탐심은 드러나지 않는다(요 12:6의 유다처럼). 최초의 반역은 탐심 때문에 생겼다(사 14:13). 인간을 타락하게 만든 것도 탐심이다(창 3:1-6). A.D. 33년의 에큐메니칼 공회가 마피아 집단으로 변한 것도(요 11:53) 탐심 때문이다. 게하시를 끝장낸 것도(왕하 5장), 시몬을 끝장낸 것도(행 8:20) 탐심이다. 탐심은 "교만"과 관계가 깊다. 많이 가져 "크게" 되고자 할 때 탐심이 생기기 때문이다. 아칸은 "모았고" "탐심이 생겼다"(수 7:21). 그래서 "취했고" "숨겼다." 그러나 사람의 마음을 살피시고 시험하시는 분이(시 139:23, 렘 17:10) 이스라엘 온 지파 가운데서 아칸을 찾아내셨다(수 7:16). 탐심과 연관되는 또 다른 죄는 시기이다. 창세기 4:2-6, 마가복음 15:10, 사도행전 3장, 이사야 14장을 유심히 읽어 본다면 탐심은 시기를 유발한다는 사실을 알 수 있을 것이다.

교만, 탐심, 시기 이 세 가지 근본적인 죄들로부터 거짓말, 거짓 맹세, 사기, 증오, 살인, 하나님을 모독하는 죄들이 양산되는 것이다. 디모데후서 3장에 열거되어 있는 죄의 목록들은 "자기를 사랑하는" 죄로부터 시작된다(딤후 3:1-6). 즉 첫 번째 계명이 지켜진다면 열 번째 계명도 지켜지는 것이다. 계명들 가운데 하나를 범하면 다른 계명도 범해지는 것이다. 하나님께서 생각과 감정과 의지, 마음을 차지하고 계시다면 그 사람은 참된 만족이 있는 것이다(빌 4:4-7). 자신의 생각을 항상 하나님 위에 둘 수 있는 사람은(사 26:7) 이렇게 신실하게 말할 수 있다. 『**주는 나의 목자시니, 내가 부족한 것이 없으리로다**』(시 23:1). 그러나 자아가 자신의 생각, 마음, 의지를 채우고 있다면 그 사람에게는 항상 "부족한 것," "필요한 것"이 존재한다. 성경책 가운데 이 주제에 관하여 한 권 전체를 할애한 책이 있다. 이 책은 이 세상에서 가장 현명한 사람이 기록하였는데 그 끝은 다음과 같이 기록되었다. 『**이는 하나님께서 선이든 악이든 모든 행위와 모든 은밀한 것들을 심판하실 것임이라**』(전 12:14). 탐심은 은밀한 죄다. 탐심을 품었다는 사실은 아직 부화되지 않은 알처럼 아직 모습이 드러나지 않았을 뿐이지 어두움 가운데 죄가 이미 잉태되고 있다는 사실을 알아야 한다.

그래서 성경은 아주 강력하게 이 죄에 대해 지적한다. 바울은 『**돈을 사랑하는 것이 모든 악의 뿌리**』(딤전 6:10)라고 기록한다.

이 계명으로 "열"(Ten)은 끝난다.

이 계명들은 "열 가지 말들"(the ten words, 히브리어), "율법"(the law), "증거"(the testimony), "언약"(the covenant), "계명들"(the commandments)이라는 말로 불려진다. 이 계명은 구원받은(12장) 후에 주어졌다. 이 계명은 의식이 제정되기 전에 주어졌다. 이 십계명 가운데 하나는 이스라엘에게 주어진 의식이었다. 이 십계명은 권위있게 이스라엘에게 주어졌다. 이 계명을 통하여 각 사람은 자신의 생활의 척도로 삼았다. 이 계명은 각 사람의 양심을 강하게 할 수 있을 정도로 권위가 있어 모든 도덕적인 판단을 하는 데 기준이 되었다. 이 율법은 영적인 것이고(롬 7:14) 선하며(롬 7:12) 무엇보다도 이스라엘의 참된 상태가 어떤 것인지 보여 주기 위해 주어졌다(롬 2:28,29). 이방인들은 본능적으로 이 법에 대한 지식이 있다(롬 2:14). 이는 이 지구상의 어느 시대, 어느 부족, 어느 관습, 어느 법을 살펴보아도 분명히 알 수 있다. 이방인들은 요즈음의 대학 교수들보다도 "너는 간음하지 말지니라."는 계명을 더 잘 알고 있었다(창 20:3-4). 이방인들은 아인슈타인, 스펭글러보다도 첫 번째 계명을 더 잘 알고 있었다(렘 40:2-5). 크리스토퍼 콜럼버스가 나타나기 전에 아메리카에 있던 인디언들은 "너는 도둑질하지 말지니라."는 계명을 잘 알고 있었다. "이방인"들은(롬 2:14-16) 무지해서 아무것도 모른다고 주장했던 사람들은 심판의 그 날에 자신이 숨겨야 했던 모든 일들이 드러나는 것을 발견하게 될 것이다(롬 2:1-3).

당신은 그 법을 알고 있다. 다만 그 법을 지키지 않을 뿐이다. 당신의 아버지는 이 법을 범했다. 당신의 할아버지도 이 법을 범했다. 당신도 이 법을 범했다. 당신의 아이들도 이 법을 범한다. 당신은 하나님의 법을 범하는 사람이다(롬 3:9-23). 당신의 모든 친척도 마찬가지다. 당신의 죄들을 대신 해결해 줄 수 있는 누군가를(사 53:6-12) 찾지 못한다면 당신은 자연의 법을 세우시고, 뿌린 대로 거두는 법을 세우셨으며 거룩한 법을 세우신 분으로부터 정죄받을 것이라는 사실을 명심해야 한다(요 5:27). 『**그리스도께서 우리를 위하여 저주가 되셔서 율법의 저주로부터 우리를 구속하셨으니…**』(갈 3:13). 저주받은 사람은 율법을 모르는 사람이 아니라(요 7:49을 보라.) 율법이 계시된 바로 그 사람이다!(롬 7:9,10) 이 법에 대한 계시가 하나님의 거룩한 영광과 더불어 천둥과 번개가 치는 시내 산으로부터 온 것이든 아니면 양심을 통한 세밀한 음성으로부터 온 것이든(딛 1:15) 동일한 법이다.

20:18 **모든 백성들이 천둥과 번개와 나팔 소리와 연기나는 산을 보았는데 백성이 그것을 보고 이동하여 멀리 떨어져 서서**

19 **모세에게 말하기를 "당신이 우리에게 말씀하소서. 우리가 들으리니** 하나님**께서 우리에게 말씀하시지 않게 하여 우리로 죽지 않게 하소서." 하니**

20 **모세가 백성에게 말하기를 "두려워 말라.** 하나님**께서 내려오심은 너희를 시험하시고 그를 두려워함이 너희 얼굴 앞에 있게 하여 너희로 죄를 짓지 않게 하려 하심이라." 하니라.**

21 **백성은 멀리 떨어져 서 있고 모세는** 하나님**이 계신 짙은 흑암 속으로 가까이 다가가더라.**

19절부터의 내용은, 최초로 받은 십계명은 이스라엘이 민족적으로 들은 것으로 보인다. 모세는 출애굽기 32:15,16까지 "돌판"을 가지고 오지 않았다. 여기서 백성들은 말씀을 직접 듣는다. 그것은 천둥과 번개, 연기 속에서 이루어졌다.

『**백성이 그것을 보고 이동하여 멀리 떨어져 서서**』(18절). 그들의 행동은 그의 죄를 깊이 깨달은 세리(눅 18:13)가 취한 것과 같다. 그들은 계명이 주어질 때 물러나 있기 위해 산 아래에 서 있기에도 적합치 않다고 느낀 것이다. 당신이 그곳에 있다고 상상해 보라. "내 앞에 다른 신들을 있게 하지 말라!" "살인하지 말지니라!" "간음하지 말지니라!" "도둑질하지 말지니라!" 이런 것들을 죄인인 인간에게서 듣는 것과 푸른 하늘에서 불과 연기, 천둥, 번개와 함께 듣는 것과는 차이가 있다!

『**모세에게 말하기를**... 하나님**께서 우리에게 말씀하시지 않게 하여 우리로 죽지 않게 하소서**』(19절). 이것은 20절로 볼 때, 이것은 적합한 반응이었고, 또한 "죄의식"이 정상이며 실제적이고 맞는 것임을 보여준다. 프로이드의 이론은 다윈주의에 도덕을 더하여, 환자들에게 그가 아무런 잘못도 없다고 확신시키고 환자 스스로 아무 문제없다고 생각하게 만든다. 현대의 교육, 현대의 정신 치료도 이와 같이 절대 진리와 도덕적 기준을 살며시 빠져나간다. 현대의 공교육(1970)은 비정상은 부끄러운 것이 아니라고 가르친다. 그러나 출애굽기 20장의 도덕 기준을 벗어난다면 헐리우드나 부랑자 수용소의 도덕 기준을 택하게 될 것이다. 죄에 관하여 '중립지대'는 없다. "모든 불의가 죄"이다(요일 5:17).

백성은 중재자를 원한다. 왜냐하면 욥과(욥 9:33) 베드로(눅 5:8)가 알았던 것, 즉 그들이 거룩하신 하나님과 동행하기에 더럽다는 것(사 6:1-6)을 알고 있었기 때문이다.

『...**두려워 말라... 그를 두려워함이 너희 얼굴 앞에 있게 하여 너희로 죄를 짓지 않게 하려 하심이라**』(20절). 하나님께서는 "두려워하지 않도록" 당신을 "두렵게" 하고 계신다. 요한이 말한 바 『**온전한 사랑은 두려움을 쫓아내느니라.**』(요일 4:18)와, 바울이 말한 바 『**두려움과 떨림으로 너희 구원을 온전히 이루라.**』(빌 2:12)는 말이 얼마나 정확한 지 알 수 있다(시 33:8,18; 34:7; 103:11,17; 111:5,10, 사 50:10, 렘 26:19, 말 3:16, 출 9:29 등).

계명들이라든지 하나님께서 존재하신다는 사실은 사람들에게 두려움을 준다(눅 12:5). 이것은 주 예수 그리스도께서 신약에서 말씀하신 것과 같다(마 10:18).

하나님께서는 사람들이 죄를 짓지 않도록 그들에게 두려운 마음을 주신다. 그들이 죄를 그칠 때 그들은 두려워하기를 그친다. 두려움에 대한 유일한 해결책은 명령에 순종하는 것이다. 교육도 과학도 심리 치료도 그것을 제거할 수 없다. 두려움에서 자유함을 얻는 것은 히브리서 2장과 로마서 10장에서 이루어진다.

『...**모세는** 하나님**이 계신 짙은 흑암 속으로 가까이 다가가더라**』(21절). 이 구절은 열왕기상 8:12을 생각나게 한다. 그러나 두 경우 모두 어두움은 "어떤 사람도 접근할 수 없는 빛"(딤전 6:16)을 봄으로 멸망치 않도록 하기 위한 것이다. 하나님은 빛이시다(요일 1:5-8). 그러나 그것은 그분의 본성을 말하는 것일 뿐, 세상에 관한 한(요 1:1-8) 하나님께서는 침범할 수 없는 어두움에 계신다.

20:22 **주께서 모세에게 말씀하시기를 "너는 이스라엘 자손에게 이같이 말하라. 내가 하늘로부터 너희에게 말한 것을 너희가 보았느니라.**

23 **너희는 나를 가지고 은으로 신들을 만들지 말며 너희에게 금으로 신들도 만들지 말지니라.**

24 **너는 땅의 제단을 나에게 만들어서 그 위에 너의 양들과 너의 소들로 번제와 화목제물을 바치라. 내가 나의 이름을 기억하는 모든 곳에서 네게 내려와 너에게 복을 주리라.**

25 **네가 만일 내게 돌로 제단을 세우려거든 다듬은 돌로 세우지 말라. 이는 네가 도구를 그 위에 대면 그것을 부정하게 하는 것임이니라.**

26 **또한 너는 계단으로 내 제단에 올라가지 말지니 이는 네 벌거벗음이 그 위에서 드러나지 않게 함이니라.**

모세는 다시 산에 올라갔고, 이번이 네 번째였다. 여기서 그는 무려 세 장이 넘는 계시를 받는다. 성막에 관한 지침은 하나님과 사람 사이의 개인적, 민족적 지침이 주어진 이후에 주어진다.

첫 번째 가르침은 성막이 세워지기 전 경배의 방법을 다루고 있다.

『**내가 하늘로부터 너희에게 말한 것을 너희가 보았느니라**』(22절). 이것은 마태복음 17:1-5에서, 하늘에서 들려온 "확실한 예언의 말씀"(벧후 1:19)에 해당한다.

『**너희는 나를 가지고 은으로 신들을... 금으로 신들도 만들지 말지니라**』(23절). 적어도 이스라엘에게는 "하나님께서 눈감아 주시던 때"(행 17:30)가 지났다. 비록 하나님께서 셈, 함, 야펫의 다른 후손들과 동행해 주실지라도 이스라엘은

"자기들의 길"(행 14:16)로 갈 수 없다.

"금과 은 신상들"은 라헬의 형상들(창 31:19)에서부터 로마의 몰락(계 18장)까지 계속된다. 이교도의 부어만든 "신들"(출 34:15-17)은 이스라엘이 약속의 땅(민 25:2-6)으로 들어가기 전에 이미 그들의 멸망을 초래했다. 재판관기에서 이스라엘은 전 민족이 이방신을 따른다(판 2:3,7,12,19).

아론의 송아지는 이 구절과 20:4의 언약에 대한 반역이다. 물질주의는 우상숭배이다. 그리고 바울에 의하면 "탐심은 우상숭배"이다. 사무엘은 "완고함은 우상숭배와 같다."고 했다(삼상 15:23).

아론의 송아지는 출애굽기 32-33장에서 훌륭하게 살아남았다. 그 머리는 두라 평원에서(단 3장), 그의 코를 벨사살의 왕궁 벽에(단 5:4), 그의 발굽을 서기관과 바리새인들의 이론에(마 23:16), 그리고 그의 관과 옷을 걸치고 계시록 17장의 창녀의 자리에서 외친다.

『**너는 땅의 제단을 나에게 만들어서... 네가 만일 내게 돌로 제단을 세우려거든 다듬은 돌로 세우지 말라... 너는 계단으로 내 제단에 올라가지 말지니...**』(24-26절). 제단을 "하나님께서 만들도록" 하기 위해 원래의 돌을 사용하라고 하셨다. "다듬지 않은 돌"(단 2)은 이와 같은 의미이며, 창세기 11:2-6에서는 돌 대신 벽돌을 사용함으로써 이것을 위반한 것을 보여주고 있다. 돌로 된 제단은 엘리야 시대에 세워졌다(왕상 18:30). 장막이 버려져 있을 때나(판 1-10), 성전이 세워지기 전에도(왕상 3:1-4) 나타났다. 아벨과 노아는 제단을 처음 쌓은 사람들이고, 아브라함도 그들의 본을 따랐다(창 8:20; 12:8). 하지만 "산당들"(high places)은 제단을 쌓은 장소로 유명한데, 사탄의 욕망 또한 높은 곳으로 올라가는 것이기에, 자연스럽게 산당은 우상 숭배의 장소로 변하고 말았다.

『**내가 나의 이름을 기억하는 모든 곳에서 네게 내려와**』(24절). 중요한 것은 하나님께서 우리에게 오시는 것이다. 우리가 "도구"를 가지고 가든지 "계단"으로 가든지 그것은 우리를 혼란케할 뿐이다. 하나님께서 오시지 않으면 아무 소용도 없다.

『**나의 이름**』(24절)은 창세기 1장에 기록되어 계시록 22장까지에 이른다. 여러

분이 복을 바란다면 라이프 매거진과 TV를 오가는 것보다 창세기 1장과 계시록 22장 사이에서 시간을 보내야 할 것이다. 역사적으로 하나님께서는 그분의 이름을 실로에 처음으로 두셨고(렘 7:12), 다음은 벧엘에(삼상 10:3), 그리고 시온에(시 78:68) 두셨다. 그분의 이름을 지구상에 마지막으로 두신 곳은 올리브 산이고(행 1), 앞으로 수년 내에 그곳에 다시 두실 것이다(슥 14:1-10).

하나님께서 그분의 이름을 기록하신 가장 복된 장소는 예루살렘 밖의 갈보리 언덕이다. 『**유대인의 왕 나사렛 예수**』(요 19:19). 그것은 셈과 함과 야펫의 언어로 모든 인류가 읽을 수 있도록 기록되었고, 하나님께서는 죄인과 만나시기 위하여 그 제단을 택하셨다(히 13:9-13). 이 시대에 다른 제단은 없다(호 10:2-8). 출애굽기 24:6에서 세워진 이 제단은 피뿌림 받았고(사 53:3-8), 성막과 성전 바깥에 세워졌던 것이다!(히 7:13)

출애굽기 21장

21:1 **이제 네가 그들 앞에 세울 명령들은 이러하니라.**
2 **네가 한 히브리인 종을 사면 그가 육 년간을 섬길 것이요 칠 년째는 아무 일도 하지 않아도 값없이 나갈 것이니라.**
3 **만일 그가 혼자 왔으면 혼자 나갈 것이며 만일 그가 혼인하였으면 그의 아내도 그와 함께 나갈 것이니라.**
4 **만일 그의 주인이 그에게 아내를 주어 그녀가 그에게 아들들이나 딸들을 낳았으면 그 아내와 그녀의 자식들은 그녀의 주인의 것이니 그는 혼자 나갈 것이니라.**
5 **만일 종이 분명히 말하기를 '내가 내 주인과 내 아내와 내 자식들을 사랑하여 자유로이 나가지 않겠노라.' 하면**
6 **그때 그의 주인은 그를 재판관들에게 데리고 갈 것이며 그는 또한 그를 문이나 문설주로 데리고 가서 그의 주인이 송곳으로 그의 귀를 뚫으리니 그가 영원히 그 주인을 섬기리라.**

여기서 말하는 종은 히브리인 종이다. 이 히브리인 종은 빚을 갚기 위해 자신을 팔았거나 자신이 훔친 것의 대가를 지불하기 위해(출 22:3-5) 노예로 팔린 것을 말한다. 아니면 전쟁 포로일 수도 있다. 빚을 도저히 갚지 못할 채무자는 팔릴 수 있다(왕하 4:1). 어떤 사람이 심히 가난한 상태에 있다면 재정적인 이유로 자신을 팔 수 있다(레 25:39). 이러한 종살이는 평생 동안 지속되지 않는다. 7년의 주기와도 관계 없이 환희의 해가 이르렀다면 7년의 과정에 있다 하더라도 종살이는 끝나게 된다(레 25:39-41). 종살이가 끝날 뿐만 아니라 7년의 종살이 기간이 끝났을 때 그 주인은 자신의 종이었던 사람에게 좋은 것으로 채워 주어야 한다(신 15:12-14).

4절에서 말하는 아내와 그 자녀들은 평생 종인 사람들이다. 그러나 이 종들은 "종들의 종들"(창 9:25)이다. 레위기 25:46과 여호수아 9:23은 이러한 종을 말한다. 이 종들은 카나안이라는 사실이 내포되어 있다. 히브리인 종은(2절) 자신이 평생 종이 되겠다고(6절) 스스로 원하지 않는 한 일정 기간만 종이 되는 것이다. 여기에서 몇 가지 예표를 살펴볼 수 있다. 예수 그리스도께서는 종이 되셨다(빌 2:9,10). 그것도 보통 종이 되신 것이 아니라 아내와(엡 5:24-33) 자녀(롬 8:1-20)를 얻기 위해 종들의 종이 되신 것이다!(마 20:28)

2절에서 말하는 "값없이"(free for nothing)라는 표현을 유의해 볼 필요가 있다. 이 표현이 영어 킹제임스성경의 한 부분이다. 아무리 성경 번역자들이 최신의 유행어로, 살아 있는 언어로 번역해 놓았다 하더라도 이 표현은 미국에서 그대로 사용되고 있는 것이다. 선원들은 상륙 허가를 받는다(take liberty). 왜냐하면 바울이 사도행전 27:3에서 그 허락(liberty)을 받았기 때문이다. 바닷가에 상륙할 수 있는 허가를 "liberty"라고 부른다(행 27:3). 왜냐하면 킹제임스성경(1611)에서 그렇게 사용했기 때문이다. 재판장을 "존경하옵는 재판장님"(your honour)이라고 부른다. 왜 그런지 아는가? 킹제임스 성경에 그렇게 되어 있기 때문이다(요 5:22,23). 킹제임스성경은 사람들이 사용하는 말에까지 그 용어를 설정해 놓았다. 사람들이 이 사실을 믿든지 믿지 않든지 상관없이 말을 할 때 이 용어를 사용해야만 하는 것이다. 경기가 종료되었을 때 중계방송은 경기가 끝났다(wind up)고 말한다. 왜냐하면 아나니아와 삽피라가 죽었을 때 성경에서 끝났다(wound up)고 말하기 때문이다. 사람들이 무엇인가를 지켜보고 있다("set" his watch)라고 말하는 경우 그 사람은 자기도 모르는 사이에 마태복음 27장 마지막 절의 표현을 빌리고 있는 것이다. "머리가 모자라는 사람"(half-baked man)이라고 말할 때는 호세아 7:8을 말하고 있는 것이다. "실없이 웃는다"(horse laugh)라고 말했을 때 자기도 모르게 욥기 39:19-25에 있는 내용을 말하고 있는 것이다. 킹제임스성경에 있는 표현을 지금도 일상생활 가운데 쓰고 있는 표현은 최소한 200개 이상이다.

6절은 번역자들이 진리의 말씀들을 올바로 나눌 수 있는지 그 실력을 알아볼 수 있는 좋은 예가 되는 구절이다. 여기에서 "재판관들"(judges)로 번역된 히브리어는 "엘로힘"이다. (이 단어는 "하나님, God" 혹은 "신들, gods"로 번역된다.) 그러나 이 말을 어떻게 옮길 것인가? 예를들어 창세기 1:1의 경우, 이교도 자유주의자들을 제외하고는 모든 사람들이 단수("God")로 번역한다.

만일 이 구절에서 이 단어를 "신들"(gods)로 번역한다면(본문의 문맥상 이들은 재판관이 분명하다.), 인간 재판관들에게 신들이라는 말을 하게 되는 것이다(시 82편 참조). 그렇다면 사람을 제외하고는 실재 "신들"은 없게 되는 것이다. 그러나 정말 "신들"을 의미하는 "신들"이라는 말은 출애굽기 22:20과 22:28에서도 발견된다.

여기에서 번역자들은 세 가지로 번역을 하게 되는데,

첫째, 복수를 단수로 만들어 "God"이라고 번역한다.

둘째, 복수를 그대로 남겨 놓아 "gods"로 번역한다.

셋째, "재판관들"(judges)이라고 번역한다.

자, 이제 킹제임스성경을 보라. 원문에 담겨 있는 진리의 말씀들을 격하시키지 않고 또 명사의 수를 파괴시키지 않고 얼마나 그 의미를 똑바로 전달하는가?

하나님께서는 모세가 파라오 앞에 설 때 하나님의 입장에 서서 행동하라고, 즉 "신"(god)으로서 행동하라고 말씀하신다(출 4:16). 이러한 맥락에서 볼 때 모세는 재판관(judge)이었던 것이다(행 7:35). 단순한 재판관이었을 뿐만 아니라 가장 최고의 재판관(a supreme judge)이었다. 왜냐하면 모세는 이스라엘이 지켜야 할 법률을 제정하는 입법자였기 때문이다(출 24:12). 이 재판의 일을 나누어 맡은 사람들은 모세를 대신하게 되었다(민 11:16,17). 이 사람들은 하나님을 대신하는 모세의 자리에 앉는다(마 23:1-2). 마태복음 23:3에서 "모든 것"이라고 한 말을 유의하라.

바로 이러한 의미에서만 이스라엘에 있는 재판관은 "신"(god)으로 불려질 수 있다. 이런 의미에서 사용되어진 "신(들)"과 다른 곳, 즉 출애굽기 12:12; 20:3; 20:23; 32:4; 34:15; 신 5:7; 6:14; 10:17; 13:1,2; 28:36; 32:17 등에서 사용된 "신(들)"에는 어떤 유사성도 없다. 그 "신들"은 정말 "신들"이다.

시편 82편에서 말하는 "신들"은 고린도전서 8:5, 여호수아 22:22, 사무엘상 28:13에서 말하는 "신들"이다. 그러나 이스라엘에 있었던 인간 재판관들은 주의 천사를(갈 4:14) 대신한 인간 대리인들이었을 뿐이다. 하지만 절대로 잊지 말아야 할 사실은, 천사들(angels)이 홍수 이전에 그들의 문명을 세웠을 때 "신들"(gods)이라고 불렸다는 사실이다(행 14:11, 시 82:1-8).

6절에서는 『**귀를 뚫으리니**』와 관련된 아름다운 예표를 발견하게 된다. 히브리서 10:5은 시편 40:6을 인용한 것이다. 성령께서는 이 부분에 대해 자연스럽게 해석해 주시는데, 예수님께서 "종들의 종"으로서(히 10:1-5) 하나님의 뜻에 순종하시는 것은 자원하여 종이 되셨다는 것이다. 즉 자신의 몸에 "뚫린" 흔적을 남기신 것이다.

21:7 **만일 어떤 사람이 자기 딸을 여종으로 팔았으면 그녀는 남종처럼 나가지 못할 것이라.**

8 **만일 그녀가 자기와 정혼한 주인을 기쁘게 하지 못하면 그로 그녀를 구속토록 할 것이니라. 타국에 그녀를 팔 권한이 그에게 없으니, 이는 그가 그녀를 거짓으로 대했음이니라.**

9 **만일 그가 그녀를 자기 아들과 정혼시켰으면 그녀를 딸들처럼 대해야 하리니,**

10 **만일 그가 다른 아내를 얻었어도 그녀의 양식과 의복과 그녀와의 혼인의 의무는 그가 줄이지 못할 것이라.**

11 **만일 그가 그녀에게 이 세 가지를 행하지 아니하면 그때에는 그녀가 돈을 갚지 않고도 자유로이 나갈 수 있느니라.**

이번에는 남자가 아닌 여자의 경우를 다룬다. 본문에 나와 있는 종인 아내는 7년이 다 차도(2절) 풀려나지 않고 자기 주인의 아내로 남아 있는데 이 경우 그 남편이 몇 명의 아내를 거느리고 있다 하더라도 자신은 정식 아내와 같은 동일한 권리를(10절) 가지고 있다. 혹은 그 주인의 아들들 가운데 하나와 혼인할 수 있는데(9절), 그 주인이 그녀를 자기 아들에게 주지 않는다 할지라도 타국인에게 팔 수는 없다. 만일 주인이 그녀에게 의무를 다하지 않는다면, 그녀는 자신이 원하는 곳으로 자유로이 나갈 수 있다(11절). 유일하게 남은 양자택일은 다른 히브리인이(타국인은 안 된다. 8절) 그녀를 취하여 아내로 삼는 것이다. 여러 아내를 두는 것은 하락되었지만 잠정적이었을 뿐이다. 마태복음 19:8은 이 부분을 설명해 준다. "돈을 갚지 않고도"(11절)라는 말은 주인이 그 여자에 대해 언급된 할 수 있는 모든 것을 다 거절할 경우에 그녀를 다시 팔 수 없다는 것을 의미한다. 만일 그녀의 아버지가 그녀를 팔았다면 그녀의 아버지에게 돈을 돌려 달라고 할 수 없다.

21:12 **사람을 쳐서 죽게 하는 자는 반드시 죽일지니라.**

13 **만일 어떤 사람이 숨어서 기다렸다가 한 것이 아니고, 하나님이 그의 손에 넘겨준 것이면, 그때에는 내가 너에게 한 장소를 정해 주리니, 그가 그곳으로 도망할 것이니라.**

14 **그러나 만일 어떤 사람이 자기 이웃에게 고의적으로 가서 간계로 그를 살해하였으면 너는 그를 나의 제단에서 끌어내어 죽일지니라.**

15 **자기 아비나 어미를 친 자는 반드시 죽일지니라.**

16 **사람을 훔쳐서 팔거나 자기 수하에 둔 자는 반드시 죽일지니라.**

17 **자기 아비나 어미를 저주하는 자는 반드시 죽일지니라.**

18 **만일 사람들이 서로 싸우다가 한 사람이 다른 사람을 돌이나 주먹으로 쳤으나 그가 죽지 않고 자리에 누워 있다가**

19 **그가 다시 일어나서 지팡이를 짚고 움직이면 그를 친 자는 형벌을 면하게 되나 그 사람의 시간의 손실을 변상하고 그를 완전히 낫게 할지니라.**

20 **어떤 사람이 자기 종이나 여종을 매로 쳐서 그가 그의 수하에서 죽으면**
그는 반드시 형벌을 받으리라.
21 **그러나 그 종이 하루나 이틀을 살아 있으면 그 주인은 형벌을 받지 않**
으리니 이는 그가 주인의 돈이기 때문이라.
22 **만일 사람들이 싸우다가 아이 밴 여인을 다치게 하여 그녀의 열매가 그**
녀에게서 떨어지면 더이상 아무런 피해가 따르지 않아도 그는 반드시
형벌을 받아야 하리니, 그 여인의 남편이 그에게 청구하는 대로 재판관
들의 판결을 따라 지불해야 할지니라.
23 **만일 어떤 피해가 따르면 그때는 생명은 생명으로 갚아야 하며**
24 **눈은 눈으로, 이는 이로, 손은 손으로, 발은 발로,**
25 **데인 것은 데임으로, 상처는 상처로, 매질한 것은 매질한 것으로 갚을지**
니라.
26 **만일 어떤 사람이 자기 남종의 눈이나 여종의 눈을 쳐서 그것이 상했으**
면 그 사람은 그 종의 눈으로 인해 그를 자유로이 가게 할지니라.
27 **만일 그가 그의 남종의 이나 여종의 이를 쳤으면 그의 이로 인해 그를**
자유로이 가게 할지니라.

이번에는 가정에서 일어나는 일을 다룬다. 거의 대부분이(12,14,15,18,20,22,26절) 집안 싸움에 관한 것이다. 살인(12절), 사람을 훔친 경우(16절), 부모를 구타하거나 저주한 경우(17절) 이 세 경우에 있어서 사형에 해당된다. 23절부터 25절은 소위 '눈에는 눈,' '이에는 이'로 알려진 법이다. 마태복음 5:38에서 예수님께서 언급하신 부분도 이 법이다. 강단주석은 23절이 지나친 형벌이라고 부르며 마치 이 법은 부족의 오랜 전통에서 형성된 법이지 하나님께서 영감으로 기록하신 하나님의 계명이 아니라는 투로 적고 있다. "보수주의"라는 강단주석 출애굽기 1장부터 21장까지 읽고 있노라면 이 생각을 떨쳐 버릴 수 없다. "생명은 생명으로" 이 법은 신구약 모두에서 기준이 되는 법이다. 율법 아래서건 은혜 아래서건(롬 13:1-6, 민 35장), 어느 경륜 아래서건(창 9:1-5, 행 25:11) 간에 지켜져야 할 법이다.

이 "눈에는 눈" "이에는 이" 법은 B.C. 1500-600년경의 이스라엘 감옥 체계를 살펴보더라도 그대로 적용이 되었음을 알 수 있다. 보통 감옥이나 지하 토굴 감옥에는 소수의 정치범들이나 전쟁 포로들로 차 있었다. 보통의 죄수들은 마태복음 27:16, 누가복음 23:33까지 감옥에서 틀어박혀 있지는 않았다.

12절은 민수기 35장에서 설명된다. 13절도 마찬가지다. 『**그를 나의 제단에서 끌어내어**』라는 표현은 열왕기상 1:50; 2:28에서 문자적으로 이루어짐을 알 수 있다. 그러나 많은 사람이 제단을 잡기 위해 예루살렘으로 달려갔다는 사실은 발견하지 못한다(출애굽기 35장부터 사무엘하까지). 이러한 사실은 이스라엘이 광야에 머무르는 동안 출애굽기나 민수기에서 발견되지 않는다. 이 표현은 원래 살인자는 자신의 죄를 속죄할 제물을 찾을 수 없고 죽음에 처해지기 전에 회중 앞에 던져진다는 사실을 의미하는 것 같다(레 24:14). 도피성읍(민 35장)은 살인자를 위해 지정된 장소가 된다. 살해당한 사람의 가까운 친척이 살해한 사람을 보복할 수 있는데 도피 성읍을 둔 목적은 이 "피의 보복"으로부터 살인자를 보호하기 위함이다.

『**하나님이 그의 손에 넘겨준 것이면**』(13절). 이 말에 따르면 "사고"는 "계획되어진 부주의"보다 그 이상인 것을 알 수 있다. 어떤 "사고"의 배후에는 하나님의 허락되어진 권세 안에서 인도되어지는 하나님의 손이 있는 것이다. 즉 하나님께서는 그 "사고"가 발생하도록 허락하시는 것이다. [누군가가 말했듯이 우리 편에서는 "우연히"(룻 2:3) 일어난 일일는지 모르지만 하나님 편에서는 "필연적으로"(룻 4:13) 일어난 일이다.] 14,15절은 기록된 그대로의 내용이다.

16절을 문자 그대로 받아들인다면 1600-1800년에 있었던 양키들이나 네덜란드 사람들은 대단한 곤경에 처해질 것이다. 아랍 사람들과 많은 아프리카 부족들도 마찬가지이다. 노예제도는 아프리카 사람들이 만들었다. 비록 남자들을 훔쳐서 파는 것은 금지되었다 하더라도 노예들을 사고 부리는 것은 금지되지 않았다(창 47:23, 출 21:2, 레 25:44,46, 대하 28:10 등). "종들"은 요한계시록 6:15; 18:13에서 발견된다. 이 요한계시록 본문의 내용은 앞으로 이루어질 내용이다.

부모를 저주하는 것은(17절) 부모를 때리는 것과 함께 다루어진다(15절). 사형은 두 경우 다 해당된다. 이 기준대로 따른다면 미국에서는 4만 명의 십대 소년들이 전기의자에 앉아야 된다. 오늘날 아무도 이와 같은 법을 다시 제정해야 한다고 생각하지 않는다. 동양인들조차 부모에게 반항한 죄목으로 유치장에 들어가는 것은 이제 놀라운 사실도 아니다. 흔, 듀이, 러셀, 젠틀, 만과 같은 철학자들이 "교육 철학"을 부르짖었을 때 그것을 믿어준 대가는 바로 세계에서 가장 높은 청소년들의 범죄율이었다. 출애굽기 21:15-17의 법이 강제적으로 200년간만 미국에서 시행된다면 미국의 청소년들은 어떻게 될까 사뭇 궁금하다. 누가 이러한 법을 제정할 것인지 상관없이 미성년 범죄는 결코 중국, 일본, 터키, 인도, 페르시아. 이스라엘에서 22세기 동안 중요한 문제로 대두되지 않았다는 사실이다.

18,19절은 오늘날에도 법정에서 동일하게 다루어지는 법이다. "치명적인 무기"를 가지고 상해를 입혔다면 가해자는 병원비를 물어주고 고소당한다. 이 경우 성경에서 말하는 것은 잃어버린 시간까지도 배상하여야 한다는 것이다. 21절은 어떤 종이 주인에게 구타당했으나 죽지는 않았을 경우 그 주인은 종의 죽음에 책임이 없다는 것이다. 이는 종이 어떤 다른 이유로 인하여 죽을 수 있다는 사실을 감안한 것이다. 그럴 경우 사람들은 주인을 비난한다. 종 자신이 죽어 잃어버리게 된 경우 주인 입장에서는 종을 잃어버린 것이 형벌이 되는 것이다. 그 종이 갖게 되는 투자 가치를 잃어버리게 되었을 뿐만 아니라 그 종이 일할 수 있는 노동 가치도 상실되었기 때문이다. 창세기 9:5,6에서 분명히 말하는 것은 종을 죽이는 것은 살인이라는 사실이다. 종을 죽인 것은 살인자가 숨어 기다렸다가 어떤 사람을 죽인 것과 똑 같다(출 21:13). 주인에게 맞아서 상처가 영원히 남게 되는 경우(26,27절) 종은 자유를 얻게 된다. 이 법에 두 가지 허점이 있다. 종이 폭행당할 목적으로 주인을 엄청나게 화나게 하는 경우이다. 주인의 폭행으로 눈이나 이가 상하게 되면 그 종은 즉시로 자유롭게 된다. 이 부분이 주인에게는 매우 염려스러운 부분이었을 것이다. 그래서 종을 다루는데 공평하게 대했을 것이다!(엡 6:9)

『만일 사람들이 싸우다가 아이 밴 여인을 다치게 하여… 아무런 피해가 따르지 않아도… 재판관들의 판결을 따라 지불해야 할지니라』(22,23절). 산아제한 옹호자들은 이 땅에 왕국을 세워보겠다고 하는 자들인데 1960년부터 1970년 사이에 뿌린 홍보물과는 상관없이 태아 상태에 있는 아이가 죽었을 경우 살인으로 취급되지 않는다는 사실을 알 수 있을 것이다. 이들은 개인적이고 감정적인 문제를 다루는 부분에 있어서는 언제나 그렇듯이 성경의 권위를 무시한다.

『생명은 생명으로, 눈은 눈으로, 이는 이로…. 매질한 것은 매질한 것으로』(23,24,25절). 개인적인 복수에 관한 법을 말하는 것이 아니라 법의 절차를 말하는 것이다(레 24:17, 신 19:15-21). 예수님께서는 마태복음 5:38에서 이 진리에 대한 초점을 말씀하셨다(히 2:2도 이 문제를 다룬다). 26,27절은 20,21절 다룰 때 언급하였다.

21:28 만일 어떤 소가 남자나 여자를 받아서 그들이 죽으면 그 소는 반드시 돌로 쳐서 죽일 것이며 그 고기는 먹지 못할 것이나 그 소의 주인은 형벌을 면하게 될지니라.

29 그러나 그 소가 이전에도 뿔로 받는 버릇이 있고 그 사실이 주인에게 증거되었는데도 그가 그 소를 가두지 아니하여 그 소가 남자나 여자를 죽였으면 그 소는 돌로 쳐서 죽일 것이며 그 주인도 죽일지니라.

30 만일 그에게 금액이 부과되면 그때 그는 그의 생명의 몸값으로 그에게 부과되는 것이 얼마든지 내야 하리라.

31 그 소가 아들을 받거나 딸을 받거나, 이 명령에 따라 그에게 행해져야 하리라.

32 만일 소가 남종이나 여종을 받으면 그는 그들의 주인에게 은 삼십 세켈을 줄 것이요, 그 소는 돌로 칠지니라.

33 만일 어떤 사람이 구덩이를 열어 두거나 어떤 사람이 구덩이를 파고 덮지 아니하여 소나 나귀가 거기에 빠졌으면

34 그 구덩이 주인은 이것을 보상해서 그 짐승의 주인에게 돈으로 줄 것이요, 그 죽은 짐승은 그의 것이 될지니라.

35 **만일 어떤 사람의 소가 다른 사람의 소를 다치게 하여 죽으면 그들은**
산 소를 팔아서 그 대금을 나눌 것이요, 죽은 소도 그들이 나눌 것이나
36 **그 소가 이전에도 받는 버릇이 있는데도 그 주인이 그 소를 가두지 않**
은 것이 알려지면 그는 반드시 소를 소로 갚을 것이요, 죽은 짐승은 그
의 소유가 될지니라.

이 본문은 광폭한 소에 대해 다루고 있다. 이 부분을 살펴보면 오늘날 미친 개에 관련된 법규나 개를 풀어 놓아 개로 인해 손해를 입은 법규가 얼마나 흡사한지 알 수 있다. 많은 주석가들이 사람을 죽인 소를 먹는다는 것은 종교적인 금기사항으로 말한다. 이에 대한 설명은 오히려 단순하다. 사람을 죽인 소는 반드시 돌로 쳐서 죽여야 한다(28절). 이 방법대로 죽은 소는 피가 그대로 있다. 목을 끊으면 피가 그대로 나온다. "피를 먹는 것"은 율법 전이든지 율법 아래서든지(창 9장, 레 17장) 엄격하게 금지되어 있다. 이러한 이유로 28절에서 그 소를 먹지 말라는 것이다. 그 소를 먹는 것은 율법을 범하는 것이기 때문이다.

29절은 "재범"의 경우이다. 강단주석은 이런 상황 아래서는 결코 사형이 도입되지 않았다고 우기지만 성경에는 분명하게 기록되어 있다. 『**그 주인도 죽일지니라**.』 만일 피해 입은 쪽이 피해 보상으로 돈을 받기를 원한다면 금액을 지불함으로 이 법을 만족시킬 수 있다. 그러나 피해 입은 쪽이 샤일록이라면(베니스의 상인에 나오는 유태인 고리 대금업자) 율법에 따라 자신의 살을 떼어 주어야 한다.

『**그에게 부과되는 것이 얼마든지**』(30절). 바로 "몸값"이다! 여기에서 다시 한 번 예수 그리스도께서 종들의 종이라는 예표를 발견할 수 있다(32절). "바산의 황소들"은 뿔로 들이받고 예수 그리스도의 죽음에 대한 보상으로 "은 삼십 개"가 주어진다(32절). 미국 돈으로 치면 18달러에 해당된다.

33,34절은 다른 사람의 재산에 대한 책임을 다루는 법이다. 물통이나 우물은 뚜껑을 덮지 않은 채로 놓여 있다(창 29:3). 이곳에 다른 사람의 동물이 빠져 죽는다. 동물이 빠져 죽거나 상처를 입으면 우물 주인은 반드시 그 짐승을 취

하여 원래의 주인에게 보상하여야 한다. 35,36절은 어떤 사람의 소가 다른 사람의 소를 받아 손해가 생길 경우 살아 있는 소를 팔아 대금을 나누어야 되고 죽은 소도 나누어야 한다는 것이다. 단, 받는 버릇이 있는 소에 의해 피해를 본 경우 공격한 소의 주인은 죽은 소의 주인에게 배상하여야 한다. 그 대신 죽은 소는 자신이 갖는다.

출애굽기 22장

22:1 만일 어떤 사람이 소나 양을 훔쳐서 죽이거나 팔면 그 소 한 마리를 소 다섯 마리로, 양 한 마리를 양 네 마리로 갚을지니라.

2 만일 도둑이 뚫고 들어오는 것이 발각되어 맞아 죽으면 그를 위해 피흘림이 없을 것이나

3 만일 해가 그의 위에 떠 있다면 그를 위해 피흘림이 있으리라. 그는 완전 변상을 할 것이고 만약 아무것도 가진 것이 없으면 그는 그 도둑질한 것 때문에 팔려갈 것이니라.

4 만일 도둑질한 것이 확실히 그의 손에서 산 채로 발견되면 그것이 소든지, 나귀든지, 양이든지 그는 두 배로 갚을지니라.

이 부분은 도둑을 다루고 있다. 사무엘하 12:6은 출애굽기 22:1을 설명하고 있다. 다윗이 자신이 타락의 길에 빠져들 때 모세오경의 한 가운데 있는 구절을 이미 알고 있었다는 사실을 반드시 알아야 한다. 2절은 밤에 도둑이 들었는데 2층에 사는 사람이 도둑을 향해 총을 쏘았거나 몽둥이로 때렸거나 상처를 입혔을 경우를 말한다. "Breaking up"이란 말은 고어 표현으로 "부수고 들어오는 것"(breaking and entering)을 말한다. 밤에 도둑이 들어와 죽을 경우 율법에 명시되어 있는 한 하소연할 방법이 없다. 그 죽은 도둑을 위한 보복은 없다. 욥기 24:14-16은 이 문제를 언급하고 있다. "뚫고 들어온다"는 것은 실제로 집을 부수고 들어온다는 말이다. 땅을 파고 들어오든지 아니면 집을 헐고 들어오든지 말이다. 도둑이 낮에 들어오다가 죽었을 경우는 사정이 달라진다. 이 때 집주인은 무기를 선택하는 데 있어서 신중해야만 한다. 두 경우 모두 법률적인 허점이 있지만 미국의 법률이 성경의 법보다 훨씬 더 허술하다. 1950년 이래로 미국의 법은 범죄자에게 80% 유리하게 작용한다. 1970년대에는 한 집주인이 3만 달러 벌금을 물고 집도 날려야 했다. 잠겨진 건물을 부수고 들어오는 도둑의 다리를 쏘았기 때문이다. 밖에서 경고 사격을 했는데도 말이다! 차라리 도둑을 죽였었더라면 집을 잃지는 않았을 것이다. 무장한 강도는 낮 시간에 침입하여 강도질할 수 있다. 그러면 총 맞을 일이 없다. 왜냐하면 도둑 자신이 집주인을 쏠 수 있고 위협할 수 있기 때문이다. 또 낮 시간에 강도가 변장을 한다면 알아차릴 수 없다. 그러면 온전한 보상을 받을 길도 없다. 그러나 이러한 요소들이(도둑에게 유리한) 있음에도 불구하고 이 부족한 점을 보완할 수 있는 위대한 진리가 있다. 율법에 복종하여 히브리인과 결혼한 여인은 대부분의 시간을 텐트 안에서 아니면 집에서 가족과 함께 보낸다는 사실이다. 낮 시간에 도둑질하려 할 경우 도둑이 알고 있는 것은 그 집에는 항상 여자들과 아이들이 바글바글하다는 사실이다.

본문에서 암시하는 것은 밤에 집을 뚫고 들어가 도둑질하는 것은 목숨을 걸고 하는 일이라는 사실이다. 도둑질하다가 죽을 경우 그 대가를 치르는 일이다. 만일 발레우가(1971) 밤중에 자신의 집을 부수고 들어오는 히피 차림의 그 남자들을 먼저 쏘았더라면 평생 침대에 누워 있지는 않았을 것이다. 그러나 그가 그들 가운데 하나를 쏘았다면 미국의 법은 그를 살인자로 규정하고 감옥에 쳐넣었을 것이다! 유대의 법은 미국의 법보다 한층 더 낫다. 1950년대 이후 미국의 법은 범죄자를 체포와 형사소추로부터 보호할 목적으로 만들어졌기 때문이다. 만일 도둑이 낮에 들어갔다면 잡힐 수 있는 기회를 얻게 되거나 도둑질한 것을 확인받을 수 있는 기회를 얻는 것이다. 어느 경우나 두 배로 변상하여야 한다(4절). 그렇지 못하면 그가 도둑질 한 것을 변상하기 위해 자신은 노예로 팔려야 한다(3절). 다시 한 번 알 수 있는 것은 모세의 율법은 악을 방지하는 데 있어서는 대단한 효과가 있다는 사실이다. 그래서 이들은 이스라엘의 역사 가운데 가장 타락했던 시기에도 범죄를 최소화할 수 있었다. 이 법들을 살펴보면 이 법들 가운데 어떠한 법도 범죄자를 선도하거나 개혁하기 위한 목적에서 만들어지지 않았다는 사실을 알 수 있다. 이 법들은 범죄자를 "이 사회에 쓸모 있는 사회원"으로 만들기 위해 고안된 법이 아니다. 이 법들은 사람들에게 살아 있는 지옥이 있다고 위협하기 위해 만들어진 것이다. 현대의 교육가들, 철학자들은 이러한 종류의 철학에 대해서는 단 일 분이라도 견딜 수 없어 한다. 그래서 오늘날 미국의 현지 상황은(최소한 대도시에는) 강간이 벌어지고, 깡패들이 판을 치며, 폭행이 난무하고, 살인과 도둑질, 마약 장사가 횡행하며, 매춘과 위협적인 성 도착이 벌어지는 아스팔트 정글인 것이다.

열매를 보고 그 나무를 판단하는 견지에서 본다면 출애굽기 21-23장의 '눈에는 눈,' '이에는 이'의 법이 다른 어떤 법보다도 훌륭하다는 사실을 인정해야 한다.

22:5 만일 어떤 사람이 들에서나 포도원에서 먹이다가 그 짐승을 놓아 다른 사람의 들에서 먹이게 되면 자기 들에서 가장 좋은 것과 자기 포도원에서 가장 좋은 것으로 변상할지니라.

6 만일 불이 나서 가시나무에 옮겨 붙어서 쌓아 둔 곡식단이나 베지 않은 곡식이나 들을 태우면 불을 놓은 자가 반드시 변상할지니라.

5절은 "불법침입"에 관한 내용이다. 침입이 이루어졌을 경우 의도적이었든 그렇지 않든 간에 침입한 자는 "자기 들에서 가장 좋은 것"으로 보상하여야만 한다. 6절은 사고로 해를 입힌 경우이다. 모닥불을 놓은 것이 산불로 번진 경우 같은 것이다. 그렇더라도 불을 놓은 사람은 책임을 지고 "반드시 변상하여야" 한다. 이것은 삼손이 범한 죄이기도 하다(판 15:5). 사무엘하 14:31에서 요압이 화가 났던 이유도 이 때문이다.

22:7 만일 어떤 사람이 돈이나 물건을 자기 이웃에게 맡겨 지키게 하였다가 그 사람의 집에서 도둑을 맞았는데 그 도둑이 잡히면 그는 두 배로 변상할 것이요

8 **만일 그 도둑이 잡히지 아니하면 그때는 그 집 주인이 재판관들 앞에 가**
서 자기가 그 이웃의 물건에 자기 손을 댔는지를 조사받을지니라.
9 **모든 허물은 그것이 소나 나귀나 양이나 의복이나 잃어버린 어떤 것이든**
다른 사람이 자기 것이라고 주장하면 양쪽이 다 재판관들 앞에 나올 것
이요 재판관들이 정죄하는 자가 그 이웃에게 두 배로 갚을지니라.
10 **만일 어떤 사람이 나귀나 소나 양이나 어떤 짐승이든지 자기 이웃에게**
맡겨 지키게 하였다가, 그것이 죽거나 다치거나 몰려나갔어도 본 사람이
없으면,
11 **그때는 그들 두 사람 사이에 이웃의 물건들에 손을 대지 아니하였다는**
주의 맹세가 있으리니 그 주인이 그것을 받아들일지니라. 그러면 그는
갚지 않아도 되리라.
12 **그러나 만일 자기가 도둑맞은 것이면 그 주인에게 변상을 해 주어야 하**
리라.
13 **만일 그것이 여러 조각으로 찢겼으면 그것을 증거로 가져오게 할지니 찢**
겨진 것은 변상하지 않아도 되리라.
14 **만일 어떤 사람이 자기 이웃에게서 무엇을 빌려 왔는데 주인과 함께 있**
지 않아서 그것이 다치거나 죽으면 그는 반드시 그것을 변상할지니라.
15 **그러나 만일 주인이 그것과 함께 있었으면 변상하지 않아도 되며 그것이**
세내고 빌린 것이면 그의 세를 돌려받을지니라.

이 전체 본문은 차용에 관해, 빌리는 것과, 훔친 물건등에 대해 다루고 있다. 간단하게 그 규칙들을 살펴보자.

1. 어떤 사람이 안전을 위하여 어떤 물건을 이웃에게 맡기거나 전달했다면 그 이웃은 이 물건들에 대해 책임이 있다.

2. 만일 그 물건들이 없어졌다면 맡은 사람이 그것을 훔쳤는지 아니면 다른 사람이 그것을 훔쳤는지 찾아내야만 한다.

3. 도둑이 집을 뚫고 들어와 훔쳤든지 아니면 집주인 자신이 자신에게 맡긴 물건을 훔쳤든지 도둑은 두 배로 변상해야 한다(4,9절).

4. 재판관들은 이 모든 경우에 있어서 누가 진짜 도둑인지 가려내야 한다.

5. 물건들이 상하거나 죽었을 경우(이 경우는 가축의 경우이다.) 물건을 맡은 사람은 자신이 동물을 해치거나 몰아내지(10절) 않았다고 하나님께 맹세해야 한다. 이 경우 물건을 맡긴 사람은 이 맹세를 액면 그대로 받아들여야 한다.

6. 동물이 다른 동물의 공격을 받아 찢겼을 경우 그 조각들은 증거로 재판관 앞에 가져와야 한다(13절).

7. 그러나 물건들이 도난당했을 경우 물건을 맡은 사람은 반드시 변상하여야 한다. 그 사람은 자신에게 맡겨진 어떤 물건이든지 자신의 물건처럼 주의하여 지켜야 했음을 말한다.

8. 어떤 사람이 이웃에게서 무엇인가를 빌려와서 그 물건을 사용할 때 그 물건의 주인이 그 자리에 없다 하더라도 물건을 빌린 사람은 빌린 물건에 대해 책임을 져야 한다(14절). 빌린 물건이 분실되었거나 상했을 때 변상해야 한다.

9. 어떤 사람이 이웃에게서 무엇을 돈 주고 빌렸는데 그 이웃이 자기 물건을 빌린 사람과 그 일을 함께 하고 있었을 경우 그 물건이 부서졌거나, 분실되었을 때 그 물건을 돌려줄 필요는 없다. 이때 물건 주인은 물건을 빌려 주었을 때 받았던 돈을 돌려주어야 한다.

22:16 만일 어떤 사람이 정혼하지 않은 처녀를 꾀어서 동침하였으면 그는 반드시 그녀에게 지참금을 주어 아내를 삼을지니라.

17 만일 그녀의 아비가 그녀를 그 사람에게 주기를 아주 거절하면 그 사람은 처녀들의 지참금에 따른 돈을 지불해야 할지니라.

18 너는 무당을 살려 두지 말지니라.

19 짐승과 교접하는 자는 누구라도 반드시 죽일지니라.

20 주 한 분 외에 다른 신에게 희생제를 드리는 자는 완전히 멸절시켜야 하리라.

21 너는 타국인을 학대하거나 압제하지 말라. 이는 너희도 이집트 땅에서 타국인들이었음이라.

22 너희는 어떤 과부나 아비 없는 아이도 괴롭히지 말지니라.

23 만일 네가 그들을 어떻게든 괴롭혀서 그들이 조금이라도 내게 부르짖으

면 내가 반드시 그들의 부르짖음을 들으리라.
24 **나의 진노가 뜨겁게 달아올라서 내가 너희를 칼로 죽이리니 너희 아내**
들은 과부가 되고 너희 자식들은 아비 없는 자가 되리라.

여러 민사 관련 법들이 등장한다. 어떤 젊은이가 『**여자와 함께한 남자의 길**』을 갔다면(잠 30:19) 그는 반드시 그녀와 결혼해야 한다. 그 여자의 아버지가 자신의 딸을 그 남자에게 아내로 주기를 거부한다면 그 젊은이는 "처녀들의 지참금"에 따른 돈을 지불해야 한다. 즉 그 여자를 아내로 데려올 경우 주어야 하는 만큼의 지참금을 지불해야 한다. [마 19:1-12과 주석에서 육체와 육체와의 결합에 대한 관계를 살펴보라.] 여기에서 우리는 "상황 윤리"나 "신 도덕"에 강력하게 맞서는 개념을 만나게 된다. 어떤 젊은 남자가 자기가 관계했던 첫 번째 여자와 결혼을 해야 하거나 아니면 그 여자의 아버지에게 장난 친 대가 치고는 엄청난 돈을 지불해야만 한다는 사실을 알았다면 오늘날의 미국 상황처럼 서슴없이 일들을 벌이겠는가?(신 22:29) 클라크와 강단주석은 또다시 본문의 내용을 "동방의 관습"이라는 포장지에 포장함으로 사무엘하 13:13-18에서 말하는 성경의 경고를 지적해 주지 못한다.

『**너는 무당을 살려두지 말지니라**』(18절). 이 구절은 카톨릭과 칼빈주의자들이 즐겨 사용한다. 이 두 집단은 모두 국가 교회이다. 이 두 집단은 많은 사람을 고문하고 태워 죽였다. 킹제임스성경 번역자들이 점유한 탁월한 위치는 아무리 시간이 흘러도 변함이 없다. 1970년대의 로크만 재단의 종교적 사기꾼들과는 비교할 수 없다. 킹제임스성경 번역자들은 퓨리탄들이 카톨릭화되는 경향을 보았다. 그들의 종교 안에 박해하는 영이 있음을 알았던 것이다. 어떤 종교나 신념이든지 자신의 종교적 목표를 얻기 위해 정치에 호소하고, 법률로 강제집행하고, 소송을 제기하고, 반대하는 사람들을 체포, 투옥하고, 재정적인 압박을 가하고, 사회적으로 추방한다면 그것은 사탄의 조종을 받는 것이다. 존 칼빈의 개혁 그룹은 바로 이러한 국가 교회를 실행하였다. 이런 면에서는 카톨릭과 다를 것이 없다.

여기서 주의해야 하는 것은 출애굽기 21,22,23장에서 주어진 규례들은 민족적으로 구분되어진 정치적인 집단에게 주어졌다는 사실이다. 결코 그리스도의 몸인 거듭난 그리스도인에게 주어지지 않았다는 사실이다. 이 본문을 중심으로 앞뒤 1500구절 내에 그 어떤 구절도 그리스도인에게 적용되지 않는다. 사실이 이런데 어떻게 칼빈이나 교황들은 이 구절을 "그리스도인"에게 맞춰서 실행할 수 있었는가? 성경을 믿는 사람이라면 이 시대에 아무도 불태워 죽이지 않는다. 또 그렇게 불태워 죽인 사람을 동정하거나 관대히 보아 주지도 않는다.

신명기 18:10, 레위기 19:26,31을 통해 알 수 있는 사실은 마법하는 사람들은 유대 신권정치 하에서(삼상 28장) 다루어야 했던 것과 똑같이 다루어야 하는 사람들이라는 사실이다. 하나님께서는 므낫세를 마법하는 자들과 상대했다는 이유로 거칠게 다루셨다(대하 33:6). 백과사전에는 다음과 같은 7가지 사실을 증거하고 있다.

1. 마귀의 영들이나 마귀와 접촉한 사람들이 있었다

2. 이 사람들은 때때로 보통이 넘는 아니면 "초자연적인" 능력이 있었다.

3. 이 가운데 많은 사람들이 의사 소통 기능으로 약물이나 최면술을 사용했다.

4. 많은 경우 기본적인 대화 수단으로 나무로 만든 대상을 사용했다.

5. 많은 경우 어떤 초자연적인 능력도 소유하지 못한 탁발승이나 고행자였다.

6. 많은 사람들이 고문을 통해 자백을 강요당하고 나무에 묶여 불태워졌는데 이들은 로마카톨릭의 미사를 거부하고 성사를 거부했던 성경대로 믿는 사람들이었다.

7. 그러나 오늘날 이 땅에 많은 마법하는 자들이 있다. (남자든 여자든) 이들 가운데 마귀에게 사로잡힌 진짜 영매들도 있지만 단순히 돈 벌기 위해 쇼하고 있는 가짜들도 있다. 이에 대한 상징은 많다. 다니엘 8:21-27의 숫염소, 트럼프 카드, 수정으로 만든 공(계 4:6), 요한계시록 16:13의 개구리, 요한계시록 13:1-3의 검은 고양이, 섹스 파티를 벌이고 있는 벗은 여자들(계 17:4), 황소들(시 22:12), 지팡이들(출 2-6장)이다.

신약에서(행 16:16-17) 무당은 비난받는다. 그러나 이들은 불에 태워지지는 않는다. 이 사실은 또 한번 로마카톨릭(바티칸 공화국과 퓨리탄의 칼빈 "개혁교회")이 기본적으로 성경을 거부하는 "그리스도인들"에 의해 인도되고 있다는 사실을 알 수 있다. 이들은 "사도신경"의 근본적인 요소들을 믿고 있는지는 모르겠다. 그러나 그들이 세운 정치적인 입장에 대해 성경이 말하는 경우 무시해 버린다(출 32:6,19).

『**짐승과 교접하는 자는 누구라도 반드시 죽일지니라**』(19절). "수간"으로 알려진 본 고장은 어디인가? 아프리카이다.

모든 이집트 학자들에 따르면(강단주석, p.191) 이집트에서 신을 경배하는 데 빠지지 않고 들어가는 것이 수간이다. 이것은 조금 있으면 미국에서도 "경배"하는 데 있어서 그대로 모방될 것이다("짐승의 표"를 볼 것). 이 수간은 지금도 이집트에서 여전히 행해지고 있다. 이 수간은 1차 세계대전 당시까지 뉴 오를레앙의 나이트 클럽에서 관광객들을 끌어들이기 위한 수단으로 행해졌었다. 성경에 의하면 이런 짓을 하는 자는 사형에 해당한다. 이것은 레위기 18장에서 "부끄러운 결합"(confusion)이라고 불려진다. 바벨과 바빌론에서 신을 경배할 때 똑같이 행해졌기 때문이기도 하다(계 17:1-10).

『**...다른 신에게 희생제를 드리는 자는 완전히 멸절시켜야 하리라**』(20절). 여기에서 평범하게 "신들"이라고 사용되는 "신"이라는 말을 본다("재판관들"이라고 사용되는 경우 말고, 출 21:6). 이 죄악은 르호보암으로부터 시드키야까지(왕상 13장, 왕하 25장) 끊임없이 자행된다. 이 범죄 때문에 북쪽의 열 지파가 포로로 잡혀간다(왕하 18장). 여기에서 말하는 "다른 신"은 하나님 자리에 대신 앉아 있는 무엇인가가 될 수도 있고 누구인가가 될 수도 있다(단 5:4,23). 그래서 제2차 세계대전 후의 미국의 처지가 아주 가련하게 되었음을 우리는 이해할 수 있는 것이다. 미국에서는 희생제로 드리는 세 가지 "신들"이 있다. 돈과 섹스와 교육이다. 이 순서 그대로다.

"최고의 희생제"는 대학 교육을 받기 위해 드려지고 높은 수입을 얻기 위해 드려진다. 이를 얻기 위해 광신자들은 자신의 건강, 온전한 정신, 마음과 혼의 평화를 몽땅 바친다. 크리스찬 교육은 신이 되어 버렸다. 성경이 있어야 되는 권위에 교수진들이 대체해 앉아 있는 것은 더 이상 의아스러운 일이 아니다. 섹스도 신이 되어 버린 지 오래다. 복지부가 인구 조사할 때마다 성병, 이혼, 사생아 출산은 세 배, 네배로 증가한다. 맘몬(돈)이라고 하는 신이 나타나자(눅 16:13) 윤리고 도덕이고 모두 땅에 떨어졌다. “그리스도인 사업가들”조차도 월 스트리트 브로커 꽁무니를 따라다닌다.

『너는 타국인을 학대하거나 압제하지 말라. 이는 너희도 이집트 땅에서 타국인들이었음이라』(21절). 신구약 어디에서도 노예를 다루는 데 있어서 “사이몬 러그리”(냉혹한 노예 매매업자)처럼 다루어도 좋다는 선례를 남긴 경우는 없다(골 4:1). 이 부분은 그리스도인이 다른 사람을 용서해야 할 때 적용된다(엡 4:32). 레위기 19:33,34과 출애굽기 23:9을 살펴보라.

『너희는 어떤 과부나 아비 없는 아이도 괴롭히지 말지니라... 만일 네가 그들을 어떻게든 괴롭혀서... 나의 진노가 뜨겁게 달아올라서』(22-24절). 21절과 25절에서 보듯이 이 부분은 인도주의적인 법을 다루고 있다. 온 우주의 하나님은 들의 백합화와 공중의 새들을 돌보실 뿐만 아니라(마 6:26) 과부에게 관심이 있으시며(눅 21:2), 아버지를 잃은 아이를 돌보신다(창 21:17). 따라서 하나님을 대체하기 위해 고안된 “보편적인 마음”(universal mind)이나, “조물주”(first cause), “원동력”(unmoved mover, prime mover)같은 말은 성경을 기록한 사람들에게는 전혀 알려지지 않은 말이다. 이러한 “신들”을 만들어낸 작자들은 부패한 마음을 가진 거듭나지 못한 철학자들이다. 이들은 하나님께서 자신들의 삶을 의식적으로든 무의식적으로든 간섭하시는 것을 거부한다(시 139:1-8). 하나님께서는 새의 둥지까지 관여하신다(신 22:6). 한 국가의 정치적인 운명을 통제하시는 것은 너무나 당연한 일 아니겠는가? 이러한 하나님이시기에 자유주의신학자들은 하나님은 존재한 적이 없었다느니 하나님은 죽었다느니 하면서 살아 계신 하나님을 없애려고 하는 것이다.

과부들이나 고아들을 억압하였다면 재판관들을 통하지 않고 하나님께서 직접 벌하신다(24절). 야고보는 “순수한 종교”를 과부와 고아들을 연관시켜 말하였다. 주 예수께서는 당시의 종교 공회가 이 법을 위반한 데 대하여 책망하셨다(마 23:14).

하나님께서는 이 범죄에 대해 재판을 수행하실 때 칼을 빌리신다(24절). 재판관은 자신의 일을 수행하는 데 있어서 칼을 휘두르지 않는다(롬 13:1-5). 하나님 자신이 칼을 사용하신다(렘 14:12-18, 겔 22:7 등등).

22:25 만일 네가 네 곁에 있는 가난한 내 백성 중에서 누구에게 돈을 빌려 주면 너는 그에게 고리대금업자같이 하지 말며 그에게 이자를 지우지도 말지니라.

26 만일 네가 네 이웃의 옷을 일단 전당 잡으면 너는 그것을 해가 지기까지 그에게 돌려보내야 할지니라.

27 이는 그것이 그의 유일한 덮는 것이며 그것이 그의 피부를 가릴 그의 옷임이니 그가 무엇을 입고 자겠느냐? 그가 내게 부르짖으면 내가 들으리라. 이는 내가 은혜로움이라.

28 너는 신들을 욕하지 말며 네 백성의 치리자들을 저주하지 말지니라.

29 너는 너의 익은 열매들의 첫수확과 네 즙의 첫수확을 바치는 데 지체하지 말며 너는 네 아들 중에 첫태생을 내게 줄지니라.

30 너는 너의 소들과 양들도 마찬가지로 하되 칠 일 동안은 어미와 함께 있게 하고 팔 일째에 그것을 내게 줄지니라.

31 너희는 내게 거룩한 사람들이 될지니 들에서 짐승들에게 찢겨진 어떤 고기도 먹지 말고 개들에게 던져 줄지니라.

상거래하는 데 있어서, 유대인은 다른 유대인에게 돈을 빌려주고 이자를 받아서는 안 된다. 다른 민족에게서는 이자를 받을 수 있다(신 23:20). 이것은 반유대주의자들이 유대인을 공격할 만한 충분한 근거가 된다. 그러나 이러한 분리는 하나님께서 명령한 것이고 하나님의 영감으로 기록된 것이다(벧후 1:21). 이방인들이 이 부분에 대해 반대하는 경우는 예레미야 33:24과 같은 경우에 한해서이다.

26절에 저당잡히는 것이 나오는데 이는 잠언 20:16에서 말하는 저당이다. 이것은 오늘날 미국에서 찾아볼 수 있는데 전당포 주인이 돌려주지 않은 물건이다. 26절의 경우 옷은 바깥에 입는 외투를 말한다. 이것은 양모로 만들어진 담요처럼 큰 숄이다. 이것은 팔레스타인에서 아랍인들이 지금도 입고 있다. 오늘날 미국인들은 먹을 것, 입을 것이 너무 풍족하여 사람이 가난하여 입을 옷 한 벌밖에 없다는 사실을 이해하지 못한다(신 24:12,13). 그러나 동방에서 여행하는 사람들(인도, 파키스탄)은 이 사실에 대해 쉽게 공감한다. 역사를 통해 또 민족을 통해 알 수 있는 사실은 성경을 가볍게 다루고 성경을 무시하고, 성경을 없애 버린 곳에는 물질적으로 빈곤하다는 사실이다. 일본과 독일은 이에 잠정적으로 예외 국가이지만 시간이 흐른다면 이 사실을 역사가 입증해 줄 것이다. 물질적인 빈곤이 올 때 임시 조치로 알맞은 것이 공산주의와 로마카톨릭 체제이다. 지금까지 그래 왔던 것처럼 앞으로도 마찬가지이다. 이런 인간이 만든 제도를 통해 죄인 된 인간들의 비참함과 고생을 어느 정도는 덜어줄 수 있다. 그 대가로 하나님이라는 이름을 차지하고 하나님의 말씀을 조종하고 있는 것이다. 물질적인 번영에 있어서 중국이나 멕시코나 별 큰 차이가 없다. 스페인과 이탈리아에 살고 있는 대부분의 사람들은 개인적인 부유함을 놓고 볼 때 러시아나 알바니아 사람들과 별반 차이가 없다. 영국 사람들은 영국 선교회가 킹제임스 성경을 버리고 이단적인 네슬 본문을 채택하기 전까지는(1904) 결코 스페인 사람들처럼 살지 않았다.

가난한 사람이 밤에 추위 속에서 하나님께 부르짖는다면 하나님께서는 그 사람에게 그 옷을 다시 빌려주지 않은 사람을 심판하실 것이다. 여기에서 말하는 것은 옷을 저당 잡은 사람은 그 옷을 낮 동안에는 저당 잡을 수 있지만 밤 동안에는 안 된다는 것이다. 너무 가난하여 가진 것이 폐렴에 걸리지 않도록 자신을 지켜줄 겉옷밖에 없다면 그 옷을 밤에는 돌려주어야 한다.

『**너는 신들을 욕하지 말며…**』(28절, 23:13 참조). "신들"이라는 말이 나오자 주석가들은 둘로 나뉘어진다. 누구는 "하나님"이라고 말한다. 본문의 이 말에는 관사가 없다(21:6처럼). 그러므로 인간 재판관들로 볼 수도 없다. 이 말은 "하나님"으로도 "신들"로도 번역될 수 있지만, "하나님"인 경우에는 레위기 24:15,16에서 이미 언급되었기 때문에 킹제임스성경은 이 논쟁의 결론을 내린다.

여기까지 오면 아주 특이한 학자들의 강박관념 하나를 발견할 수 있다. "신들"(the gods)이라는 말이 나오는 곳마다 모두 제거해 버리고 이 말을 이스라엘의 재판관에 갖다 붙인다는 사실이다. 죽은 정통주의 배교자들이 하는 짓이다. 이 모든 개정자들은 시편 82편을 아주 가볍게 간과한다. "땅의 모든 기초가 흔들릴 때" 바로 그 때에 이 "신들"은 죽게 되는데, 이들이 죽을 때 "사람들처럼" 죽게 된다는 사실을 말이다. 이들은 또한 시편 82편의 본문이 구약 시대의 신정정치를 말하는 것이 아니라 재림(8절)의 시점이라는 사실도 알지 못했다. 이런 모든 일들의 원인에는 죽은 정통주의 배교자들이(필립 샤프, 로버트슨, 와필드, 메이첸, 브루스, 니일, 커스터, 사우터, 알란드, 네슬, 바트겐, 다비스 등) "외계로부터의 방문자"(창 6:1-5)에 대해 알기를 거부한 것에 있다. 이 외계의 방문자들은 곧 다시 나타난다(계 12:3-9, 창 6:1-5 주석 참조).

하나님께 속한 첫수확을 바치는 데 지체하면 안 된다(29,30절). 그것이 아들이건, 곡식이건, 황소이건, 양이건(30절) 말이다. 후에(민 3:12,41) 레위인들은 첫 태생의 위치를 대신하게 된다. 그러나 여기에서 이들은 여전히 이집트에서 살해당한 자들을 대신하고 있다. 여기에서 "liquor"(즙)이라는 말이 어떻게 사용되었는가를 유심히 살펴 볼 필요가 있다. 여기에서 사용된 말은 어떤 열매에서 짜낸 어떤 즙을 말한다. 이 진리는 이사야 65:8, 창세기 40:8-11, 마태복음 26:29에서 모두 연결되어 설명되고 있다. 이 본문들은 "주의 만찬"(가증스럽게 카톨릭은 "미사"라고 부름으로 모독하고 있다.)에 대한 오래된 논쟁을 결론지어 준다. NASV를 비롯한 부패한 본문들에는 이 말이 빠져 있다. 현대 "보수주의 학자들"과 로크만 재단의 전형적인 행태이다. 매일매일의 영적 전쟁을 경험하지 않고는 또 사탄의 계략이 무엇인지 알지 못하고서는 현대의 "보수주의" 학자들은 이와 같은 계시들을 놓쳐 버릴 수밖에 없다. 성경대로 믿는 사람들이 새로운 역본에 휩싸이지 않고 킹제임스성경을 고수하는 것은 잘하는 일인 것이다.

레위기 22:27은 30절에 대한 설명이다. 여기에서 또 유심히 살펴보아야 하는 것은 소나 양에게 있어서의 8일째 되는 날의 중요성이나, 창세기 17장의 사람에게 있어서 할례에 해당하는 8일째의 중요성이나 같다는 사실이다.

31절도 같은 개념으로 이어진다. "거룩한 사람들"(31절)은 하나님께 주어진 사람들이다. 소나 양이나 사람의 첫태생이 하나님께 주어진 것과 같은 개념이다(29,30절). 출애굽기 19:5,6,10절에서 새로운 민족을 "거룩한 민족"이라고 정의

하신다.

마태복음 15:21-28절의 수로페니키아 여인은 이 본문을 알고 있었고 그녀 자신을 이방인의 개로 인정했다. 어떻게 한 카나안 여인이 율법에서 말하는 두 가지 사실을 이용하여 예수님께서 하시는 말씀에 정확하게 답변할 수 있었는지 이상하지 않은가? 그 당시 법에 대해 최고로 정통한 지식인들이 삼 년간 예수님의 말씀을 제대로 알지 못했던 것을 보면 말이다(마 22:15).

『...**개들에게 던져 줄지니라**』(31절). 수로페니키아 여인은 자신의 처지를 개로 받아들였다. 인종 차별, 시민의 권리, 모든 비난에 아랑곳하지 않고 그녀는 자신을 종들의 종(빌 2:5-12)들보다 더 낮추었다. 그리고 축복을 받았다!

출애굽기 23장

23:1 **너는 거짓 소문을 퍼뜨리지 말며 악인들과 손잡고 불의한 증인이 되지 말라.**

2 **너는 악을 행하고자 무리를 따르지 말며 다수를 따라 편향되이 소송에서 말함으로 재판을 굽게 하지 말지니라.**

3 **너는 또한 가난한 자의 소송에서 그에게 은근한 호의를 보이지 말지니라.**

4 **만일 네가 네 원수의 길 잃은 소나 나귀를 만나면 너는 그것을 반드시 그에게 다시 돌려주어야 할지니라.**

5 **만일 네가 너를 미워하는 자의 나귀가 짐에 깔려 누워 있는 것을 보거든 그를 돕는 것을 삼가지 말고 반드시 그를 도울지니라.**

6 **너는 가난한 자의 소송에서 그의 재판을 굽게 하지 말지니라.**

7 **거짓된 일을 멀리하고 무죄한 자와 의로운 자를 죽이지 말라. 이는 내가 악인을 의롭다 하지 않을 것임이라.**

8 **너는 뇌물을 받지 말라. 이는 뇌물은 현명한 자의 눈을 어둡게 하고 의로운 자의 말들을 왜곡시킴이라.**

이 부분은 증인, 뇌물 수수, 재판, 경범죄 등 주로 법정에서의 문제를 다룬다. 『**너는 거짓 소문을 퍼뜨리지 말며**』(1절). 이것은 본질적으로 아홉 번째 계명과 같다. 그리고 이 구절에 대해 성령님께서 잠언에서 말씀하신 주석이(잠 12:17,22; 14:25; 15:28; 16:27,28,29,30) 랑게, 클라크, 더멜로우, 브라운, 위클리프 등이 주석한 내용보다 훨씬 탁월하다.

『**거짓 소문**』(1절)은 미국에서 다음과 같은 말로 표현된다. "야만적인 경찰!," "믿을 만한 독신 여인들이 아이들에게 성교육을 가르쳐야 한다!," "정부는 네 살 이상 아이들을 연방에서 통제하도록 해야 한다!," "오염!," "우리는 우리의 공장을 인수할 정부가 필요하다!," "가난!," "우리는 돈 버는 사람들에게 두배의 세금을 거둘 정부가 필요하다!," "범죄! 우리는 주립 교도소에서 모든 범죄자들을 보내줄 연방 정부가 필요하다!"

1절에서 말하는 『**불의한 증인**』은 열왕기상 21장, 마태복음 26장에서 찾아볼 수 있다.

『**너는... 무리를 따르지 말며**』(2절). 요즈음의 데모 군중처럼 모여들지 말아야 한다. 말로는 평화스럽게 모인다고 하면서 화염병을 투척하고 면도날을 휘두르며 당구 막대, 쇠 사슬, 썩은 달걀을 던지며 혈기 부리는 집단들 말이다.

2절 후반부는 다수로("다수를 따라 편향되이...") 대표를 선출하는 오래된 관행의 잘못을 말해준다. 많은 표만 얻으면 되는 것이다. 욥은 이 문제에 있어서 자신의 온전함을 지키고자 항상 유의하였다(욥 31:34). 설령 자신이 외로운 소수로 남는다 하더라도(에녹과 노아처럼) 자신의 양심에 따라 투표하고자 했지 다수의 의견에 따라 표를 던지지는 않았다.

『**너는 또한 가난한 자의 소송에서 그에게 은근한 호의를 보이지 말지니라**』(3절). 가난하다는 이유만으로 봐주지 말라는 말이다. 부자라고 해서 봐주는 경우와 똑같이 가난하다고 해서 봐주는 경우도 차별을 가하는 것이다.

출애굽기 23:3에 의하면 가난한 사람이 잘못을 범하였으면 그 사람의 가난은 고려되지 않는다. 현대의 시점에서 보면 정 반대지만 말이다. 현대에는 어떤 가난한 사람이 잘못을 저질렀을 경우 그 사람보다는 그 사람이 처한 사회나 환경을 비난한다. 그러나 이상하게도 부유한 사람이 잘못을 저질렀을 경우 그 사람이 처한 환경을 전혀 비난하지 않는다. 불우한 사람들이 저지른 죄악을 돈 많은 사람이 저질렀을 경우 똑같이 비난할 사람이 있겠는가? [이 부분에 있어서는 공산주의자들이 연합통신에서 일하는 사람들이나 심리학자들보다는 더 일관성이 있다(6절에서 그 반대의 경우를 보라).]

4,5절은 가정적인 문제, 사회적인 문제를 심도있게 다룬다. 여기에서도 주석가들은 본문과 관련된 아름다운 예증인 누가복음 10:30, 마가복음 3:4을 놓쳐버렸다. 쓰러져 있는 나귀를 일으켜 주어야만 하는 입장이라면 상처입고 쓰러져 있는 사람에 대해서는 어떻게 해야 하겠는가? 여기 법률적인 문제들이 열거되는 중간에서 산상설교(마 5:43)로부터 오는 듯한 값진 교훈을 볼 수 있다. 이것은 마음의 태도와 관계가 있다. 이것은 앞에서 살펴본 법정을 다루는 법률적인 법안이 아니다. 자나가는 길에 자신의 원수가 펑크난 타이어를 갈아 끼우는 것을 볼 때 얼마나 많은 사람들이 과연 이를 돕겠는가? 얼마나 많은 사람이 개나 고양이가 개천에 빠졌을 때 구해주겠는가?(롬 12:20, 살전 5:15)

6절은 이미 설명했다.

『거짓된 일을 멀리하고... 내가 악인을 의롭다 하지 않을 것임이라』(7절). 히브리어 학자나 동방의 학자들을 통해서는 희미하게 알 수밖에 없는 두 가지 사실을 접하게 된다.

1. 우선 살펴볼 것은 하나님께서는 악인을 의롭게 하신다(롬 4:1-6). 다윗이 악하지 않다면(삼하 12:13) 누가 악하겠는가? 그러므로 본문에서 말하는 것은 구약의 이스라엘과 관련되어 법률적인 것을 다루는 것이다. 이는 하나님께서 수행하시는 교리를 선포하는 것이 아니다. 왜냐하면 하나님께서는 예수를 믿는 사람을 의롭게 하시는 분이시기 때문이다(롬 3:26).

2. 그리스도께서는 “무죄하셨었다.” 그리고 “의로우셨다”(본문). 그리고 “거짓된 일” 때문에 굽은 재판으로(6절) 죽임을 당하셨다. 그리고 증인들은 뇌물을 받았다(8절). 성경이 예수 그리스도를 증거하기 때문에 성경을 상고해야 한다면 그리고 그 최종권위가 “말씀들”(word)이 아니라 “말씀”(Word)이라면(이것이 킹제임스성경을 절대 권위로 거부하는 보수주의자들의 믿음이다.) 예수 그리스도

를 명백히 증거하는 본문에서 예수 그리스도를 발견해 내지 못하는 이들의 최종권위를 어떻게 설명해야 하겠는가? 도대체 누가 일관성이 없는 것인가?

전에 계속하여 언급하고, 언급하고, 또 언급하였지만 "주 예수"가 최종적인 권위가 된다고 떠들어대는 자들, 또 "축자적으로 영감받은 최초의 원본만이 절대무오한 정확성을 지녔다"고 말하는 자들의 분명한 특징은 진리가 계시될 때마다 심사숙고하게, 꾸준히, 그리고 습관적으로 거부한다는 사실이다.

8절은 기록된 그대로다. 아브라함, 엘리사, 베드로, 다니엘은 모두 뇌물을 거부했다. 그 뇌물이 왕으로부터 왔건(창 14장), 군대 대장으로부터 왔건(왕하 5장), 마술사로부터 왔건(행 8장), 세계 통치자로부터 왔건(단 5장) 모두 거절하였다. 이사야 33:15과 사무엘상 8:3을 보라(잠 17:23과 주석 참조).

23:9 너는 또한 타국인을 압제하지 말라. 이는 너희가 이집트 땅에서 타국인들이었기에 너희가 타국인의 마음을 알기 때문이라.

10 육 년 동안 너는 네 땅에 씨를 뿌려 거기서 수확을 거둘 것이지만

11 칠 년째는 쉬게 하여 가만둘지니 네 백성 중의 가난한 자로 먹게 하라. 그들이 남긴 것은 들짐승들이 먹으리라. 너의 포도원과 올리브 밭도 같은 방법으로 다룰지니라.

12 육 일 동안 너는 네 일을 하고 칠 일째에는 쉴지니라. 네 소와 네 나귀도 쉴 것이며 네 여종의 아들과 타국인도 쉬게 할지니라.

13 내가 네게 말한 모든 일에 신중히 하고, 다른 신들의 이름은 언급하지도 말며 네 입에서 들리지도 않게 하라.

14 너는 연중 세 번 내게 명절을 지킬지니라.

15 너는 무교절을 지킬지니라. (내가 네게 명령한 대로 아빕 월의 정한 때에, 칠 일 동안 누룩 없는 빵을 먹을지니 이는 네가 그 달에 이집트에서 나왔음이라. 아무도 내 앞에 빈손으로 나오지 말지니라.)

16 그 다음은 추수절인데 네가 들에 뿌렸던 네 수고의 첫열매들이라. 수확절은 연말에 있는데 그때 네가 들에서 네 수고를 거두었음이라.

17 너의 모든 남자들은 연중 세 번씩 주 하나님 **앞에 나올지니라.**

18 **너는 내 희생의 피를 누룩 있는 빵과 함께 바치지 말며 내 희생의 기름**
을 아침까지 남겨 두지 말지니라.
19 **네 땅에서 첫열매들의 처음 것을 주 너의** 하나님**의 집에 들일지니라. 너**
는 새끼 염소를 그 어미의 젖으로 삶지 말지니라.

이 본문은 주로 땅과 수확에 대해 다루고 있다.

지금까지 세 번째로 "일곱 체계"에 대해 다룬다. 일곱 체계는 하나님께서 완성된 일을 다루실 때 신구약에서 근간이 되는 주제이다. 이 주제를 창세기 2:1-3에서 처음으로 다루었다. 유대인들이 광야에서 만나를 모으고 있을 때(출 16장) 일곱 체계가 계시되었다. 그리고 이번에는 씨를 뿌리고 수확하는 것과 관련지어 일곱 체계가 다시 나타난다. 클라렌스 라킨의 "세대적 진리"를 읽어본 사람이라면 이 "일곱 체계"가 얼마나 중요한 주제인지 알았을 것이다. 물론 대다수 주석가들에게는 가려져 있지만 말이다(23:9에 대한 설명으로 22:21을 보라).

안식년이 되는 해(11절)가 되면 이 민족에게 엄청난 기적을 보여 준다. 팔레스타인 땅에서 매번 일곱 번째 되는 해가 되면 무슨 일이 벌어지는가를 생각한다면 놀라지 않을 수 없다. 이 땅에 사는 모든 가족은 심지도 거두지도 않은 이 년치의 식량을 하나님께서 공급해 주실 것을 믿어야만 했다(9년째가 시작되기 전에는 8년째에 심은 곡식을 거둘 수 없다). 뿐만 아니라 종들이나 짐승들도 땅 주인이나 소작농처럼 똑같이 하나님께서 베푸시는 기적을 의존해야만 했다(11절). 그런데 사람들이 이 법에 계속 불순종했다는 사실을 예레미야 34:8,9을 통해 명백히 알 수 있다. 이 법에 순종하기 위해서는 진짜 믿음이 필요했다(대하 36:21) 그래서 계속하여 이 법을 위반하였다(느 13:15-19). 만나와 관련되어 이 법이 주어졌을 때 위반한 것처럼 말이다(출 16:27).

하나님께서는 인종들에 대해 특별히 구분하지 않으신다고 믿는 사람들이나 이스라엘을 다루시는 데 있어서 다른 민족을 다루시는 것이나 별 차이가 없다고 믿는 사람들은 성경을 주의깊게 읽지 않는 사람들이다. 유럽이나 미국에서 매 7년째 되는 해마다 땅을 쉬게 하여 하나님께서 수확을 증산시켜 주실 것을 믿는 농부는 없다. 이 문제를 정부를 통해 해결하려 한다. 성경대로 믿는 사람이라면 알 수 있는 사실이 있는데 어떤 민족이고 하나님을 신뢰하기를 멈춘다면 즉시로 연방 정부의 통치를 받는다는 사실이다(삼상 8:10-18과 잠 28:2을 볼 것). 미국에 사는 농부가 삼 년간의 가뭄을 극복할 수 있는 유일한 방법은 미국 정부가 재정적인 지원을 해주기만을 고대하는 것이다(레 25:1-7, 신 15:1-18, 신 31:10-13).

12절은 다시 20:8에서 언급되었던 안식일을 다룬다. 더 덧붙여진 것은 고용된 사람들이나 짐승들도 다시 힘을 얻도록 쉬어야 한다는 것이다.

『**내가 네게 말한 모든 일에 신중히 하고**』(13절). 이 부분에 대한 관련 구절은 에베소서 5:15이다. 본문에서 생명을 주는 믿음이 무엇인지(10,11절), 구해냄에 있어서 하나님의 은혜(9절)가 어떤 것인지 보여 준다.

『...**다른 신들의 이름은 언급하지도 말며**...』(13절). 강단주석은 이스라엘이 "신들"에 대해 침묵하는 것은 이스라엘이 "모독"을 당하는 것을 보여 주는 것이라고 잘못 가정함으로 실수했다. 오히려 "신들"을 모독하게 되었을 때(22:28) 많은 문제가 생긴다(유 9). 요시야와 히스키야가 개혁할 때 아무도 "신들"의 이름을 부르지 않았다는 사실을 알 것이다.

기록자는(성령의 영감을 받고 말하는) 그 이름들을 기록한다. 그러나 엘리야조차도 바알의 선지자들을 조롱할 때 그 이름을 말하지 않는다(왕상 18:27). 하나님께서 이스라엘의 죄들을 지적하기 위해(왕상 13장, 렘 11:17) 일으키신 선지자들은 신들의 이름들을 "말한다"(렘 9:14, 왕상 18:21). 그러나 이 선자자들은 하나님의 영적인 일을 수행하는 데 있어서 정선된 정예 요원들이다. 이들에게는 특별한 임무가 맡겨졌고(사 20:3), 특별한 메시지가 맡겨져서(호 1,2장) 웬만한 사람은 거의 호응하지 못한다(욘 1:1-3). [창 20:7에서 선지자에 관한 더 자세한 설명을 참조하라.]

신들을 말하지 말라는 이유는 옛 속담이 잘 설명해 준다. "마귀를 부르면 마귀가 나타난다"(삼상 28:13을 보라). 그 이름들을 들으면 실제 있는 것으로 생각한다. 계속하여 들으면 아주 익숙해진다. 그 이름들을 놓고 이야기하다 보면 관심이 있게 된다. 관심이 있으면 더 탐구하게 된다. 이러한 탐구는 열왕기하 16

장; 21:3으로 인도한다. [클라크, 더멜로우, 위클리프 주석은 마치 이 구절이 성경에 없기라도 한 듯 단 한마디 언급도 없이 다음 절로 뛰어간다.]

『**너는 연중 세 번 내게 명절을 지킬지니라**』(14절). 성경을 믿고 공부한 사람이라면 세 날들이 첫 번째 부활을 이루는 세 번의 휴거에 연결된다는 사실을 금방 알 수 있다. 첫 번째 명절인 무교절은 유월절인데 용서를 나타낸다. 두 번째 명절은 오순절의 첫열매들인데 이는 성령님의 역사를 나타낸다. 세 번째 명절은 장막절로서 "수확절"이라고 불려진다(16절). 이는 가을에 있게 되는 예수 그리스도의 재림을 보여 준다. 첫 번째 명절은(유월절, 15절) 예수 그리스도께서 십자가에서 처형되신 곳에서의 하나님의 은혜를 보여준다. 두 번째 명절은(추수절, 16절) 예수 그리스도의 부활의 능력과 성령께서 오심을 보여 준다. 세 번째 명절은(수확절) 이 시대가 끝났을 때 왕의 대관식을 보여 준다. 신명기 16:16도 살펴보라.

이 명절들의 예언적인 중요성에 대해서는 클라렌스 라킨의 "세대적 진리"를 참조하라. 많은 조명을 얻을 수 있다.

1. 봄에 있게 되는 유월절은(3,4월) 구약 성도의 부활을 정확하게 설명해 준다(마 27:51-53). 고린도전서 15:23에서 수확을 설명하는데 이들을 "첫열매들"이라고 말한다.

2. 유월절(혹은 무교절) 다음의 오십 일 이 날은 성령께서 오시는 것을 정확하게 설명해 준다. 이때 오신 성령은 믿는 자 안에 거하셔서 예수 그리스도께서 오실 때 그리스도의 것이 되게 하신다(고전 15:23-24). 이것이 데살로니가전서 4:13-18, 고린도전서 15:49-53에 언급된 "휴거"이다. 성경에는 5월이나 6월에 있게 될 한 날을 계속 가리킨다(솔 2:10). 대부분의 보수주의자들이 이를 "이단"으로 부르고 있다. 그러나 성경을 비판하지 않고 그 성경을 믿고 공부한 사람이라면 성령께서 이 세대를 시작하기 위해 내려오신 때는 봄이라는 사실을 놓칠 수 없다. 성령께서 스스로 만드신 자신에 관한 예표 없이 올라가시겠는가? 모세가 예표를 따르지 않았을 때 하나님께서 모세에게 하신 일을 알고나 있는가?(민 20:12, 고전 10:2-4)

3. 장막절(9월-10월, 욤 키퍼!). 재림의 날을 말한다(마 17장). 예수 그리스도

께서 유대인의 왕으로 이 땅에 내려오신다(레 23:34,42). 그리고 천년왕국을 인도하신다. 장막절은 대환란 후반부에 있게 될 휴거에서 환란 성도들을 모으는 사실을 설명한다.

그러나 성경을 균형있게 객관적으로 접근하는 사람이라면 보수주의자들의 생각에 동의하여 성경 본문을 던져 버리기 전에 진지하게 생각해 보아야 한다. 이 보수주의자라는 사람들은 다른 사람들이 자신들을 경건하다고 혹은 자격이 있다고 평가해 주는 그 이유 때문에 자신들의 개인적인 생각으로 성경을 배격하는 사람들 아닌가! 진짜 객관적으로 성경을 접근하고자 하는 사람이라면 이러한 사람들이 추천하는 성경은 분명하게 누가복음 2:33에서 예수 그리스도의 동정녀 탄생을 부인하고 누가복음 24:51-52에서 예수 그리스도의 신성을 부인하는 성경이라는 사실을 알아야 한다. 게다가 이런 성경은 요한복음 1:18에서 러더포드 판사와 러셀 목사가 공식적으로 가르쳤던 내용을 가르친다. 윌버 스미스와 존 R. 라이스가 추천한 New ASV의 요한복음 1:18은 오리겐과 아리우스의 글들로부터 시작된 아리아니즘의 정식 교리이다. 이 내용은 로마카톨릭의 바티칸 사본에도 그대로 간직되어 있다.

명절들에 대한 더 자세한 내용은 레위기 23:5-14, 신명기 16:9-11; 31:10, 요한복음 7:2, 느헤미야 8:17에 기록되어 있다. 이런 명절들은 이스라엘을 단합하게 만들었다. 이러한 명절들은 후에 이방인들에게 영향을 주어 추수감사절이나 크리스마스 같은 것을 만들어 서로 통합하게 만든다. (이교도들 가운데 종교적으로 모이는 것은 부족 간에는 늘 있어 왔지만 전국적으로는 없었다.) 이스라엘에서 지켜졌던 다른 명절들은 안식년, 나팔절(레 23:23), 새 달(사 66:23), 속죄일, 푸림절(에스더), 수전절 등이 있다. 장차 이 땅에 세워질 왕국을 모방하기 위해 로마카톨릭은 명절들을 발명해 냈는데 그것은 크리스마스, 이스터, 참회의 화요일, 재의 수요일과 같은 것이다(출 12:14 주석 참조).

『**너의 모든 남자들은**』(17절). 랍비와 유대 주석가들에 따르면 17절에서 말하는 남자들에는 13절 이하에서 말하는 남자들과 아픈 남자들, 60살이 넘은 남자들(레 27:7)은 제외되었다. 오순절에 있게 될 휴거에서는(위에 언급한 내용 참조) 모든 사람이 남자가 된다(요일 3:1-3, 빌 3:21, 롬 8:29)!

재미있는 또 하나의 현상은 대부분의 유대인 성경학자들은 이 율법이 주어진 때와 오순절의 때를 같은 시점으로, 아니면 이 율법이 주어진 때와 "첫열매들"의 명절들의 때를 같은 때로 본다는 사실이다(출 19:1). 이 율법이 교회가 휴거된 후에 다시 되돌아온다는 사실(계 12:14,17)을 고려하는 것이 이상하게만 여겨지는가?(단 12:1-4; 9:27)

존슨 박사는(위클리프 주석) 누룩을 넣지 않은 빵은 모든 명절에 사용되었다고 말한다. 그러나 레위기 23:17은 『...**십분의 이로 만든 흔드는 빵 두 덩어리를 가지고 나올지니 그 빵들은 고운 가루로 만들어 누룩을 넣어서 구울 것이며**...』라고 되어 있다. 여기 18절에는 이렇게 기록되어 있다. 『**너는 내 희생의 피를 누룩있는 빵과 함께 바치지 말며**...』 어떤 식으로든 "첫열매들의 명절"에 관하여 말한 것이 아니다. 유월절을 말한 것이다(출 34:25).

『**내 희생의 기름을 아침까지 남겨두지 말지니라**』(18절). 이 부분은 12:10에서 설명하였다.

『...**주 너의 하나님의 집에 들일지니라**』(19절). 성막이 "집"으로 표현되는 첫 언급이다. 여기까지는 출애굽기 25-30장에서 언급되는 성막에 대한 말씀이 주어지지 않았다.

『**너는 새끼 염소를 그 어미의 젖으로 삶지 말지니라**』(19절). 두 가지 설명이 주어진다. 첫 번째는 이집트인들은 그들의 이교도 축제 때에 이 방법을 사용했다. 두 번째는 유대인에게 알리기를 금지하는 것이 있는데 그것은 하나님께서는 자연스런 것에 관심이 있으시고 이 법과 같은 부자연스런 자연의 왜곡에 반대하신다는 것이다. 합리적으로 "과학적인 견지에서" 볼 때 염소 고기를 그 어미의 젖으로 요리한다고 해서 잘못될 것은 없다. 바울은 우상에게 바쳐진 것을 먹는 것에는 잘못된 것이 없다고(이성적으로) 말한다(고전 8:8). 어떤 것은 미신으로 간주해 버리고 어떤 것은 그것이 "본질이 아니다"라고 말할 수도 있다. 현대인은 쾌락주의자이기 때문이다.

그리스도인의 간증은 믿지 않는 자와 함께 고기를 먹을 때 위험스러워진다(고전 8:13). 유대인의 간증은 새끼 짐승을 먹을 때 위험스러워지는데 새끼를 죽일 때에 그 어미를 이용한 인상을 주는 경우가 그렇다. 하나님께서 생명을 줄 목적으로 예비하신 그것으로 죽은 염소를 삶는 것은 고상한 품격(good taste, 즉 "차별")은 아니다.

23:20 **보라, 내가 한 천사를 네 앞에 보내어 길에서 너를 지키게 하고 내가 예비한 곳으로 너를 인도하게 하리라.**

21 **그를 주의하고 그의 음성에 복종하며 그를 화나게 하지 말라. 그가 너의 허물들을 용서하지 아니하리니, 이는 내 이름이 그의 안에 있음이니라.**

22 **그러나 만일 네가 정말로 그의 음성에 복종하고 내가 말한 모든 것을 행하면 그때는 내가 네 원수들에게는 원수가 되고 네 대적들에게는 대적이 되리라.**

23 **내 천사가 네 앞에 가서 너를 아모리인들과 힛인들과 프리스인들과 카나안인들과 히위인들과 여부스인들에게로 데려가리니, 내가 그들을 베어 버리리라.**

24 **너는 그들의 신들에게 절하지 말며 그들을 섬기지 말고 그들의 일을 따라 행하지 말라. 그들을 완전히 뒤집어엎고 그들의 형상들을 아주 부숴 버릴지니라.**

25 **너희는 주 너희 하나님을 섬길지니라. 그가 너의 양식과 너의 물에 복을 주며 내가 네 가운데서 병을 제거하리라.**

본문은 "주의 천사"를 다룬다. 이 주의 천사는 신약에 의하면(갈 4:14) 주 예수 그리스도이시다(행 27:23). 이 주의 천사는 예수 그리스도께서 성육신하기 이전에 나타나신 모습이다. 여기에서 주의해야 할 것이 있는데, 평범하게 말해지는 "천사"(an angel)는 "주의 천사"(the angel of the Lord)를 언급할 수도 있지만 언급하지 않을 수도 있다(마 2:19).

더멜로우는 천사에 관해 그저 몇 마디만 해 놓았을 뿐이다. 존슨 박사는 예수 그리스도와 관련짓기를 아주 꺼려한다. 대신에 러더포드 판사를 따라 천사는 예수 그리스도가 아니라 여호와께서 나타나신 것이라고 말한다(위클리프 주석 p.73). 제미에슨, 포셋, 브라운도 이 길을 동행한다. 강단주석은 "가장 훌륭한 해석자들"은 천사를 예수 그리스도로 본다고 말한다. 그러나 그러고 나서는 "천사"라는 말을 "전달자"라는 말로 바꾼다. 이것은 더 엉망으로 만들어 놓은 꼴이다. 성경에 나오는 모든 천사가 "전달자"인 것은 아니기 때문이다. 오히려 성경에 나오는 모든 천사는 "현현"인 것이다. [요한계시록 2:1 주석을 보라.]

이 구절에 대해 가장 독특한 해석을 제안한 사람이 있는데 벌링거다. 바로 벌링거는 "천사"가 미카엘일 수밖에 없다고 말한다. 이에 대한 참조 구절들을 제시하는데 그 중에 하나가 이사야 63:9이다. 그러나 이 구절의 문맥이 모두 예수 그리스도라는 사실을 벌링거는 모르고 있다.

이 구절은 사람들을 다루고 계시는 예수 그리스도로 적용된다.

1. 예수 그리스도는 우리가 참가하는 경주의 창시자이다(히 12:1-2). 그분은 우리 앞서 가신다(20절).

2. 히브리서 13:5,6에 따르면 그분은 우리를 "길에서" 지키실 것이다(20절).

3. 그분은 우리를 "예비한 곳"으로 인도하실 것이다(20절). 이 곳은 그분 자신이 마련하신 곳이다(요 14:1-3)

4. 우리는 그분을 화나게 해서는 안 된다(고전 10:1-7). 우리는 그분께 순종해야 한다(요 14:5).

5. 그분은 구약에서 아무의 허물도 용서하지 않으신다. 심지어 용서받은 곳에서도 말이다(출 34:7, 롬 3:25, 히 9:22). 이것은 그분의 피가 흘려질 때까지는 변하지 않는다. 천사들은 피가 없다. 그분의 피가 흘려졌을 때 허물들이 완전히 용서되고 구속된다(히 9:15).

6. 그분의 이름은 "예수"(21절)이다. 이 이름은 신약에서의 하나님의 이름이다. ASV와 같은 부패한 번역본들은 여호와와 예수와의 연결 고리를 끊으려고(시 68:4) 최선을 다해 발버둥친다. 이들은 기필코 구약에서 "주"(LORD)로 표기하기를 거부한다. 오직 "여호와"만 있다. 그리하여 구약에서와 신약에서 "주"(Lord)로 연결되는 수백 개의 관련 구절을 끊어 버렸다.

7. 그 천사는 전쟁을 행할 것이다(23절). [출애굽기 17:13과 설명을 보라.] 여기에서 다시 한번 사람들이 혐오스럽게 생각하는 인종차별을 하시는 분이 다름 아닌 전능하신 주 하나님, 하늘과 땅을 창조하신 하나님이라는 사실을 알 수 있

다(23절). 대량학살의 결과(23절) 복이 주어진다(25절). 즉 아브라함과 이삭과 야곱으로부터 나온 민족은 강력한 군사력을 동원하여 함의 후손들을 멸망시키지 않고서는 물질적인 축복을 받지 못한다.

게다가 함족의 모든 문화 – 예술, 음악, 종교, 문학, 교역 – 는 완전히 파괴되어야 했다. 멸절되어야만 했다(신 12:2,3; 7:23,24; 2:12,21,22, 민 33:52). 민족들이 통합되는 것에 대한 처음의 두가지 경고는 종교와 예술에 관한 것이었다(민 33:52). 이들의 일들은 모두 종교적인 신념들과 관계가 있다. 종교와 정치를 분리해 낼 수 있는 길은 없다. 사람들이 만든 일은 자신이 믿는 것에 대한 산물이기 때문이다. 궁극적으로 모든 서양의 정치는 종교적인 요소가 포함되어 있다. 또 모든 서양의 종교에는 정치적인 요소가 포함되어 있다. 공산주의는 파시즘, 카톨릭, 진화론, 불교처럼 똑같은 하나의 종교이다. 이 부류에 속한 모든 사람은 어떤 종류이건 간에 최고의 권위에 복종한다. 공산주의, 파시즘, 카톨릭 모두 인류의 인종을 어떻게 다룰 것인가에 대한 계획을 가지고 있는 정치 집단들이다. 가짜 말고 진짜 진화론자는 "진보"를 믿는다. 진짜 교황을 믿는 사람이 언젠가는 완벽한 교회가 될 것을 종교적으로 믿듯이 말이다.

공산주의자들이 믿고 있는 최고의 신은 공정한 경제 분배를 통한 "이 땅의 평화"이다. 진화론자들이 믿는 최고의 신은 인류가 초인이 되어 이 우주를 통치할 때까지 계속되는 "성장과 변화"이다. 파시스트들이 믿는 최고의 신은 절대 권력을 가진 국가나 어떤 사람이다. 로마카톨릭이 믿고 있는 최고의 신은 종교 권력을 가진 리더이다. 성경과 자신의 "전통"이 충돌하는 경우(마 23장, 딤전 2장, 히 10장) 교회가 해결해 준다. 이것이 "신"이다.

이상 언급한 모든 요건을 충족시킬 유일한 신은 요한계시록 13:1-8에 나와 있는 "짐승"이 될 것이다("짐승의 표"를 보라).

이 최고의 신이 없이는 어떤 종교적인 신념이나 철학적인 신념을 가질 수 없다. 이 최고의 신은 후보를 선정하는 데 있어서, 행동 강령을 정하는 데 있어서, 사회적인 문제를 다루는 데 있어서, 거주지를 정하는 데 있어서, 다른 이해 기관과 협력하는 데 있어서 영향을 준다. 어떤 국가에서 카톨릭 교도가 대통령이 되었는데 자신이 소신있게 바티칸의 명령이나 압력에 굴복하지 않고 대통령직을 수행할 수 있다고 생각하는 사람이 있다면 그 사람은 미친 사람이다.

『**그들의 일을 따라 행하지 말지니라**』(24절).

1. 신전 매춘 : 경배를 담당하는 여자들이 사람들이 모이는 곳에서 돈을 받고 간음을 저질렀다(계 2:20-23과 주석 참조). 이러한 여사제들을 그리스와 로마 이교도들은 “순전한 처녀들”이라고 불렀다(민 25:1-6을 보라).

2. 남자 동성연애 : 남색도 신을 경배하는 것과 관련이 있다. 23절에 기록된 모든 인종은 성경에서 나오는 첫 번째 남색한 자의 후예들임을 알 수 있다(창 9:21,24).

3. 정글 음악(출 32장) : 경배하는 사람들의 마음을 휘저어 놓는다. 그리하여 온통 옷을 벗어 제치고 춤을 추는 것이 하나님 앞에서 의미있는 것이라고 생각한다.

4. 수간 : 염소와 개와 말과 소와 간음하는 것(레 18장).

『**형상**』들은(24절) 이런 경배에 사용되었다(겔 16:17). 다른 인종끼리 교류를 잘하는 방법은 마귀를 숭배하는 것이다. 순수하고 단순하게 말이다(고전 10:20, 신 32:17). 왜 아프리카는 이 세상에서 한 번도 지도력을 발휘하지 못했는가? (앞으로도 이런 일은 없다.) 이런 일들과 깊게 관여해 왔기 때문이다(레 18:22,28).

이것이 B.C. 1400년부터 A.D. 1900년까지 성경이 말하는 사실이다. 이 진리를 회피할 수 있는 유일한 길은 모세의 글들을(요 5:43) 던져 버리고 주 예수 그리스도를 대적하는 것이다.

히슬롭의 <두 개의 바빌론>에 23,24절에 관련된 아주 자세한 역사적 내용들이 분석되어 기록되어 있다. 의도적으로 거부하지 않는다면 이 진리들을 놓칠 수 없다. 함은 성적으로 문제가 있다. 그 자손들도 어느 문명에서나, 어느 시대에서나, 어느 대륙에서나 이러한 경향을 보여준다.

25절은 15:26에서 설명하였다. “칠십인역”에서는 민족들을 열거하는 부분에 “기르가스인”을 추가시켰다. 이것은 예수 그리스도께서 돌아가신 지 200년 후에야 만들어졌는데, 이 신화에 가까운 “칠십인역”의 변개된 내용은 무시해 버리면 그만이다.

23:26 **네 땅에는 유산하는 자가 없고 임신하지 못하는 자도 없으리니 내가 네 날들의 수를 채우리라.**

27 **내가 내 두려움을 네 앞에 보내서 네가 이를 모든 백성을 멸할 것이며 내가 너의 모든 원수들로 네게 등을 돌리게 하리라.**

28 **내가 말벌들을 네 앞에 보내리니 그들이 히위인과 카나안인과 힛인을 네 앞에서 쫓아내리라.**

29 **내가 일 년 내에는 그들을 네 앞에서 쫓아내지 않으리니, 이는 그 땅이 황폐하게 되고 들짐승들이 너를 대적하여 번식할까 함이라.**

30 **네가 번성하여 그 땅을 이어받을 때까지는 내가 그들을 네 앞에서 조금씩 쫓아내리라.**

31 **내가 네 경계를 홍해로부터 필리스티아 바다까지와 광야에서부터 강까지 정할 것이라. 내가 그 땅의 거민들을 너희 손에 넘겨주리니 너는 그들을 네 앞에서 쫓아낼지니라.**

32 **너는 그들과 더불어 또한 그들의 신들과 더불어 언약을 맺지 말라.**

33 **그들이 네 땅에 거하지 못하리니, 이는 그들이 너로 나를 거역하여 범죄케 하지 못하게 하려 함이라. 만일 네가 그들의 신들을 섬기면 그것이 반드시 너에게 올무가 되리라." 하시니라.**

본문은 24,25절의 내용을 더 구체적으로 보완 설명한다. 지금까지 말한 내용을 더 강조한다. 즉 카나안에 살고 있는 어떤 함의 후손들과도 타협해서는 안 된다. 이들은 쫓겨나야 한다(31절). 이들은 유대인 땅에 거해서는 안 된다(33절). 이들은 멸망당해야 한다(27절). 이들과는 어떤 언약도 체결해서는 안 된다.

26절은 말 그대로다(신 5:16, 시 55:23을 볼 것). 27절도 평범하다. 이 구절은 여호수아 2:9과 신명기 7:23과 함께 병행하여 보라.

『**내가 말벌들을 네 앞에 보내리니**』(28절). 대부분의 주석가들은 말벌이라는 말이 비유적인 표현이라고 말한다. 그러나 여호수아 24:12에서 이 "말벌들"은 다른 군사적인 무기들과는 구별된다. 게다가 신명기 1:44, 시편 118:12 등 날아다니는 곤충들을 언급한 곳이면 성령께서는 자상하게 그 쏘는 곤충들이 비유로 사용되었다는 사실을 가르쳐 주시기 위해 "처럼"(as)이라는 말을 언급하신다. 또한 신명기 7:20에서의 말벌은 "hornets"(말벌들)가 아니라 "the hornet"(말벌)이다.

케일과 델리취가 주도한 위클리프주석은, 말벌은 "쏘는 듯한 두려움"이라고 말한다. 강단주석은 말벌들이 "재앙들"이나 "문제들"이라고 말한다. 이 사람들은 여전히 문자적인 해석에는 두려워하는 경향이 있다. 성령께서는 이런 곤충 떼에 대해서는 출애굽기 8:24; 10:14에서 기록하셨다. 어떻게 주석가들은 이 구절을 놓칠 수가 있는가? 하나님께서는 낮이건 밤이건 어느 때라도 오천만 마리의 곤충 군대를 소집하여 지휘하실 수 있다. "말벌"은 의심의 여지없이 말벌이다. 그리고 "말벌들"은 말벌들이다.

28절에서 성령께서는 함의 민족을 언급하시는 데 있어서 세 민족만 언급하신 사실을 유의해야 한다. 이 사실은 중요하다. 신화적인 칠십인역은 성령께서 23절을 기록하시는 데 있어서 여섯 민족만 기록하신 것은 실수하신 것이라고 판단한다. 그래서 알렉산드리아 팀은 신명기 7:1의 일곱에 맞추기 위해 하나를 더 추가시킨다. 그렇다면 여기 28절에서는 하나님을 돕기 위해 해야 할 일은 무엇인가? 더 생각할 것도 없이 네 민족을 더 집어넣어야만 한다. 그러나 썩어빠진 그 칠십인역을 펼쳐 보았더니(이 본문은 New ASV의 저본이지 않는가!) "아모리인" 한 민족만 추가되어 있지 않은가! 이 시점에서 모든 주석가들은 칠십인역을 모조리 덮어 버린다. 그리고는 추가된 부분에 대해서는 입도 뻥끗하지 않는다. 이것이 "이상한 대학교"에서 계속 전통으로 내려오는 음모이다. 이 음모가 "학자 연합"의 절대 무오한 교리가 되어 버렸다. 이 전통이 죽은 정통주의 배교자들의 존재를 지켜주는 것이다.

진짜 성경대로 믿는 사람이라면 지난 19세기 동안 있었던 종교개혁 본문을 비평한 모든 파괴적인 비평들은 무시한다.

29,30절은 평범하다. 신명기 7:22, 열왕기하 17:25을 비교하여 보라. 왜 함족들을 몇 달 안에 한꺼번에 멸망시키지 않았는지에 대해서는 재판관기 2:21에서 설명한다. 여기서 또 알아야 할 것은 본문에 나오는 "강"은 창세기 2:14의 유프라테스 강이라는 사실이다. 지금 약 2백만 명의 사람들이 이 땅에 들어가려 한

다. 그러나 이 땅은 그만한 숫자의 사람들을 충분히 수용한다. 2백만 명은 그리 큰 집단이 아니다. 뉴욕 주 크기만으로도 이 규모는 수용된다. 주어진 땅의 크기는 길이가 600마일, 폭이 200마일이다(겔 40-48장). 영적인 교훈을 얻어 보자. 그리스도인은 전투를 통해 훈련되어져야 한다. 너무 쉽게 이긴 승리, 너무 빨리 이긴 승리는 우리의 대적의 능력을(엡 6:10-13) 과소평가하게 만든다.

『**...그 땅을 이어받을 때까지는**』(30절). 이 구절은 문자적으로, 눈에 보이게, 정치적인 목적으로 오시는 예수 그리스도의 재림의 교리와 관계 있다. 이후부터 이러한 표현이 나오는 곳은(벧전 1:4 제외) 팔레스타인 땅을 언급하거나 하나님의 나라가 나타나는 것에 대한 언급이다. 바울 서신에서 "이어 받는다," "상속 받는다"라는 말이 나오는 곳은 에베소서 1:18을 제외하고 개인적으로 얻는 보상과(골 3:24) 관련이 있다. 이때가 되면 그리스도인은 온전한 구원을(엡 1:14) 얻게 된다. 새로운 몸을 받기 때문이다. [창 12:1-3; 13:15,16과 주석 참조]

31-33절은 24,25절에서 설명하였다.

『**...이는 그들이 너로 나를 거역하여 범죄케 하지 못하게 하려 함이라. 만일 네가 그들의 신들을 섬기면 그것이 반드시 너에게 올무가 되리라**』(33절). [수 23:13, 판 2:3 참조] 성경의 예언들이 모두 그렇지만 이 예언은 절대 무오하다. 이 예언은 열왕기하 17장에서 문자적으로 성취된다. 열왕기하 17장에서 이스라엘이 타락해 가는 순서를 따라가다 보면 대체적으로 어느 시대에 있었든, 어느 서양 국가들이든 그 동일한 퇴보를 볼 수 있다.

1. 그들은 다른 신들을 두려워했다(7절) : 그들은 공산주의, 카톨릭, 재정의 악화, 교육가들, 철학자들, 표현의 자유, 연방정부 등등을 두려워했다.

2. 그들은 이방인들의 규례들을 따라 행하였다(8절) : 아프리카 의상, 아프리카 음악, 아프리카 도덕, 프랑스 화장품, 이탈리아 음식, 신 도덕, 인도 종교 등등

3. 그들은 옳지 않은 일들을 은밀히 행하였다(9절) : 디스코텍, 나이트 클럽, "관능적인 경험들," "러브 호텔," TV 프로그램, 비밀 집회, 극장 등등

4. 그들은 높은 곳에 형상들을 세웠다(9,10절) : 워싱턴 기념비, 벙커 힐

(Bunker Hill), 게티스버그(Gettysburg), 성 베드로 상, 성 마리아 상, 성 프란시스 상, 스미스소니언 협회(Smithsonian Institute)

5. 그들은 악한 일들을 행하였다(11절) : 포르노, 프리 섹스, 혼전 성관계, 수간, 마술, 성적 탈선, "게이" 해방, 성 도착, 청부 살인 등등

6. 그들은 우상들을 섬겼다(12절). : 점괘, 트럼프 카드, 손금, 관상, 점, 마법, 골상학, 점성학, 과학, 장사, 교육, 사회학 등등

7. 그들은 총체적으로 페니키아, 아프리카 바알을 섬김으로 끝장난다(13-20절) : 그들은 전에 거부당했던 함족보다 더 악화된 상태로 그들의 종결을 맞게 된다.

하나님께서는 이스라엘에게 증거하셨다(13절). 이스라엘은 하나님의 책을 거부하였다(15절). 그래서 주께서는 그의 모든 종 선지자들을 통하여 말씀하신 대로 이스라엘을 그의 목전에서 제거하셨다(23절). 1600년부터 1980년까지 이처럼 본문을 적용시킨 주석가는 없다. [대부분의 보수주의 학자들에게는 자신들의 독특한 현학적인 배타주의가 있다. 이 배타주의가 시대의 큰 흐름으로부터 자신들을 고립시킨다(잠 18:1-2). 하나님의 말씀이 가르쳐지고 설교되어지는데도 어떤 열매도 맺지 못한다. 하나님의 말씀에 대한 이해가 없다면(느 8:8) 확신도 없고 순종도 없고 반응도 없다. "진리와 싸우고 있는" 대부분의 보수주의 학자들은 마귀에게 속아 "성경 본문을 이해하는 것"은 곧 "원어를 좇아가는 것"이라고 믿게 되어 버렸다. 이보다 더 비참하게 만드는 것은 이런 잘못된 신념 아래 "진리를 설명하는 것"은 자신이 가르치는 학생들에게 바티칸 사본과 시내 사본이 바로 "최초의 원본"이라고 생각하도록 세뇌시킨다는 것이다.

출애굽기 24장

24:1 **주께서 모세에게 말씀하시기를 "너와 아론과 나답과 아비후와 이스라엘 장로 칠십 인은 주께로 올라오고, 너희는 멀리서 경배하라.**
2 **모세 혼자서만 주께 가까이 나아올지니 그들은 가까이 오지 말며 백성은 그와 함께 올라오지 말지어다." 하시니라.**

지금 일어나는 일과 관련된 사람은 다섯 사람이다. 처음에는 아론의 두 아들들(나답과 아비후)과 아론이 모세와 함께 올라간다. 두 번째는 여호수아가 모세와 함께 올라간다(13절). "70명의 장로들"은(1절) 출애굽기 4:29의 장로들이다. 이들은 모세와 함께 산 정상까지 오르지 못하도록 한다. 이들은 모세와 아론과 나답과 아비후와 함께 "먹고 마신다." 그러나 먹는 장소는 18절에서 설명되어지는 장소보다 더 아래쪽에 있다.

24:3 **모세가 와서 백성에게 주의 모든 말씀들과 모든 명령들을 말하였더니 모든 백성이 한 음성으로 대답하여 말하기를 "주께서 하신 모든 말씀들을 우리가 행하리이다." 하더라.**
4 **모세가 주의 모든 말씀들을 기록하고 아침에 일찍 일어나서 산 아래에 제단을 쌓고 이스라엘 열두 지파에 따라 열두 기둥을 세우고**
5 **이스라엘 자손의 청년들을 보내어 주께 소로 번제와 화목제를 드렸더라.**

6 **모세가 피의 반을 떠서 대야들에다 담고 피의 반은 제단 위에다 뿌리며**
7 **언약의 책을 가지고 와서 백성이 듣고 있는 데서 읽으니 그들이 말하기**
를 "주께서 말씀하신 모든 것을 우리가 행하고 복종하리라." 하더라.
8 **모세가 피를 떠서 백성에게 뿌리고 말하기를 "언약의 피를 보라. 이는 주**
께서 이 모든 말씀에 관하여 너희와 맺으신 언약이라." 하더라.

3절은 23:33 이전에 일어났던 일임을 알 수 있다. 이처럼 성경은 모두 연대기적으로만 기록된 것은 아니다.

『**주께서 하신 모든 말씀들을 우리가 행하리이다**』(3절). [19:8의 설명 참조. 이에 대한 주님의 반응을 신명기 5:28,29에서 살펴보라.] 이들은 기꺼이 응답한다. 그러나 참으로 영은 원하지만 육신은 약하다(마 26:41). 여기에서의 "말씀들"은 20장에서의 말씀들이다. 이 말씀들은 책에 기록되어 있다. 본문의 "명령들"(judgments)은 21-23장에 있는 명령들이다. 이 명령들도 책에 기록되어 있다(24:7,8). 히브리서 9:19에 의하면 이 책에 피가 뿌려졌다. 이 이유로 옛날 킹제임스성경들은 가장자리가 모두 붉은색이나 금색으로 되었다. 거룩한 책인 성경은 피의 책이면서 하나님의 신성을 담은 책이다. (이 사실을 1800년 이후 출간된 출간물들을 통해서는 알 수 없다. 비록 어떤 책들은 부패한 "성서들"(bibles)임을 감추기 위해 가장자리를 도금하지만 말이다.)

12절에서 말하는 『**율법과 계명들**』은 3절에서 말하는 『**말씀들**』과 『**명령들**』이 아니다. 하나님의 말씀은 "영원히 하늘에 세워졌다." 왜냐하면 12절에서 "내가 기록한" 말씀이라고 언급하기 때문이다.

『**...제단을 쌓고... 열두 기둥을 세우고**』(4절). [18:12과 19:3의 주석을 보라.] 율법을 주기 위해 의례적으로 준비해야 하는 것은 신약에서 발견되는 것과 거의 같다. 예외적인 부분이 있다면 여기서는 하나님께서 한 민족과 언약을 체결하신다는 것이다. 즉 이스라엘의 열두 지파와(14절) 언약을 체결하신다. 신약에서는 하나님께서 믿는 사람 개인과 언약을 확증하신다. 그 요소들을 살펴보자

A. 제단(4절). 제단은(히 13:8-12) 우리를 피로 구속하신 예수 그리스도께서 희생하신 일을 나타낸다. 예수 그리스도께서는 우리와 하나님을 화해시키기 위

해 우리의 위치에서 죽으셨다(히 10:8-12).

B. 피로 뿌린 책(4절). 이 책은(살전 2:13) 언약을 지키실(요 5:24) 분께서 서명하신 계약이고(요 17:17) 맹세하신 서원이다(히 10:7-9).

C. 열두 기둥들(4절). 이것은 『**첫태생인 아들**』로서(출 4:22) 서게 될 한 민족을 나타낸다. 그리스도인의 경우(롬 8:14-18) 자신의 몸은 성전이다. "교회의 기둥들"(갈 2:9)은 살아 있는 그리스도인들이다.

이스라엘 자손은(한 민족으로서) 세 번에 걸쳐 자신들에게 주어진 언약에 동의했다(3,7절, 19:8). 피가 뿌려졌다는 말은(6,8절) 히브리서에서 자주 언급된다(히브리서 9,10장). 이는 침례의식을 수행하는 데 있어서 물에 잠기지 않고 물을 뿌리는 것으로 대체한 카톨릭, 감리교, 루터교, 감독교회가 비성경적이라는 사실을 설명해 준다. 이들은 이래내우스, 시프리안, 저스틴 마터 등이 행했던 전통을 유지하는데 정결하게 되는 것과(요 2:6) 죽음, 묻힘, 부활(롬 6:1-4, 골 2:11,12)을 혼동해 온 것이다. 이들은 아기들에게 물을 뿌림으로 아기들을 거듭나게 하고자 한다. 뿌려지는 물을 예수 그리스도의 피로 보는 것이다(사 52:15). 그러나 이들이 알지 못하는 사실은 구약의 정결 의식을 통해서는(히 9:18,23) 죄들을 제거할 수 없다는 사실이다(히 10:4) 매일 매일 이 의식을 수행해도 불가능하다(히 10:11). 예수 그리스도께서 죄인들을 위해 죽으시고 그 죄가 예수 그리스도 위로 오기 전까지는 죄들은 제거되지 않는다. 예수 그리스도는 자신 위에 있는 죄들과 함께 묻히셨다(히 9:28). 그분은 이 죄들을 땅의 심장으로 가지고 가셨고(마 12:40) 그 죄들을 거기에 내려 놓으셨다(히 9:28). 그가 올라오실 때(행 2:27,31) 죄가 없이 올라 오셨다. 예수 그리스도 위에 어떠한 죄도 짊어지지 않고 올라오신 것이다. 그러므로 물 침례는 묻히는 것을 나타내는 물에 잠기는 것이어야만 한다.

그러나 이 진리는 대부분의 학자연합에게는 소화시키기에 너무나 질긴 고기이다. 그래서 기독교계의 70% 이상이 아기들의 죄를 제거하는 데 있어서 물 뿌리는 것에 의존한다. 이제는 별로 놀랍지도 않다.

또 하나 살펴보아야 할 사실이 있다. 이 책에 뿌려지는 피는 황소의 피다. 어린양의 피가 아니다! 우리는 여기에서 한 민족을 위한 몸값으로서(출 12:1-6)

피의 법률적인 의미만 살펴보는 것이 아니라 이 피를 살아 있는 민족, 살아 있는 책에 적용시키는 것이다. 성경을 유심히 살펴보았다면 "어린양의 피"는 구약에서 어느 사람에게도 뿌려지지 않았다는 사실을 알 수 있다. 송아지의 피(레 4,5장), 소의 피(레 6,7장), 숫양의 피(레 8,9장)는 뿌려졌어도 "어린양"의 피는 결코 뿌려지지 않았다. "어린양"의 피는 사람의 살갗에 닿아 본 적이 없다. 어린양은 죄 없는 피(행 20:28)를 가지고 성령과 함께(요일 5:6) 계신 분이기 때문이다. 어린양은 "육신의 죄들의 몸"으로부터 떨어져 나온(골 2:11,12) 혼에게(요 3:3,5)만 유일하게 적용되기 때문이다. [골 2:11,12 주석 참조]

24:9 **그리고 나서 모세와 아론과 나답과 아비후와 이스라엘의 장로 칠십 인이 올라가서**

10 **이스라엘의** 하나님을 **보니 그분의 발 아래는 마치 사파이어 돌로 포장한 것 같고 그 청명함은 하늘의 본체 같더라.**

11 **주께서 이스라엘 자손의 귀족들 위에 손을 대지 아니하셨으며 그들은 또한** 하나님을 **보며 먹고 마시더라.**

이 본문을 통해 또 한 번 필로, 판테누스, 클레멘트, 오리겐 등의 영향을 받은 알렉산드리아의 근본주의 기독교 대학에서 저지른 잘못을 살펴보게 된다.

여기에서 칠십인역은 그 본성을 분명하게 드러낸다. 살아 계신 하나님께서 말씀하신 살아 있는 말씀에 온갖 쓰레기를 갖다 붓는다. 자신이 똑똑하다는 이 오래된 유혹은 아마 이길 수 없나 보다. 이 썩어 빠진 칠십인역은 "그들은 또한 하나님을 보며"(10절)를 "그들은 또한 하나님께서 서 계신 곳을 보며"라고 고쳤다. [34:5도 마찬가지이다.]

교회사를 제대로 알고 있는 사람이라면 "하나님은 단지 영으로 계시기에 몸의 형태는 없으시다," "모든 물질적인 것은 악한 것이다. 그래서 그리스도는 육신을 입고 나타나신 하나님이 아니었다"고 외치는 사람들의 정체를 알 것이다. [에드워드 힐스의 <*Believing Bible Study*>를 보라.] 알렉산드리아에 있었던 영지주의 교수진들은 믿음과 실행에 있어서의 최종적인 권위는 성경이 아니라

기독교 교육이라고 믿었는데 이들은 또다시 자신들의 꾐에 빠져든다. 하나님의 말씀을 고쳐서라도 하나님을 도와드리려는 목적은 자신들이 세운 논리에 충돌하지 않기 위해서다. [창세기 46장의 주석 참조]

보수주의 주석가 아담 클라크는 아주 측은한 처지에 놓이게 된다. 신명기 4:15과 요한복음 1:18을 본문과 함께 조화시키지 못하기 때문이다. 그러더니 아주 놀라운 것을 말한다! 10절에서 말하는 "발"은 실제 "발"이 아니라 단지 "하나님의 발이 서 있던 장소"일 뿐이라고 말한다. 이것이 정확한 영지주의자들의 입장이다. 케일과 델리취도 본문을 설명하는 데 이 입장을 취한다(위클리프주석 p.75). 제미에슨, 포셋, 브라운도 강단주석이 "사람들"(신 4:15)은 여기에서 말하는 "장로들"과 같은 말이 아니라고 경고했음에도 불구하고 이 구절에서 걸려 넘어지고 만다.

지금까지 우리의 "형제들"이 발견할 수 없었던 모든 문제의 답을 1611년의 킹제임스성경은 가지고 있다. 따라서 비평가들을 따라가지 않고 성경에만 접근하는 한 본문에 대한 어떤 문제도 발생하지 않는다.

야곱은 하나님을 보았다(창 28장). 마노아는 하나님을 보았다(판 13장). 기드온은 하나님을 보았다(판 6:22). 출애굽기 23:23에서 막 언급된 "하나님의 존재를 나타내는 천사"는 분명하게 신구약에서 동일시된다(갈 4:14).

뭐가 문제란 말인가?

주님께서 아브라함에게 나타나셨을 때(행 7:2), 또 모세에게 나타나셨을 때(행 7:30) 하나님께서는 천사로서 나타나셨다(행 7:38).

뭐가 문제란 말인가?

요한복음 1:18에서 말하고 있는 것은 아버지 하나님에 관련되어서 언급하는 것이다(몸이나 영으로서의 하나님이 아니라 혼으로서의 하나님) New ASV가 이 구절에 대해 여호와의 증인들이 가지고 있는 본문을 사용하는 것은 로크만 재단(New ASV)이 아리우스(A.D. 325)와 같은 아리안이라는 사실 외에 아무것도 아니다. 이 세상의 신에 의해 눈이 감겨진 것이다(고후 4:1-4).

장로들이 본 분은 주의 천사이다. 이들과 함께 교제했던 분도 주의 천사이다(10절). 주의 천사는 마노아와 그의 아내를 죽이지 않았듯이(판 13장) 여기의 장로들도 죽이지 않았다. 이 사실은 본문을 보면 분명하게 알 수 있다. 따라서 칠십인역이 본문을 변개시킨 것은 그야말로 아무것도 아닌 것이다. 이 헬라어 본문을 밥 존스 대학에서는 권위있는 본문으로 채택하고 있다. New ASV에서 요한복음 1:18을 변개시키는 것도 역시 아무 것도 아닌 것이다. 어떤 열심있는 그리스도인이라도 경건한 보수주의자라도 이런 본문을 용납할 수는 없다. 이와 같은 본문을 수용하기 위해서는 "학문"을 우상화하는 수밖에 없다.

10절은 이사야 6:1과 에스겔 1:26과 함께 보아야 한다. 사파이어는 투명하거나 맑은 청색일 것이다. 본문에 대한 더멜로우의 설명은 의미 없다. 클라크는 어떠 사파이어는 녹색이라고 말한다. 이는 요한계시록 4:3에서 에메랄드에 관한 본문과 연결될 수 있다.

24:12 주께서 모세에게 말씀하시기를 "너는 산으로 내게 와서 거기에 있으라. 내가 너에게 내가 기록한 돌판들과 율법과 계명들을 주어 너로 그들을 가르치게 하리라." 하시니라.

13 모세가 그의 일꾼 여호수아와 함께 일어났더라. 모세는 하나님의 산으로 올라갔는데

14 그가 장로들에게 말하기를 "우리가 너희에게로 다시 올 때까지 너희는 여기에서 우리를 기다리라. 보라, 아론과 훌이 너희와 함께 있으니 만일 어떤 사람이 해야 할 무슨 일들이 있으면 그들에게로 갈지니라." 하고

15 모세가 산으로 올라가니 구름이 산을 덮더라.

16 주의 영광이 시내 산 위에 머무르고 구름이 육 일 동안 산을 덮었으며 일곱째 날 주께서 구름 속에서 모세를 부르시더라.

17 주의 영광의 모습이 이스라엘 자손의 눈에는 산 정상에서 삼키는 불 같더라.

18 모세가 구름 속으로 들어가서 산에 올랐으며 모세가 산에서 사십 일 낮과 사십 일 밤을 지내더라.

내용은 평이하다. 장로들은 다시 되돌아 내려가고 여호수아는 모세와 아론과 훌과 함께 반쯤 올라간다. 32,33장을 보면 이는 분명하다. 여기에서 여호수아는 두 번째 언급되는데 일꾼으로 언급된다. 여호수아가 첫 번째로 언급된 곳은 군인으로 나왔을 때였다(출 17:13).

"일곱 체계"에 대해 알고 있다면 16,17절에서 다시 분명하게 재림의 그림을 볼 수 있을 것이다(19:16 주석 참조).

3,4절에서 『**내가 기록한**』이라는 말에 대해 살펴보았다. 더멜로우는 자신이 읽은 내용을 믿을 수 없어서 "내가 기록한"이라는 말은 "돌판" 다음에 와야 한다고 주장한다. 왜냐하면 더멜로우는(다른 죽은 정통주의 배교자들과 마찬가지로) "율법과 계명들"이(12절) 미리 기록되었다는 사실을 믿을 수 없기 때문이다. 70명의 장로들은 아론과 훌과 함께 진영으로 되돌아 왔다. 모세는 위로 올라가 40일 낮과 밤 동안 사라진다. 이 때에는 음식도 없다(신 9:9). 모세가 올라간 것은 예수 그리스도(눅 4:1-8), 엘리야(왕상 19:8)와 관련이 있다[계 11:1-5, 주석 참조]

여기에서 숫자 "7"과 "40"은 재림과 깊은 관련이 있다는 사실을 알 수 있다. 재림에 관련된 모든 요소들이 다 있다. 이스라엘이 다시 세워진다. 율법이 다시 세워진다. 구름이 있고 "주의 영광"이 있다. 두 증인이 있다(이 경우는 엘리야 대신 여호수아다). 7일의 기간이 주어진다. "삼키는 불"이 있다(17절, 살후 1:8과 비교해 보라.) 그러나 "7"과 "40"은 광야에서 갑자기 나타난다(민 13:22,25, 왕상 8:2,9 등등). 이런 현상은 그 누구도 알아차리지 못했다. "7"과 "40"은 분명히 한 기간과 관련되어 있는데 대환란 바로 전이든지 아니면 대환란 바로 후이다. 그러나 더 이상 언급은 곤란하다. 더 이상 발견되지 않기 때문이다.

마무리 지으면서 영적인 진리들을 살펴보자.

1. 피가 적용되기 전까지는(7절) 하나님과의 교제는 없다(11절).

2. 하나님께서 자신을 책에 계시해 주시기 전까지는(4,8절) 하나님에 대한 계시는 없다(10절).

3. 하나님과 교제하기 위해서는 하나님의 법에 순종해야 한다(13절).

4. 모세가 율법을 주었다면 예수 그리스도는(여호수아) 율법으로 일한다(13절).

5. 하나님의 은혜가 있기에 하나님과 함께 먹을 수 있다. 하나님께서 음식을

공급하신다. 아무도 자기가 먹을 소풍 도시락을 싸 오지 않는다.

6. 이스라엘이 산 아래 서 있을 때(첫 번째 부류의 "그리스도인들," "부르심을 받은" 사람들로서, 피 아래에 있는 사람들이다. 계 12:11; 17:14), 여호수아와 장로들은 산 중간에 있었고(두 번째 부류의 "그리스도인들," "택함 받은" 사람들로서, 증거하는 사람들이다. 계 12:11; 17:14), 모세는 산 정상에 있었다(세 번째 부류의 그리스도인들, "신실한" 사람들로서 죽기까지 신실한 사람들이다. 계 12:11; 17:14). 이 세 부류는 각각 성막에 있어서 바깥뜰, 성소, 지성소를 나타내기도 한다.

출애굽기 25장

25:1 주께서 모세에게 일러 말씀하시기를
2 "이스라엘 자손에게 말하여 그들로 내게 예물을 가져오게 하고, 자기 마
음으로 기꺼이 드리는 모든 자에게서 너희는 나의 예물을 받을지니라.
3 이것이 너희가 그들에게서 받을 예물이니, 금과 은과 놋과
4 청색, 자색, 주홍색 실과 가는 베실과 염소털과
5 붉게 물들인 숫양의 가죽과 오소리 가죽과 싯팀 나무와
6 등에 쓸 기름과 붓는 기름에 쓸 향료와 향기로운 향에 쓸 향료와
7 얼룩마노와 에봇과 흉배에 달 보석이니라.
8 내가 그들 가운데 거할 성소를 나를 위하여 그들로 만들게 하라.
9 내가 너에게 보여 주는 모든 것대로 성막의 모양과 그 모든 기구들의 모
양을 따라 너희는 그것을 만들지니라.

여기서는 이스라엘 민족이 하나님을 경배하는 것에 대해 상세히 기록하고 있다. 성막이 설계된다. 사용되어질 재료들이 언급되고, 성막에 들어가 섬길 사람들에 관해 기록된다. 이 사람들이 입을 옷들과, 성막에서 쓰일 기구들이 기록된다. 그리고 성막에서 섬길 사람들이 성결하게 되는 의식들이 기록된다.

이 부분에 관한 많은 책들이 있다. 영적인 교훈들을 수록한 책들도 많고 또 성막에 관한 "예표"를 설명한 책들도 엄청나게 많다. 이러한 수백 편이 넘는 논문 가운데 히브리서 기록자가 알아볼 수 있는 논문은 단 하나도 없다. 히브리서 기록자가 계속하여 말하는 것은 성막은 하늘에 있는 것들의(히 9:24) 모형에(히 8:1) 따라 만들어졌다는 것이다.

성막을 통하여 그 안에서 "그리스도"를 발견해 보고자 진지하게 접근한 모든 "경건한 보수주의자들"은 모두 이 부분을 무시해 버렸다. 아무리 성막 안에 있는 여러 기구들에서 예수 그리스도를 발견할 수 있었다 하더라도(아론의 제사장 직분을 통해서도) 성막 그 자체는 결코 예수 그리스도의 모형이 될 수 없다. 물질의 영원을 믿지 않는 한, 우주가 하나님의 한 모형과 같다는 사실을 믿지 않는 한 말이다(히 1:11). 최소한 우주가 하나님께서 거하시는 처소(히 1:11,12)라는 사실을 믿지 않는 한 이 사실을 알 수 없다. 그러므로 성막은 주로 첫째 하늘, 둘째 하늘, 셋째 하늘의 모형을 나타낸다(히 8-10장). 창세기 1장에서 그리고 욥기 38장에서 언급되지 않은 내용들이 출애굽기 25-30장과 출애굽기 35-39장에서 발견된다!

『**이스라엘 자손에게 말하여...**』(2절). 예물은 『**기꺼이**』 드리는(2절) 자원하는 예물이어야 한다(스 7:15,16) 이에 대해 언급되어진 법은 없다. 그래서 모든 것은 은혜 아래서 이루어진다(2절). 이 예물은 마음으로부터 우러나와야 한다(2절).

3절에서 "놋"(brass)이라는 말이 나오자 모든 학자들은 고민한다. ("옛날 사람들"은 놋을 만들 줄 몰랐던 것으로 생각하는 것같다. 놋은 구리와 아연의 합금이기 때문이다.) 이 놋은 실제로는 "구리"(copper)라고 말들 한다. 그러나 이 사람들이 성령께서 이 말을 재판관기 16:21, 열왕기하 25:7, 예레미야 52:17에서 사용하신 용례를 확인해 본다면 "구리"는 수갑의 용도로서 적합한 재료가 아니라는 사실을 알 수 있을 것이다. 더더군다나 지붕을 지탱하는 기둥을 만드는 재료로는 전혀 적합하지 않다는 사실 또한 알 수 있을 것이다.

차라리 "청동"(bronze)으로 대체한 것이 더 낫다. 그러나 "청동"(bronze)이라는 말은 "brazen," "brassy," "brass"라는 말에서 왔기 때문에 지금 쓰고 있는 놋 제품들(고전 13:1)은 구리가 아니다. "소리나는 놋"이라는 말이 결코 노아 이전이나 이후에나 "소리나는 구리"라는 말과 동일한 말로 사용된 적이 없다. 존슨 박사는(위클리프주석) "철기 시대"에(p.74) 대해 혼동하고 있다. 사람들에게 철기 시대는 놋이 등장한 다음에야 시작된 것인 양 생각하게 만든다. 이것이 바로 죽은 정통주의 배교자들의 전형적인 수법이다. 이들은 사실을 알기 위해 성령께 묻지 않고 먼저 고고학으로 달려간다. 철은 홍수 이전에도 사용되었다는 사실을 알아야 한다(창 4:22). 이 홍수는 본문이 주어진 때보다 600년도 훨씬 전의 일이다. 신명기 3:11의 거인은 쇠로 만든 침대에서 잤다. 이 거인이 살던 때는 롯의 손자들이 살던 때로서 그 문명은 상당히 번성하였다. 성막이 세워지기 전에 카나안인들은 철로 만든 병거를 가지고 있었다(수 17:16).

하나님께서는 하나님 자신의 "작품들"인 노아의 방주(창 6:14)나 성막을 만드는 데 있어서 철을 사용하기를 원치 않으셨다. 성경을 믿는 사람이라면 창세기 4:22의 흑인 대장장이는 골리앗의 창과 비히못의 뼈들과 매우 연관이 깊다는 사실을 알고 있다(창 4장 주석 참조).

금 : 언약궤 주위의 테, 고리, 그룹, 자비석, 숟가락, 접시, 촛대, 대접, 고리, 걸쇠, 부집게, 기둥, 물건을 드는 채등을 만드는 데 금이 사용되었다.

은 : 받침, 기명들, 제단을 덮는 덮개, 뜰에 사용되는 말뚝못 등에는 은이 사용되었다.

[욥 28:2에 언급된 놋("구리"가 아닌 진짜 놋)은 창세기 4:22에 언급된 말과 같다. 옛날 사람들은 놋을 만들 줄 몰랐다고 생각하는 미신은 마치 이집트에는 낙타와 포도가 없었다고 생각하는 것과 같다.]

이 세 금속에 대한 예표는 분명하다. 금은 신성을 나타낸다. 금은 이 땅에서 가장 귀한 가치를 상징한다. 은은 구속에 대한 대가를 나타낸다(벧전 1:18, 슥 11:13). 놋은 놋 제단 위에서의 죄에 대한 심판과 관련이 있다(계 6장).

『**청색, 자색, 주홍색 실과 가는 베실과 염소 털과**』(4절). 세 가지 색깔과 함께 세 가지 동물이 언급된다. 동물들은 염소, 숫양, 오소리이고(4,5절) 색깔은 청색, 자색, 주홍색이다. 청색과 주홍색을 혼합하면 자색이 나온다. 청색은 하늘의 색깔이다(민 15:38). 주홍색은 예수 그리스도의 피를 예표한다.

자색은 나오는 곳마다 왕족을 나타낸다. 이 색은 원래 어떤 조개 류의(murex, 뿔고둥) 색이다. 값이 하도 비싸서 동양의 군주들은 특별히 허락한 사람들을 제외하고는 신하들이 이 색깔의 옷을 입지 못하게 하였다. 청색, 자색, 주홍색 이 색깔은 하늘에 거주하시는 하나님을 묘사한다. 이 하나님은 절대 군주로서 하늘과 땅을 통치하신다(단 4:3,34). 이 하나님은 피를 가지고 계신다!(행 20:28)

『...**가는 베실과**(fine linen) **염소 털과**』(4절). 가는 베실은 요한계시록 19:8에 설명되어 있다. 염소의 털은 비단만큼이나 섬세하여 직물을 짜는 데 사용되기도 한다(클라크, p.428). 예표적으로 볼 때 염소는 죄를 위한 제물(레 9:15; 16장)을 나타낸다. 그리고 적그리스도를 나타내기도 한다(단 8:3-12). 염소는 사탄을 나타내는 세계적인 상징이다. 염소는 다산을 기원하는 의식이나 마술사들이 주도하는 성적인 의식을 행하는 데서(1950-1990) 발견된다.

『**붉게 물들인 숫양의 가죽과 오소리 가죽과**..』(5절). 숫양은 제사장 사역과 관련된(출 29장) 그리스도의 희생제사(창 22:13)을 나타낸다. 붉은 가죽은 언급된 것처럼 숫양으로부터 얻는다. 레위기, 민수기에서 숫양은 번제, 화목제, 속건제 그리고 속죄와 관계 있다.

모든 보수주의 학자들의 유업을 손상시키는(히 12:17) 끔찍한 "오소리"가 등장한다. 이 주석가들은 오소리는 시내 반도에서 알려지지 않은 동물이라고 말한다. A.D. 18,19세기 동안에 시내 반도에 단 한 마리도 존재하지 않았다는 사실이 그 증거라고 말한다. 그러나 강단주석은 팔레스타인에 오소리가 있었다는 사실을 받아들인다. 게다가 벌링거는 오늘날 팔레스타인 사람들은 오소리 가죽으로 신을 만들어 신고 다닌다고(겔 16:10) 말한다. 여기에서 말하는 오소리 가죽이나 에스겔에서 말하는 오소리 가죽은 같은 말이라고 한다.

그렇다면 어떻게 시내 반도에 천만 마리의 오소리떼가 살지 않았다고 말할 수 있는가? 그곳은 대규모의 무역로가 세 갈래로 통과되는 지역이 아닌가? 사람들은 이 길들을 통하여 이집트에서 팔레스타인으로 정규적으로 오고 가지 않았는가? 야곱과 그의 가족들이 창세기 46장에서 오소리들을 가지고 오지 않았다고 어떻게 알 수 있는가? 만일 야곱과 그의 가족이 오소리들을 이집트로 가지고 갔다면 215년에서 400년간 그곳에서 불어났을 것이다. 이런 기간 동안이라면 토끼가 얼마나 증가되는지 계산해 보았는가?

성경에서 오소리라면 오소리인 것이다. 배교한 다른 성경들에서 이 부분을 고쳐 봐야 그 결과는 아무것도 아니다.

『...**싯딤 나무와**』(5절). 이 나무는 견고하다. 벌레가 잘 먹지 않고, 내구성이 있으며 시내 반도 어디에서도 발견된다. 이 나무는 예표적으로 사람으로 오신 예수 그리스도를 나타낸다. 사람들은 주로 나무에 비유되기 때문이다(겔 31장, 시 1:3, 막 8:24).

『**등에 쓸 기름과 붓는 기름에 쓸 향료와 향기로운 향에 쓸 향료와**』(6절). 기름은 이집트에서 가져온 올리브 기름이다(27:20). 붓는 기름과 향을 만드는 것에 대해서는 30장에서 자세히 기록한다.

『**얼룩마노와 에봇과 흉배에 달 보석이니라**』(7절). 얼룩마노(onyx stone)는 검고 희다. 대부분의 주석가들은 이를 녹주석(Beryl)이나 에메랄드, 이집트의 둥근 돌이라고 한다. 이들은 성경 본문만 믿지 않고 다른 것은 다 믿는다. 요세푸스와 아퀼라는 “sardonyx”라고 말한다. (사실이 아니다.)

다른 “돌”들은 28:17-21에 열거되어 있다. 이 돌들은 새 예루살렘을 나타낸다(계 21,22장). 이 돌들은 “하나님께서 세상의 기초를 놓으시기 전에 하나님께서 예수 그리스도께 주셨던 영광”의 한 부분이다(요 17:24). 그래서 대제사장은 마음이 있는 가슴판에 이 돌들을 붙이는 것이다(28장).

『**내가 그들 가운데 거할...**』(8절). 성막은 솔로몬의 성전(행 7:49)보다 더 위대한 두 가지 사실을 보여 준다. 요한계시록 21:22에서 성전이 더 이상 없을 것을 예언하는데 그곳은 더 이상 “거룩하게 해야 할” 필요가 없기 때문이다. 이 사실을 통해 경고하는 것이 있다. 육신의 몸(골 2:11,12) 안에 있는 혼이 육신 자체로부터 분리되어지지 않는 한(골 2:11) 성령은 육신의 몸 안에 거하실 수 없다는 것이다. 구약 시대에는 혼이 육체에 들어붙어 있기에(창 2:7, 겔 18:4, 삼상 20:3) 몸이 불결해지면 혼도 불결해진다(레 22:6). 남자와 여자가 서로 합해지듯이(롬 7:1-4) 혼은 몸과 결합되기 때문이다. [물론 이 부분은 20세기의 보수주의 헬라어, 히브리어 학자들에게는 알려지지 않은 부분이다.] 하나님께서는 불결한 장소에는 거하지 않으신다(33:3과 주석 참조). 그래서 회중이 더럽혀졌을 때 성막은 진 밖으로 옮겨진다(출 33:7,8). 신약에서 예수 그리스도께서 자신을 예루살렘으로부터 옮기신 것과 같다(마 24:1).

『**...모양과 ...모양을 따라 너희는 그것을 만들지니라**』(9절). 케일은 이 모양(pattern)이라는 부분을 오해하여 하나님께서 모세에게 요한계시록 15:5의 성막을 보여 주시면서 그것을 모방하여 만들 것을 말씀하셨다고 말한다. 클라크도 이 부분을 오해하여 그것은 예수 그리스도와 교회라고 말한다. 더멜로우는 총체적으로 오해하여 "모양"(pattern)이라는 말을 바꾸어 하나님을 경배하는 데 있어서 일반화된 방법으로 나아가는 일반화된 계시라고 말한다. 윌리엄즈, 제미에슨, 포셋, 브라운, 존슨 박사는 이 말은 "모델"(model)이어야만 한다고 말한다. 그러나 이들은 어디에서도 모델을 찾지 못한다.

『**...성막의 ...모양을 따라**』(9절). 여기서부터 성막은 많은 다른 이름들로 사용된다. 장막, 회중의 장막, 증거의 장막, "증거," 주께서 거하시는 곳, 거룩한 곳, 성전 등등, 전에도 언급했지만 성령께서 아주 알기 쉽게 말씀해 주시는 것은 모세가 사용해야 하는 모양(pattern)은 "손으로 짓지 아니한, 곧 이러한 건물이 아닌 더 크고 더 온전한 성막"(히 9:11)을 염두에 두고 말씀하신 것이다. 지성소는 셋째 하늘에 있는 하나님의 보좌와 연결된다(계 4:1-5, 히 9:24). 이 사실은 신약에서 발견되는 너무도 분명한 사실이어서 이 사실을 거부하는 주석가들이 오히려 이상해 보일 뿐이다. 그러나 이런 일들을 어디 한두 번 보았는가? "거짓되이 일컬어지는 과학"의 힘이 그 일을 해낸 것이다. 이것이 왜 NASV나 다른 배교한 성경들에서 "과학"이라는 말이(딤전 6:20) 빠져 있는지를 설명해 준다.

그리스도인에게 있어서 "모양"(pattern)은 바울이다(딤전 1:16).

25 : 10 그들은 싯팀 나무로 궤를 만들지니, 즉 그 길이가 이 큐빗 반, 그 너비가 일 큐빗 반, 그 높이가 일 큐빗 반이 되게 하고

11 너는 순금으로 그것을 입히되, 안과 밖을 싸고, 주위에 금테를 두르고

12 그것을 위하여 금고리 네 개를 부어 만들어 그 네 모퉁이에 달되, 이편에 두 고리, 저편에 두 고리를 달지니라.
13 너는 싯팀 나무로 채를 만들어 금으로 입히고
14 채를 궤의 양편 고리에 넣어서 그들로 궤를 메게 할지니라.
15 채를 궤의 고리에 넣어 두고 거기서 빼내지 말며,
16 너는 내가 네게 줄 증거판을 그 궤에다 넣어 둘지니라.
17 너는 순금으로 자비석을 만들되 그 길이는 이 큐빗 반, 그 너비는 일 큐빗 반이 되게 하고
18 너는 금으로 두 그룹을 만들되, 두들겨서 만든 것으로 자비석 양끝에다 둘지니,
19 한 그룹은 이쪽 끝에 또 한 그룹은 저쪽 끝에 만들어 자비석 양끝에다 그룹들을 만들지니라.
20 그 그룹들은 날개들을 높이 펴서 그들의 날개들로 자비석을 덮고 그들의 얼굴을 서로 마주보게 하며, 자비석을 향하여 그룹들의 얼굴이 있게 할지니라.
21 너는 자비석을 궤 위에다 얹고 내가 네게 줄 증거판을 궤 안에다 넣을지니라.
22 거기에서 내가 너와 만나고 또 내가 자비석 위, 증거궤 위에 있는 두 그룹 사이로부터 내가 이스라엘 자손에게 계명들로 줄 모든 것들에 관해 너와 교제하리라.

하나님께서 성막에 대해 자세하게 말씀하기 시작하시는데 첫 번째 언급하시는 대상은 기구(furniture)이다. 성막 전체 구조보다도 또 성막을 둘러싸고 있는 뜰보다도 이 기구를 더 중요하게 여기신다. 첫 번째 등장하는 대상은 하나님께서 이스라엘 자손들과 "만나게" 되시는 장소에 관련된 것이다. 이 부분은 요한계시록 4:1-5의 보좌와 연결된다. 여기에는 그룹들이 있다.

하나님께서 중요한 사실을 말씀하실 때 그 순서는 매우 중요하다. 이 순서를 통해 알 수 있는 것은 다음과 같다.

1. 하나님 자신이 먼저 어떤 조치를 취하시지 않는다면 우리는 하나님께 다

가갈 방법이 없다.

2. 구원에 관한 일은 하나님 자신이 시작하신다. 하나님께서는 구원의 창시자요 완성자이시기 때문이다. 화해에 관한 모든 일은 하나님께로부터 시작되어 사람에게 향한다. 이 순서가 바뀌면 안 된다.

3. 노아의 방주라는 궤(Ark)가 인간을 구했듯이(창 6-9장) 본문에 나오는 궤는 하나님과 이스라엘 민족 간의 교제를 위한 만남의 장소로 사용된다(22절). 이 두 경우 모두 하나님께서 궤를 어떻게 만들 것인지에 대해 그 방법을 설명해 주셔야만 했다. 두 경우 모두 초자연적인 계시에 의해 궤가 만들어졌다.

그러므로 "바벨을 건설하는 것"은(창 11:1-4) 그 꼭대기가 "하늘에 닿게" 건설하는 것이 아니다. 벽이나 굴뚝을 똑바로 짓기 위해 사용되는 측량추는 반드시 위에서 "아래로" 향해야 한다. 어떤 목수든지 석공이든지 건축물을 똑바로 짓기 위해 측량추를 아래에서 위로 공중으로 던져 올리는 동작을 반복함으로 하루종일 서 있지 않는다. 자유주의 설교자들이나 국제적 사회주의자들만이 이런 짓을 하는 사람들이다.

하나님께서 거하실 "거처"가 한 민족에게 주어졌기 때문에 듣는 대상이 복수로 기록된다.("그들은 ... 궤를 만들지니") 이 사실을 케일, 델리취, 더멜로우, 윌리암즈, 벌링거, 제미에슨, 포셋, 브라운 그 외 다수의 보수주의 학자들은 놓쳐 버렸다. 평생 하는 짓이 종교개혁 성경 본문을 고치는 일이기 때문이다. 그렇기에 이들 가운데 아무도 모세 자신이 스스로 혼자 만든 궤가 있다는 사실을 모른다(신 10:1-3). 신명기 10:5에서 모세는 그 궤를 혼자 만들었다고 기록한다. (『**내가 만든 궤에**...』, 5절) 이때는 브살르엘과 아홀리압이 성막에 관한 어떤 것도 만들기(출 36장) 이전이었다.

이스라엘 민족에게 궤가 주어진 때는 이스라엘 민족이 배교하여 이집트 우상숭배로 돌아간(출 32장) 이후이다. 하나님께서는 이스라엘 민족에게 "자비석"을 만들게 하기 이전에 십계명 모두를 깨뜨릴(출 32장) 시간을 주신 것이다. 그들이 자비석을 만들었을 때 그것이 무엇을 나타내는 것인지 이스라엘 민족은 깨달았던 것이다!

이 하나님의 궤는 카나안 땅을 정복한 후에도 실로에 남아 있었다(수 18장). 이 궤를 잠정적이나마 필리스티아인들이 빼앗아 갔었다(삼상 5,6장). 그리고 역대기상 13장에서 다윗이 이 궤를 오벳에돔의 집에 옮겼다(삼하 6장 참조). 솔로몬은 이 궤를 열왕기상 8장에서 성전 안에 두었다. 그러자 시삭이나 느부캇넷살이 이 하나님의 궤에 손을 대었다는 기록은 없다. 요한계시록 11:19에 보면 이 하나님의 궤는 느부캇넷살이 예루살렘을 멸망시키기 전에 휴거되었음을 짐작할 수 있다!

이 궤는 하나님께서 거주하시는 장소 안에서의 하나님의 실체를 상징한다. 하나님께서는 알파 드라코니스(Alpha Draconis)를 넘어 셋째 하늘에 계시듯 말이다(창세기 1,2장 주석 참조). 한 큐빗을 18인치로 본다면 길이가 3피트 9인치, 폭이 2피트 3인치, 높이가 2피트 3인치 되는 순금으로 덮인 직사각형 입방체를 생각할 수 있다.

이 궤 위에는 『**자비석**』이 놓여지는데(16,17,19절) 자비석이 놓여지는 이 궤의 맨 위는 희생제단에 있는 놋으로 만든 그물망의 높이와 정확하게 일치한다. 놋 제단에는 그 안에 이런 "고기를 굽는 용도의 망"(석쇠)이 매달려 있는데 그 높이는 자비석의 높이와 꼭 같은 것이다(27:1). 이 망은 제단의 중간에 매달려 있다(27:5). 이것이 의미하는 것은 하나님께서 나타나시는 것은 번제물을 태우는 불의 높이와 같은 높이라는 것을 묘사하는 것이다. 희생제물이 없으면 하나님의 나타나심도 없다. 피흘림이 없이는 죄사함도 없다(레 17장). 피흘림이 없이는 구속함도 없다(골 1:14). [골로새서 1:14이 말하는 위대한 진리는 킹제임스성경을 제외한 모든 카톨릭 성경에서 제거되었다.]

11절에서 이 궤는 바리새인을 말하는 "회칠한 무덤"과는 같지 않다. 이 궤는 안이나 바깥이나 똑같다(마 23:27 참조). 궤의 안과 밖은 순금으로 싸여 있다. "금테"(crown of gold)는 구속주(Redeemer)와 구세주(Saviour)로서의 하나님뿐만 아니라(하나님의 나라, Kingdom of God) 이 땅의 통치자(Eathly Ruler)로서의 하나님(천국, Kingdom of Heaven)을 나타낸다. 『**고리**』와(12절) 『**채**』(13절)는 이 궤를 운반하기 위한 것이다(성막 안의 모든 기구들은 "이동할 수 있도록" 되어 있다). 궤가 지성소에 놓여진 후에도 채는 고리에서 빼지 않는다(15절). 열왕기상 8:8에 이르러서야 비로소 채를 고리에서 분리시킨다. 이 부분을 통해서 분명히 알 수 있는 사실은 솔로몬의 통치는 바로 예수 그리스도께서 천년왕국에서 통치하신다는 사실을 예표한다. 예수 그리스도께서 이 땅에 돌아오셔서 통치를 시작하시면 그 통치는 영원으로 이어진다(창 2:1-3 주석 참조).

『**너는 내가 네게 줄 증거판을 그 궤에다 넣어둘지니라**』(16절). "증거판"(The Testimony)으로서 세 부분이 들어간다. 첫 번째는 만나를 담은 항아리이다. 두 번째는 십계명이 새겨진 돌판이다. 세 번째는 아론의 싹난 지팡이이다(민 17:10) 신명기 31:26에서는 돌판에 새긴 십계명이 주된 "증거(판)"가 된다. 그러나 이 구절을 민수기 17:10과 비교하여 읽어 보았다면 하나님께서는 율법을 주신 사실 하나만 가지고 "시험하신" 것이 아니라 더 많은 방법을 통하여 시험하셨음을 알 수 있다.

세 가지 "증거들"이 나타내는 아름다운 예표를 살펴보자. .

1. 은혜로우신 하나님께서는 구원받지 못한 자들도 먹이시고 그들이 주의를 가지도록 "다가올 세상의 능력"을(히 6:5) 미리 맛보게 하신다. 바울은 이를 가리켜 "증거"(witness)라고 말한다(행 14:17).

2. 그런 다음 하나님께서는 자신의 거룩하심을 계시하심으로(요 16:8-12) 죄에 대한 찔림을 주신다(출 19:21) 그래서 죄인들이 자신들에 대한 한계상황까지 몰고 가신다(출 34:9).

3. 이 시점에서 부활한 대제사장(민 17장)이 계시됨으로(히 3:1) "하나님과 사람 사이에 한 중보자"가 있다는 사실을(딤전 2:5) 입증한다.

이 예표들이 과장된 것이라고 여겨진다면 다음 사실을 잊지 말기를 바란다. 이스라엘 회중 가운데는 믿음 없음으로 구원받지 못한 사람들이(히 3:18,19) 이집트를 떠날 때부터(출 12장) 광야에서 방황하는 40년의 기간이 끝날 때까지 존재했었다는 사실이다.

『**너는 순금으로 자비석을 만들되...**』(17절). 이것은 길이와 너비가 꼭 들어맞는 금판이다. 두께를 감안하여 크기를 대략 계산해 보면 미국 돈으로 4만 달러 정도 된다. 두 그룹들은 똑같은 금으로 만들어졌다.(『**자비석 양 끝에다 그룹들을 만들지니라**』 19절)

『**그 그룹들은 날개들을 높이 펴서...**』(20절). 천상의 존재가 거론되자 보수주의자들 가운데 아무도 이 부분을 명쾌하게 시인하지 못한다. 더멜로우는 그룹의 "정확한 형태"가 무엇인지는 의심스럽다고 말한다. 존슨(위클리프주석)은 "주의 현현을 상징하는 것으로서..."라고 말한다. 하지만 우리는 성경을 통해서 그룹에 대해 알 수 있다.

1. 그룹은 다섯이었다(겔 28장).
2. 지금은 넷이 있다(계 4장).
3. 다섯 번째 그룹은 양서류-파충류를 대표하는데 지금은 없다(겔 1:10).
4. 그룹들은 창조를 나타낸다 : 야생동물들, 날아다니는 짐승들, 길들일 수 있는 짐승들, 그리고 사람(겔 10장) - "주의 현현"(나타나심)을 의미하는 것이 아니다.
5. 그룹들은 하나님의 보좌와 관계가 있다(계 4장).
6. 그룹들은 미확인 비행물체와 관계가 있다. 이들은 예수 그리스도의 재림 때 나타날 것이다(겔 1장).
7. 그룹들은 날개를 바꾸어가면서 네 개, 여섯 개를 사용한다.
8. 정지해 있을 때는 날개가 여섯 개로 되고 움직일 때는 네 개가 된다.
9. 바울, 베드로, 야고보, 요한, 유다 이스카리옷이 나타나는 부분을 합친 분량보다 그룹들이 나타나는 것에 대한 내용이 더 많다.

예수 그리스도께서는 모든 새들과 모든 동물들을 창조하신 분이시다. 이 피조물들은 사람들만큼이나 구속을 필요로 한다. 최소한 저주로부터 되찾아야 하는 동물의 본성에 관해서도 말이다(창 9:1-6, 롬 8:15-27, 사 11:4-10) 게다가 우리 주님은 마굿간에서 태어나셨다. 그리고 자신의 자리를 어린양으로 취하셨다(요 1:36). 그룹은 속죄의 사역에 참여할 수 없다(스랍과 천사들도 마찬가지이다). 피가 없기 때문이다. 그러나 동물들조차도 자비가 필요하다. 그래서 우리가 발견할 수 있는 것은 동물을 대표하는 그룹들이 죄인들을 위해 피가 뿌려지는 "자비석" 위로 무릎을 꿇고 있다는 사실이다. 하나님의 자비 없이는 어떤 그룹도 스랍이나 천사장이 존속하는 것만큼이라도 존속할 수 없다.

올바른 성경을 자세히 살펴보면 열왕기상 6장의 그룹은 금이 아니라 올리브나무로 만들어 졌다는 사실을 알 수 있다(왕상 6:23). 그리고 그 그룹은 여기에서처럼 포함되지 않는다는 사실이다. 여기에서 알 수 있는 교훈은 명백하다. 천년왕국 기간(예표적으로 솔로몬의 통치)에는 예수 그리스도께서 셋째 하늘에 계시지 않는다는 사실이다. 왜냐하면 자신의 보좌로부터 내려오셨기 때문이다.

그룹은 무릎을 꿇고 서로 마주 보고 있다. 머리는 "자비석을 향하여" 절하고 있다(20절). 다른 구절들을 통하여(겔 1:23) 알 수 있는 사실은 나머지 두 날개들은 지성소의 뒷부분을 향하여 펼쳐져 있다는 사실이다(왕상 6장).

이교도신들은 종교적인 행사가 있을 때 경배하는 자들의 어깨 위에 놓여 드러나게 행진한다. 이와는 달리 이 하나님의 궤는 숨겨진 채로 남겨져 있다. 이스라엘 회중을 위해 "정찰하기 위해" 이스라엘 앞서 날아갔던 경우를(민 10:35) 제외하고 말이다. 게다가 이 궤와 멕시코, 스페인, 이탈리아, 남미의 사람들이 옮기는 이방신들이 타는 탈 것과는 큰 차이점이 있다. 이 모든 이교도 "궤들"에는 보이는 형상이 있다. 이 보이는 형상은 바로 갖고 다니면서 경배하는 대상이다.

반면 유대인이 궤를 보았을 경우 볼 수 있는 것은 그룹뿐이다. 그러나 이 경우에도 그룹들에게 절하지 말라고 말씀하신다(출 20:4,5). 그래서 절해야 하는 유일한 대상은 눈에 보이지 않는 실재이다(롬 1:20). 이 보이지 않는 존재는 그룹들 사이 어디엔가에 계시다고 들어 왔다(22절). 하나님을 경배하되 "영과 진리로"(요 4:24) 경배하라는 진리는 바로 이 궤와 "자비석"이 만들어지는 과정에서 배울 수 있다. 그리스의 키메라, 영국의 그리핀, 이집트의 스핑크스, 앗시리아의 날개 달린 황소는 모두 이교도들이 경배하는 대상이다. 마치 아론이 만들었던 금 송아지(겔 10:14의 그룹을 보라!)가 경배의 대상이었던 것처럼 말이다. 보좌에 가장 가까이 있는 것과 보좌에 앉으신 분을 혼동하는 것이 거듭나지 못한 자들이 하는 모든 경배의 형태이다.

22절에 대한 설명은 23:14-17; 29:42-46; 34:22-24에서 보라.

25:23 너는 싯딤 나무로 상도 만들되 그 길이가 이 큐빗이요 그 너비가 일 큐빗, 그 높이가 일 큐빗 반이 되게 하라.

24 너는 그것에 순금을 입히고 주위에다 금테를 두를지니라.

25 너는 그 주위에 손바닥 너비만한 턱을 만들고 그 턱 주위에 금으로 테

를 만들어,

26 **그것을 위하여 금고리 네 개를 만들어서, 네 발 위에 있는 네 모퉁이에 다 그 고리들을 달고**

27 **고리들을 그 턱 반대 위치에 달아서 상을 메는 채들을 넣을 자리가 있게 하라.**

28 **또 너는 싯딤 나무로 채들을 만들어서 금으로 입히고 그것들로 상을 멜지니라.**

29 **너는 거기에 쓸 큰 접시들과 거기에 쓸 숟가락들과 거기에 쓸 덮개들과 거기에 쓸 대접들과 그 위에 덮는 것들을 만들되 순금으로 만들지니라.**

이 상은 길이가 3피트, 높이가 2피트 3인치, 폭이 1피트 6인치 정도 된다. 이 상은 나무로 만들고 그 위는 금으로 입힌다(궤처럼). 상 위에 궤처럼 "테"(crown)를 둘러 장식한다. 궤와 마찬가지로 이동을 위한 고리와 채가 있다. 이 상의 맨 위는 자비석의 높이와 같고 번제단의 높이와 같다("일 큐빗 반" 23절). 상 위에 놓여지는 빵에 관해서는 출애굽기 35,39장, 민수기 4장, 레위기 24:5,6에 설명되어 있다. 상 위에는 12개의 빵 덩어리가 배열되어 있다. 한 줄에 여섯 개씩 두 줄이 배열되어 있다. 이 상의 이름은 영어 킹제임스성경에 있는 말처럼 히브리어 맛소라 본문에도(Jewish Pub. Soc., 1917, p.105) "차려 놓은 빵"(shewbread)이라고 되어 있다. 이 말을 "나타나는 빵"(bread of the presence)이니, "대면하는 빵"(face bread)이니, "presence bread"니 바꾸어 놓는 것은 오랫동안 써 먹어 온 허튼 소리에 지나지 않는다. "그룹"에 대해 알아본 경우와 똑같다.

"나타나는 빵"(the bread of presence)이라는 말은 "차려 놓은 빵"(shewbread)에 대한 촛대를 "접근하는 심지"(wick of nearness)로 부르는 것만큼이나 진보적인 말이다. 우선 살펴볼 것은 차려 놓은 빵이 있는 상은 하나님께서 나타나시는 곳인 지성소에 없다. 이 상은 바깥 쪽에 있는 "성소" 안에 있다. 두 번째로 살펴볼 것은 이 빵을 "나타나는 빵"(the bread of the presence)으로 바꿈으로 즉시로 걸려 넘어져 오래된 음녀의 치마폭에 떨어지게 되는데(계 17:1-6, 마 13:33) 이 음녀의 일은 빵을 만드는 일로서 줄곧 가르치기를 그리스도께서 나타나시는 것(Christ's presence)은 카톨릭 교도들이 미사 때 제공되는 빵을 먹을 때 나타나시는 것이라고(present) 가르치는 것이다.

상 위에는 『**접시들과... 숟가락들과... 덮개들과... 대접들**』이 있다(29절). 이것들은 빵이 전시되는 7일 동안에 빵이 시들어지지 않도록 한다.

『**차려 놓은 빵**』은 무엇인가를 "보여 주기" 위해 놓여진 빵임을 가리킨다. 이 말이 갖고 있는 본래의 뜻을 해석하자면 위에 언급된 내용 모두를 포함할 수 있다. "bread of face"나 "presence bread"가 뜻 자체가 틀렸다는 말이 아니다. 이 빵의 이름을 하나님의 나타나심에 관련시키는데 하나님께서 나타나시는 곳은 이 빵이 위치해 있는 성소가 아니다.

자! 그렇다면 이 차려 놓은 빵은 무엇을 보여 주고자 함인가?

1. 하나님께서는 열두 지파에게 매일 먹을 빵을 공급해 주실 것을 보여 준다.

2. 하나님께서는 일곱으로 일을 하시고(빵은 매주마다 구워진다.) 여덟 번째는 새로운 것이 시작된다는 사실을 보여 준다.

3. 제사장들은 열두 지파에 의존해 살아간다는 사실을 보여 준다. 이를 통해 알 수 있는 사실은 제사장들이 자신의 생애 가운데 부르심을 받은 것은 섬김을 받으려 하는 것이 아니라(마 20:28) 섬기라는 것이다.

4. 이 빵은 "66"을 나타낸다. 사람이 살아가는 데 있어서 필요한 빵은 66권의 책이 된다. 이 책들은 다음에 다루게 될 대상인 금 촛대에서 나오는 빛에 의해서만이 이해되어질 수 있다. 성막에는 창문이 하나도 없다. 성소 안에는 온통 암흑 천지이다. 유일한 빛은 성령이시다(고전 1,2장). 우리의 지각을 열어줄 수 있는(고후 3:1-12) 유일한 분이시다(눅 24:45). 성령님으로 인하여 우리는 '차려 놓은 빵'으로 다가갈 수 있다.

이 빵은 "금" 위에 놓여진다. 이는 하나님의 성품을 상징한다. 빵을 사람이 굽는 사실을 통해서는 인간의 성품을 보여 준다. 영원한 말씀이신 예수 그리스도처럼 성경도 두 가지 성품이 있다.

『**테**』(crown)가 다시 등장하는 것을 볼 수 있다(24절). 이것은 아버지 하나님, 아들 하나님, 성령 하나님께서 일하시는 세 개의 왕관을 보여 준다. 아버지 하나님의 왕관은(궤 위에 있는) 이스라엘에게 주어진 십계명 위에 있다. 아들 하나님의 왕관은(상 위에 있는) "하늘로부터 내려온"(요 6:20-36) "생명의 빵"을 둘러싸고 있다. 성령 하나님의 왕관은(향 제단에 있는) "말할 수 없는" 신음으로(롬 8:26) 우리를 기도로 인도하신다(시 141:2). 아, 킹제임스성경(1611, 권위역본)의 절대무오한 권위여!

25:30 너는 상 위에다 차려 놓은 빵을 놓아 항상 내 앞에 있게 할지니라.

31 너는 순금으로 촛대를 만들되, 그 촛대를 두들겨서 만든 것으로 만들지니, 그 대와 그 가지들과 그 대접들과 그 꽃받침들과 그 꽃들을 같은 데서 나오게 하고,

32 여섯 가지를 촛대 옆쪽에서 나오게 하되 촛대의 세 가지는 이쪽에서 나오게 하고 촛대의 세 가지는 저쪽에서 나오게 하며

33 이쪽 가지에 아몬드같이 만든 대접 셋과 꽃받침 하나와 꽃이 하나 있게 하고, 저편 가지에도 아몬드같이 만든 대접 셋과 꽃받침 하나와 꽃이 하나 있게 하여, 촛대에서 나온 여섯 가지에 그렇게 할지니라.

34 촛대에는 아몬드같이 만든 대접 넷과 그 꽃받침들과 그 꽃들이 있게 하고

35 촛대에서 나온 여섯 가지에 따라 같은 데서 나온 두 가지 아래 한 꽃받침이 있게 하고, 또 같은 데서 나온 두 가지 아래 한 꽃받침이 있게 하고, 또 같은 데서 나온 두 가지 아래 한 꽃받침이 있게 할지니라.

36 그 꽃받침들과 그 가지들이 같은 데서 나오게 하고, 그 모든 것을 순금으로 두들겨 만든 하나의 세공품이 되게 할지니라.

37 너는 거기에 쓸 일곱 등을 만들고, 그들로 거기에 쓸 등들을 밝히어 그 앞을 비추게 할지니라.

38 거기에 쓸 부집게와 거기에 쓸 불똥접시들도 순금으로 만들지니,

39 촛대와 이 모든 기명들은 순금 한 달란트로 만들며

40 너는 산에서 너에게 보여 준 모양에 따라 그것들을 만들지니라.

금촛대의 모형에 관해서는 조금도 의심의 여지가 없다. 일곱 가지는 요한계시록 4:5과 이사야 11:1-3의 "일곱 영"과 들어맞는다. 올리브 기름은 "생명 나무"로부터 나오는 게 분명하고, 이 촛대는 성소 안에 '유일한 빛'을 공급하여(고전 2:4-6), 차려 놓은 빵(성경)과 향제단(기도)에 빛을 비춘다. 그것은 저녁부터 아침까지 빛나고(출 27:21), 그것이 꺼지면(삼상 3:3) "주의 말씀"(삼상 3:1,7,21)에 관한 계시가 없다. 그것은 "한 분 성령"(엡 4:4)이 계시기에 "순금으로 두들겨 만든 하나의 세공품"(36절)으로 만들어졌으며, 크기는 주어지지 않았지만 "순금 한 달란트"(39절)로 만들어진 그것은 826,000달러를 족히 넘었을 것이다.

아몬드 나무는 감춰질 수 없다(33절). 왜냐하면 부활하신 "대제사장"(민 17:8)의 예표가 되기 때문이다. 그리스도는 그를 죽은 자들로부터 일으켜 세우신 성령의 능력에 의해(롬 1:1-4) "하나님의 아들로 선포되셨다." "꽃받침"은 문의 손잡이와 같았다. 그것은 석류처럼 생겼는데, 제시된 꽃은 백합이었다고 생각되어진다. 촛대는 아몬드 모양의 스물두 개의 "대접"을 가지고 있어서, 구약 성경이 기록된 히브리어 알파벳의 문자수와 들어맞는다! 이스라엘은 하나님께서 주신 성경 없이는 열매를 맺을 수 없다(롬 3:2,3). 우리의 적용은 여기서 끝나지 않는다.

요한복음에서 예수님께서는 『**나는 포도나무요, 너희는 그 가지들이라**』(요 15:5)! 우리는 주님을 통해서만 열매를 맺을 수 있으며, "주님"께서 "우리"를 보존하신다. 열매는 성령에 의해 열리기에(갈 5:22), 우리는 성령을 "소멸하면" 안 된다. 『**부집게**』와 『**불똥접시들**』(38절)은 등들을 한 번에 하나씩 "손질하기" 위함이었다. 언제든지 일곱 등을 전부 꺼뜨려서는 안 되었다.

대제사장이 성소에 들어갔을 때 처음으로 눈에 들어오는 것은 일곱 가지의 금촛대였다. 대낮의 밝은 빛을 받다가 들어온 그는 처음에는 어둠으로 눈이 어두워진다. 따라서 만일 그가 "어두운 곳에서 빛나시는 하나님"(고후 4:6)을 믿지 않았다면, 몸을 돌려 성소 밖으로 나왔을 것이다. 알다시피, 그는 그의 눈이 "생명 나무"에서 나오는 '초자연적인 빛'에 익숙해질 때까지는 차려 놓은 빵(눅 4:4)을 먹는 것은 고사하고 그것을 볼 수도 없었다.

금촛대는 제사장이 성막에 들어갈 때 그의 왼편(남쪽)에 서 있다. 그것은 성소에서의 "유일한" 빛이었기에 성막의 문이 펄럭하고 그 뒤에 닫히기만 하면, 그 제사장은 "세 가지 자원"에 내맡겨진다. 다시 말해, 하나님의 말씀(상)과 기도(향제단)와 성령(금촛대)이 바로 그것이다. 이것들은 영적인 사람에게 세 가지 영적 자원이 되는데, 은혜 안에서의 성장(벧후 3:18)은 이 세 수단을 사용함에 따라 결정되는 것이다.

『**너는 산에서 너에게 보여 준 모양에 따라 그것들을 만들지니라**』(40절). 어떤 대체물이나 "팩시밀리"나 "이성적으로 정확한 역본들"은 그리하지 않을 것이다. 그것이 "너에게 보여 준 모양에 따라" 되어야 하듯이, 하나님께서 구원받지 않은 자에게 올바른 책을 보여 주시며 그 책으로 그를 구원하시고, 그후 그 책으로 그를 사역으로 부르실 때, 주님은 그 사람이 그 모양을 바꾸어 "더 나은 것"을 발명하도록 의도하신 것이 아니다. 모세에 의하여 규정된 것 외의 모든 촛대는 "또 다른 영"이며 "또 다른 예수"(고후 11:4)였다. 주께서는 결코 그것을 사용하여 그 어떤 것에도 "빛을 주지" 않으실 것이다.

출애굽기 26장

26:1 또 너는 가늘게 꼰 베실과 청색, 자색, 주홍색 실로 된 휘장 열 개로 성막을 만들되 정교한 솜씨로 만든 그룹들로 그것들을 만들지니라.

2 한 휘장의 길이는 이십팔 큐빗이고, 한 휘장의 폭은 사 큐빗이며, 모든 휘장은 한 치수라야 하느니라.

3 그 다섯 휘장은 서로 함께 잇고 다른 다섯 휘장도 서로 이을지니라.

4 너는 한 휘장의 연결하는 끝단 가장자리에 청색 고리를 만들고, 또 두 번째 연결하는 다른 휘장의 맨 가장자리에도 그렇게 만들지니라.

5 너는 휘장 하나에 고리 오십 개를 달고 두 번째 연결하는 휘장의 가장자리에도 고리 오십 개를 만들어서 고리들끼리 서로 지탱하게 할지니라.

6 또 너는 금으로 걸쇠 오십 개를 만들고 그 걸쇠들로 휘장들을 모두 연결하여 그것이 한 성막이 되게 할지니라.

25장에는 기도를 나타내는 향제단이 없는 것을 알 수 있다. 여기에는 분명한 이유가 있다. 25장에서는 삼위일체를 다루고 있다. 그러나 향제단은 인간편에서 하나님께로 다가가는 것을 다룬다. 향제단에 관한 내용은 이스라엘이 하나님께로 다가가는 데 있어서의 제사장 직분에 해당한다. 그래서 향제단은 제사장인 아론과 그의 아들들에(28,29장) 대해 설명하고 난 뒤인 30장에 가서야 설명되는 것이다.

하나님께서는 향제단의 위치를 가장 완벽한 곳에(30장) 두셨다. 이 사실을 변경하고자 하거나 수정하려는 것은 스스로의 무지와 육신의 성품을 드러낼 뿐이다. 그 결과 삼위일체의 세 번째 위격에 대한 진리를 왜곡시켜 버린다. 하나님의 궤에 대해 언급할 때조차(25장) 하나님께 어떻게 다가가야 하는지에 대해서는 단 한마디도 언급되지 않았다는 사실을 알아차리지 못하였는가? 구체적인 내용은 후에 언급된다(28,29장). 향제단은(30:1-10) 성막에서의 피의 적용을 나타낸다(10절). 25장에서는 하나님의 궤(자비석)에 대해 언급할 때 피의 적용에 대해서는 단 한마디도 언급하지 않는다. 킹제임스성경의 배열 순서는 올바른 것이다. 이 순서는 바꿔놓은 모든 것은 틀린 것이다.

"다섯"이라는 숫자가 많이 나오는데(다섯 휘장, 오십 개의 고리, 걸쇠 오십개) 이는 "은혜"를 나타내는 것이라고 말한다(윌리엄즈주석, p.57). 그러나 성경을 믿는 사람은 번제단에서부터 시작하여 자비석에 이르기까지 "다섯"은 죽음을 나타냄을 알고 있다(창 5:5 주석 참조). 여기서부터 시작하여 지금까지 모든 보수주의 전천년학자들은 다섯이 은혜를 나타내는 것이라고 철석같이 믿고 있다. 모조리 틀린 것이다. 이는 휴거가 환란 전에 있다는 사실을 입증하는 것보다 더 쉽게 입증될 수 있다.

본 주석에서는 다루지 않을 것이지만 이 주석을 읽는 사람은 반드시 클라렌스 라킨의 <세대적 진리>를 읽어 보기 바란다. 거기에는 성막에 관련된 그림들이 나오는데(바깥 뜰, 제단, 성소, 덮개, 지성소 등) 매우 훌륭하게 그려져 있다. 일반적으로 텐트를 세울 때처럼 성막이 폴대를 이용하여 지붕이 뾰족하게 세워졌는지는 알 수 없지만 이런 식으로 그려져 있다. 또 일반적인 텐트처럼 고정되어 있는지도 알 수 없다. 아마도 덮개가 고정되려면 핀으로 고정되었을 것이다. 성막 자체는 장방형 혹은 직사각형의 형태였다. 성경에는 여덟 개의 성막이 나온다.

1. 모세의 성막(B.C.1500-1000)
2. 솔로몬의 성전(B.C.1000-586)
3. 스룹바벨의 성전(B.C.516-50)
4. 헤롯 성전(B.C.40-A.D.70)
5. 그리스도의 몸(B.C.4-A.D.33)
6. 그리스도인의 몸(A.D.33-?)

7. 환란 성전(계 6:9)

8. 천년왕국에서의 새로운 성전(겔 40-48장)

이 사각형 텐트의 크기는 30×10 큐빗이고 "성막의 뜰"(27:9-14) 내에 세워져 있다. 네 겹의 덮개가 이 성막을 덮고 있는데 이 덮개는 베실과 염소털, 숫양 가죽, 오소리 가죽으로 만들어졌다.

『또 너는 가늘게 꼰 베실...로 된 휘장 열 개로 성막을 만들되』(1절). 열 개의 휘장이 있고 각각 42피트 길이에 6피트 너비이다(2절). 완전히 폈을 경우 그 크기는 60피트 길이에 40피트 너비가 된다. 이것은 청색, 자색, 주홍 색 실과 베실로 수놓는 사람이(35:35) 만든 것이다. 각각의 휘장은 "금으로 만든 걸쇠"(6절)와 "고리"(5절)로 연결된다. 마치 작은 구멍을 통해 후크로 연결된 모습일 것이다. 성막의 크기가 45피트×15피트×15피트라면(25-30절) 덮개는 천정을 덮고 양쪽 옆면을 12½피트 덮는다. 즉 땅에서 2½피트 위까지 가릴 정도의 길이가 된다(지붕이 평평하다고 했을 때 그렇다). 덮개는(60피트 길이) 성막을 완전히 덮고도 앞면과 뒷면을 가린다. 그러나 앞면에서는 따로따로 걸도록 되어 있다. 이것은 60피트짜리 베실 덮개가 뒷면으로 15피트 정도 땅을 덮는다는 사실을 보여준다.

예표는 분명하다. 베실(fine linen)은 "성도들의 의"이다. 그리고 예수 그리스도의 개인적인 의(계 19:8)와 관계가 있다. 이 예수 그리스도의 의가 성도들에게 전가되는 것이다(롬 3:25). 베실은 그룹과 관계가 있는데 이 그룹은 자비석 위에 있는 하나님의 존재하심과 연관되어 있다. "정교한 솜씨"는 역대기하 2:7-15과 출애굽기 35:35에 분명하게 정의되어 있다. 의는 성막 안에 있다(마 23:27).

26:7 너는 성막 위에 덮을 것으로는 염소털로 휘장을 만들되 열한 개의 휘장
을 만들지니라.
8 한 휘장의 길이는 삼십 큐빗이 되게 하고 한 휘장의 폭은 사 큐빗이 되
게 하며 열한 개의 휘장이 한 치수가 되게 할지니라.

9 **또 너는 그 다섯 휘장을 서로 연결하고, 여섯 휘장을 서로 연결하여 그 여섯 번째 휘장은 성막 전면에 겹치게 할지니라.**
10 **너는 연결하는 가장 밖에 있는 한 휘장의 가장자리에 고리 오십 개를 만들고 두 번째 것을 연결하는 휘장의 가장자리에도 고리 오십 개를 만들며**
11 **너는 놋으로 걸쇠 오십 개를 만들어서 그 고리에다 걸쇠들을 걸어 장막을 모두 연결해서 하나가 되게 하고**
12 **장막의 휘장에서 남는 부분, 즉 남는 휘장 반은 성막의 뒤편에 드리울지니**
13 **장막의 휘장의 길이에서 남는 것은 이면에 한 큐빗 저면에 한 큐빗씩, 성막의 양쪽 이면과 저면에 그것을 덮어 드리우게 할지니라.**
14 **너는 붉게 물들인 숫양의 가죽으로 장막 덮는 것을 만들고 오소리의 가죽으로 위에 덮는 것을 만들지니라.**

언급되는 내용들은 다음의 세 겹의 덮는 것들에 관련된 것이다. 이것은 7절부터 14절까지 오소리 가죽, 숫양의 가죽, 염소의 털로 언급되어 있다. 털(hair)은 세상으로부터 분리되는 것을 상징한다. 털은 이스라엘에게 수치와 비난의 대상이 된다(고전 11:14). 그래서 이방인들은 머리를 깎는다. "슬픔의 사람"은 긴 머리털을 하고 나무에 매달린다. 압살롬이 그랬다(삼하 18장). 압살롬은 - 현대의 혁명가처럼 - 기존의 질서를 뒤엎어버리는 데 자신의 몸을 바쳤다(삼하 15장). 압살롬은 사람들과 입맞추는 것을 좋아한 것같다(삼하 15:5). 유다처럼 말이다(마 26:48).

염소의 털은 베옷과는 상반된다(민 6:7, 레 13:30,42). 만일 염소의 털이 『**케달의 장막**』(솔 1:5)에 사용된 것과 같은 것이라면 염소의 털은 까마귀처럼 검은 것이다(솔 5:11). 염소털로 만든 휘장은 베실로 만든 휘장보다 3피트나 폭이 더 넓어서 그 크기가 66피트×45피트이다. 이것은 금으로 만든 걸쇠 대신 놋으로 만든 걸쇠로 고정된다. 이 휘장은 성막의 양면을 모두 완전히 덮는다. 성막의 크기가 15피트 폭에 지붕까지 15피트이기 때문이다. 길이가 66피트라서 성막의 뒤쪽 끝(서쪽)을 완전히 덮는데 21피트가 남고 앞면까지 드리우는데도(동쪽) 6

피트가 남는다.

치수는 숫양의 가죽과 오소리의 가죽으로 만든 휘장이 같다(14절). 세 겹을 모두 겹쳐 놓으면 훌륭한 방수 처리가 된다. 안에는 금이고 바깥에는 놋이다. 지붕을 받쳐 주는 막대가 있었다면 이 휘장들은 그렇게 땅으로 쳐지지 않았을 것이다. 이 경우 말뚝은 텐트 핀으로 고정되었을 것이다(예로 사 54:2).

이 모두에 대해 자세한 예표를 일일이 말할 순 없다. 숫타우는 염소들은 속죄일 때(민 29:11) 이스라엘을 위한 속죄제물로(민 7장) 바쳐졌다고 말한다. 또 제사장들이 성결한 의식을 치를 때(레 9장) 바쳐졌다고 말한다. 전자의 경우 각 지파를 대표하는 대표가 제물을 제공했다. 따라서 각 지파는 레위의 제사장 직분과 관련이 있다. 염소의 털은 우리의 대제사장을 생각나게 한다. 그분은 우리의 죄를 속죄하기 위해 자신을 속죄제물로 바치셨다. 그러나 이 사실은 아론과 그 아들들의 제사장 직분이 설명될 때 그리고 번제단이 설명될 때 더 분명한 예표로 제시된다.

26:15 너는 싯딤 나무로 성막에 쓸 널판을 만들어 세우되

16 널판의 길이는 십 큐빗이 되게 하고 한 널판의 폭은 일 큐빗 반이 되게 하며

17 널판 한 개에 장부 두 개를 내어 서로 가지런히 연결시킬지니 너는 성막의 모든 널판에 그렇게 할지니라.

18 또 너는 성막에 쓸 널판을 만들되 남쪽을 향한 남편에 스무 개의 널판을 만들고

19 스무 개의 널판 아래 은받침 사십 개를 만들고, 이쪽 널판 아래 두 장부에 맞는 두 받침을 만들고 저쪽 널판 아래에도 두 장부에 맞는 두 받침을 만들 것이며

20 북편에 있는 성막의 두 번째 편에도 널판 스무 개를 만들지니

21 거기에도 은받침 사십 개를 만들고 이쪽 널판 아래 두 받침 저쪽 널판 아래도 두 받침으로 하며

22 너는 서쪽을 향한 성막 면들을 위해 널판 여섯을 만들고

23 **너는 양쪽 면들에 있는 성막의 모퉁이들에 쓸 널판 둘을 만들되**
24 **아래에서 서로 이어지게 하고 위에서도 그 머리가 한 고리에 이어지게 하여 두 모서리에 그렇게 할지니라.**
25 **그래서 널판이 여덟 개가 되고 그 은받침은 열 여섯 개가 될 것이니, 이쪽 널판 아래 두 받침이며 저쪽 널판 아래도 두 받침이니라.**

성막 건축하는 모습을 보면 현대식으로 집 짓는 데 있어서 송판을 끼워 넣는 것과 비슷하다. 싯팀 나무 널판들은 수직으로 서로 쌍을 이루고 성막의 벽은 높이가 약 15피트 정도 된다. 두께가 얼마인지는 알 수 없다. 아마도 ½인치보다는 두껍지 않았을 것이다. 이 널판들은 금으로 칠해져 있다(29절). 성막을 짓는데 1,250,000달러 어치의 금이 들어갔을 것이다. 성막은 운반할 수 있게 만들어졌다. 널판은 금으로 입혀져 있고 그 크기는 15피트와 27인치여서 게르손과 므라리가 손쉽게 운반할 수 있었다(민 10:17). 이 재료들을 운반하는 수레가 있다는 사실을 알 수 있다(민 7장). 따라서 성막을 운반한다는 말이 상식에 어긋나는 일은 아니다.

『**장부 두 개를...**』(2절). 휘장이 서로 연결되었듯이 널판들도 장부에 의해 연결된다. 널판의 바닥은 은받침으로 땅에 고정되었다(21절). 성막은 장부를 통해 가운데 빗장이 가로질러져 있다(28절). 그 가운데 빗장 위로 두 개의 빗장과 그 아래로 두 개의 빗장 즉 네 개의 빗장이 쌍을 이루어 널판 전체를 고정시킨다(26:29).

26:26 **너는 싯팀 나무로 빗장을 만들지니 성막 이쪽 널판에 다섯 개요**
27 **성막 저쪽 널판에도 다섯 개의 빗장이며, 다섯 개의 빗장은 성막 옆의 널판을 위한 것이니 이는 서쪽을 향한 두 면들임이라.**
28 **널판 중간에 있는 가운데 빗장은 이 끝에서 저 끝에까지 미칠 것이니라.**
29 **너는 널판에 금을 입히고 빗장을 넣은 자리에는 그 금고리를 만들며 그**

빗장들에 금을 입힐지니라.
30 **너는 산에서 네게 보여 준 그 양식에 따라 성막을 세울지니라.**

본문에서 말하는 것은 이렇다. 두 널판이 그 자리에 없다면 성막의 동쪽 끝은 모서리가 없다는 것이다. 성령께서 기록하신 평범한 말을 고치려 했기에 이상한 설계도가 나온 것이다. 알다시피 "모퉁이의 머릿돌"(마 21:42)은 위대한 진리를 담고 있다. 『**위에서도 그 머리가 한 고리에 이어지게 하여 두 모서리에 그렇게 할지니라**』(24절). 성경 본문에만 충실한다면 랑게, 샌데이, 클라크, 벌링거, 더멜로우, 케네디, 프리도, 쇼우, 케일, 델리취, 페인, 아쳐, 솔타우 등이 알지 못했던 사실을 알 수 있는 것이다.

앞면은 없다. 유일하게 방향이 주어진 것은 남쪽(18절), 북쪽(20절), 서쪽(22절)이다. 두 널판은 분명하게 동쪽 끝에 있는 열려 있는 부분으로 돌릴 수 있어야 한다. 그러면 이 널판들은 한 빗장에 의해 합쳐지는데 이 빗장은 성막의 앞부분을 수평으로 가로지른다. 널판의 위와 널판의 아래에 있는 고리들을 통해 연결되는 것이다. 매달려 있는 "막"(hanging)은 성막의 동쪽 끝에 있는데 아무것도 없이 어떻게 성소 뒤로 날려가 버리지 않는단 말인가?

예수 그리스도는 "모퉁이의 머릿돌"이시다(시 118:22). 이 부분은 얼마든지 영적으로 적용할 수 있다. 그러나 이런 영적인 적용을 강조하다 보니 "나는 그 문이라"(요 10:9)는 진리를 가려버렸다. 성막으로 들어가는 바로 그곳에서 예수 그리스도를 발견할 수 있는데도 말이다.

버팀목으로 여덟 개의 널판이 더 공급된다. 네 모퉁이에 있어서 각 모서리당 두 개의 널판만 추가된다(25절). 뒤쪽의 두 모서리는 해당되지 않는다.

26:31 **너는 청색, 자색, 주홍색 실과 정교한 솜씨로 가늘게 꼰 베실로 휘장을 만들되, 그것을 그룹들과 더불어 만들지니라.**
32 **너는 금을 입힌 싯팀 나무로 된 네 기둥 위에다 금으로 만든 갈고리를 걸 것이며, 네 개의 은받침 위에 둘지니라.**
33 **너는 걸쇠 아래에 휘장을 걸고 증거궤를 그 휘장 안에다 들여 놓을지**

니, 거기 휘장이 너희에게 성소와 지성소를 나눌 것이니라.
34 **너는 지성소에 있는 증거궤 위에 자비석을 두고**
35 **그 휘장 밖에 상을 두고 촛대를 성막 남쪽으로 상 맞은편에 놓고 상을 북쪽으로 놓을지니라.**
36 **너는 장막문에 막을 만들되, 청색, 자색, 주홍색 실과, 가늘게 꼰 베실로 바느질해서 만들지니라.**
37 **너는 이 막을 걸도록 싯딤 나무로 기둥을 다섯 개 만들고 그것들에 금을 입히고 그것들의 갈고리들도 금으로 만들며 그것들을 위해 놋받침 다섯 개를 주조할지니라.**

본문은 평이하다. 성막은 두 부분으로 나누어지는데 네 개의 싯팀 나무 기둥에 의해 나누어진다. 하나는 성소이고(20큐빗×10큐빗) 다른 하나는 지성소이다(10큐빗×10큐빗). 네 개의 기둥은 금으로 입혔다(32절). 이 기둥에는 금으로 만든 갈고리가 있고(휘장처럼) 은받침이 있다(32절). 이 갈고리들은 청색, 자색, 주홍색 실로 만든 휘장을 받치고 있다. 이 휘장은 직접적으로 26:6의 금으로 만든 "걸쇠들" 바로 밑에서 지탱하고 있다. 즉 지붕을 가로질러 두 부분으로 나누는 것이다.

"휘장"은 성막을 가리는 커튼과 같다(31절). 이것이 무엇을 상징하는지는 이미 살펴보았다.

『**장막문에 막을 만들되**』(36절). 이 부분도 성소와 지성소를 구분하게 한다. 세 가지 다른 점들이 있다는 사실을 알 수 있다. 앞부분의 "막"은 순전히 바느질 작업으로 이루어진다. 이 막은 놋받침 위에 있는 다섯 개의 나무 기둥에 달려 있다. 반면 안에 있는 휘장에는 "정교한 그룹들"이 있고 은받침 위에 있는 네 개의 기둥에 달려 있다(36,37절).

성소에 들어서게 되면 오른쪽에는(북쪽) 빵을 차려놓은 상이 있고 왼쪽에는(남쪽) 촛대가 있고 바로 앞쪽으로는 즉 안에 있는 휘장 바로 앞에는(서쪽) 향제단이 있음을 알 수 있다. 이 휘장 뒤에는 자비석과 그룹들로 덮여 있는 언약궤가 있음을 알 수 있다(34절).

[아직 향제단은 언급되지 않는다. 향제단이 말해 주는 것은 죄인들이 하나님께 다가가는 것을 말해 주기 때문이다. 촛대나 빵이 차려진 상이나 궤는 사람들이 실제적으로 하나님께 다가가는 것과는 무관하다. 이것들은 모두 성막 안에 있는 것이고 하나님의 신격을 나타낸다(26:1; 30:1-10). 이 부분에 대해서는 죄인이 하나님께 다가가는 부분을 다룰 때 상세히 살펴볼 것이다.]

성막이 예표하는 부분을 공부하면 성막 안에 있는 예수 그리스도를 발견할 수 있다. 우선 성막은 아름답지 않다(사 53:1-2). 성막을 볼 때 흠모할 아름다움이 없다. 성막은 황폐하고 삭막한 광야에 있다(신 32:10). 마치 커다란 회색빛의 관을 보는 것같다. 기껏해야 회색빛의 텐트를 보는 것같다. 세상적으로 볼 때 예수 그리스도는 흠모할 만한 부분이 없다(사 53:1,2). 그러나 믿음의 눈으로 볼 때 예수 그리스도는 "골짜기의 백합화"이고 "일만 명 가운데 가장 뛰어난 자"이다(솔 2:1; 5:10). 『**참으로 그는 모든 것이 사랑스럽도다**』(솔 5:16). 예수 그리스도를 올바로 알기 위해서는 그분 안에 들어가야만 한다(골 2:10-12). 성막 안에서는 성령께서 조명하신다. 성령께서는 성전에 거하셔서(고전 6:19) 일곱 갈래로 만들어진 촛대로 빛을 비추시는 것이다. 다른 편 위쪽을 쳐다보면 순전히 하얀 벽을 볼 텐데 천정은 청색, 자색, 주홍색으로 수놓아져 있고 그룹들이 그려져 있는 아름답게 바느질 작업이 되어 있는 것을 볼 수 있다. 모든 빛은 바닥의 은에 의해 반사된다. 전체 구조물은 은에 의해 지탱되기 때문이다. 은은 분명하게 구속의 대가를 말해 준다(슥 11:13). 만일 하얀 벽이 들어올려진다면 그 아래는 금이 드러날 것이다. 이것은 그리스도인들이 겉에 입는 옷이다(계 19:8). 이 겉옷은 성도의 행위와 관계가 있다. 반면 안에 입는 옷이 있는데(시 45:13을 잊지말라!) 이것은 예수 그리스도께서 전가해 주신 의이다.

아, 킹제임스성경의 한량없는 부요함이여! 이 절대 권위를 판단함으로 얼마나 많은 사실들을 가려왔는가!

성막은 썩지 않을 나무로 만들어졌는데 사람으로 오신 예수 그리스도를 볼 수 있다. 금으로 입혀진 것은 그분의 신성을 볼 수 있다. 동쪽에서 서쪽으로 들어가는데 이는 정확하게 역사가 동에서 서로 움직이는 것과 같다. 아들과 태양은(말 4:1-3) 세상이 움직이는 방향과 반대 방향인 동쪽에서 서쪽으로 이동한다.

성경을 기록된 대로 믿는 사람들은 시편 48:2, 에스겔 1:4; 8:3, 창세기 3:24;

4:16; 12:1-4 등이 재림과 관련된 구절이라는 사실을 알고 있다(행 1장, 슥 14장). 재림에 관련되어서는 땅에의 방향은 동쪽에서 서쪽이고 우주에서의 방향은 남쪽에서 북쪽이라는 사실을 알고 있다.

성막의 뜰로 다가가는 죄인들은 다섯 개의 기둥을 보게 된다. 다섯 개는 죽음을 말해 준다. 죽음을 통과하지 않고는 예수 그리스도께로 다가갈 수 없다(롬 6:3-8). 이 다섯이라는 숫자는 은혜와는 상관이 없다. 앞으로 하늘과 땅이 사라질 때까지도 관계가 없을 것이다. 다섯 개의 기둥은 희생제단을 바라보는데 이 희생제단의 크기는 5큐빗×5큐빗이다(27장). 이 숫자는 예수 그리스도의 몸에 상처난 수와 같다. 갈보리에서 예수 그리스도의 옷이 조각난 수와 같다. 다섯은 죽음이다. 90억분의 일에 해당되는 예외적인 경우가 은혜를 의미할 뿐이다.

이어지는 네 개의 장에서는 어떻게 이스라엘이라고 하는 구약의 죄인들이 지성소에 다가갈 수 있는가와 자신의 죄들을 피로써 탄원하는 방법을 기록하고 있다.

출애굽기 27장

27:1 너는 싯팀 나무로 제단을 만들되 길이가 오 큐빗, 너비가 오 큐빗이며 제단은 네모 반듯하고 그 높이는 삼 큐빗이 되게 하라.

2 그 네 모퉁이에는 뿔들을 만들되, 그 뿔들은 같은 데서 나오게 하고, 그것을 놋으로 입힐지니라.

3 또 재받이와 부삽과 대야들과 고기 갈고리와 불받이판을 만들되 거기에 있는 모든 기명들을 놋으로 만들고

4 제단에 쓸 그물망은 놋으로 만들며, 그 망 위에 네 모서리에는 놋고리 네 개를 만들고,

5 너는 그 망을 제단 둘레 밑에 달아, 망이 제단 중간에까지 이르게 하라.

6 또 너는 제단을 드는 채들을 만들되, 싯팀 나무로 채들을 만들고 놋으로 입힐 것이며

7 고리에 그 채들을 꿰어 제단을 들 수 있도록 채들이 제단의 양면 위에 있게 할지니라.

8 너는 제단을 널판으로 속이 비게 만들되, 산에서 너에게 보여 준 대로 그들이 그것을 만들지니라.

이스라엘인이 제물을 가지고 성막으로 들어갈 경우 처음으로 보게 되는 것을 살펴보자. [향기로운 제물은 번제, 음식제, 화목제, 속죄제, 속건제 등이 포함된다(레 1-7장.)] 속죄제가 먼저 나오고(29장) 주께 향기로운 제물은 나중에 나온다. 이 제물들은 자원하는 마음으로 드려야 한다(레 1:3). 이 제물들은 염소든, 소든, 양이든 산비둘기든, 집비둘기든(레 5:7,9; 12장) 기형이거나 병이 있으면 안 된다(말 1:7,13). 번제는 계속 드려진다(출 29:42). 제단에서 아침, 저녁으로 드려지며 그 제물의 등급은 레위기 1:3,10,14에 보면 세 가지임을 알 수 있다. 희생제물을 어떻게 처리해야 할 것인지에 대해서는 레위기 7:8과 레위기 1장에 나와 있다. 가죽을 제외하고 – 이 가죽은 아담의 육신을 상징한다 – 번제물은 모두 하나님께 드려진다. 에베소서 5:2에 따르면 이 번제물은 예수 그리스도의 희생을 나타낸다. 에베소서 5:2과 연결시키기 위해 오리겐, 아퀼라, 심마쿠스는 레위기 1:9을 변개시켰는데 바로 신약이 완성된 후 많은 시간이 흐른 후 만들어진 칠십인역에서였다.

음식제사는 굽지 않은 가루(레 2:1)와 구운 과자와(레 2:4-10) 푸른 이삭과 바짝 마른 이삭(레 2:14)으로 드려진다. 이 제물들을 드리는 데 있어서 누룩과 꿀은 금지된다. 이 제물들은 예수 그리스도를 연상하게 하는데 예수 그리스도께서는 점없는 생애를 사셨고(마 16:6, 눅 12:1, 고전 5:6-8), 슬픔과 질고의 생애를 사셨기 때문이다(사 53:1-6).

싯팀 나무로 만든 놋제단은(아카시아 나무도 아니고 구리 제단도 아니다.) 속이 비어 있는 구조로 되어 있고 놋으로 입혔다. 크기는 가로 세로가 7½피트이고 높이는 4½피트이다. 안에 달려 있는 그물망은 대단히 중요하다. 위클리프주석과 벌링거는 이 부분을 건너뜀으로 자비석과 관련된 부분을 놓쳤다. 존슨 박사는 이 그물망이 제단 밖에 있는 것이고 제사장들이 그 위에 서 있다고 말한다. 하나님께서 풍성한 영적 진리를 보여 주시는데도 이 사실을 제거한 사람들은 다름아닌 헌신했다고 인정받는 학자들이다. 왜 하나님께서는 시작부터 무엇인가를 보여 주기를 꺼려하시는가? (의심의 여지없이 진주를 개와 돼지에게 던지는 사람들이 있지만 하나님께서는 자신의 깊은 진리를 하나님께서 기록하신 바로 그 책을 믿는 사람에게만 보여 주신다.)

현명한 사람은 "그리스도인들이 가르치는 교육"을 신뢰하는 사람이 아니라 성경을 믿는 법을 배운 사람이다.

1. 그물망에는 고리들이 있는데 무엇을 놓기 위한 것이다(4절).

2. 이 그물망은 제단 둘레 밑에("옆"이나 "근처"가 아니라 "밑에") 놓여진다(5절).

3. 이것은 "그물"과 같은 망이다. 이 그물망은 제단 중간에 이르게 한다.

4. 제단 모퉁이에는 네 개의 뿔이 있는데 네 개의 고리를 지탱하도록 만들어졌다. 이 네 개의 고리는 그물망과 연결되어 있다.

성경에 기록된 본문 그대로 받아들인다면 어떤 결론에 이르는가?

여기까지 별 무리없이 받아들인다면 더 이상 "여러 가지 많은 의견들"로 뒤범벅인 정글이나 늪지대에서 헤맬 필요는 없을 것이다. 한 가지 진리가 아니라 "여러 가지 많은 의견들"일 수 있다는 결론을 얻기 위해서는 하나님께서 영예롭게 하신 그 성경을 변개시킴으로 자신이 하나님보다 더 똑똑하다는 사실을 입증하려고 애를 쓸 때 가능하다.

『**그 네 모퉁이에는 뿔들을 만들되...**』(2절). 더멜로우의 의견은 무시하고(더멜로우는 이 뿔에 무엇을 매는 것과 관련된 유일한 구절인 시편 118:27이 잘못되었다고 말한다.) 이 뿔들에 대해 살펴보자.

1. 이 뿔들은 그물망이 제단 밑으로 내려가는 것을 막기 위해 만들어졌다.

2. 이 뿔들은 하나님께 드려지는 제물들을 묶기 위해 만들어졌다(시 118:27).

3. 죄인의 입장에서는 무엇인가가 연상되는데 그것은 타락한 뿔 달린 그룹과(창 3:1 주석 참조) "밤낮," "영원히" 끊임없이 올라가는 지옥의 불길(계 14:11) 사이의 어떤 관계를 말해 준다.

어쩐 일인지 모든 보수주의 주석가들은 제단에 가까이 갈수록 그들의 "정통성"을 잊어버리곤 한다. 성막 뜰로 들어가면서 제일 먼저 바라보이는 대상을 보고서는 냅다 뺑소니를 치는 것이다. 어떤 사람은 "속죄제와 속건제"에 대해 아주 세밀하게 설명하였다. 무어헤드(Moorhead)는 예수 그리스도의 희생제물과 관련된 하나님의 진노에 대해 약간 설명하였다. 그러나 불못에 대한 관련 구절을 어디다 빼먹었는가?

예수 그리스도께서 당신의 죄들로 인하여 불꽃 가운데서 영원한 형벌을 받게 될 때 이로 인한 고뇌를 나타내는 관련 구절은 어디 있는가? 창세기 22:6, 출애굽기 12:9,17, 레위기 9:24, 민수기 16:35, 신명기 32:22, 시편 140:10, 마태복음 25:41, 이사야 66:24 등을 살펴볼 때 어떻게 아무런 생각없이 놋제단이 말해 주는 지옥에 대한 위대한 성경적 진리를 간과할 수 있단 말인가? 누가 이 진리에 대해 말해 주는가?

"미스터 5×5"는(출 27:1) 최소한 예표적으로 볼 때 요한계시록 6:8에서 말하는 "사망과 지옥"을 명확하게 나타낸다. 이 불을 보는 모든 죄인들은 눈물지을 수밖에 없다. 불 속 깊은 구덩이에 던져질 무엇인가가 있다(시 140:10). 불타는 무엇인가가 있는 것이다(겔 20:47). 그런데도 보수주의자들은 누가복음 16:23이 "비유"라고 말한다.

『**재받이**』(3절)는 재를 옮길 때 사용한다. 『**부삽**』(3절)도 마찬가지이다. "대야들"은 피가 뿌려지기 전에 피를 담아놓는 데 사용된다. "고기 갈고리"(삼상 2:13)는 고기가 구워질 때 고기를 다루는 데 사용된다. "불받이판"은 불붙은 석탄과 같은 재료들을 옮길 때 사용된다. 4절과 5절에 대해서는 이미 살펴보았다. 제단은(상과 궤처럼) 옮길 수 있도록 만들어졌다. 채들을 통하여 옮겨지고 놋으로 입혀졌다(6절).

놋제단은 땅의 제단(출 20:24) 위에 딱 들어맞게 되어 있다. 속이 비어 있게 만들어졌기 때문이다(8절). 놋제단은 움직인다. 이것은 어떤 상황이든지 하나님께서 나타나시면 피는 완전하게 깨끗해진다는 사실을 말해 준다. 이곳에서는 일 년에 오천 마리 이상의 동물이 죽는다. 그래서 이름값도 못하는 진화론자들은 구약을 "도살장 종교"(롬 8:36)나 "피의 종교"라고 부른다. 그러나 이 사람들이 이름값도 못한다는 말은 최소한 진화론자라면 피로 얼룩진 종교를 믿어야만 하기 때문이다. "적자생존"과 "정글의 법칙"을 신봉하고 있지 않은가? 이는 다른 곳에서 찾아볼 필요도 없이 역사를 살펴보면 알 수 있는 일이다. 가장 피에 굶주렸던 살인마들은 로마카톨릭과(A.D. 800-1800) 공산주의자들(1850-1980)이었다.

놋제단은 예수 그리스도의 죽음 그 이상을 나타낸다. 이것은 불못을 보여 준다. 이것은 땅의 『**중간에**』 있는(5절) 지옥을 말하고 있다. 이것은 죄인에 대한 하나님의 심판을 나타낸다. 이것은 죄에 대해 하나님께서 어떻게 다가가시는가를 보여 준다. 또한 이것은 하나님께서 죄인에 대해 어떻게 대하시는가를 말해 준다.

죄에 대한 본질을 직시하지 않고서는 어떠한 죄인도 하나님을 찾을 수 없다. 자신이 잘못을 저지른 것은 하나님 앞에서 개인적으로 책임지는 문제에 대해 직접적으로 다루어지지 않는 한 죄인이 하나님을 찾지 않는다(롬 3:11). 구원받지 못한 죄인이 놋제단을 지나쳐 산 채로 성소에 다다를 가능성은 하나님께서 구렁으로 떨어뜨렸을 때 나답과 아비후가 살아나올 가능성보다 적다.

다른 엉터리 주석들은 제쳐놓고 놋제단에 대해 살펴보자.

1. 포도주를 신뢰하는(피를 신뢰하지 않고) 어떤 카톨릭 교도도 하나님의 존전에 나와 본 적이 없다. 어떤 것이 다른 어떤 것으로 변한다고 아무리 억측을 늘어놓아도 소용없는 짓이다.

2. 어떤 헬라 철학자들이나 근대 학자들도 "하나님의 지식"에 관한 한 시도조차 하지 못했다. 놋제단을 직시하지 않는 한 본 게임에 참여하지 못한다.

3. 자유주의자들은 성경의 내용이 "인간이 하나님을 찾아가는 역사"라고 말하지만 오히려 성경은 인간이 해결해야 되는 중요한 주제를 피하려 시도하는 역사이다. 그 중요한 주제는 바로 죄이다. 창세기 4:7의 주석을 살펴보라. 아무리 궤변을 늘어놓고 연역적 방법이 어떻고 존재론적 우연이니 상대적 진리니 떠들어 봐도 지옥의 형벌에서 구출해 주지 못한다. 속죄 없이는 하나님께 다가갈 수 없다. 피흘림이 없이는 구속이 없다. 죄가 태워지지 않고서는 아무도 하나님께 다가설 수 없다. 태워지지 않고서는 축복이 없다. 다른 의견을 말할 언론의 자유는 있겠지만 그렇다고 진리나 사실은 아니다. 이 부분에 대해 보수주의자들이 침묵을 지키는 것은 자신들의 체면을 깎이지 않으려는 증거이고 기회주의자들이라는 사실을 말해 줄 뿐이다.

27:9 너는 성막의 뜰을 만들지니 그 뜰에 걸 막을 한 면의 길이가 일백 큐빗 되게 가늘게 꼰 베실로 만들어서, 남쪽을 향한 남편에 칠지니라.

10 스무 개의 기둥과 스무 개의 받침은 놋으로 만들고 기둥들의 갈고리와 가름대는 은으로 만들지니라.

11 북편에도 마찬가지로 길이 일백 큐빗의 막을 치되, 그 스무 개의 기둥과 스무 개의 받침은 놋으로 만들고 기둥의 갈고리와 가름대는 은으로 만들지니라.

여기서는 성막을 둘러싸고 있는 뜰에 대해 말하고 있다. 뜰의 크기는 100큐빗×50큐빗이다. 뜰의 동쪽 끝에는 들어가는 출입구이다. 바로 놋제단 앞이다. 이 출입구의 폭은 5큐빗이다(7피트 6인치, 13-15절). 성막 자체와는 달리 뜰에 세워진 막대는 은 대신에 놋받침 위에 세워진다. 그렇지만 가늘게 꼰 베실로 만들어지며 은으로 만든 가름대가 있는데 이는 각 기둥 위에 있는 은 갈고리를 매다는 용도로 만들어진 것이다(10절).

27:12 서편의 뜰에는 폭이 오십 큐빗인 막을 치되 그 기둥이 열이며 그 받침이 열이라.

13 동쪽을 향한 동편의 뜰에는 폭이 오십 큐빗이 되게 하며

14 문 이편의 막은 십오 큐빗이며 그 기둥은 셋이요 그 받침도 셋이라.

15 문 저편의 막도 십오 큐빗이며 그 기둥은 셋이요 그 받침도 셋이라.

기둥은 뒤쪽 끝으로 열 개가 세워진다(서쪽). 앞쪽 끝으로 여섯 개가 세워진다(동쪽). 양 옆쪽으로 이십 개가 세워진다(11,12절). 성막 자체로 들어가는 곳은 막혀있어도 뜰에서 앞에서 들어가는 곳은 이스라엘에게 항상 열려져 있다. 그래서 어떤 죄인이라도 제사장이나 중재자 없이도 자신의 상태에 관한 제일 첫 번째 근본적인 진리에 다가갈 수 있다. 그는 자신이 죄로 인해 불태워져야 하는 죄인이라는 사실을 한 번만 보면 알 수 있는 것이다. 자신이 해야 할 모든 일은 그저 보는 일이다(민 21:8,9). 만일 그것을 볼 수 없다면 그것은 요한복음 1:5,10이나 요한복음 3:20과 같은 이유에서이다.

27:16 **뜰의 문에는 청색, 자색, 주홍색 실과 가늘게 꼰 베실로 바느질해서 만**
든 이십 큐빗의 막이 있게 할지니, 그 기둥이 넷이요, 그 받침도 넷이
며,
17 **뜰 주위에 있는 모든 기둥들은 은으로 띠를 할 것이며 그 갈고리는 은**
으로, 그 받침은 놋으로 하라.
18 **뜰의 길이는 일백 큐빗이고 폭은 어디나 오십이며 가늘게 꼰 베실의 높**
이는 오 큐빗이요 그 받침은 놋이라.
19 **성막에서 모든 의식에 쓰는 성막의 모든 기명들과 모든 말뚝못과 뜰의**
모든 말뚝못은 놋으로 만들지니라.

『**말뚝못**』(19절)은 뜰의 벽을 수직으로 고정시키는 천막 못을 말한다. 『**은으로 띠를 할 것이며**』(17절)라는 말은 각각의 기둥 위에 있는 대접받침을 말한다. "막대들로 연결된"이라는 표현(벌링거)을 언급하는 곳은 없다. 이러한 경향은 필립 샤프가 참여한 RV 위원회(1884)부터 시작하여 킹제임스성경을 던져 버린 여러 대학들을 통해 RSV까지 퍼져 있다. 기둥들을 위에서 함께 묶는다는 의미에서 연결 막대들이 사용되어졌을 수 있다. 그러나 이 막대들은 맛소라 본문에서 위와 같은 형태로 번역되지는 않는다. 보다 더 중요한 사실은 성막의 뜰과 관련되어서 어떤 막대도 언급되지 않았다는 것이다. 베실로 짠 휘장은 기둥들의 대접받침 위로부터 매달려 있다. 17절에서 이를 말해 주고 있다. 수평으로 긴 막대들은 어디에도 나와 있지 않다. 다만 ASV 위원회와 로크만 재단의 상상에서나 나와 있을 뿐이다. 성경을 진지하게 공부하는 학생이라면 지속적인 경고에 귀기울여야 한다. 소위 "보수주의자들"이 하는 짓에 대해 말이다(출 25:9). 출애굽기 25:40; 26:30에서 거듭 경고하고 있다. 막대가 나오지 않는 곳에 막대를 놓지 말라! 막대기가 나타나는 곳에서는 제거하지 말라!

성막의 뜰은 시작부터 끝까지 의로움에 대해 말하고 있다(계 19:11). 비록 의가 하나님의 심판을 통과해야 하지만(놋) 의는 구속에 의해(은) 완성된다. 뜰로 들어가는 문에는 성소 앞에 걸려 있는(출 26:26) 휘장과 같은 휘장이 있다. 그러나 서로 다른 것은 뜰로 들어가는 문은 제물을 드리는 사람에게 계속 닫혀 있지 않다는 것이다. 성소에 쳐져 있는 휘장은 레위인들만 들어갈 수 있다. "지성소"에 쳐져 있는 휘장은 대제사장만 들어갈 수 있다. 따라서 우리가 셋째 하늘과 하나님의 보좌로(계 4:1–5) 들어갈 때 거룩함을 가지고 들어갈 수 있는 것이다. 휘장이 찢어졌을 때에(마 27:51) 비로소 구원받은 죄인은 아무 주저함 없이(히 4:16) 세 개의 휘장을 통과해 들어갈 수 있다. 구원받은 죄인의 위대한 대제사장은(히 3:1) 한 분밖에 없는 중보자이시다(딤전 2:5). 따라서 우리에게는 검은 옷을 입고 할로윈의 어릿광대 노릇을 하고 있는 다른 중보자가 필요없다.

27:20 **또 너는 이스라엘 자손에게 명령하여 올리브를 찧어 낸 순수한 기름을, 불을 밝히기 위해 네게 가져오게 해서 등에 항상 불이 켜 있게 하라.**

21 **회중의 성막 안 증거궤 앞 휘장 밖에서 아론과 그의 아들들은 저녁부터 아침까지 주 앞에서 그 등을 정돈하여 그것이 이스라엘 자손을 위하여 대대로 영원한 규례가 되게 할지니라.**

제사장직에(권위와 의식) 대해 말하기 전에 금촛대에 대해 한 가지 더 언급한다. 몇몇 주석가들이 이 부분에 대해 설명하고 있지만 갑자기 왜 이 항목이 여기에 기록되었는지 아무도 설명하지 않는다. 클라크는 출애굽기 30:8을 인용하면서 등불이 저녁에는 비추고 아침에는 꺼지는 것이라고 말한다. 예표와 순서에 대한 진리를 알기 위해서는 킹제임스성경으로 돌아가야 하고 그 외 잡동사니는 버려야 한다.

바깥뜰과 제사장직을 설명하는 데 있어서 유일하게 언급되어지는 것이 금촛대이다.

알다시피 언약궤와 자비석은 두 휘장에 의해 가려져 있다(26:31,36) 이 부분은 셋째 하늘에 있는 하나님의 나타나심을 말하기 때문이다. 셋째 하늘은 태양계로부터 땅과 이스라엘로부터 떨어져 있다. 빵을 차려 놓은 상은 하나님께서 땅을 향해(이스라엘) 계시하시는 것만 나타낸다. 구속받은 그 백성을 위해 날마다 음식을 공급하시는 것을 나타낸다. 금촛대는 성령을 나타내는 것이다(빌 2:15,16, 계 1:11,12,20). 성령은 이 땅에서 죄인들을 다루는 일을 하시는데 성막 안과 밖에서 일하신다(슥 4:6, 요 16:8-10). 제단과 바깥뜰 사이에 이 금촛대를 말하는 부분이 없다면 이것은 마치 제사장과 제사장 직분에 관련된 것과도 같은데(27-29장) 죄인은 하나님을 만날 수 없다. 피가 이미 흘려졌다 해도 말이다. 이것이 살리는 영이다(요 6:63). 성령께서 말씀에 비추실 때(고후 3:17) 그 말씀은 심장을 때리는 것이다(행 2:37). 아론의 제사장 직분이 설명되기 전에 출애굽기 27:20,21이 기록된 것은 하나님의 영감에 의한 것이다. 요한복음 2:25이 요한복음 3:1 전에 기록된 것과 마찬가지로 말이다.

"생명의 나무"로부터 불타는 등이 없다면 어떤 종교에도 생명은 없다. "하나님의 일곱 영"(계 4:5)이 없다면 성령의 기름부음이(히 1:9) 없다면 성막과 뜰과 제사장 직분은 단지 종교의식에 지나지 않는다. 멕시코, 스페인, 이탈리아, 아프리카, 뉴기니아에서 행해지고 있는 애니미즘, 토테미즘과 다를 바 없는 것이다.

아론과 그의 아들들은 저녁부터 아침까지 그 등을 "정돈해야" 한다. 등을 켜거나 다시 켜라는 것이 아니다.

『**이스라엘 자손을 위하여**』(21절). 이 마지막 말은 가장 중요하다(아더 핑크의 말이다.) 아론은 예수 그리스도를 예표한다. 세상의 빛이다. 그의 아들들은 믿는 자들을 예표한다(마 5:14). 세상의 빛이다. 아론과 그의 아들들은 어두운 곳에서 빛으로 인도하는 역할을 해야 한다(벧후 1:19). 이들은 켜져있는 불을 잘 지켜야 한다(빌 2:15). 태양이 떠오르기까지(말 4:1-3) 점점 더 밝게 비추어야 한다(잠 4:18). 그때에 이들은 "숨을 들이마시는" 것이 아니라 아버지의 왕국에서 해처럼 빛나게 된다(마 13:43). 아론과 그의 아들들은 그 등불을 이스라엘을 위해 지켜야 한다. 주 예수 그리스도와 그의 "아들들"은(롬 8:1-12) 교회를 위해서 그 등불이 꺼지지 않도록 지켜야 한다. 당신의 등불은 빛나고 있는가?

출애굽기 28장

28:1 너는 이스라엘 자손 가운데서 네 형 아론과 그의 아들들을 그와 함께 네
게로 오게 하여 그가 제사장 직분으로 나를 섬기도록 할지니, 아론과 아
론의 아들들인 나답, 아비후, 엘르아살과 이다말이라.
2 너는 네 형 아론을 위하여 영광과 아름다움을 위한 거룩한 의복을 만들
지니라.
3 너는 내가 지혜의 영으로 충만케 한 마음이 지혜로운 모든 자에게 말하
여 그들로 아론을 성별케 할 그의 옷을 만들어 그가 제사장 직분으로 나
를 섬기도록 하라.
4 이것들이 그들이 만들 의복들이니, 흉배와 에봇과 겉옷과 자수옷과 관과
허리띠라. 그들이 네 형 아론과 그의 아들들을 위하여 거룩한 의복을 만
들어 그가 제사장 직분으로 나를 섬기도록 하라.
5 그들은 금실과 청색, 자색, 주홍색 실과 가는 베실을 사용할지니라.
6 그들이 금실과 청색, 자색, 주홍색 실과 가늘게 꼰 베실을 써서 정교한
솜씨로 에봇을 만들되
7 에봇에 어깨띠를 두 개 만들어 양쪽 가에다 달아서 서로 연결되게 하고
8 에봇 위에 있는 정교한 허리띠는 그 방법대로 같은 것으로 만들지니, 금
실과 청색, 자색, 주홍색 실과 가늘게 꼰 베실로 할지니라.
9 너는 얼룩마노 두 개를 취하여 그 위에 이스라엘 자손의 이름들을 새기
되

10 그들의 출생 순위에 따라 한 보석에 그 여섯 이름을, 다른 보석에 나머
지 여섯 이름을 새기며
11 너는 보석에 새기는 자의 솜씨로 인장을 새기듯이 이스라엘 자손의 이름
들을 그 두 보석에 새기고 보석들을 금장식에 물릴지니라.
12 너는 그 두 보석을 에봇 어깨 위에 붙여 이스라엘 자손에게 기념의 보석
들로 삼되 아론은 주 앞에서 그들의 이름을 자기 두 어깨에 메어서 기념
이 되게 할지니라.
13 너는 금장식들을 만들고
14 양끝에 순금으로 두 사슬을 만들어 그것들을 꼬아서 그 꼰 사슬들을 그
장식들에다 고정시킬지니라.
15 너는 심판의 흉배를 정교한 솜씨로 만들되 에봇의 솜씨에 따라 만들며
금실과 청색, 자색, 주홍색 실과 가늘게 꼰 베실로 그것을 만들지니라.
16 그것을 두 겹으로 네모 반듯하게 하되 그 길이도 한 뼘, 그 폭도 한 뼘
이 되게 하며
17 너는 보석들을 네 줄로 하여 보석들을 박아 끼우되 첫째 줄은 홍보석,
황옥, 홍옥이니 이것이 첫째 줄이 되게 하고
18 둘째 줄은 에메랄드, 사파이어, 금강석이며
19 셋째 줄에는 리구르, 마노, 자수정이고
20 넷째 줄에는 녹보석, 얼룩마노, 벽옥이니 그것들을 금에다 끼울지니라.
21 이 보석들에 이스라엘 자손의 이름들을 있게 할지니, 열둘을 그들의 이
름들에 따라 인장을 새기듯이 할 것이요, 각 보석에 열두 지파에 따라
그 이름이 있게 할지니라.
22 너는 흉배 위 양끝에 순금으로 꼬아 만든 사슬을 만들고
23 흉배 위에 두 금고리를 만들어 그 두 고리를 흉배 양끝에 달고
24 꼰 두 금사슬을 흉배 끝에 있는 두 고리에 매며,
25 꼰 두 사슬의 다른 양끝을 두 장식에 고정시켜 그 앞에 있는 에봇의 어
깨띠에 달지니라.
26 또 너는 금고리 둘을 만들어 *흉배의* 안쪽, 곧 에봇에 닿는 쪽으로 흉배의
가장자리 양끝에 달고

27 다른 금고리 둘을 만들어 정교한 에봇 띠 위에 다른 고리가 연결되는 곳
옆에서 앞쪽을 향해 에봇 아래 양쪽 면에 달고
28 청색 끈으로 에봇의 고리들에다 흉배의 고리로 흉배를 꿰어 정교한 에봇
띠 위에 붙여, 흉배가 에봇으로부터 떨어지지 않게 하라.
29 아론이 성소에 들어갈 때는, 그의 가슴 위, 심판의 흉배에 이스라엘 자손
의 이름들을 지녀, 주 앞에 지속적인 기념을 삼으라.
30 너는 심판의 흉배 안에 우림과 툼밈을 넣어, 아론이 주 앞에 들어갈 때
에, 그것들이 아론의 가슴에 있게 하라. 또한 아론은 주 앞에서는 지속적
으로 그의 가슴 위에 이스라엘 자손의 심판을 지닐지니라.
31 너는 에봇의 겉옷을 모두 청색으로 만들되,
32 그 한가운데 꼭대기에는 구멍을 내고, 그 구멍 주위에 직조한 묶음을 두
어 사슬 갑옷의 구멍처럼 하여, 그것이 찢어지지 않게 하라.
33 그 겉옷 가장자리에 돌아가며 청색, 자색, 주홍색 실로 석류를 만들어 그
가장자리에 달고, 또 금방울들을 돌아가며 석류 사이에 달지니,
34 금방울 한 개와 석류 한 개, 금방울 한 개와 석류 한 개를 겉옷의 가장
자리에 돌아가며 달지니라.
35 그것은 아론이 섬길 때 입을 것이니, 그가 주 앞 성소에 들어갈 때와 그
가 나올 때에 그 소리가 들리면, 그가 죽지 않으리라.
36 너는 순금으로 패를 만들어서, 인장을 새기듯이 그 위에 '주께 거룩함'이
라고 새기고
37 너는 그것이 관 위에 있도록 청색 끈으로 매되, 그것이 관 앞쪽에 있게
하라.
38 이 패가 아론의 이마에 있게 하여, 이스라엘 자손이 그들의 모든 거룩한
예물로 신성하게 하는 거룩한 것들에 대한 죄악을 아론으로 하여금 감당
하게 하라. 그 패가 아론의 이마에 항상 있으므로, 그것들이 주께 받아들
여지리라.
39 너는 가는 베실로 옷을 수놓고, 또 가는 베실로 관을 만들고, 너는 허리
띠를 바느질해서 만들지니라.
40 아론의 아들들을 위하여 너는 옷들을 만들며, 그들을 위하여 허리띠들을

만들고, 모자들을 만들되, 영광과 아름다움을 위하여 ***만들라.***

41 **그것들을 네 형 아론과 그와 함께한 그의 아들들에게 입히고, 그들에게 기름을 붓고, 그들을 성결하게 하고 그들을 거룩하게 하여, 그들로 제사장 직분으로 나를 섬기게 할지니라.**

42 **너는 그들에게 베로 속옷들을 만들어 그들의 벌거벗음을 가리게 할지니, 그 옷들은 허리에서 넓적다리에까지 이르게 하라.**

43 **아론과 그의 아들들은 회중의 성막에 들어갈 때나, 성소에서 섬기려고 제단에 가까이 갈 때에, 그것을 입어야 그들이 죄를 짓지 않아서 죽지 않으리니, 그것이 그와 그의 뒤에 올 그의 씨가 지켜야 할 영원한 규례가 되리라.**

이 부분은 성경에서 가장 아름다운 장면 가운데 하나이다. 이곳에서 나타내는 예표는 25장에서 27장까지 다룬 부분보다 더 명확하다. 예수 그리스도의 인격에 관한 한 말이다. [처음에도 언급했듯이 성막 자체가 예표하는 것은 우주이다. 간접적으로는 얼마든지 예수 그리스도를 계시할 수 있다. 여기서는 직접적으로 언급된 내용을 살펴보겠다. 성경에 열정이 있는 사람이라면 놓칠 수 없는 부분이다.] 전체적으로 살펴보기 위해 "영광과 아름다움"을 위한(2절) 옷들의 하나하나를 살펴보도록 하겠다. 관련되는 부분들을 연결하여 살펴보자. 옷들은 일곱으로 나뉘어진다.

1. 흉배(15-20절) 여기에는 우림과 툼밈이 있다(30절).
2. 에봇(6,7,25절)
3. 겉옷(31-35절)
4. 베로 만든 속옷(42,43절)
5. 자수옷(4,39절)
6. 관(36-38절)
7. 허리띠(8,40절)

구약에는 위대한 제사장이 둘 나온다. 하나는 이방인을 위한 제사장이고(멜키세덱) 하나는 이스라엘을 위한 제사장이다(아론). 둘 다 하나님께서 부르셨다.

아론의 제사장 직분은 그 아들들로 이어지는데 아론이 그 머리가 된다. 그러나 멜키세덱은 자신의 대에서 끝난다(히 7:12). 레위인들은 아론과 그의 아들들에게 주어졌는데 아론과 그의 아들들을 섬기기 위함이다(민 3:9). 그래서 아론의 아들들은 아론과 더불어 하나의 단위로 언급된다. 1절을 살펴보라. 『**네 형 아론과 그의 아들들을... 네게로 오게 하여... 그가... 섬기도록...**』 그의 아들들이 연결되어 나오지만 이들은 대제사장 자신과 동일하게 다루어진다. [성경에 신약의 대제사장 예수 그리스도와 믿는 자들이 하나임을 나타내는 많은 경우가 있는데 본문은 그 가운데 첫 번째에 해당한다(히 3:1-3; 2:11,12).]

『**그가 제사장 직분으로 나를 섬기게 할지니...**』(1절). 이 직분은 바로 오늘날 하늘의 여왕을 섬기고 바알을 숭배하는 검은 제의를 입은 자들이 탐내서 도둑질해 간 그 직분이다. 바빌로니아에서 시작된 이 우상 숭배자들이 말하는 제사장 직분과 출애굽기에서 말하는 제사장 직분은 전혀 같지 않다. 후에(말 2:1-3) 유대인들은 제사장 직분을 갖게 되는데 그것은 로마카톨릭의 타락한 제사장 직분과 똑같은 것이다. 하나님께서 주신 제사장 직분과 로마의 교황 조직이 부여해 준 제사장 직분은 너무 큰 차이가 있다. 이들은 자신들의 조직을 운영하기 위해 타락하는 것도 지옥으로 향하는 것도 전혀 개의치 않는다. 원래 제사장은 육체적으로나 신분적으로 적합해야 한다(레 21:17-21). 제사장들은 결혼해야만 했다(레 21:14,15). 미혼이어서는 안 된다. 대제사장은 죽은 자를 위해 애도해서는 안 된다(레 21:10,11). 대제사장은 생명을 대표하기 때문이다. 그래서 일반인들이 생각하는 케네디의 장례식에 나오는 대제사장 같은 것은 성경에서는 생각조차 할 수 없다. 위대하신 대제사장 자신도 "나를 위하여 울지 말라"(눅 23:28)고 말씀하셨다. 그분 자신이 슬퍼하셨던 것도 사랑하던 자가 죽었을 경우에 한해서였다(요 11:35).

주 예수 그리스도를 연상케 하는 아론은 하나님께서 선택하셨다(히 5:1,4). 교황 조직에서 선출된 것이 아니다. 아론은 기름부음을 받았다(예수 그리스도처럼 눅 4:19). 이스라엘 민족을 대표하기 위한 것이다(히 2:17; 5:1). 예수 그리스도는 정확하게 우리를 대표한다. 우리와 같이 슬퍼했기 때문이다(사 53장). 우리와 함께 죽었기 때문이다(롬 6장). 우리와 함께 살아났기 때문이다(엡 2:5,6). 그분은 우리를 위해 중보하신다(딤전 2:5).

제사장은 무엇인가를 드려야만 하는데 20세기의 대제사장은(히 8:3) 자신을 드렸다(히 7:27; 10:10; 9:12). 그분 자신은 아무런 죄도 없다(히 7:26). 그분이 드린 것은 완전하다(히 9:25-28). 그분의 중보는 능력이 있다(히 7:25). 그분의 제사장 직분은 변하지 않는다(히 7:23,24).

성경을 자세히 살펴보면 지금까지 살펴보았던 예표보다 다 위대한 것이 있음을 알게 된다. 위에서 살펴본 것처럼 옷은 모두 일곱 가지였는데 4절에는 다섯 가지만 나온다! 요한복음 19:23에서 위대한 대제사장의 옷이 다섯 조각이었음을 알 수 있다. 예수 그리스도께서 하나의 완전하고 영원한 희생제물을 드리실 때(히 10:8-12) 다섯 조각의 옷들은 그분으로부터 벗겨진 것이다.

『**영광과 아름다움을 위한 거룩한 의복**』(2절). 예수 그리스도는 그리스도인들에게 있어서 참으로 아름다운 분이시다. 시편 45편에서는 아름다운 옷이 설명되어 있다. 예수 그리스도는 빛으로 옷입으신 분이시다(시 104:2). 옷들 가운데 일곱 번째 옷은 우림과 툼밈이 있는 흉배이다(30절). 하나님의 전신갑옷이 나와 있는 에베소서 6장에서 일곱 번째 항목이 무엇인지 살펴보겠는가? 하나님의 전신갑옷에서 일곱 번째 항목은 그 이름이 나와 있지 않다. 그러나 성경에서 갑옷이 나오는 부분을 살펴본다면(삼상 17:6) 그것이 무엇인지 알 수 있다. 그것은 놋경갑이다. 정강이를 보호하는 것이다. 에베소서 6장에 있는 전사는 영적 전쟁을 수행하는 동안 무릎을 꿇고 있는 것이다. 그래서 정강이는 가려져 있고 그 일곱 번째 항목은 빠져 있는 것이다!

1. 흉배(출 25:7; 28:15,,22,23,24,26, 레 8장)

흉배는 군인들이 착용하는 금속이나 가죽으로 된 흉배가 아니었다. 흉배는 가는 베로 만들어졌다. 에봇(6,8절)과 허리띠(8절)도 마찬가지이다. 크기는 약 가로 세로 9인치 정도 된다. 대제사장의 가슴에 착용되기 전에는 두겹의 상태가 된다(16절). 그리고 우림과 툼밈도 달려 있다. 흉배는 네 줄로 보석이 달려 있다. 한 줄에는 세 개의 보석이 달려 있다. 이 보석들은 금에다 끼우게 되어 있다. 이 흉배는 두 개의 금사슬로 지탱된다. 이 두 금사슬은 대제사장의 어깨 위에 있는 얼룩마노에 고정되어 있다(22-25절). 흉배의 제일 밑에는 두 개의 금고리가 있다(26-29절). 이 고리에 청색 끈으로 꿰게 되어 있다(28절). 이 청색 끈은 대제사장의 양팔 아래에서 몸을 묶게 되어 있다. 청색 끈은 에봇에서 금고리들과 연결된다. 그래서 흉배는 에봇의 양면들과 영원히 고정된다.

흉배에 달려 있는 보석들은 17-20절에 나와 있다. (그리스도인들은 킹제임스 성경에 나와 있는 목록들을 이용해야만 한다.) ASV에 나와 있는 목록들을 살펴보면 결코 진지하게 성경을 다루는 사람들이 아니라는 사실을 알 수 있다. [그 목록들은 강단주석에서 취한 것인데 1880년부터 배교한 영어 개역본(RV) 위원회의 작품이다.]

지파들이 기록된 순서는(히브리어에서는 오른쪽에서 왼쪽으로 가는 것이 순서이다.) 지파들이 태어난 순서와 같다(창 29-30장 주석 참조). 르우벤, 시므온, 레위, 유다, 단, 납탈리, 갓, 아셀, 잇사칼, 스불룬, 요셉, 베냐민이다. 그러나 어깨 위에 있는 보석의 순서는 르우벤, 시므온, 레위, 유다, 잇사칼, 스불룬, 단, 납탈리, 갓, 아셀, 요셉, 베냐민이다. 그러나 성경을 자세히 살펴보았다면 순서가 여러 가지임을 알 수 있다.

순서야 어찌되었든지 간에 아론은 다음과 같이 행해야 한다. 『**아론이 성소에 들어갈 때는, 그의 가슴 위, 심판의 흉배에 이스라엘 자손의 이름들을 지녀, 주 앞에 지속적인 기념을 삼으라**』(29절). 이 구절을 영적으로 설명해 주는 데 있어서 같은 구절은 예레미야 17:1; 31:33, 말라키 2:2일 것이다. 이 선택받은 민족은 하나님의 마음 안에 있었고 아내로서 사랑받았다(호 1-3장). 이스라엘은 요한이 기대었던 곳에 기대었다(요 13:25). 그곳은 지금 교회가 거주하고 있다(엡 5:24,33). 그러나 하나님께서 그들을 사랑하신다고 해서 성도들이 결코 죄가 없는 것은 아니다. 하나님께서는 그들의 죄를 미워하셨고 그들의 죄를 담당하셨다(벧전 2:24). 그의 가슴(마음) 위에 심판을 내림으로 말이다. 여기서 보는 즉시로 알 수 있는 것이 있는데 아론 자신은 "죄를 담당하는 자"로서 여겨졌다는 사실이다(28:38). 아론의 아들들이 제물을 드렸을 때 그 제물이 죄를 담당하는 것처럼 말이다.

솔타우의 순서를 참고해 볼 때 다음을 알 수 있다.

1. 홍보석은 유다를 대표한다.
2. 황옥은 잇사갈을 대표한다.
3. 홍옥은 스불론을 대표한다.
4. 에메랄드는 르우벤을 대표한다.
5. 사파이어는 시므온을 대표한다.
6. 금강석은 갓을 대표한다.
7. 리구르는 에프라임을 대표한다.
8. 마노는 므낫세를 대표한다.
9. 자수정은 베냐민을 대표한다.
10. 녹보석은 단을 대표한다.
11. 얼룩마노는 아셀을 대표한다.
12. 벽옥은 납탈리를 대표한다.

[여기의 내용은 대제사장의 어깨 위의 얼룩마노에 새겨진 것이 아니다. 두 어깨 위에 새겨진 보석들에는 창세기 29,30장의 순서에 따라 주어졌기 때문이다. 즉 출생 순서에 따른 것이다. 이곳의 순서는 민수기 2장의 순서이다.]

어깨와 가슴 위에 이름들이 놓여진 것은 히브리서 3:1의 위대한 대제사장이 "그의 가슴(마음) 안에서" 뿐만 아니라 "그의 어깨 위에서"(사 9:7) 통치를 감당하신다는 사실을 말해 준다. 얼룩마노에서 발견되는 것처럼(견장) 은혜의 독특한 순서를 알 수 있을 것이다. "물처럼 불안정"하기만 한 르우벤이 이름이 기록된 목록의 첫 번째 순서에 놓여 있다. 반면 이스라엘이 가장 좋아했던 베냐민과 요셉은(창 37:3; 42:38) 그 순서의 맨 마지막에 나온다. 홀을 가져올 유다는(창 49:10) 중간에 놓여 있다. 얼룩마노는 "금장식"에 물려 있고 이 금장식은 에봇 어깨 위에 붙어 있다(9-12절). 이것은 열두 지파의 이름들이 어깨 위에 새겨져 있건 흉배에 새겨져 있건 간에 "에봇"에서 분리되어지지 못하도록 하기 위함이다. 어깨에 달린 보석들에 대해 두 번씩이나 "기념"이 되게 한다고 말한다(12절). 이것은 예수 그리스도께서 예루살렘에서 통치하실 때와 분명히 관계가 있는데 그때는 희생제물들이 기념이 될 것이다(겔 44-48장). 그때는 앞으로 이루어질 일을 예표하는 것이 아니라 이미 갈보리에서 완성된 일을 되돌아보는

것이다. [특히 에스겔 45:17을 보라.]

이 보석들에 대해서는 많은 추측들과 상징들을 말해 왔다. 그러한 면에서 솔타우는 최소한 영적 진리에 관한 한 좋은 주석을 한다(pp.209-250). 흉배를 언뜻 보기만 해도 그 휘황찬란한 면을 볼 수 있다. 네 줄에 보석이 달려 있고 각 줄마다 세 개의 보석이 달려 있다. 빛나는 빛깔들은 눈을 매혹시킨다. 깊은 적색, 노르스름한 초록색, 깊은 푸른색을 띤 적색, 암녹색, 순수하게 흰색, 노르스름한 갈색, 가벼운 갈색과 노란색을 합한 색, 깊은 자주색, 파란색을 띤 녹색, 푸르스름한 흰색, 붉은 점들이 있는 녹색 등 말이다. 요한계시록 21,22장에서는 이와 같은 모습의 새 예루살렘의 모습을 보여 준다. 단 그것의 보석들은 직경이 족히 90피트는 넘지만 말이다. 하나님의 본질은 계시해 주시는 데 있다. 하나님께서 가지고 계시는 광산은 성경이다. 광석을 곳곳에 숨겨 놓으신 하나님께서는 직경이 90피트나 되는 진주도 캐내실 수 있다. 그 두배가 되는 금강석도 캐내실 수 있는 것은 물론이다.

바울이 그 도시를 보았을 때 그 눈이 기능을 잃을 정도였다(고후 12:1-6). 그러나 주님께서는 요한이 올라가서 볼 때까지(계 4:1-6)는 말하지 못하도록 하셨다.

"영광과 거룩함을 위한" 거룩한 의복의 두 번째 옷인 에봇을 살펴보기 전에 신기한 것 두 가지를 살펴 볼텐데 그것은 주석가들이 "세상의 기초가 세워질 때부터" 고민하기 시작했던 우림과 툼밈이다.

『**우림과 툼밈**』(30절) 하면 우선 멜키세덱과 출애굽기의 파라오가 떠오른다(출 1장의 주석 참조). 다른 것은 다 사람이 만들었지만 그것이 무엇이었든지 간에 사람이 만들지 않았다. 다른 것은 다 사람이 만들었음에도 말이다. 우림과 툼밈에 대해서는 단지 그것을 흉배 안에 "넣으라"고만 했다(30절). 이 우림과 툼밈은 레위기 8:8, 신명기 33:8, 민수기 27:21, 사무엘상 28:6, 에스라 2:63, 느헤미야 7:65에 언급된다. 이것들은 앞으로 일어날 일을 알아보는 것과 분명하게 관계가 있다. 전에 살펴본 것과 같이 흉배와 "출생순으로 나타나는 보석들"이 성경에서 말하는 점성술과 연관이 있다는 사실과 마찬가지로 말이다(창 29장의 주석을 참고하라).

다른 많은 주석가들과 마찬가지로 벌링거는 우림과 툼밈을 두 개의 돌들로 연결시킨다(아마도 하나는 흰 것이고 하나는 검은 것으로 생각하는 것 같다). 그래서 무슨 일을 결정짓고자 할 때 흉배에서 이 돌들을 꺼내 제비뽑기로 결정했다고 생각한다(수 18:11; 19:17; 19:1, 민 26:55; 34:13 등등). 그러나 이것은 우림과 툼밈에 대해 지나치게 단순하게 생각한 것이다. 왜냐하면 다윗이 에봇을 통하여 하나님께 물어 보았을 때(삼상 23:12) 사무엘상 14:41 이상의 응답이 왔다. 하나님께서는 다윗에게 말씀을 통하여 응답하신 것이다! [사무엘상 30:8도 마찬가지이다. 벌링거는 이를 단순히 제비뽑기 정도로 간과했다.] 우림과 툼밈을 통하여 단순한 "예," "아니오" 이상의 답변을 들을 수 있다. 우림과 툼밈은 완전한 말을 할 수 있는 것이다. 우림과 툼밈은 하나님께서 예언을 하실 때 사용하신다.

그러나 하나님께서 예언하실 때는 언제나 위대하신 대제사장과 관련이 있다(28,29,30절). 위대하신 대제사장은 바로 죄인들을 위해 영원한 피의 속죄를 단번에 이루신 그분이시다(히 10:1-12). 예언하는 것이 예수 그리스도의 완성된 일과 관련이 없거나 살아 계신 중보자로서의 예수 그리스도께서 계시해 주시는 계시와 무관한 것이라면 그것은 사탄으로부터 온 것이다(행 16:16). 사탄이 주는 예언의 능력으로부터 탈피하고 싶은가? 그렇다면 주 예수 그리스도의 피의 속죄를 말하기 시작하라. 즉시 죄인을 거듭나게 할 수 있는 예수 그리스도의 보혈을 마음에 적용하라(히 9:14). 하나님께서 즉시로 역사하실 것이다. 결정하고자 하는 의향만 있다면 히브리서 9:14의 약속의 말씀에 따라 단번에 마귀의 족쇄들을 부숴 버리실 것이다.

"흉배에게 무엇을 묻는" 방식에 대해 "제비뽑기"정도로만 생각한 벌링거와 그 부류의 사람들의 생각보다 유대인들이 가졌던 추측이 훨씬 성경에 더 가깝다. 유대인들이 생각한 것은 누군가가 하나님께 무엇을 물어 볼 경우 하나님께서는 그 답변으로 흉배 안에 있는 각 지파들을 나타내는 글자를 빛나게 하심으로 문장을 만들어 답변하셨다고 생각했다. 열두 지파의 이름에는 다음과 같은 글자들이 포함되었다. 요드, 헤, 달레트, 와우, 씬, 쉰, 카프, 레쉬, 베트, 라메드, 눈, 알레프, 멤, 아인, 페, 기멜, 타우. 히브리 글자 23자 중에서 17자(혹은 16자)

가 포함된 것이다. 나머지 헤트, 자인, 테트, 싸메크, 차데, 코프가 빠진 것이다. [히브리어에서 씬과 쉰은 거의 같다. 실제로는 모두 22자인 것이다.] 이 생각이 맞다면 하나님께서는 무엇을 물어 보는 사람에게 이 17자 혹은 16자를 가지고 문장을 만들어 답변하시기에 충분하신 것이다. "트라빔"은 우림과 툼밈과 관계가 있다(판 17:5; 18:14, 호 3:4). 이 트라빔은 흉배 안에 있는 두 형상을 가리킨 것인지도 모른다. 트라빔은 형상이었기 때문이다(삼상 19:13). 그러나 이 생각은 출애굽기 20:4을 비추어 볼 때 무리일 것이다.

흉배를 만드는 데 필요한 대부분의 요소는 출애굽기 28장에 다 나와 있다. 흉배를 입고 있는 제사장의 모습은 가슴에 번쩍번쩍 빛나는 보석들을 단 판을 두르고 있는 모습이다. 이 판은 양팔 아래와 어깨 위를 통해 옷에 고정되어 있다. 그 흉배 안에는 우림과 툼밈이 있다. 대제사장과 가까이 있게 된다면 이스라엘의 이름들을 볼 수 있는데 그 이름은 두 조(set)로 되어 있다. 한 조는 어깨 위에서 볼 수 있다. 한 쪽 어깨에 여섯 지파가 있고 다른 어깨에 여섯 지파의 이름이 있다. 다른 한 조는 가슴에서 볼 수 있다. 네 줄로 기록되었는데 각각 한 줄에 세 지파의 이름이 기록되어 있다. 제사장의 앞을 바라보고 있노라면 "영광과 아름다움"으로 번쩍인다. 금빛으로 번쩍이고 흑색인 얼룩마노로 번쩍인다. 흰색, 파란색, 녹창색, 금색, 갈색, 붉은색, 자주색, 깊은 녹색 등으로 불붙는 것같다. 이런 대제사장의 모습은 흡사 사탄의 모습과(겔 28:13) 똑같다! 사탄은 빛을 정확하게 모방할 수 있다는 사실을 잊어서는 안 된다(고후 11장). 사탄은 하나님을 흉내낼 수 있고 하나님을 완벽하게 모방할 수 있다(겔 28:12). 사탄은 아무도 접근할 수 없는(마 11:27) 위대하신 대제사장까지 모방할 수 있다! [미국에서 사탄주의와 흑마술에 빠져 있는 젊은이들은 - 이들은 "완전히 빠져야 한다"고 세뇌당한다.- 잘못된 흉배를 입고 있는 자(창 3:1-4)에 대해 부지런히 공부하고 있다. 이들이 필요로 하는 것은 "기름부음 받은 덮는 그룹"(겔 28:14)이 아니다. 믿음의 창시자요 완성자가 필요한 것이다. 이 세상을 창조하신 분, 이 세상을 지탱하고 계신 분, 새 예루살렘을 건축하고 지으신 분, 알파와 오메가이신 분, 처음이요 끝이신 분이 필요한 것이다. 성경은 이분을 전능하신 주 하나님, 양들의 위대하신 목자, 주 예수 그리스도라고 부른다. 그분은 나의 구원

자시요, 나의 사랑, 나의 친구 나의 영원하신 하나님이시다. - 아멘, 아멘.]

2. 에봇(출 28:6,7,25절)

에봇은 겉옷 위에 입는 조끼 같은 옷이다. 에봇은 가는 베실로 만든다. 에봇을 찬찬히 살펴보면 성막의 성소를 만드는 데 들어간 재료들과 조화를 이루는 것을 알 수 있다(6절). 이 조끼는 측면이 없다. 다만 대제사장의 등과 가슴에 매달려 있을 뿐이다. 두 얼룩마노에 의해 어깨에 고정된다(12,25절). 성경의 다른 곳들을 살펴보면(삼상 2:18; 2:28; 14:3; 23:6,9, 호 3:4, 삼하 6:14, 판 18:18,20) 에봇이 숭배의 대상이 될 수 있다는 사실을 알 수 있다. 흉배와 더불어 성경의 예언과 관계가 있기 때문이다. 에봇은 제사장 직분을 나타낸다(삼상 22:18). 그러나 이 에봇은 제사장으로서의 아론만 입은 것이 아니라 왕으로서 다윗도 입었고(삼하 6:14) 선지자로서 사무엘도 입었다(삼상 2:18). 이는 우리의 구세주께서 이 세 직분에 대한 완전한 예표를 나타냄을 분명히 알 수 있다. 이 부분을 세심하게 살펴본다면 또 하나의 사실을 알 수 있다. 즉 에봇이 어깨 이음매에 의해(얼룩마노가 있는 곳) 어떤 막대기로 지지된다면 그것은 하나의 깃발이 되는 것이다. 사람들이 경례를 하거나 충성을 맹세할 때 쓰는 깃발 말이다.

3. 에봇의 겉옷(출 28:31-35절)

로이드 더글라스와 헐리우드가 엉망으로 만든 부분이다(미세스 콘스탄틴과 갈라하드 경도 마찬가지지만). 스스로의 함정에 빠지지 말았어야 했다. 예수 그리스도는 결코 겉옷(robe)을 입지 않으셨다. 성령께서도 세심하게 말씀해 주신다. 예수 그리스도께서 입으신 옷은 겉옷(robe)이 아니라 "의복," "속옷"("vesture," "garments," "clothes," "raiment")이라고 말이다. 결코 겉옷이 아니다.

구약의 신권정치에서 의식적인 제사장 직분과는 별도로 성령께서는 신약에서 이 "겉옷"을 그렇게 중요하게 다루지 않으신다. 그 예로 누가복음 20:46, 요한복음 19:2,5을 보라. 누가복음 15:22은 이사야 22:21; 61:10과 연관시켜 볼 수 있다. 그러나 할리우드에서 만들어낸 "겉옷"은 예수 그리스도께서 갈보리에 도착하기 전에 벗겨 낸 겉옷이다(눅 23:11). 그것은 결코 "그리스도께서 입으신 겉옷"이 아니다(마 27:31). 그것은 로마인들이 입는 겉옷이다. 예수 그리스도를 십자가에 못박은 것은 바로 로마인들이다! [이 사실을 잊지 말라. 이 사실을 잊기 전에 차라리 이안 페이슬리, 존 후스, 알렉스 던랩, 윌리엄 틴데일, 사보나롤라를 먼저 잊는 것이 낫다.]

에봇의 겉옷은 청색이다(31절). 이 겉옷과 의복을 놓고 볼 때(시 22:18) 닮은 점이 있다면 그것은 윗부분이 구멍이 뚫린 한 조각의 옷으로 되어 있다는 사실이다. 마치 "판초"처럼 말이다(32절). 전에도 언급했지만 에봇은 성막과 관계가 있다. 둘 다 우주에 대한 예표이다(히 1:12; 8:2; 9:24). 그 위대한 "옷"의 "높이, 길이, 깊이, 너비"에 대해 알고 있다면(엡 3:18 주석에서 언급한 바와 같이 "예수 그리스도의 사랑"을 말하는 것이 아니다.) 그 구멍이 어디에 있는지, 더 나아가 그 구멍을 통해 내민 머리가 어디에 있는지 알 수 있을 것이다! 에봇에 맞는 유일한 색은 청색이다. 『**모두 청색으로 만들되**』(31절). "에봇"을 위로 쳐다보기 원하면 대제사장을 볼 수 있다. 그분은 위에 있는 구멍을 통과해 올라가셨다(히 6:19). 사람들은 지금도 여전히 그분의 "의복" 위로 주사위를 쏘아 올린다(우주 센터 케이프 케나베랄 기지)!

4. 베로 만든 속옷(출 28:42,43, 레 6:10; 16:4)

이 옷은 에봇(그리고 에봇의 겉옷) 아래 입는 속옷과 같은 형태이다. 제사장의 벌거벗음을 가리는 용도의 옷으로 무릎까지 최소한 무릎 위까지 덮는다. 『**그 옷은 허리에서 넓적다리에까지 이르게 하라**』(42절).

여기에서 다시 예수 그리스도를 떠올리지 않을 수 없다. 예수님께서 갈보리에서 돌아가실 때 예수님의 옷들이 벗겨졌다(요 19:23). 예수님께서는 죄를 지은 죄인의 입장에 계셨던 것이다(창 3:10,11). 죄인들은 모두 하나님의 심판의 법정 앞에 벌거벗은 채로 서 있는 것이다(마 22:11). 『**아론과 그의 아들들은 회중의 성막에 들어갈 때나, 성소에서 섬기려고 제단에 가까지 갈 때에**』(43절) 베로 만든 속옷을 입어야만 한다. 성막에 무엇인가를 "섬기러" 들어갔는데 언급된 베로 된 옷을 입지 않았다면 무덤이 하나 늘어나는 것이다. 그리스도인은 하나님께 감사해야 할 것이다. 자신의 "벌거벗음"을 대제사장의 의로서 덮어 주셨고(히 3:1) 그 결과 태어났던 벌거벗은 몸을 가지고서도(딤전 6:7) 멸망하지 않고(욥

1:21) 지성소에(히 9:24) 언제나 들어갈 수 있기 때문이다. 전에 언급한 것처럼 "세마포(베옷)는 성도들의 의"이다. 그러나 본문을 통해 알 수 있는 것은 에봇을 만드는 베옷은(바깥 쪽에 입는 옷) 금실로 만들어졌다는 것이다! [솔 1:11, 시 45:13을 보라. 특히 출 39:2을 살펴보라.] 따라서 믿는 자들의 의는 예수 그리스도의 의와 분리되어질 수 없다. 이 의는 예수 그리스도께서 믿는 자에게 넣어주신 것이다. 최소한 심판석에 섰을 때 입게 되는 바깥 옷에 관한 한 말이다. 그 죄인의 신분은 금이다. 그 죄인의 상태는 세마포로 입혀진 것이다.

겉옷의 둘레를 살펴보면 성막의 색깔들이 재현된다. 이번에는 이 색깔들이 금방울과 석류로 이루어진 장식과 관계가 있다. 이 금방울과 석류들은 겉옷의 밑부분에 번갈아 가며 달려있다(33,34절). 방울들은 소리를 내는 진짜 방울들이다(35절). 천년왕국에서 말들의 재갈에 달려 있는 방울들이 있다(슥 14:20). 그 이상 성경은 언급이 없다. 지옥에 방울들이 있다 해도 성경에 직접 언급되지는 않았을 것이다.

이 방울에 대한 예표는 다소 인상적이다. 방울들은 반드시 맺혀야 하는 열매(막 11:21)에 대한 고백(고전 13:13; 14:1)을 말한다.

석류는 성경에서 신선한 포도와 관련되어 나온다(솔 6:11; 7:12). 또 석류는 카나안 땅에서 얻게 되는 "첫열매"를 나타낸다(민 13:23). 35절에 나오는 『**그 소리가 들리면, 그가 죽지 않으리라.**』는 구절이 약간 혼동된다. 분명히 아론이 하나님께 다가서는 것에 대해 하나님께서는 경고하실 필요가 없으시다. 사람들은 아론이 지성소에 들어갔을 때 방울 소리가 들리지 않으면 아론은 죽은 것이라고 여겨 줄을 통해 지성소로부터 아론을 끌어내야 한다고 생각한다. 다소 멍청한 생각이다.

사실을 살펴볼 때 대제사장이 지성소로 들어갈 때는(여기에서 말하는 "성소"가 아니라) 이 겉옷을 입지 않는다(레 16:4). 레위기를 통해 알 수 있는 것은 아론이 지성소에 들어갈 때 입는 것은 베옷, 베 속옷, 베 허리띠만 두르고 들어간다는 것이다(레 16:4). 다음을 주목해 보라. 『**언약궤 위에 있는 자비석 앞 휘장 안 성소**』(레 16:2). "영광과 아름다움"을 위한 의복(출 28:2)은 단지 "거룩한 의복"(레 16:4)이 될 뿐이다. 흉배와 에봇, 에봇을 위한 겉옷은 성소 안에 남겨 놓는다. 차려진 상이 있고 금촛대가 있고 향제단이 있는 그 성소에 말이다. 아론이 지성소에서 나올 때 아무도 방울 소리를 듣지 못한다. 방울 달린 옷이 없기 때문이다. 게다가 아론이 죽었는지 살았는지 알고 싶다면 성막을 섬기는 어떤 레위인이든지 성소에 들어가서 볼 수 있다. 만일 성소에서 발견되지 않는다면 분명히 그 시체는 언약궤 앞에 있을 것이다.

이스라엘 사람들은 진중에서 아론이 움직이는 것을 지켜볼 것인데 이때 나는 "방울 소리"는 유익할 것이다. 아론은 고백해야만 하고(profess) 소유해야만 한다(possess). 열매를 맺지 못한다면 요한복음 15:1-6에 따라 그는 죽는다! 아론이 성막을 앞뒤로 오고 갈 때 겉옷은 휘휘 움직인다. 그때마다 금방울 소리가 난다. 사람들은 이 대제사장이 "그의 아버지의 일"을 하고 있다고 생각한다. 아론은 지금 자신이 하나님의 성품과 관계된 일을 하고 있다고 하나님께 주장한다고 말이다(금은 신성을 나타낸다). 아론은 열매를 맺도록 기름부음을 받았고(갈 5:22) 비록 지상에서 순례의 여정을 걷고 있지만 결코 자신에게 주어진 하늘의 약속(골 3:1-3)을 잃지 않을 것이다.

아, <킹제임스성경>의 헤아릴 수 없는 풍요로움이여! 그 계시의 끝은 어디인가! "인정받은" 학자들의 심판은 얼마나 끔찍할 것인가!

5. 수놓은 옷(출 28:39,40절)

베실로 수놓은 이 옷에 대한 부분은 죽은 정통주의 배교자들에 의해 번역된 모든 번역본들에는 심하게 손상되었다. 이 본문에 대한 이들의 태도는 분노까지 느끼는 듯 본문의 어순을 제거할 수만 있다면 제거하고픈 심정임을 알 수 있다. [이들은 이미 신약성경에서 수십 구절을 던져 버린 바 이런 종류의 비판에 대해서는 별로 충격을 못 느낄 지경이다.]

부패한 ASV는 휘튼, 무디, 풀러, 달라스, 밥 존스, 바이올라, 미드웨스턴, 미드사우스 대학 등에서 추천하는 성경인데 "너는 그 옷을 바둑판 무늬 모양으로 짤지니라"("thou shalt weave the coat in checker work")로 되어 있다. 강단주석은(p.292) 다음과 같은 내용으로 이들을 안심시킨다. "킹제임스성경의 본문은 분명히 히브리어 본문이 말하는 그 뜻이 아니다." [왜 우리가 이런 대다수의 보수주의 학자들이 성경을 고친다면서 저질러 놓은 잘못들에 대해 그렇게 독단적인 입장을 취하는지 알겠는가? 이들의 마음이 완악해질 때마다 킹제임스성경을 경멸하는데 그것은 다름아닌 그 성경을 보존하신 성령님을 경멸하는 것이다.] 이들은 또 40절의 『**모자**』(bonnet)에 대해 "그것은 분명히 모자가 아니다."라고 덧붙인다. 1884년의 RV는 "headtires"라고 말한다.

New ASV는 이에 만족하지 않고 39절의 『**너는 허리띠를 바느질해서 만들지니라**』를 "수놓는 작업"(the work of the embroider)으로 바꾸었다.

여기에서 끝나는 것이 아니다. 그 구절의 중간 부분과 끝부분을 고치고 나서 조지 롤린슨 박사는(강단주석) 『**가는 베실로 관을 만들고**』(39절)라는 표현은 적절한 위치가 아니라고 말한다. 알아야 하는 것은 지독한 냄새를 풍기는 알렉산드리아 이단은 A.D. 400년에 없어져 버린 것이 아니라는 것이다. 이 알렉산드리아 이단은 열풍을 타고 한 사람에서 또 다른 사람으로 전염되어 로크만 재단까지(Amplied Version, New ASV) 오염된 것이다. 15세기 동안 "보수주의자"들이 풍긴 냄새는 "크리스찬 교육"이라고 하는 넌덜머리나는 악취였던 것이다. 말라키는 좀 부적절한 위치에 있지 않은가? 창세기 5:1-3도 그 위치가 의심가지 않는가? 창세기 46장의 가계는 또 어떤가? 재판관기 1,2장은 여호수아 전으로 옮겨야 하지 않을까?

참으로 하나님께서 그렇게 말씀하시더냐?

"새로운" 번역본들은 제쳐 두고 거룩한 성경의 본문을 살펴보자.

이 "옷"은(coat) 대제사장이 제일 안쪽에 입는 속옷이다. 씻자마자 입는다(레 8:7). 이 옷이라는 말은 창세기 3:21에서 사용된 말과 같다. 하나님께서 아담과 이브에게 입혀 주신 "가죽옷" 말이다. 요세푸스는 이 옷이 소매가 길어 에봇 밖으로 나온다고 말한다(물론 이 옷에는 소매가 없다). 모든 제사장들은 이 "옷들"을 입었다.

이 옷은 안에 있는 의를 나타낸다. 이 의는 『**속옷을 만들어**』(42절)라는 말에서 다시 확인할 수 있다. 이에 대한 예표는 인간으로서 점도 없으셨던 예수 그리스도의 의를 말한다. 그러나 분명히 알아야 하는 것은 순수한 금이 하나님으로서의 예수 그리스도의 의를 나타낸다는 사실이다. 육신으로 오신 하나님 말이다.

6. 관(출 28:37,39; 39:28)

이 관은 대제사장과 관련이 있다. 스카랴 3:5의 영어 본문과 에스겔 21:26의 히브리어 본문에 나와 있다. 에스겔 21:26은 스카랴 11:16의 가짜 "대제사장"이 이 땅을 통치하지만 전복되고(계 19:19,20) 그 관을 "다윗의 아들"에게로 넘겨주는 내용이다.

이 관은 주위를 빙 두른 터번식으로 되어 있다. 그래서 성령께서는 킹제임스 성경 에스겔에 "왕관"이라고 번역하게 하셨다. 적그리스도는 제사장의 직분을 찬탈했을 뿐만 아니라(사울처럼) 왕의 직분도(사울처럼) 찬탈했기 때문이다.

아론의 아들들은 아론이 썼던 관(머리), 흉배(가슴), 얼룩마노(어깨)를 쓰지 않았다. 아론과 그의 아들들을 같이 보는데도 말이다. ("아론과 그의 아들들"이라는 말을 살펴보라. 29:4,9,10,15,19,28,32) 그런데도 다르게 취급된다. 이것은 예수 그리스도만이 "독생자"(only begotten)이신 하나님의 아들이기 때문이다. 다른 아들들은 한 번 태어난 후에 다시 "태어난"(begotten) 아들들이다. 제사장들이 예수 그리스도로 옷입기 전까지는 기름부음이 없다(41절)!

관 앞쪽에는 순금으로 만든 패가 있는데 『**주께 거룩함**』이라고 새겨져 있다(36절). 이것은 청색 끈으로 터번에 연결되어 있다. 28절에서 흉배가 제사장의 가슴에 연결되어 있듯이 말이다. 이 관과 모자(40절)는 다르다. 관에 대한 언급이 있고 나서(37절) 관을 만드는 내용이 나오는 순서는(39절) 전혀 잘못된 순서가 아니다.

28:4부터 28:39까지는 "옷"(39절)이라는 말이 언급되지 않음을 알 수 있다. 39절에서 별안간 "관"이라는 말이 나타난다고 해서 그렇게 놀라야 할 필요가 있겠는가? 36-38절에서 말하는 주요 주제는 "주께 거룩함"(36절)이라고 새긴 내용이다. 이것은 아론의 이마에 있게 되는(38절) 거룩한 것들을 더럽히는 죄악과 관계가 있다. 금으로 만든 패는(출 39:30,31) 아론의 이마와 관계가 있다. 제사장의 직분을 찬탈하려 했던 웃시야를 알 것이다(대하 26장). 하나님께서는 웃시야의 이마에 문둥병으로 치셨다. 이는 적그리스도를 떠올리게 하는데 적그리스도는 자신을 숭배하는 자들의 이마에 표를 한다(계 13:13-16). 경례할 때 손을 이마에 들어올린다. 이것은 "생각"(이마)과 "행동"(손)이 연관되어 있음을 보여준다. 어쨌든 요한계시록 13:18의 짐승은 점으로 표를 한다.

리비야단(욥 41:1,2)의 머리들에는 "하나님을 모독하는 이름"(계 13:1)이 있는데 이것은 출애굽기 28:36의 새긴 내용을 "멸망의 아들"이라는 새김으로 옮긴 것같다. 이 멸망의 아들은 성전에 나타나고(살후 2:3-9) "육신으로 나타난 하나님"이란 소리를 듣는다.

아론이 관에서 이 금으로 만든 패를 벗어 버린다면 이스라엘이 드리는 예물들은 하나님께서 받으실 수 없다(38절). 즉 주께는 거룩함이 제일 우선인 것이다(말 1:8). 이것이 거룩한 것일 뿐만 아니라(레 1-10장) 온전한 것이다(삼상 7:9). 또 거룩함은 어디에서나 전능하신 하나님에 기인한다(시 105:3; 145:21; 89:18; 30:4,12; 45:11; 47:4). 『**주께 거룩함**』은 천년왕국 때에 말방울에서도 나타난다(슥 14:20,21).

7. 정교한 허리띠(출 28:8; 39:4,5)

성막과 에봇에서(6-8절) 언급된 색깔들이 다시 나온다. 허리띠는 흔히 매는 벨트와 같다. 이 허리띠가 에봇을 제사장의 허리에 고정시켜 준다. 에봇은 헐거운 두 조각으로만 이루어져 있다. 제사장의 앞뒤에 매달려 있는데 두 개의 얼룩마노에 의해 어깨에 연결되어 있다. 솔타우가 "베로 짠 옷"에 대해서는 아홉 페이지를 할당했는데 "허리띠"에는 반 페이지만을 할애한 것은 특이하다. 그러나 여기서 알아야 할 것은 솔타우가 8절에서 "허리띠"를 발견했을 때 오리겐, 제롬, 심마쿠스, 아퀼라, 커스터, 니일, 디임, 웨스트, 네슬, 케일, 델리취 등의 입장에 처한다는 것이다.

이 단어는 New ASV, Old ASV, RSV에는 "skillfully woven band"라고 변개되었다. 솔타우는 허리띠로 맨다는 개념과 본문의 허리띠는 아무 관련 없다고 말한다. ASV의 번역자들은 이런 내용을 고려하여 성령 하나님의 의도를 전혀 고려하지 않고 아론의 허리띠를 제거해 버린다. 아론의 허리띠는 "허리띠로 매다"는 개념과 관련되어 있지 않다고 보기 때문이다. 이 비틀어진 타락한 "근본주의자들"을 성령님께서는 곧게 펴신다. 보존하신 절대 무오한 본문을 가지고 말이다. 『**에봇의 정교하게 만든 허리띠를 띠워서**』(레 8:7). 만일 이 내용이 "허리띠로 매다"라는 개념이 아니라면 올가미는 고리라는 개념과 관련이 없다.

[영어성경 본문에서는 "정교한 허리띠"(CURIOUS girdle, 신기한 허리띠)라고

한다. 요나 2장에 나오는 고래를 - 예수님에 따르면 그것은 고래이다(마 12:40) - "큰 물고기"(a GREAT fish)라고 하듯이 말이다. 이는 분명이 아주 다른 종류의 물고기였음을 말해 준다. 린치버그 대학의 교수진들은 하나님을 도와 드리려고(알렉산드리아의 오리겐처럼) 요나 2장과 맞추기 위해 신약성경의 말을 억지로 구겨 넣는다(New Scofield Reference Bible을 보라). 그러나 창세기 1:21에는 이미 고래를 다른 물고기와는 다른 종류로 분류하고 있다. 어리석은 사람들이 크리스토퍼 콜럼버스 이후에 무엇을 발견했다 하여 우리들도 성경을 그쪽으로 가져갈 필요는 전혀 없다. 모세는 이보다 2800년 전의 사람이다.]

"정교한 허리띠"는 에봇의 한 부분이라는 면에서 "정교한" 허리띠이다. 요즈음 매는 허리띠도 바지의 한 부분이듯이 말이다. 아론의 모든 아들들은 보통의 허리띠들을 띠고 있다(40절). 이것들은 안에 있는 의를 나타낸다(사 6:5). 이 허리띠들은 아론의 의복들처럼(28:2) 『**영광과 아름다움**』을 위한 것이다. 이 예표는 더 나아가 "종들의 종"을 말해 준다(요 13:1-4). 수건을 허리에 두르시고 어부들을 시중들던 그 종 말이다.

그리스도의 허리는 베들레헴 구유에 놓여 있을 때 포대기로 싸여 있었다. 그 허리는 섬김으로 본을 보이실 때 수건으로 싸여 있었다. 십자가에서 죽으셨을 때는 우리의 죄들로 싸여 있었다(벧전 2:24). 그 허리는 전쟁을 위해 띠를 두르실 것이다(사 59:17). 피와 불과 연기 가운데 다시 오실 때 말이다(계 19:10-17).

출애굽기 29장

29:1 이것이 네가 그들을 거룩하게 하여 제사장 직분으로 나를 섬기도록 그들
에게 행할 일이니, 흠 없는 어린 수송아지 한 마리와 숫양 두 마리를 취
하고
2 누룩 없는 빵과 기름을 섞은 누룩 없는 과자와 기름 바른 누룩 없는 전
병을 고운 밀가루로 만들고
3 너는 그것들을 한 바구니에 담아서 그것들을 바구니에 담은 채 그 송아
지와 숫양 두 마리와 함께 가져와서
4 아론과 그의 아들들을 회중의 성막 문으로 데리고 와서 그들을 물로 씻
길지니라.
5 너는 의복을 가져다가 아론에게 옷과 에봇의 겉옷과 에봇과 흉배를 입히
고 에봇의 정교한 허리띠를 띠게 하고
6 그의 머리에는 관을 씌우고 그 관 위에 거룩한 왕관을 씌우고
7 붓는 기름을 가져다가 그의 머리에다 붓고 바를지니라.
8 너는 그의 아들들을 데려다가 그들에게 옷을 입히고
9 아론과 그의 아들들에게 허리띠를 띠게 하고 모자를 씌워서 제사장의 직
분이 그들에게 영속하는 규례가 되게 하고, 아론과 그의 아들들을 성결
케 할지니라.
10 너는 수송아지 한 마리를 회중의 성막 앞으로 가져오고 아론과 그 아들
들은 그 수송아지의 머리에 안수하여

11 **회중의 성막 문 옆, 주 앞에서 그 송아지를 잡을지니**
12 **너는 그 수송아지의 피를 가져다가 네 손가락으로 제단의 뿔에다 바르고**
모든 피를 제단 바닥 옆에다 쏟을지니라.
13 **너는 내장에 덮인 모든 기름과 간 위에 있는 꺼풀과 두 콩팥과 그 위에**
있는 기름을 취하여 제단에서 그것들을 불사르라.
14 **그러나 그 수송아지의 고기와 그 가죽과 똥은 진영 밖에서 불사를지니**
이것이 속죄제사니라.

본문은 제사장과 대제사장 직분을 가지고 있는 "아론과 그의 아들들"이 유지해야 하는 성결을 다루고 있다. "아론과 그의 아들들"이라는 말은 1,3,9,10,15,19, 20,21,28,32,35,44절에 나온다. 아론이 주 예수 그리스도를 예표한다면 - 부활과 관련된 민수기 17장을 보라. - "그의 아들들"은 믿는 자들의 영적 제사장 직분을 나타낸다(벧전 2:4-8, 히 13:15,16). 이 성결에 관한 내용 다음에 "향제단"이 나타나는 것은 절대적으로 필요하다. 제사장이 백성을 위해 중보하는 것이기 때문이다(눅 1:9,10). 이 향제단이 기록된 위치는(30장) 절대적으로 옳다. 주석가들이 "올바른 위치"에 대해 엉뚱하게 생각하는 것은 단적으로 그들의 마음이 어둡다는 것과 그들의 마음이 닫혀졌다는 사실을 말해 줄 뿐이다. 출애굽기 30:1은 기도를 말해주는 데 있어서(계 8:3,4) 맞는 위치이다. 제사장들은 이미 29장에서 준비가 되었기 때문이다.

성결하게 되는 것은 씻는 것으로(4절), 옷을 입는 것으로(5-9절), 기름을 붓는 것으로(7절), 희생제를 드리는 것으로(10-14절) 이루어진다.

제사를 드릴 때 빵은 세 가지로 분류된다. 누룩 없는 빵(2절), 과자(2절), 전병(2절)이다. 이 세 가지 빵은 동물 희생제사와 함께 드릴 때 주 앞에서 흔들어야 한다(23,24절). 1절에 있는 어린 수송아지는 성막이 건립되기까지는 드려지지 않는다(레 8:9,10). 숫양은 두 마리가 드려진다. 하나는 번제용이고 다른 하나는 성결의 숫양이다(18,19,22절). 옷을 입는 순서는 레위기 8:7-9에 나온다. 먼저 베로 된 옷을 입고 허리띠를 띠고 에봇의 겉옷을 입고 에봇을 입고 흉배를 달고 정교하게 만든 허리띠를 띠고 우림과 툼밈을 붙이고 관을 쓰고 관에 붙이는 금으로 만든 패를 붙인다. "주께 거룩함"이라는 말을 읽을 수 있다. 이후에 아론에게 기름을 붓는다(출 29:7).

본문에서는 참으로 위대하고 보석 같은 많은 진리들을 발견할 수 있다.

1. 아론과 그의 아들들을 취하고(1절), 데려오고(4절), 씻기고(4절), 옷을 입히고(5,6절), 이들에게 기름을 붓는다(21절). 신약에서 하나님의 자녀를 다루는 것은 이 부분과 너무나 흡사하다. 하나님의 자녀를 우선 이 세상에서 취하신다. 갈보리로 데려오신다(요 6:44). 피와 성령으로 씻기신다(고전 6:11, 벧전 1:2). 하나님의 의로 옷입히신다(사 61:10). 성령으로 기름부으신다(요일 2:27). 진리로 띠를 띠게 하신다(출 29:9). 그리고 영원한 제사장이 된다(『**영속하는 규례가 되게 하고**』 9절). 위대한 멜키세덱의 영원한 제사장 직분을 함께 나누는 제사장 말이다.

2. 아론의 아들들보다 아론에게 먼저 기름을 붓는다(7절). 아론의 아들들에게 기름을 "뿌리는" 반면 아론에게는 기름을 "붓는다"(21절). 출애굽기 40:15의 기름부음(anoint)은 7절에서 말하는 "붓는 것"(pouring)이 아니다. 예수 그리스도께서는 "그의 동료들보다 우위에 있는 기쁨의 기름으로" 기름부음을 받았다(히 1:9). 그리고 하나님께서는 예수 그리스도께 성령을 한정적으로 주신 것이 아니라 "한량없이" 주셨다(요 3:34). [출 40:15은 아론의 뒤를 이은 미래의 대제사장들을 언급하는 것이라고도 볼 수 있다. 모든 아들들이 아론과 동시대에 있었던 것은 아니다.]

3. 아론은 왕으로서 머리에 기름부음을 받았다(레 21:10-12). 그 부어졌던 기름은 옷으로 흘러내렸다(시 133편). 이 때 사용되는 기름은 출 30:22-33에 기록되었다.

다윗은 세 번에 걸쳐 기름부음을 받았다(삼상 16:3,13, 삼하 12:7; 2:4,7; 5:3,17). 다윗은 시몬 베드로에 따르면 선지자였다(행 2:30). 다윗은 사무엘하 기록자에 따르면 제사장이었다(삼하 24:25). 그리고 모두가 알듯이 다윗은 왕이었다(마 1:6).

4. 성막과 그 안에 있는 모든 기구들은 기름부음을 받았다(레 8:10,11, 출 30:26-29). 이에 대한 예표는 분명하다. 성령 하나님 자신이 인자에게 기름을 부으셨다(마 3:16). 그리고 이 성령은 물과 피와 "하나"이다(요일 5:6,7). 그리고 이 성령은 오순절 때 땅에 있는 성막 대신에 다른 "성전들"(고전 6:15)에 부어졌다. 하나님께 다가가는 것에 대해서는(제단, 놋대야, 금촛대 등등) 성령에 의해 성결하게 된다. 그리스도인은 한 몸 안에 있는 한 성령에 의해 주와 하나인 것이다(엡 4:4-6).

본문을 통해 거듭남과 매일 정결하게 살아가는 삶의 순서를 발견하게 된다(딛 3:5, 요 13장). 아론과 그의 아들들은 한번에 전체적으로 씻는다(요 13:10, 출 29:4). 그러나 매일매일 대야에서 발을 씻어야만 한다(요 13:10).

희생제물이 드려지고 나서(1절) 씻는 것이 있다. 씻겨지고 나서(4절) 예수 그리스도로 옷 입을 수 있다. 예수 그리스도로 옷입혀지고 나서(5절) 기름부음을 받는다(7절)! 강단주석이 올바른 순서로 되어 있지 않다고 말한 이 부분은 하나님께서 영감으로 기록하신 부분이다. 하나님께서 보존하신 부분이다. 절대무오한 진리이다. 교리의 내용이 무엇인지 정확한 순서로 보여 주고 있는 부분이다(사람들이 킹제임스성경에서 "잘못"이라고 여기는 부분이야말로 거의 대부분 언어학자들이 "원문"에서 찾아낼 수 없는 "향상된 진리"인 것이다).

수송아지와 관련되어서는(1,10,11,12절) 사역자들은 황소와 관련이 있다는 사실을 알 것이다(고전 9:9-11). 어린양은 모든 죄인을 사해 주는 일을 하고 수송아지는 사역자들이 성결해지는 데 필요하다. 어린 수송아지는 사역자를 위한 "속죄물"인 것이다(14절). 숫양의 피가 사역자에게 적용되기는 하지만(20절) 수송아지의 피는 제단에 직접적으로 적용된다(12절). 사역자가 하나님을 섬기는 제사를 시중드는 부분에 있어서 성결하게 해주는 것이다. 수송아지 머리에 안수하는(10절) 부분과 "사역자"에게 안수하는 부분이 비슷함을 알 수 있다(딤전 4:14, 행 13:3). 수송아지 머리에 안수하는 것은 죄를 옮기는 것이고 사역자에게 안수하는 것은 권위를 이양하는 것이다. 이 둘의 형태는 비슷하다.

수송아지는 드려지는 첫 번째 제물이다. 이 제물 없이는 그 어떤 제물도 받아들여지지 않는다. 이 수송아지 제물이 앞으로 드려질 모든 제물의 제단을 성결하게 하기 때문이다(12절). 피는 제단 밑바닥에 부어지기 때문에 제단은 실재로 피 바닥에 서 있는 것이다(막 14:24, 히 9:21, 레 4:7,18,25,30). 수송아지의 가장 좋은 부분은 전체적으로 하나님께 드려진다(13절). 냄새나는 부분은(털, 가죽, 똥) 진 밖에서 태워 버린다. 악취가 나기 때문이다(고후 2:16). "진영 밖"(14절)은 히브리서 13:11–14을 생각나게 한다. 이 부분은 해석이 필요없다. 예수 그리스도는 점도 없고 흠도 없는 완전한 어린양으로 십자가에 달리셨다. 그뿐만 아니라 레위 지파의 제사장 직분을 행하는 제사장들에 의해 자신이 살던 도시 밖으로 내던져졌다. 이 제사장들이 예수 그리스도에 대해 증거하는 부분은 죽어서 냄새나는 황소와 같다(고후 2:16).

29:15 **너는 또한 숫양 한 마리를 취하고 아론과 그의 아들들은 그 숫양의 머리에다 안수할지니,**

16 **그 숫양을 잡고 그 피를 취하여 제단 위의 주위에다 뿌리고**

17 **그 숫양을 각뜨고, 그 내장과 다리는 씻어 각뜬 고기와 그 머리에 두고**

18 **제단 위에서 그 숫양 전체를 불사를지니, 이것이 주께 드리는 번제니라. 그것은 향기로운 냄새니 주께 불로 드리는 제사니라.**

19 **너는 다른 숫양을 취하고 아론과 그의 아들들은 그 숫양의 머리에 안수할지니라.**

20 **그리하여 너는 그 숫양을 잡고 그 피를 취하여 아론의 오른쪽 귀 끝과 그의 아들들의 오른쪽 귀 끝에 바르고 또 그들의 오른손 엄지 손가락과 오른발 엄지 발가락 위에 바르고 피를 제단 주위에 뿌릴지니라.**

21 **너는 제단 위에 있는 피와 붓는 기름을 취하여 아론과 그의 의복 위와 그의 아들들과 그와 함께한 그의 아들들의 의복 위에다 뿌릴지니 그가 거룩하여질 것이요, 그의 의복과 그의 아들들과 그와 함께한 그의 아들들의 의복이 거룩하여질 것이라.**

22 **또 너는 그 숫양의 기름과 엉덩이와 내장을 덮고 있는 기름과 간 위의 꺼풀과 두 콩팥과 그것들 위의 기름과 오른쪽 앞다리를 취할지니 이는**

성결의 숫양이라.
23 **주 앞에 있는 누룩 없는 빵 바구니에서 빵 한 덩어리와 기름 바른 과자**
하나와 전병 하나를 취해서
24 **전부를 아론의 손과 그의 아들들의 손에 주고 주 앞에 흔드는 제사로**
그것들을 흔들지니
25 **너는 그들의 손에서 그것들을 받아 제단 위에다 번제로 그것들을 불사르**
라. 이는 주 앞에 향기로운 냄새니 이것은 주께 불로 드리는 제사니라.
26 **너는 아론의 성결의 숫양에서 가슴을 취하여 주 앞에 흔드는 제사로 그**
것을 흔들지니 그것이 네 부분이 될 것이라.
27 **너는 아론과 그의 아들들을 위한 성결의 숫양에서 흔드는 것과 들어올**
리는 것, 즉 흔드는 제사의 가슴과 들어올리는 제사의 앞다리를 거룩하
게 하라.
28 **이것은 이스라엘 자손으로부터 영원한 규례에 의하여 아론과 그의 아들**
들의 것이 될 것이니, 이는 그것이 들어올리는 제사임이라. 또한 그것은
그들의 화목제의 희생제물 중 이스라엘 자손에게서 들어올리는 제사가
될 것이니 곧 그들이 주를 향해 드리는 들어올리는 제사니라.

숫양은 속죄 제사 대신에 드려지는 번제물이다. 각 제사들의 특징은 다음과 같다.

1. 번제

번제는 매일마다 드린다(출 29:42). 소떼나 양떼 새들 가운데서 제물을 취한다(레 1:3,10,14). 번제를 드리는 사람은 성막 문에 선다("성막 문에서 주 앞에" 레 1장). 그리고 제물 위에 손을 얹는다. 그러면 제물은 죽고 그 피는 뿌려진다. (이 의식은 "속죄제"와 "화목제" 때도 같다.) 번제에서는 가죽만 제외하고(레 7:8) 모든 부분이 태워진다. 번제는 향기로운 냄새로(레 1:9) 주께 전부 드려진다(레 1:9,13,17).

2. 속죄제

속죄제는 죄인이 죄를 범하고 와서 용서를 간구하는 제사이다. 자원하는 마음으로(번제가 드려지는 것처럼) 무엇인가를 주께 드림으로 관계를 지속하는 성도와는 관계가 없는 제사이다. 레위기 4장; 6:25-30에 보면 속죄제는 네 가지가 있음을 알 수 있다. 제사장을 위한 것(4:3), 회중을 위한 것(4:13), 치리자를 위한 것(4:22), 회중 가운데 각 개인을 위한 것(4:27)이다. 희생제물은 점이 없어야 한다. 치리자를 위한 속죄제의 경우 피를 성소 안으로 들여와서는 안 된다(전체 회중이나 제사장을 위한 속죄제의 경우 그 피는 휘장 앞에서 일곱 번 뿌려지고 향제단의 뿔에 바른다). 속죄제로 드린 제물의 고기는 먹을 수 있다(레 6:26-29). 그러나 성소 안으로 들여와서 피가 뿌려진 제물은 먹는 것이 허용되지 않는다(레 6:30). "먹는 것"은 회복된 교제를 상징한다. 죄를 지은 죄인이 그 죄에 해당하는 제물을 드린 후 하나님과의 관계가 회복되는 것이다.

어린 수송아지와는 다르게 숫양은 전체가(털, 가죽, 똥) 제단에서 태워진다(18절). 살펴보아야 할 것은 이 제물들은 목이 베어진다는 것이다(17절 『**그 머리에 두고**』). 대환란 때 제단에서(계 6:9) 사람들의 목이 베어질 것이다. 그리고 "바알의 제사장들"(COHEN-BAAL, "Cannibal")에 의해 먹히는 것이다.

모든 희생제물들 가운데 예수 그리스도라고 하는 희생제물은 특이하다. 우리의 제물들이 받아들여지기 전에 피가 취해진다. 그리고 우리의 제물들이 받아들여질 때 피가 취해진다. 그리고 "그의 피를 통해서" 마침내 우리는 성결하게 된다(히 9:14). 이렇게 깨끗하게 되는 과정을 레위기 14:14,17에서 매우 흡사하게 설명하고 있다. "성결의 양"과 번제에 쓰여지는 숫양과는 다르다. 성결하게 되어질 때 피는 아론의 아들들의 귀와 엄지 손가락과 엄지 발가락에 바른다(20절). 이 부분은 과연 성결이란 무엇인지 보여 준다. 성결은 우리를 올바른 음악과 설교를 들을 수 있도록 인도한다. 예수 그리스도를 위한 의의 길을 걷도록 한다. 하나님 보시기에 기쁨이 되는 일(요일 3:22)만을 행하도록 한다. 손과 발과 귀가 포함된다. 아론의 아들들에게 발라졌던 같은 피가 제단 "주위에"(20절) "뿌려진다." 즉 성결은(구원으로서의) 갈보리에서 흘려진 속죄의 피와 직접적인 관계가 있다. 나누어질 수 없는 것이다. 숫양 전체가 태워지고 나서(롬 12:1,2) "성결"이 있다. 첫 번째 드려지는 숫양의 경우(어린 수송아지) 그 제물의 안과 밖(즉 “고기”와 “가죽,” 14,18절)이 태워진다는 사실을 알 수 있을 것이다. 고기(육, flesh)는 하나님을 기쁘시게 할 수 없다. 하나님의 진노의 불길만이 유일한 해결책이다! 하나님께서는 신약에서는 새로운 피조물을 요구하신다. 첫 번째로 영적인 새 피조물이고(요 3:3-5), 그 다음이 몸이 새로워지는 새로운 피조물이다(고전 15:49-53). 다른 대체물은 허용되지 않는다. 옛 피조물은 태워지기에나 적합할 뿐이다(겔 15장). 옛 세상이(벧후 3:1-8) 불로 태워지기 위한 것과 꼭 같다(벧후 3:9-14).

그리스도인은 자신의 것이 아니다. 하나님께서 그를 값 주고 사셨다(고전 6:19,20). 그러므로 그리스도인의 손과 발, 귀(그리고 눈 - 민 15:39)는 주님의 것이다(고전 12장).

드려지는 부분은 다음과 같다.

1. 기름과 엉덩이 : 숫양 전체에서 무거운 꼬리 부분이다. 어떤 경우에는 그 무게가 30파운드가 나가기도 한다.
2. 내장에 덮인 기름 : 안에 장기를 둘러싸고 있는 모든 부분
3. 간 위에 있는 꺼풀 : 간 주위에 있는 횡경막
4. 두 콩팥
5. 콩팥 위에 있는 기름
6. 오른쪽 앞다리(어깨)
7. 숫양의 가슴(26절) [아론과 그의 아들들은 주 앞에서 이 부분을 흔들고 들어올린 후에 이 가슴 부분과 앞다리를 먹도록 허용된다(24,28절).]

모든 제물은 가장 좋은 숫양이어야 한다. 안쪽의 부분은 순수한 피를 조절하는 부분이다. 육체의 생명은 피에 있는 것이다. 오른쪽 앞다리(어깨)는 사람으로 치면 짐의 무게가 실리는 부분이다. 이사야 9:6처럼 말이다. 가슴은 말 그대로 마음을 나타낸다(시 16:7, 요 8:29, 시 139:23). [우리의 희생제물이신 예수 그리스도께서는 하나님께 순결하게 점 없는 죄 없는 제물로 드려졌기에 우리의 안과 밖 모두 정결하게 하실 수 있으셨다.] 두 번째 숫양은 화목제물이라는 이름으로 드려진다.

3. 화목제(레 3:7; 7:11-21; 7:28-34)

이것은 감사로 드리는 제사이다. 기름으로 섞여진 누룩 없는 빵을 함께 드린다(23절). 속죄의 제사라기보다는 교제를 위한 잔치의 성격이 짙다. 대부분의 화목제물에는 누룩 있는 빵과 누룩 없는 빵이 함께 나온다(레 7:13). 제사장들은 드려지는 제물의 가슴과 오른쪽 앞다리를 먹을 수 있다. 제물을 드리는 사람은 그 나머지를 먹을 수 있다(레 7:15; 22:29,30). 화목제가 나타내는 것은 우리의 화목은 하나님과 함께한다는 것이다(롬 5:1). 우리의 화목은 하나님으로부터 온다는 것이고(고전 1:3) 우리의 화목은 하나님의 화목이라는 것이다(빌 4:7). 부정한 사람은 이 화목제에 참여할 수 없다(레 7:20,21). 타국인은 그 제물을 먹을 수 없다(레 22:10,25). 더욱이 고기가 드려지기 전에 더럽혀졌다면 먹을 수 없다(레 7:19). 이것은 하나님의 화목은 세상이 주는 화목이 아니라는 것이다(요 14장). 그래서 죄 없는 희생제물의 피가 놋제단에서 흘려짐으로 피의 속죄가 이루어지지 않았다면 화목을 얻을 방법이 없는 것이다(요 3:36). 출애굽기 29:19-28에서 말하는 제사는 흔들어지고 들어올려진다. 빵을 흔드는 것은 앞 뒤로 흔드는 것이고(23,24절) 고기를 들어올리는 것은(27,28절) 위 아래로 들어올리는 것이다. 바로 허공에서 십자가가 그려지는 것이다!

"음식제"는(레 2:1,4; 6:14-18) 출애굽기 29:23과 비슷하다. 여기에 사용되는 용어들을 통해 예수 그리스도께서 생명의 빵이라는 사실을 알 수 있다. 누룩 없는 삶을 통해(마 16:6-11) 유향의 향기를 발하시고(시 45:3-10) 소금으로 소금의 맛을 내신다(막 9:49, 레 2:13).

성결은 다음과 같은 내용으로 이루어진다.

1. 구원받아야 한다. 번제가 드려진 후에 성결의 숫양을 드린다.
2. 성령에 의해 예수 그리스도의 피가 적용되어야 한다(21절).
3. 몸의 지체들이 산 제사로서 하나님께 드려져야 한다(20절).
4. 가장 좋은 것들을 하나님께 드린다(22-24절).
5. 이것들은 십자가 때문에 드려지는 것이다(24,28절).

6. 참된 성결은 구원의 경험만큼이나 깊은 것이다. 18절과(번제로 드려지는 숫양) 26절(성결의 숫양)이 연결되는 것을 보라. 『**이것이... 번제니라. 그것은... 주께 불로 드리는 제사니라**』(18절).

7. 보상을 얻음으로 하나님을 위한 참된 섬김이 있다(27절).

여기에서 종종 간과되는 사실이 하나 있다. 아론이 아닌 모세가 희생제물을 드렸다는 사실이다(레 8:15). 25,26절에는 이렇게 기록되어 있다. 『**너는... 그것들을 받아... 너는... 취하여... 네 부분이 될 것이라.**』 여기에서 알 수 있는 것은 제사장 직분의 권세가 모세로부터 아론에게로 옮겨진다는 것이다. 지금까지는 모세가 제사를 드린다(24:6). 그래서 모세는 "숫양의 가슴"(26절) 부분을 갖는다. 아론의 제사장 직분을 확립하는 그날 말이다.

29:29 **아론의 거룩한 의복은 아론 이후에는 그의 아들들의 것이 될 것이요, 그 옷들을 입고 기름부음을 받으며 또 그 옷들을 입고 성결하게 될 것이니라.**

30 **그를 대신하여 제사장이 되는 아들이 회중의 성막에 들어가 성소에서 섬길 때에 칠 일간 그 옷을 입을지니라.**

30절에 나오는 『**칠 일**』은 35,37절에도 나온다. 이 기간은 제사장으로 확립되는 특별한 기간으로 제단을 위하여 완전히 거룩하게 되고 속죄함을 받게 된다.

"여덟 번째 날의 섬김"은 성막의 잔치일이다(레 23:36,39, 민 29:35). 이 날은 요한계시록 21,22장에서 말하는 위대한 여덟 번째 날이다. 하나님의 성막이 사람들과 함께 있게 되는 날이다(계 21:3-6).

할례는 여덟 번째 날에 있었다(창 17장). 이는 창조주께서 계시하시는 것을 말해 준다(계 20:11). 이때는 하늘과 땅이 무너져 내리는 날이다. 옷이 그분 자신으로부터 말려가듯이 말이다(히 1:11,12).

황소와 사람과 양들의 첫열매는 여덟 번째 되는 날에 하나님의 것이 된다(출 22:30). 이 여덟 번째 날은 하나님의 달력에서 마지막 날인 것이다. 『**만물이 회**

복될 때"(행 3:21)이다. 에덴이 회복될 때이다. 동물들을 포함하여 모든 것이 다 말이다!

나실인과 깨끗하게 된 문둥병자와 제사장은 여덟 번째 날과 관계가 있다(민 6장, 레 13,14장). 이것은 예수 그리스도로 더불어 부활한 구원받은 죄인(제사장으로서 섬기는, 출 28:1-3과 주석 참조)을 말해 준다. 여덟 번째 날에 일어나는 것이다.

오리겐은(제롬, 어거스틴, 솔타우, 무어헤드, 19세기의 후천년주의자들도 마찬가지) 이 "여덟 번째 날"을 영적으로만 적용하여 "그리스도 안에서의 새로운 사람" 정도로만 제한시킨다. 이것은 성경 전체가 "일곱 체계"에 의해 이루어진다는 사실을 간과해 버리는 것이다. 여덟은 일곱이 끝나고 새로운 한 옥타브가 시작되는 시점이다.

29:31 너는 성결의 숫양을 취하여 거룩한 곳에서 그 고기를 삶고

32 아론과 그의 아들들은 회중의 성막 문 옆에서 숫양의 고기와 바구니에 있는 빵을 먹을지니라.

33 그들은 속죄용으로 쓰인 것들을 먹어 자기들을 성결하게 하고 거룩하게 할 것이나 타인은 그것을 먹지 못할지니 이는 그것들이 거룩함이라.

34 성결의 고기나 빵의 어떤 것이 아침까지 남아 있으면 너는 그 나머지를 불로 사를지니 그것을 먹어서는 안 되느니라. 이는 그것이 거룩함이라.

35 내가 네게 명령한 모든 것대로 너는 아론과 그의 아들들에게 그렇게 행할지니 칠 일 동안 너는 그들을 성별케 할지니라.

36 너는 매일 수송아지 한 마리로 속죄를 위하여 속죄제를 드리며, 네가 제단을 위해 속죄할 때 너는 제단을 깨끗게 할지니 너는 그것에 기름을 붓고 거룩하게 할지니라.

37 칠 일 동안 너는 제단을 위하여 속죄하고 거룩하게 할지니 그것이 가장 거룩한 제단이 되며 제단에 닿는 것은 무엇이나 거룩하게 되리라.

처음에 만든 옷들이 다 닳아 없어진 후 아론과 그의 아들들을 위해 만든 "새로운 옷들"에 대해서는 그 배열에 관한 언급이 없다(29절). 이 새롭게 만들어진 옷들은 B.C. 1400-B.C. 600년 기간 필요했을 것인데도 말이다(삼상 2:18,19을 보라). 하나님께서는 아론과 대제사장에게 주신 옷들을 잘 보존하셔서 그 다음 제사장들에게 계속 물려주셨을 수도 있다. 왜냐하면 옷 한 벌을 가지고(신발 한 켤레를 가지고) 40년간 바위 위를 걷고, 자갈 밭을 걷고 돌들 위를 걸어도 해지지 않았기 때문이다(신 29:5).

『**그를 대신하여 제사장이 되는 아들이**』(30절). 이 구절은 우리 그리스도인들을 떠오르게 한다. 우리는 이 땅 위에서 그리스도를 대신한 사람들이기 때문이다(눅 10:16). 바울은 "할례의 일꾼"에 대한 공식적인 계승자로서 이방인들을 위해 중보하였다(롬 15:16). 모든 그리스도인은 사도행전 13:39, 요한복음 20:23에서 말하는 의미에 있어서 예수 그리스도를 대신한다. 전에도 언급했듯이 그리스도인에게는 바알 숭배자들이나 뒤집어쓰는 후드나 "그리스도의 대리자" 같은 말은 전혀 필요하지 않다.

성결하게 되는 시간은(35절) 제단이 온전히 성결하게 되는 데 걸리는 시간과 같다(37절). 속죄(ATONEMENT)는 여기에서나 실재에서나(히 10:8-12) 영원에서 영원까지 뻗쳐 있다. "일곱 체계"를 살펴보면 창세기 1:1에서 시작되는 일곱 천년들은 요한계시록 20:1까지 이어지기 때문이다. "세상의 기초가 놓인 이래로 죽임당한"(계 13:8) 분은 창조로부터 새로운 창조까지 해당되는 전체 구간의 속죄를 가능케 하는 속죄를 드렸다.

"속죄"라고 하는 말이 성경에서 33절에 처음 나온다. 히브리어 "카파르"(kaphar)는 "어떤 덮는 것을 만들다"라는 뜻이다. 지금까지 출애굽기를 살펴본 결과 이 말은 창세기 3:21로 돌아갈 수밖에 없다는 사실을 알 수 있을 것이다. 주 하나님께서 불순종한 자신의 "자녀들을" 덮어주셔서 하나님의 면전에서 영원히 추방당하지 않도록 한 그곳 말이다. 이런 말이 나오면 학자들은 곧장 창세기 6:14로 달려간다. 킹제임스성경에서 "pitch it"라는 말을 썼기 때문에 히브리어 본문과는 아무 관계가 없다고 말한다. 스스로의 어리석음과 미숙함을 폭로시키는 일이다. 될 수 있으면 성경을 곧이 곧대로 믿는 사람들을 끌어내려 성경 대신 자신의 학자적인 권위를 받아들이도록 하려는 시도들이다. 어떤 사람의 죄들이 덮어졌을 때 그는 하나님과 함께 누군가에게 고정되어질 수 있다(he can be "AT ONE"). 하나님께서 영감으로 기록하시고 호흡을 불어넣으신 책을 가지고 있다면 "ATONEment"라는 말보다 더 나은 말을 찾을 수 없다. 덮어주는 것이 없다면 "화해"(reconcilation)는 없다. 만일 출애굽기 29:33에서 "covering"이라는 말이 사용되었다면 전체적으로 틀린 말이 되어 버린다. 그렇게 되면 "아론과 그의 아들들은 덮는 것을 만들었다"(Aaron and his sons made the covering)로 읽혀지게 된다! 그러나 "덮는 것"을 만드신 분은 하나님이시다!

"Atonement"(속죄)는 하나님께서 공급하시는 "covering"(덮는 것)으로 만들어졌다. 따라서 킹제임스성경에 사용된 영어 단어는 절대적으로 옳다. 영어 단어가 히브리어 원어사전에서 정의된 히브리 말과 맞지 않는다고 말할 때 그것은 말 그대로 아무 말도 아니다.

출애굽기 29:32-38의 내용은 레위기 8장에서 자세하게 성취된다. 아론과 아론의 아들들은 성결을 위한 칠 일 동안 성막 안에 남아 있어야만 한다(레 8:33). 팔 일째 되는 날 그들이 나오게 되면(레 9장) "주의 영광"이(6절) 전체 회중에게(24절) 나타난다. 이 때에 속죄제, 번제, 음식제, 화목제가 한 번에 모두 드려진다(레 9:3,4). 남겨진 나머지 부분은 불로 태운다(출 29:34). 이것은 분명하게 요한계시록 20:11의 여덟 번째 날을 보여 준다. 하늘들과 땅이 불에 타고 우주의 구성 요소들이 맹렬한 불에 의해 녹아버리는 날 말이다. 성경 어디를 살펴보아도 상징을 나타내는 부분에서 시간적인 제한을 다루는 성경이 말하는 예언은 일곱 체계가 절대적인 기준으로 자리를 잡는다.

일곱 마리의 소가 드려진 후에 제단은 어떤 제물을 받기에도 합당한 곳으로 성결하게 된다. 마태복음 23:19을 보라. 요압이 제단을 만졌을 때(왕상 2:28-32) 그는 "거룩하게" 되었다. "거룩하다"라는 말은 무엇인가를 "따로 세우는" 말로 바꿀 수 있다. 그리하여 멸망을 위해 하나님께 "헌신되었다"라고 볼 수 있다(민 16:38). 요압은 수송아지가 "뿔들"에 묶여 죽었듯이 그렇게 죽은 것이다(27:2).

29:38 **이제 네가 제단에 드릴 것은 이것이라, 날마다 일 년 된 어린양 두 마리를 계속해서 드릴지니**
39 **어린양 한 마리를 아침에 드리고 다른 어린양은 저녁에 드릴지니라.**
40 **어린양 한 마리는 고운 가루 십분의 일과 찧은 기름 사분의 일 힌 섞은 것을 더하고 또 술붓는 제사로 포도주 사분의 일 힌을 더할 것이며**
41 **다른 어린양은 저녁 때 드리고 아침의 음식제사에 따라, 또 술붓는 제사에 따라 향기로운 냄새를 위하여 주께 불로 제사를 드릴지니**
42 **이것은 너희가 대대에 걸쳐 주 앞 회중의 성막 문에서 계속 드릴 번제니라. 거기에서 내가 너희와 만나고 거기서 너에게 말하리라.**
43 **거기서 내가 이스라엘 자손과 만나리니 성막이 내 영광으로 거룩하게 되리라.**
44 **내가 회중의 성막과 제단을 거룩하게 하며 내가 또한 아론과 그의 아들들을 거룩하게 하여 제사장 직분으로 나를 섬기게 하리라.**
45 **나는 이스라엘 자손 가운데 거하며 그들의** 하나님**이 되리니,**
46 **그들은 내가 주 그들의** 하나님**이며, 그들 가운데 거하려고 그들을 이집트 땅에서 데리고 나온 줄을 알리라. 나는 주 그들의** 하나님**이라.**

본문의 마지막 네 구절을 보면 요한계시록 20,21장이 생각날 것이다. 우리는 천년왕국의 안식에(겔 40-48장) 있게 될 마지막 날에 대한(여덟 번째 날) 설계도를 가지고 있다. 그러나 여기에서 살펴보아야 할 것은 이 영원에서도 "아론의 아들들"(44절)이 여전히 하나님을 섬긴다는 것이다(사 66:16-24). 최소한 "일천 세대"가 지나가기 전까지는 즉 아들이 아버지께 복종하는 것이(고전 15:28) 지나가기 전까지는 아론의 아들들이 등장하는 것이다. 이러한 사실에 대해서 로크만 재단은 깜깜할 뿐이다. 한 가지 명심해야 할 사실은 성경을 유명하다고 하는 사람들에게 맞추면 아무리 위대하고 보석 같은 진리라 할지라도 구원받은 죄인들에게 아무 쓸모없이 무능력하게 되어 버리고 절대적인 진리로 자리잡지 못한다는 것이다. 성경을 사랑했던 사랑이 "하나님의 일들"을 사랑하는 변질된 사랑으로 바뀌어 버리는 것이다. 즉 구원받은 죄인 자신이 한 일을 사랑하는 것이다.

제단이 깨끗하게 되고 나서야 어린양이 나타난다(38절).

하나님의 어린양이 하나님에 대해 온전히 성결하게 되는 것만으로는 충분하지 않다. 하나님의 어린양이 죽게 되는 죽음은 하나님의 방법대로 하나님의 길에서 죽는, 즉 하나님의 죽음이어야만 한다. 불은 하늘에서 떨어진다(레 9:24). 사람에게서 나오는 것이 아니다(계 13:13에서 비슷하게 모방하는 것을 보라).

날이 시작될 때 어린양이 드려지고 날이 끝날 때 어린양이 드려진다(39절). "계속 드릴 번제"인 것이다(42절). 이것이 열왕기상 18:29, 느헤미야 9:4에서 말하는 저녁 희생제이다. 다윗은 이때 기도했다(시 141:2). 다윗의 기도 생활은(시 55:17) 다니엘의 기도 생활과 같다. 다니엘은 하루에 세 번(단 6:10) 예루살렘을 향하여 창문을 열어놓고(대하 31:3) 무릎을 꿇고 기도했다.

우리는 어린양과 함께 하루를 시작해야 하고 어린양과 함께 하루를 마쳐야 한다(요 21:3). 다만 우리와 구약 성도와 다른 점은 구약성도들은 매일 마다 드렸지만(히 10:11) 우리는 한 번에 영원히 드렸다는 것이다(히 10:12)! 그런데 우리의 로마카톨릭 친구들은 여전히 구약 제사 방법을 고집하고 있다. 매주마다 어린양을 드리는 것이다. 뜨거운 인두로(딤전 4:1-4) 자신의 양심을 지져 더럽히고 있다(히 10:2, 딛 1:16). 그리하여 요한복음 6:54의 약속을 주장하지 못하도록 한다. 자신들의 "성사"가 정당하다고 입증하는 데 이용하는 그 구절에 대해서도 말이다. 밥 존스 대학의 헬라어 교수들은 바티칸 사본을 추천하는데 이 사본은 히브리서 9:14에서 끝난다. 이 사본을 만든 사람들이 히브리서 10장을 아주 혐오했기 때문이다.

『**또 술붓는 제사에 따라**』(41절). 술붓는 제사라는 말이 율법 아래에서 처음으로 언급된다. 이것이 마귀들에게 제사하는 한 부분이 될 수 있다(시 106:37, 신 32:17, 고전 10:20). 카톨릭 교회는 이 부분을 자신들의 입맛에 맞추어 자신들이 일요일날 드리는 "제사"(offering)에서 "술붓는"(drink) 대상으로 실재 피를 적용시켜 마시고 있다. 성경에서는 분명히 홍수 이전인 창세기 9장에서, 율법 시대인 레위기 17장에서, 은혜 시대인 사도행전 15장에서 세 경륜 모두에서 피를 먹는 것을 금하고 있는데도 말이다. 이 술붓는 제사라는 말은 창세기 35:14에 정의되어 있다. 그곳에서는 술붓는 제사가 기름으로 부어진 돌 기둥과 연관이 있다. 무엇이 부어졌다는 것은(삼하 23:16) 땅에 쏟아진 생명의 피와 연관이 있다(사 53:12, 시 22:14). 이를 말해 주는 마태복음 28:18이 로마카톨릭에게는 너무 충격적이어서 이 부분을 예표로만 받아들이고 요한복음 6:53을 병행하여 실행하는 것이다.

『**또 술붓는 제사로 포도주 사분의 일 힌을 더할 것이며**』(40절). 일 "힌"은 일 갤런 반 정도(약 5.6ℓ) 된다. 그러니까 "사분의 일" 힌은 1쿼터 1파인트 정도 된다(1.4ℓ정도). 제사장들이 화목제물 같은 것을 나누어 가진 것으로 보아(24-28절) 이 "포도주"의 힌도 같은 방법으로 취급했을 것이다. "율법의 저주"(갈 3:13) 아래 들어가겠노라고 순종했는지라 태고적부터 로마 집단은 자신들의 "제사장"이 "술붓는 제사"에서 사용된 발효된 술을 마시는 것을 허용해 왔다. 이를 토대로 생각해 볼 수 있는 것은 로마카톨릭의 제사장 직분은 처음부터 지금까지 예수 그리스도께서 하나님께 드리신 한 번의 영원한 희생제사가(히 10:8-12) 죄인을 구원하고 죄인의 죄를 구속하는 데 충분하지 않다는 가정 위에 세워졌다는 것이다. 의로운 로마의 카톨릭 교도들은 43절을 멕시코, 이탈리아, 스페인, 남미의 이방인 민중들에게 적용시킴으로 스스로 구약에서 말하는 "율법의 저주" 아래로 들어가고야 만다. 43절이 말하는 것은 하나님께서는 "냄새를 맡는다"는 의미에서 어느 곳에서도 어느 누구도 만나시지 않으시겠다는 말이다. 거룩한 희생제물이 거룩한 제단에서 드려지기 전까지는 말이다(33-43절). 카톨릭 교도들은 "거룩한 희생제물"을 발효된 술로 바꾸어 버렸다. "거룩한 제단"은 성직자와 성가대 사이에 있는 성단소(chancel)의 가운데라고 말한다. 그러고 나서 거짓 "제사장"은 자신이 하나님과 사람 사이를 "중재"한다고 말한다. 로마카톨릭의 본질은 유대교를 표절한 것이다. 진짜 죄에 대한 희생제물은 간과해 버리고 가짜 희생제물이 진짜라고 말한다.

42-46에서 말하는 영적 적용은 분명하다. 물론 카톨릭에서 만들어내어, 가르치고, 계속 행해지는 성사들과는 전혀 무관하다.

1. 예수 그리스도의 제사장 직분은 그분 안에서(히 3:1) 계속 유지되고 있고 영원하다(42절). 모든 그리스도인이 이 땅에서 죽고 심지어 24시간 내에 갑자기 죽는다 해도 마찬가지다.

2. 예수 그리스도의 희생제물의 효력은 계속되고 영원하다(42절). 그분은 문이시고(『**주 앞 회중의 성막 문에서**』, 42절) 희생제물이시기 때문이다(히 10:8-12).

3. 하나님께서는 죄인이 예수 그리스도 안에 있을 때(엡 1:4) 죄인을 만나시고 독생자를 통해서(마 3:17) 말씀하실 것이다(42절). 아니면 예수 그리스도께서 말씀하시기로 선택하신 사람들을 통해(히 1:1,2; 2:3,4) 말씀하실 것이다. 예수 그리스도께서는 하나님의 말씀을 기록하실 경우에는 유대인만을 선택하셨다(롬 3:2). 라틴 사람들에게는 그러한 특권을 주신 적이 없다. 사도행전 14장에는 라틴의 거짓 신이 나온다. 사도행전 19장에도 또 나온다. 사도행전 12장에는 라틴 방식의 "유월절"이 나온다. 존 알 라이스가 아무리 그 문맥에서 애매하게 설명을 해 놓았어도 "이스터"는 정확하게 번역된 것이다. 거리에서 사용되어지던 코이네 헬라어를 라틴어로 어떻게 적용시켰든지 간에 신약성경에서 라틴어가 적용되는 곳이 있다면 세 명의 라틴 살인자들과(헤롯 대왕, 헤롯 안티파스, 폰티오 빌라도) 하나님의 독생자를 채찍질하고 못박았던 로마 군인들이다.

이러한 사실들을 살펴볼 때 로마 제단에 있는 로마 제사장이 죄인들로 하나님을 만날 수 있게 하고(42절) 하나님과 말할 수 있게 해줄 수 있다고 생각하는 사람이 있다면 전원이 꺼진 컴퓨터 자판을 두드리고 있는 것이다.

4. 43절의 "성막이 내 영광으로 거룩하게 되리라."는 말은 그리스도 안에서 하나님을 영화롭게 해 드리는(고전 6:20) 성령의 전(고전 3:16)과 연결된다.

5. 이 "성막"을 거룩하게 하시는 분은 하나님 자신이시다(고후 5:1-4, 고전 6:19). "회중의 성막"도 마찬가지이다(44절). 우리가 지금 섬기고 있는(히 13:10) 제단(44절)과 분리될 수 없다. 이 "제단"은 예루살렘이나 로마에는 없다. 그것은 진영 밖에 있다(히 13:13). 그리고 그것은 실제의 희생제물들이 아니라(벧전 2:3-8) 영적인 제물들이라고 말한다(히 13:10). 이런 이유로 바티칸 사본에는

(윌버 스미스 박사도 이 사본을 추앙한다.) 히브리서 9:14 이후가 모두 없는 것이다.

6. 아론과 그의 아들들은 피와 접촉해야만 한다(44절). 성막과 제단 위에 피가 뿌려졌듯이 말이다(29:21). 본문을 주의깊게 살펴본다면 피로 바꾸는 이상한 성사를 위해 포도주가 결코 사용되지 않았다는 사실을 알 수 있을 것이다. 피 흘림이 없이는 죄사함이 없다. 마태복음 26:28을 요한복음 6:55에 얹어 놓는 정신 나간 로마 사람들이나 사도행전 2:38을 로마서 6:1-3에 밀쳐버리는 "시원찮은 논리"를 펴는 알렉산더 캠벨이나 비슷한 사람들이다. 피는 포도주가 아니다. 포도주는 피가 아니다. 예수 그리스도께서 무엇에서 다른 무엇으로 바뀌어질 수 있는 것이 사실이라면 적어도 바뀌게 하는 기계를 가지고서는 어떤 제사장이라도 행할 수 없다.

7. 『**그들은... 알리라**』(46절). 정통 기독교 신앙과 희미한 카톨릭 종교와의 극명한 차이점을 알 수 있는 부분이다. 카톨릭의 신앙 고백은 "구원받기를 바란다," "구원받았다고 생각한다," "구원받았다고 추측한다."이다. 반면 마태, 마가, 누가, 요한, 베드로, 야고보, 바울, 유다는 "구원받았음을 알고 있다."라고 말한다(요일 3장). 요한복음 6:54-56의 본문이 로마에서 말하는 소위 "성사들"과 전혀 관계가 없다는 사실은 어떤 로마카톨릭 교도들도 영원한 생명을 현재 소유하고 있고 영원히 소유할 것이라는 사실을 모르고 있다는 것을 입증해 준다. 요한복음 6:54-56은 영원한 생명을 소유했음을 알고 있다고 말한다. 지옥이 죽음을 따라가듯이(계 6:8) 이 사실을 알고 있지 못하다면(창 4:11, 카인) 하나님을 거짓말쟁이로 만들든지(요일 5:10) 아니면 구원과 계시의 권위를 가지고 계신 분 대신에(요 6:68) 사기치는 이탈리아 통치자를 따라가게 되는 것이다.

『**내가 주 그들의 하나님이며**』(46절). 옷들에 대하여, 제사들에 대하여, 제사장 직분의 수행 방법들에 대하여 자세하게 말씀하시고 나서 성령께서 그 다음에 말씀하시는 대상이 "향제단"이다. 바로 30장에 나오는데 이 위치는 정확한 것이다. "하나님께 다가가는" 진리를 이해하는 데 있어서(사 59:1-3, 요 9:31) 이 사실을 아는 것은 절대적으로 필요하다. 하나님께서 대제사장을 통해(히 3:1), 또 피의 속죄를 통해(골 1:14) 죄인을 받아들여 주시지 않는다면 참된 “기도 생활”은 없다(행 9:11). 이교도들은 기도를 말하고 “헛된 반복”을(마 6:7) 한다. 그러나 “성도들의 기도”와 함께(계 8:3) 향이 올라갈 때 어느 때나 진행된다. 갈보리에서 예수 그리스도께서 완성하신 일을 받아들였기 때문이다(롬 8장).

출애굽기 30장

30:1 너는 향을 피울 제단을 만들되 싯팀 나무로 만들지니라.
2 그 길이가 일 큐빗, 그 폭이 일 큐빗으로 네모 반듯하게 하고, 또 그 높
이는 이 큐빗이 되게 하며, 그 뿔들은 같은 데서 나오게 할지니라.
3 너는 제단 위와 옆과 둘레와 뿔들을 순금으로 입히고 그 둘레에 금테를
두를지니라.
4 단의 테 아래 금고리 둘을 단의 양쪽 면 위 그 모서리 옆에 만들되 그
양쪽에다 만들지니, 이는 제단을 메는 채를 넣을 곳이라.
5 너는 그 채를 싯팀 나무로 만들어 금을 입혀
6 그것을 증거궤 옆에 있는 휘장 앞, 곧 증거궤 위의 자비석 앞에 둘지니,
거기에서 내가 너와 만날 것이니라.
7 아론은 매일 아침 그 위에서 향기로운 향을 사르되 등들을 손질할 때 그
위에다 향을 피울지니라.
8 또 아론은 저녁에 등불을 켤 때에 그 위에 향을 피울지니 이는 너희 대
대에 걸쳐 주 앞에 영속하는 향이라.
9 너희는 그 위에 이상한 향을 피우지 말며, 번제의 희생이나 음식제사를
드리지 말고, 그 위에 술을 제물로 붓지 말지니라.
10 아론은 일 년에 한 번씩 속죄하는 속죄제의 피로 그 뿔들 위에 속죄하며
너희 대대에 걸쳐 일 년에 한 번씩 그 위에 속죄할지니라. 이 제단은 주
께 지극히 거룩하니라." 하시니라.

부패한 사마리아 사본은 이 열 구절을 26장에 옮겨 놓았다. 바로 그곳에 있어야만 한다고 억지를 부리고는 말이다. 더멜로우는 말한다. “많은 사람들이 이 부분은 후에 첨가되었다고 믿는다.” [자신의 불신앙을 드러내지 않고 말하고자 할 때 다른 사람들을 들먹거리는 것은 전형적인 수법이다. “많은 사람들이 다음과 같은 사실을 믿는다.” “다음과 같은 사실들을 믿는 사람들이 있다,” “어떤 사람들은 이렇게 말한다.” 등등. 이것은 자유주의자들에게나 보수주의자들에게나 똑같은 상황인데 자신의 체면을 유지하기 위해서는 할 수 없는 일이다. 이렇게 하지 않으면 생계를 유지하는 데 지장을 받거나 재정적인 어려움을 겪기 때문이다.]

향제단은 분명하게 기도와 관련된다. 별다른 설명이 필요 없다. 출애굽기 30:36, 시편 141:2, 요한계시록 5:8, 디모데전서 2:8을 보라. 무어헤드(Moorehead)는 이 금으로 만든 제단에 대해 그의 책에 <성막, *The Tabernacle*>(Kregel Publications,1957,p.66)에서 아주 훌륭하게 설명하고 있다. 이 제단에는 나무로 만든 “채”가 있는데 금으로 입혀져 있다. 이 채를 꽂을 금고리도 있다(4절). 이것은 연약궤나 차려놓은 상과 똑같다. 이 제단에는 뿔들도 있는데 출애굽기 27:1,2에 나오는 놋제단과 같다. 이러한 사실은 드려지는 제물들로 인한 속죄가 성막 밖에서 이루어진다는 사실을 말해 준다. 이것은 성령께서 왜 향제단을 25-28장에서 다루시지 않고 30장에서 다루시는지 또 다른 이유를 말해 준다. 알다시피 “금제단”은 성소 밖에서 드려지는 번제물과도 관계가 있을 뿐만 아니라 지성소 안에서 뿌려지는 피와도 관계가 있다(히 9:3,4).

금이 어떻게 언약궤(Ark)와 잘 연결되는지 살펴보라. 금은 놋으로 덮인 번제단과 어울리는 것이 아니다. 언약궤와 자비석은(6절) 둘 다 27:1-4의 놋제단과 연결되어 언급되었다. 더 중요한 것은 피가 놋제단의 뿔들에 적용되듯이 피는 금제단의 뿔들에 적용된다(10절). 이런 경우가 일 년에 한 번 있는데(10절) 그것은 “속죄의 날”(레 23:27-30)이다. 기도는 반드시 구원이 뒤따른다. 왜냐하면 이 향제단은 놋제단의 격자보다 1/2큐빗 높기 때문이다. 그리고 이 향제단은 피가 뿌려지는 “자비석”보다 1/2인치 더 높다(출 30:2; 27:1,5).

이 금제단에 대해서는 많은 영적 교훈들이 있다.

1. 이 금제단은 단지 “거룩한” 것만이 아니다(아론의 옷들이나 놋제단처럼).

이 제단은 "주께 지극히 거룩"하다(10절). 그래서 이 제단은 "지성소"와 관계가 있다. 성막의 내부에 위치하는 거룩한 곳(히 9:3,4) 말이다. 성도의 마음으로부터 우러나오는(롬 8:26) 참된 기도는(마 26:36-44) "하나님 앞에 기억함"이 되는 것이다(회심하기전의 코넬료의 기도를 보라-행 10장). 참된 기도는 치유를 가져다 준다(약 5:15). 참된 기도는 잉태하지 못하는 태에서도 아이를 낳게 해준다(눅 1:13). 참된 기도는 부흥을 가져오며(합 3:1), 빛을 가져다 주고(단 9:17,21), 구원을 가져다 준다(롬 10:1). 참된 기도는 해방시켜주고(빌 1:19), 부활을 가져다 주고(히 5:7,8), 도움을 주며(시 109:4), 어려움으로부터 구출해 준다(마 26:41).

2. 하나님께서는 이 금제단에 대해 말씀하실 때 출애굽기 29:42에서 말씀하신 것과 똑같은 말씀을 하신다. 출애굽기 30:6의 『**내가 너와 만날**』 곳과 출 29:42의 『**거기에서 내가 너희와 만나고**』를 살펴보라. 하나님께서는 우리의 무릎을 통해 우리와 만나주신다. 하나님께서는 성막 문에서 모세와 만나고 성막 문에서 모세에게 말씀하신 것과 똑같이 우리에게 말씀하신다(출 29:42 설명 참조).

3. 또 있다. 기도는 "아침... 저녁"으로 올라간다. 촛대를(성령을 나타낸다.) 손질하듯이 말이다. 우리의 기도와 로마서 8:26에서의 위대한 중보자께서 하시는 일과 같은 것임을 나타낸다. 또 있다! 다윗은 기도 시간에(눅 1:9,10) "아침"과 "저녁"으로 기도할 것이라고 말한다(시 55:17).

4. 이것이 다가 아니다. 또 있다! 부서진 마음에서 나오는 진실한 간구를(시 51:1-6) 대신할 희생제물이 없다는 것이다. 사울이 드린 "희생제물"은 거부되었다. 그의 "마음"이 탐심을 추구했기 때문이다. 9절을 살펴보라. 번제의 희생도 드리지 말고 음식제사도 드리지 말고 술 제물도 드리지 말라고 말씀하신다. "순종하는 것이 제사보다 낫다!" 다윗의 기도는 희생제물이 없었는데도 응답되었다(삼상 23:2). 반면 사울은 희생제물을 드렸는데도 그룹 사이에 거하시는 분으로부터 응답을 받지 못했다(삼상 28:6).

5. 또 있다! 우리의 기도가 정결하지 못하다 하더라도 그 기도들은 속죄제물에 의한 피로 성결하게 되어야만 한다(10절). 어떤 유명한 설교자는 다음과 같이 말했다. "나는 설교할 때도 죄를 짓고, 기도할 때도 죄를 짓는다. 회개할 때

조차도 나는 회개가 필요하다. 내 눈물들은 예수 그리스도의 피로 씻겨져야 할 필요가 있다!"

6. 아직 끝나지 않았다. 십자가에서 예수 그리스도께서 하셨던 기도와 관계가 없는 기도라면 그것은 "이상한 불"(레 10장)이다. 놋제단에서 가져온 불에 의해서만 향제단에 불을 피울 수 있다(레 16:12; 10:1). 아론의 아들들에게 분명히 경고하신 것은(레 10장) 하늘로부터 어린양에게 떨어지는(레 9:3) 하나님의 진노의 불만이 하나님께 드리는 탄원의 제물을 불사를 수 있다는 것이다. 알다시피 그 어린양은 레위기 9장에서 희생제물이 처음 죽을 때 나타난다. 그 어린양은 출애굽기 28,29장에서 제사장들의 성결과 관련되어서는 언급되지 않았는데도 말이다! [아, 킹제임스성경의 헤아릴 수 없는 부요함이여! 한마디 한마디의 절대무오한 그 위치라니!] 레위기 9:16에서 그 어린양이 나타났다! 제사장들이 황소나 수양으로 성결하게 되기 전에 그 어린양은 나타났어야만 한다는 것을 알 수 있을 것이다.

7. 금제단에서 발견할 수 있는 영적 진리들이 다 끝난 것은 아니다. 신성을 나타내는 것은 금이다. 금제단은 성막을 만들 때처럼 똑같은 나무로(1절) 만들어졌다. 그리고 차려진 상과 언약궤처럼 금테로 둘려져 있다.

클라크는 "증거궤 위의 자비석 앞에"를 빼야 한다고 말한다. 케니코트가 말하는 부패한 사본과 사마리아 본문의 영향을 받은 것이다. 술에 물을 탄 꼴이다.

이런 영적 진리들을 소위 "경건한 마음"을 가진 사람들에게 제시할 때마다 즉시로 장염 증상을 보이는 사람들이 있다. "대다수의 보수주의 학자들"인데 이들에 대한 치료법은 "성경대로 믿는 사람들" 주석 시리즈에 나와 있다. [전에도 언급했지만 AV 1611을 버린 근본주의자들은 그 쓰레기 같은 네슬 헬라어 본문이나 메쯔거 헬라어 본문 아니면 로크만 재단에서 출판한 출판물 때문에 킹제임스성경을 거부했다. 이들은 킹제임스성경을 거부하는 입장에서 모든 헬라어 원어사전을 고이 간직하고 있다. 자신들의 번역 원칙을 고수한다. 필사본에 접근하는 자신들의 자세에 추호의 의심이 없다. 그러면서도 킹제임스성경을 거부할 목적이라면 있다면 일학년 초급 헬라어의 가장 기본적인 의미조차도 넘겨버린다.]

New ASV와 Old ASV는 깜짝 놀랄 만한 사실을 제시한다.

히브리서 9:4에서 “향로”(censer)라는 말이(“*thumiatarion*”) “제단”(altar)이라는 말로(“*thusiastarion*”) 바꿔져 있다. 무슨 근거에서 바꾼것인가? 아무 근거도 없다.

이처럼 읽혀지는 헬라어 본문은 없다(파피루스, 벨럼, 대문자, 소문자). 어떤 헬라어 계열에도 없다(서방 계열, 시리안 계열, 알렉산드리아 계열, 카이사랴 계열). 어떤 시대에도 없었다. 히브리서 9:4에서 “제단”이라고 한 것은 제멋대로 추측해서 옮긴 것이다. “대다수 보수주의 학자들”이 가지고 있는 우둔함과 성경에 대한 불신을 근거로 말이다.

수없이 말했지만 20세기의 죽은 정통주의 보수주의자들은 하나님의 말씀을 미워한다. 오리겐, 심마쿠스, 필로, 클레멘트, 데오도티안. 발렌티누스, 아퀼라가 하나님의 말씀을 미워했던 것과 똑같이 말이다. 그리고는 하나님의 말씀을 소중히 여긴다고 입바른 소리를 한다. 그들이 하나님의 말씀을 미워한다는 속마음을 알 수 있는 것은 자신들이 하나님의 말씀을 제거할 수 있는 한 모두 제거해 버린 결과를 통해 알 수 있다. 그러나 그 결과를 놓고 이것이야말로 자신들이 하나님을 “사랑”하고 있는 증거라고 말한다. 왜냐하면 하나님의 말씀이 꼭 있어야 될 곳에 적절하게 배치시킴으로 하나님을 도와드렸기 때문이다. 이 사람들은 눈만 뜨면 꼭 있어야 될 곳을 찾는다. 그렇게 히브리서 9:4까지 온 것이다. 자만하고 건방지고 엉덩이에 뿔난 송아지 같은 그리스도인 외에 누가 이들의 히브리서 9:4의 변개를 동의하겠는가?

로크만 재단은(오리겐처럼) 금향로가 “지성소” 안에 있지 않다고 생각했다. 즉 휘장 밖에 있다고 생각한 것이다. 그래서 “향로”라는 말은 와서는 안 되는 것으로 생각한 것이다. 이 부분에 대한 더멜로우의 설명을 보면 분명해진다. “그 구절은(히 9:14) 중복되어서(overload) 분명하게 자체적으로 모순이 되어버렸다.”고 말한다. 이 구절을 기록하신 성령께서 곤혹스러워하시는 것을 돕고자 칠십인역은 출애굽기 30:6에서 “증거궤 위의 자비석 앞에”를 모조리 빼버렸다.

“향로”를 “제단”으로 바꿔치기 한 결과(ASV, New ASV, 고대 ASV, 현대 ASV, 우주 시대 ASV) 더욱 혼란만 가중되었다. 향로는 일 년에 한 번 지성소로 들어간다! 그러나 제단은 밖에 여전히 그대로 있다. 이런 혼란으로 어리

등절하기만 한 로크만 재단과(ASV, 1969) 샤프 박사는(ASV, 1901) 목회자 후보생들에게 이 쓰레기 같은 책을 추천하는 "경건한 보수주의자들"과만 어울릴 뿐이다.

이들이 벌이는 아찔한 묘기들에 대해서는 여러 번 보아왔다. 그래서 "문자적으로 영감받은 최초의 원문"을 믿는다고 외치는 대다수의 보수주의 학자들이 그 원문의 뜻을 밝혀내고자 애씀으로 마침내 거룩한 성경을 엉망으로 만들어 놓은 일들은 이제는 별로 놀랄 만한 새로운 일도 아니다. 하나님께서는 20세기를 사는 보수주의 학자들의 마음의 동기를 알고 계신다. "현명한 자들의 생각을" 아시는 하나님께서는(고전 3:20) 이들이 벌여놓은 일들이 걷잡을 수 없이 많아질 때 그에 대한 처방도 갖고 계신다. 하나님의 진리를 발견하게 되는 방법 가운데 하나는 많은 경우 보수주의 학교의 교수진들의 가르침에서 돌아서는 경우이다. 이들은 로마처럼 권위에 대한 두 가지 기준을 유지하기를 원하기 때문이다. 어떤 사람이 여러분에게 두 개 혹은 세 개의 성경을 추천하는 경우 그것은 자기 자신을 최종권위로 받아들이라는 말을 하는 것이다. 어느 부분에 대해 어떤 것이 옳은지 그렇지 않은지를 자신이 판단하기 때문이다. (우리를 속일 생각은 말라. 쓰레기 같은 음식을 먹기 전에 이미 영양식으로 배불렀기 때문이다.)

1. 제단은 "지성소" 밖에 있다. 그러나 그 제단이 설명되어질 때(출 30:6) "휘장 앞에"라는 말은 지성소 안일 수도 있고 밖일 수도 있다. "휘장 앞에"라는 말이 지성소 밖이라는 것을 나타낼 때는 출애굽기 40:20 이후이다.

2. 향로는 운반하게 되어 있다. 지성소 안으로 들어가고 밖으로 나갈 수 있다(히 9:4). 히브리서 9:4은 지성소 안에 들어가 있는 금향로를 언급하고 있다. 즉 지성소에 일 년에 한 번 향로가 들어갔던 것이다! 킹제임스성경에서 히브리서 9:7을 통해 "향로"라는 말을 어떻게 해석해 놓았는지 살펴보라. "향로"를 "제단"으로 바꾸어 버림으로 이 구절에서 말하는 전체 의미를 망쳐놓았다.

지성소에 제단이 있었던 적은 없다.

New ASV의 본문은 신뢰할 수 없는 데서 그치는 것이 아니라 광대극을 벌이고 있는 것이다. 누가복음 2:33; 24:51,52; 23:42, 요한복음 1:18 등에서 보는 것과 같이 터무니없는 바보짓을 하고 있는 것이다. (New ASV는 사반세기 동안 텔레비전에 흠뻑 젖은 사람들이 만들어 놓은 산물임을 알아야 한다. 보이는 것에만 신경 쓰는 이 세상은 수면제 같은 성서들만 만들어낼 뿐이다.)

다음에는 제단에 필요한 향을 어떻게 만드는 것인지 설명이 나온다.

우리는 본문을 11-21을 살펴보기 전에 살펴볼 것이다. 향료는 수지류이고 껍질이 있는 생선에서 만든다["마노 껍질"(Onycha) 34절]. 이 말은 일반적인 성경 용어 사전에서 찾을 수 있다. "몰약액"(Stacte)은 "몰약"(myrrh)을 추출하는 나무에서 나온다. 마노 껍질에서 전에 언급된 "자색"(출 25:4)도 추출한다. "풍지향"(Galbanum)은 합성수지 색깔을 띠는 크림이다. 이 향료는(유향과 더불어) 같은 무게로 함께 섞는다(34,35절). 향료는 성도의 기도를 나타내기에 순수해야 하고(딤전 5:22), 거룩해야 한다(35절). 그리고 곱게 찧어져 가루가 될 때면(사 53:1-6) 아주 거룩하게 된다(36절). 왜냐하면 이는 죄를 깊이 뉘우치는 죄인의 부서진 마음과 상한 영(시 51:1-6)을 나타내기 때문이다. 이 죄인의 혼이 하나님 앞에 있는 그대로 나타난 것이다. "아베 마리아"를 찾고 "신부"를 찾는 사람들은 "오 바알이여 들으소서"(왕상 18장)를 외치지만 성도의 기도는 지성소로 들어간다. 바로 "회중의 성막에 있는 증거궤 앞에" 있는 곳 말이다(36절).

『**네 자신을 위해서 그 제조 방법에 따라 만들지 말지니**』(37절). 이 제단에서 태워지는 향은 하나님의 향이어야만 한다. 하나님의 제조 방법에 따른 것이어야 하고 하나님께서 희생하신 불로 태워야만 한다. 다르게 혼합되어서 태워짐으로 나는 연기는 "거룩하지 않은 연기"이다. 거룩하지 않은 사람들과 분류된다. 더군다나 이 방법대로 처방된 향은 진중에서 사용되는 일반적인 향과 같이 사용되어질 수 없다(『**네 자신을 위해서... 만들지 말지니**』) "산상 설교"식의 기도나 "하늘에 계신 우리 아버지"식의 기도는 거듭난 영으로부터 나오는 기도가 아니다. 참된 기도라 할 수 없다. 형식에 얽매인 기도는 이교도에서 사용하는 장식품과 같다. 하나님의 사람들은 참된 기도를 모방할 필요가 전혀 없다. 참된 기도는 제단을 태우는 장작으로부터 온다. 참된 기도는 하나님의 거룩한 영으로 성결하게 된다. 연기가 하늘로 오르듯이 말이다.

『**그것을 냄새 맡으려고 그것과 같은 것을 만드는 자는**』(38절). 기도가 인위적이고 모방된 것이라면 하나님께서는 그 기도 소리조차도 듣지 않으신다. 당신 자신의 즐거움을 위해 그 향을 맡지 않는 것이라면 아무리 회중에게 들려졌던 위대한 기도니 뭐니 하는 것에 귀 기울일 필요가 없다.

30 : 11 **주께서 모세에게 일러 말씀하시기를**
12 **"네가 이스라엘 자손의 수효에 따라 그들을 조사하며 그들을 계수할 때**
그들은 각자 자기 혼을 위한 몸값을 주께 드릴지니 이는 네가 그들을
계수할 때에 그들에게 역병이 없게 하려는 것이라.
13 **계수받은 자들 중에 드는 모든 자가 바칠 것은 이것이니 성소의 세겔대**
로 반 세겔이라. (한 세겔은 이십 게라니라.) 반 세겔은 주께 봉헌되어
야 할지니라.
14 **계수받은 자들 중에 드는 모든 자는 이십 세 이상이 되어야 하리니, 그**
들은 주께 봉헌할지니라.
15 **그들이 너희 혼들을 구속하기 위하여 주께 봉헌할 때는 부자라고 반 세**
겔보다 더 내지 말고 가난한 자라고 덜 내지도 말지니라.
16 **너는 이스라엘 자손에게 속죄전을 받아 회중의 성막 봉사에 그것을 지**
정하라. 이는 주 앞에 이스라엘 자손에게 하나의 기념이 되게 하여 너
희의 혼들을 구속하려 함이라." 하시니라.

"몸값"(12절)은 반드시 백성의 수를 헤아리는 수효에 따라야 한다. 만일 몸값이 이 수효를 따르지 않을 경우 역병이 따른다. 다윗의 경우 하나님께서 어떻게 이 말씀을 정확하게 성취시키셨는지 보라(사무엘하 24:15). 왜 하나님께서는 이 백성의 "수를 헤아릴 때" 세금을 백성에게 부과시키셨는지 말해 줄 수 있는 주석가는 없는 것 같다. 모든 사람들이 당연하게 여기는 것은 이스라엘로 하여금 자신들의 사악함을 강조하게 하거나 또는 이집트에 있었을 때의 자신들의 처지를 생생하게 기억하게 하는 것이라고 생각한다. 어떤 사람들은 일반적으로 적용할 수 있는 사실들을 말한다. 케네스 웨스트가 데살로니가후서 2장에서 한 일 같은 것 말이다.) 사무엘하 24장과 본문과의 연관성을 찾지 못할 때 강단주석은 이렇게 자신있게 말한다. "다윗이 백성들을 계수함으로써 발생될 재앙이 내리리라는 생각 같은 것은 없었다."

그렇다면 왜 하나님께서는 시작할 때 "수를 헤아리는 것"을 반대하셨는가? 그러면 하나님께는 반대하지 않으셨다고 말할 것이다. 그렇다면 왜 하나님께서 백성들이 계수되어졌을 때 몸값을 요구하셨는가?

우리는 이미 성경을 배우기 위해서는 이 학자들의 의견을 어떻게 해야 하는지 다루었다. 말한 그대로다.

"숫자"(numbers)는 중요하다. 이 제목의 이름이 있는 성경도 있다. 성경에는 많은 특성있는 그룹들의 이름들이 나온다(대상 11,12장-용맹스런 사람들, 대상 25장-일하는 사람들, 대상 23장-레위인들, 대상 25장-음악을 하는 사람들, 시 147:4-별들, 겔 4장-날들, 계 13:18-적그리스도, 행 4:4-회심자들, 계 5:11-천상의 천사들, 행 1:15-교회 회원들, 대상 1-9장-지파들 등등.)

그러나 이 숫자들을 간직하시는 분은 바로 하나님이시다! 숫자로 하는 도박, 우편번호, 주민등록번호, 은행 계좌 번호, 거리 번호, 전화번호, 면허번호, 등록번호 등등. 이런 것들은 사람들이 만든 것이다. 모두가 통치와 통제를 목적으로 만든 것이다. 하나님께서 아브라함을 통하여 이스라엘에게 말씀하신 것이 있다(창 13:16). 그들의 씨가 너무나 많아져서 수를 셀 수 없다고 말이다(왕상 3:8). 구약을 통해 하나님께서 끊임없이 이스라엘에게 가르치시고자 했던 것은 하나님과 함께한 사람은 곧 다수라는 진리이다. 한번 생각해 보라. 수가 많다고 미디안인들과의 전투에서 이겼는가?(판 7:3). 수가 모자라서 그 작은 베냐민 지파를 이길 수 없었는가?(판 20:21,25) 수가 적어서 삼손을 때려 눕히지 못했는가?(판 15:16) 수가 모자라서 아합을 이기지 못했는가?(왕상 21:10) 수가 모자라서 예루살렘을 탈취하는 데 실패했는가?(왕상 18장) 수와 관련되어 역대기하 16:8; 24:24, 열왕기하 7:6을 살펴볼 때 알 수 있는 것은 『**많은 군대로 구원받은 왕이 없으며 막강한 힘으로 구제받은 용사도 없느니라.**』(시 33:16)이다.

분명한 사실은 우리가 존경하는 언어 학자들이나 주석가들은 성경을 그렇게 많이 비평하면서도 정작 성경은 많이 읽지 않는다는 것이다.

하나님께서 백성을 계수하지 말라고 말씀하셨으면 계수하지 말아야 한다. 부흥을 위해서는 하나님을 신뢰해야만 한다. 그러나 다윗의 경우는 이 하나님의 명령에 불순종했다. 다윗은 숫자를 원했다. 이것은 오늘날로 말하면 "우리에게는 전투 공격 부대가 열네 사단이나 있고, 나이키 미사일 500기를 갖추었고 대기 사단은 40사단이나 있다. 핵 잠수함은 도합 7정이고 10메가톤급 폭탄은..."이라고 말하는 것이다.

인간의 본성 가운데 하나는 어느 영역에서든지 숫자를 통해 높아지고자 하는 마음이 있는 것이다. 그 대표적인 경우가 오늘날의 기독교의 행태이다. 이런 숫자에 대해서는 사도행전 2-5장에서 살펴볼 수 있다(회원수가 7000명이나 되는 예루살렘 제일 침례교회 말이다). 그러나 생각해 보아야 할 것은 이 숫자는 모두 채찍질당하고, 투옥당한 사람들이다. 그렇다고 아무런 보상도 없다. 광대처럼 요란 떨지도 않는다. 돈에 대해 거짓말한 것 때문에 죽기까지 한다. 한 번 초청으로 3000명의 사람들이 구원받는다. 숫자를 말한다고 다 같은 숫자가 아니다. 매년 연감으로 각종 통계 수치를 내놓는다. 얼마나 가지각색인가? 숫자가 없으면 이 세상은 돌아가지 않는다. 중국의 공산주의자들은 수를 자랑한다. 일 년에 얼마만큼의 사람들이 레닌의 묘를 찾았다고 말이다. 카톨릭도 수를 자랑한다. 얼마나 많은 순례자들이 로마를 방문했었다고 말이다. 예배에서 얼마나 많은 사람이 "결신"했는가 하는 것은 목사들, 복음전도자들의 자랑거리 아닌가? 그럴듯한 방법들로 이 숫자가 늘어나는 것을 보면 가관이다. 그러는 가운데 사역의 현장에서는 강간, 이혼, 약물 복용, 살해, 도둑, 자살, 폭행, 낙태의 숫자가 훨씬 더 능가한다. 모두가 숫자 도박에 빠져 있는 것이다.

어떻게 주석가들 모두가 12절을 건너뛰는지 놀랍기만 하다. 계수된 대상은 남자들(MEN)이다. 남자들은 전쟁에 가담할 것이고 곧 죽을 것이기에 몸값이 요구되는 것이다. 민수기 31:50-54은 이 사실에 대한 정확한 주석이다. 몸값은 죄 가운데서 불결하게 죽게 되는 사람에 대한 담보인 셈이다. 『**계수받은 자들 중에 드는 모든 자는 이십 세 이상이 되어야 하리니**』(14절). 이 말은 민수기 1:3과 연결되는 것으로 전쟁을 위해 군대가 소집되는 내용이다. 이스라엘은 군대의 수를 헤아리지 않고도 이미 전쟁에서 승리하였다(출 17:13). 기도로 승리한 것이다(출 17:12). 미래를 위한 점호는 다음과 같은 것을 예상케 한다.

1. 그들은 전쟁에서 죽을 수 있다.
2. 그들은 하나님의 전쟁에서 싸울 자격이 안 되었다.
3. 그들은 수자적인 우세를 자랑하지 않는 것이 더 낫다.

바로 이러한 이유들로 바로 이 시점에서 몸값이 거론되는 것이다. 케일이나 델리취가 엉성하게 추측한 내용들은 성경을 믿는 사람들을 지치게 만든다. 이런 근본주의자들의 추측과는 대조로 성경을 믿기만 한다면 손으로 펌프질하는 것 대신에 샘물 자체에서 진리들을 퍼 올릴 수 있다. 모든 주석가들은 12절 때문에 오해했다. 『**네가 이스라엘 자손의 수효에 따라 그들을 조사하며**...』 이 이스라엘 자손의 수는 항상 모두 남자들이라는 사실을 잊은 것이다. 『**보행하는 남자가 약 육십만이며**』(출 12:37), 『**이스라엘에서 칼을 뺄 수 있는 용사가 팔십만이요**』(valiant MEN, 삼하 24:9), 『**유다의 사람이 오십만이더라**』(and the MEN of Judah were five hundred thousand MEN, 삼하 24:9). 민수기 2:32의 『**육십만삼천오백오십 명**』은 여자들이나 어린아이들을 언급하는 내용이 될 수 없다. 이 숫자는 이집트를 떠나올 때의 숫자보다 기껏해야 3,000명 내지 4,000명 정도 늘어난 숫자이기 때문이다!

제미에슨, 포셋, 브라운은 미성년자들이나 여인들, 노인들이 면제된다는 사실은 알아냈다. 그러나 더 이상 적용시키지 못한다. 클라크는 "이스라엘의 각 사람은" 이 돈을 내야만 했다고 말한다. 그러나 위에서 살펴본 것처럼 허튼소리다. 『**너희 혼들을 구속하기 위하여**』(atonement for YOUR souls, 15,16절)라는 말을 잘 살펴보라. "그들의 혼들"이 아니다. 바로 군대가 이스라엘을 방어했던 것이다!

『...**성소의 세켈대로 반 세켈이라**』(13절). 이 금액은 조건마다 다르겠지만 대강 30-60센트 정도 된다. 모든 남자는 그 가치가 똑같다. 하나님께서는 외모로 사람을 보시지 않기 때문이다(행 10:34). 더군다나 하나님께서는 그 가격을 "성소(SANCTUARY)의 세켈"을 따라 결정하신다. 그 가격이 60센트라면 물질을 기준으로 계산된 화학적인 의미에서의 가격이다. 이런 기준으로 볼 때 엘리자베스 테일러는 라합보다 더 나은 것이 없다. 아브라함 링컨이나 리 오스왈드나 똑같은 배에 탄 것이다. 죄에 대해 말한다면 『**모든 사람이 죄를 지었으므로 하나님의 영광에 이르지 못하다가**』(롬 3:23)이다. 속죄전은 성막 봉사에 쓰인다(16절). 신약의 사역자들이 사람들의 헌금으로 사는 것과 똑같다(고전 9장). 자신들의 죄가 속죄되었고 자신들의 혼이 구속받은(마 20:28) 사람들 말이다.

30:17 **주께서 모세에게 일러 말씀하시기를**
18 **"너는 또한 놋으로 물대야를 만들고 그 다리도 놋으로 만들어 씻게 하되 그것을 회중의 성막과 제단 사이에 두고 그 안에 물을 담을지니라.**
19 **아론과 그 아들들은 그곳에서 그들의 손과 발을 씻을 것이며**
20 **그들이 회중의 성막에 들어갈 때 그들이 물로 씻어야 죽지 않으리니 그들이 섬기려고 제단에 가까이 가서 주께 불로 제사를 드릴 때도 그리할지니라.**
21 **그러므로 그들이 그들의 손과 발을 씻으면 죽지 않으리니 이는 그와 그의 씨가 대대에 걸쳐 영원히 지킬 규례가 되리라." 하시니라.**

많은 물건들 가운데 놋대야는 "회중의 성막 문"에 모인(출 38:8) 여인들이 내놓은 거울들로 만들어졌다. 정확한 형태에 대해서는 언급이 없다. 이 놋대야는 성도들의 발을 씻기는 "말씀"을(요 13장, 엡 5:25,26) 나타내기에 그 크기에 대해 언급이 없다. 무한하다고 볼 수 있다. 원주의 길이에 대해서도 직경에 대해서도 출애굽기 본문에는 언급이 없다. 아론과 그의 아들들은 이 대야에서 손과 발을 씻어야 한다. 그렇지 않으면 죽는다(20,21절). 놋대야가 나타내는 성결에 대해서는 시편 26:6; 73:13의 다윗을 통하여 잘 설명되어 있다. 이 대야가 나타내고자 하는 진리는 요한복음 15:3에서 말하는 진리이다. 그러기에 칠십인역에서 이 진리를 왜곡시켜 아주 오래된 이단 교리인 "침례에 의한 중생"으로 바꾼 사실에 우리는 그렇게 놀라지 않는다. 칠십인역은 이 경우에는 출애굽기 30:18

에서 "*loutara*"라는 말을 썼다. 그래서 디도서 3:5의 "*loutron*"이라는 말과 연결시키고자 한 것이다. 이렇게 함으로 디도서 3:5에 근거하여 침례에 의한 중생을 가르칠 수 있게 된다. "중생의 씻음"(the WASHING of regeneration)이라는 말 대신에 "중생의 대야"(THE LAVER of regeneration)이라고 읽게 해서 말이다. 거기에 해당되는 히브리어는("*kiyyo*") 동사나 분사로 번역될 수 없다. 목적어만을 나타낸다. 오리겐, 심마쿠스, 유세비우스, 팜필루스 같은 사람들이 교묘하게 자신들의 입맛에 맞게 단어를 선택하는 그야말로 이들만의 "영적 통찰력"에 사람들은 감탄할 뿐이다. 한쪽 눈마저 감겨버린 두더지 같은 사람들에게 한한 말이다. 클라크는 디도서 3:5을 "중생의 대야"(LAVER of regeneration)로 읽도록 주장한다.

섬김에 있어서 손을 씻는 것은 필수적이다(19절). 이런 이유로 바빌로니아 탈무드는 모든 이스라엘 사람들에게 의무 사항으로 묶어 놓는다(마 15:2). 예수 그리스도께서 더러운 손톱으로 음식을 드시기 위해 앉으셨을 때 바리새인들이 기분이 상한 이유가 바로 이 때문이다(눅 11:38).

"다리"가 언급되는데 이것은 대야 밑에 위치한 홈통을 말하는 것이거나 얇은 사발을 말하는 것같다. 어쨌든 대야 밑에서 수도 마개 같은 것으로부터 물을 흘려보내는 역할을 하는 기능이다.

레위기 16:4에 보면 처음에 씻을 때는 온몸을 다 씻는다(29:4). 그 다음부터는 몸을 씻는 의식으로는 손과(섬김) 발(믿는 자들의 행함)만 씻으면 된다.

이 대야는 번제단과 성막의 문 사이에 위치해 있다. 이로부터 위대한 영적 진리를 발견할 수 있다. 어떤 믿는 사람도 하나님의 말씀으로 정결케 되기 전까지는(요 17:17) 하나님을 섬기는 데 적합하지 않다. 믿는 자가 깨끗한 상태로 유지하기 위해서는(요 15:3) 매일마다 씻어야 한다.

지금까지 살펴보는 가운데 성막에 관한 두 가지 특별한 것들이 있다. 의자가 없는 것이고 마루가 없는 것이다. 이것은 대제사장 자신의 일이 결코 끝나지 않았다는 사실을 말해 준다. 대제사장은 "첫번째 성막이 서 있는" 한(히 8:8) 언약궤 "오른쪽에 앉아" 있을 수 없다. 매일마다 희생제물을 드리는 제사장은 서 있어야만 한다(히 10:11). 촛대 위에 앉아 있을 수 없다. 금제단이나 놋제단 위에 앉아 있을 수도 없다. 차려진 상 위에 앉아 있을 수 없다. 번제물이 드려지는 제단 가운데의 놋 창살에도 앉아 쉴 수 없다. "다 이루었다"는 외침이 있기까지는 안식이 없다. 성막의 휘장이 위에서 아래로 찢어지고 나서(마 27장) 위대한 대제사장은 얼마간 앉아 계시는 것이다(히 12:2).

이러는 동안에(모세부터 예수 그리스도까지) 제사장들은 부지런히 움직인다. 위로 갔다가 아래로 가고 밖으로 나갔다가 안으로 들어오고, 뒤로 갔다가 앞으로 다시 온다. 하나님께서 그 장막에 계시는 한(삼하 7:6) 24시간 내내 제사장의 발은 먼지로, 진흙으로 모레로 자갈로 더럽혀진다. 매일마다 씻어야 한다. 우리가 이 땅에 속한 장막에 있는 한(벧후 1:13) "거울"을 보고(약 1:23,24) 발을 씻어야만 한다는 사실을 알 수 있다. 거울은 물을 통해 반사된다. 그래서 제사장이 손이나 발을 씻기 위해 몸을 구부리고 있는 동안 자신의 얼굴을 볼 수 있다. 지금 우리는 여전히 유리를 통해 희미하게 볼 수밖에 없지만 때가 되면 우리는 완전하게 거룩하게 될 것이다(살전 5:23).

30:22 **또 주께서 모세에게 일러 말씀하시기를**

23 **"너는 또한 고급 향료를 취하되 순수한 몰약 오백 세켈과 향기 좋은 그**
반만큼의 육계 곧 이백오십 세켈과 향기 좋은 창포 이백오십 세켈이라.

24 **성소의 세켈에 따라 계피 오백 세켈과 올리브 기름 한 힌을 가지고**

25 **너는 거룩한 연고 기름을 만들되 약제사의 기술에 따라 연고를 만들지**
니 이것이 거룩한 붓는 기름이 될 것이니라.

26 **너는 그것으로 회중의 성막과 증거궤와**

27 **상과 그 모든 기명들과 촛대와 그 기명들과 향단과**

28 **번제단과 그 모든 기명들과 물대야와 그 다리에 기름을 부을지니라.**

29 **너는 그것들을 거룩하게 할지니 그리하면 그것들이 가장 거룩하게 되어**
무엇이나 그것들에 닿는 것은 거룩하게 되리라.

30 **너는 아론과 그의 아들들에게 기름을 부어 그들을 성결하게 하여 그들**
로 제사장 직분으로 나를 섬기게 하라.

31 **너는 이스라엘 자손에게 일러 말하기를 '이것이 너희 대대에 걸쳐 내게**

거룩한 붓는 기름이 되리니,

32 **사람의 몸에다 붓지 말 것이며 이것과 같은 다른 무엇을 그 방법에 따**
라 만들지도 말지니라. 그것은 거룩하며 그것이 너희에게 거룩하게 될
것이라.

33 **이것과 같은 것을 제조하는 자나 혹은 그것을 타국인에게 붓는 자는 누**
구라도 그의 백성에게서 끊어질지니라.' 하라." 하시더라.

34 **또 주께서 모세에게 말씀하시기를 "너는 향기로운 향료들과 몰약액과**
마노 껍질과 풍지향을 취하여 그 향기 좋은 향료들을 순수한 유향에
섞어 각기 같은 무게로하여

35 **너는 그것으로 약제사의 기술에 따라 향수, 곧 순수한 것과 거룩한 것**
을 함께 섞어서 당과를 만들지니라.

36 **너는 그것 아주 조금을 곱게 찧어 회중의 성막에 있는 증거궤 앞에 두**
라. 거기서 내가 너와 만나리니, 그것은 너희에게 아주 거룩하게 되리
라.

37 **네가 만들 향수에 관해서는, 네 자신을 위해서 그 제조 방법에 따라 만**
들지 말지니, 그것이 주를 위하여 너에게 거룩하게 되리라.

38 **그것을 냄새 맡으려고 그것과 같은 것을 만드는 자는 누구라도 그의 백**
성에게서 끊어지리라." 하시니라.

기름 붓는 거룩한 기름에 대해서는 독특한 두 가지 면에서 향에 대해 언급한 내용과 비슷하다. 기름과 향 모두 제조 방법에 따라서만 만들어져야 한다(23,24,34,35절). 기름과 향 모두 모방될 수 없고 평범한 사람이 만들 수 없다(32,33,37,38절). [우리는 이미 등을 손질하는 부분을 살펴볼 때(출 30:7) 촛대에 사용되는 기름과(성령을 나타낸다.) 금제단의 향(기도를 나타낸다.)과의 관계를 살펴보았다.]

창포(23절)는 예레미야 6:20에서 향품이라고 말한다. 몰약은 예수 그리스도의 지상 사역과 분리해서 생각할 수 없다(솔 1:13, 눅 23:56, 마 2:11). 그리고 성경에 예수 그리스도께서 기름부음을 받으신 것에 대해(행 10:38) 여러 곳에 언급되어 있다(눅 4:18, 히 1:9, 행 4:25,26).

"힌"(24절)에 대해서는 출애굽기 29:40에 설명되어 있다.

"거룩한 연고기름"으로 사역에 사용되는 모든 기명들 위에 기름붓는다(26,27,28절). 성막 자체에도 붓고(26절) 아론과 그의 아들들(30절) 그리고 그들의 옷들에도 붓는다(출 29:21).

기름과 관련된 23절과 향과 관련된 34절에서 "향기 좋은"이라는 말이 나오는 것을 알 수 있을 것이다. 참된 기도는 쓴맛을 제거한다! 욥은 자신의 영 안에서 쓴 "불평"을 토로한다(한나의 기도도 비슷하다. 삼상 1:10). 이것은 성령께서 "신음"하시는 기도가 아니다. 예수님께서 엄청난 혼의 고뇌에 빠지셨을 때도(눅 22:44) 예수님의 기도에는 쓴 부분이 없다. 식초에는 쓴 맛이 있었다. 십자가에는 쓴 맛이 있었다. "나의 하나님, 나의 하나님 어찌하여 나를 버리셨나이까?"의 고뇌에 찬 외침에도 쓴 맛이 있었다. 그러나 이 외침은 기도가 아니었다. 십자가 위에서 드려진 기도는 "아버지시여, 저들을 용서해 주옵소서. 그들은 자기들이 하는 것을 알지 못하나이다."였다! "음식 제사"에는 향기가 들어가서는 안 된다. 그러나 기름과 향을 다룰 때 즉 부활하신 구세주와 내주하시는 성령을(그 안에서 기도하는 성도) 말하는 이 부분에 대해서는 주에 관해 강력하게 향기를 내뿜는 것이 있는 것이다.

『**사람의 몸에다 붓지 말 것이며**』(32절). 최소한 천년왕국이 오기 전까지는 부어지지 않는다(욜 2:29, 행 2:18). 천년왕국에서는 "이스라엘의 온 집"위에 부어진다. 심지어 영적인 할례가 행해지는 때에도(골 2:11) 성령께서는 육신에 접촉조차 하지 않으셨다(요 3:5). 성령과 육신은 영원한 원수지간이다(출 17:8 주석). 이 둘 사이에 함께할 수 있는 부분은 전혀 없다(롬 8:1-3, 갈 5:19,22).

『**이것과 같은 다른 무엇을 그 방법에 따라 만들지도 말지니라**』(32절). 마귀는 성령을 흉내낸다(계 16:13). 따라서 마귀의 종들도 "의의 종"으로 둔갑할 수 있다(고후 11:10-14). 우리는 마귀의 계략을 모르지 않는다. 누군가가 이 "기름부음"에 대해 다른 무엇을 그 방법에 따라 만들고자 할 때 세 가지 상황을 고려한다는 사실도 알고 있다.

1. “안수”함으로 사도직이 계승된다고 주장하는 사람들이 있다. 이들은 끊임없이 사도행전 28:31 위에 사도행전 8:17을 두려고 필사적으로 애를 쓴다. 사도들의 어떤 능력도 없는 자들이, 능력으로 친다면 월트 디즈니나 잭 니콜라스보다도 더 형편없는 자들이 사도들로부터(계 2:2) “성령 받는 것”을(행 8:18) 훔쳐간 것이다. “표적들과 기적들”(고후 12:12)은 베드로나 요한 같은 사도들이 가지고 있었던 것으로 사람들을 섬기기 위한 것이었다. 그러나 불행하게도 어떠한 교황에게도 이런 표적들과 기적들은 없었다. 회심하지 않은 죄인들의 손을 통해 성령이 전달되는 것이 아니다. 이 세상 신이(고후 4:4) 관심 있어 하는 정치적인 이해 관계가 여기에 깔려 있다면 이것은 성령께 죄를 짓는 것이다.

2. “방언의 은사”를 받았다고 거짓말하면서 무슨 “거룩한” 모임을 갖느니 어쩌니 하면서 하나님을 우상으로 만드는 사람들이 있다. 이 사람들에게는 성령의 기름부음이 부어진 것이 아니다. 이를 성령 침례라 해서는 안 된다. 이것을 성령의 기름부음이라고 말한다면 이것은 싱클레어 오일(Sinclair Oil)만도 못한 것이며 이것을 성령 침례라고 말한다면 이것은 열왕기하 5장의 침례만도 못한 것이다. 이들은 성령으로 구원받는 데 아직은 모자라는 부분이 있다고 말하기도 한다. (그러나 결국 이들은 이를 입증하기 위해 성경 구절을 내밀면서 그 구절은 성령께서 기록한 것이라고 말한다.) 성령께서 자신들에게 “알지 못하는 방언”을 주셨다고 말하는 것이다. [필자는 이에 관해 성경적으로 자신의 입장을 입증해 낸 사람을 단 한 사람도 만나보지 못했다. 이들이 주장할 수 있는 유일한 성경 본문은 어떤 사람이 알지 못하는 방언을 말한다면(고전 14:2) 아무도 알아듣지 못한다는 그곳이다. 누가 그것을 모르는가? 단파 대역을 감지할 수 있다고 했을 때 수천 명의 사람이 말하고 있다 하더라도 각자 알지 못하는 방언으로 말한다면 아무도 다른 사람의 말을 알아듣지 못한다는 사실을 알 수 있을 것이다. 어떻게 매일 벌어지는 이런 평범한 사실이 – 어느 시대, 어떤 대륙, 어떤 구원받지 못한 죄인들에게 적용시킨다 하더라도 – 갑자기 성령께서 “그리스도인에게 침례를 베푸셨다”는 증거가 될 수 있단 말인가? 모든 고린도인들은 성령으로 침례받은 사람들이었다(고전 12:13). 이 사람들 가운데 하나는 자기

아버지의 아내와 동침했던 사람이다(고전 5:1)!]

3. "주께서 나를 인도하셨다."고 주장하는 사람들, 혹은 "주께서 나에게 이런 이런 일을 하라고 인도하셨다."고 주장하는 사람들이 있다. 이 사람들은 청구서가 날아올 때나 재산세가 부과될 때 종종 성령님을 비난한다.

출애굽기 31장

31:1 주께서 모세에게 일러 말씀하시기를
2 "보라, 내가 유다 지파 훌의 손자요, 우리의 아들인 브살르엘을 지명하여
불렀노라.
3 내가 그를 하나님**의 영으로 충만케 하여 지혜와 명철과 지식과 여러 가**
지 기술로써
4 정교한 기술을 고안하여 금과 은과 놋으로 만들게 하며
5 또 보석을 깎아 물리며 나무를 새겨서 온갖 기술로써 일하게 하였노라.
6 내가, 보라, 내가 단 지파의 아히사막의 아들 아홀리압을 그와 더불어 주
고 현명한 마음을 지닌 모든 사람의 마음속에 지혜를 넣었도다. 이는 그
들로 내가 너에게 명령한 모든 것을 만들게 하려 함이니
7 회중의 성막과 증거궤와 그 위의 자비석과 성막의 모든 기구들이며,
8 상과 그 기구들과 순금 촛대와 그 모든 기구들과 향단과
9 번제단과 그 모든 기구들과 물대야와 그 다리와
10 제사장 직분으로 섬길 때 입는 예복과 제사장 아론의 거룩한 의복과 그
의 아들들의 의복과
11 붓는 기름과 성소의 향기로운 향이라. 내가 네게 명령한 모든 것에 따라
그들이 행할지니라." 하시니라.

향에 대해서는 이미 언급했으므로(출 30:1-9) 30장의 마지막 다섯 구절은 생략하고 31장에서 언급되는 대화를 살펴보도록 하겠다. 31장에는 성막 일을 할 일꾼들을 부르신다. 그리고 안식일에 대해 경고하신다. 이 순서는 절대적으로 옳다. 많은 일들이 수행되어져야 하고 그에 따라서 안식일의 안식이 소홀히 여겨질 수 있기 때문이다. 이 진리를 강조하기 위함인지는 몰라도 성령께서는 바로 다음 장에서(32장) 이스라엘이 얼마나 빨리 하나님의 계명들을 범하는지 보여 주신다. 표적과 이적과 기적들을 체험하고(4-15장), 매일매일 삶에 필요한 모든 것을 하나님으로부터 친히 공급받고(15-17장), 게다가 하늘로부터 초자연적인 계시까지 받은(19-23장) 여호와 하나님의 첫태생(출 4:22)은 자기가 토한 곳으로 돌아간다(벧후 2:22).

성막에 대한 일을 수행하는 데 있어서 유다 지파와 단 지파는 자신들의 지파에서 그 일을 수행하는 지도자가 나오는 영광을 얻는다. 이는 아주 중요한 의미를 지닌다. “유다 지파의 사자”는 홀을 지닌 분으로서(창 49:10) 참된 메시야이지만 단 지파의 사자는(신 33:22) 뱀처럼 무는 자로서(창 49:17) 로마카톨릭 종교와 관련이 있기 때문이다. [더 자세한 내용은 계 2:20 주석 참조]

성막 일의 책임자는 브살르엘(“하나님의 그림자 안에서”)과 아홀리압(“아버지는 나의 장막이시다.”)이다. 브살르엘은 파레스, 훌, 칼렙의 유다 지파의 후손이다(대상 2:5,9,18). 하나님께서는 이들에게 다음과 같이 말씀하신다. 『**내가... 충만케 하여**』(3절), 『**내가... 주고**』(6절), 『**내가... 넣었도다**』(6절). 성령께서는 믿는 자 안에 계신다. 선물로 주어진 것이다. 믿는 자에게 “성령으로 충만하라.”(엡 5:18)고 권고하신다. 3절에 나와 있는 선물들은 이사야 11:2에 나와 있다(“지혜와 명철과 지식”). 성경을 제대로 믿는 사람이라면 이러한 기술들과 재주들은 하나님으로부터 온 것이라는 것을 알아야만 한다. 음악적인 재능이나 언어를 구사하는 능력도 마찬가지로 하나님께로부터 오듯이 말이다(약 1:5). 이것은 심지어 죽은 정통주의 언어학자들이 킹제임스성경의 권위를 파괴시키는 데 자신들의 재능을 사용한다 하더라도 하나님의 선하심에는 이상이 없는 것을 의미한다. 수천 명의 예술가라는 사람들이 자신들의 재능을 잘못 사용하여 여자 나체 사진이나 찍고, 술병을 들고 있는 어린아이들을 그리고, 카톨릭 성당을 마귀와 귀신들로 가득 채워 장식하고, 먹고 살기 위해 캔버스 위에 아무 의미 없는 낙서를 휘갈긴다 해도(피카소) 하나님이 부인되어지는 것은 아니다. 하나님께서는 사람들에게 재능을 주시는 하나님으로 알려져 있다. 그 사람들이 그 재능들을 땅 속에 파묻어도 말이다(마 25:25).

"cunning"(4절)이라는 말은 시편 137:5, 출애굽기 26:1,31에 있는 것처럼 "skillful"(정교한)이라는 말이다.

독특한 표현이 나온다. 『**내가 그를 하나님의 영으로 충만케 하여**』(3절). 이 부분은 로크만 재단이나 스코필드 편집진들의 입맛에 맞지 않는다. 그래서 벌링거 형제는 이들을 돕고자 본문에서 말하는 것은 진짜 하나님의 영으로 충만하게 되는 것을 말하는 것이 아니라 성령께서 은사들을 주시는 것을 다분히 비유적으로 말하는 것이라고 한다. 물론 본문에서는 결코 이런 식으로 말하지 않는다.

이 성경 본문에서 명백하게 말하는데도 뻔뻔스럽게 그렇지 않은 것이라고 우기는 이유와(그것도 전천년주의 입장에 있는 근본주의요 보수주의자라고 하는 사람들 - 벌링거) 존 R. 라이스가 사도행전 8:37, 요한계시록 22:14을 변개시킨 이유는 똑같은 이유이다. 즉 "나는 이 부분을 이해할 수 없다. 그러므로 무엇인가가 틀린 부분이 있는 것이다."라는 입장을 취한 것이다. 보수주의자들이 태고적부터 성령에 대해 가르쳐 온 것이 있는데 구약에서 성령은 선택된 특정 개개인들 위에만(ON) 오신다는 것이다. 삼손의 경우처럼 성령께서 삼손 위에 오셨다는 말이다(판 14:6). 성령께서 특정한 사람 "위에"만 오신다는 말은 그 사람이 맡은 특정한 일을 위해 기름부으셨다고 제한하게 된다(삼상 11:6의 사울). 이런 가르침은 <뉴스코필드주석성경>(p.975, footnote 1) "구약에서의 성령의 사역 요약"에서 찾아볼 수 있다. NSRB에 의하면 성령은 사람 "위에"만 역사한다. 성령의 사역을 제한시키는 것이다. NSRB는 성령께서 얼마든지 사람 안에(IN) 계시다는 분명한 기록에 대해서는(창 41:38, 출 35:31, 민 27:18, 느 9:30, 사 63:11, 벧전 1:11) 단 한 마디 언급도 없다. 대부분의 "근본주의 신학교"에서는 이 명백한 관련 구절들이 소위 "성경 신학"(Biblical Theology), "성경 개론"(Biblical Introduction)이라는 과정을 공부하는 과정에서 왜곡시킨다. 이 두 과정에서는 이렇게 가르친다. 즉 성령과 관련된 위에 제시된 관련 구절들은 하나님께서 일하시는 일반적인 사역을 설명하는 데 있어서 일반적인 용어를 선택했을 뿐이라는 것이다. 즉 이러한 표현이 한 영이신 성령과 "관련지어" 표현할 수 있는 최상의 방법이라는 것이다.

진리는 무엇인가. 이 진리가 밝혀지면 로크만 재단이나 스코필드 편집진에게는 더욱 혼란만 가중될 것이지만 어쨌든 진리를 밝혀보자.

1. 성령은 잠정적으로(temporarily) 어떤 사람들 위에 임하시고 또 잠정적으로 떠나셨다(삼손).

2. 성령은 어떤 사람들 안에 들어오셨고 그리고는 영원히(permanently) 떠나셨다(사울).

3. 성령께서는 떠나셔야 함에도 떠나기를 거부하셨다(다윗).

4. 성령께서는 모세 안에 계셨다. 요셉 안에도, 다윗, 다니엘, 이사야, 예레미야, 에스겔 안에도 계셨지만 영원히 내주하시지는 않았다(요 14:6).

그러나 대부분의 근본주의자들은(벌링거처럼) 이 진리를 믿고 가르치기보다는 차라리 지금까지 내려온 진부한 전통을 고집한다. "성령은 구약에서는 사람들 위에 임하셨고 신약에서는 사람들 안에 임하신다."고 말이다.

『**내가... 지명하여 불렀노라**』(2절). 주께서는 베드로, 사무엘, 사울, 모세, 나사로도 지명하여 부르셨다(요 11:43). 하나님께서 명령하셨다면(6절) 그 일을 수행할 능력을 채워주신다. 『**내가... 모든 사람의 마음속에 지혜를 넣었도다. 이는 그들로 내가 너에게 명령한 모든 것을 만들게 하려 함이니**』 [7-11절은 27,28,29,30장을 살펴볼 때 설명하였다.]

31:12 주께서 모세에게 일러 말씀하시기를

13 "너는 또한 이스라엘 자손에게 고하여 말하기를 '너희는 나의 안식일들을 참으로 지킬지니 이는 그것이 너희 대대에 걸쳐 나와 너희 사이에 표적임이라. 이로써 내가 너희를 거룩케 하는 주임을 너희로 알게 하려는 것이라.

14 **그러므로 너희는 안식일을 지킬지니 이는 그것이 너희에게 거룩함이라.**
그 날을 더럽히는 자는 모두 반드시 죽일지니라. 그 날에 일하는 자는
누구라도 그 혼이 자기 백성 가운데서 끊어지리라.
15 **엿새 동안은 일할 것이나 일곱째 날은 주께 거룩히 쉬는 안식일이니,**
안식일 날에 일하는 자는 누구라도 반드시 죽일지니라.
16 **그러므로 이스라엘 자손은 안식일을 지킬지니, 그들 대대에 걸쳐 안식**
일을 지켜서 영속하는 언약을 삼을 것이며
17 **그것이 나와 이스라엘 자손 사이에 영원히 표적이 되리라. 이는 엿새**
동안에 주께서 하늘과 땅을 지으시고 일곱째 날에는 쉬시어 숨을 돌리
셨음이라.' 하라." 하시니라.
18 **주께서 시내 산에서 모세와 이야기를 마치셨을 때** 하나님**께서 손가락으**
로 쓰신 두 증거판인 돌판들을 모세에게 주시니라.

전에 언급한 바와 같이 모든 일들이 계속 진행된다(4,5절 『**일하게 하였노라**』). 사람들은 열광적으로 일했을 것이다(36:7!). 그러다 보니 안식일에 대한 규례를 무시할 수도 있는 것이다.

『**너희는 나의 안식일들을 참으로 지킬지니 이는 그것이 너희 대대에 걸쳐 나와 너희 사이에 표적임이라. 이로써 내가 너희를 거룩케 하는 주임을 너희로 알게 하려는 것이라**』(13절). 이곳이 에스겔 20장과 더불어 메리 엘렌 화이트가 사용하는 전형적인 구절이다. 그리스도인들이 토요일에 교회에 나가지 않으면 "주를 알 수 없다"고 생각하게 만드는 것이다. 본문에서 안식일은 이스라엘에게 주어진 표적이라고 또박또박 말하고 있다. 이보다 얼마나 더 분명하게 말할 수 있는가! 그런데도 제칠일예수재림교도들은 계속해서 "이스라엘"은 그리스도의 몸이라고 억지를 부리고 있는 것이다. (교황들이 공식적으로 이 교리를 자신들의 신학으로 채택하기 훨씬 오래전에 어거스틴과 오리겐은 이 입장에 서 있었다. 제칠일예수재림교도들과 여호와의 증인들은 여기에 가담한 사람들이 생각하는 것보다 훨씬 더 로마카톨릭에 가깝게 접근하고 있는 것이다.)

『그러므로 이스라엘 자손은 안식일을 지킬지니』(16절). 안식일을 지켜야 하는 사람들은 "하나님의 자녀들"이 아니며 로마서 2:29의 "영적인 유대인"이 아니다. 갈라디아 6장의 "하나님의 이스라엘"이 아니다. 안식일을 지켜야 하는 사람은 "그리스도인"이 아닌 것이다. 본문에서 말하고 있는 대상은 "이스라엘의 자손"이다. 여러분이 야곱의 후손들이 아니라면(야곱의 이름이 바로 이스라엘이다. 기억하는가? 창 32:28) 여러분은 안식일을 지키는 것과는 무관하다. 여러분이 마귀들의 제사(Black Mass)를 지키는 것과 상관없는 것처럼 말이다. ["안식일"에 대한 더 자세한 설명은 창 2:1-3의 주석을 참조하라.]

『그것이 나와 이스라엘 자손 사이에 영원히 표적이 되리라』(17절). 다시 한번 안식일에 대해 분명하게, 또렷하게, 절대적으로 정확하게 말하고 있다. 진리를 찾는 데 제정신이라면 이 분명한 진리를 놓칠 수 없다. 안식일에 대한 표적은 영원한 표적이다. 이 표적은 천년왕국을 넘어 새 하늘들과 새 땅까지 적용된다(사 66:20-24). 이 사실에 대해 아무리 많은 보수주의 학자들이 반대한다 해도 사실은 사실이다. 유대인들은 표적을 구하고 또 표적을 구하는 대로 행했다(출 4:28 참조). 하나님께서는 출애굽기에서 창세기 2:1-3로 되돌아가 자신을 언급하신다. 그러나 창세기 2:1-3에서 안식일에 대해 계시하신 것은 아니다. 왜냐하면 창세기 2:1-3은 한 유대인이 기록했기 때문이다. 이 유대인에게는 이스라엘이 구했던 표적이 있었다(출 4:8,9). 다음을 주시해 보라. **『이는 엿새 동안에 주께서 하늘과 땅을 지으시고 일곱째 날에는 쉬시어 숨을 돌리셨음이라』**(17절). 이 계시는 출애굽기 31장에서 주어졌는데 이때는 대략 B.C. 1490-1600년경이다. 아담, 아브라함, 이삭, 야곱, 요셉, 노아는 O.J. 심슨이 시리아 페쉬타를 몰랐던 것만큼이나 안식일에 대해 몰랐다.

주의 이름을 모독한 자(레 24:11), 간음한 자(레 20:10), 사람을 훔친 자(출 21:16) 무당의 행위를 한 자에게(출 22:18) 사형이 내려졌듯이 안식일을 범한 자에게도 사형이 내려졌다(14절). 제칠일예수재림교도들은 하나님께서 관여하시지 않는 법을 하나 가지고 있는 것이 분명하다. 안식일을 범해도 죽지 않기 때문이다. 그러나 하나님께서는 분명히 **『그 날을 더럽히는 자는 모두 반드시 죽일지니라.』**(14절)고 말씀하셨다. 이 말을 자세히 살펴보라. 창세기 2:17에서 하나님께서 사람에게 "반드시 죽으리라."고 말씀하셨던 말과 같지 않은가! 제칠일예수재림교도들은 희한한 종교를 가지고 있는 것이다. 이 사람들은 이스라엘에게 주어진 구약의 표적에 대한 명령을 순종하고 있는데 그들에게는 그 명령을 주신 하나님의 능력과 하나님의 권위는 없는 것이다(민 15:32-33을 보라!). "쉬는 안식일"(15절)은 정규적으로 돌아오는 일곱째 날을 말하는 것으로 보통 "안식일"이라고 말한다. 이 안식일과 13절의 "나의 안식일들"과는 구분이 되는데 나의 안식일들에는 여러 다른 날들이 온다(그 예로 요 19:31을 보라).

『**주께서 시내 산에서 모세와 이야기를 마치셨을 때**』(18절). "일곱 체계"는 일곱으로 끝난다. 모세의 정상 회담은 안식일을 언급하는 것으로 끝난다. 돌판을 모세에게 주시기 전에(18절) 하나님께서는 한 가지 사실을 모세에게 알려 주신다(출 32:1-10). 주께서 어떻게 하는 것이 하나님께서 받으시는 경배인지 알려 주시는 동안 이스라엘 전체 백성은 관능적인 음악에 심취되어 그 집단 전체가 흥청거리는데 그것은 다름아닌 이집트의 "오시리스" 형태를 한 다섯 번째 그룹을 경배하는 것이었다. [이 부분은 의미심장한 부분이다(A.W. 핑크). "하나님의 손가락"이 무엇을 쓰실 때마다 그것을 알 수 있는 사람은 없었다. 아무도 이해할 수 없었던 것이다. 하나님께서 하늘에 쓰신 것을(시 8:3; 19:1-5) 사람들은 무시한다. 파라오는 생명으로부터 나온 기록을 거부하였다(출 8:19). 벽에 무엇인가 기록되었을 때 그 당시에 최고의 석학들은 전혀 알지 못하였다(단 5:5). 예수님께서 무엇인가를 쓰셨을 때 이스라엘 회중은 자리를 떴다(요 8:8). 예수님께서 어디에서 허리를 굽혀 쓰셨는지조차 알지 못한다. "하나님의 손가락"에 의해 거룩함에 대한 절대적이고 초자연적인, 하나님께서 보여 주시는 계시가 전달되기가 무섭게 다섯 번째 그룹이(겔 1:7; 10:4을 겔 28:14과 비교하여 살펴보라.) 출현한다!

열 가지 계명들은 전달된 지 24시간이 채 되지도 않아 깨져 버린다.

출애굽기 32장

32:1 **모세가 산에서 내려오는 것이 지체되는 것을 보고, 백성들이 아론에게로**
함께 모여들어 그에게 말하기를 "일어나서 우리 앞에 갈 신들을 우리에
게 만들라. 우리를 이집트 땅에서 데리고 나왔던 그 사람 모세로 말하면
그가 어찌되었는지 우리가 알지 못함이라." 하니,
2 **아론이 그들에게 말하기를 "너희 아내들과 너희 아들들과 너희 딸들의**
귀에 있는 금 귀고리를 빼어 내게로 가져오라." 하니
3 **모든 백성이 그들의 귀에 있는 금 귀고리를 빼어 아론에게 가져왔더라.**
4 **그가 그들의 손에서 그것들을 받아서 주조한 송아지를 만든 후에 새기는**
도구로 모양을 만드니 그들이 말하기를 "오 이스라엘아, 이것들이 너를
이집트 땅에서 데리고 나온 너의 신들이라." 하더라.
5 **아론이 그것을 보고 그 앞에 단을 쌓고 아론이 공표하여 말하기를 "내일**
은 주께 명절이니라." 하더라.
6 **그들이 이튿날 일찍 일어나 번제를 드리고, 또 화목제를 가져와서는 백**
성이 앉아서 먹고 마시며 일어나서 뛰놀더라.

이 당시에 일어난 일이다. 이런 형태의 "종교 사건"이나 "영적 경험"들은 미국에서는 1950년대 초에 발생하기 시작되어 "지저스 피플," "수퍼스타," "하나님의 자녀들(the Children of God)"이라는 모임들로 형성되었다. 이들 가운데는 아프리카풍을 따라가는 타락한 종교가들도 있다. 이들은 아프리카 음악을 접목시킨다(출 12:38). 이들은 섹스 음악, 성을 나타내는 표식, 벌거벗는 것이 "자유"나 "해방"을 상징하는 데 있어서 없어서는 안 될 요소로 본다. 이들은 요한복음 8:32을 이렇게 바꾸어 버린다. "너희가 예수를 알게 되리니 예수는 너희가 당하는 모든 억제를(inhibitions) 없애 주리라." 그러나 정작 이들이 설교할 때는 "주 예수 그리스도"라는 말은 거의 나오지 않는다. 기도할 때도, 노래를 부를 때도, 춤출 때도 마찬가지이다. 금송아지는 은사주의를 상징한다. 은사주의자들은 실제적이거나 영적이거나 교통하기 위해서는 "접촉점"을 필요로 하는데 금송아지가 그 매개체가 되는 것이다.

약물을 복용하며 열리는 "사랑을 위한 축제"가 펼쳐진다. 여기에는 어김없이 춤추는 것이 등장하고(19절), 벌거벗게 되고(25절), 무엇인가를 숭배하게 되고(5절), 돈을 걷게 되며(6절), 그리고는 진탕 놀아난다(6절). 이것은 이스라엘이 이집트에 400년간 있으면서 보아 왔던 바로 그 모습이다. 아프리카에서 시작하여 아프리카로 끝난다. 피로 물든 강으로 끝나게 되는 것이다.

『**백성들이... 함께 모여들어**』(1절). 창세기 11장에서처럼 이들은 모여들었다. 1918년(국제 연맹)에 모였던 것처럼 모였다. 1945년에 모였던 것처럼(국제 연합) 이들은 모였다. 오늘날 모이는 것처럼(교회 연합) 이들은 모였다.

『**신들을 우리에게 만들라**』(1절). 이 신들은 창세기 6:1-6에서 나타났었다. 요한계시록 12:4-9 때에 다시 나타날 것이다. [킹제임스성경에 따르면 이들은 목성으로부터 나타난다(행 14,19장). New Scofield Bible에서는 이 부분을 "제우스"로 대체시키려 한다. 킹제임스성경은 과학자들이 아직까지 발견하지 못한 부분을 앞서서 보여 준다.]

『**아론이 그들에게 말하기를 "너희 아내들과 너희 아들들과 너희 딸들의 귀에 있는 금 귀고리를 빼어 내게로 가져오라." 하니**』(2절). 불만족스런 종을 보여 준다(출 21:6) 그 종의 귀는 주인의 명령을 듣는 데 열려져 있지 않다. 여기에 열거된 대상들을 잘 살펴보면("아내들," "아들들," "딸들") 모두 가장의 말에 복종해야 하는 사람들이다(골 3:18, 엡 5:23). 아론은 결과적으로 이스라엘 회중이 무슨 조치를 취하기도 전에 그들의 "아버지"께(출 4:23) 순종하는 것을 깨뜨려 버린 것이다.

"주조한 송아지"는 틀에 부어 만들어졌다. 처음에 나오는 두 계명을 범한 것이다(출 20:2,5; 34:17). "제사장"은 금으로 끝마쳤다. 이 금은 하나님께서 이스라엘 자손에게 출애굽기 12:35에서 주셨던 그 금이다. 『**오 이스라엘아 이것들이... 너희 신들이라**』(4절). 여기에는 세 가지 요소가 포함된다.

1. 금 2. 송아지 3. 귀고리

『**오 이스라엘아, 이것들이... 너의 신들이라**』고 말한 사람들을 살펴보라. 바로 백성들이다. 아론은 단지 『**내일은 주께 명절이니라.**』(5절)고만 말했다. 제사장이라면 참되신 하나님을 알고 있다. "거룩한 날들"이나 "특별한 경우"에 합당한 제물을 드리는 것에 대한 염원도 있다(출 12:14). 그러나 여기에 나오는 제사장은 이교도들이 원하는 형상에게 제사하고자 하는 그러한 경배를 허용하고야 만다. 이런 형상을 "그리스도인의 전통"과 연결시키는 것과 똑같다. 이러한 것이 있어야 하는 곳은 지옥뿐이다.

무언가 된다고 하는 주석가들은 이 명백한 진리를 발견하지 못했다. 이 사실을 통해 다시 한번 알 수 있는 것은 30여년 간 성경을 공부한답시고 "원어"를 들추어 본 결과 자신들의 무능함만을 드러냈다는 것이다.

이 시점에서 하나님께서는 아론에 대해 대단히 진노하셨다. 그 자리에서 죽이려고 하신 것이다(신 9:20). 모세가 중보하지 않았다면(출 32:11-13) 이 무리는 모세가 진중으로 돌아오기 전에 뭉개질 수밖에 없었다. 교회사를 세심히 살펴볼 때 하나님 자신이 초자연적인 말씀에 의해 구원하신 한 민족이 배교할 때는 다음과 같은 현상이 일어났다는 사실을 알 수 있다.

1. 선택된 민족에 아프리카인들이 섞였다.
2. 경배하는 데 있어서 아프리카 음악이 사용되었다.
3. 영적인 제물이 아닌 실재 희생제물이 바쳐졌다.
4. 주관하는 제사장은 하나님에 의해 성별되지도 않았고 기름부음 받지도 않았다.

5. "주께 명절이라."는 명목 아래 돈이 최고의 신으로 숭배되었다.
6. 제사장은 자신의 지위를 이용하고(보통 사람들은 이 사실을 모른다.) 그 대신 사람들을 살살 달랜다.
7. 무엇을 경배하는지 그 대표되는 대상을 볼 수 있도록 요구한다. 이것이 나중에는 사탄을 대표한다.

본문에서 말하는 것보다 더 선명하게 말할 순 없다. 그럼에도 불구하고 대다수의 주석가들이 이 사실을 알려 주지 못하는 것은 그야말로 비극이다.

클라크, 제미에슨, 포셋, 브라운은 어떻게 이런 배교를 저지를 수 있는가에 대해 분개하고 목청을 높인다. 마치 이러한 배교는 역사상 생각할 수조차 없는 절대적으로 불가능한 것처럼 말하고 있다. 그러나 여기에서 편견으로 에서를 평가할 때 풍겼던 그 냄새가 또 나는 것 같다(창 33:4 주석 참조).

이브가 낙원을 잃어버리는 데는 15분도 채 안 걸렸다. 다윗이 자신의 간증을 잃어버리는 데는 한 시간도 안걸렸다. 베드로는 자신이 "주는 그리스도시요 살아계신 하나님의 아들이시니이다"라고 고백한 그분을 부인하는 데 두 시간도 걸리지 않았다. 어떤 사람들의 경우 성경대로 믿는 교회의 기도 제단과 집안의 바보 상자 사이의 거리가 채 10분도 안되는 경우도 있다. 30일이라는 시간은 한 교회가 하나님께서 세우신 지도자를 버리고 참되신 하나님을 버리는 데 결코 짧은 시간이 아니다. [클라크, 제미에슨, 포셋, 브라운은 사람들을 다루는 데 있어서 실제적인 경험을 더 가져야만 하겠다(창 33:11-14).]

대부분의 주석가들은 "신들"을 제거해 버렸다. 『**이것들이...너의 신들이라.**』는 표현을 이해할 수 없기 때문이다. ASV에는 난외주에 "하나님"이라고 되어 있다. 클라크, 더멜로우, 제미에슨, 포셋, 브라운, 벌링거, 윌리엄즈, 엘리코트, 랑게 등은 본문을 "하나님"(GOD)이라고 읽어야만 한다고 말한다. 그러나 "이것들이"라는 말은 히브리어로도 헬라어로도 복수이다(출 20:3과 주석을 보라). 여기서 하나 주의해 볼 것이 있다. 성경에서 외계로부터 사람을 닮은 존재들이 다시 온다는 계시를 보여 주는 본문을 만날 때마다 학자들은 본능적으로 움츠러든다는 사실이다. 이 학자들은 "과학자들"이 자신들에 대해 멍청하다는 평가를 내리는 것이 두려워 본능적으로 자기 방어를 하는 것이다. 킹제임스성경 본문을 고쳐야 하는 이유도 모르는 채 성경을 고쳐야 한다고 고집부리는 경우가 적지 않다.

『**일어나서... 신들을 우리에게 만들라**』(1절). 이것은 모든 인류의 외침이다. 인간에게는 경배해야 할 그 무엇이 있어야만 한다. 그것은 미래를 볼 수 있어야 한다. 인류를 먹여 살릴 수 있어야 한다. 그것은 볼 수 있어야 한다(요 4:11,24 참조). 로마는 이 보편적인 외침을 수용한다. 공산주의자들도 다를 바 없다. 단지 다른 "신"을 선택했을 뿐이다. 신들은 각기 다양하게 온다(출 12:12 주석 참조). 정치 지도자들은 정규적으로 이 필요를 충족시켜 준다. 『**우리 앞에 갈 신들**』(1절), 이 말에서 "신"에게 요구되는 것은 미래를 알아야 한다는 것과 "미지"의 세계로 안전하게 인도해야 한다는 것이다. 그 결과 드러나는 것은 이들 모두가 "신들"이 아니라 죄인들이라는 사실이다. 이들 모두가 예언한 모든 것은 화평이다(렘 23장, 신 18:22).

앞으로 세 개의 세계대전이 다가올 것이다(계 6,19,20장). 어떤 "신"이 우리 앞에 올 것인지를 아는 데 그다지 총명하지 않아도 된다. 고린도전서 10:7은 어떻게 뛰놀 것인지를 보여 준다. 오늘날 미국 공립하교에서 뛰노는 것과 똑같다. 이 공립학교는 누구에 의해 연출되는가? 육신에 미쳐 버린 배교자들에(벧후 2장) 의한 것 아닌가. 오늘날 미국의 "교회"는 급속하게 이 방향으로 전진하고 있다. 락 밴드를 동원하지 않고는 결코 젊은이들을 끌어들일 수 없다고 인식한다. 그러나 아직도 킹제임스성경으로 무장한 거장들이 있다는 사실을 알아야 한다. 이 락 밴드가 하지 못하는 일을 삼십 분 만에 뒤집어 엎을 수가 있는 것이다.

32:7 주께서 모세에게 말씀하시기를 "가라, 너는 내려가라. 이는 네가 이집트 땅에서 데리고 나온 네 백성이 부패하였음이라.

8 그들이 내가 그들에게 명령한 그 길에서 급히 벗어났으며 그들이 자신들에게 주조한 송아지를 만들고 그것에다 경배하며 거기에다 희생제를 바

치며 말하기를 '오 이스라엘아, 이것들이 너를 이집트 땅에서 데리고 나온 너의 신들이라.' 하였도다." 하시고

9 **또 주께서 모세에게 말씀하시기를 "내가 이 백성들을 보았더니, 보라, 목이 굳은 백성이로다.**

10 **그러므로 이제 나대로 하게 하라. 그들에 대한 내 진노가 맹렬해져 나로 그들을 진멸하게 하라. 내가 너로 큰 민족이 되게 하리라." 하시니**

11 **모세가 주 그의 하나님께 간구하여 말씀드리기를 "주여, 주께서 위대하신 능력과 능하신 손으로 이집트 땅에서 데리고 나오신 주의 백성에 대하여 어찌하여 주의 진노가 맹렬하시나이까?**

12 **어찌하여 이집트인들로 말하여 이르기를 '주가 그들에게 악을 가져와서 그들을 산에서 죽이고 지면에서 진멸하려고 데리고 나왔도다.' 하게 하시나이까? 주의 맹렬한 진노에서 돌이키시고 주의 백성을 향한 이 재앙에서 마음을 돌리소서.**

13 **주의 종들, 아브라함과 이삭과 이스라엘을 기억하소서. 주께서는 스스로 맹세하여 그들에게 말씀하시기를 '내가 너희 씨를 하늘의 별들처럼 번성시키고 또 내가 말한 이 모든 땅을 너희 씨에게 주리니 그들이 그것을 영원히 유업으로 받으리라.' 하셨나이다." 하니**

14 **주께서 주의 백성에게 행하려고 계획하신 그 재앙에서 돌이키시니라.**

7절에서 하나님께서는 모세에게 이스라엘 백성을 모세의 백성이라고 말씀하심으로 비아냥거리심을 알 수 있다. 『**네가... 데리고 나온 네 백성이...**』(7절). 하나님께서는 자신의 백성을 포기하셨다! 출애굽기 9장에서 하나님께서는 이스라엘을 "내 백성"이라고 다섯 번 말씀하셨다. 출애굽기 15:13에서는 이스라엘을 데리고 나온 것이 모세가 아니라 하나님이라고 명백하게 말씀하신다. 더군다나 모세는 이 사실을 11,12절에서 하나님께 상기시켜드린다. 『**주의 백성에 대하여 어찌하여 주의 분노가 맹렬하시나이까?**』 『**주의 백성을 향한 이 재앙에서 마음을 돌리소서.**』 모세와의 대화를 통해서 알 수 있듯이 이스라엘은 평판이 좋지 않다. 친아버지도 양아버지도 부자 관계를 주장하지 않는 것이다. 잭 하일스는 이렇게 말했다. "하나님과 모세가 이 시점에서 이스라엘을 죽이고자 하는 같은 마음이었다면 모두 다 죽고 모세와 하나님만 남았을 것이다." 모세가 분노할 때 하나님은 자비로우시다. 하나님께서 진노하실 때(10절) 모세는 하나님께 중보한다.

『네 백성이 부패하였음이라』(7절). 로마서 1:21-31에서도 이 문제를 다루는데 인류 전체를 다룬다. "송아지에 대한 여호와 하나님의 혼동" 같은 것은 없다(제미에슨, 포셋, 부라운의 주석을 보라. p.70). 이스라엘은 **『그 길에서 급히 벗어났으며... 그것에다 경배』**했다(8절). "그것"은 하나님이 아니다(삼상 4:3). 클라크는 역시 아론을 두둔한다. 6절에서 번제를 드린 것을 말하면서 이것은 아론이 참된 하나님만이 반드시 그들이 드리는 경배의 대상이어야 한다는 것을 의도하는 증거라고 말한다. 그러나 로마카톨릭은 어떠한가? 아론과 로마와 어떤 차이라도 있다는 말인가? 아론은 거짓말쟁이다.

본문의 시점에서는 유대인의 달력 가운데 네 번째 달이나 다섯 번째 달에는 "주께 명절"이 없다(5절). 본문의 시점은 셋째 달(출 19:1)이라는 날이 주어진 그 날로부터 약 43일이 경과된 시점이다. 따라서 아론 편에서 본다면 이집트에서 이스라엘을 인도해 내신 하나님을 영화롭게 해 드리고자 하는 의도 같은 것은 없다. 클라크, 제미에슨, 포셋, 브라운은 다시 한번 야곱을 두둔한 것이다(창 48:10-14 주석 참조).

『보라, 목이 굳은 백성이로다』(9절). [슥 7:11, 호 4:16 참조] 황소의 목(bull-neck)은 로마 교황의 교서(papal bull)와 조화를 이룬다. "cowboy"는 바알을 위해 황소(bulls)를 바치기 때문이다. (바라보기만 한다면 많은 "황소"가 있음을 알 수 있다. "완고한 사람"(bull-headedness)을 말할 때는 주로 독일 사람이나 아일랜드 사람을 말한다. 그러나 성경에서 완고한 사람을 나타낼 때는 유대인을 말하는 데 이런 면에서는 독일 사람이나 아일랜드 사람은 상대가 되지 않는다. "목이 곧은"이라는 말은 구약에서 여섯 번 나오고 신약에서 한 번 나오는데 모두 이스라엘을 말한다.)

7절에서 클라크는 마침내 눈을 뜬다. 본문에서 언급하는 내용이 로마카톨릭을 말하는 가능성일 수 있다고 본 것이다. 출애굽기 32장에 나오는 형상을 숭배하는 것과 로마카톨릭의 우상을 연결시킨 것이다. 그러나 이에 대한 클라크의 설명은 그 한 페이지의 8분의 1도 되지 않는다.

『**그러므로 이제 나대로 하게 하라**』(10절). 모세는 약 300년 전에 있었던 야곱이 처한 상황과(창 32장) 똑같은 처지에 놓여 있다. 모세는 9절에 다다라서는 야곱이 주의 천사를 붙잡았던 것과 같이 주의 천사를 붙잡는다. 『**모세가 주 그의 하나님께 간구하여 말씀드리기를**』(11절). 모세는 하나님과 교제 가운데 있다. 다니엘처럼 말이다(단 6:10). 모세는 옛날 성도들이 했듯이 바닥에 엎드려 기도한다. 모세의 효과적이고 열렬한 기도로 하나님께서 역사하신다(약 5장). 사실 모세의 기도로 2백만 명이 되는 민족이 한순간에 멸망당하는 것으로부터 구제된 것이다(비슷한 경우로 삼하 24:17을 들 수 있다). 모세는 하나님께서 하신 약속을 상기시켜 드림으로 하나님을 이길 수 있었다(마 15:27을 보라). 하나님의 신실하심에 호소한 것이다(『**주께서는 스스로 맹세하여 그들에게 말씀하시기를**』, 13절). 모세는 하나님께서 그 약속의 말씀에 동의하실 때까지 점점 더 담대해진다. 모세의 기도를 통해 알 수 있는 것은 하나님께서는 사람을 존중해 주신다는 것이다. 그러나 모세의 경우가 마지막이 아님을 알 수 있다. 주 예수 그리스도께서는 사람의 뜻에 자신을 맡겼다(눅 23:25). 마리아는 육신으로 나타나신 하나님의 아들을 하나님의 자비 가운데 청년이 될 때까지 보살폈다. 이 부분은 도저히 측량할 수 없는 부분이다. 이성을 가지고서는 헤아릴 수 없기에 딤전 3:16에서는 "경건의 신비"라고 부른다. 하나님께서는 먹을 음식과 입을 옷과 몸의 청결을 한 유대인 여인에게 의존하셨던 것이다! 사람들은 이 사실을 이해할 길이 없는 것이다. 그래서 겁쟁이 번역자들은 디모데전서 3:16의 분명한 색채를 뿌옇게 흐려 놓았다. 그리고는 자신들의 체면을 살리고자 여러 가지 변명 뒤로 숨어 버린다.

바울과 마찬가지로(롬 10:1) 모세에게도 자기 백성이 구원받는 것이 무엇보다도 시급하다. 그래서 모세는 자신이 두 번째 아브라함이 될 수 있는 기회를 포기한다. 『**내가 너로 큰 민족이 되게 하리라**』(10절). 물론 하나님께서는 이 일을 능히 하실 수 있다. 하나님께서는 각각 99세, 90세 되는 노인들을 통하여 2백만 명이나 되는 민족을 생산하셨다. 하나님께서는 이 기적을 두 번째로 행하실 수 있다. 이번에는 120살이 되었어도 기력이 쇠하지 않은(신 34:7) 모세를 통해서

하실 것이다.

여기에서 다시 한번 숨어 있는 뱀의 꼬리를 찾아낼 수 있다. 그 뱀은 계속하여 약속된 씨를 추적하고 있다(계 12:4,13). 모든 남자 아이들을 물에 익사시킬 계획이 실패하자(출 1,2장) 이스라엘 민족 전체를 아프리카인들과 혼합해 버리려 한다(출 13,14장). 이 계획도 실패하자 하나님으로 하여금 이 민족 전체를 죽이도록 시도한다. 그렇게 함으로 하나님 자신의 말씀에 어긋나게 만들고자 하는 것이다. 왜냐하면 하나님께서 홀(Scepter)이 유다로부터 나올 것이라고 말씀하셨기 때문이다. 출애굽기 32장 이 시점에서 모두 죽는다면 단지 레위인 하나만 남는 것이다!

『**주의 백성을 향한 이 재앙에서 마음을 돌리소서**(repent)』(12절). 하나님은 사람이 아니시다. 거짓말하지 않으신다. 『**또 사람의 아들이 아니시니 후회**(repent) **가 없으시도다**』(민 23:19). 여기에서 말하는 돌이키는 것은 하나님께서 분명하게 약속하셔서 반드시 일어날 무엇인가로부터 돌이키는 것이다. 하나님께서 창세기 6장에서 "후회하셨을 때"(repent) 그때는 다른 어느 사람이 후회한 것처럼 후회하신 것이다. 하나님께서는 자신의 마음을 바꾸신 것이다. 바로 이것이 본문에서 말하는 의미이다(삼상 15:11을 살펴보라. 그리고 같은 장 29,35절과 비교해 보라). 케일, 델리취, 클라크, 랑게, 헨리 등등은 하나님께서 자신의 목적을 바꾸지 않으셨다고 말하는데 이는 어리석은 말이다. 이런 면에서는 캠브리지 성경도 마찬가지이다. "하나님께서는 진짜로는 자신의 목적을 바꾸지 않으신다. 그러나... 하나님께서는 어쩔 수 없이 목적하는 바에 있어서는 바꾸어야만 하는 것이 있다." 아무렴. 좋을 대로.

『**주께서 주의 백성에게 행하려고 계획하신 그 재앙**(evil)』(14절). 이런 의미에서 하나님께서는 악을 주관하신다. 이런 의미에서 욥은 자신의 입술로 죄를 짓지 않았다는 표현을 사용했다(욥 2:10). 이사야 45:7과 예레미야 애가 3:38을 비교해 보라. 하나님께서는 어떤 "잘못"도 행하실 수 없다는 의미에서 어떤 "악"도 행하실 수 없다. 그러나 "악"(evil, 재앙)은 어떤 잘못된 행동 그 이상을 포함한다. 성경에서(신 32:29-32) 하나님께서는 포도주 잔이 흘러 넘치듯이 피가 철

철 흘러 넘치도록 사람들을 살육하라고 말씀하신다. 사람들이 이런 것을 "악"이라고(사람들의 관점에서) 여기려 하지 않는다고 생각한다면 자유주의자들을 지켜 보라. "구약에서의 하나님"을 어떻게 생각하고 있는지 말이다.

모세는 하나님께 기도한다. 하나님께서 앞으로 하셔야 될 그 어떤 일을 하지 않으시도록 말이다. 이것은 마태복음 24:22, 요나 2,3장에서 말하는 성경의 분명한 가르침이다. 칼빈주의자들은 "하나님께서는 모세로 하여금 기도하게 만드셨다"고 하는 결론에 도달한다. 왜냐하면 본래 하나님께서는 이스라엘을 죽일 계획이 없으셨다는 것이다. 참으로 역겹지 않은가? 하나님께서 이스라엘을 죽이실 의향이 없으시다면 무엇 때문에 모세로 하여금 기도하게 하신단 말인가? 이로 인한 가능한 답은 하나뿐이다. 모세가 산에서 내려가면서 자신은 기도의 용사였다고 스스로 착각하게 되는 것이다. 실제로는 속고 있었는데도 말이다. 더군다나 모세는 산에서 내려갔을 때 이스라엘을 죽이고 싶은 마음이 들었다(26절). 그때는 아마도 자신이 하나님께 하나님의 마음을 돌이키시라고 간구했던 것을 후회했을지도 모른다. (출 13:17에서는 그 말의 의미가 어떻게 쓰였는지 살펴보라.)

모세가 기도했던 두 번째 핵심은 하나님께 자신의 적들을 생각나게 해 드린 것이다. [『**어찌하여 이집트인들로 말하여 이르기를...**』 (12절)] 다윗은 하나님께 항상 이런 식으로 압력을 가했다(시 83:2; 89:42; ...). 옛날 노래의 후렴구에는 이런 내용이 있다. "왜 나는 주님으로부터 벗어나 타국인같이 방황해야 합니까? 왜 나는 먹을 빵을 위해 사막에서 울부짖어야 합니까? 내가 슬퍼할 때 당신의 적들은 기뻐하지 않습니까? 나의 눈물이 흘려질 때 당신의 적들은 미소짓지 않습니까?" 있는 그대로 말한 것처럼 하나님과 모세와의 대화를 들어보자.

"모세야, 비켜서라. 그들에게 가야겠다!"

"안 됩니다, 주님, 안 됩니다. 그렇게 하지 마십시오. 잠시만 멈추십시오."

"얘야, 비켜서라. 내 할 도리는 다했다. 모두 한꺼번에 밀어 버려도 시원치 않을 것같구나."

"그러나 주님, 주님께서 하신 약속을 생각해 보십시오."

"약속? 무슨 약속?"

"아브라함! 이삭! 야곱말입니다! 그들에게 그 땅을 주기로 하시지 않았습니까? 그것도 영원히 말입니다."

"마음을 바꿨다. 이제 그만, 비켜라!"

"그러나, 주님 파라오를 생각해 보십시오."

"파라오? 게들의 밥이 된 그 애 말이냐? 바다 밑으로 가라앉지 않았느냐?"

"그렇습니다, 주님. 그러나 그 파라오의 백성들이 있지 않습니까! 그들은 여전히 그곳에 있습니다. 또한 소문이 얼마나 빨리 퍼지는지도 알고 계시지 않습니까? 분명히 우리 모두가 이곳에서 죽었다는 소식을 듣게 되겠지요. 무슨 소리들을 할지 뻔하지 않습니까? '그런 하나님이라니! 이스라엘 사람들이 불쌍하구먼. 잘못된 신을 섬겼던 거야. 이시스와 오시리스께로 돌아올 수 있었건만!' 하지 않겠습니까?"

"흠, 그러고 보니 그것이 새로운 문제로구나, 그것 참!..."

"맞습니다. 보십시오, 주님. 거기에서 끝나는 것이 아닙니다. 주님 보고 거짓말쟁이라고 안 할 것같습니까? 기껏 자유롭게 해준다고 약속해 놓고 죽였다고 말입니다. 주님은 하나님도 아니고 주님께서 하신 말씀도 그렇고 그런 말이고 또 ..."

"알았다. 알았어. 조금 전 일은 잊어버려라."

『주께서 주의 백성에게 행하려고 계획하신 그 재앙에서 돌이키시니라』(14절).

32:15 **모세가 돌아서서 산에서 내려왔는데 두 증거판이 그의 손에 있더라. 그 판은 양면에 기록되었으니 이쪽 면과 저쪽 면에 기록되어 있더라.**

16 **그 돌판들은** 하나님의 **작품이요 그 쓰신 것도** 하나님**께서 돌판에 새겨서 쓰신 것이라.**

17 **백성들이 소리지르니 여호수아가 백성의 소리를 듣고 모세에게 말하기를 "진영에 전쟁의 소리가 나나이다." 하니**

18 **모세가 말하기를 "그것은 이기라고 소리치는 음성도 아니요, 패배해서 부르짖는 음성도 아니고, 내가 듣기에는 그들이 노래하는 소리니라." 하고**

본문에서 "기록"이라는 말이 네 번 나온다(15절에서 두 번, 16절에서 두 번). 기록하신 분은 하나님이시다. "하나님의 손가락"으로 새겨 기록하셨다(31:18). "tablet"는 "table"과 관계가 있다. 이 돌판은 양면에 기록되었는데 이것은 칼데아인들의 우르 문화가 이집트에서의 노예 생활을 극복했음을 보여 준다. 왜냐하면 이집트인들은 돌판에 글자를 새길 때 한쪽 면만 새긴다. 그러나 앗시리아인들이나 바빌로니아인들은 양쪽 면을 사용한다. "모세"의 하나님은 분명 아브라함과 이삭과 야곱의 하나님이시다.

여호수아는 산 중턱에서 쉬고 있었다(17절-출 24:13을 기억하라. 이후에 성막의 모든 자세한 사항들이 언급된다). 여호수아는 단 한 번의 전투를 치른 후(출 17장) 그 뒤로부터 주제가 전쟁인 록 오페라를 좋아하게 되었다. 누구나가 한 번쯤 록 콘서트나 록 페스티발에 갔다 온 적이 있다면 여호수아가 범한 실수를 이해할 수 있을 것이다. 이 음악 콘서트에는 전쟁터에서 볼 수 있는 많은 요소들이 있다. 혼동, 병적인 흥분, 격노, 저주, 음탕한 언행, 시끌벅적한 소음 등. 이런 요소들이 있어서 젊은이들이라면 흥분하게 된다. 여호수아는 귀를 쫑긋 세우며 말한다. 『**진영에 전쟁의 소리가 나나이다**』(17절). 모세가 여호수아를 바로잡아 준다. 『**그것은... 아니요... 아니고, 내가 듣기에는 그들이 노래하는 소리니라**』(18절). 오늘날 부르는 아프리카풍의 미국 음악은 소리지르는 것이고 괴성을 질러대는 것이다. 가수가 소리지르고 괴성을 질러대지 못할 경우에는 마이크와 음향기기 시스템이 그 역할을 대신해 준다. 관능적인 소리부터 때리고, 부수고, 울부짖고, 으르렁거리는 온갖 소리를 들려 준다. 처음 듣는 사람은 혼비백산할 수밖에 없다. 이곳에선 마이크를 잡은 사람이 "이기는" 사람이다. 12살부터 27살 먹은 사람들이 소리치게 만드는 사람이 이기는 사람이다. 이들이 침흘리며 소리지르는 모습을 본다면 흡사 1861년 이래로 있어왔던 전장에서의 육박전을 연상하게 될 것이다. 이런 상황을 아는 우리로서는 잘못된 판단을 한 여호수아가 측은하기조차 하다.

출애굽기 24:15 이후로 일어난 일의 성격은 오히려 매우 간단할 수 있다. 많은 전쟁을 겪은 백전노장은 진중내에 막강한 정보망을 가지고 있다. 목자가 기도하기 위해 잠시 자리를 비운 사이 본격적인 작업에 들어간다. "오바댜 자매는 예후디 자매가 피아노 치는 방식을 좋아하지 않는다. 쉬샨 자매는 병원에 이틀간이나 있었는데도 아론은 코빼기조차 보이지 않는다. 샴마이 자매는 아이를 보러 오라고 오벳 자매와 엘리사 자매를 불렀는데 예라밀 자매와 아파임 자매는 초청하지 않았다. 장로들은 아론에게 찾아와 사순절 예배할 때 필요한 준비물이 부족하다고 불평한다. 타푸아 자매와 레켐 자매는 부활절날 강단 위에 어떤 꽃을 꽂을 것인지를 놓고 으르렁거리다 폭발 직전이다. 시버 부부는 헌금하지 않는다. 에스톤 형제 대신에 시프라 형제를 남전도회 회장으로 앉혔기 때문이다."

분명한 조치가 내려지지 않는 한 교회는 쪼개지기 일보 직전이다. 이때 필요한 것이 누구나가 볼 수 있는 어떤 하나님 같은 것이 있어야 한다. 그렇다면...!

누군가 아론에게 말한다. "이 혼란스런 상태를 두고만 볼 수 없지 않습니까?"

혼란스런 39일이 지난 후 아론은 최선이 아닌 차선의 결정을 내린다. "경배"를 드리기로 한 것이다. 그런데 희생제물을 드리기 전에 아무도 씻지 않는다. 어떠한 것 위에도 피를 뿌리지 않는다. 아무도 기름부음 받지 않는다. 아니 더러운 영에 의해서 기름부음 받을 뿐이다. 누구에게도 "거룩한 옷"은 입혀지지 않는다. 이와는 반대로 오히려 입은 옷들은 벗겨진다. "지성소"를 의식하는 사람은 아무도 없다. 주를 두려워함도 찾아볼 수 없다.

몇몇은 옛날 와투시족처럼 몸을 앞뒤로 흔들어대기 시작한다. 이어서 "선택받은 백성들"은 2달러짜리 밤무대에서 볼 수 있는 것처럼 몸을 흔들어 댄다. 옷들은 벗겨지고 열기는 달아오른다. "여어, 귀여운 꼬마, 어서 어서," "오, 예, 다 같이 모여 춤을," "예에, 우리 모두 원하는 춤을," "모든 인류는 하나, 서로서로 사랑으로 질병과 재앙을 극복하자고, 우리가 섬기는 사랑의 하나님을 통하여!" "진절머리나는 모든 것으로부터 해방, 삶의 욕구대로 나가자구..." [과장된 내용이라고 속단하지 말라. 해가 떠서 질 때까지 어디에서나 볼 수 있는 광경 아닌가! 심지어 고등학생들조차도 그리스도인이라면 누구나 세상이 추구하는 가장 선하고 긍정적인 것은 인류가 뒤섞여 통합되는 것이라고 알고 있다.]

모세가 산에서 내려가기 시작했을 때 산 아래 있는 집단은 그야말로 가관이었다. 온통 흔들어대고, 하이 파이 스테레오 음향에, 오색 조명은 빙빙 돌아가고, 그것을 복음성가라고 부르고 있다. 이 난장판에 창조주 하나님의 이름을 들먹거리고 즐기고 있는 것이다.

성경을 믿는 우리들은 이러한 문제에 대해 분명하게 말한다. 이런 난잡한 문제들을 다룰 때 노먼 메일러, 제임스 볼드윈 같은 20세기의 관능주의자들이며 잔인하고 버릇없고 선정적인 사람들보다 더 명백하게 말한다. 하나님을 믿지 않는 자들은 종교적으로 사악한 문제를 말할 때 언제나 불분명하고 모호한 말들을 한다. 많이 배운 사람일수록 더 애매하게 말한다.

32:19 그가 진영에 가까이 오자 송아지와 그 춤추는 것을 본지라, 모세가 격노하여 자기 손에서 돌판을 던져 산 아래서 깨뜨리니라.

20 모세가 그들이 만든 송아지를 가져다가 불에 태워서 가루로 만들어 물에다 뿌려 이스라엘 자손들로 그것을 마시게 하더라.

21 모세가 아론에게 말하기를 "이 백성이 네게 무엇을 하였기에 네가 그들에게 그처럼 큰 죄를 가져왔느뇨?" 하니

22 아론이 말하기를 "내 주여 노하지 마소서. 당신이 이 백성을 아시거니와 그들은 행악에 놓여 있나이다.

23 그들이 내게 말하기를 '우리 앞에 갈 신들을 우리에게 만들라. 우리를 이집트 땅에서 데리고 나왔던 그 사람 모세로 말하면 그가 어찌 되었는지 우리가 알지 못함이라.' 하기에

나이 든 모세는 무거운 발걸음으로 산을 내려오고 있다. 그의 이마에는 신경이 곤두서 있는 것이 역력하다. 분노를 참을 길이 없다. 이윽고 금송아지가 있는 곳에 다다라 춤추는 것을 보자 눈이 튀어 나온다. 약 40년 전 자신을 어려움당하게 한(출 2:12) 그 고약한 옛 기질이 다시 가동되는 것같다. 마침내 치밀어오르는 분노를 참지 못한 이 노인은 돌판을 머리 위로 높이 올렸다가 산 밑으로 내동댕이 쳐 산산조각 내고 만다(19절). (이런 상황을 보고 엡 4:26에서는 화를 내되 죄는 짓지 말라고 말씀하신다. 하긴 오늘날 이러한 의로운 분노는 찾아볼 수 없다. 혹 이런 의로운 분노를 발한다 해도 "바리새인적인" 행동이라느니 "고리타분한 성품"이라느니 "겸손하지 못한 사람"이라느니 하면서 격하시켜 버린다.)

한 그리스도인 정신과 의사는 혼성으로 뒤섞여 추는 춤에 대해 다음과 같이 말했다. "그것은 매춘을 낳는 어머니이다. 간음을 잉태하고 있는 인큐베이터이다. 성적 타락으로 인도하는 자매이다. 밤이 늦도록 서로 뒤엉켜 있게 되고, 정글 음악과 더불어 난잡한 성관계를 벌이게 된다. 정서는 메마르게 되고, 애정은 결핍되어 자연스런 관계를 유지하지 못하게 되며 도덕적 불감증에 빠져 경건과 순결이 무엇인지 모르게 된다." 이런 춤에 관계되는 음악에 대해서는 기독교 신앙을 연결시킬 것이 전혀 없다. 이러한 춤과 관련된 음악을 하는 음악가들, 이러한 춤과 관련된 무대, 심지어는 이런 춤과 관련되어 행해지는 교제조차도 참된 기독교 신앙과 무관하다.

이런 말이 있다. "그녀가 춤을 춘다면 곧 담배도 피울 것이다. 담배를 피우게 되면 곧 술도 마실 것이다. 그 다음엔 무엇이든 할 것이다." [『**이는 이 세상의 자녀들이 그들 세대에 있어서는 빛의 자녀들보다 더 현명하기 때문이라**』(눅 16:8).] 이렇게까지 말했는데도 그래도 춤추러 가는 그리스도인들이 있을 것이다!)

예수 그리스도께서 여기 계시다면 춤을 추셨겠는가?

예수 그리스도께서 다시 오실 때 춤추다가 발견되길 원하는가?

춤을 추어 보았더니 기도하고 싶다든가, 헌금하고 싶다든가, 증거하고 싶다든가, 하나님의 능력을 찬양하고 싶다든가, 구령하고 싶다든가, 하나님께서 베풀어 주신 영적인 복들에 대해 감사하고 싶다든가 하는 것이 하나라도 있다면 말해 보라. 이 글을 읽고 있는 사람들 가운데 몇몇은 춤을 발에 물집이 생기도록 추어 본 사람도 있을 것이다. 발에 물집이 생길 만큼 하나님을 위해 구령해 본 적이 있는가? 드와이트 무디, 존 웨슬리, 빌리 선데이, 밥 존스 시니어, 조지 휘필드, R. A. 토레이, 디한, 데오드르 엡은 구원받은 후 왜 한 번도 춤을 추지 않았는지 설명해 보라. 너무 늙어서 추지 못한 것인가? 그렇다면 젊어서 구원받은 밥 그레이는 왜 춤을 추지 않았는가? 휴 파일은 왜 춤을 추지 않았는가? A.D. 100년에서 지금까지 성경대로 믿었던 위대한 구령자들 가운데 춤추었던 사람 한 사람만이라도 이름을 대 보라.

『**그가... 송아지와 그 춤추는 것을 본지라, 모세가 격노하여...**』(19절). 이 춤은 종교적인 춤이라고 말할는지 모른다. 아니면 "지하 세계에서 혼을 정결케"하기 위한 춤이라고 말한는지 모른다. 그러나 사람을 죽여 놓고 추는 춤이 되었든(scalp dance), 비 오기 전에 추는 춤이든(green-corn dance), 마디 그라 전에 추는 축제의 춤이든, 대관식 전에 무도장에서 추는 춤이든, 바울에서 빌리 선데이에 이르기까지 모든 위대한 설교자들은 이 다가올 심판을 피했다(고전 15:34, 엡 5:14). 이들의 관심사는 오직 주 하나님과 주 예수 그리스도께서 영광받으시는 일에만 고정되었다(눅 16:15, 출 15:1). 크리소스톰은(A.D. 345-407) 춤에 대해 이렇게 말했다. "춤이나 추라고 하나님께서 다리를 주신 것이 아니다. 겸손하게 걸어가라고 주신 것이다. 뻔뻔스럽게 길길이 날뛰라고 주신 것이 아니다." 교회는 춤에 대해 이렇게 말했다. "춤이라는 것은 마귀의 소유물이다. 춤에 빠져드는 사람이 있다면 마귀의 손아귀에 빠져 들어가는 것이다. 춤을 추면서 발걸음을 옮긴 걸음만큼 지옥으로 걸어가는 것이다. 춤을 추면서 노래를 부르게 하고 악기를 연주하게 하고 끼리끼리 모이게 하는 것은 바로 마귀가 하는 것이기 때문이다."

한번은 샘 존스가 춤추다가 살해당한 한 젊은 여자에 대해 말한 적이 있다. 이 아가씨를 놓고 질투하는 두 젊은이가 싸우는 중에 죽었다. 마귀가 그녀의 혼을 구렁에다 내려놓으려 하자 미카엘이 마귀에게 다가가 말을 건다. "그 젊은 여자를 가게 하라. 그녀는 주님의 것이다."

"아니야, 그럴 리가 없어, 이 여자는 내 것이야." 마귀가 으르렁거린다.

"그 여자는 너의 것이 아니야." 미카엘이 지지 않고 맞선다. "그 여자는 구원받았고 그래서 그녀를 셋째 하늘로 옮기기 위해 내가 여기 와 있는 거라구."

"그 여자는 내 것이야." 마귀는 고집불통이다.

"아니야, 그녀는 주님의 것이라고." 미카엘이 말한다.

"아니야, 절대 아니야!" 마귀가 말한다. "그녀는 나의 것이고 그래서 나는 그녀를 저주할 것이며 지금 당장 지옥에 보내려는 중이란 말이야."

"네 손을 펴서 다시 한번 자세히 살펴봐." 미카엘이 말한다.

마귀는 손을 펴서 손 안에 있는 그 혼을 자세히 살펴본다.

"아니, 세상에, 그녀는 그리스도인이 아닌가!"

마지못해 사탄은 그녀를 미카엘에게 넘겨준다. 마귀는 다른 희생자를 찾아 나서면서 미카엘로부터 멀어진다. 다음과 같이 말하면서. "내 실수를 너무 비난하지 말라구. 그녀가 내 백성들과 함께 있었기에 착각했을 뿐이라구(엡 5:6,7)."

주님께서는 지난 24년간 필자에게 여러 가지 평범하지 않은 사역을 허락하셨다. 한번은 펜사콜라에 있는 사립여고 20대 학생들, 교사들과 두 시간 동안 자유토론을 벌인 적이 있다. 이 학생들과 교사는 그야말로 최신 유행의 옷차림을 하고 있었다. 보통 그 또래 여자들이 입는 기본적인 옷마저도 입고 있지 않았다. 이윽고 춤에 관한 질문이 나왔길래 출애굽기 15장, 사무엘하 6장, 전도서 3:4, 누가복음 15:25, 골로새서 3:16, 출애굽기 32장을 언급했다. 듣고 있던 교사가 아주 자연스럽게 대답했다. 이 교사는 학생들에게 나체와 반 나체(semi-nudity)에 대한 당위성을 고무시키는 사람이었는데 어떻게 옛날 유대인들이 보는 책에서 그것도 한 번 일어난 사건을 놓고 도덕적인 기준으로 받아들일 수 있느냐는 것이다. 오늘날 미국 사람들의 반응과 똑같은 반응을 보인 것이다.

이 교사의 대답은 현대 그리스도인이라고 말하는 사람들에게 볼 수 있는 아주 전형적인 양상이다. 이 교사는 침례받은 "교회 회원"이다. 그녀가 반대한 내용은 심각한 사실을 반영하는 것인데 이에 대해서는 여러 번 설명한 바 있다. 보수주의 학자들, 설교자들, 교수들은 성경에서 언급하는 권위들을 계속해서 파괴시켜 왔다. 미국 사람들이 세 세대에 걸쳐(1900-1930, 1930-1960, 1960-1990) 그래왔듯이 말이다.

이 고등학교 교사는 "근본주의자"이지만 성경에서 말하는 각각의 주제들에 대해서는 그 사실을 최종권위로 받아들이지 않는다. 단지 "동정녀 탄생," "부활," "육화된 하나님," 등등만을 받아들일 뿐이다.

성경에는 여러 가지 구체적인 사건들이 기록되어 있다. 성령 하나님께서는 수백만 가지 사건들 가운데서 각각의 사건들을 선택하여 기록하신 것이다. 하나님께서 각각의 사건들에 대해 어떻게 느끼시는가를 보여 주기 위함이다. 성경은 하나님께서 받아들이시는 그 이외의 경우에 대해서는 전혀 고려하지 않는다. 이 "최신"의 교사는 일생 동안 학생들을 간음으로 몰고 가고 있다. 마찬가지로 킹제임스성경을 가지고 꼭 같은 짓을 하는 자들이 있는데 웨스트, 샌데이,

트렌치, 라이스, 윌버 스미스, 쿨버트슨, 웨니거, 네슬, 알란드, 메츠거, 하넥, 웨스트코트, 홀트, 엘리콧, 존 알 라이스, 니일, 커스터, 오리겐, 제롬, 밥 존스 3세, 교황들, 라이트풋, 렌돌, A.T. 로버트슨 등등이다. 그 교사가 자신의 우상이 공격당하는 것을 참지 못하듯이 이들도 자신들이 섬기는 우상이 공격당하는 것을 견디지 못하는데 이들의 우상은 바로 "학문"이다. 이런 면에서 가차없이 AV 1611을 공격하는 것이다. 깃털이 같은 새들은 끼리끼리 모인다!

32 : 24 **내가 그들에게 말하기를 '어떤 금이라도 가진 자는 누구든지 벗겨 내**
라.' 하니 그들이 내게로 가져왔기에 내가 그것을 불에다 던졌는데, 이
송아지가 나왔나이다." 하더라.
25 **모세가 보니, 백성이 벌거벗은지라. (이는 아론이 그들로 벌거벗게 하여**
그들의 원수들 가운데서 수치가 되게 하였음이라.)
26 **그때에 모세가 진영 문에 서서 말하기를 "주의 편은 누구냐? 내게로 오**
라." 하니, 레위의 아들들 모두가 다 함께 그에게로 모이더라.
27 **그가 그들에게 말하기를 "이스라엘의 주** 하나님**께서 이같이 말씀하시느**
니라. '각 사람은 옆에 칼을 차고 이 문에서 저 문으로 진영을 두루 오
가며 각 사람이 자기 형제를, 각 사람이 자기 친구를, 각 사람이 자기
이웃을 살해하라.'" 하니,
28 **레위의 자손들이 모세의 말대로 하여, 그날에 백성 중에서 약 삼천 명**
이 쓰러지니라.
29 **이는 모세가 말하기를 "각 사람이 자기 아들과 자기 형제를** *쳐서* **오늘**
너희는 주께 너희 자신을 성결케 하라. 그리하면 주께서 오늘 너희 위
에 복을 내리시리라." 하였음이라.

현장에서 잡힌 한 "제사장"을(22절) 생각해 보라. 우상 주위에서 술 취해 광란의 음악에 맞춰 몸을 흔들어대는 섹스 파티장에서 발견된 바로 그 장면의 제사장 말이다. 역대기하 28:15에서 사로잡힌 자들이 벌거벗고 있었듯이 많은 사람이 벌거벗고(naked) 있다(25절). [킹제임스성경에서는 얼마나 세심하게 "naked"라는 말을 두 가지 의미로 사용하고 있는지 알 것이다. 하나는 창세기 3:7, 에스겔 16:22, 욥기 1:21에서 쓰인 것처럼 벌거벗었다는 말이고 또 하나는 야고보서 2:15, 마태복음 25:36, 이사야 20:3,4에서 쓰인 것처럼 부당하게 옷입혀졌다는 말이다.] 출애굽기 32장에 나오는 춤은 1910년부터 지금까지 미국에서 볼 수 있듯이 반쯤 벗겨진 채의 남녀가 뒤섞여 추는 춤이다. 이런 종류의 춤은 서로의 벽을 허물어뜨리는 데 더 할 나위없이 효력을 나타낸다. 1950년 이후로 미국에서는 백인 여자들이 춤을 출 때 거의 옷을 입지 않을 정도이다. 대학교의 여학생들이 해변에서 춤출 때보다 아프리카 콩고의 여인들이 그들의 민속춤을 출 때 더 옷을 많이 입는다.

자, 무슨 일이 일어났는가? 회중 전체는 술에 취해 있고 그 가운데 반은 벗은 채로 있다. 십계명 중 처음 두 계명과 마지막 계명을 범한 것이다. 이것은 본질상 로마카톨릭이 두 번째 계명을 없애 버리고 마지막 계명을 둘로 나눈 것과 똑같다. 제사장은 회중을 우상 숭배로 내몰았다. 이들은 돈을 허비했다. 이들은 속은 것이고 착각 속에서 헤어나오지 못하고 있다. 마치 재의 수요일(Ash Wednesday)이나 성 금요일(Good Friday)을 그리스도인들의 축제로(5절) 알고 있는 것과 마찬가지이다. 이런 회중 앞에 정면으로 나타난 사람이 있다. 하나님을 두려워하는 사람, 성경을 곧이곧대로 믿는 사람, 그래서 세상으로부터 구식이고, 고집세고, 자기만 옳다고 생각하고, 극단주의자라는 소리를 듣는 사람한테 걸린 것이다. 이 사람 앞에 무슨 변명이 나왔겠는가?

죄의 유전, 즉 환경의 탓으로 돌리는 것이다.

아론은 즉시로 "군집해 있는 회중"에게 비난의 화살을 돌린다.

"그들이 내게로 가져왔기에 내가 그것을 불에다 던졌는데 이 송아지가 나왔나이다."

그야말로 사건이다.

"나는 그 일과는 전혀 관련이 없어."

"하나님께서 나와 함께 있도록 주신 그 여자가..."(창3:12)

"수학적인 경우와 통계적인 확률이 말하는 것은..."

"빈민가에 있는 사람들, 사회적으로 추방해야 하는 사람들은 도대체 도움을 주는 사람들이라고 수용할 수가 없어. 왜냐하면..."

"여성들은 남성들에 대한 희생자들이야, 그래서 자유가 필요한데..."
"나도 어쩔 수가 없어! 내가 자라난 배경을 알고 보면..."
"고용인의 현실을 안다면 어떻게 우리에게 그런 행동을 기대하는지..."
여보게 칼 막스, 언제 자네는 우리와 함께 춤을 출 건가?

『그들이 내게로 가져왔기에 내가 그것을 불에다 던졌는데, 이 송아지가 나왔나이다』(24절). 금을 주조하는 데 쓰인 불에 대해서는(4절) 어떠한가? 그 송아지는 저절로 모양이 만들어진 것인가?(4절) 처음에 재료를 모은 사람은 누구란 말인가?(3절) 재단은 누가 쌓았는가?(3절) 재단도 불 속에서 갑자기 나왔단 말인가?

일터에서 열심히 일했는데 아무 이유 없이 유치장에 들어와 있는가?

씨가 다른 종자를 섞은 일이 없는데도 유전자 문제가 발생했단 말인가?

학생들을 하나로 묶어 획일적으로 다루지 않았는데 오늘과 같은 학생 범죄율이 증가했단 말인가?

"도대체 문제는 어디에서 시작된 것입니까, 하원 의원 나리?" 알다시피 아론, 찰스 다윈, 버트란트 러셀, 윌리엄 제임스, 존 듀이, (그리고 아담!) 모두의 문제는 자신의 책임을 누군가에게 전가시켰던 것이다. 이들은 모두 "어쩔 수 없는 본질, 환경, 사회"에 화살을 돌림으로 막다른 골목에서 빠져 나간다. 자신의 개인의 죄들을 사회적인 죄라고 비난하는 것이다. 대표적인 경우가 모든 공산주의자들과 모든 진화론자들이다. 진짜 공산주의자나 진짜 진화론자들은 하나님께 대한 개인의 책임이 나올 때마다 성경을 거부하고 자신의 의를 고수한다. 이들은 모두 "환경으로 인한 피해자들"이다. 이들만큼 귀가 얇은 사람들도 없을 것이다. 이들은 "환경을 바꾸면"(사회를 다시 조직한다면) 모든 "질병과 악"이 없어질 것으로 맹신하고 있다. 그러나 어쩌랴! 그 "질병과 악들"은 바로 다른 곳이 아닌 선한 일을 하고 있는 그들의 "마음 속에" 있으니 말이다(욥 31:33, 롬 3:9-20). 서로 다른 요소들을 고려하지 않고 뒤섞어 통합, 연합해 나가는 이들이 맺는 유일한 열매는 살인(공산주의 중국), 고문(파키스탄), 화형(북아일랜드), 내란(베트남)뿐이다. 머지않아 제3차 세계대전(계 19장), 제4차 세계대전(계 20장)도 이들의 열매가 될 것이다.

『...**이 송아지가 나왔나이다**』(24절). 맞는 말이구 말구! 예수 그리스도는 마구간에서 태어나셨다. 그러나 가축을 훔칠 필요가 없으셨다. 먹고 살기 위해 유대인 회당에 들어갈 필요도 없으셨다. 아브라함 링컨이 태어난 집은 관저로 변해 마치 타지마할 같아 보인다. 그렇지만 링컨의 가족들은 현관에 오줌을 누지는 않았다. 계단에 쓰레기를 쌓아 놓지도 않았다. 욥이 파산해서 몸은 상처투성이가 되고 가지고 있던 재산은 잿더미가 되었을 때 복지부에 편지 한 장 쓰지 않았고 의료 보장 제도에 호소하지도 않았다. "사회적 환경"을 바꿈으로 "인간의 마음"을 바꿀 수 있다고 생각하는 사람이 있다면 진짜 바보다. 유다는 월 스트리트에서 일하는 증권 거래업자처럼 일했기에 예수 그리스도를 팔아버린 것이다. 바울은 예수 그리스도를 증거하기 위해 감옥에 던져졌고 예수 그리스도를 위해 자신의 생명을 내어 놓았다. 어떤 사람이 선한 것은 그가 선하기 때문이다. 빈민굴에서 나쁜 짓을 행하는 사람은 백악관에서도 나쁜 짓을 행한다. 어떤 사람이 나쁜 것은 그 사람이 나쁘기 때문이다.

사회를 변화시키는 것으로 사람을 변화시킬 수 없다. 오히려 사람을 변화시킴으로 사회를 변화시킬 수 있는 것이다(요 3:1-6). 이것은 절대무오한 진리이다. 영원히 변치 않는 진리이다. 하나님께서 정하신 것이다. 이 진리는 결코 변경되거나, 타협의 여지가 있거나 사람에 따라 차별을 두지 않는다. 역사가 기록된 6,000년간 어느 개인이나 어느 국가도 이 진리에서 벗어나지 않았다. 오늘날 사회를 변화시켜 무엇을 얻어 보겠다는 것에는(그리고는 나중에 개개인의 죄를 이 사회의 속성에 돌린다.) 공산주의와 카톨릭의 정치적인 음모가 숨겨져 있는 것이다. 이 두 제도는 견고한 독재로 유지된다. 한 개인을 우상화시킴으로 말 그대로 수백만 명을 경찰 국가나 제사장 국가를 통해 통제하고 있는 것이다.

『... **이 송아지가 나왔나이다**』(24절). 모세는 자동적으로 튀어나온 이 송아지에 대해 어떻게 해야 할 것인지를 알고 있다. 이 송아지는 아무런 출처 없이 자동적으로 튀어나온 것이고 그에 따른 모든 책임도 "사회의 환경"에 있다고 생각하게 하는 송아지 아닌가?

『**모세가 그들이 만든 송아지를 가져다가 불에 태워서 가루로 만들어 물에다 뿌려 이스라엘 자손들로 그것을 마시게 하더라**』(20절). 분명하게 모세는 이 모든 잘못이 송아지뿐만 아니라 회중에게도 있다고 생각했다.

분명하게 이 우주를 창조하신 창조주께서는(시 148) 모든 문제의 원인이 "환경"이 아니라 종교적인 철학자들(마 23:1-30)에게 있다고 생각하신다. 가난 때문에 죄가 저질러지지 않는다. 죄가 가난하게 만든다.

출애굽기 32:20은 신명기 9:21이 설명해 준다. 출애굽기 32:20과 관련되어 잘 알려진 사실이 있는데 프랑스의 석학 볼테르(1694-1778년)가 출애굽기 32:20은 일어날 수 없는 현상이라고 말한 것이다. 파리에만 50여 개의 길드 샵(guilder's shop)이 있었는데 이곳에서는 금을 얼마든지 요리할 수 있었다. 너무나 종종 발견되는 사실은 당시의 대석학들은 실재 세계에서 너무 동떨어져 살았다는 것이다(1880-1980년에 기록된 모든 성경 주석들을 살펴보라). 이들은 짐짓 사실인 것처럼 여겨지는 안개 안에서 살다 죽은 것이다. [잠30:28 주석을 참조하라.] 이런 잘못으로 라흐만 재단이 성경을 잘못 번역한 대표적인 경우가 요 1:18이다. 1960-1970년대에 가장 보수적인 학자 그룹이라는 평판을 받았던 라흐만 재단 아닌가? 이 재단이 325년 이래 내려오는 모든 교회 협의회에서 결정한 소위 정통주의 기독교 신앙인 예수 그리스도의 신성을 완전히 격하시켜 버린 것이다. 볼테르와 마찬가지로 라흐만 재단도 꿈 속에서 살아 온 것이다. 하루 24시간 동안 온통 정신을 마비시키는 몽롱한 향기에 취해 희미한 구름 속을 떠다니는 학자 집단의 꿈 속 세상 말이다.

『**그처럼 큰 죄를**』(21절). 오늘날의 춤이 있게 된 첫 번째 춤에는 우상 숭배, 탐심, 하나님을 모독하는 모든 죄가 나타나 있다.

『**그들은 행악에 놓여 있나이다**』(22절). 사울을 보는 것같다!(삼상 15:21) 오늘날에도 이 불특정 다수 3인칭은 군대, 사업, 학교 곳곳에서 사용되고 있다. "아, 사람들이 서류 철을 가지고 오는 것을 잊은 모양이구먼." "사람들이 일 년 예산을 세우지 않았구먼." "사람들이 지난 해 10,000불 어치 영수증 처리를 하지 않았구먼." "사람들이 아직 신차를 생산하지 않았구먼." "사람들이 꼭 엉성하게 계획을 세운단 말이야." "사람들은 꼭 제 때에 일을 마치지 못한단 말이야." "사람들은 도대체 무슨 일을 하고 있는지 모르겠어."

『**백성이 벌거벗은지라**』(25절). 더멜로우는 "아주 사나운 상태"를 비유적으로 나타내는 것이라고 말한다(더멜로우는 항상 우리에게 웃음을 선사한다). 그래서 "헐거워지다"로 번역되어야 한다고 주장한다. 배교한 위클리프주석은 이 부분에 동의하면서 본문은 영적으로 해석해야 하는 것으로 하나님에 대한 모든 속박, 하나님에 대한 모든 충성으로부터 느슨해진 것을 의미한다고 말한다. [아무리 멍텅구리라도 1-23절을 읽고 나서 그것이 무엇을 말하는지 모를 수 있을까?]

늙어빠진 ASV는 알렉산드리아 특유의 어리석음을 그대로 내뱉는다. 이 저의를 모르는 사람은 ASV의 본문을 읽는 한 B.C. 1600-1500에 있었던 난장판의 아프리카 춤과 1900년 이후로 벌어지고 있는 아프리카의 난장판 춤이 서로 연관이 없다고 생각할 것이다. 이상하게도 이번에 칠십인역은 - 이 칠십인역은 NASV가 신약을 2,000군데 이상 고치는 데 사용되었다. - "흩어졌다"(scattered)라고 읽는다. 그런데 이 부분을 RV, ASV, NASV, RSV는 최종권위로 받아들이지 않는다. [무엇을 다루고 있는지 알 것이다. 라흐만 재단은 자신들 스스로를 최종권위로 삼는 것이다. 종교개혁 성경 본문인 킹제임스성경만 아니라면 그 어떤 본문이라도 받아들일 의향이 있는 것이다.]

킹제임스성경에서 히브리어 "para"를 단순하게 "벌거벗은지라"(naked)로 번역함으로 본문을 얼마나 선명하게 밝혀주는지 살펴보라. "이는 아론이 그들로 벌거벗게 하여 그들의 원수들 가운데서 수치가 되게 하였음이라." "para"를 "turn loose," "scattered"로 옮긴 캐캐묵은 번역이 얼마나 초라한지 보라. 본문을 잘못 번역한 것이다. "헐거워졌다"고 해서 또 "흩어졌다"고 해서 수치스러울 것이 무엇이겠는가? 반면에 킹제임스성경의 번역이 얼마나 정확하고 과학적으로도 정교한지 살펴보라. 성령 하나님 자신이 이 부분을 입증하신 요한계시록 3:18과 요한계시록 16:15을 찾아 읽어 보라.

『**주의 편은 누구냐?**』(26절) 엘리야가 이스라엘에게 던졌던 질문이기도 하다(왕상 18:21). 여호수아가 이스라엘에게 던졌던 제안이기도 하다(수 24:19). 이 말은 예수 그리스도께서 신약에서 갈등을 초래했던 질문이기도 하다(마 6:24, 눅 16:13).

1. 주의 편은 어떤 다른 사람들과 반대편에 있는 위치이다(요 17:9).

2. 주의 편은 세상이 결코 취한 적이 없는 앞으로도 없을 위치이다(요일 2:15-17).

3. 주의 편은 어느 시대였건 소수만이 취할 수 있는 위치이다(마 24:10-12).

4. 주의 편은 물의를 일으키는 위치이다(요 7:40-43).

5. 주의 편은 멸시받고 거부되는 위치이다(사 53:1-6).

6. 주의 편은 사회주의, 이교도, 공산주의, 카톨릭, 산타클로스, 무역, 세계 평화, 과학, 통합, 심리학, 복지, 명성, 영화, 사회적 위치, 포퓰리즘, 세계적 영향력 등에 대해 부정적인 견해를 가진 위치이다.

7. 주의 편은 성경이 계시하는 부분과 상충하는 모든 과학, 종교, 철학, 교육, 역사의 가르침에 대해 충돌하게 만드는 위치이다.

아무튼 누가복음 14:26이 얼마나 처절하게 문자적으로 성취되었는지 살펴보라. 이를 부인하기 위해 구원받지 못한 기독교 지도자들은 "구약의 하나님"과 "신약의 하나님"이 서로 다른 하나님이라고 생각한다. 바로 NASV가 그 짓을 한 것이다(요 1:18을 보라).

『각 사람은 옆에 칼을 차고... 자기 형제를... 자기 친구를... 자기 이웃을 살해하라』(27절). 참된 하나님으로부터(요 4:24, 요일 5:20) 멀어지게 한다면 가까운 친척이나, 가까운 친구나, 가까운 이웃이라고 해서 하나님의 명령의 대상에서 제외될 순 없다. 이교도로 빠지게 한다면 친척이든 가까운 친구든(슥 13:3,4), 이웃이든(신 17:2-5) 전적으로 무시해야 한다. 이런 행위를 세상에서는 "증오"(눅 14:26)라고 말한다. 그러나 이런 말은 하나님에 대해 아무런 영향력도 행사하지 못한다. 삼천 명의 피흘린 시체가 땅 위에 나뒹군다. 하나님께서 말씀하신 그곳이다. 이들은(왈덴시안처럼) 성경을 설교하다가 살해당한 것이 아니다. 이들은(Vaudois처럼) 헬라어 표준원문(TR)을 지키다가 살해당한 것이 아니다. 이들은(종교개혁자들처럼) 로마카톨릭을 비난하다가 살해당한 것이 아니다. 이들은(Ulstermen처럼) 로마카톨릭 정부에 항거하다가 살해당한 것이 아니다. 이들은(러시아 침례교도들처럼) 죄인을 예수 그리스도께로 인도하다가 살해당한 것이 아니다. 따라서 본문을 근거로 종교적인 배경을 가지고 다른 사람을 살해한다는 명목은 절대 용납될 수 없다. 이처럼 다른 사람들의 피를 흘린 사람들은

(B.C. 500-A.D. 1980) 강제적으로 자신들의 종교 관념이나 정치적인 목표를 주입시키려 했던 사람들인데 절대 성경대로 믿는 사람들이 아니다. 이들은 입으로만 성경을 믿는다고 말하는 자들이거나(퓨리탄들, 로마카톨릭 교도들) 아니면 공개적으로 성경을 던져 버린 사람들이다(공산주의자들). 이것은 태양이 지고 뜨는 것만큼이나 분명한 사실이다. [본문을 주석하기 위해서라면 최소한 위와 같은 내용은 다루어야 한다. 본문을 주석하는 데 절대적이고 필수적인 내용이기 때문이다. 그런데도 이와 같은 주석의 내용을 거부한다면 자신을 부르신 하나님을 배반하는 것이다.]

모든 전체주의는(공산주의, 사회주의, 카톨릭, 파시즘, 나찌) 자신의 반대 세력을 제거하는 데 있어서 무자비하고, 어떠한 도덕 관념도 없다. 구약에 있어서 교리였던 "자기 형제를... 살해하라."는 교리는 카톨릭이나 공산주의자들에게도 그대로 교리가 된다. 따라서 그들의 과거를 이상히 여길 필요가 없다. 과학이 말하는 물질주의 체제 안에서 다윈을 신봉하는 유인원들은 "적자 생존"을 믿고 있는데 이들이야말로 모세가 암 조직을 제거한다고 해서 결코 비난할 수 없을 것이다.

『**레위의 아들들 모두가**』(26절). 이것은 지극히 자연스런 반응이다. 레위 지파는 모세의 친족이기 때문이다(출 2:1). 이들이 갑작스럽게 자원한 것을 통해 알 수 있는 것은 - 비록 아론이 그 난장판의 "각하"이기는 했으나 아론이 그 일은 전적으로 동의하지 않은 채 흘러가고 있었다. - 레위 지파 전체가 "문화 교류"를 통해 "사회에 참여"(이 말은 UNESCO, HEW, NEA 지도자들이 밤낮 떠들어대는 말 아닌가?)하지 않았다는 것이다. [오늘날 신문, 잡지들이 "다른 인종간의 문화 교류"를 언급함으로 얻은 것이 무엇인가? 백인 청소년들이 가까이 하게 된 사기, 도둑질, 약물 남용, 폭력, 난폭함, 동성연애, 욕지거리, 근친상간을 더 부채질한 것 말고 무엇인가?]

『**그날에 백성 중에서 약 삼천 명이 쓰러지니라**』(28절). 여기서 하나님의 섭리를 발견할 수 있다. 똑같은 숫자를 사도행전 2장에서 발견한다. 성령께서 이 시대를 시작하신 시점이다. 율법이 주어질 때 삼천 명이 죽었다!(롬 7:10,11) 반면에 위로자가 오실 때 삼천 명이 새 생명을 받아 살아났다(엡 2:1-5). 얼마나 선명한가!

『**자기 아들과 자기 형제를** ***쳐서***』(29절). 이 구절은 27절에서 말하는 내용이다. 모세는 지금 성결해짐으로 복을 받기 위해서는 자신들의 친척을 쳐서 죽이라고 말한다. "upon"이라는 말은 AV 1611의 다른 곳에서처럼 "쳐서 죽이라는"(fall upon a man and slay him) 의미이다(왕상 2:32, 욥 1:17, 삼하 1:15). 따라서 이 말을 ASV처럼 바꿀 필요가 없다. ASV는 NCC의 RSV를 그대로 따라간다.

32 : 30 **이튿날 모세가 백성에게 말하기를 "너희가 큰 죄를 지었도다. 내가 이제 주께로 올라가리니 혹시 내가 너희 죄를 위해 속죄할 수 있을까 함이라." 하고,**

31 **모세가 주께로 돌아와서 말하기를 "오, 이 백성이 큰 죄를 지었고, 자기들에게 금으로 신들을 만들었나이다.**

32 **지금이라도 주께서 그들의 죄를 용서하시기를 원하나이다. 만일 그렇게 하지 않으시려거든 간구하오니 주께서 기록하신 주의 책에서 나를 지워 버리소서." 하니,**

33 **주께서 모세에게 말씀하시기를 "나를 거역하여 죄를 지은 자는 누구라도 내가 그를 나의 책에서 지워 버리리라.**

34 **그러므로 이제 가서 내가 네게 말한 장소로 백성을 인도하라. 보라, 내** 천사**가 네 앞에 가리라. 그럼에도 내가 감찰하는 날에는 내가 그들의 죄에 대해 그들을 감찰하리라." 하시니라.**

35 **주께서 백성에게 재앙을 내리시니 이는 그들이 아론이 만든 송아지를 만들었음이라.**

"속죄"라는 말은 출애굽기 29:36; 30:10,16 등 다른 곳에서 이미 나왔다. 여기에서 속죄라는 말은 언약궤와 관련되어 나왔다는 사실을 알 수 있다. 성령께서는(킹제임스성경 번역자들을 사용하신 분이시다.) 가끔 히브리어 학자들이나 헬라어 학자들을 놀려대신다. 이런 파괴적인 비평만을 일삼는 비평가들이(보수주의 학자들도 포함) 많은 지면을 할애하여 "속죄"(atonement)를 "덮는다"(cover)로 고치는 것을 아시기에 - 자비석을 덮는다는 것을 강조하기 위해(출 37:9을 보라.) - 성령께서는 어떤 히브리어 본문도 참조하지 않으시고 영어 성경에 정확하게 그 내용을 보존하셨다. 신명기 10:1-5을 보면 모세가 만든 궤가 하나 나오는데 "혹시 내가 너희 죄를 위해 속죄할 수 있을까 함이라."는 말을 할 바로 그때 이 궤를 가지고 산으로 올라간다. 이는 궤와 피의 속죄를 연결시켜 주는데 성막이 세워지기 전의 일이다. 지성소를 만들 재료들이 모아지기도 전, 아니 지성소 안에 있는 진짜 궤의 모양이(출 37:1-9) 보여지기도 전의 일이다!

모든 보수주의 학자들이 어쩌다 보니 이 관계를 놓쳐 버린 것이 아니다. 다만 이들은 성경의 권위를 자신의 학문으로 대체시키는 데 너무 바빴던 것이다. 그러다 보니 이들은 에스겔 14:1-10의 위대한 원리를 잊어버린 것이다. 이 위대한 성경적 진리는 구약과 신약에서 모두 발견되는데(살후 2:3-8) 마음속에 우상을 간직한 채 진리를 찾겠다고 덤벼드는 한 결코 진리를 찾을 수 없다는 것이다. 이 진리는 어느 역사에 있어서나 어느 민족이나 어느 국가에도 적용된다. 어떤 그리스도인이 정통을 말하고 믿음의 근본사항을 믿고 25년간 정규교육을 받고 사람들로부터 경건하다는 평판을 듣고 원어를 온전히 터득하고 좋은 건물을 짓고 아이큐가 170이 된다는 이유만으로는 어떤 구원받은 죄인에게도 진리로 무장시켜 줄 수 없다. 그리스도인이라고 하는 학자들이 말씀의 권위에 순종하기를 거부한다면 하나님께서도 그 사람에게 어떤 것도 보여 주기를 거부하신다. 그 사람이 알 수 있는 한계는 그전에 누군가가 썼던 내용만을 알 수 있을 뿐이다. 크리스찬 교육이 성령의 위치를 찬탈할 때 성경의 계시는 멈춘다.

죄인의 죄를 "덮는다"는(히브리어로 "kaphar") 내용은 언약궤를 다룰 때 모든 면에서 분명하게 제시된다. 굳이 "속죄"라는 말을 바꿀 필요가 전혀 없다. 궤는 자비석이 덮는다. 자비석은 그룹이 덮는다. 그룹은 휘장이 덮는다(출 40:3). 휘장은 성막 자체가 덮는다. 어떤 성막도 있기 전에(계 13:8) 궤는 첫 번째로 속죄와 관련이 있다. 비록 모세가 산에 올라가 속죄를 드린 것은 없지만 그때 산에 올라간 의도는 요한복음 10:11에서의 예수 그리스도의 의도였음이 분명하다

(롬 9:1-3에서의 바울의 의도이기도 하다). 성경에 기록된 그대로만 믿는다면 그 어떤 실수도 하지 않는다.

"만일 그렇게 하지 않으시려거든 간구하오니 주께서 기록하신 주의 책에서 나를 지워 버리소서!" 죄를 사하기 위해서는 피가 요구된다. 히브리어 "kaphar"를 얼마나 심도있게 논하는가 하는 것은 불필요하다.

본문을 통해 얻을 수 있는 위대한 교훈은 예수 그리스도께서는 자신의 백성이 약속의 땅으로 들어가기 전에 죽으셔야 했다는 사실이다. 마찬가지로 모세도 모세의 백성이 카나안으로 들어가기 전에 카나안 밖에서 죽은 것이다. 주 예수 그리스도를 "모세와 같은 선지자"(신 34:10)라고 성경이 부르는 것은 전혀 의아스러운 일이 아니다.

31절은 평이한 내용이다. "god"(신)이라는 말과 "gold"(금)라는 말은 한 자 차이밖에 없다. 금으로 신들을 만들 때 이 민족은 첫 번째 두 계명과 마지막 계명을 범한 것이다. 이것은 정확하게 누가복음 18장에서 젊은 부자 관원이 행한 것이다. 예수님께서는 젊은 관원이 자신의 문제점을 깨닫게 하기 전에 그 자신이 지킬 수 있는 계명들로 유도하셨다는 사실을 알 것이다.

모세는 자신이 저주받겠다고 나선다(롬 9:1-2). 주님께서 이스라엘의 죄를 용서하실 수 있는 길이 그 길뿐이라면 자신이 이스라엘의 입장에서 저주받겠다는 것이다. "주께서 기록하신 주의 책"은 분명히 모세가 기록했던 이스라엘 지파의 출석부는 아니다. "주의 책"은 성경에서 많이 발견되는 어떤 책이거나 책들을 모아 놓은 것이다. 이 주의 책이 나오는 곳마다 말하는 것은 하나님 자신이 손수 기록하신 초자연적인 책이라는 것이다.

1. 다른 책들이 언급될 경우에는 그 책들을 기록한 저자들이 언급된다(출 17:14, 민 5:23, 신 17:18, 수 24:26). 문맥에서 저자가 언급되지 않을 경우(삼하 1:18, 창 5:1, 마 1:1, 왕하 14:15,18,28 등등) 그 기록에 대해 알 수 있는 어떤 저자를 발견할 수 있다.

2. "생명의 책"에는 하나님만이 아실 수 있는 내용이 들어 있다고 말씀하신다(빌 4:3, 계 13:8). 이 생명의 책이 오늘날 땅에 있는 책이라면 이 책은 성경일

것이다(히 4:12). 왜냐하면 이 말씀이 또한 "하늘에 세워졌나이다"(시 119:89)라고 되어 있기 때문이다. 이것은 육신으로 오신 말씀이 같은 시간에 하늘에도 계시고 땅에도 계셨던 사실과 정확하게 같은 것이다(요 3:13).

3. 구약 성도들의 이름이 기록되어 있는 한 책이 있는데 그것은 하나님의 책이다(단 12:1, 말 3:16). 이 책은 "산 자들의 책"(시 69:28)이라고 불려진다. 이 책에 기록된 이름들은 "흙에 기록"된(렘 17:13) 이름들과 대조를 이룬다. 하나님께서는(하나님의 성품) 인구 조사 명부를 가지고 계신 듯싶다. 세밀하게 구분하시고 "땅"에 속한 사람들과 "하늘"에 속한 사람들을 나누신다(고전 15:39-42, 요 3:3,5,8).

이런 풍부한 자료들이 있음에도 불구하고 클라크, 랑게, 엘리콧, 존슨, 케일, 델리취, 윌리엄즈, 벌링거는 본문을 힘껏 닫아 버린다. 그리고는 하키팀이 골 문을 향해 치닫는 것처럼 어디론가 내뺀다.

성경은 "생명을 주는 책"이다. 그 이름이 "생명책"이든 아니든 상관없다. 게다가 성경은 "책들"(복수)로 이루어져 있다. 요한계시록 20:12의 책들과 다니엘 7:10의 책들로 이루어져 있다. 게다가 성경에는 사람들의 이름이 기록되는 여분이 있다. 이 부분은 우주 창조를 위해 할애한 부분보다 더 많다! 게다가 이름들이 기록된 부분은 여러 장 연달아 기록된 부분도 있다(예를 들어 민수기 1장을 보라). 한 가지 더 알 수 있는 사실은 이 책에 기록된 이름들은(눅10:20) 그 책에서 지워질 수 있다는 것이다(출 32:33). 성경에 나오는 마지막 경고는 성경 안에 있는 말씀들을 엉망으로 만들지 말라는 것이다!

자, 이 부분에 대해서는 이만 하고 이번에는 이름의 의미에 대해 알아보자. 본문에 대해 위대한 헬라어 히브리어 학자들이 적어 놓은 견해는 정신적으로나 영적으로나 너무 동떨어져 있어 울부짖는 소리가 들릴 것같기 때문이다. 알다시피 영어, 중국어, 독일어, 프랑스어, 러시아어, 스페인어, 일본어 이름들에는 그 의미들이 있다. 그리고 이런 이름들의 의미는 역시 히브리어 말들에서 발견된다. 히브리어 이름들은 창세기, 출애굽기, 민수기, 역대기상 등등에 나온다. 사람들이 백보좌 심판석에 설 때 그들이 만들어낸 "개정판"(revisions)으로 심판받는다는 사실이 충격적이지 않는가? 그리고 이 개정판에는 생명의 책으로부터 자신들의 이름이 삭제되었다는 사실을 발견할 때 소름끼치지 않겠는가?

우리가 지금 다루고 있는 이 문제에서 가장 안전하게 거할 수 있는 한 가지 길이 있다(사 66:2). 그 책에 손대지 말라.

『**내 천사가 네 앞에 가리라**』(34절). 이 천사는 주의 천사이다. 출애굽기 33:11,14를 통해 분명해진다. 벌링거는 이 천사는 아마도 낮은 계급의 천사일 것이라고 말한다. 벌링거는("New" Scofield Reference Bible의 개역 위원이다) 출애굽기 33:2의 부정관사에 걸려 넘어진다. 이 부분에 대해서는 앞에서 살펴보았다(갈라디아서, 에베소서, 빌립보서, 골로새서 주석을 참조하라). 오히려 성령께서는 영어에서의 참조 구절을 제시해 주심으로(사 63:9) 벌링거의 잘못을 바로잡아 주신다.

『**내가 감찰하는 날에는 내가 그들의 죄에 대해 그들을 감찰하리라**』(34절). 그 다음 구절이 설명해 준다. 『**주께서 백성에게 재앙을 내리시니**』 『**내가 감찰하는 날에는**』 이 부분만 본다면 미래에 징계를 내리시는 것처럼 보인다. 이에 대한 관련 구절은 민수기 14장일 것이다. 그렇지만 뿌린 대로 거둔다는 태고의 법칙은(갈 6:7) "그들의 죄"에 대해 비껴가지 않는다. "그들의 죄"(34절)는 우상 숭배한 죄다(행 7:42). 하나님께서 그들로부터 돌아서서 내버려 두신 것은(행 7:41,42) 그후가 아닌 바로 그 시점에서다. 성령께서 이 부분을 설명하시는 데 "인정받는 학자들"의 도움 없이도 얼마나 선명하게 AV 1611에서 설명해 주시는지 보라. 뒤따르는 재앙은(민 11:33; 16:49) 첫 번째 두 계명을 범한 것에 대한 합리적인 징계이다. "내 천사"(MINE ANGEL)라는 말은 출애굽기 23:20,23에서의 "한 천사"(AN ANGEL)라는 말과 같은 말이라는 것을 알 수 있다. 출애굽기 32:34에서 모세와 이스라엘 "앞에" 가신 주의 천사는 출애굽기 23:20,23에서 언급한 주의 천사와 똑같은 천사이다. 다른 점은 이 천사는 더 이상 진중 한가운데서는 나타나지 않는다는 것이다(출 33:7,8). 다만 성막이 "진중 밖에" 있을 때 성막에 나타나신다.

신약의 그리스도인에 관련된 모든 요소가 나타난다. "주의 얼굴"(출 33:11, 고후 4:6)은 "성문 밖"에서(히 13:10-13) 발견된다. 주의 이름은(출 23:21) 하나님

안에 있다. 바울이 알아차렸던 주의 천사가 바로 자신의 주님인 것과(행 27:23) 꼭 같다!

하나님의 인격이나 하나님의 나타나심에는 변화가 없다. 단지 변화가 있다면 진중이 위치하는 지리상의 위치만 변동시켜 나타나시는 것이다.

본문을 마치면서 마지막으로 살펴볼 것은 『**백성**』(35절)은 아론과 함께 죄를 감당했다는 사실이다. 비록 아론이 새기는 도구로 모양을 만들어 송아지를 만들었지만(출 32:4) 그 송아지를 요구하고 그 송아지를 만들 재료들을 가져온 것은 그 백성들이었다.

스테판은 즉시로 이 진리를 깨달았다. 그래서 산헤드린에서 외친다. 『**그 즈음에 그들이 송아지상을 만들어... 그들 자신의 손으로 만든 것을 놓고 기뻐하였느니라**』(행 7:41).

출애굽기 33장

33:1 주께서 모세에게 말씀하시기를 "너와 네가 이집트 땅에서 데리고 나온 백성은 여기를 떠나서 내가 아브라함과 이삭과 야곱에게 맹세하여 말하기를 '네 씨에게 내가 그것을 주리라.'고 한 그 땅으로 올라가라.

2 내가 천사를 네 앞에 보내어 카나안인과 아모리인과 힛인과 프리스인과 히위인과 여부스인을 쫓아내고,

3 젖과 꿀이 흐르는 땅에 이르게 할 것이나, 나는 네 가운데 올라가지 아니하리니, 이는 네가 목이 굳은 백성이라, 혹 내가 도중에서 너를 진멸할까 함이라." 하시니라.

이 부분은 32:34에서 천사를 언급할 때 살펴보았다. 2절에서 하나님께서 보내신다는 "천사"(an angel)는 32:34에서 말한 "내 천사"(mine Angel)이다. 이 천사는 또한 시내 산에서 모세에게 나타난 천사이기도 한데, 그때 그 천사는 "I AM"이라고 불렸다(출 3:2; 6,14). 성경에서 "주의 천사"("An" angel of the Lord)라고 말할 때 그 천사는 하나님의 어떤 천사를 말할 수도 있으나, 특별히 하나님 자신이 나타나시는 "주의 천사"("The" angel of the Lord)와 동일시되기도 한다(갈 4:14 참조).

대부분의 주석가들과 더불어(위클리프 주석, 더멜로우, 강단 주석) 클라크는 이 부분에서 더 낮은 계급의 천사가 33:2에 나타난 것이라고 주장한다. 하지만 32:34에서 분명하게 약속하고 있는 바, 그렇지 않다.

"젖과 꿀이 흐르는 땅"에 대해서는 3:8의 주석을 보라.
"목이 곧은 백성"에 대해서는 32:9의 주석을 보라.

33:4 ○ 백성이 이 나쁜 소식들을 듣고, 슬퍼하여 장신구를 다는 사람이 아무 도 없더라.

5 이는 주께서 모세에게 말씀하시기를 "이스라엘 자손에게 말하되 '너희는 목이 굳은 백성이라. 내가 잠깐 네 가운데 올라가서 너를 진멸하리라. 그러므로 이제 네 장신구들을 제하라. 그리하면 내가 너에게 무슨 일을 할 것인지를 알리라.' 하라." 하셨음이라.

6 이스라엘 자손이 호렙 산 가까이서 그들의 장신구들을 떼어내었더라.

7 모세가 성막을 가져다가 진영 밖, 진영에서 멀리 떨어진 곳에 치고, 그것을 회중의 성막이라고 부르니, 주를 찾는 모든 자가 진영 밖에 있는 회중의 성막으로 나아가더라.

8 모세가 성막으로 나가면, 모든 백성이 일어나 각자 자기 장막 문에 서서, 그가 성막에 들어갈 때까지 모세를 바라보니라.

9 모세가 성막 안으로 들어가면, 구름 기둥이 내려와서 성막의 문에 서며, 주께서 모세와 말씀하시니,

10 모든 백성은 그 구름 기둥이 성막 문에 선 것을 보고 모든 백성이 일어나 각기 자기의 장막 문에 서서 경배하더라.

11 주께서는 사람이 자기 친구와 말하는 것같이 모세와 대면하여 말씀하시니라. 모세는 다시 진영으로 돌아왔으나 눈의 아들인 그의 종 청년 여호수아는 성막을 떠나지 아니하니라.

야곱은(그 식구들도) 창세기 35:4에서 4절의 과정을 그대로 따랐다. 이것이 말하는 예표에는 의심의 여지가 없다. 외부의 장식을 다 벗겨내는 것은(벧전 3:3) 사람이 있는 그대로 하나님 앞에 서는 것을 의미한다. 이사야 3:16-24에서는 아주 좋은 그림을 볼 수 있는데, 다른 사람을 감동시키고자 할 때 몸에 달고 다니는 장식들에 관한 그림이다. 무엇인가 치장한 채로는 하나님 앞에 설 수 없다(창 35:2-5). 장식들을 떼어 내야만 한다!

『**내가 잠깐 네 가운데 올라가서 너를 진멸하리라**』(5절). (민 11:1; 11:33; 16:46를 참조하라.)

이 전체 문맥은 타락한 성도와 하나님과 교제하고 있는 성도를 보여주고 있다. 게다가 이 그림을 고린도전서 10:1-10에서 다시 한 번 보여준다. 예표에 관해서는 전혀 실수가 없다.

1. 우상숭배하는 그리스도인은 탐심이 있는 그리스도인이다(골 3:5).

2. 이 그리스도인에게 하나님의 진노가 닥칠 때는 "진노의 자녀들"(엡 5:6)과 함께 우상숭배하고 있을 때일 수 있다.

3. 탐심을 제거하기 위해서 이 그리스도인은 먹는 음식과 입는 의복에 대해 절제할 수 있어야만 한다(딤전 6:8). 장신구들은 제거되어야 한다.

4. 이것이 그리스도인에게 해당하는 법이다(출 33:6 "호렙 산 가까이서"). 이것이 바로 바울이 구원받은 후에도 "율법은 영적이고 거룩하고 의롭고 선한 것"이라고 주장한 이유이다(롬 7:14,16).

5. 교제 가운데 있는 성도는 자신의 주님을 대할 때 얼굴과 얼굴을 맞대고 "대면하여"(출 33:11) 교제한다. "친구"처럼 교제하는 것이다(요 15:15). 그러나 이렇게 되기 위해서는 "진영 밖"으로 가야만 한다(히 13:10-13).

6. "구름 기둥"(10절)은 성령님을 나타낸다. 성령께서는 우리가 하나님과 대화할 때 내내 계신다. 더욱이 빼놓을 수 없는 사실은 예수 그리스도께서 나타나신다는 사실이다(11절). 예수 그리스도께서는 성막 안에 머물러 계신다. ("여호수아는 성막을 떠나지 아니하니라.") [이 성막은 후에 세워지는 성막과 다르다. 출 18:7-11 참조]

교회 의식을 끔찍이 여기는 사람들은 8절과 10절을 보자마자, 자신들의 교회에서 치르는 의식들을 떠올릴 것이다. 카톨릭과 감독 교회 모두 구약의 제사장 직분을 도둑질 해 갔기 때문에, 자신의 교회 회원들을 교회가 생기기 이전으로 되돌려 그곳에 집어 넣으려 하는 것이다. 우리는 종종 이 교회 지도자들이 교회 통로로 행진하는 것을 본다. 머리는 성단소 가운데 있는 "지성소"를 향한 채 말이다. 이때 회중은 모두 일어서 있다. 영락없는 "신부 입장"이다.

『주께서는... 모세와 대면하여 말씀하시니라』(11절). (신 34:10 참조) 이것은 하나님께서 아브라함과 말씀하셨던 방식이다(행 7:1-3). 그래서 아브라함의 경우와 마찬가지로(약 2:23) "친구"라는 말은 모세에게도 정확하게 적용된다. 이 경우 모세와 아브라함은 주의 천사와 대면한 것이다.

『청년 여호수아』(11절) 이 당시 여호수아의 나이는 약 40-42세였다. 여호수아 1-24장의 전쟁의 시기를 감안하여 볼 때 그렇다. 그러나 고려해야 하는 사실은 여호수아, 모세, 요셉, 아브라함 모두 시편 90:10의 "칠십"을 훨씬 넘겨 살았다는 것이다. 따라서 40살을 110살에 비교해 보았을 때 생애 가운데 삼분의 일 조금 더 산 것이다. 70살을 기준으로 볼 때 삼분의 일은 23년 4달이다. 이러한 기준으로 볼 때는 여호수아는 25살 정도의 나이에 비유되는 것이고, 그래서 여기서 "청년"이라고 말한다.

33:12 ○ **모세가 주께 말씀드리기를 "보소서, 주께서 내게 이 백성을 데리고 가라고 말씀하시면서 주께서는 나와 함께 보낼 자를 내게 알려 주지 아니하셨나이다. 주께서 전에 말씀하시기를 '나는 너를 지명하여 알며 또한 너는 내 목전에서 은혜를 입었느니라.' 하셨나이다.**

13 **그러므로 이제 내가 주께 간구하오니 내가 주의 목전에서 은혜를 입었으면, 이제 주의 길을 내게 보이시어 나로 주를 알게 하시고 내가 주의 목전에서 은혜를 입게 하소서. 이 민족을 주의 백성으로 생각하소서." 하니,**

14 **주께서 말씀하시기를 "나의 임재가 너와 함께 가며 내가 너에게 쉼을 주리라." 하시니라.**

15 **모세가 주께 말씀드리기를 "만일 주의 임재가 나와 함께 가지 않으면 우리를 여기에서 올려보내지 마소서.**

16 **나와 주의 백성이 주의 목전에서 은혜를 입은 것을 무엇으로 알리이까? 주께서 우리와 함께 가시는 것이 아니니이까? 그것으로 우리, 즉 나와 주의 백성이 지면에 있는 모든 백성들로부터 구별되나이다." 하니,**

17 **주께서 모세에게 말씀하시기를 "네가 말한 이 일도 내가 행하리니, 이**
는 네가 내 목전에서 은혜를 입었고 내가 지명하여 너를 앎이니라." 하
시니라.
18 **모세가 말하기를 "내가 주께 간구하오니 주의 영광을 내게 보여 주소**
서." 하니,
19 **주께서 말씀하시기를 "내가 나의 모든 선함을 네 앞에 지나가게 할 것**
이며 내가 네 앞에 주의 이름을 선포하리라. 나는 은혜를 베풀 자에게
은혜를 베풀고 자비를 보일 자에게 자비를 보이리라." 하시니라.
20 **또 주께서 말씀하시기를 "네가 내 얼굴을 볼 수 없으니 이는 나를 보고**
서 살 자가 아무도 없음이니라." 하시고
21 **주께서 말씀하시기를 "보라, 내 옆에 한 곳이 있으니 너는 한 바위 위**
에 설지니라.
22 **내 영광이 지날 동안 내가 너를 그 바위 틈에 넣어서 내가 지날 동안**
내 손으로 너를 덮으리니,
23 **내 손을 거두면 네가 내 뒷부분을 볼 것이나 내 얼굴은 보지 못하리**
라." 하시니라.

여기서 다시 신약에서 언급하는 구원의 아름다운 그림을 보여준다. 모든 구절을 통해 구원의 모습이 보여진다. 12절에서 모세는 그리스도인을 예표한다. 모세는 하나님의 목전에서 "은혜"를 발견했다(엡 2:8). 하나님께서는 모세를 "이름까지도" 알고 계신다(요 10:3). 그리스도인은 자신의 길이 아닌 하나님의 길을 찾는다(13절). 바울이 다마스커스로 들어서자마자 아나니아는 바울에게 손을 얹고 하나님의 길에 대해 말해준다. 게다가 하나님의 임재가(14절) 그리스도인과 동행한다(히 13:6). 이 과정을 통해 그리스도인은 화평을 누린다(요 14:27, 롬 5:1). 하나님 옆에 있는 한 "곳"(place, 21절)은 삼위일체 가운데 있는 두 번째 위치이다. 그곳은 하나의 반석이다(고전 10:2-4). 이분의 임재 안에서 그리스도인과 그 죄들은 "덮여진다"(22절). 바로 그 위치에서 그리스도인인 모세는 한 민족을 위해 중보하는 역할을 하는 영적 제사장이다.

모세는 이 민족을 인도할 누군가를 보내달라고 요청하기 시작한다. (『**주께서**

는 나와 함께 보낼 자를 내게 알려 주지 아니하셨나이다』, 12절) 전에 시내 산에서 있었던 똑같은 일과 비교해 보라(출 4:10).

더멜로우와 클라크같은 사람들은 모세가 출애굽기 33:2의 그 천사를 잊어버린 것이라고, 아니면 32:34과 같은 특별한 천사를 요구한 것이라고 말한다. 하지만 여기서 모세는 아주 조심스럽게, 자신보다 "앞서 갈" 사람이 아닌 자신과 "함께 갈" 누군가를 요청하는 것이다.

『**이제 주의 길을 내게 보이시어**』(13절) 이 말은 다음과 같은 말로 진척된다. 『**주의 영광을 내게 보여 주소서**』(18절). 모세와 야곱은 주의 천사를 만났을 때 아주 비슷한 부분이 있는 것 같다. 주의 천사를 만나기만 하면 더욱 식욕이 돋는 모양이다. 계시(revelation)라고 하는 식욕 말이다(창 18:24-33). 이들은 다정한 부모를 둔 아이처럼 하나님의 은혜를 듬뿍 받는 특권을 누렸다. 그 은혜가 어떠했는지 살펴보자.

1. 모세는 하나님의 목전에서 하나님의 "은혜"를 발견했다(과거).

2. 모세는 하나님의 길을 알기를 원한다. 그것은 하나님의 목전에서 은혜를 발견하기 위함이다(미래).

3. 이 내용을 얼마나 정확하게 말씀하시는지 히브리서 4:16에서 말씀하시는 은혜를 살펴보라.

그리스도인이라면 알고 있듯이, 모세도 하나님의 임재가 없다면 그것은 희망 없는 전쟁이라는 것을 알고 있다. 전사인 여호수아도 이 사실을 알고 있다. 그러기에 하나님의 "임재"가 나타나는 곳인 성막에 머물러 있다. 이 하나님의 임재는 구름 기둥으로 나타난다. 이 구름 기둥은 이스라엘 민족이 광야의 여정에 있는 동안 동행한다(출 40:35,36,37). 이 예표는 내주하시는 위로자를 나타낸다. 바로 주님이신 그 위로자 말이다(고후 3:17). 하나님의 임재에는 은혜와 더불어 하나님께서 구별하시는 것과(16절) 하나님의 능력이 따른다.

17,18절은 평이한 내용이다. 그러나 다음 문맥(19-23절)에서 주석가들은 계속해서 혼란에 빠진다.

1. 캠브리지 바이블은 모세가 "하나님 뒤에" 남겨졌을 때 볼 수 있었던 것은

하나님의 “잔광”(afterglow)뿐이었을 것이라고 제안한다.

2. 하나님의 “뒷부분”은 하나님께서 “행하신 일들”이라고 칼리쉬(Kalisch)는 말한다.

3. 아담 클라크에 따르면 다음 장에서 나타나는 바, 산 위에서 “눈에 보여지게 나타나는” 것은 없다고 한다. 그러면 “보다”라는 모든 말들은(33:13,18,20,23) “영적으로” 받아들여야만 한다. 교회사를 공부해 본 사람들은 알겠지만, 영지주의자들이 바로 이런 생각을 가졌었다.

자, 학자들의 잘못된 해석들은 뒤로 던져버리고, 기도하는 마음으로 성경이 말씀하고 있는 바를 들어 보자.

1. 모세는 이미 주의 영광을 보았다(출 19:21; 16:7). 말 그대로 본 것이다.

2. 아브라함, 야곱, 또 다른 사람들도 이미 “주의 얼굴”을 본 적이 있다. 하나님께서 “현현”하신다는 의미에서 말이다(창 32:30).

3. 이스라엘의 장로들도 마찬가지였다(출 24:10).

4. 그러므로 “주의 천사”는 유령 같은 영체가 아니다. “강림하시며”(34:5), “그의 앞을 지나시는”(34:6) 분이 유령 같은 분일 수가 있겠는가?

5. 모세가 본 모습은 하나님의 본질인 하나님의 혼은 아니다(출 33:20). 이 하나님의 본질에 대해서는 디모데전서 6:16에서 설명하고 있다. 그래서 한 가지 결론을 얻게 된다.

모세는 주 예수 그리스도 그분을 볼 수 있는 특권을 부여받았다. 육신으로 나타나시기 이전의 예수 그리스도의 상태를 본 것인데, 그 모습은 계시록 1:16에 나타난 영광 중에 거하시고 부활하신 예수 그리스도의 모습이다. 피가 없는(고전 15:28) 영광스런 몸을 가지고 계신 그 모습이다(눅 24:37-40).

주 예수 그리스도는(고후 3:18, 요 17:24) 하나님의 영광이시다(고전 11:3, 고후 3:18). 그분은 주의 천사보다 나으신 분이시나(히 1:4), 육신으로 나타나실 때는 천사보다 못하게 나타나셨다(히 2:7,14,16).

즉 모세가 본 것은(B.C. 1500년경) 베드로, 야고보, 요한이 A.D.30-33년경에 본 모습과 같다(마 19:1-5). 주님 “옆에” 서 있었던(출 33:21) 모세는 주님 “앞에” 서 있었던(왕상 17:1) 엘리야에게 계시록 11:3-6에서 대답한다. 베드로, 야고보, 요한이 이들을 보았던 것과 꼭 같다.

이 외에도 본문이 말하고 있는 영적 진리는 풍성하다.

A. 죄인은 "모든 이름 위에 있는 이름"이 선포(출 33:19)되는 것을 깨닫기 이전에 하나님의 선하심을 경험해야만 한다(33:19).

B. 예수 그리스도는 하나님의 선하심이다. 하나님의 선하심의 모든 것이 되신다(골 2:9).

C. 예수 그리스도는 하나님의 은혜이시다(33:19, "나는 은혜를 베풀고"). 이 은혜는 죄인을 구원시킬 수 있는 은혜이다.

D. 예수 그리스도는 하나님의 자비가 나타나신 것이다(33:19). 이 자비는 누가복음 1:50,54,58,72,78에서 말하는 그 자비이다.

E. 예수 그리스도는 하나님의 얼굴이시다(33:20). 요한일서 1:1,2, 고린도후서 3장에 따르면 그렇다.

F. 예수 그리스도는 바위이시다(33:21). 베드로전서 2:3-8, 고린도전서 10:2-4에 따르면 그렇다.

G. 예수 그리스도는 바위틈이셨다(33:22). 죄인들이 숨는 곳이다. 이 바위 틈은 출애굽기 17:6에서 언급되는데, "얻어맞는" 바위로서 언급된다(사 53:4)!

구원받은 죄인이라고 고백한 보수주의 학자들이라면, 이 짧은 문맥에서 즉시로 예수 그리스도를 계시할 수 있어야 한다.

예수 그리스도는 진리이시다(요 14:6). 그래서 이 진리는 모세에게 계시하는 한 가운데서(출 34:6) 갑자기 나타나신다. 예수님은 죄를 용서하신다(막 2:7). 그래서 "죄악을 용서"하는 것이 모세에게 계시하는 한 가운데서 갑자기 나온다(34:7). 수십 차례 "주"(LORD, "여호와")라는 말이 나오는 곳에서 모세는 예수 그리스도에 대한 말을 끄집어 낸다! 『**오 주여, 내가 주께 바라오니 나의 주께서 우리 가운데 가소서**』(34:9). [시 11:1 참조]

출애굽기 34장

34 : 1 주께서 모세에게 말씀하시기를 "너는 처음 것과 같은 돌판 둘을 깎으라.
그러면 네가 깨뜨렸던 처음 돌판에 있던 말들을 내가 이 돌판 위에다
쓰리라.
2 아침에 준비하고 아침에 시내 산으로 올라와서 산 정상에서 네 자신을
내게 보이라.
3 아무도 너와 함께 오르지 말며 온 산에 걸쳐 아무도 보이지 않게 하고
양떼들과 소떼들도 그 산 앞에서 먹이지 못하게 하라." 하시니라.

클라크는 모세와 하나님이 같은 것을 기록했다는 사실을 입증하기 위해 거의 두 페이지나 종이를 낭비한다. 클라크는 자신이 상상하고 있는 내용으로 인해 계속 혼동하고 있다. 즉 모세가 십계명을 기록한 것과(27,28절) 하나님께서 십계명을 기록한 것(신 10:1-5)이 분명히 맞지 않는다는 것이다. 학자들은 "두가지 십계명 이론"을 만들어 냈는데, 클라크는 이 성경의 모순을 해결할 요량으로 이 이론을 다시 들고 나온 것이다(그의 주석 p.473,474).

그러나 십계명을 기록한 분은 모세가 아니라 하나님이시다. 10절에서 26절까지 하나님께서는 여러 가지 명령들을 말씀하신 후 27절에서 모세에게 그 명령들("말들, words")을 기록하라고 하셨다. 27절에서 모세에게 기록하라고 하신 "말들"은 십계명이 아니다. 그것은 백성들을 위한 명령들인 10-26절의 말씀들이다. 모세가 이것을 기록하는 동안 하나님께서는 십계명을 다시 기록하신 것이다.

하늘과 땅이 없어지기 전에는 율법의 일점 일획도 모든 것이 이루어질 때까지 결코 없어지지 아니하기 때문에, 그리고 성경은 폐기될 수 없기 때문에(요 10:35) 하나님께서는 깨진 돌판에 기록된 말씀들을 다시 적으신다. 『**네가 깨뜨렸던 처음 돌판에 있던 말들을 내가 이 돌판 위에다 쓰리라**』(1절).

이 사실 만큼이나 아름다운 영적 적용이 있다. 모세가 보았던 성육신되기 이전의 구세주의 모습은 계명들이 깨어졌다는 사실을 깨달은 후에야 볼 수 있었다(출 32장, 롬 7:5-10)! 더욱이 우리는 율법이 높여진다는 사실을 알고 있다(사 42:21). 구세주께서 나타나실 때 율법이 회복된다는 사실도 알고 있다(출 5,6장, 눅 1:46). 『**네가 깨뜨렸던 처음 돌판에 있던 말들**』(1절)은 모세의 마음 속 깊이 가라 앉았음에 틀림없다. 다른 사람들이 거부했던 친근한 하나님의 계시를 받을 준비를 하고 있던 모세의 마음에 말이다. 『**네가 깨뜨렸던**』(요 7:19)!

이 문맥에 나오는 대부분은 지극히 개인적인 내용이다. 『**준비하고... 네 자신을 내게 보이라**』(2절). 바울도 말한다. 『**그러므로 형제들아, 내가** 하나님**의 모든 자비하심으로 너희에게 권고하노니, 너희 몸을** 하나님**께서 기뻐하시는 거룩한 산 제물로 드리라**』(롬 12:1). 산 위에서 있었던 경험은(왕상 19장) 자신의 마음을 살필 수 있는 시간이었고, 스스로 자백할 수 있는 시간이었으며, 자신을 심판하고, 개인적으로 하나님과 교제할 수 있는 시간이었다(마 14:23).

34:4 ○ 모세가 처음 것과 같은 돌판 둘을 깎고 아침에 일찍 일어나서 두 돌판을 손에 들고 주께서 그에게 명령하신 대로 시내 산에 올라갔더라.
5 주께서 구름 가운데 강림하시어 그와 함께 거기에 서서 주의 이름을 선포하시고,
6 주께서 그의 앞을 지나시며 선포하시기를 "주로다. 자비롭고, 은혜로우며, 오래 참고, 선함과 진리가 풍성한 주 하나님**이로다.**
7 자비를 수천 대까지 간직하며 죄악과 허물과 죄를 용서하나 범법자가 결코 깨끗게 되지는 아니하리니 그 조상들의 죄악을 그 자손들과 그 자손

들의 자손들 삼사 대까지 미치게 하느니라." 하시니라.

8 **모세가 급히 땅에 머리를 숙여 경배하며,**

9 **말씀드리기를 "이제 내가 주의 목전에서 은혜를 입었으면, 오 주여, 내가 주께 바라오니 나의 주께서 우리 가운데 가소서. 이는 그들이 목이 굳은 백성임이니이다. 우리의 죄악과 죄를 용서하시고 우리를 주의 유업으로 삼으소서." 하더라.**

성경을 보다보면 어떤 한 문맥을 통하여 성경 전체의 큰 그림을 볼 수 있는 부분이 있다. 이 부분이 바로 그런데, 이 부분을 통하여 영적인 진리, 교리적인 진리를 알 수 있다. (이와 같은 본문으로는 창 3:1-8; 4:1,2; 12:1,2; 22:1-14; 40장 등을 들 수 있겠다. 창세기 주석 참조.) 이와 같이 교리가 계시되는 부분, 영적인 진리가 집중적으로 등장하는 부분에서는 "사람들의 전통"(골 2:8)이나 학자들의 의견이 침투하지 못하도록 두 배나 조심해야 한다. 아담 클라크는 히브리어 실력을 맘껏 뽐내고는 있지만, 7절에서 위대한 진리를 놓쳐버린다. 위클리프 주석도 본문을 교묘히 빠져나간다. 극단적 세대주의자 윌리엄즈 또한 화려한 수사학을 구사하며 본문을 교묘히 빠져나가고 만다. 더멜로우와 강단 주석 또한 마찬가지이다. 벌링거만이 위대한 진리에 접근하여 나름대로 추측을 하지만, 그마저도 마태복음 26:28, 로마서 3:25, 히브리서 9:15로 독자들을 올바로 연결시키지 못한다. 이 관련구절들이야말로 우리가 공부하고자 하는 본문이다. 이들이 본문을 정직하게만 다루었어도 수만의 캠벨추종자 설교자들을 이단교리에서 진리로 돌이킬 수 있었을 것이다. 왜냐하면 7절은 신약에 기록된 "죄들을 사함으로 인하여"라는 표현을 올바로 풀어줄 수 있는 구절이기 때문이다. 이에 대해서는 후에 자세히 살펴볼 것이다.

자, 본문을 보자.

『**주께서... 강림하시어**』(5절). 하나님께서 첫 번째 강림하셨던 것처럼(딤전 3:16) 두 번째로 강림하실 것이다(슥 14:1-6).

『**그와 함께 거기에 서서**』(5절). 육신으로 오셨을 때처럼(빌 2:7-10, 히 2:9) 하나님께서 돌아오실 때도 마친가지이다(계 20:1-6).

『**주의 이름을 선포하시고**』(5절). 이것은 항상 사람들과 관계가 있다(빌 2:7-9).

그 이름이 진정으로 선포될 때는 다음과 같은 속성들이 따른다.

1. 『**자비롭고,**』 제일 먼저 언급되는 하나님의 속성이다. 가장 중요하고 본질적인 하나님의 속성이다. 하나님께서 모든 종류의 사람을 다루신다면 이 성품이 반드시 있어야만 한다. 하나님의 자비가 없다면 모든 인류는 자신들의 저주받을 운명에 대해 소망이 없다. 하나님의 자비가 다했을 때(창 6장) 어린 아이들도 빠져 죽었다. 하나님의 자비가 다했을 때 노인네들도 불에 탔다(창 8,19장). 하나님의 자비가 다했을 때 여자들이 강탈당했고(애 5:11), 남자들은 나무에 못박혔다(눅 23:33). 하나님의 자비가 영원히 지속된다는 말은 태어난 모든 세대에게 하나님의 자비가 적용된다는 의미에서만 유효한 것이다. 하나님의 자비는 항상 이렇게 적용된다. 때로는 어린 아이가 생명을 잃는 것이 하나님의 자비이다(왕상 14:12-13). 파라오가 물에 익사한 것도 하나님의 자비이다(시 136:15). (파라오가 그 바다를 빠져나갔다면 어떻게 되었겠는가? 모세를 자신의 양자라고 해서 탬버린을 치고 춤을 추면서 껴안았겠는가?) 하나님의 자비가 있기에 숨쉬고 먹을 수 있는 것이다. 사람의 색깔이 붉은 색이든 검은 색이든 핑크 빛이든 이 땅 위에 사는 모든 사람은 하나님의 자비가 있기에 생존하는 것이다(시 136:25). 어떠한 사람도 하나님의 자비 없이는 살 수 없다(행 17:25). 어떤 국가도 하나님의 자비 없이는 건립할 수 없다(롬 11:32). 따라서 하나님께서 행하신 모든 일 위에는 하나님의 부드러운 자비가 있는 것이다.

하나님께서는 의로운 사람에게도 불의한 사람에게도 자비로우시다(마 5:45). 따라서 하나님께서 어떤 사람을 다루실 때 그 사람에게 자비를 베푸시지 않고는 다루지 않으신다(마 18:34). 하나님께서 사람과 관계를 형성하실 때 하나님의 자비야말로 첫 번째가 되는 가장 뛰어난 하나님의 속성이시기 때문이다. 자비에 대해 마지막으로 말한다면 거듭나지 못한 죄인을 하늘에 들어오지 못하게 하시는 것도 하나님의 자비이다. 하나님의 자비를 짓밟아 버린 사람, 곧 그 사람 자신을 대신하여 죽으셨을 만큼 사랑하신 그분의 사랑을 거부한 사람에게는 지옥보다 더 고통스런 곳이 하늘일 것이기 때문이다. 『**주의 자비하심으로 우리가 진멸되지 아니하였으니**』(애 3:22)라고 예레미야는 말한다. 이 말은 이 땅에 숨쉬고 있는 모든 남자, 모든 여자에게 맞는 말이다. 그런데도 어떻게 주석가들은 "주의 이름"이 말하는 이 위한 중심적인 계시의 진리를 한갖 히브리어 어원 운운하면서 쓸어버릴 수 있단 말인가. 그래도 이들 가운데 A.W. 핑크가 단연 돋보인다.

2. 『**은혜로우며,**』 이 말은 하나님의 "자비"라는 단계 위에 있다. 자비는 대부분 부정적인 대상에게 적용된다(시 136편). 은혜로움은 하나님의 자비만으로는 줄 수 없는 특권을 선사해 준다. 정죄받은 어떤 사람의 생명을 죽음에 넘겨주는 것이 하나님의 자비라면 이 자비와 함께 따라오는 것이 은혜로움인데, 이 은혜로움으로 인해 죄를 범한 죄인이 풀려날 수도 있고 더 나아가서는 선한 것들로 공급받을 수 있는 것이다. 한 예가 역대기하 28:11-15에 나온다.

다윗은 사울에게 자비로왔다(삼상 24장). 그러나 므피보셋에게는 은혜로왔다(삼하 9장). 하나님께서는 롯에게 자비로우셨다(창 20장). 그러나 아브라함에게는 은혜로우셨다. 은혜 없이 자비를 받을 수는 있으나, 자비 없이는 어떤 은혜도 없다.

3. 『**오래 참고,**』 열거된 하나님의 속성 가운데 이 "오래 참음"은 가장 모세의 마음을 강하게 찔렀을 것이다. 그 마음이 민수기 14:18에서 분명하게 드러난다. 투덜거리고 불평해 대는 2백만명이나 되는 교회 회원들을 데리고 있었던 모세는 경험으로 "오래 참음"이라는 말이 얼마나 위대한 말인지 안다. 베드로는 홍수가 나기 전의 수년 간을 이 오래 참음이라는 말로 기록했다(벧전 3:20). 그때는 사람들이 하나님의 오래 참음이 어디까지 가나 시험했던 때였다. 또 하나님께서 모든 사람을 구원하시고자 하는 하나님의 열망과 관련시켜 이 말을 사용했다(벧후 3:9). 비록 이 말이 부정적인 말이지만("자비"와 마찬가지로) 이 오래 참음은 진노하신 하나님께서 칼을 칼집에서 빼 태양계 전체를 원자들로 산산이 분해시키는 것을 막아 준다(벧후 3:10-13). 하나님께서는 거짓말하고 도둑질하는 사람들에 대해 참으신다. 살인하고 간음하는 사람들에 대해서도 참으신다. 잔인하고 사실을 왜곡시키고 고문하는 사람들에 대해서도, 횡령하고 사기치고 반역하는 사람들에 대해서도 참으신다. 정욕적이고 기만하는 사람들에 대해서

도 참으신다. 오천년 이상 참아 오셨다. 지구 전체에 대해, 온 인류에 대해 남녀노소에 관계없이 참으신다. 하나님의 오래 참으심이 없었다면(전 8:11) 오늘날 이 지구상에 한 사람도 살아 남아 있지 못했을 것이다. 거룩하시고 의로우신 분의 눈은 파리와 베를린의 게쉬타포 고문실을 지켜보고 계셨다. 사람들이 트레블링카, 아우슈비츠, 부첸발트에서 대량학살 당하는 것을 지켜 보고 계셨다. 스페인의 종교재판소에 구비되어 있는 고문기구들과 스미스필드 잉글랜드에 있었던 화형 장작들을 보고 계셨다. 시베리아의 강제수용소도, 아프리카와 인도에서 기아에 허덕이는 어린 아이들도 보고 계셨다. 프랑스, 터키, 멕시코에서 자행되는 마약 밀매도 보고 계셨다. 북아일랜드의 카톨릭 테러분자들도 보고 계셨다. 거짓말하는 교황과 추기경들도 보고 계셨다. 하나님을 대적하여 마구 외쳐대는 다윈, 듀이, 막스도 보고 계셨다. 어린애 같은 소리를 하는 아인쉬타인, 헉슬리, 헤겔, 윌리엄 제임스도 보고 계셨다. 거룩한 성경이 얼마나 무시무시하게 파괴되는지도 보고 계셨다. 유럽과 아시아에서 수백만명의 사람들이 비참하게 죽어가던 것을 보고 계셨다. 국제 경찰이 얼마나 거짓말하고 기만하는지도 보고 계셨다. 기록된 6천년 간의 역사를 통해 강탈당하고 절규하던 소녀들과 할머니들을 보고 계셨다.

하나님께서 오래 참지 않으셨다면 이 책도 못 봤을 것이다.

4. 『**선함과 진리**』. 구약에서 주 예수 그리스도의 성품이 나온다. 주의를 요하는 부분이다.

노아의 경우를 통해 하나님의 은혜로움이 어떠한 것인지 알 수 있다. 롯의 경우를 통해 하나님의 자비와 오래참으심이 어떠한 것인지 알 수 있다. 이제 선함과 진리가 어떤 것인지 알아볼 차례다. 성령의 한 모형인 엘리에셀(창 24:27)은 말하는 중에 "진리"를 잠깐 언급한다. 야곱도 이 "진리"를 언급한다(창 32:10). 비록 이 두 경우 모두 하나님의 성품과 관련되어 말한 것은 아니지만 말이다. 출애굽기 18:9에서는 "주의 선하심"에 대해 말하고 있지만 이 경우 하나님께서 이스라엘을 위해 행해주셨다는 의미에서만 선하심에 대해 말하고 있다. 이 선함과 진리라는 말은 "이름"을 선포하는 한 부분으로부터 나온 것이다.

“선함”은 성령의 열매 가운데 하나다(갈 5:22). 이 “선함”은 에베소서 5:9에서는 “진리”라는 말과 함께 나온다(본문에서처럼). 이 두 경우 모두 주 예수 그리스도와 관계가 있다. 에베소서 5:9에서는 강조가 되었는데 선함이라는 말과 진리라는 말 사이에 “의”라는 말이 첨가되었다. 구원받지 못한 사람을 회개에(롬 2:4) 이르게 하는 것은 바로 “하나님의 선하심”이다. 이 말에 반대되는 말이 “준엄하심”(롬 11:22)이다. 성령께서 내주하지 않으신다면 어떤 사람도 선하지 않다(롬 3:10과 행 11:24을 비교해 보라).

“진리”는 주 예수 그리스도와 직접적으로 관계가 있다(요 14:6). 예수님께서 요한복음 8:32에서 이 말을 사용하셨을 때 이 말을 예수님 자신과 동등하게 취급하신 것이다(요 8:36). 이 “진리”는 거룩한 성경의 기록된 말씀들과 너무나 밀접하게 관계가 있는 것이어서, 이 진리라는 말은 곧 성경에 적용된다(요 17:17). 예수님께서 진리라는 말을 자기 자신에 적용시키셨듯이 말이다(시 138:2). [더 자세한 부분으로 잠언 30:5; 22:16-21의 주석을 보라.] 성경을 미워하는 것은 예수 그리스도를 미워하는 것이다. “성경숭배자” 운운하는 사람치고 하나님을 대적하는 죄를 짓지 않는 사람이 없다. 입에 침을 튀기며 “경건한 번역가,” “축자적으로 영감받은 최초의 원본” 운운하는 학자들은 대개가 킹제임스성경을 극히 증오하는 사람들이다. 성령께서 어떤 “경건한” 학자들에게 상의하지 않으시고 절대 권위의 자리에 앉히신 킹제임스성경을 이런 사람들은 증오하고 있는 것이다.

5. 『**죄악과 허물과 죄를 용서**』. 죄악(iniquity)은 자연의 본성(nature)에 반하것을 말한다. 허물(transgression)은 율법이나 규례를 던져버리려고 하는 반역을 말한다. 죄(sin)는 어떤 종류이든지 “불의”를 포함한다(요일 5:17). 요셉은 형제들의 허물들을 용서했다(창 50:17). 다윗은 아비가일의 허물을 용서했다(삼상 25:28). 예수 그리스도의 지상 사역에는 “용서함”에 대한 이야기들로 가득 차 있다(눅 7:42,47, 마 18:21 등).

용서를 의미하는 “forgive”라는 말은 신약의 “remission”과 비슷하며, 요한복음 20:23 등에 나온다. 이 말에는 ‘무엇인가를 알아차리지 못하는 상태에서 눈에 보이지 않도록 보내다’라는 뜻이 있다. 또는 ‘알아차리지 못하는 상태에서 무엇인가를 지나치다'라는 뜻이다. 히브리서 10:18에는 이 말이 나오는데, 이 뜻을 분명하게 말해주는 곳이 그 전 구절인 17절이다. 하나님께서는 예수 그리스도께서 육신으로 나타나시기 훨씬 이전에 구약에 있는 수천의 사람들을 아무런 값없이 용서하셨다(시 78:38, 민 14:10,19, 시 25:18; 85:2; 99:8). 그러나 이 용서는 "송아지와 염소의 피"(히 9:19)에 근거한 것이었다. 알다시피 히브리서 10:4에서는 "죄들의 용서함"에 대해서는 언급이 없다. 이 구절에서 말하는 것은 『**황소들과 염소들의 피로는 죄들을 제거하는 것이 불가능**』하다는 것이다.

이것은 지금 우리가 살펴보고 있는 다음 구절을 설명해 준다. 『**범법자가 결코 깨끗게 되지는 아니하리니**』(7절). 구약의 성도들은 "깨끗게" 되지 않은 채 용서받았다. 그들의 죄들은 옮겨지지 않은 채 간과된 것이다. 그들의 죄들은 예수 그리스도께서 나타나기 전까지는 구속(redeemed)되지 않았다. 이 주제는 성경에서 다루는 가장 중요한 주제 가운데 하나인데도 벌링거만을 제외하고 한결같이 이 본문을 놓쳐버렸다는 사실이 놀랍다.

A. 『**첫 언약 때에 범죄한 것들을 구속하시려고**』(히 9:15). 이 구절에서 분명히 말하는 것은, 비록 이런 허물들이(transgressions, "범죄한 것들") 용서되었다 하더라도 범죄자들 자체는 아직 "깨끗게" 되지 않았다는 것이다.

B. 『하나님**의 오래 참으심 가운데서 이전에 지은 죄들을 사하심으로 인하여 그의 의를 선포하려 하심이요**』(롬 3:25). 이 구절이 말하는 것은, 하나님께서는 구약에 있는 죄들을 참으셨고 구약의 피의 속죄에 근거하여 죄들을 "간과하셨다"(행 14:16)는 것이다. 그러나 이 죄들이 폐기되기 위해서는(골 2:14) "화목제물"이 나타나야만 한다(롬 3:25).

C. 『**이는 이것이 죄들을 사하심으로 인하여 많은 사람을 위해 흘리는 나의 새 언약의 피이기 때문이라**』(마 26:28). 보수주의자들은 이 구절을 보자마자 히브리서 10:4로 뛰어간다. 갈보리 때까지는 어떤 죄도 "용서"되지(remitted) 않았다는 것이다. 캠벨추종자들은 마태복음 26:28을 사도행전 2:38과 묶어버린다. 『**죄들을 사함받은 것으로 인하여 너희 각자는... 침례를 받으라.**』

"죄들을 사하심으로 인하여"(for the remission of sins). 이 구절이 나오는 모든 곳에서 말하는 것은 하나님께서는 예수 그리스도께서 나타나시기 수백 년 전에 이미 죄들을 용서해 주셨다는 것이다(막 1:4 참조).

하나님께서 의로우시고 거룩하신 하나님이기 위해서는 사람들을 용서해 주는 데 대한 법적인 근거가 반드시 필요하다. 그런데 이 근거는 마태복음 26-27장에서 하나님의 아들이 십자가에 못박히기(사 53:3-9) 전까지는 어떤 역사 가운데도 나타나지 않았다. 이 근거가 나타날 때까지 잠정적인 근거가 되는 것이 "황소들과 염소들의 피"였다. 이 사실을 통해 말해주는 것은, 구약의 성도들은 죽은 다음 곧장 하늘 나라에 올라가 하나님을 대면하지 못하고 "아브라함의 품"이라고 하는 중간 상태로 간 것이다.

예수 그리스도께서 피를 흘리신 것은 하나님께서 이미 죄들을 용서해 주셨으나, 그 죄들을 용서한 근거를 갖고 계셔야만 했기에 피를 흘려주신 것이다.

베드로가 침례를 준 것은 하나님께서 이스라엘을 이미 용서해 주셨기 때문이다(눅 23:34). 하나님께서 자신들을 용서해 주셨다는 사실을 이스라엘이 믿는다면 자신들의 믿음을 나타내 보이라고 베드로는 말하고 있는 것이다.

"죄들을 사하심으로 인하여"(for the remission of sins)라는 말이 나오는 어떤 곳에서도 "죄들을 용서받기 위하여"라는 의미로 사용된 곳은 없다. 이런 의미로 사용된 곳은 구약에도 신약에도 없다. 그 어떤 헬라어, 라틴어, 히브리어, 시리아어 사본에도 없다. 알렉산더 캠벨의 가르침은(웨스트민스터 교리문답, 성공회 39조항, 감리교 지침서, 로마카톨릭 교리문답) 비성경적인 가르침이다. 신구약 어디에도 물침례가 죄를 용서하는 데 영향을 미친다는 말은 없다. 침례를 받기 전에 죄들은 이미 용서가 된 것이다. 죄가 용서된 사람만이 물에 들어가는 것이다. 아나니아조차도 바울에게 말할 때 "죄사함 받기 위해" 침례를 받으라고 말하는 잘못을 저지르지 않았다. 의식으로서의 정결례를 뜻하는 의미에서 "씻으라"는 말을 사용했을 뿐이다. 이미 구원받았고 이미 거듭난, 즉 완전히 죄가 용서된 사람에게 말하고 있는 것이다. 물이 담긴 풀에 들어가기 삼 일 전에 바울은 이미 거듭난 것이다(고전 4:15; 15:8 참조)!

"구약" 시대에 어떤 사람이 구원받았을 때 그는 영원히 거룩하게 된 것이 아니다. 그는 새로운 출생을 경험하지 않고 성도가 되었다. 하나님께서 그를 받아 주신 것은 "약속 어음"이라는 근거에서 받아 주신 것이다. 용서는 받았지만 구속된 것은 아니다. 넘어는 갔지만(출 12장) 중생하지는 않았다. 이러한 이유로 인해 예수 그리스도께서 나타나셔야 했고 완전한 제물로서 자신을 드려야만 했다(히 10:8-10). "죄들을 사하심으로 인하여"(for the remission of sins)라는 말이 나오는 곳은 모두 이런 필요가 있음을 언급하는 곳들이다.

6. 『**죄악을... 미치게 하느니라.**』(출 20:2-5 참조) 이 징계는(언뜻 보면 열왕기하 14:6과 충돌되는 듯이 보이지만) 출애굽기 20:5에서 말하는 것과 같다. 우상숭배의 죄를 다루고 있는 것이다. 이것은 본문 다음에 오는 내용을 살펴보면 즉시로 알 수 있다(10-16절). 유대인들이 다른 모든 민족들과 분리되어 있기에 이 우상숭배에 대한 징계는 중요한 것이다. 이때까지 하나님께서는 다른 이방인들이 우상숭배하는 것에 대해서는 눈감아 주셨다(행 17:30). 그러나 하나님께서는 이스라엘이 우상숭배하는 것에 대해서는 그가 누구였든지 간에(왕하 13장) 결코 눈감아 주시지 않는다(왕하 12장)!

『**모세가 급히... 말씀드리기를**』(8,9절). 모세의 행보가 갑자기 변한다. 이것은 본문 한 절 한 절을 살펴볼 때 분명하다. 모세의 말에 주의해보라. 『**우리의 죄악과 죄를 용서하시고**』(9절.). 그러나 32:30에서는 "너희가" 큰 죄를 지었다고 말하고, 32:31에서는 "이 백성이" 큰 죄를 지었다고 말하고, 32:32에서는 "그들의" 죄를 용서해 달라고 간구했다. 하지만 여기서 모세는 갑자기 "우리의 죄"라고 말함으로써, 백성들뿐아니라 자기 자신에 대해서도 고소하고 있는 것이다.

이것은 하나님을 만나는 과정에서 일어나는 필수 조건이다. 성경을 보기만 하면 아무리 어리석은 그리스도인이라 해도 알아낼 수 있는 진리이지만, 프로이드, 헉슬리, 헤켈, 다윈 등은 하나님으로부터 어떤 계시도 얻지 못한다. 이 우주를 창조하신 창조주를 만나게 되는 모든 사람의 현저한 특징은 자신의 양심을 얻어맞아 죄책감을 갖고 땅 바닥에 엎드러지게 되는 것이다.

1. 이 일은 바울에게 일어났다(행 9장).
2. 이 일은 이사야에게도 일어난 일이다(사 6장).
3. 이 일은 욥에게도 일어났다(욥 42장).

4. 이 일은 모세에게도 일어났다(본문).

베드로는 부르짖는다. 『**나를 떠나가소서. 오 주여, 나는 죄인이로소이다**』(눅 5:8). 그렇게 용맹스럽던 다윗도 주의 천사가 하나님을 계시하자 겁쟁이가 되어 버렸다(대상 21:30). 아무렇지도 않게 "조물주"(the divine Architect, the First Cause)에 대해 말하는 사람들이 있다. 이 사람들은 조물주를 에너지를 생성하는 본질 정도로 여기는 사람들인데, 이들 가운데 아무도 "내가 하늘을 거역하여 죄를 지었나이다... 나를 품꾼의 하나로 삼아주소서."라고 절규하지 않는다. 이들은 자신들이 말하는 조물주를 참새가 독수리를 만난 것만큼도 못하게 여긴다. "죄책감"은 항상 구원을 가져다 준다. 죄책감은 항상 새로운 출생을 가져다 준다. 죄책감은 항상 – 예외 없이 – 개인적으로 다가오시는 하나님의 계시를 알 수 있게 해 준다(출 20:20). 물론 거짓 "죄의식"이 있을 수 있다. 거짓 "죄에 대한 찔림"이 있을 수도 있다. 그러나 어떤 사람도 하나님의 마음을 알지 못하고서는 성령께서 역사하시는 새로운 출생을 경험할 수 없는데, 자신이 파산한 사업가라는 사실을 아는 사람만이 하나님의 마음을 알 수 있다. 자신이 낙제한 학생이고, 자신이 다리가 부러진 운동 선수이고, 자신이 사로잡힌 군인이고, 문둥병자이고, 수확을 거두지 못한 농부이고, 고장난 무전기를 가지고 있는 통신병이고, 종교적으로 쫄딱 망한 사람이어서 자신의 하나님 앞에 감히 나설 수 없다는 사실을 알아야만 새로운 출생을 경험할 수 있는 것이다. [이 사실에 동의하지 않는 사람이 있다면 하나 분명히 알 수 있는 사실이 있는데, 그것은 그 사람이 어떤 사람이든 무엇을 하는 사람이든 자신의 의로 가득찬 사람이라는 것이다. 결코 거듭난 적도 없는 죄인이어서 둘째 사망에서(계 20장) 그를 태울 불길이 이미 그 사람의 마음 안에서 불타오르고 있다는 사실이다.]

모세는 죄에 대한 용서를 구하기 전에(9절) 은혜를 말한다. 『**이제 내가 주의 목전에서 은혜를 입었으면...**』

이 표현이 언급될 때 모세는 "자백한다." 모세는 지금 다니엘처럼 기도하고 있다(단 9장). 마침내 참된 구원자로서 자기 자신을 자신의 백성들과 동일시한다.

『**우리를 주의 유업으로 삼으소서**』(9절). 여기까지는 유업이라는 말이 상속받는 땅과 관련되어 기록되었다(창 31:14; 48:6; 15:7,8). 여기까지는 백성과 관련되어 기록된 것이 아니다.

1. 하나님 자신은 레위지파의 유업이었다(신 10:9).

2. 팔레스타인 땅은 이스라엘의 유업이다(신 12:9; 20:6).

3. 천년왕국의 통치는 그리스도인의 유업이 될 것이다(골 3:24).

4. 이스라엘(야곱)은 주의 유업이다(신 32:9, 시 78:71, 사 19:25, 렘 10:16; 51:19, 겔 48:29).

이 네 가지 사실들을 염두에 두고 성령께서는 곳곳에서 자세하게 부연설명하신다. 예로 "유다"는 재림 때에 스카랴 2:12에서 "주의 유업"이라고 말씀하신다(사 65:9 참조). 이스라엘은 재림 전에 회복될 뿐만 아니라(겔 47:14, 시 105:11, 사 54:3), 천년왕국에서의 통치 또한 이스라엘의 유업이 된다. 이 부분을 통해 그리스도인에게 왜 "공동 상속자"(롬 8:17)라고 말씀하셨는지를 알 수 있다. 이 부분을 통해 룻기 4:6의 가까운 친척이 왜 룻을(그리스도의 몸을 예표한다.) 구속할 수 없었는지 설명해 준다. 그는 자신의 유업에 대해 "손해를" 입을 수 있었던 것이다(룻 4:6). 그 자신의 유업은 이스라엘을 예표한다. 킹제임스성경이 어떻게 이 두 위대한 성도들의 몸을 나란히 놓고 그 유사한 점과 다른 점을 비교하여 설명하는지 보라. 초자연적인 설명 없이도 성경이 얼마나 쉽게 설명해 주는지 보라.

1. 교회와 이스라엘은 둘 다 "아들들"이라고 부른다(요 1:12,13, 출 4:22, 사 60:9). 그러나 이스라엘은 단수로서 하나의 아들이라고 불려지는데, 이것은 집합체로서의 하나의 민족을 말한다. 구약 어디에서도 이 집합체에 속한 한 개개인들 아들이라고 부르지 않는다. 구약 어디에서도 개인이 출생을 통하여 "거듭났거나," 한 "아들"이 되었다고 하는 곳은 없다. 거듭나거나 출생을 통해 한 아들이 되는 것은 신약에서만 가능한 것이다(롬 8:1-15).

2. 교회와 이스라엘은 둘 다 "신부들"이다(계 21:2, 엡 5:24-29, 호 2:19, 렘 3:14). 그러나 한 신부는 순결한 처녀이고(고후 11:2-3, 솔 6:9), 다른 한 신부는 회복되기는 하지만(호 1-3장) 간음한 신부이다.

3. 교회와 이스라엘은 둘 다 신부들로 다루어지지만, 한 남자로도 불린다(호

6:4; 11:1; 12:2, 암 7:2-5, 믹 1:5; 3:8, 엡 4:13).

4. 교회와 이스라엘 모두 공통 이름을 가지고 있는데, 바로 "거룩한 민족"이라는 이름이다(벧전 2:9, 출 19:5-6). 이 이름이 "유업"이라는 말의 참된 의미를 확정시켜 준다. 신명기 32:43은 이 민족들에 대한 문맥인데, 모세가 요구한 것이 무엇인지를 정의해 준다. 신명기 32:8,9에서는 하나님께서 이스라엘을 하나의 "유업"으로 취하셨다고 말씀하신다. 이 지구상에 살고 있는 열 두 민족들과 구분되는 한 민족을 택하셔서 하나님 자신의 백성이 되게 하신다는 의미에서 이스라엘을 유업으로 취하신 것이다. 『**지극히 높으신 분께서 민족들을 그들의 유업으로 나누셨을 때,... 백성들의 경계를 정하셨으니,... 야곱은 그분의 유업의 몫임이라**』(신 32:8,9).

하나님께서 이렇게 택하신 것은 출애굽기 32-34장까지는 성취되지 않았다. 왜냐하면 그 다음 구절에서(신 32:10) 하나님께서는 야곱을 이집트(하나님께서 이스라엘을 "첫태생"이라고 불러주셨을 때)에서 발견하지 않으셨다고 말씀하시기 때문이다! 하나님께서는 야곱을 사막과 황폐하고 삭막한 광야에서 발견하셨다. 모세 자신이 출애굽기 34:9의 간구를 드린 후에야 이스라엘은 하나님의 "유업"으로 받아들여졌다.

출애굽기 19:5,6에서는 하나님께서 이스라엘을 하나님 자신의 "백성"으로 삼는 것에 대해 단지 그 조건들만 입안해 놓으신 것이다. 출애굽기 34장에서 하나님께서는 모세의 기도에 응답하신다. 출애굽기 19장의 조건들이 다시 반복되었다 하더라도 지금에 와서야 확정된 것이다. 지금부터 하나님께서는 이스라엘과 맺은 언약 관계 안에서 이스라엘과 함께 일하실 것이다.

34:10 ○ **주께서 말씀하시기를 "보라, 내가 한 언약을 세우리니 네 모든 백성 앞에서 내가 경이로운 일들을 행하리라. 그런 일은 온 땅 어느 곳에서도 어느 민족 안에서도 행해지지 않은 것이니라. 내가 있는 곳 가운데서 모든 백성이 주의 일을 보리니 이는 내가 너와 함께 행할 일이 두려운 것임이라.**

11 **너는 내가 오늘 네게 명령하는 것을 지키라. 보라, 내가 네 앞에서 아모**

리인과 카나안인과 힛인과 프리스인과 히위인과 여부스인을 쫓아내리라.

12 **너는 네가 가는 그 땅의 거민들과 언약을 맺지 않도록 조심하라. 그래야 그것이 네 가운데 올무가 되지 않으리라.**

13 **너희는 그들의 제단들을 허물고 그들의 형상들을 부수며 아세라들을 베어낼지니라.**

14 **너는 다른 신을 경배하지 말지니 그 이름이 질투인 주는 질투하는 하나님임이니라.**

15 **그들은 그들의 신들을 음란하게 숭배하며 그들의 신들에게 희생제를 드리니 너는 그 땅의 거민들과는 언약을 맺지 말지니라. 누가 너를 청하여 네가 그의 희생제물을 먹고**

16 **또 네가 그들의 딸들을 네 아들들에게 얻어 주고, 그들의 딸들이 그들의 신들을 음란하게 숭배하며 네 아들들로 그들의 신들을 음란하게 숭배하게 할까 함이라.**

17 **너는 주조한 신상들을 만들지 말지니라.**

아브라함에게 주어졌던 "팔레스타인의 언약"이(창 15:13-21) 4백년이 경과된 후인 이곳에서 확정된다. 특히 민족이 언급된다는 사실을 잘 살펴보아야 한다. 『**어느 민족 안에서도 행해지지 않은 것이니라**』(10절). "유업"이라는 말이 처음 나온 곳에서 살펴보았던 것처럼 이 "민족"이라는 말도 같은 흐름에서 살펴보아야 한다. 하나님께서 이스라엘 민족과 더불어 하시고자 하는 "두려운 것"(10절)은 다음에 이어지는 말과 연관지어 볼 때 너무나 분명하다.

1. 『**보라, 내가... 쫓아내리라**』(11절).
2. 『**너희는 그들의 제단들을 허물고**』(13절)
3. 『**그들의 형상들을 부수며**』(13절)
4. 『**아세라들을 베어낼지니라**』(13절).

5 『**너는... 언약을 맺지 말지니라**』(15절).

이 언약에 추가되는 내용을 더 살펴본다면 더욱 놀랄 지경이다. 『**...네 앞에서 여러 민족들...을 쫓아내실 때,... 너는 그들을 쳐부수고 완전히 진멸시키며, 너는**

그들과 어떤 언약도 하지 말고 어떤 자비도 보이지 말지니라... 그들의 제단들을 파괴하고 그들의 형상들을 부수고...』(신 7:1-5). 『**그들의... 장소들은... 완전히 파괴할 것이며... 그들의... 기둥들을 깨뜨리며... 그들의 이름들을 그곳에서 멸할지니라**』(신 12:1-4).

이런 내용들은 현대주의자들이나 자유주의자들의 입맛을 역겹게 한다. 이상하리만큼 대부분의 현대주의자들이나 자유주의자들은 국제 사회주의자들이다. 국제 사회주의자들은 자신들이 통치할 수 있었던 국가에서 모든 성경대로 믿는 그리스도인들을 "완전히 파괴"시키는데 결코 실패하지 않았다(루마니아, 유고슬라비아, 러시아, 중국, 헝가리 등등). 여기에는 일반적인 규칙이 있다. 구약에 나오는 하나님을 아주 싫어하는 사람들이 있는데 그 하나님은 "악하고", "잔인하다"는 것이다. 그 하나님을 한 "부족의" 신쯤으로 여긴다. (그래서 예수님을 "겸손한 나사렛 사람", "갈릴리 사람"으로 부르기를 좋아한다.) 이 사람들은 진리를 전파하는 라디오 사역을 방해한다. 이들은 독립 교회들을 고소하고, 성경을 개정하고, 전도지를 배포하는 것을 중단시키고, 거리 설교를 방해하고, 신학원에 세금을 부과하고, 복음전도자들을 체포하는 사람들이다. 이 사람들은 이 시대의 가장 악하고 부패한 정치 조직인 로마카톨릭과 공산주의에 빌붙어 있는 사람들이다. 양의 가죽을 쓴 이리는 여전히 이리인 것이다.

자, 이제 이 역설이 말하는 것을 살펴보자.

알다시피 "육신"은 어떤 형태의 자기 부인이든, 어떤 형태의 자기 십자가를 지는 것이든 그것을 본질적으로 거부한다. 성경에서 육신에 관련된 것들을(쾌락이든, 스포츠든, 책들이든, 가족간의 애정이든, 인기이든, 종교이든) 파괴시키거나 제거하라는 쪽으로 말하면 구원받지 못한 죄인들을 둘러싸고 있는 거듭나지 못한 육신은 공개적으로 들고 일어나 고함친다. "내 벌이 내가 감당하기에 너무 크니이다"(창 4:13). 거듭나지 못한 모든 신학자들은, 사울에게 "완전히 멸하라"고 말한 사무엘에게 화를 낸다(삼상 15:3). 거듭나지 못한 모든 신학자들은 "이스마엘이나 주 앞에서 살게 해 주소서"하고 바란다(창 17:18).

자유주의자들이 신약에서 가장 싫어하는 부분은 - 예수 그리스도의 재림과 지옥에 대한 부분을 제쳐놓고라도 - 갈라디아 5,6장과 더불어 로마서 6,7장이다.

이 네 장이 다루는 주제는 육신적인 "정욕, 애정, 욕망, 동기" 등이 죽는 것과 십자가에 못박히는 것이다. 참회, 극기를 논하는 것이 아니다. 따라서 자신에게 채찍질하는 것이 바울에게서 나온 것이라는 얼토당토 않은 주장을 시도하는 어떤 자유주의자에게라도 눈길을 주지 말라. 로마카톨릭 공동체는 모두 자기가 학자들이다(800-1400년). 그러나 바울은 성경대로 믿는 유대인 그리스도인이었다.

1. 『**허물고**』(13절). 오래된 책들을 허물라(행 19:19). 오래된 잡지들(엡 5:13), 오래된 그림들(민 33:52), 오래된 레코드 판들(골 3:16)을 허물라.

2. 『**부수며**』(13절). 오래된 관계를 부수라(엡 5:11). 오래된 멍에(고후 6:14), 오래된 습관들을 부수라(엡 4:25-32).

3. 『**베어낼지니라**』(13절). 우상들을 베어내라(고후 10:5). 담배 피우는 것과 술 마시는 것을 베어내라(고후 7:1). 신성시하는 과학과 교육을 베어내라(고전 1-3장).

구약의 전투와 비교해 볼 때 에베소서 6장의 전투는 영적인 무기들을 가지고(고후 10:4) 싸우는 영적인 전쟁이다. 그러나 그 예표는(고전 10:1-13) 아름답다. 출애굽기 17장의 아말렉인들처럼 출애굽기 34:11의 함족들은 이 세상의 신(신들)과 싸우는 그리스도인들의 전쟁을 나타낸다. 그러기에 "허물고 ... 부수며 ... 베어낼지니라."(13절)는 명령이 주어지는 것이다. 세상적인 그리스도인은 세상 제도에 대해 적극적으로 공격하라는 이 명령을 견뎌내지 못한다. 자신이 이 세상에 "정착해" 있기 때문이다. 그가 할 수 있는 것은 이런 부정적인 명령이 요구될 때마다(딤후 4:2-5) 자유주의자나 현대주의자 편에 서는 것이다. 오늘날 미국의 보통 그리스도인들은(근본주의자들을 포함하여) 성경에서 말하는 기독교 신앙에 접근하여 적용하는데 있어서는 자유주의 입장에 선다. 다만 이들은 기본적인 교리들을 다루는 데 있어서 자신이 근본주의 입장에 있다고 고백할 뿐이다.

16-17절의 경고는 이스라엘 역사의 상관적인 관계를 말해준다. 예수님께서 마태복음 24장과 마태복음 13장에서 말씀하신 것과 같다. 이 경고들이 무시되었을 때 무슨 일이 일어났는 지에 대해서는 재판관기, 열왕기상, 열왕기하에 설명되어 있다. 13-16절에 대한 좋은 주석은 재판관기 2:17, 민수기 25:2, 시편

106:28, 열왕기상 11:2, 에스라 9:2, 느헤미야 13:25,26 등이다. 하나님께서 요구하시는 것은 분리하라는 것이다. 일치하지 말라는 것이다(롬 12:1-3). 이것은 오늘날 "신약의 하나님"만을 좋아하는 그리스도인들에게는 수용하기 대단히 어려운 것이다.

모든 교황들은 "그 땅의 거민들"과 "언약을 맺었다"(15절). 이렇게 "일치"됨으로 창녀에게 속해버리게 된다(계 17:1-15). 그 땅의 왕들과 음행하였기 때문이다(계 17:2). 카톨릭은 권력을 얻기 위해 항상 정치 지도자들과 타협한다. 교황이 북아일랜드 통치권을 집어던짐으로 정치 권력과의 가신 관계를 청산하고자 첫 걸음을 내딛는 것을 보고 싶을 경우 하늘과 땅이 없어질 때까지 기다려야 한다. 우주의 구성 요소들이 맹렬한 불로 녹아 없어질 때까지 기다려야 한다. 북아프리카에서(카르타고와 알렉산드리아) 시작된 라틴 교회는 본문에서 언급되는(11절) 함족에 대한 완벽한 짝이다. 역사가 보편적으로 말해주는 사실은 로마가 그 땅의 거민들과 언약을 체결할 경우(필리핀, 스페인, 멕시코, 이탈리아, 남미) 이교도들이 자신들이 종교를 실행하는데 어떤 방해도 받지 않았다는 것이다. 용어들만 바뀌었을 뿐이다(계 17장, 계 2:12-15 주석 참조).

『**내가 경이로운 일들을 행하리라**』(10절). 이 경이로운 일들은 실현된다.

1. 요단 강이 기적적으로 마른다.
2. 여리코 성의 벽이 완전히 무너진다.
3. 초자연적인 우박의 재앙이 내린다.
4. 여호수아는 "가장 긴 하루"를 경험한다(수 10:13).

『**그들의 신들을 음란하게 숭배하게 할까 함이라**』(16절). 이 내용은 민수기 25장에 설명되어 있다. 고대 역사를 통해 알 수 있는 것은 페니키아, 그리스, 로마에 걸쳐 있던 앗시리아, 바빌로니아 종교가 얼마나 부도덕하고 음탕한 것이었는가 하는 것이다. "창녀의 몸 값"(신 23:18)은 항상 신전에서 서원하는 것에 대해 좋은 것으로 여겨졌다. 그래서 창녀는 이 목적으로 고용되었다. "건축 기금"을 위한 돈을 버는 것이다. 신세대의 필요에 맞추기 위한 최신 설비를 갖추기 위한 돈을 버는 것이다. 영원한 순결을 맹세한 처녀들이(?) 대개 이 일을 수행했다. 그러나 그때 그때의 필요에 맞추기 위해 비정상적인 성욕, 즉 동성연애자들, 남색하는 자들이 고용되었다(왕상 14:24). 그들이 드리는 "희생제"(15,16절)에는 섹스 난교 파티가 뒤따랐다. 앞으로 몇 년만 지나면, 즉 죄의 사람인 멸망의 아들이 출현하기 전에 드려지는 모든 "경배"는 이런 양상의 경배가 될 것이다. 계시록 14장에 나오는 "동정들"(virgins)은 영적인 상태뿐만 아니라 육체적으로도 동정인 상태의 사람들을 말한다. 대환란 때 드려지는 "경배"는 음행과 성적 변태가 포함되기 때문이다. 사람들은 이런 상태를 하나님께서 인간에게 주신 창조적인 능력을 마음껏 펼칠 수 있는 자유라느니, 생명을 찬양하는데 있어서 하나님께서 주신 성적 욕구의 자유로운 표현이라느니 떠들어댄다.

"아세라들"(groves, 13절)은 살아있는 나무들이 있는 작은 수풀 같은 것이다. 모든 보수주의 학자들이 그것을 토테미즘 종교의 기둥(totem pole)이라 말하는 것과는 상관없다.

『**그 이름이 질투인 주는 질투하는** 하나님**이니라**』(14절). 과학자들이나 교육자들이 생각하는 "신학"에서의 하나님은, 적어도 최고의 하나님이라면 이런 편협한 감정은 가져서는 안 된다. 이들이 생각하는 하나님은 무조건 모든 것을 다 참아야 한다. 이들이 생각하는 하나님은 마음이 너무 커서 어떤 적의도 품어서는 안 되는 하나님이다. 이런 멋있고 신식인 산타클로스 같은 하나님은 격노하는 죄인의 이마에 입맞출 수 있어야만 한다. 그리고는 "영이 가난한 자들은 복이 있나니" 이런 종류의 말만 나지막이 말해야 한다. 하나님을 모독하는 저주를 퍼붇는 무신론자를 끌어 안으며 "어린 아이들이 내게 오는 것을 허락하고, 금하지 말라."라고 말해야 한다. 이들이 생각하는 하나님은 죄, 고난, 거짓말, 부끄러움, 도둑질, 더러움, 순수함, 음란함, 정숙함, 저속함, 진리, 거짓, 명예, 살인, 통합, 외고집... 이런 모든 것을 똑같은 인내를 가지고 보셔야만 한다. 그래서 어떤 사람도 지옥에 보낼 생각조차 해서는 안 된다.

그러나 성도들이 증거하는 하나님, 선지자들, 사도들, 순교자들이 증거하는 하나님, 신약 구약에서 증거하는 하나님은 이들이 생각하는 하나님과 전혀 다르다.

1. 성령께서는 세상과 육신과의 경쟁에서 분개하신다고 야고보는 말한다(약 4:5).

2. 성령께서는 자신의 "그릇"을 망치는 어떤 사람도 원치 않는다고 바울은 말한다(고전 3:17).

3. 바울은 사랑에는 "경건한 질투심"이 나타난다고 말한다. 자유주의자들은 "하나님은 사랑이다"라고 말한다.

4. 하나님께서는 자신의 백성으로 인해 질투하실 수 있다고 말한다(신 32:21-42). 마치 어떤 남편이 자기 아내를 건드리는 남자에게 분노할 권리가 있듯이 말이다(호 1-3장). 하나님께서는 자신의 사랑하는 자들을 세상이 망쳐 놓는다면 그 세상에 대해 분노하실 권리가 있으신 것이다(호 11:8). 당신이 누군가에게 속해 있다면(고전 6:20) 누군가는 당신에게 속한 것이다(엡 5:24-29). 누군가가 당신에게 속한 것을 취하려 들어올 때 질투의 감정이 생기는데 이 질투의 감정이 정당하지 않은 것이라고 정직하게 말할 수 있겠는가? (민 5:14-30을 읽어보라.)

우리가 말하고자 하는 것은 이것이다. 하나님이 정말로 하나님이라면 다음과 같은 것들 즉 사랑, 질투, 미움, 슬픔 등과 같은 것들이 하나님의 속성 안에서는 백만배쯤 확대될 것이다. 이러한 것들은 하나님께서 단지 사람이 아니라는 이유만으로 뿌리째 없어지지 않는다. 성경에 따르면 인간은 이러한 속성들을 하나님으로부터 얻는다. 창조주 안에서 이 속성들은 최대 영역까지 확대되고 계시된다.

1. 하나님께서는 악을 미워하신다. [이것은 하나님의 거룩함이라는 속성에 영향을 미친다는 것을 의미한다. - 겟세마네를 보라. - 이것이 사실인 이상 결코 완전하게 납득할 수 없다. A.D.33년의 예루살렘에 대한 예수님의 슬픔은 B.C.600년 경의(렘 9:1-2) 예루살렘에 대한 하나님의 슬픔만큼 큰 것이었다. 우리가 아는 것은 예루살렘에서 살육이 시작되었을 때(겔 9:4) 하나님께서 남겨두셨다고 말씀하신 유일한 사람들은 "그 가증한 짓들로 인하여" 탄식하고 울부짖는 사람들이었다.]

2. 하나님께서는 질투하신다. 하나님의 백성들을 훔치고자 하는 경쟁자들에

대해 질투하신다. 하나님의 책들이나 하나님의 민족을 하나님으로부터 빼앗고자 하는 경쟁자들에 대해 질투하신다. [이것은 하나님의 백성들이 하나님의 경쟁자와 더불어 시시덕거리고 장난칠 때는(고전 3:17, 판 1–10장) 하나님께서 벌하실 것을 의미한다. 그러고 나서 하나님께서는 자신의 백성을 먼지구덩이 속에, 미신 가운데, 가난 가운데 남겨 놓으실 것이다. 하나님의 책을 빼앗아 버리실 것이다. “우리의 하나님은 질투하는 하나님이시다.” 만일 당신이 하나님을 섬기고 있는데 그 하나님은 당신이 세상으로 가든지, 육신적이 되든지, 마귀에게 가든지 불신앙으로 변하든지 전혀 마음에 두지 않는다면 당신에게는 “하나님”이라고는 없는 것이다. 그 “하나님”은 우주를 창조한 것은 고사하고 시골 서낭당 귀신만큼도 못한 것이다.]

『**너는 주조한 신상들을 만들지 말지니라**』(17절). 이것이 아론에 대한 마지막 점검이다. 오늘날에도 금속으로부터 주조한 신들이 있다. 스토브, 자동차, 냉장고, 비행기, 보트 등이다. “금 송아지”의 목적이 완성될 때까지 아무도 그 “금 송아지”를 눈치채지 못한다.

34 : 18 ○ 너는 무교절을 지키라. 내가 네게 명령한 대로 아빕 월 그때에, 너는
칠 일 동안 누룩 없는 빵을 먹으라. 이는 아빕 월에 네가 이집트에서
나왔음이니라.
19 태를 여는 모든 것은 내 것이니 네 가축 가운데서 소나 양이나 수컷인
모든 첫태생이라.
20 그러나 나귀의 첫새끼는 어린양으로 대속할 것이요, 만일 대속하지 않
으면 그 목을 꺾을 것이니라. 네 아들들 중 모든 첫태생은 대속해야 하
리니 아무도 내 앞에 빈손으로 나오지 말지니라.
21 ○ 너는 육 일 동안은 일할 것이나 일곱째 날에는 쉴지니라. 너는 경작
할 때와 추수 때에도 쉴지니라.
22 ○ 너는 칠칠절, 곧 밀 추수의 초실절과, 연말에 수확절을 지킬지니라.

세 명절은 첫째 부활을 이루는(신 16:16) 세 휴거를 나타내는데, 그 첫 번째 명절은 18절에 나오고, 나머지 두 명절은 22절에 나온다. 23절에서 "일년에 세 번씩"이라고 말했을 때 그 세 명절은 다음 세 가지를 나타낸다.

1. 무교절은 구약 성도들의 휴거를 나타낸다(마 27:50-54, 엡 4:8-11).

2. 오순절("칠칠절")은 그리스도의 몸의 휴거와 연결되는데, 오순절이 시작되는 그 날에 그리스도의 몸이 떠나는 것을 보여준다(솔 2:8-10 참조).

3. 장막절에 환란 성도의 휴거가 이루어진다. 장막절 조금 전일 수도 있다("연말에 수확절," 22절).

[18절에 대해서는 출애굽기 13:12,13에서 자세히 다루었다.]

이 문맥을 통해 예수 그리스도의 그림자를 볼 수 있다. 모든 부분에서 예수 그리스도의 인격의 윤곽을 볼 수 있다. 예수님은 하늘에서 내려온 하나님의 빵이었다(요 6장). 본래 누룩이 전혀 없으시다(고전 5:6,7). 예수님은 아빕월에 처형당하셨다(18절을 보라). 게다가 예수님은 19절의 "첫태생"이셨다(행 4:27,30). 예수님은 "어린양"이셨기에(요 1:29) "가축"들과 19절의 소들이 함께 있는 구유에서 태어나셨다. 다시 예수님은 20절의 "첫태생"이 되셨다(골 1:15 참조). 예수님은 구속주가 되셔서 그분의 모든 아들들이(히 2:10) 하나님께 열매 맺도록 인도하신다(요 15:1-6).

21절은 20:8-10에서 설명하였다.

『**아무도 내 앞에 빈손으로 나오지 말지니라**』(20절). 이 말은 23:15에서도 반복되었다. 남자 대표자들은 하나님께 드리는 경배의 장소에 나아올 때(20:24; 23:17) 곡식이든 가축이든 가지고 나와야 한다.

34:23 ○ **너희의 모든 사내 아이들은 일 년에 세 번씩 이스라엘의** 하나님인
주 하나님 **앞에 나올지니라**.
24 **내가 민족들을 네 앞에서 쫓아내고, 네 경계를 넓히리니 네가 일 년에**
세 번씩 주 너의 하나님 **앞에 나오기 위하여 올라갈 때에, 다른 사람이**

네 땅을 욕심내지 못하리라.

25 **너는 내 희생제물의 피를 누룩과 함께 드리지 말고 유월절의 희생제물**
도 아침까지 남기지 말지니라.

26 **네 땅의 첫열매들의 처음 것은 주 너의 하나님의 집에 가져올지니라. 너**
는 새끼 염소를 그 어미의 젖으로 삶지 말지니라." 하시니라.

27 **주께서 모세에게 말씀하시기를 "너는 이 말들을 기록하라. 내가 이 말**
들이 의미하는 그대로 너와 이스라엘과 더불어 언약을 맺었노라." 하시
니라.

28 **모세가 주와 함께 사십 일 낮과 사십 일 밤을 그곳에 있었으나, 빵도**
먹지 않고 물도 마시지 않았더라. 주께서 언약의 말씀들, 곧 십계명을
그 판들 위에다 기록하셨더라.

(22절의 명절들에 대해서는 앞의 내용을 보라.)

24절은 평이한 내용이다. 즉 명절 기간 동안 유대인 남자들이 예루살렘에 모일 때 주님께서는 이스라엘 남자들이 없는 사이 적들이 그 땅에 쳐들어 오지 못하도록 붙잡아 놓으신다는 말이다. 잠언 16:7은 본문에 대한 훌륭한 주석이다. 25절은 23:19; 12:10을 설명할 때 다루었다. 26절은 23:19의 반복이다.

『너는 이 말들을 기록하라. 내가... 너와 이스라엘과 더불어 언약을 맺었노라』(27절). 이 "이 말들"은 10절부터 지금까지 본문의 말들이다. 이 말들은 이스라엘과(이스라엘은 팔레스타인 땅과 연관된 이스라엘을 말한다.) 맺은 한 민족의 언약을 형성한다. 경계는 이미 창세기 15장에서 정해졌다. 모세가 이 언약의 결론을 이룬다(9절에서 설명하였다). 하나님께서 모세를 지명하여 **『내가... 너와 이스라엘과 더불어 언약을 맺었노라.』**(27절)고 말씀하시기 때문이다.

『주께서 언약의 말씀들, 곧 십계명을 그 판들 위에다 기록하셨더라』(28절). 모세가 아니라 하나님께서 십계명을 기록하셨다.

34:29 ○ **모세가 그 증거의 두 판을 모세의 손에 들고 시내 산에서 내려왔는**

데 그가 산에서 내려올 때, 자기가 하나님**과 말하는 동안 자기 얼굴 피**
부에서 빛이 난 것을 알아차리지 못하더라.
30 **아론과 모든 이스라엘 자손이 모세를 보니, 보라, 그의 얼굴 피부에서**
빛이 나는지라, 그들이 그에게 가까이 가기를 두려워하니,
31 **모세가 그들을 부르니 아론과 회중의 모든 지도자들이 그에게로 돌아오**
고 모세가 그들과 말하더라.
32 **그후에야 모든 이스라엘 자손이 가까이 오는지라, 모세가 주께서 시내**
산에서 자기에게 말씀하셨던 모든 것을 그들에게 명하고,
33 **모세가 그들에게 말하는 것을 마칠 때까지 수건으로 자기 얼굴을 가렸**
더라.
34 **그러나 모세가 대화하기 위해 주 앞에 들어갈 때면, 나올 때까지 수건**
을 벗고 있다가 그가 나와서는 그가 명령받은 일을 이스라엘 자손에게
고하더라.
35 **이스라엘 자손이 모세의 얼굴, 즉 모세의 얼굴 피부에서 빛이 나는 것**
을 보았고, 모세는 주와 함께 대화하려고 들어갈 때까지 그의 얼굴을
다시 수건으로 가렸더라.

『**자기가** 하나님**과 말하는 동안 자기 얼굴 피부에서 빛이 난 것을**』(29절). 옛날 화가들이 신들을 그릴 때 머리 둘레에 후광을 그렸는데 그 후광이 무엇인지의 본질을 본문에서 말하고 있다. 이것은 흡사 머리에서 발생되는 전자파 같은 것이다. "빛의 천사"(고후 11:10-14)는 이 부분을 흉내낼 수 있다. 이 존재가 하는 주된 일은 예수 그리스도를 흉내내는 일이다.

『**그의 얼굴 피부에서 빛이 나는지라**』(30절). 이 현상은 마태복음 17:1-4에서 예수님께서 변형되시던 장면과 같다. 순교자 스테판이 돌더미에 묻혀 사라질 때 얼굴이 빛나던 장면과 같다(행 7:55,56). 신약 성경에서는 이 현상을 가지고 율법과 은혜가 어떻게 다른지 설명하고 있다(고후 1:1-15). 분명하게 말하는 것은 모세의 얼굴을 밝혀주었던 그 빛이(고후 4:6) 그리스도인이 가지고 있는 질그릇 안에 있는 내부를 밝혀준다는 사실이다(고후 4:6,7). "예수 그리스도의 얼굴"(고후 4:6)은 하나님의 영광을 비춘다(히 1:1-3). 우리는 이 영광을 "수건을 벗은 얼굴로" 본다(고후 3:18). 믿는 자 안에 거하시는 성령님의 직무는(고후 3:8) 속 사람을 영광에서 영광에 이르게 하는 것이다(고후 3:18). 이 부분은 왜 구원받지 못한 사람들이 그리스도인과 이야기할 때 그리스도인을 똑바로 쳐다보지 못하는 것인지 설명해 준다(고후 3:7을 보라). 구령자들은 이 말의 의미를 정확하게 안다.

사람의 얼굴을 빛나게 하는 것은 다윗에 의하면 기름이다(시 104:15). 그렇기에 성령께서 믿는 자의 마음과 삶을 성령님의 길로 인도하는, 알려지게 되는 편지가 있는 것이고 읽혀지게 되는 편지가 있는 것이다. 성령님의 책의 표지를 열어보든 그렇지 않든 말이다.

30-32절은 평이한 내용이다.

한 성막이 나타나 있는 것을 알 수 있는데(34절) 이 성막은 25-31장에서 공부한 그 성막이 아니다.

『**그러나 모세가... 주 앞에 들어갈 때면, 나올 때까지 수건을 벗고 있다가 그가 나와서는...**』(34절). 대부분의 학자들은 "칠십인역"을 따라서, 모세는 백성들에게 설교할 때 수건을 벗었다고 말한다(35절, ASV). 하나님과 이야기하기 위해 성막으로 들어가기 전에 말이다. 그러나 현존하는 모든 히브리어 필사본은 35절이 "모세가 하나님과 이야기하러 들어갈 때까지, 모세는 다시 자신의 얼굴을 수건으로 가렸다."고 말한다.

"수건"에 관해서는 흥미를 끄는 것이 여러 가지 있다. 그 중 하나는 수건이 예수 그리스도의 육체를 나타내는 것인데(히 10:20), 모세가 나타났을 때 변형되었다(마 17:1-6).

1. 어떤 수건은(vail, 휘장) 예수 그리스도의 육체(flesh)를 나타낸다(히 10:20).
2. 어떤 수건은 하나님께서 만드신 우주라는 옷을 나타낸다(히 1장).
3. 예수 그리스도께서 죽으셨다가 일어나셨을 때 영광이 나타날 수 있었다. 왜냐하면 우리는 더 이상 예수 그리스도를 육신(flesh)을 따라 알지 않기 때문이다(고후 3-5장).
4. 수건이 제거될 때 영광이 나타난다(고후 3:14-16).

5. 우주라는 휘장이 제거될 때(계 20장) 하나님의 있는 그대로의 영광이 계시된다(잠 20:8).

두꺼운 장막, 철의 장막, 죽의장막이 수많은 음모들, 카톨릭과 사회주의와 공산주의의 활동들을 숨겼듯이, 이 우주라고 하는 장막은 볼 수 있는 것으로부터 하나님의 영광을 가려왔다(욥 26:9). 그러나 이 장막이 옷처럼 말리게 되면 그 때는 무엇인가 보여지는 것이 있다!

모세는 성막에 들어갈 때 수건을 벗는다. 그리고 성막에서 진중으로 걸어나온 후에는 수건으로 얼굴을 덮는다. 이때가 이스라엘 백성들이 “후광”을 보는 때이다. 그러나 모세가 이스라엘과 말할 때 수건을 벗었다고 기가 막히게 번역한 그 성경은 아무 빛도 발하지 못한다.

출애굽기 35장

35 : 1 모세가 이스라엘 자손의 온 회중을 모으고, 그들에게 말하기를 "주께서
명령하신 말씀들이 이러하니 너희는 그 말씀들을 행해야 하느니라.
2 육 일 동안은 일하되, 일곱째 날은 너희에게 거룩한 날이니, 주께 쉬는
안식일이라. 이날에 일하는 자는 누구라도 죽일지니라.
3 너희는 안식일 날에 너희의 온 처소에서 불을 피우지 말지니라." 하더라.
4 ○ 모세가 이스라엘 자손의 모든 회중에게 고하여 말하기를 "이것이 주
께서 명령하신 것이니라. 말씀하시기를
5 '너희는 너희 가운데서 주께 드릴 예물을 취하되 누구나 자원하는 마음
이 있는 자는 드릴지니라. 주의 예물은 금과 은과 놋과,
6 청색, 자색, 주홍색 실과 가는 베실과 염소털과
7 붉게 물들인 숫양의 가죽과 오소리 가죽과 싯팀 나무와
8 등에 쓸 기름과 붓는 기름에 쓸 향료와 향기로운 향에 쓸 향료와,
9 얼룩마노와 에봇과 흉배에 달 보석이니라.
10 너희 가운데 현명한 마음을 가진 자는 모두 나와서 주께서 명령하신 모
든 것을 만들지니,
11 성막과 그 장막과 그 덮개와 그 걸쇠들과 그 널판들과 그 빗장들과 그
기둥들과 그 받침들과
12 증거궤와 그 채들과 자비석과 덮는 휘장과
13 상과 그 채들과 그 모든 기명들과 차려 놓은 빵이요,

14 **또한 불켜는 촛대와 그 기구와, 등기름이 들어 있는 등들이며,**
15 **또 향제단과 그 채들과 붓는 기름과 향기로운 향과 성막의 입구 문에 거는 막과**
16 **번제단과 그 놋철망과 그 채들과 그 모든 기명들과 물대야와 그 다리며,**
17 **뜰의 막과 그 기둥들과 그 받침들과 뜰의 문에 거는 막과**
18 **성막의 말뚝못들과 뜰의 말뚝못들과 그 끈들이며,**
19 **성소에서 섬기는 일을 하기 위한 예복들, 즉 제사장 직분으로 섬길 때 입는 제사장 아론의 거룩한 의복과 그의 아들들의 의복이라.' 하셨느니라." 하더라.**

여기서부터는 본문을 길게 실었다. 출애굽기 마지막 장까지 특별한 주석은 거의 없는 편이다. 35,36,37,38,39장에 있는 모든 내용은 25-31장에서 살펴본 내용에 모두 포함된다. 이전에 살펴보았던 내용과 다른 내용들만 주로 살펴볼 것이다. 출애굽기 34장은 특별한 장이었다. 출애굽기에서 일반적으로 다루던 내용과는 다른 새로운 내용을 다루기 때문이었다. 하나님께서 구속(출애굽기는 구속을 다루는 책이다.)의 과정을 통해 새롭게 계시해 주신 내용은 부활하셔서 변형되신 구속주에 관한 내용이었다. 이는 앞의 장에서 생생하게 묘사되었다. 33:23을 통해 육신으로 오실 구속주를 알 수 있다. 33:11을 통해 지상에서의 사역이 어떠한 것인지를 알 수 있다. 33:19에는 그분의 성품이 기록되어 있다. 33:21에는 그분의 이름이 있다. 그분의 제자들이 성결해야 되는 내용은 34:2에 나와 있다. 이 제자들의 섬김에 대해서는 34:25에서, 은혜 안에서 성장해야 되는 내용은 34:29,35에서 발견된다. 34장에는 또 세 가지 휴거를 다루고 있다. 이에 대해 "향상된 계시"라고까지 말할 정도로 깊게 다루는 것은 아니지만 출애굽기가 세상으로부터 교회가 나가는 것이기에(이 부분에 대해서는 출애굽기 서론에서 살펴보았다.) 휴거를 다루고 있는 것이다.

35-40장까지는 주로 다룬 내용을 복습하는 부분들이다. 모세가 계시를 통해 받은 성막에 관한 내용들을 실행해 가는 내용을 다루고 있다.

『**너희는 안식일 날에... 불을 피우지 말지니라**』(3절). 제칠일예수재림교인들은 민수기 15:32과 본문에 와서는 비실 비실 힘을 잃어버린다. 별의별 변명들이 동원되지만 이미 출애굽기 20:8-10을 다룰 때 살펴본 것처럼 말하는 자신들도 무슨 말을 하는지 모른다. 제칠일예수재림교인들은 사형이라는 형벌을 직면한다. 토요일에 스토브에 불을 붙인 사람이거나 불을 붙이려고 시도한 사람(민 15:32,33)에게 사형이 내려지는 것이다. 나무 스토브를 가스 레인지로 바꿔보지만 달라지는 것은 없다. 궁지에 몰린 메리 엘렌 화이트는 마가복음 2:27에 호소해 보지만 꾀병 부리는 아이처럼 낯이 너무 뜨겁다.

『**누구나 자원하는 마음이 있는 자는**』(5절). 이 자원하는 마음에 대해서는 성경 여러 곳에서 언급하고 있다(21,22,25,26,29절, 시 54:6, 스 7:13, 레 22:18,21,23; 23:28, 민 15:3, 신 12:6,17, 스 1:4; 3:5; 8:28). 여기에서 칼빈의 제한된 성경 지식을 거론하지 않을 수 없다. 본문에서는 인간의 자유의지가 너무나 현저하게 드러난다. 그래서 인간의 전적 타락 이론으로 이 자유 의지로 인한 행위를 제한시켜 보려 하지만, 이것은 전적으로 비성경적인 이론이 되어 버린다.

『**너희 가운데 현명한 마음을 가진 자는 모두 나와서**』(10절). 주님의 일에 있어서 – 여기서는 성막이 주의 일이다. – 어떤 특정한 마음의 자세가 요구되어진다. 주님의 일을 하는 일꾼들을 묘사하는데 사용되는 말은 "총명함," "재능," "은사," "재치," "지식" 같은 말이 아니다. 이들은 "현명한 마음"이 있어야 한다(엡 1:19; 5:10,17).

5-19절의 내용은 25-31장을 다룰 때 충분히 살펴보았다. "말뚝못"(pins)(18절)이라는 말이 여기에서 처음 기록된다. 성막을 팽팽하게 펴는 역할을 하는 천막 못을 말한다.

35 : 20 ○ **이스라엘 자손의 모든 회중이 모세의 면전에서 떠나가서**
21 **마음이 감동된 모든 자와, 자기 영이 자원케 하는 모든 자가 왔으니 회**
중의 성막을 짓기 위한 그 모든 공사와 거룩한 의복들을 위하여 주의
예물을 가져왔더라.

22 **자원하는 마음을 지닌 남자들이나 여자들은 누구나 와서 팔찌와 귀고리**
와 반지와 장식들과 모든 금패물들을 가져왔고 또 예물을 드린 모든 남
자들도 주께 금으로 만든 예물을 드리더라.
23 **청색, 자색, 주홍색 실과 가는 베실과, 염소털과 붉게 물들인 숫양의 가**
죽과, 오소리 가죽을 가진 모든 남자들은 그것들을 가져왔으며,
24 **은과 놋 예물을 드리는 모든 자도 주의 예물을 가져왔고 그 공사 작업**
에 필요한 싯팀 나무를 가진 모든 남자도 그것을 가져왔더라.
25 **지혜로운 마음을 지닌 모든 여인들은 자기들의 손으로 실을 잣고 그들**
이 자은 청색, 자색, 주홍색 실과 가는 베실을 가져왔으며,
26 **지혜로 마음이 감동된 모든 여인들은 염소털로 실을 잣더라.**
27 **치리자들은 얼룩마노와 또 에봇과 흉배에 달 보석들을 가져왔으며,**
28 **향료와 등에 쓸 기름과 붓는 기름에 쓸 기름과 향기로운 향에 쓸 기름**
을 가져왔더라.
29 **이스라엘 자손이 자원하는 예물을 주께 가져왔으니 모든 남자와 여자가**
주께서 모세의 손을 통해 만들라고 명령하셨던 모든 작업을 위하여 그
들의 마음이 자원하는 대로 가져온 것이더라.

『**마음이 감동된 모든 자와**』(21절). 구약에서는 사람이 자기 자신을 감동시킨다. 야고보서 4:10(『**주의 목전에서 겸손하라.**』)은 이와 같은 맥락의 구절이다. 여기에서 하나님께서는 아무의 마음도 감동시키시지 않는다. 아무에게도 “자원하도록” 만들지 않는다(대상 28:9). 하나님께서는 누구의 마음이든 감동시키신다고 주장하는 칼빈은 독립된 구절인 에스라 1:1을 들고 나온다(『...**주께서 페르시아의 코레스왕의 영을 감동시키시니...**』). 그러나 단순한 마음만 있는 사람이라면 에스라 1:1에 대해 말할 수 있다. 에스라 1:1은 하나님께서 예언하신 성경의 운명을 성취시키고자 하시는데 있어서 한 통치자에게 하나님께서 영향을 미치신 경우일 뿐이다. 이 에스라 1:1 본문은 우리가 살피고 있는 본문과 전적으로 다르다. 출애굽기 본문에서는 하나님께서 물질을 공급해 주셨고(출 12:32), 일하는데 필요한 지식을 주셨고(36:1), 지혜와 명철과 더불어(36:1) 능력도 주셨다(30절). 그러나 하나님께서는 그 누구에게도 자원하는 마음을 주셨다는 말은 없다.

하나님께서 주신 물질, 지식, 능력, 지혜와 명철을 가지고 무엇을 할지 그 결정까지 해 주시지는 않았다. 우둔한 칼빈주의자들은 본문이 의미하는 것은 빌립보서 2:13이라고 하며 그 구절로 뛰어 간다(『**이는 너희 안에서 역사하시는 분은** 하나님**이시기 때문이니 그분은 너희로 그분의 선한 기쁘심에 따라 뜻을 두고 행하게 하시느니라**』). 빌립보서 2:13에서 말하는 것이 하나님의 뜻이 항상 우리 안에서 역사하는 것이라면 - 즉 우리가 하는 모든 행동은 하나님의 뜻에 따라 이루어지는 것이라면 - "성도들이 범하는 죄들"에 대해 직접적으로 책임을 지셔야 하는 분은 분명히 하나님이어야 한다. 분명한 사실이 있다. 사람들이 자신들의 마음을 감동시키기 전까지는(21절) 하나님께서 그 누구에게도 "현명한 마음"(10절)을 주지 않으셨다는 것이다.

"남자들이나 여자들"(22,29절)이라는 표현이 여러 번 나온다. 이것은 사도행전 1:4과 사도행전 8:3-4의 위대한 진리를 설명해 준다. 여자들이 사역에 대한 짐과 일을 나누어 맡은 것이다. "치리자들"(27절)에게는 보석들이 있는데 흉배와 에봇을 만드는데 사용될 보석들이다. 얼룩마노가 언급되면서 이 얼룩마노를 위해 언급된 재료들의 순서를 살펴보라(8절). 물질들이 기록된 순서를 보면 처음에 "빛"이 나오고(기름, 8절) 그 다음에 보상이 나오고(보석, 9절), 인도함(흉배, 9절)이 나온다. 잊지 말아야 할 사실은 흉배는 대제사장의 어깨에서 얼룩마노로 고정시키는데(출 28:9), 이 흉배는 인도함을 받고자 할 때 하나님께 "묻는 것"이었다는 것이다(출 28:30의 우림과 툼밈에 대한 설명 참조).

35:30 ○ **모세가 이스라엘 자손에게 말하기를 "보라, 주께서 유다 지파 훌의 손자요, 우리의 아들인 브살르엘을 지명하여 부르셔서,**

31 하나님의 **영으로 그를 충만케 하시어 지혜와 명철과 지식과 온갖 솜씨로**

32 **정교한 기술을 고안하여 금과 은과 놋으로 일하게 하시며**

33 **보석을 깎아 물리며 나무를 새기는 온갖 정교한 기술로 만들게 하셨고**

34 **그와 단 지파 아히사막의 아들 아홀리압이 가르칠 수 있도록 그의 마음**

을 주장하셨고,
35 **마음의 지혜로 그들을 충만케 하시어 모든 일을 하게 하시되 조각하는 자의 일과, 정교한 기술자가 하는 일과, 청색, 자색, 주홍색 실과, 가는 베실로 수놓는 자가 하는 일과, 베짜는 자가 하는 일과, 또 다른 일을 하는 자들이 하는 일과, 정교한 기술을 고안하는 자들의 일도 하게 하시느니라." 하더라.**

이 두 일꾼에 대해서는 31:1-10에서 살펴보았다. 이 일꾼들은 "하나님의 영으로 충만했다." 기름부음을 받은 것이 아니었다. 처음 나오는 일꾼은(브살르엘) 기술공이고 금속을 조각하는 사람이다. 두 번째 사람은(아홀리압) 베짜는 직공이고 수 놓는 사람이다. 두 사람 모두 이 두 분야에서 일하는 그들 수하의 사람들을 가르칠 수 있었다(34절).

출애굽기 36장

36:1 그러자 브살르엘과 아홀리압과 현명한 마음을 지닌 모든 사람, 즉 주께
서 지혜와 명철을 주시어, 주께서 명령하셨던 모든 것대로 성소의 공사
를 위한 모든 일을 어떻게 하는가를 알게 하신 자들이 일했더라.
2 모세가 브살르엘과 아홀리압과 현명한 마음을 가진 모든 사람, 즉 주께
서 그들의 마음에 지혜를 부어 주셨고 마음이 감동되어 그 일을 하려고
온 각인을 불렀으니
3 그들은 이스라엘 자손이 성소의 공사 작업을 위하여 그것으로 만들라고
가져왔던 그 모든 예물을 모세에게서 받았고 백성들은 아직도 매일 아침
자원하는 예물을 그에게 가져오더라.
4 성소의 모든 작업을 하는 모든 현명한 사람들이 각기 자기들의 하던 일
을 중단하고 오더라.
5 ○ 그들이 모세에게 고하여 말하기를 "백성들이 주께서 만들라고 명령하
신 공사 일에 필요한 것보다 훨씬 많이 가져오나이다." 하니,
6 모세가 명령을 내려 그들이 진중에 두루 공포하여 말하기를 "남자든지
여자든지 성소의 예물을 더 이상 만들지 말라." 하더라. 그리하여 백성들
이 가져오는 것을 삼가더라.
7 이는 그들이 가지고 있던 재료가 성소를 만드는 모든 작업을 하기에 충
분하며, 또 너무 많음이더라.

"자유 의지"의 문제에 대해서는(31절) 전에 살펴보았다. 하나님께서는 현명한 사람을 보신다(4절). 이 현명한 사람은 자신의 마음이 지혜로워진 사람이다(35:25). 지혜로운 마음은 "자원하는 마음"이다(35:22). 자원하는 마음은 하나님께서 이미 그 사람에게 주신 지혜와 명철(36:1)을 가지고 무엇을 할 수 있도록 마음을 감동시킨다(35:21). 그러나 여기서 잠시라도 오해해서는 안 되는 사실이 있다. 하나님께서 어떤 사람에게 어떤 일을 할 수 있는 명철을 단지 주셨다고 해서 그 사람이 자동적으로 그 문제를 해결할 수 있는 것이 아니라는 것이다. 빙 크로스비와 마리오 란자는 자신의 창조주로부터 많은 것을 받았지만, 그들의 생애 가운데 하나님의 말씀을 영화롭게 해 드렸다는 기록은 없다. 심지어는 그들 종교적 동기에도 없다. 브라함스와 바그너는 다른 사람이 가지지 못한 음악적 지혜와 명철이 있었지만, 이들의 교향곡이나 오페라에는 이교도의 아름다움을 찬양하는 것, 자신의 잠재의식을 찬양하는 것, 국가의 영광을 찬양하는 것들뿐이다. 베토벤이 종교적이라고 평판이 나 있지만 그의 아홉 개의 교향곡에 가서 하나님을 찾아보라. 아돌프 히틀러에게는 심리적인 통찰력과 더불어 웅변의 능력이 주어졌다. 이 사람이 유럽에서 개혁을 시도했다면 루터의 종교개혁은 청소년 전도집회 정도로 비쳤을 것이다. 그러나 아돌프 히틀러의 웅변술과 심리학적 천재성은 국가 사회주의에, 독일의 적들을 타도하는데 부어졌다. 그 사람의 마음이 하나님의 일을 하고자 하는데 기꺼이 드려지지 않는다면(요 7:17), 그가 가지고 있는 지혜와 명철은 없느니만 못하다. 이런 지혜와 명철을 소유한 사람에게 닥칠 일은 파산이다. 아직 때가 이르지 않았을 뿐이다.

『**백성들이... 필요한 것보다 훨씬 많이 가져오나이다**』(5절). 십일조에 대한 지시(말 3:10)를 아직 듣지 못했는데도 본문에서 백성들이 더 많이 가져왔다는 사실은 매우 고무적이지 않는가? 신약의 많은 교리들이 금 송아지 사건으로 율법이 깨뜨려진 후의 시점에서 시내 산으로부터 펴졌다는 사실이 이상하지 않은가? 하나님께서 "기쁨으로 드리는 자를 사랑"하신다면(고후 9:4-10), 모세가 재료들을 모으기 시작한 후에 하나님께서는 이스라엘을 대하시는 하나님의 마음을 분명히 바꾸셨을 것이다. 백성들은 고린도후서 9:6-7에 따라 드렸다. 『**이는 그들이 가지고 있던 재료가 성소를 만드는 모든 작업을 하기에 충분하며, 또 너**

무 많음이더라』(7절).

36:8 ○ **성막 작업을 하는 자들 가운데 현명한 마음을 가진 모든 사람이 가늘**
게 꼰 베실과 청색, 자색, 주홍색 실로 열 휘장들을 만들었으니 정교한
솜씨로 된 그룹들이 있는 휘장들이라.
9 **한 휘장의 길이는 이십팔 큐빗이요, 한 휘장의 폭은 사 큐빗으로 휘장들**
은 모두 한 규격이더라.
10 **그가 그 다섯 휘장을 서로 잇고, 또 다른 다섯 휘장을 서로 이어서,**
11 **연결하는 가장자리에 붙은 휘장의 끝에 청색 고리들을 만들고, 두 번째**
연결한 다른 휘장의 맨 끝에도 마찬가지로 만들어,
12 **한 휘장에 오십 개의 고리를 만들고, 두 번째 연결하는 곳에 있는 휘장**
의 끝에도 오십 개의 고리들을 만들고, 그 고리들이 한 휘장을 다른 휘
장에 연결시키더라.
13 **그가 오십 개의 금 걸쇠를 만들어서 그 걸쇠들로 두 휘장을 연결하니 한**
성막이 되더라.
14 ○ **그가 성막을 덮는 장막에 쓸 휘장을 염소털로 만들었는데 그가 열 한**
휘장을 만들었고
15 **한 휘장의 길이는 삼십 큐빗이요, 한 휘장의 폭은 사 큐빗이더라. 열 한**
휘장이 같은 규격이더라.
16 **그가 다섯 휘장들을 서로 연결하고, 또 여섯 휘장을 서로 연결하고,**
17 **연결하는 휘장의 맨 가장자리에 오십 개의 고리들을 만들며, 두 번째 연**
결하는 휘장의 가장자리에도 오십 개의 고리들을 만들고,
18 **또 장막을 서로 연결한 놋 걸쇠 오십 개를 만들어서 그것이 하나가 되게**
하더라.
19 **그가 붉게 물들인 숫양의 가죽으로 장막의 덮개를 만들고, 오소리의 가**
죽으로 그 위에 덮는 덮개를 만들었더라.

본문의 세세한 항목들에 대해서는 이미 상세히 살펴보았다(26장).

36:20 ○ 또 그가 싯딤 나무로 성막에 쓸 널판을 만들어 세웠더라.
21 널판의 길이는 십 큐빗이며, 널판의 너비는 일 큐빗 반이며,
22 한 널판에는 장부가 두 개가 있어 그 간격이 같았으니 성막의 모든 널
판들을 그가 그렇게 만들었더라.
23 그가 성막에 쓸 널판을 만들었는데, 남쪽을 향한 남편에 쓸 널판이 이
십 개요,
24 이십 개의 널판들 아래에 은받침 사십 개를 만들고 이쪽 널판 밑에도
두 받침이 장부 두 개를 받치게 하고, 저쪽 널판 밑에도 두 받침이 장
부 두 개를 받치게 하더라.
25 성막의 다른편, 즉 북쪽 모퉁이를 향한 곳에 그가 널판 이십 개를 만들
며,
26 또 은받침 사십을 만드니, 이쪽 널판 밑에도 두 받침이요, 저쪽 널판 밑
에도 두 받침이며,
27 그가 서쪽을 향한 성막의 옆 면들에 쓸 널판 여섯을 만들고,
28 그가 양쪽 면들에 있는 성막의 모퉁이들에 쓸 널판 둘을 만들어서,
29 그것들을 밑에서도 잇고, 그 머리에도 모두 이어서 한 고리에 이르게
하고, 양쪽 모퉁이에 있는 것 둘 다에 그렇게 하니라.
30 널판 여덟 개가 있고 그것들의 받침은 은받침 열 여섯 개며 각 널판 아
래는 두 받침이 있더라.
31 ○ 그가 싯딤 나무로 빗장을 만들었는데 성막 이편 널판에 쓸 다섯 개
요
32 성막의 저편 널판에 쓸 빗장 다섯 개며 서쪽을 향한 면들에 성막의 널
판에 쓸 빗장 다섯 개라.
33 그가 이쪽 끝에서 저쪽까지 널판들을 가로지를 중간 빗장을 만드니라.
34 그가 그 널판들에는 금을 입혔으며, 그 빗장들을 넣을 그 금고리들을
만들었고 그 빗장들에도 금을 입혔더라.

본문 역시 26장에서 살펴보았다.

36:35 ○ **그가 또 청색, 자색, 주홍색 실과, 가늘게 꼰 베실로 휘장을 만들고 그것에다 정교한 기술로 그룹들을 수놓아 만들었으며,**
36 **그가 싯딤 나무로 거기에 네 기둥을 만들고 그것들에 금을 입혔으며 그 갈고리들은 금으로 되었고 그것들의 네 받침은 은으로 부어서 만들었더라.**
37 ○ **그가 청색, 자색, 주홍색 실과, 가늘게 꼰 베실로 바느질하여 성막 문에 걸 막을 만들었더라.**
38 **또 문의 다섯 기둥과 그 갈고리를 만들고 그가 기둥 머리와 가름대에 금을 입히고 그 다섯 받침은 놋으로 만들었더라.**

본문은 26:31,32,33에서 살펴보았다.

혹자는 이렇게 질문할지도 모르겠다. "성령께서 이미 앞 장에서 상세하게 기록해 놓으신 내용들을 또 여기에서 상세하게 기록하시는 까닭은 무엇인가?" 이에 대한 답을 세 가지로 살펴보자.

1. 우선 첫 번째로 성막은 우주를 예표한다. 25:1-9을 보라. 하나님께서 창세기 2:1-2에서 지나치신 부분을 지금 여기에서 시간을 가지시고 아주 자세하게 "높이, 길이, 너비, 깊이"에 대해(엡 3:18 주석을 보라.) 말씀하신다.

2. 어떤 일이 두 번 기록되었다면 그것은 "하나님께서 그 일을 정하신 것"이기 때문이다(창 41:32). 따라서 성경에 중요한 가르침이나 교리치고 반복되지 않는 가르침이나 교리가 없다. 예수 그리스도의 천년왕국에서의 통치는 한 장에서 여섯 번이나 언급되었다. 하나님께서 그 일을 정하신 것이기에 이렇게 다른 교리보다 세배나 더 말씀하셨건만 오늘날 대다수의 신학자들, 과학자들, 철학자들은 예수 그리스도의 천년왕국 통치를 거부한다. 이들은 스스로의 자만심에 도취되어 아무 거리낌없이 "영적으로 해석"해 버린다.

3. 성막에 대한 전체적인 지시는 하나님에 대한 모세의 마음을(그리고 백성들의 마음도) 강하게 인식시켜 주었다. 즉 하나님께서 어떤 것에 대해 말씀하셨다면 그 하신 말씀대로 정확하게 그 일이 이루어지는 것이다(히 9:23과 출 25:40을 살펴 보라). 36-39장은 후대를 위해 기록된 것이다. 미래의 이스라엘의 세대들에게 보여주기 위해 주어졌다. 모세는 순종하는 종으로서 하나님의 집에서

모든 부분에 있어서 신실했다(히 3:1-6). 모세는 하나님께서 자신에게 하라고 하신 일들에서 오른쪽이나 왼쪽으로 치우치지 않았다. 이 "율법의 책"은 잘 보존되어서 이스라엘의 왕들은 매일 그 책을 읽었다(신 17:18-19). 그 책을 읽는 왕 가운데(왕들은 구약 성경을 다 읽었다.) 성령께서 지시한 모든 사항을 실행한 모세의 충정을 인정하셨다는 그 중요성을 깨닫지 못했던 왕이 있었겠는가? (수 1:1,2,3,5,7,13,14,15,17; 4:10,12,14; 8:14,31,32,33,34; 11:12,15,20,23; 13:8,12,15, 21,24,29,32,33,34...)

종은 그의 주인에게 순종해야만 한다(엡 6:5, 딤전 6:1-4). 주인의 명령을 일점일획까지 문자적으로 수행해야만 한다. 출애굽기 36-39장에서 모세는 - 여호와의 종을 예표한다(사 52:13) - 성막에 관해 하나님께서 주신 명령을 수행하는데 한 부분이라도 빠뜨리는 그런 실수를 하지 않는다.

출애굽기 37장

37:1 브살르엘이 싯딤 나무로 궤를 만들었는데, 그 길이가 이 큐빗 반이고 그
너비가 일 큐빗 반이며 그 높이가 일 큐빗 반이요,
2 그가 그 안팎은 순금으로 입혔으며, 그 주위는 돌아가며 금으로 테를 만
들었고,
3 그가 궤에 금고리 넷을 부어 만들어서 네 모퉁이에 달았으니 이편에 두
고리요, 저편에 두 고리며,
4 싯딤 나무로 채들을 만들어서 그것들에 금을 입히고
5 채들을 궤의 양쪽 고리에 꿰어 궤를 메게 하였더라.
6 ○ 그는 자비석을 순금으로 만들었으니, 그 길이가 이 큐빗 반이며, 그
너비는 일 큐빗 반이더라.
7 그는 또 금으로 두 그룹을 만들었는데, 한 덩어리에서 두들겨서 만들어
자비석 양끝에 두었으니,
8 그룹 하나는 이편 끝에 또 다른 그룹은 저편 다른 끝에 두어 자비석에서
부터 양끝에 있는 그룹들을 만들었더라.
9 그 그룹들이 그들의 날개를 높이 펴서 그 날개들로 자비석을 덮었으며
그들의 얼굴을 서로 마주보게 하여 자비석을 향하여 그룹의 얼굴들이 있
게 하였더라.

이 항목에 대해서는 25:10-20에서 설명했다.

브살르엘은 성막 안에 있는 기구들을 만드는데 있어서 엄청난 일들을 한다. 브살르엘은 “하나님께서 보호하신다,” “하나님은 덮는 그림자이시다.”라는 뜻이다. 성막에서 기구들을 만드실 때 제일 먼저 언약궤부터 시작하신다는 사실을 알 수 있다. 구원은 하나님께서 시작하신다. 하나님으로부터 나와서 죄인에게 접근한다(25:10 주석 참조).

37:10 ○ 또 그가 싯딤 나무로 상을 만들었으니, 그 길이가 이 큐빗이고 그 너비가 일 큐빗이며 그 높이가 일 큐빗 반인데,
11 그가 그것을 순금으로 입히고 그 주위에 금으로 테를 만들었으며
12 또한 그가 그 주위에 손바닥 너비만한 턱을 만들고, 그 턱 주위에 금으로 테를 만들었더라.
13 그가 상에 금고리 넷을 부어 만들어서 그 네 발에 있는 네 모퉁이 위에 달았으며
14 그 고리들을 턱 반대 위치에 달아서 상을 메는 채들을 넣을 자리가 있게 하며
15 그가 싯딤 나무로 채들을 만들어서 금으로 입혀서 상을 메게 하였더라.
16 그는 상 위에 있는 기명들과 그 접시들과 그 숟가락들과 그 사발들과 그것들을 덮는 뚜껑들을 순금으로 만들었더라.

이 상에 대해서는 25:23-29에서 살펴보았다.

37:17 ○ 그가 또 순금으로 촛대를 만들되 그 촛대를 두들겨서 만들었으니 그 대와 그 가지와 그 대접들과 그 꽃받침들과 그 꽃들이 같은 데서 나왔고,
18 여섯 가지가 그 옆쪽에서 나왔으니 촛대의 세 가지는 이편에서 나왔고 촛대의 세 가지는 저편에서 나왔으며
19 한 가지에 아몬드 모양의 대접 셋과 꽃받침과 꽃이 있고 다른 가지에

아몬드 모양의 대접 셋과 꽃받침과 꽃이 있어 촛대에서 나온 여섯 가지 가 전부 그러하더라.

20 **촛대에는 아몬드 모양의 대접 넷과 그 꽃받침들과 그 꽃들이 있고,**

21 **촛대에서 나온 여섯 가지를 따라 같은 데서 나온 두 가지 아래 한 꽃받침이 있고 또 같은 데서 나온 두 가지 아래 한 꽃받침이 있고 또 같은 데서 나온 두 가지 아래 한 꽃받침이 있으며,**

22 **그 꽃받침들과 그 가지들은 같은 데서 나왔고 그 모든 것을 순금으로 두들겨서 만들었더라.**

23 **그가 또 그 일곱 등과 부집게와 불똥접시를 순금으로 만들었으며**

24 **촛대와 그 모든 기명들은 순금 한 달란트로 만들었더라.**

이 금촛대에 대해서는 25:31-39에서 자세하게 살펴보았다. 성막 안에 있는 이러한 기구들을 만들려면 금이 얼마나 들어 갔을까하는 문제는 오랜 시간 논의되었다. 클라크는 이 부분에 있어서 정확한 수치를 제시하며 심도 있게 설명하였다(p.486-488). 성막 안에서 사용된 금의 무게는 약 4,000파운드 정도 된다. 놋, 금, 은을 합친 전체 무게는 약 20,000파운드 정도 된다. 그래서 성령께서는 유대인들에게 말씀하시기를, 이집트인들에게서 빼앗으라고 하셨다(출 12:36). "복음적으로" 해결하라고 말씀하지 않으셨다. 그래도 이들은 훈족 아틸라가 휩쓸 때처럼 빼앗지는 않았을 것이다.

37:25 **○ 또 그가 싯딤 나무로 향단을 만들었으니 그 길이가 일 큐빗이며 그 폭이 일 큐빗으로 네모 반듯하고 그 높이는 이 큐빗이며 단에서 그 뿔들은 같은 데서 나왔더라.**

26 **단 윗 부분과 옆면들 주위와 그 뿔에 순금을 입히고 그 주위에 금테를 둘렀으며**

27 **그 테 아래에 단을 위하여 금고리 둘을 만들어 그 양쪽 면 위 단의 두 모서리 옆에 붙여서 채를 꿰어 그것을 메게 하였으니**

28 **그가 싯팀 나무로 채들을 만들고 금으로 입혔더라.**

29 ○ **또 그가 약제사의 기술에 따라 거룩한 붓는 기름과 향기로운 향료들로, 순수한 향을 만들었더라.**

이 향단에 대해서도 30:1-5에서 살펴보았다.

출애굽기 38장

38:1 **그가 싯딤 나무로 번제단을 만들었으니, 그 길이가 오 큐빗이고, 그 너비**
가 오 큐빗이며, 네모 반듯하고 그 높이는 삼 큐빗이요
2 **그 네 모퉁이에는 뿔들을 만들었으니 그 뿔들은 같은 데서 나오게 하였**
고 그것을 놋으로 입혔더라.
3 **그가 또 제단의 모든 기명들과 솥과 부삽과 대야와 고기갈고리와 불받이**
판을 만들었으니 거기에 쓰는 모든 기명들을 놋으로 만들고
4 **제단에 쓸 놋철망을 만들어 제단 둘레 아래에 달아 제단 중간에 닿게 하**
고,
5 **그 놋철망 네 끝에 고리 넷을 부어 만들어 채들을 꿰게 하였으며,**
6 **싯딤 나무 채들을 만들어 놋으로 입히고,**
7 **제단의 양편의 고리에 채들을 꿰어 메게 하였으며, 제단은 널판들로 속**
이 비게 만들었더라.
8 **○ 그가 놋으로 물대야를 만들었고, 그 다리도 놋으로 만들었는데 회중**
의 성막 문에 모인 여인들의 거울로 만들었더라.

본문에 나오는 번제단과 물대야에 대해서는 27:1-8과 30:18에서 살펴보았다. 그때 여인들의 거울에 대해서도 살펴보았다.

38:9 ○ **그가 뜰을 만들었으니, 남쪽을 향한 남편에 가늘게 꼰 베실로 된 뜰**
의 막이 일백 큐빗이며,
10 **그 기둥이 스물이고 그 놋 받침이 스물이며 기둥의 갈고리들과 가름대들**
은 은으로 만들었더라.
11 **북편에도 막이 일백 큐빗이요 그 기둥이 스물이며 그 놋 받침이 스물이**
요 기둥의 갈고리들과 가름대들은 은으로 만들었더라.
12 **서편에도 막이 오십 큐빗이고 그 기둥은 열이며 그 받침은 열이고, 기둥**
의 갈고리들과 그 가름대들은 은으로 만들었더라.
13 **동쪽으로 향한 동편에도 오십 큐빗이라.**
14 **문 이편에 거는 막은 십오 큐빗이요 그 기둥이 셋, 받침이 셋이며**
15 **뜰 문의 저편에는 이편이나 저편이나 십오 큐빗의 막들이요 그 기둥이**
셋씩이며, 받침이 셋씩이라.
16 **뜰 주위의 모든 막은 가늘게 꼰 베실로 된 것이라.**
17 **기둥 받침들은 놋이요 기둥의 갈고리들과 가름대들은 은이요 기둥 머리**
의 덮개도 은이며 뜰의 모든 기둥들은 은으로 된 가름대를 꿰었더라.
18 **뜰 문에 치는 막은 청색, 자색, 주홍색 실과 가늘게 꼰 베실로 바느질했**
으며 그 길이는 이십 큐빗이요 폭의 높이는 오 큐빗으로 뜰의 막과 일치
하니라.
19 **그 기둥은 넷이며 놋받침도 넷이고 그 갈고리들은 은이며 기둥 머리의**
덮개와 가름대들도 은이요
20 **성막과 뜰 주위의 모든 말뚝못은 놋이더라.**

본문에 대해서는 27:9-19에서 살펴보았다.

38:21 ○ **이것이 성막, 즉 증거의 성막의 총액으로 레위인들의 공사를 위하여**
제사장 아론의 아들 이다말의 손을 통해 모세의 명령에 따라 계산한
것과 같더라.
22 **유다 지파 훌의 손자요 우리의 아들인 브살르엘은 주께서 모세에게 명**

령하신 모든 것을 만들었으며,

23 단 지파 아히사막의 아들 아홀리압이 그와 함께하였으니, 그는 조각하
는 자요, 정교한 기술자며, 청색, 자색, 주홍색 실과 가는 베실로 수를
놓는 자더라.

24 성소의 모든 작업에 쓰인 모든 금은 예물로 드린 금까지 합하여 성소의
세겔에 따라 이십구 달란트와 칠백삼십 세겔이요,

25 회중에서 계수된 자들의 은은 성소 세겔에 따라 일백 달란트와 일천칠
백칠십오 세겔이니,

26 계수를 받은 자는 이십 세 이상으로 육십만 삼천오백오십 명인데, 성소
의 세겔에 따라 각 사람에게 한 베카, 곧 반 세겔씩이라.

27 은 일백 달란트로 성소의 받침과 휘장 받침을 부어 만들었으니, 한 받
침에 한 달란트씩 일백 달란트로 일백 개의 받침을 만드니라.

28 일천칠백칠십오 세겔로 기둥들의 갈고리를 만들고 기둥 머리를 입히고
기둥 가름대를 만들었으며,

29 예물로 바친 놋은 칠십 달란트와 이천사백 세겔이라.

30 그것으로 회중의 성막 문 받침과 놋제단과 그것에 쓰는 놋철망과 제단
의 모든 기명들과

31 또 뜰 주위의 받침과 뜰문 받침과 성막의 모든 말뚝못들과 뜰 주위의
모든 말뚝못들을 만들었더라.

레위인들이 성막을 공사하는 것과 관련되어 처음 등장한다. (민수기 3,4장에는 레위인들의 일에 대해 더 자세하게 나온다.) 레위인들은 출애굽기 13:13에서 언급한 "첫태생"을 대신한다. 이다말은 성막을 건축하는데 있어서 계산을 책임지고 있다. 이 일은 모양에 따라 수행되고 있었다. 이다말은 아론의 가장 어린 아들이었다(출 6:23과 28:1을 보라).

전에 돈으로 얼마에 해당하는가에 관한 부분을 다룬 적이 있다. 제미에슨, 포셋, 브라운이 대략 계산해 보니 성막을 건립하는데 금이 450,000달러어치, 은이 301,775달러어치가 들었다. 그러나 10톤에 해당하는 귀금속의 값어치는 700,000

달러어치보다 훨씬 더 나간다. 강단주석에는 금 무게가 200,000파운드, 은이 40,000파운드라고 되어 있다.

본문에서는 돈에 대한 기록을 다루고 있다. 예물을 드린 사람은 2,000,000이나 되었는데, 이 가운데서 돈을 드릴만큼 성장한 남자는 603,550명이었다.

이 부분을 다루면서 다시 한 번 킹제임스성경을 무시하는 "보수주의 학자들"의 정신작용이 어떠한지를 공부할 수 있는 계기를 갖게 된다. 출애굽기 38:26의 숫자는 민수기 1:46의 숫자와 조화를 이룬다.

그 부패한 셉투아진트(B.C.250년 경에 만들어졌다고 추측하는)에서 숫자나 말들이 헬라어 신약성경과 조화를 이룰 때 모든 보수주의 학자들이 당연히 받아들이는 이론은, 신약의 기록자들이 헬라어로 기록된 구약성경을 인용하였다는 것이다. 이 규칙은 오리겐으로부터 시작하여 로크만 재단에 이르기까지 모든 보수주의 학자들이 받아들인다. 반대하는 사람은 아무도 없다.

이 사람들이 출애굽기에 기록된 한 숫자가 민수기에 기록되어 있는 숫자와 조화를 이룬다는 사실을 발견했을 때 이 사람들의 정신작용에 무슨 일이 일어나리라고 추정할 수 있겠는가?

이 사람들이 합리적인 사람들이라면 즉 정직하게 그리고 일관성 있게 생각하는 사람들이라면, 모세가 출애굽기 38:26에서 처음으로 기록하여 계수된 정확한 숫자를 제시했고, 그 뒤로 약 11개월이 지난 후(출 19:1과 민 1:1을 비교하여 살펴보라.) 모세가 이 숫자를 베껴서 전쟁하러 나갈 인원을 알아보는데 썼다고 이 사람들은 추정하지 않았겠는가?

만일 이것이 이 문제에 대한 올바른 생각이 아니라면 즉시로 이렇게 추정해야만 할 것이다. 출애굽기 38장의 일이 있은 후에 전쟁하러 나가기 위해 계수된 그 사람들은 출애굽기 38:26에서 "각 사람에게 한 베카"씩 준 바로 똑같은 사람들이라는 것이다. 즉 전쟁하러 나갈 수 있는 사람들은(민 1장) 출애굽기 38:26에서 계수받은 바로 그 사람들인 것이다. 한 사람도 더해지거나 감해지지 않고 말이다.

이 마지막 추정은 성경을 거부하는 보수주의자들이 받아들이기에는 너무 무리라는 생각이 누구에게나 들 것이다. 이 보수주의자들은 믿음의 근본사항들을 믿는다고는 하지만 그 책을 너무나 싫어하는 사람들이다. 바로 그 책으로부터 퇴출되었기 때문이다.

그래서 이 문제를 피하기 위해 강단 주석은 이렇게 썼다.

“아마도 이곳에서 그 숫자를 잃어버렸을 것이다. 그러다가 민수기 2:32에서 찾은 것이다. 레위인들이 포함되지 않았다는 사실은 생각에 없었을 것이다.”(강단주석 pp.391-392)

더멜로우는 다시 장단을 맞춘다.

“... 여기에 기록된 계산의 결과는 이때는 정확하지 않았다. 그러나 성막이 건축된 후에는...”(주석 p.84)

이 비평가들이, 이 숫자들이 각각 옳은 것으로서 서로 조화를 이룬다는 사실을 결코 받아들이지 않는다는 것은 놀랍지 않은가?

구약인 셉투아진트와 신약 헬라어 사이에 인용문들이 서로 조화를 이루고 있는 유사한 부분이 나올 때에도 이 비평가들은 이런 시각에서 바라보는 것이다.

정확한 성경 기록을 통하여 자신들의 믿음을 시험하고자 기록된 이 조화를 이루는 본문을 대할 때 이처럼 불합리한 태도를 취하는 사람들이 어디 있겠는가?

I. 강단 주석.

로린슨(Rawlinson) 박사는 허망한 추정을 하고야 말았다. 모세가 레위 지파에 관해서는 그만 기억해 내지 못했다는 것이다. 그리고 또한 기록된 종이도 부주의하게 다루었다는 것이다. 그래서 그 숫자 가운데 일부분을 잃어버렸다는 것이다. 그러나,

a. 모세 자신이 레위인이었는데 레위 지파가 계수되지 않았다는 사실을 어떻게 잊을 수 있었겠는가?

b. 레위 지파 사람들은 돈을 기부하는 대신 다른 지파 사람들로부터 돈을 받았을 때(민 3:51), 레위 지파 사람들이 계수되지 않았다는 사실을 모세가 어떻게 잊을 수 있었겠는가?

c. 숫자를 처음으로 계산했다는 본문에 따르면 레위 지파는 성막의 일을 위해 따로 분리되었다고 특별히 말했는데(21절), 레위 지파가 계수되지 않았다는 사실을 모세가 어떻게 잊을 수 있었겠는가?

II. 더멜로우

더멜로우는 출애굽기 38:26의 숫자는 성막이 완성된 후 8-11개월 후 계수된 것이라고 추정한다.

성막이 완성되었다면 돈은("베카") 왜 열거되었으며, 성막이 이미 완성되었다면 성막을 만드는데 필요한 은 받침들과 은 갈고리를 만드는(38:27,28) 성소의 세켈(25절) 100달란트와 왜 섞여 열거되었겠는가? 25절에 나오는 전체 무게가 정확한 항목에 따라 27,28절에서 구분된 사실을 주의하여 살펴보라. 이 두 계산 사이에 있는 26절이 어떻게 받침들과 갈고리들이 만들어진 후에 일어난 어떤 일에 대한 언급이라고 추정할 수 있겠는가?

모세는 산 위에서 하나님과 대화하며 80일을(두 달 반 이상의 기간이다.) 보낸다(신 9:11과 출 34:38을 보라). 며칠인지는 나와 있지 않지만, 출애굽기 32장과 33장 사이에도 며칠 간의 간격이 있다. 이 기간을 계산하고 19:3,7,14과 24:3,4,5,6,7,8,9,12에서 경과한 기간을 합치면, 출애굽기 19:1 이후로 온전한 세 달 이상의 기간이 나온다. 아마도 네 달이 거의 사실에 가까울 것이다. 그러나 34:29-35에서 일어난 또 다른 간격의 기간이 있다. 그리고 또 다른 간격의 기간은 35:1-20에서 재료를 모으는 때이다. 따라서 아무것도 건드리지 않고도, 출애굽기 19:1에서 출애굽기 38:26의 "계수"하는 기간까지 족히 여덟 달은 된다는 사실을 알 수 있다. 그러나 우리는 이 기간이 얼마나 될 것인가를 추측할 필요가 없다. 보라, 성경은 말하기를, 성막은 민수기 1:14에서 소집하기 한 달 전에 세워졌다고 말한다.

출애굽기 40:17을 보라.

이것은 무엇을 의미하는 것인가. "베카"를 드렸던 남자들의 숫자는, 그 남자들이 성결을 위해 돈을 드린지 45일이 채 되지 않아서 전쟁을 위해 계수되었다는 사실을 말해준다.

성막이 세워지는데 일주일이 걸렸다면, (재료들을 모으고 만든 후) 출애굽기 38장과 민수기 1장 사이의 간격은 겨우 44-45일이다.

출애굽기 39장

39:1 **또 그들은 주께서 모세에게 명령하신 대로 청색, 자색, 주홍색 실로 성소**
에서 섬기기 위한 예복을 만들었으며, 또 아론을 위한 거룩한 의복을 만
들었더라.
2 **그는 또 금실과 청색, 자색, 주홍색 실과, 가늘게 꼰 베실로 에봇을 만들**
었으며,
3 **그들은 금을 두들겨서 얇은 판들을 만들고, 그것을 잘라서 철사들을 만**
들어 청색, 자색, 주홍색 실과, 가는 베실에 섞어 정교한 기술로 만들었
더라.
4 **그들은 에봇에 쓸 어깨띠를 만들어 서로 연결시켰으니, 그 두 끝에다 달**
아 서로 연결시켰더라.
5 **에봇 위에 달린 에봇의 정교한 허리끈을 그 방법대로 같은 것으로 만들**
었는데, 금실, 청색, 자색, 주홍색 실과 가늘게 꼰 베실로 하였으니, 주께
서 모세에게 명령하신 대로더라.

본문에 대해서는 28:4과 31:10에서 살펴 보았다. 금실(3절)로 에봇이 만들어진다.

강단 주석은 "가는 베실"이 빠져 있는 것이(1절과 35:25을 비교해 보라.) "우연한 사고로 보인다."고 말한다. 그러나 "가늘게 꼰 베실"이란 말은 바로 같은 문맥에서 세 번 나온다(2,3,5절). 어떤 허튼 소리로도 "섬기기 위한 예복"에서(1절) 가는 베실이 빠졌다고 우겨댈 수 없다. 비록 에봇과 관련되어 언급한 것이지만(2절) 이 옷들에 대해(28:5) 하나님께서 첫 번째로 언급하실 때 "금"도 언급하셨다. 그런데 어떻게 이 비평가들은 베실이 빠진 것은 "우연한 사고"라고 추정하고, 금이 빠진 것은 "고의적"이었다고 추정할 수 있단 말인가?

분명하게 알 수 있는 사실은 39:1이 말하고자 하는 것은 색깔이다. "청색, 자색, 주홍색"이라는 색깔만을 다루고 있는 것이다. 여기에 사용되는 재료는("금, ... 가늘게 곤 베실") 바로 다음 절에서 언급된다(2절).

39:6 ○ 그들은 얼룩마노를 깎아 이스라엘 자손의 이름들을 인장을 새기듯이 새겨서 금장식에 물렸으며,

7 그는 그것들을 에봇 어깨띠에 달아서 이스라엘 자손에게 기념되는 보석들로 삼았으니, 주께서 모세에게 명령하신 대로더라.

8 ○ 그가 또 에봇을 만든 것같이 흉배를 정교한 기술로 만들어 금실, 청색, 자색, 주홍색 실과 가늘게 꼰 베실로 만들었으니,

9 그것은 네모 반듯하고 그들이 흉배를 두 겹으로 만들었으니, 길이가 한 뼘이요 폭이 한 뼘으로 두 겹이고,

10 그것에다 네 줄로 보석을 박았으니, 첫째 줄에는 홍보석, 황옥, 홍옥이요, 이것이 첫째 줄이며,

11 둘째 줄에는 에메랄드, 사파이어, 금강석이요,

12 셋째 줄에는 리구르, 마노, 자수정이요,

13 넷째 줄에는 녹보석, 얼룩마노, 벽옥이니 이것들이 물려지는 금장식에 물려지니라.

14 이 보석들은 이스라엘의 자손의 이름들대로 그들의 이름들을 따라 열둘이니 인장을 새김같이 열두 지파를 따라 각각 그 이름을 새겼으며,

15 그들은 또 흉배 위 양 끝에다 순금으로 땋아서 만든 사슬들을 만들었고,

16 그들이 금장식 둘과 금고리 둘을 만들어서 흉배의 양끝에다 두 고리를 달았고,

17 땋은 두 금 사슬을 흉배 끝에 있는 두 고리에다 넣었으며,
18 땋은 두 사슬의 두 끝을 두 장식에다 고정시켜 에봇 앞 어깨띠에 달고,
19 두 금고리를 만들어 흉배의 가장자리 두 끝에다 달았으니 *흉배의* 안쪽,
곧 에봇에 닿는 쪽으로 달았으며,
20 다른 금고리 두 개를 만들어서 에봇 앞쪽을 향한 에봇 아래 양편, 매는
자리 가까운 쪽, 즉 에봇의 정교한 허리띠 위에 달고,
21 그들이 청색 끈으로 흉배 고리에서 에봇 고리들까지 묶어 흉배를 정교한
에봇의 허리띠 위에 붙여서 에봇에서 풀어지지 않게 하였으니, 주께서
모세에게 명령하신 대로더라.

본문은 28장에서 상세히 살펴보았다.

39:22 ○ 또 그가 에봇의 겉옷을 모두 청색으로 짜서 만들고,
23 그 겉옷 중간에 구멍을 내어 마치 사슬 갑옷의 구멍같이 구멍 주위에
띠를 박아 그것이 찢어지지 않게 하고,
24 그들은 겉옷의 가장자리에다 청색, 자색, 주홍색 실과 꼰 베실로 석류들
을 만들고,
25 순금으로 방울들을 만들어 겉옷의 가장자리 위 석류들 사이에 방울들을
달되, 돌아가며 석류들 사이에 달았더라.
26 방울과 석류, 방울과 석류를 섬길 때 입는 겉옷의 가장자리에 돌아가며
달았으니, 주께서 모세에게 명령하신 대로더라.
27 ○ 그들은 또 가는 베실로 짠 옷들을 아론과 그의 아들들을 위하여 만
들었으며,
28 가는 베실로 관을, 또 가는 베실로 아름다운 모자를 만들고, 가늘게 꼰
베실로 속옷들을 만들고,
29 가늘게 꼰 베실과 청색, 자색, 주홍색 실로 바느질해 허리띠를 만들었으
니, 주께서 모세에게 명령하신 대로더라.
30 ○ 그들은 순금으로 거룩한 왕관의 패를 만들고 인장을 새김같이 '주께

거룩함'**이라고 그 위에 글로 썼더라.**

31 **그들은 그것을 청색 끈으로 관 위에다 높이 고정시켜 매었으니 주께서 모세에게 명령하신 대로더라.**

23의 "사슬 갑옷"(habergeon)은 쇠미늘 갑옷의 외투였다. 그 모양은 오늘날의 "티 셔츠"나 "폴로 셔츠"와 비슷하다. 이 겉옷에 대해서는 28:32을 살펴볼 때 예수 그리스도의 육체로, 또 우주를 나타내는 예표로 보았다.

『**주께서 모세에게 명령하신 대로**』라는 표현은 39장에서 일곱 번 나온다. 다음 장에서도 많이 언급된다.

39:32 ○ **회중의 장막인 성막의 모든 작업이 이렇게 끝났고 이스라엘 자손이 주께서 모세에게 명령하신 모든 것대로 행했으니, 그들이 그렇게 행했더라.**

33 ○ **그들이 성막을 모세에게 가져왔으니 장막과 그 모든 기구와 그 걸쇠들과 그 널판들과 그 빗장들과 그 기둥들과 그 받침들과**

34 **붉게 물들인 숫양의 가죽 덮개와 오소리의 가죽 덮개와 덮는 휘장과**

35 **증거궤와 그 채들과 자비석과,**

36 **상과 그 모든 기명들과 차려 놓은 빵과**

37 **순금 촛대와 그 등들, 곧 정연하게 놓을 등들과 그 모든 기명들과 등기름과**

38 **금제단과 붓는 기름과 향기로운 향과 성막 문에 거는 막과**

39 **놋제단과 그 놋철망과 그 채들과 그 모든 기명들과 물대야와 그 다리와**

40 **뜰의 막들과 그 기둥들과 그 받침들과 뜰 문에 거는 막과 그 끈들과 그 말뚝못들과 회중의 장막을 위한 성막의 의식에 쓰는 모든 기명들과**

41 **성소에서 섬길 때 입는 예복들과 제사장 직분으로 섬길 때 입는 제사장 아론의 거룩한 의복과 그의 아들들의 의복이더라.**

42 **주께서 모세에게 명령하신 모든 것대로 이스라엘 자손이 모든 일을 하였으며,**

43 **모세가 그 모든 일을 보니, 보라, 그들이 주께서 명령하신 대로 행했으며 그들이 그 일을 이루었으니 모세가 그들을 축복하니라.**

벌게이트, 탈굼, 시리아 역본에는 히브리어 본문에 없는 28단어를 첨가시켰다. 이 첨가 기록 내용은 24,35,36,37,39,41절에서 발견된다.

42,43절은 평이하다. 이스라엘 민족이 하나님께 전적으로 순종하여 율법에서 이탈하지 않고 문자 그대로 수행한 것은 이 민족의 역사상 아주 드문 일이었다. 요시야가 유월절을 지킨 것, 솔로몬이 성전을 헌납한 것, 다윗이 이스라엘의 적들과 전쟁을 벌인 것, 히스키야가 개혁한 것, 이 모든 것은 하늘로부터 말씀하시는 하나님께 온전히 순종한 이 첫 번째 순종을 본받은 것이었다. 그러나 이렇게 전능하신 하나님의 말씀에 순종하여 믿음이 회복되는 드물었던 종교 부흥에 있어서도 코라, 다단, 아비람, 열 지파의 불신, 불완전한 카나안 땅의 정복, 재판관기에 기록된 수백년 간의 배교, 하나님의 말씀에 불순종한 사울의 반역, 므낫세, 여로보암, 아합, 시드키야의 무시무시한 통치는 여전히 있었다.

성막은 “육신을 따르는 정욕”으로 죄를 지은 것에 대해 수천명이 광야에서 독수리들의 밥이 된 후 2개월이 지나서야 세워졌다.

그러나 이것이 “육신의 길”이다(롬 7장). 지금까지 광야의 여정을 걸어온 그리스도인들 가운데 어떤 정직한 사람도, 하나님의 말씀에 전적으로 순종하고 올바른 영으로 기도하고 찬양하는 순간들이 너무나 적었었다고 고백할 것이다.

출애굽기 40장

40:1 주께서 모세에게 일러 말씀하시기를
2 "너는 첫째 달 첫째 날에 회중의 장막의 성막을 세울지니라.
3 너는 그 안에 증거궤를 놓고, 휘장으로 그 궤를 덮을지니라.
4 너는 상을 들여와서 그 위에 정연하게 놓아야 할 것들을 정연하게 놓고,
너는 촛대를 들여와서 그 등들에 불을 켤지니라.
5 너는 증거궤 앞에 분향을 위한 금제단을 놓고 성막 문에 막을 달고,
6 번제단을 회중의 장막의 성막 문 앞에 놓고
7 물대야를 회중의 장막과 제단 사이에 놓고 그 안에 물을 담으며
8 주위에 뜰을 만들고 뜰 문에 막을 걸지니라.
9 너는 붓는 기름을 가지고 성막과 그 안에 있는 모든 것에 부어 그것과
거기에 있는 모든 기명을 거룩하게 하라. 그러면 그것이 거룩하게 되리
라.
10 너는 번제단과 그 모든 기명에 기름을 부어 그 제단을 거룩하게 하라.
그 제단이 지극히 거룩한 제단이 되리라.
11 너는 물대야와 그 다리에 기름을 부어 그것을 거룩하게 하라.
12 너는 아론과 그의 아들들을 회중의 성막 문으로 데려다가 물로 씻기고
13 거룩한 의복을 아론에게 입히고 기름을 부어 그를 거룩하게 하여 그로
제사장의 직분으로 나를 섬기게 하라.
14 너는 그의 아들들을 불러다가 그들에게 옷을 입히고

15 **네가 그들의 아비에게 기름을 부었던 것같이 그들에게 기름을 부어 그들**
로 제사장 직분으로 나를 섬기게 하라. 그들의 기름부음이 그들 대대에
걸쳐 반드시 영원한 제사장직이 될 것이니라." 하시니라.
16 **모세가 그같이 행하되, 주께서 자기에게 명령하신 모든 것대로 행했더라.**

드디어 출애굽기 마지막 부분까지 왔다. 이 마지막 장은 38절 가운데 33절이 한 주제를 다루고 있는데 그것은 순종에 대해서이다.

2인칭 단수가 주어지고 명령형이 반복된다는 사실을 알 수 있다. "너는 ...할지니라."(1,2,3,4,5,6,7,8,9,10,11,1,2,13,14,15절 등)

여기에서 말하는 교훈은 분명하다. 율법을 깨뜨린 죄인들이 죄에 대한 찔림을 받은 후(32-35장) 예수 그리스도께서 예표로 계시되었다. 율법을 온전히 완벽하게 지키신 분이 계시되자 『**그들이 주께서 명령하신 대로 행했으며 그들이 그 일을 이루었으니**』(39:43)라는 기록을 읽게 된다.

출애굽기는 하나님의 백성을 세상으로부터, 육신으로부터, 마귀로부터 구원하시는 것을 보여주기 위해 기록되었다. 그래서 이 책의 마지막은 하나님의 명령에 순종하는 백성의 내용이 나온다. 민수기는 죄에 대한 슬픈 이야기로 가득 차 있다. 죄가 어떻게 시작되었고 어떤 결과로 끝나는지에 대한 내용들이다. 출애굽기를 마치면서 모세가 쓴 다섯 권의 책의 결론이 어떻게 승리의 내용들로 마무리되는지 살펴보자. 신명기는 선지자가 죽는 것으로 끝나는데, 그 선지자의 적들에 대해 하나님께서 어떻게 행하셨는지를 보여준다. 민수기는 결혼 문제가 어떻게 정착되는지로 끝맺는다. 레위기는 서원과 십일조에 대한 경고로 끝맺는다. (창세기는 "이집트에 있는 관"으로 끝난다.) 그러나 출애굽기는 이동 중인 하나님의 백성들(38절), 하나님과 교제하는 하나님의 백성(36절), 성령으로 인도받는 하나님의 백성(34,36절), 그리고 하나님의 임재하심을 기뻐하는 하나님의 백성(34절)으로 끝맺는다.

40:17 ○ **둘째 해 첫째 달, 그 달의 첫날에 성막이 세워졌더라.**
18 **모세가 성막을 세우되 그 받침들을 고정시키고 그 널판들을 세우고 빗**

장을 끼우고 그 기둥들을 세우며

19 **성막 위에 장막을 펴고 그 위에다 장막의 덮개를 덮으니 주께서 모세에**
게 명령하신 대로더라.

20 **○ 그가 증거판을 들어 궤 속에 넣고, 궤에다 채들을 꿰고 자비석을 궤**
위에다 놓고

21 **궤를 성막으로 들여와 덮는 휘장을 쳐서 증거궤를 덮으니, 주께서 모세**
에게 명령하신 대로더라.

22 **○ 그가 회중의 장막 안, 즉 북쪽을 향한 성막 면 휘장 밖에다 상을 놓고**

23 **그가 주 앞에 그 상 위에다 빵을 정연하게 놓으니, 주께서 모세에게 명**
령하신 대로더라.

24 **○ 그가 회중의 장막 안, 남쪽을 향한 성막 면, 상 맞은 편에 촛대를 놓고**

25 **그가 주 앞에서 등들에 불을 켜니, 주께서 모세에게 명령하신 대로더라.**

26 **○ 그가 회중의 장막 안 휘장 앞에다 금향단을 두고**

27 **그가 그 위에 향기로운 향을 사르니, 주께서 모세에게 명령하신 대로더라.**

28 **○ 그가 성막 문에 막을 걸고**

29 **그가 회중의 장막의 성막 문 옆에 번제단을 놓고 그 위에다 번제와 음**
식제사를 드렸으니, 주께서 모세에게 명령하신 대로더라.

30 **○ 그가 회중의 장막과 제단 사이에 물대야를 놓고 거기에 씻을 물을**
채우고

31 **모세와 아론과 그의 아들들이 그들의 손과 발을 그곳에서 씻으니라.**

32 **그들이 회중의 장막으로 들어갈 때와 그들이 제단에 가까이 갈 때에 그**
들이 씻었으니 주께서 모세에게 명령하신 대로더라.

33 **그가 성막과 제단 주위에 뜰을 만들고 뜰 문의 막을 거니라. 그리하여**
모세가 그 일을 마쳤더라.

순종이 완전했다는 사실을 알 수 있다. 명령형이 나온 다음 그 명령이 온전히 행해졌다는 사실을 읽을 수 있다(18,19,20,21,22,23,24,25,26,27,28,29,30,33절). 신약에서도 이 부분을 찾아볼 수 있다. “너는 네 이웃을 사랑하라”(롬 13:9-10). 그래서 그렇게 했다. “선으로 악을 이기라”(롬 12:21). 그래서 그렇게 했다. “남을 자신보다 존중하라"(빌 2:3). 그래서 그렇게 했다. "시간을 사서 얻으라"(엡 5:16). 그래서 그는 그렇게 했다.

『**성막 위에 장막을 펴고 그 위에다 장막의 덮개를 덮으니**』(19절). 이것은 아마도 위가 뾰족하여, 비가 스며들지 않게 했을 것이다(26:1-14 설명 참조).

하늘에서 불이 내려왔다는 기록은(레 9:24) 여기에는 없다. 그러나 분명히 하늘에서 불이 내려왔을 것이다. 왜냐하면 향제단에 불을 피우기 위해서는 반드시 희생제물이 드려지는 놋제단에서 불을 가져와야 하기 때문이다(레 10:1). 특별히 모세가 금향단 위에서(26절) 향기로운 향을 살랐다고(27절) 말한다. 본문에서 특별히 살펴보아야 하는 것은 하나님께서 모세에게 신망을 두셨다는 것이다. 단지 모세만이 성막 안에서 행해지는 모든 일들을 처음으로 수행한 것이다. 아론과 그의 아들들은 금촛대, 번제단, 향제단으로 다가가기만 했을 뿐이다.

1. 모세는 차려진 상 위에 빵들을 정연하게 놓았다(23절).
2. 모세는 성소에서 불을 켰다(25절).
3. 모세는 금향단에서 향을 피웠다(26절).
4. 모세는 심지어 놋제단에 번제와 음식제사까지 드렸다(29절).

이러한 모든 일들은 "아론과 그의 아들들"에 해당하는 레위 지파의 제사장 직분을 가진 사람들이 행하는 일들이다(28:38-43; 29:43,44; 30:7). 그러나 출애굽기 40장에서는 모세가 이 모든 직무를 행했다.

이것은 영적으로 위대한 진리를 말해주는 부분이다. 아론이 비록 제사장 직분을 수행하는데 있어서 제사장 직분으로서의 예수 그리스도를 예표하기는 하지만(민 16:48; 17:3-10), 아론은 하나님께서 하나님의 백성을 이 세상을 예표하는 이집트에서 데리고 나오도록 구원자로 부르시지 않았다. 만일 아론과 그의 아들들이 첫째 달 첫째 날에 성막에서 행해지는 일들을 처음으로 행했다면, 출애굽기 전체에서 보여주고자 하는 예표를 깨뜨려 버리는 결과를 초래한다. 앞에서도 살펴보았지만(출 17:6,12) 하나님께서는 예표에 관한 많은 부분을 말씀하신다.

1. 출생했을 때 기적적으로 보존된 것은 모세이다. 예수 그리스도와 같다.

2. 자신의 백성을 구출하라고 명령을 위임받은 것은 모세이다. 예수 그리스도와 같다.

3. 여호와를 처음 본 것은 모세이다. 예수 그리스도와 같다(요 1:18).

4. 이스라엘 자손을 홍해를 건너게 하여 인도한 것은 모세이다. 그래서 이스라엘 자손은 모세에게 침례를 받았다(고전 10:1-4).

5. 자신의 백성들의 죄를 감당하겠다고 자원한 것은 모세이다(출 32장). 아론이 아니다.

6. 빛이 났던 것은 모세이다(출 35장). 아론이 아니다.

7. 죽었다가 부활한 것은(유 9) 모세이다. 아론이 아니다.

모세는 중보자, 구원자, 죄를 대신 지는 자, 제사장, 선지자, 왕(신 33:5)과 같다. 히브리서 3:1-3에서는 이 선지자를 말하고 있다. 하나님의 집에 신실했을 뿐만 아니라, 하나님의 집을 짓는 사람이었다(히 3:4). 『**그리하여 모세가 그 일을 마쳤더라**』(33절).

다음 문맥에 오는(34-38절) 예표도 흠이 없다. 예수 그리스도께서 다 이루시기 전까지는 "땅의 성막"을 가득 채우는 영광의 "구름"은 있을 수 없다.

40:34 ○ **그러자 구름이 회중의 장막을 덮었으니 주의 영광이 성막을 가득 채우더라.**

35 **모세가 회중의 장막에 들어갈 수 없었으니 이는 구름이 그 위에 있고 주의 영광이 성막을 가득 채움이더라.**

36 **구름이 성막 위에서 걷히면 이스라엘 자손이 그들의 모든 여정을 진행하나**

37 **구름이 걷히지 않으면 그들이 구름이 걷히는 날까지 이동하지 않더라.**

38 **낮에는 주의 구름이 성막 위에 있고 밤에는 불이 그 위에 있어 그들의 모든 여정을 통하여 이스라엘의 온 집 앞에 있더라.**

밀라 버로우(Millar Burrows, RSV 위원)는, 본문에 나오는 "구름"을 "동쪽 지평선 멀리에서 일어난 화산"이라 말한다. 오늘날 학자들은 본문과 같은 하나님의 임재와 관련하여 여러번 "셰키나"(shekinah)라는 말을 사용한다. (대부분의 사람들이 이 "셰키나"라는 말이 성경에 나오는 말인 줄 생각하는데, 사실 이 말은 히브리 맛소라 사본 어느 판에도 나오지 않는다.)

구속의 책(출애굽기)은 계시의 책이 끝나는 곳에서 끝난다. 하나님께서는 사람들과 함께 거주하신다. 출애굽기의 마지막 구절과 창세기의 마지막 구절을 비교하지 않을 수 없다. 창세기는 『...**죽으니**... **향재료를 넣고**... **이집트**... **관**... **넣었더라**.』로 끝난다. 그러나 출애굽기는 『주... **성막**... **이스라엘의 온 집**』으로 끝난다.

구속의 이야기는 여기에서 완성된다. 유일하게 생략되는 부분은, 하나님의 영광이 장막에 있을 때 모세는 성막 내부를 깨끗하게 하지 못한 부분이다(35절). 이것은 성령께서 마지막으로 경고하시는 것이다(출애굽기에서). 신약에서의 구원은 내주하시는 성령과 죄인의 육신이 분리되어야만 완성된다(골 2:9-13). 이것은 영적 할례를 통해서만 가능하다(골 2:13). 이 영적 할례는 온전한 제단에서(히 13:9-13) 온전한 어린양이 드려지기 전까지는 행해질 수 없다.

이 부분만을 제외한다면 모든 부분이 다 들어 있다.

A. 이 책이 시작될 때 죄인은 세상 안에 있었고 마귀의 노예로 있었다(출 1-2장).

B. 이런 조건에서 죄인은 죽음과 핍박에 굴복해야만 했다(출 1-2장).

C. 하나님께서 선택하시고 하나님께서 명령을 위임하신 구원자가 없이는 죄인은 이집트를 떠날 수 없다(출 3-5장).

D. 이 구원자는 시내 산에서 시작해야만 한다. 죄인에게 율법을 알게 해야 하기 때문이다(출 3-5장).

E. 노예로 묶여 있는 동안 이 죄인은 마귀로부터 많은 타협을 제안받게 된다. 하나님이 제시하시는 구원 계획을 거부하는지를 보고자 함이다(출 5-11장).

F. 궁극적인 구출은 피에 의한 구원이다(출 12장). 그 피는 어린양의 피여야만 한다.

G. 구원받은 죄인은 한밤중에 급히 서둘러 이 세상 제도를 빠져 나가야 했다

(출 12-13장).

H. 하나님께서 기적을 행해 주시지 않았다면, 그 죄인은 마귀에게 다시 잡혀 이집트로 되돌아 갔을 것이다(출 14-15장).

I. 죄인이 이 세상의 오염에서 피했다 하더라도, 그는 육신의 공격을 받게 된다(출 17장). 성령께서 공급해 주시는 신선한 "물"에 대해 분노했을 때이다.

J. 새로운 삶은 광야에서의 순례자의 여정이다. 이 광야에서는 모든 것들에 대해 하나님을 반드시 신뢰해야 한다(출 16-18장).

K. 하나님과 친밀한 교제를 하기 위해서, 믿는 자는 거룩함이 무엇인지 잘 알아야 한다. 이것은 시내 산에서 알게 된다(출 19-31장).

L. 구원받은 죄인이 거룩하지 못한 삶에 빠져 있다면, 그 죄인은 심판받는다(출 32장). 이 부분에 대해서는 분명하고 선명한 말들로 기록되었다.

M. 이 광야의 여정에 있는 가운데 구원받은 죄인은 가르침을 받게 되는데(출 20-31장), 이 가르침은 자신이 이집트에서 구원받았다는 사실을 늘 기억나게 해준다. 이 사실은 그를 영원한 안식으로 인도한다(히 4장과 고전 15:28 참조).

N. 성령께서는 광야의 여정을 낮이든 밤이든 직접 인도하신다(출 40장). 그리스도인은 성령님의 인도를 따라야 한다.

O. 성령께서는 자신이 직접 기록하시고 직접 보존하신 자신의 말씀을 역행한 채로는 결코 어떤 사람도 인도하지 않으신다(출 35-39장). 이 명령들은 문자 그대로 이루어져야 한다.

P. 성령께서는 명확하게 인도하신다. (『**그들의 모든 여정을 통하여 이스라엘의 온 집 앞에 있더라**』, 38절)

약속의 땅을 향해 걸어가고 있는 광야의 여정에서 결코 잊어서는 안 되는 것이 있다. 우리가 나온 바위를 잊어서는 안 된다. 우리가 빠졌던 함정을 잊어서는 안 된다. 우리가 구출되기 이전에 있었던 철 용광로를 잊어서는 안 된다. 우리를 구출한 중보자를 잊어서는 안 된다. 우리의 어두운 길을 밝혀주고(엡 5:8-13), 우리의 감겼던 눈을 뜰 수 있게 해 준(고후 4:4) 하늘에서 내려온 계시를 잊어서는 안 된다. 절대 잊어서는 안 된다. 절대로! 우리에게 주신 이 풍성한 계시를 무엇과 바꾸겠는가?

우리에게는 정확한 지도가 있다. 우리 주님께서는 광야를 통과하는 길을 알고 계신다. 우리 주님은 광야를 만드신 분이기 때문이다. 우리 주님은 지도를 만드신 분이며, 바로 그 지도를 우리에게 주신 분이다. 『**이것이 길이니... 너희는 그 길로 걸으라**』(사 30:21).

• 옮긴이 / 조 도 희

• 한양대학교 전자공학과 졸업 (B.E.)
• 펜사콜라성경신학원 졸업 (B.D., Th.M.)
• 현 부산성경침례교회 담임목사

• 역서

• <조직신학 Ⅲ, 성령론>(말씀보존학회)
• <피터 럭크만의 주석서, 소선지서>(말씀보존학회)

피터 럭크만의 주석서

출애굽기

2004년 4월 15일 초판1쇄
2015년 1월 10일 개정판1쇄

지은이 피터 S. 럭크만
옮긴이 조 도 희
펴낸이 이 송 오
펴낸곳 말씀보존학회

서울시 강서 우체국 사서함 제90호
전화 (02) 2665-3743 / 팩스 (02) 2665-3302
인터넷 www.kingjamesbook.com
출판등록 1988. 12. 12. 제16-223호

값 20,000 원